Angewandte Mikroökonomie und
Wirtschaftspolitik

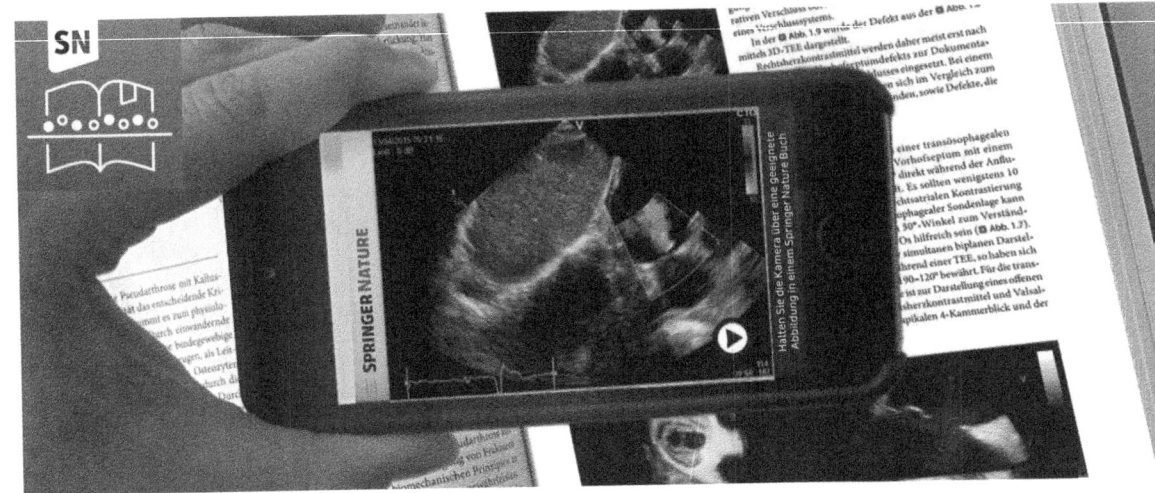

Marc Scheufen

Angewandte Mikroökonomie und Wirtschaftspolitik

Mit einer Einführung in die ökonomische Analyse des Rechts

2., überarbeitete und erweiterte Auflage

Marc Scheufen
Bochum, Deutschland

Die Online-Version des Buches enthält digitales Zusatzmaterial, das berechtigten Nutzern durch Anklicken der mit einem „Playbutton" versehenen Abbildungen zur Verfügung steht. Alternativ kann dieses Zusatzmaterial von Lesern des gedruckten Buches mittels der kostenlosen Springer Nature „More Media" App angesehen werden. Die App ist in den relevanten App-Stores erhältlich und ermöglicht es, das entsprechend gekennzeichnete Zusatzmaterial mit einem mobilen Endgerät zu öffnen.

Die Darstellung von manchen Formeln und Strukturelementen war in einigen elektronischen Ausgaben nicht korrekt, dies ist nun korrigiert. Wir bitten damit verbundene Unannehmlichkeiten zu entschuldigen und danken den Lesern für Hinweise.

ISBN 978-3-662-59369-1   ISBN 978-3-662-59370-7 (eBook)
https://doi.org/10.1007/978-3-662-59370-7

Die Deutsche Nationalbibliothek verzeichnet diese Publikation in der Deutschen Nationalbibliografie; detaillierte bibliografische Daten sind im Internet über http://dnb.d-nb.de abrufbar.

Springer Gabler
© Springer-Verlag GmbH Deutschland, ein Teil von Springer Nature 2018, 2020

Springer Gabler ist ein Imprint der eingetragenen Gesellschaft Springer-Verlag GmbH, DE und ist ein Teil von Springer Nature.
Die Anschrift der Gesellschaft ist: Heidelberger Platz 3, 14197 Berlin, Germany

Vorwort zur 2. Auflage

Die vorliegende zweite (umfassend überarbeitete) Auflage des Lehrbuchs, beinhaltet neben Verbesserungen auch zahlreiche inhaltliche Erweiterungen, die insbesondere die Anwendungen der mikroökonomischen Methoden auf die verschiedenen Bereiche des Rechts betreffen. So gibt es u.a. im Abschnitt zur Ökonomik des Patentrechts (Abschn. 3.4.1) eine ausführliche Erweiterung mit dem sog. Nordhaus-Modell zur Bestimmung der optimalen Patentlänge. In der Anwendung zum Vertragsrecht wird um die Theorie des effizienten Vertragsbruchs erweitert und konkret analysiert, wie sich die Auszahlungen der Vertragsparteien in der Normalform je nach Sanktionsregel (Vertrauensschaden, Erfüllungsschaden) ändern und welche Schlussfolgerungen (hinsichtlich der Effizienz) wir hieraus ziehen. Das Urheberrecht beinhaltet eine kurze Erweiterung um die Bedeutung des Urheberrechts im Kontext künstlicher Intelligenz (d. h. wenn eine künstliche Intelligenz beispielsweise neue Kunstwerke produziert), und greift damit aktuelle Fragestellungen in der ökonomischen Analyse des Rechts auf. Auf diese Weise soll sich das Lehrbuch nicht nur für einführende Überlegungen der anwendungsorientierten ökonomischen Analyse des Rechts eignen, sondern auch vertiefende Analysen zu bestimmten Rechtsgebieten ermöglichen. Schließlich wurde das Lehrbuch um Lösungsskizzen zu den Übungsaufgaben erweitert, um eine effektive Lernzielkontrolle zu ermöglichen.

Auch für die zweite Auflage des Lehrbuchs ist einer ganzen Reihe von Personen zu danken. Im Besonderen denke ich dabei an die zahlreichen Studierenden meiner Vorlesungen in Bochum, die durch Hinweise zu Unklarheiten, aber v. a. durch einen lehrreichen Dialog die didaktischen Feinheiten der mikroökonomischen Methodenlehre ergänzten. Für explizite Hinweise möchte ich Ludwig Menge, Dorsa Mohajer, Kristin Schiemann, Rebekka Schütte sowie Filicia Thiel danken. Herrn Niklas Jochheim danke ich für die sorgfältige Durchsicht sowie die tatkräftige Unterstützung zur Erarbeitung der Neuauflage. Zudem möchte ich mich herzlich bei Frau Dr. Isabella Hanser von Springer Gabler bedanken, die nicht nur immer ein offenes Ohr in der Zusammenarbeit hatte, sondern stets zuverlässig die Koordination des Lehrbuchprojekts unterstützte. Abschließend gilt mein Dank erneut meinem privaten Umfeld – insbesondere meiner Frau Nina sowie meinem Freund Timo Becker – für die Verbundenheit, das Verständnis sowie die Zuversicht.

Düsseldorf, Februar 2019   Marc Scheufen

Vorwort

Dieses Lehrbuch ist aus Aufzeichnungen zu eigenen Vorlesungen an der Ruhr-Universität Bochum sowie an den Universitäten in Kassel und Saarbrücken entstanden. Das Buch ist sowohl für Studierende der Volks- und Betriebswirtschaftslehre als auch Studierende und Praktiker aus den Sozial-, Politik- und Rechtswissenschaften, mit einem Interesse an der ökonomischen Analyse des Rechts, geeignet. Bewusst wird im Haupttext weitgehend auf die mathematische Auseinandersetzung mit den klassischen Methoden der Mikroökonomie verzichtet, um Zusammenhänge und die ökonomische Intuition hinter den einzelnen Methoden in den Vordergrund zu stellen. Didaktische Sonderfelder zu den mathematischen Hintergründen sowie zahlreiche Beispiele sollen beim Verständnis des Erlernten helfen. Darüber hinaus erfolgt am Ende eines jeden Kapitels eine anwendungsorientierte Auseinandersetzung mit den unterschiedlichen Methoden zu grundlegenden rechtsökonomischen und wirtschaftspolitischen Fragestellungen in verschiedenen Bereichen des (Zivil-) Rechts (u. a. Immaterialgüterrecht, Wettbewerbsrecht sowie Vertragsrecht). Für den interessierten Leser bietet der Anhang des Lehrbuchs zudem eine Einführung in die Lagrangefunktion und ihrer Anwendung in der Mikroökonomie.

Letztlich ist einer Vielzahl von Personen zu danken, die bei der Entstehung dieses Lehrbuchs auf die ein oder andere Weise mitgewirkt haben. In erster Linie denke ich an die zahlreichen Studierenden in Bochum, Kassel und Saarbrücken, die mich durch gezielte Fragen, Denkanstöße und kritische Diskussionsbeiträge für die typischen Schwierigkeiten bei der anwendungsorientierten Auseinandersetzung mit der mikroökonomischen Theorie senisibilisierten. Darüber hinaus ist vielen weiteren Personen im beruflichen sowie privaten Umfeld zu danken, wobei die nachfolgende Liste sicherlich nicht abschließend sein kann. Für die sorgfältige Durchsicht und Diskussion einzelner Kapitel des Manuskripts danke ich Herrn Prof. Thomas Eger sowie Dr. Severin Frank. Frau Assessorin Ricarda Müller war nicht nur eine kritische Korrekturleserin, sondern auch ein freundschaftlicher Beistand im Arbeitsalltag. Danke für das Ertragen und Korrigieren meiner Rechtschreibung und Zeichensetzung, das Aufzeigen von Wiederholungen sowie die Hinweise zu eigenen Wortneuschöpfungen. Für die tatkräftige Unterstützung beim Formatieren der Abbildungen, die kritische Durchsicht des Manuskripts sowie zahlreiche Denkanstöße aus rechtsökonomischer Sicht danke ich Niklas Jochheim. Frau Kim Thi Csmelik hat mich durch die Überprüfung meiner Beispielfälle sowie weiterer redaktioneller Arbeiten unterstützt. Nicht zuletzt gilt mein Dank meinem privaten Umfeld – insbesondere meiner Partnerin Nina sowie meinem Freund Timo Becker – für die Verbundenheit, das Verständnis und die Zuversicht.

Bochum, März 2017   Marc Scheufen

Inhaltsverzeichnis

Variablenverzeichnis

A	Konstante (Cobb-Douglas-Produktionsfunktion)
a	Konstante
α	Cobb-Douglas-Gewichtung
$B(R)$	Ausmaß der Prozessinnovation
c	Variabler Kostensatz
DK	Durchschnittskosten
dwl	Wohlfahrtsverlust (dead-weight-loss)
$E(x)$	Erlösfunktion in Abhängigkeit von x
EGK	Externe Grenzkosten
EGN	Externe Grenznutzen
EV	Effizienzvorteil (Kostensynergien der Fusion)
$e^{-\tau t}$	Diskontierungsfaktor in Abhängigkeit von τ und t
G_A	Gewinn des Unternehmens A
G_B	Gewinn des Unternehmens B
$G(x)$	Gewinnfunktion in Abhängigkeit von x
$G(B,T)$	Gewinnfunktion in Abhängigkeit von $B(R)$ und T
GE	Grenzerlöse/-funktion
GK	Grenzkosten/-funktion
GN	Grenznutzen
GS	Grenzschadenskosten
GVK	Grenzvermeidungskosten
$g(x,y)$	Nebenbedingungsfunktion
I	Einkommen (income)
$K(x)$	Kostenfunktion in Abhängigkeit von x
KDK	Kurzfristige Durchschnittskosten
KGK	Kurzfristige Grenzkosten
KVK	Kurzfristige variable Kosten
KR	Konsumentenrente
k	Menge des Produktionsfaktors Kapital
k_f	Fixkosten

$L()$	Lagrangefunktion
LDK	Langfristige Durchschnittskosten
LGK	Langfristige Grenzkosten
l	Menge des Produktionsfaktors Arbeit (labor)
λ	Lagrangemultiplikator
N	Nachfragefunktion (Inverse von $P(x)$)
N_i	Nutzenniveau i
$N(x,y)$	Nutzenfunktion in Abhängigkeit von x und y
n	Anzahl der Spieler
$P(x)$	Preis-Absatz-Funktion in Abhängigkeit von x
P_A	Wahrscheinlichkeit, dass Anton zum Fußball geht
P_B	Wahrscheinlichkeit, dass Berta zum Fußball geht
P_X	Preis für das Gut X
P_Y	Preis für das Gut Y
P_Z	Preis für das Gut Z
PGK	Private Grenzkosten
PGN	Private Grenznutzen
PR	Produzentenrente
p	Preis
p_M	Monopolpreis
p_0	Grenzkostenpreis
p_A	Preis des Unternehmens A (Preiswahl)
p_B	Preis des Unternehmens B (Preiswahl)
p_*	Preis (effiziente Allokation)
$\overline{p}$	Reservationspreis
$\underline{p}$	Preis im Betriebsminimum
R	Investitionen in Forschung und Entwicklung (F&E)
R_A	Reaktionsfunktion des Unternehmens A
R_B	Reaktionsfunktion des Unternehmens B
r	Zinssatz in Prozent
s	Schadensniveau
S^*	Optimaler Subventionsbetrag (Pigou-Subvention)
SGK	Soziale Grenzkosten
SGN	Soziale Grenznutzen
SW	Soziale Wohlfahrt
s	Subvention (Pigou-Subvention)
T	Patentlebensdauer
T^*	Optimaler Transfer bzw. optimale Steuer (Pigou-Steuer)
t	Steuer (Pigou-Steuer)
t^*	Optimaler Transfer bzw. optimale Mengensteuer (Pigou-Steuer)
τ	Patentlebensdauer als Parameter
τ^*	Optimale Patentlebensdauer

$V(B,T)$	Ertrag aus der Prozessinnovation (Nordhaus-Modell)
VK	Variable Kosten
WS	Wahrscheinlichkeit
w	Lohnsatz (wage)
x	Menge des Guts X
x_A	Menge des Unternehmens A (Mengenwahl)
x_B	Menge des Unternehmens B (Mengenwahl)
x_M	Monopolmenge
x_0	Grenzkostenmenge
x^*	Menge (effiziente Allokation)
$\bar{x}$	Mittelwert
y	Menge des Guts Y
y^*	Menge (effiziente Allokation)
z	Menge des Guts Z
z^*	Menge (effiziente Allokation)
WS	Wahrscheinlichkeit

Einführung

1

Um gegenwärtigen Problemen – wie der Flüchtlingskrise – adäquat zu begegnen, brauchen wir ganzheitliche Konzepte. Kein konzeptionelles Klein-Klein, eine umfassende Theorie. Interdisziplinarität bzw. interdisziplinäre Forschung und Lehre folgt dieser Motivation. Was können wir von der anderen Disziplin lernen? Wie kann mich das Wissen der anderen Theorie in einer anwendungsorientierten Auseinandersetzung mit meiner Disziplin unterstützen? Die „Ökonomische Analyse des Rechts" versucht hierzu Licht ins Dunkel der beiden Bereiche Ökonomie und Rechtswissenschaft zu bringen. In der Funktion des Politikers ist es hilfreich zu wissen, wie das gegenwärtige Gesetz ausgestaltet ist. Zu wissen, wie und warum es entstanden ist oder wie es zu reformieren ist, um gegenwärtigen Herausforderungen, wie der Digitalisierung oder dem islamischen Terror zu begegnen, aber eine absolute Notwendigkeit. Die „Ökonomische Analyse des Rechts" wendet hierzu ökonomische Methoden, wie mikroökonomische und empirische Modelle an, um entsprechende rechtspolitische Fragestellungen zu beantworten. Die Wirkung von Gesetzen bzw. Rechtsnormen und damit die ökonomische Folgebewertung steht dabei im Mittelpunkt.

Das vorliegende Lehrbuch beschäftigt sich inhaltlich mit den ökonomischen Methoden zur Bewertung von Rechtsnormen sowie entsprechenden wirtschaftspolitischen Maßnahmen. Der Schwerpunkt liegt dabei bewusst in einer anwendungsorientierten Betrachtung dieser unterschiedlichen Konzepte in verschiedenen Bereichen des Rechts und der Wirtschaftspolitik. Vor diesem Hintergrund folgt nach jeder Methodenvermittlung die konkrete Anwendung des entsprechenden Ansatzes in mindestens zwei verschiedenen Bereichen des Rechts. Offensichtlich kann das Recht dabei keiner Detailbetrachtung unterworfen werden. Vielmehr soll der Fokus auf die ökonomische Intuition und die Stellschrauben für eine optimale Ausgestaltung des Rechts gelegt werden. Motiviert wird diese anwendungsorientierte Betrachtung mithilfe zweier Leitfragen: Wie wirkt das entsprechende Recht auf

© Springer-Verlag GmbH Deutschland, ein Teil von Springer Nature 2020
M. Scheufen, *Angewandte Mikroökonomie und Wirtschaftspolitik*,
https://doi.org/10.1007/978-3-662-59370-7_1

die Gesellschaftsmitglieder, die es betrifft? Wir beschäftigten uns also mit den Anreizen der Individuen. Daneben fragen wir danach, wie das Recht ausgestaltet sein sollte. Dieser normative Ansatz fragt nach den Beweggründen des Rechts und seinen sozialökonomischen Konsequenzen. Hier werden wir uns folglich mit den gesamtwirtschaftlichen oder kollektiven Anreizen beschäftigen. Beide Perspektiven zusammengenommen verdeutlichen den Fokus der ökonomischen Analyse des Rechts. Zunächst betrachten wir die individuellen Anreize und die Wirkung des Rechts. Zweitens beschäftigen wir uns mit der optimalen Ausgestaltung einer Rechtsnorm. Weichen individuelle und soziale Anreize voneinander ab, so gibt es Reformbedarf.

Der Aufbau des Buches ist wie folgt gewählt: In Kap. 2 beschäftigen wir uns zu Beginn mit dem ökonomischen Effizienzparadigma. Was heißt Effizienz aus ökonomischer Sicht? Wie beurteilt man, ob etwas effizient ist? Vor diesem Hintergrund werden wir die allgemeine Struktur der ökonomischen Analyse (des Rechts) hervorheben, die auf individuelle versus soziale bzw. kollektive Anreize abstellt. Diese Unterscheidung motiviert im Folgenden die Kapitelgestaltung. Während Kap. 3 und 4 auf die individuellen Präferenzen abstellen, beschäftigen wir uns in Kap. 5 mit den Folgen für das Recht aus wohlfahrtsökonomischer Perspektive. Die klassische Mikroökonomie bildet das Fundament der individuellen Betrachtung. Wie handeln die Entitäten der Wirtschaft, d. h. die Haushalte (Haushaltstheorie) und die Unternehmen (Produktionstheorie)? Wie und warum kommt es zum Austausch von Gütern? Wie funktioniert der Marktmechanismus und welche Bedeutung kommt der Marktstruktur dabei zu? Anschließend widmen wir uns einigen grundlegenden Konzepten der sog. Spieltheorie. Betrachtungsgegenstand sind dabei Interaktionen von Individuen, d. h. Situationen, in denen mein Handeln nicht nur von meiner eigenen Entscheidung, sondern auch von der Entscheidung meines Interaktionspartners abhängt. Nach einer kurzen Einführung und Definition wichtiger Begrifflichkeiten der Spieltheorie folgt die Betrachtung besonderer Spiele in der sog. Normalform. In der anschließenden Extensivform lernen wir komplexere Spielformen kennen. In Kap. 5 wenden wir uns schließlich von der rein individuellen Perspektive ab und setzen die Brille des „Social Planers" auf. Wie sollte das Recht ausgestaltet werden, um der Allgemeinheit einen möglichst hohen Grad der Bedürfnisbefriedigung zu ermöglichen? Was ist effizient, nicht für den Einzelnen, sondern für die Gesellschaft? Offensichtlich spielen in diesem Zusammenhang Werturteile eine wichtige Rolle. Ist ein Zustand effizient, in dem ein Individuum alles hat und die anderen nichts? Brauchen wir so etwas wie den Sozialstaat, der ein Existenzminimum für das Überleben und gesellschaftliche Teilhabe aller Mitglieder gewährleistet? Zwei grundlegende Perspektiven, der Utilitarismus und die Gerechtigkeitstheorie von John Rawls sollen hierzu verdeutlichen, dass je nachdem, wie wir diese Werturteilsfragen für uns beantworten, unterschiedliche Zustände effizient sein können. Abschließend wollen wir der Frage nachgehen, ob es so etwas wie ein Optimum Optimorum gibt, d. h. einen Zustand, der soziale bzw. gesamtwirtschaftliche Effizienz verspricht. Verschiedene Probleme, wie das Medianwählertheorem oder „Rent-Seeking" verdeutlichen die Schwierigkeiten, die mit einer solchen Sozialwahl einhergehen. Kap. 6 rundet die Betrachtung aus rechtsökonomischer und wirtschaftspolitischer Sicht ab. Was ist, wenn private und soziale

Anreize auseinandergehen? Welche Folgen hat eine ineffiziente Allokation? Spätestens in diesem Kapitel wird der Leser verstehen, dass staatliche Intervention – mit anderen Worten auch die Definition einer Rechtsnorm oder die Formulierung einer wirtschaftspoltischen Maßnahme durch den Politiker – legitimiert sein sollte. Wenn der Marktmechanismus funktioniert, werden wir keinen Bedarf für staatliches Handeln sehen. Nur bei Marktversagen wird der Marktmechanismus die Anreize unserer Gesellschaftsmitglieder nicht in eine sozial- oder wohlfahrtsökonomisch sinnvolle Richtung lenken. Referenzmaßstab zur Bewertung von Effizienz wird dabei immer das Modell der vollkommenen Konkurrenz sein, das mit einer Reihe verschiedener Annahmen einhergeht. Sind diese Annahmen erfüllt, so ist der Markt effizient. Ist eine Annahme allerdings verletzt, so werden wir von Marktversagen sprechen. Jede dieser Annahmen kann verschiedene Marktversagenstatbestände begründen, auf die wir durch Formulierung einer Rechtsnorm oder mithilfe (einfacher) wirtschaftspolitischer Maßnahmen, die mehr oder weniger geeignet sein können, reagieren. Kap. 6 stellt insgesamt drei besondere Marktversagenstatbestände vor. Abschließend beschäftigen wir uns mit dem sog. Coase-Theorem, das uns zeigen wird, dass unter gewissen Bedingungen das Recht bzw. die konkrete Zuordnung von Recht auf die Gesellschaftsmitglieder keine Rolle spielt. Die Gesellschaftsmitglieder werden über den Verhandlungsweg zu einer effizienten Allokation gelangen. Allerdings zeigt die Realität, dass die wesentliche Annahme des Coase-Theorems, die Abwesenheit von Transaktionskosten, eher eine schöne Vorstellung bleibt. Nichtsdestotrotz zeigt uns das Coase-Theorem als Geburtsstunde der ökonomischen Analyse des Rechts, welche Anforderungen wir an Recht und seine konkrete Ausgestaltung stellen sollten. Gerade weil in der Realität Transaktionskosten existieren, kommt dem Recht und der Rechtsausgestaltung eine zentrale Bedeutung zu. Die ökonomische Theorie soll hierzu Hilfestellung bieten, den richtigen Weg einzuschlagen und zu beraten.

Das didaktische Konzept dieses Lehrbuches beinhaltet dabei letztlich zwei zentrale Elemente: Erstens sollen didaktische Sonderfelder dabei unterstützen, den mathematischen Hintergrund der unterschiedlichen Konzepte und Methoden zu verstehen. Hierbei wird insbesondere Wert auf das Verständnis und die Erklärung einfacherer sowie komplexerer mathematischer Ansätze gelegt. Bewusst verzichtet dieses Lehrbuch im Haupttext auf komplexe mathematische Rechenverfahren, um primär die Zusammenhänge und die ökonomische Intuition hinter den verschiedenen Konzepten und Methoden zu erläutern. Die didaktischen Felder haben eine unterstützende Funktion in dieser Hinsicht. Für den interessierten Leser gibt es zudem eine Kurzeinleitung zur Lagrange- und Produktionsfunktion im Anhang des Buches. Zweitens sollen zahlreiche Beispiele die vorgestellten Methoden vertiefen und in einer anwendungsorientierten Auseinandersetzung wiederholen. Neben den allgemeinen Beispielen in den einzelnen Kapiteln vertiefen wir das vorgestellte Methodenwissen zudem anhand von Anwendungen in verschiedenen Bereichen des Rechts. Beides zusammen soll dem Verständnis und dem rechtsökonomischen Praxisbezug dienen und letztlich verdeutlichen, dass auch mit den hier vorgestellten grundlegenden (mikroökonomischen) Methoden die Intuition hinter dem Recht und dessen Ausgestaltung erklärt werden kann.

Das ökonomische Effizienzparadigma

2

Bevor wir uns ausführlich mit den ökonomischen Methoden zur Bewertung von Rechtsnormen sowie wirtschaftspolitischen Maßnahmen beschäftigen können, müssen wir uns den Referenzmaßstab anschauen, mit dem wir beurteilen, ob eine Veränderung (Reform) einen besseren oder schlechteren sozialen Zustand hervorruft. Vor diesem Hintergrund ergeben sich eine Reihe von Fragestellungen, die wir im Laufe dieses Kapitels beantworten werden: Womit beschäftigt sich die Ökonomie? Und was ist demzufolge unter der ökonomischen Analyse (des Rechts) zu verstehen? Was wollen wir durch eine ökonomische Beratung zu rechtspolitischen Fragestellungen erreichen? Wie bewerten wir verschiedene soziale Zustände aus ökonomischer Sicht? Wie sollten wir in unserer Analyse vorgehen, um zu sinnvollen Schlussfolgerungen hinsichtlich der Neugestaltung oder Reformierung der Rechtsnorm oder Wirtschaftspolitik zu gelangen?

Am Ende dieses Kapitels werden wir gelernt haben:

- was man unter Ökonomie und ökonomischer Analyse des Rechts versteht,
- welche Prinzipien der ökonomischen Analyse dabei zugrunde liegen,
- was Effizienz bedeutet, und wie diese mit anderen wirtschaftspolitischen Zielvorstellungen zu vereinbaren ist,
- welche Kriterien es zur Bewertung von Effizienz gibt und wie diese zu beurteilen sind und
- wie die ökonomische Analyse des Rechts üblicherweise vorgeht.

Elektronisches Zusatzmaterial Die Online-Version dieses Kapitels (https://doi.org/10.1007/978-3-662-59370-7_2) enthält Zusatzmaterial, das für autorisierte Nutzer zugänglich ist.

2.1 Theoretische Grundlagen

Die theoretischen Grundlagen der ökonomischen Methodenlehre im engeren und der ökonomischen Analyse des Rechts im weiteren Sinne bauen letztlich auf wenigen Prinzipien
auf, die etwas darüber aussagen, wie wir die Welt sehen. Mit anderen Worten: Sie sagen
etwas über die Werturteile, insbesondere im Hinblick auf die Position und Rolle des Einzelnen in der Gesellschaft aus. Vor diesem Hintergrund möchten wir uns zunächst mit
diesen zentralen Prinzipien beschäftigen und zudem beantworten, was wir unter Ökonomik und ökonomischer Analyse (des Rechts) verstehen. Hierauf aufbauend werden wir
uns im Anschluss anschauen, welche Konsequenzen sich für die Bewertung von Rechtsnormen und wirtschaftspolitischen Maßnahmen ergeben.[1]

2.1.1 Prinzipien der ökonomischen Analyse (des Rechts)

Was versteht man also unter der ökonomischen Analyse des Rechts? Betrachten wir die
Wörter im Einzelnen, so müssen wir zunächst klären, was unter Ökonomie, Analyse und
Recht zu verstehen ist. Die Ökonomie beschäftigt sich letztlich mit knappen Ressourcen
oder Gütern und deren Verwendung. Ziel der Ökonomie ist es, die Ressourcen so einzusetzen, dass eine möglichst große Bedürfnisbefriedigung erreicht wird. Der Begriff der
Bedürfnisbefriedigung bedeutet im engeren Sinne, dass wir eine möglichst hohe soziale
Wohlfahrt erreichen bzw. ein möglichst hohes Wirtschaftswachstum. Im weiteren Sinne ist
hierunter aber auch Glück zu verstehen. Man könnte sagen, das Ziel der Ökonomie ist das
größte Glück der größten Zahl. Letztlich wollen wir, dass es unseren Gesellschaftmitgliedern bzw. unseren Mitmenschen gut geht. Glücklich zu sein ist dabei sicherlich das größte
Glück.[2] Unter dem Begriff der Analyse verstehen wir im weiteren Sinne die Anwendung
ökonomischer Methoden. Im engeren Sinne lassen sich zwei Ansätze unterscheiden. Auf
der einen Seite, die theoretische Analyse unter Anwendung meist mikroökonomischer
Methoden. Mikroökonomie beschäftigt sich dabei mit den „kleinsten" Einheiten der
Gesellschaft, den Individuen (bzw. Haushalten) sowie den Unternehmen. Auf der anderen

---

[1] Da wir uns in erster Linie mit den ökonomischen Methoden und deren Anwendung auf rechts- und
wirtschaftspolitische Fragestellungen beschäftigen, werden wir die theoretischen (und normativen)
Grundlagen relativ kurz behandeln. Eine umfassende Auseinandersetzung ist in den klassischen
Lehrbüchern zur ökonomischen Analyse des Rechts (z. B. Schäfer/Ott (2012), Shavell (2004)) sowie
zur Volkswirtschaftslehre (Pindyck/Rubinfeld (2005)) zu finden. Zu den ökonomischen Methoden
im Recht (bzw. ökonomischen Analyse des Rechts) siehe insbesondere Weise et al. (2005) sowie
Towfigh/Petersen (2010).

[2] In diesem Zusammenhang werden auch zwei verschiedene Arten der Herangehensweise aus ökonomischer Sicht deutlich. Üblicherweise definieren wir die Wirtschaftsmacht bzw. -stärke eines Landes über das Bruttoinlandsprodukt. Im Folgenden werden wir in diesem Zusammenhang von sozialer
Wohlfahrt sprechen. Es gibt aber auch andere Herangehensweisen. So beschäftigt sich die sog.

Seite, die empirische Analyse, die unter Anwendung statistischer Methoden bestimmte Theorien (bzw. Hypothesen) testet. Das Ergebnis ist dabei entweder eine Verifikation (also Bestätigung) oder Falsifikation (also Verwerfung) einer Theorie. Die Theorie sagt uns dabei, wie wir die Welt sehen. Beide Ansätze zusammen bilden den methodischen Instrumentenkoffer, mit dem wir die ökonomische Analyse betreiben.[3] Der Begriff des Rechts bezieht schließlich den Forschungsgegenstand mit ein. Unter Recht versteht man dabei sowohl formelle Institutionen (wie z. B. Gesetze) als auch informelle Institutionen (wie z. B. Normen oder Sitten). Als Forschungsgegenstand bildet das Recht den Rahmen, in dem sich unsere Gesellschaftsmitglieder bewegen und in dem sie miteinander interagieren. Die ökonomische Analyse des Rechts kann damit letztlich verstanden werden als die Anwendung ökonomischer Methoden auf rechts- sowie wirtschaftspolitische Fragestellungen.

Die ökonomische Analyse unterscheidet schließlich zwei Formen der Analyse. Erstens, die positive Analyse. Auf der einen Seite handelt es sich dabei um eine „Impact"-Analyse bzw. Folgebewertung. In diesem Zusammenhang verstehen wir unter positiver Analyse, welche Folgen bzw. Wirkungen sich aus bestimmten Rechtsnormen ergeben. Die Frage ist also, wie das Recht wirkt. Auf der anderen Seite können wir im Rahmen der positiven Analyse die Entstehungsanalyse betrachten. Hierunter verstehen wir die systematische Beschreibung und Prognose über das Zustandekommen und die Entwicklung von Recht. Zweitens und von der positiven Analyse abzugrenzen, ist die normative Analyse. Die normative Analyse beschäftigt sich mit der optimalen Ausgestaltung des Rechts hinsichtlich bestimmter wirtschafts- oder sozialpolitischer Zielvorstellungen. In diesem Zusammenhang fragen wir also danach, wie das Recht aussehen sollte, damit es die gewünschten Anreizwirkungen entfaltet und damit die gesteckten Ziele erreicht.

Um beide Aspekte adäquat abbilden und untersuchen zu können, benötigen wir einen analytischen Rahmen. Einen Kanon von Prinzipien, die unsere Überzeugungen hinsichtlich bestimmter Zielvorstellungen leiten. Ausgangspunkt bzw. zentrales Fundament der ökonomischen Analyse ist dabei der sog. normative Individualismus. Grundgedanke des normativen Individualismus ist, dass letztlich nur die Individuen selbst (am besten) wissen können, was gut für sie ist. Hintergrund dieses Ansatzes sind zwei philosophische Schulen. Auf der einen Seite, die naturrechtliche Schule nach John Locke und Jean-Jacques

---

Glücksforschung mit der Frage, ob wir glücklich sind. Nicht überraschend stellt die Glücksforschung dabei fest, dass Wirtschaftsmacht (i. S. v. BIP pro Kopf) und Glücklichsein nicht perfekt korreliert sind. So leben die glücklichsten Menschen in Dänemark, gefolgt von der Schweiz. Das größte Pro-Kopf-Einkommen wird in diesen Ländern jedoch nicht erreicht. Ferner verfügen etwa Indonesien trotz niedriger Pro-Kopf-Einkommen über einen hohen Glücksindex. So bleibt festzuhalten, dass eine gewisse Wirtschaftsstärke (und damit Geld) wichtig ist zum Glücklichsein. Darüber hinaus sind aber auch andere Faktoren, wie Freizeit oder gesellschaftliche Partizipation, entscheidend. Grundlegend zur Glücksforschung siehe z. B. Ruckriegel (2012) sowie die darin zitierte Literatur.

[3] Offensichtlich beschäftigen wir uns in diesem Lehrbuch mit der theoretischen Analyse. Entsprechend gestaltet sich der Aufbau des Buches in mikroökonomische (i. d. R. individuelle) und wohlfahrtsökonomische Erwägungen.

Rousseau. Diese betont die individuelle Freiheit des Einzelnen als Mittelpunkt. Auf der anderen Seite die utilitaristische Schule. Hier stehen die Präferenzen, d. h. die Bedürfnisse der Individuen im Vordergrund. Streben wir also die größtmögliche Bedürfnisbefriedigung an, so können die Gesellschaftsmitglieder nur selbst beurteilen, ob sie glücklich sind und was sie glücklich macht. Entsprechend sollten die Individuen die alleinige Quelle für die Werte einer Gesellschaft sein. Damit einher geht eine maximal mögliche Freiheit des Einzelnen in seiner Zielverfolgung. Maximal möglich heißt in diesem Zusammenhang, dass die Freiheit des Einzelnen da aufhört, wo die Freiheit eines anderen Individuums beeinträchtigt wird. Hieraus ergibt sich für den Staat die Aufgabe des Korrektivs, das lediglich als Instanz zur Überwachung des Freiheitsprinzips fungiert. Neben dem normativen Individualismus liegt der ökonomischen Analyse aber auch ein methodologischer Individualismus zugrunde. Grundgedanke des methodologischen Individualismus ist, dass die Individuen das Ziel der Nutzenmaximierung verfolgen. Dieser Ansatz betont die Notwendigkeit, dass Individuen zwei zentrale Annahmen erfüllen. (1) sie handeln immer rational. Die Rationalitätsannahme beinhaltet zudem die Notwendigkeit vollständiger Information. Das Individuum trifft also immer eine informierte Entscheidung und wählt jene Alternative, die seinen Nutzen maximiert. (2) die Individuen sind eigennützig bzw. egoistisch motiviert. Sie handeln, weil es ihnen nützt, nicht weil sie anderen helfen wollen. Dass heißt nicht zwangsläufig, dass Altruismus nicht existieren kann. So kann es durchaus sein, dass die Tatsache, dass es dem Nachbarn gut geht, im Nutzenkalkül des Individuums Berücksichtigung findet. Mit anderen Worten: Auch Nächstenliebe ergibt sich aus der Nutzenmaximierung des Einzelnen. Das Menschenbild, das wir hier betrachten, bezeichnet man auch als „Homo Oeconomicus". Es ist letztlich ein konstruiertes Bild, ein fiktives Wesen, das uns ermöglicht ökonomische Prozesse zu analysieren. Schließlich beschäftigt sich die Ökonomie mit Individuen und deren Interaktion. Indem wir den Individuen ein Korsett von Annahmen geben, lassen sich individuelle und letztlich auch kollektive Entscheidungen analysieren und ableiten. Dass wir nicht immer rein rational handeln, dürfte der flüchtige Blick in den voll besetzen Zug auf dem morgentlichen Weg zur Arbeit bereits verraten. In der Tat handeln wir oft nicht rational mit dem Kopf, sondern vielmehr emotional aus dem Bauch heraus. Herbert Simon (1959) begründet in diesem Zusammenhang das Konzept der sog. beschränkten Rationalität. Das Konzept der beschränkten Rationalität geht davon aus, dass Individuen grundsätzlich nicht vollständig rational handeln können, da sie über eine „beschränkte kognitive Verarbeitungskapazität" (d. h. nicht über den notwendigen IQ) und nicht immer über vollständige Information verfügen. Schließlich kann es auch nicht sinnvoll sein, so lange Informationen zu sammeln, bis man alle Informationen für eine Entscheidung zusammen hat. So zeigt uns die Informationsökonomik bereits, welches Kalkül allen ökonomischen Überlegungen zugrunde liegt: Wir sollten so lange weitere Informationen sammeln, bis der zusätzliche Nutzen aus dieser weiteren Information den zusätzlich Kosten entspricht, die zur Beschaffung dieser letzten Information aufgewendet werden. Wir werden im Verlauf des Buchs dabei von Grenznutzen und Grenzkosten sprechen. Nach Simon (1959) streben Individuen also nicht nach Nutzenmaximierung, sondern nach Satisfizierung. Entsprechend definieren Individuen für sich bestimmte Anspruchsniveaus. Erreichen sie diese, so sind sie zufrieden. Beide Ansätze – der Homo Oeconomicus und das Konzept der beschränkten Rationalität – zeigen letztlich, dass der methodologische Individualismus dem Staat eine unterstützende Funktion zuordnet. Die Institutionen haben vor diesem Hintergrund die Aufgabe, die Individuen dabei zu unterstützen, ihre Ziele zu erreichen.

Ein typisches Beispiel, wie der Staat die Individuen dabei unterstützen kann, rational zu handeln, liefert der Ökonom und Nobelpreisträger von 2017, Richard Thaler. Der Verhaltensökonom berät seit vielen Jahren verschiedene Regierungen bei der Umsetzung wirtschaftspolitischer Maßnahmen. So berichtet er selbst über seine Beratertätigkeit für die britische Regierung.[4] Die britische Regierung rief Thaler im Rahmen einer wirtschaftspolitischen Maßnahme zur Modernisierung britischer Haushalte zur Hilfe. Die Regierung hatte ein Subventionsprogramm ins Leben gerufen, um den britischen Haushalten einen Anreiz zu geben, ihre Speicher zu isolieren und damit die Energieeffizienz der Häuser deutlich zu verbessern. Die Amortisation für die Modernisierungskosten betrug weniger als zwölf Monate, sodass eigentlich jeder Haushalt einen großen Anreiz haben müsste, die Subvention in Anspruch zu nehmen. Nichtsdestotrotz nahmen weniger als 1 % der Haushalte die Subvention in Anspruch und ließen ihre Speicher isolieren. Schließlich bat die britische Regierung um seine Unterstützung. In individualisierten Interviews mit Haushalten, die die Subvention bisher nicht in Anspruch genommen hatten, um ihren Speicher zu isolieren, fand Thaler schnell den Grund für diese ablehnende Haltung. Die Haushalte waren schlichtweg nicht gewillt, ihre Speicher aufzuräumen, um die Modernisierungsmaßnahmen zu ermöglichen. Also empfahl Thaler der Regierung neben der Modernisierung eine kostengünstige Entrümpelung anzubieten, damit die Haushalte ihren „inneren Schweinehund" überwinden könnten – mit Erfolg. Die Nachfrage nach der Subvention stieg um unglaubliche 500 %. Das Beispiel erklärt sehr schön, was die Aufgabe des Staates sein sollte, um dem Problem beschränkter Rationalität zu begegnen. Letztendlich muss man die Haushalte nur in die Lage versetzen, rationale Entscheidungen treffen zu können. Thaler selbst spricht in diesem Zusammenhang von „nudging" (englisch für anstoßen oder schubsen).[5] Das heißt, die Haushalte sollen auf mehr oder weniger subtile Weise dazu bewegt werden, etwas Bestimmtes einmalig oder dauerhaft zu tun oder zu unterlassen. Vor diesem Hintergrund können wir im Folgenden mit guter Gewissheit das fiktive Wirtschaftssubjekt eines Oeconomicus unterstellen, um überhaupt Aussagen über die Handlungen von Haushalten und Unternehmen tätigen zu können. Gleichwohl müssen wir uns darüber im Klaren sein, dass es den rein rational handelnden und nutzenmaximierenden Akteur nicht gibt, sondern Emotionen, Irrationalität und das berühmte Bauchgefühl unsere Haushalte und Unternehmen dazu bringt, nicht immer im Sinne unserer Vorhersagen zu handeln.

---

[4] Siehe hierzu das Interview von Timothy Taylor auf http://conversableeconomist.blogspot.com/2013/10/rilchard-thaler-on-behavioral-economics.html.

[5] Für weitere Beispiele zum Nudging-Konzept siehe Thaler und Sunstein (2008).

2.1.2   Effizienz und Folgebewertung

Welche Ziele sind aber nun für den Einzelnen und für Gesellschaft als Ganzes wünschenswert? Die Prinzipien der ökonomischen Analyse helfen uns bei der Suche nach einer Antwort zu dieser Frage weiter. Schließlich beschäftigt sich die Ökonomie allgemein damit,
die knappen Ressource oder Güter so einzusetzen, dass ein möglichst hoher Grad der Bedürfnisbefriedigung erreicht wird. Mit anderen Worten: Die knappen Ressourcen sollten
nicht verschwendet werden. In diesem Zusammenhang spricht man auch von Effizienz.
Effizienz heißt, dass die knappen Ressourcen letztlich ihrer produktivsten Verwendungsmöglichkeit zufließen sollten. Die Zielvorstellung des Ökonomen heißt dabei Allokationseffizienz. Als Referenzmaßstab werden wir später das Modell des vollkommenen Wettbewerbs kennenlernen. Dieses Modell enthält insgesamt elf Annahmen.[6] Sind alle
Annahmen erfüllt, so sprechen wir von Allokationseffizienz. Wir verschwenden unsere
Ressourcen nicht. Der Marktmechanismus sorgt dabei auf der Basis der maximal möglichen Freiheit jedes Einzelnen, dass die Ressourcen bestmöglich zur Bedürfnisbefriedigung unserer Gesellschaftsmitglieder beitragen. Ist eine der Annahmen indes verletzt, so
kann das Ziel der Allokationseffizienz nicht erreicht werden. So führt etwa Marktmacht
dazu, dass die Unternehmen sich auf Kosten der Verbraucher bereichern. Gleichzeitig vernichtet Marktmacht soziale Wohlfahrt. Schließlich wird nicht jeder Konsument, der bereit
gewesen wäre einen kostendeckenden Preis zu zahlen, das Produkt zum Monopolpreis
konsumieren. Jede der elf Annahmen kann letztlich bei Nichterfüllung ein eigenes Marktversagensproblem hervorrufen. Liegt Marktversagen vor, so wird das Ziel der Allokationseffizienz nicht erreicht. Das heißt Marktversagen legitimiert Staatseingriff. Im Sinne des
normativen und methodologischen Individualismus kommt dem Staat die Aufgabe des
korrigierenden Überwachers zu. Nur wenn der Marktmechanismus unser gewünschtes
Ziel nicht erreicht, soll der Staat, z. B. durch Formulierung einer Rechtsnorm oder Ver-
anlassung einer wirtschaftspolitischen Maßnahme, unterstützen und damit die Institutionen schaffen, durch die die Gesellschaftsmitglieder ihr Ziel der Bedürfnisbefriedigung
erreichen können.

Offensichtlich scheint die Ökonomie damit verschlossen für andere Zielvorstellungen,
wie beispielsweise soziale Gerechtigkeit. Wollen wir wirklich in einer Welt leben, in der
die Egoisten und Mächtigen ihren Nutzen maximieren, während die Schwachen außen
vor bleiben? Ist also ein effizientes Rechts- und Wirtschaftssystem zwangsläufig unge-
recht? Schließlich geht die Verfolgung von Gerechtigkeitszielen mit Effizienzverlusten

---

[6] Hierzu zählen: (1) Gegebener Ressourcenaustausch, (2) Konstante Produktionstechnik, (3) Konstante Präferenzen, (4) Wahl- bzw. Vertragsfreiheit, (5) Homogenität der Güter, (6) Atomistische
Marktstruktur, (7) Vollständige Markttransparenz, (8) Unbegrenzte Mobilität der Güter und Produktionsfaktoren, (9) Unbegrenzte Teilbarkeit der Güter und Produktionsfaktoren, (10) Unendliche Res-
sourcengeschwindigkeit und (11) Abwesenheit technologischer externer Effekte. Wir kommen hierauf in Kap. 6 zurück.

einher. Gleichzeitig wird klar, dass eine durchgängig ineffiziente Gesellschaft auch nicht sozial gerecht sein kann. Die Antwort ist, dass es von unseren Werturteilen abhängt, ob wir Effizienz und Gerechtigkeit miteinander vereinbaren können. So ist Effizienz durchaus mit Ungleichverteilung vereinbar.[7] Die Frage ist nur, wieviel Ungleichverteilung wir tatsächlich für das Erreichen von Allokationseffizienz in Kauf nehmen müssen. Sicherlich sollten wir versucht sein, so wenig wie möglich zu verschwenden und letztlich so effizient wie möglich zu sein. Effizienzverluste sollten aber gleichzeitig in Kauf genommen werden, um andere (höhere) normative Zielvorstellungen zu erreichen. So können wir beide Ziele – Allokationseffizienz und Verteilungsgerechtigkeit – durch unterschiedliche, voneinander unabhängige soziale Institutionen anstreben. Wir werden später sehen, dass unsere Werturteile zudem einen elementaren Einfluss darauf haben, wie wir Effizienz sehen. Schließlich zeigt die Rawls'sche Gerechtigkeitstheorie, dass der Reiche reicher werden darf. Allerdings nur solange die Ärmsten ebenfalls hiervon profitieren.[8] Wir können also durchaus den Effizienz- und den Gerechtigkeitsgedanken zusammenbringen.

Wir haben gesehen, dass wir im Rahmen der positiven Analyse die Folgen oder die Wirkung von Recht analysieren. Welche Konsequenzen ergeben sich also aus Gesetzen? Und, wie sind die Konsequenzen miteinander vergleichbar, wenn ich das Gesetz so oder anders ausgestalte? Das Aussehen der neu ausgestalteten Rechtsnorm, oder die Veränderung einer bestehenden Rechtsnorm durch Reform, hat Konsequenzen für unsere Gesellschaftmitglieder. Je nach Ausgestaltung ergeben sich Anreize für die Individuen in die eine oder andere Richtung, mehr oder weniger aktiv zu sein. Zur Analyse der hieraus resultierenden unterschiedlichen sozialen Zustände und damit zur Folgebewertung, benötigen wir Kriterien, die uns erlauben Effizienz zu operationalisieren. Können sich die Individuen in meiner Gesellschaft durch ein neues Gesetz verbessern? Inwiefern verbessern sie sich, wenn ich das Gesetz auf die eine oder die andere Art und Weise ausgestalte? Zu all diesen Fragen kann der Ökonom beraten. Bevor wir allerdings in die Analyse der Anreizwirkungen einsteigen, brauchen wir Regeln, die uns erkennen lassen, was besser oder schlechter ist. Und damit auch was am besten, also effizient, wäre. Hierzu wenden wir uns zwei Effizienzkriterien zu, mit deren Hilfe wir Effizienz bewerten können.

---

[7] Auch Gerechtigkeit ist mit Ungleichheit vereinbar, d. h. dass Gerechtigkeit nicht notwendigerweise eine Gleichverteilung zwischen den Gesellschaftsmitgliedern voraussetzt. Siehe hierzu u. a. die Einleitung zu Amartya Sens Buch „Die Idee der Gerechtigkeit" Sen (2010) sowie den Ansatz von John Rawls (1971).

[8] Wir werden uns mit Rawls nochmal in Kap. 5 beschäftigen. Rawls zeigt, dass hinter dem „Schleier der Ungewissheit", wo niemand von uns seine gesellschaftliche Stellung nach der Geburt kennt, jeder befürchten muss, dass er am schlechtesten gestellt sein könnte. Vor diesem Hintergrund, so Rawls, würden die Individuen sich letztlich auf die sog. Maximin-Regel einigen, d. h. Maximierung des minimalen Nutzens. Auf diese Weise lassen wir soziale Ungleichverteilung nur zu, wenn auch der Ärmste in der Gesellschaft vom Reichwerden des Reichen profitiert.

2.2   Effizienzkriterien

In der Ökonomie lassen sich zwei grundlegende Effizienzkriterien unterscheiden. Erstens, das sog. Pareto-Kriterium, benannt nach dem Ökonomen Vilfredo Pareto.[9] Zweitens, das Kaldor-Hicks Kriterium, benannt nach den Ökonomen Nicholas Kaldor und John Richard Hicks.[10] Beide Kriterien haben gemeinsam, dass wir zwei soziale Zustände miteinander vergleichen. Konkret vergleichen wir dabei einen neuen sozialen Zustand, der beispielsweise Folge einer neuen Rechtsnorm ist, mit einem Ausgangszustand, dem Status Quo. Ohne Ausgangssituation können wir also keine Schlussfolgerungen ziehen, ob ein anderer sozialer Zustand gegebenenfalls besser oder schlechter wäre. Und damit auch nicht, welcher soziale Zustand Allokationseffizienz verspricht.

2.2.1   Das Pareto-Kriterium

Das Pareto-Kriterium besagt, dass ein sozialer Zustand gegenüber einer Ausgangssituation besser ist, wenn mindestens ein Individuum besser gestellt werden kann, ohne dass hierzu jemand schlechter gestellt werden muss. Das heißt ein sozialer Zustand wird nach Pareto also nur dann als besser bewertet, wenn der Hinzugewinn des einen nicht auf Kosten eines anderen zustande kommt. Niemand darf verlieren. Man spricht in diesem Zusammenhang von einer Pareto-Verbesserung, oder einem Pareto-superioren Zustand.

Video 2.1 Das ökonomische Effizienzparadigma

---

[9] Siehe grundlegend hierzu Pareto (1902).
[10] Siehe grundlegend hierzu Hicks (1939) sowie Kaldor (1939).

Das Gegenteil davon ist die Pareto-Verschlechterung oder ein Pareto-inferiorer Zustand. Besser und schlechter stellen bedeutet, dass wir den Nutzen und die Nutzenveränderung der Individuen betrachten und vergleichen. Man spricht hierbei von einem interpersonellen Nutzenvergleich, d. h. wir vergleichen das Nutzenniveau des einen Individuums und des anderen Individuums in Zustand 1 und 2. Im einfachsten Fall besteht unsere Gesellschaft aus zwei Individuen, deren Nutzen wir miteinander vergleichen. Hierzu lernen wir Anton und Berta kennen. Anton und Berta realisieren Nutzen aus dem Konsum von Gütern, der ihrer Bedürfnisbefriedigung dient. Aus unseren vorherigen Überlegungen wissen wir, dass wir Anton und Berta dabei unterstützen sollten einen möglichst hohen Grad der Bedürfnisbefriedigung zu erlangen. Das können wir beispielsweise tun, indem wir die beiden durch geeignete Institutionen und wirtschaftspolitische Maßnahmen unterstützen. In der Konsequenz kommt es zu einem neuen sozialen Zustand, den wir mit der Ausgangssituation vergleichen können. Wir wollen dabei wissen, ob unsere Maßnahmen tatsächlich erfolgreich dabei sind, Anton und Berta in dem Erreichen ihrer höchstmöglichen Bedürfnisbefriedigung zu unterstützen – und auch wie erfolgreich, d. h. ob es noch Verbesserungspotential aus sozialökonomischer Sicht gibt. Hierzu vergleichen wir schließlich die Nutzenniveaus und betrachten die Veränderungen der Nutzenniveaus von Anton und Berta. Damit wir Nutzenniveaus miteinander vergleichen können, legt Pareto ein ordinales Nutzenkonzept zugrunde. Ordinal heißt, dass wir den Nutzen bzw. das Nutzenniveau lediglich in eine sinnvolle Reihenfolge bringen müssen. Das heißt dass Anton bzw. Berta in dem einen Zustand einen höheren Nutzen als in einem anderen Zustand realisieren. Die Frage ist indes nicht, um wieviel besser oder schlechter sie sich stellen. Ordinalität ermöglicht keine Aussagen über Differenzen (d. h. um 5 Einheiten besser/schlechter) oder Quotienten (d. h. doppelt so gut, halb so gut). Wir müssen also lediglich beantworten, ob unsere Maßnahme Anton und Berta besser oder schlechter stellen. Stellen wir mindestens einen von beiden besser, ohne dass hierzu der andere schlechter gestellt werden muss, so liegt eine Pareto-Verbesserung vor. Von Pareto-Effizienz oder -Optimalität sprechen wir indes, wenn wir kein Individuum mehr besser stellen können, ohne dass wir hierzu ein anderes Individuum schlechter stellen müssen. Dass heißt wenn wir Anton nur noch in seinem Nutzenniveau verbessern könnten, indem wir Berta etwas wegnehmen, dann liegt Pareto-Effizienz vor. Spätestens hier sollte also die individuelle Freiheit enden. Beide Sachverhalte lassen sich anhand der Abb. 2.1 verdeutlichen.

In der Abb. 2.1 vergleichen wir die Nutzenniveaus von Anton und Berta. Je weiter wir nach rechts gehen (entlang der x-Achse), desto größer ist das Nutzenniveau von Berta. Je weiter wir nach oben gehen (entlang der y-Achse), desto höher ist das Nutzenniveau von Anton. Im Ausgangspunkt P realisieren Anton und Berta jeweils ein Nutzenniveau in Höhe von N_A^P bzw. N_B^P. Welche Punkte würden nun zu einer Pareto-Verbesserung führen? Betrachten wir die einzelnen Quadranten (I bis IV), so wird deutlich, dass im Quadrant IV kein Punkt eine Verbesserung sein kann. Schließlich würden Anton und Berta sich in jedem dieser Punkte im IV. Quadranten schlechter stellen. Auch die Quadranten I und III stellen keine Pareto-Verbesserungen dar. Schließlich kann sich Anton zwar im I. Quadranten grundsätzlich besser stellen, allerdings nur auf Kosten von Berta. Jeder Punkt im III. Quadranten stellt analog einen Punkt dar, in dem sich Berta zwar besser stellen kann, allerdings Anton

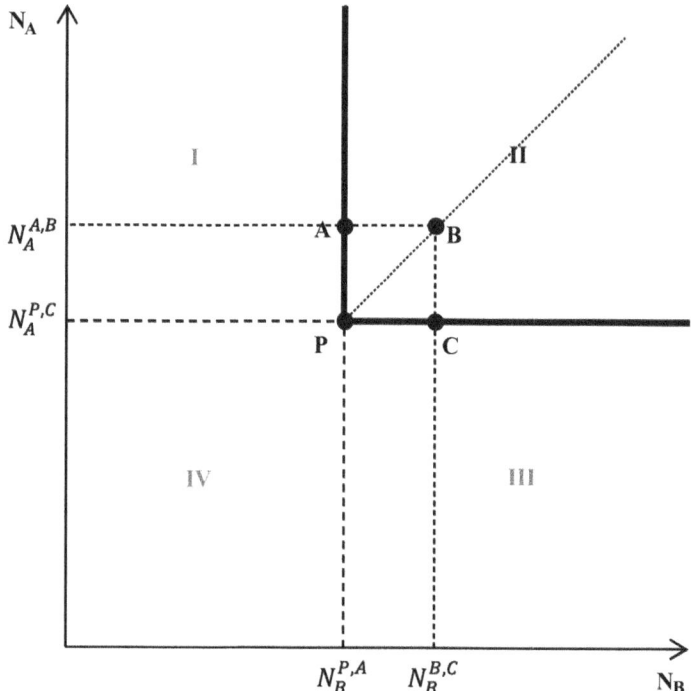

Abb. 2.1 Das Pareto-Kriterium

schlechter gestellt wird. Eine Pareto-Verbesserung erreichen wir folglich nur in jedem Punkt im Quadranten II. So können wir zeigen, dass von Punkt P zu A unser Anton besser gestellt wird (da $N_A^A > N_A^P$), ohne das Berta schlechter gestellt werden muss. In der Tat realisiert Berta in beiden Punkten dasselbe Nutzenniveau ($N_B^{P,A}$). Analog verbessert sich Berta vom Ausgangspunkt P zum Punkt C ($N_B^C > N_B^P$), bei gleich bleibendem Nutzenniveau von Anton ($N_A^{P,C}$). Schließlich liegt auch im Punkt B eine Pareto-Verbesserung vor, wobei sich in Punkt B beide gleichermaßen besser stellen können, da $N_A^B > N_A^P$ und $N_B^B > N_B^P$. Entsprechend spiegelt die Winkelhalbierende (gestrichelte Diagonale in Quadrant II) alle Punkte wider, bei denen Anton und Berta sich gleichermaßen verbessern.

> Wir erinnern uns an die Schulzeit. Hier haben wir auch immer wieder von Veränderungen gesprochen, als wir uns intensiv mit Funktionen und deren Diskussion beschäftigt haben. So haben wir bei Kurven zweiten und höheren Grades die erste Ableitung bestimmt, um die Extrempunkte, d. h. Maximum und/oder Minimum, zu ermitteln. In diesem Zusammenhang setzen wir die erste Ableitung gleich null.[11] Die

---

[11] In Kap. 3 werden wir uns nochmal mit dem Grund dieser Überlegung beschäftigen. Schließlich bedeutet das Nullsetzen der ersten Ableitung, dass an dieser Stelle die Funktion eine Steigung von null aufweist.

erste Ableitung zeigt uns nichts anderes als die Steigung einer Funktion. In der Schule schrieben wir hierzu $f'(x)$ (gesprochen: f Strich von x). Eine übliche Schreibweise in der Mathematik hebt den Sinn hinter der Ableitung einer Funktion deutlicher hervor. So schreiben wir auch:

$$f'(x) = \frac{df}{dx}$$

Die erste Ableitung ($f'(x)$) zeigt also, wie sich der Funktionswert f ($f(x) = y$) verändert, wenn wir x um eine Einheit verändern. Mit anderen Worten: Um wieviel steigt oder sinkt y, wenn wir auf der x-Achse eine Einheit nach rechts wandern. Hierbei handelt es sich um nichts anderes als die Steigung einer Funktion. Das „d" steht also für Veränderung.

Bei Differentialgleichungen ersetzen wir d durch δ, um anzudeuten, dass wir eine partielle Veränderung betrachten. Schließlich können Differentialgleichungen eine oder mehrere Variablen in einer Funktion betrachten. Die partielle Veränderung zeigt also, wie sich der Funktionswert ($f(x_1, x_2, ..., x_n) = y$) verändert, wenn wir eine Variable (z. B. x_1) um eine Einheit verändern.

Konkrete Differenzen normaler Werte werden zur Abgrenzung mit Δ gekennzeichnet, d. h. wollen wir wissen, wie sich x von x_1 zu x_2 verändert hat, so schreiben wir $\Delta x = x_2 - x_1$.

Entsprechend gehen Punkte oberhalb der Winkelhalbierenden mit einem höheren Nutzenzuwachs für Anton einher, man schreibt $\Delta N_A > \Delta N_B$. Alle Punkte unterhalb der Winkelhalbierenden im II. Quadranten zeigen Punkte, bei denen Berta einen größeren Nutzenzuwachs im Vergleich zu Anton erfährt, d. h. $\Delta N_B > \Delta N_A$. Begrenzt wird der Bereich der Pareto-Verbesserung (im Vergleich zu Punkt P) durch die L-förmige schwarze Linie oder Funktion. Schließlich stellt diese sicher, dass beide sich im Vergleich zur Ausgangssituation nicht verschlechtern. Zur Pareto-Optimalität können wir in der Abb. 2.1 zunächst keine Aussage tätigen. So ist der Raum der Pareto-Verbesserungen nach oben hin offensichtlich nicht begrenzt. Mit anderen Worten: Da es keine Kapazitätsgrenzen gibt, können wir immer wieder Punkte im II. Quadranten finden, die noch besser wären. Wir werden später eine solche Kapazitätsgrenze kennenlernen und feststellen, dass nur Punkte auf der Kapazitätsgrenze und in den Grenzen des II. Quadranten Pareto-optimal zum Ausgangspunkt sind. Mithilfe der Kapazitätsgrenze können wir schließlich auch das abbilden, mit dem wir uns als Ökonomen beschäftigen (sollten): Knappheit.[12]

---

[12] In Kap. 3 führen wir hierzu den Begriff der Nutzenmöglichkeitenkurve ein, die auch später im Rahmen unserer wohlfahrtsökonomischen Betrachtung in Kap. 5 unsere Kapazitätsgrenze determiniert. In unserem Beispiel 2.1 gehen wir von einer fiktiven Kapazitätsgrenze aus. Die Schlussfolgerungen lassen sich aber letztlich analog auf das Konzept der Nutzenmöglichkeitenkurve übertragen.

Beispiel 2.1

Gegeben sei ein Nutzenvergleich für die Nutzenniveaus von Anton und Berta. Dabei generieren Anton und Berta ausschließlich aus dem Konsum von Äpfeln und Bananen einen Nutzen. Während Anton nur Äpfel mag und keine Bananen, isst Berta am liebsten

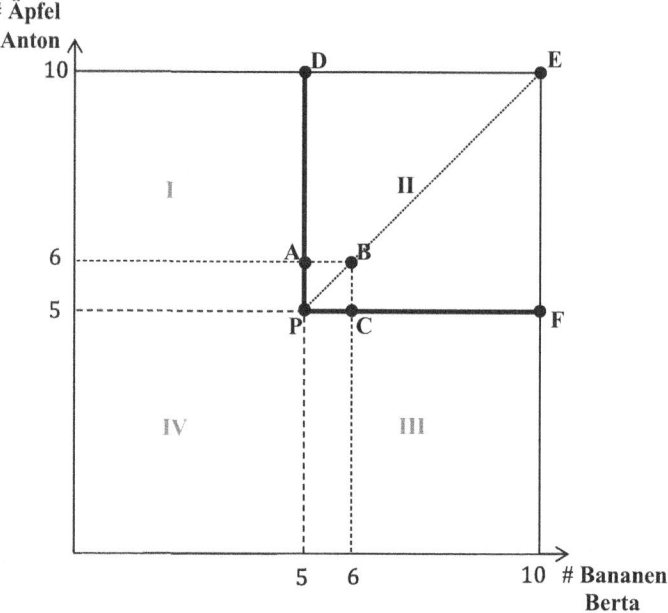

Bananen. Da mehr Äpfel und Bananen mit mehr Nutzen einhergehen, würden beide gerne so viele Äpfel und Bananen wie möglich erhalten. Wobei Anton (Berta) auch durchaus bereit wäre, mehrere Bananen (Äpfel) für einen weiteren Apfel (eine weitere Banane) aufzugeben. In der Ausgangssituation genießt Anton 5 Äpfel und 5 Bananen. Da es insgesamt nur jeweils 10 Äpfel und Bananen gibt, hätte Berta ebenfalls 5 Äpfel und 5 Bananen. Die Ausgangssituation wird durch den Punkt P in der Abbildung deutlich.

Nun wird ersichtlich, dass Anton besser gestellt werden könnte, ohne dass hierzu Berta schlechter gestellt werden müsste und umgekehrt. Gibt Anton beispielsweise eine Banane ab, so kann sich Berta von 5 auf 6 Bananen verbessern. Anton verschlechtert sich indes nicht, da er immer noch 5 Äpfel hat und er sowieso keine Bananen mag. Dass heißt von Punkt P ausgehend zu Punkt C können wir eine Pareto-Verbesserung feststellen. Analog sind die Überlegungen zu Punkt A. Hier können wir Anton besser stellen, ohne dass Berta hierzu schlechter gestellt werden muss. Tauschen die beiden einen Apfel gegen eine Banane, so gelangen wir zu Punkt B. Hier können beide ihren Nutzen um eine Einheit verbessern, da Anton einen weiteren Apfel und Berta eine weitere Banane konsumiert. Erhält Anton immer mehr Äpfel von Berta, können wir Anton immer besser stellen, bis der Punkt D erreicht wird. Analoges gilt für den Punkt F aus Bertas Sicht. Da es nicht mehr als 10 Äpfel und 10 Bananen gibt, könnte man Anton nur noch besser stellen, wenn man Berta schlechter stellen würde. Beispielsweise indem man im nächsten Jahr einen Apfelbaum anstelle des Bananenbaums anpflanzen würde. Tauschen beide ihre Güter so, dass Anton nach dem Tausch 10 Äpfel konsumieren kann und Berta 10 Bananen, erreichen wir den Punkt E. Auch dieser Punkt ist dadurch charakterisiert, dass keiner von beiden besser gestellt werden kann, ohne dass hierzu der andere schlechter gestellt werden müsste. Das heißt wir können in allen Punkten auf der Kapazitätsgrenze zwischen D und E und zwischen F und E Pareto-effiziente Allokationen finden.

Selbstverständlich gibt es zahlreiche Kritikpunkte, die letztlich die Aussagekraft und Anwendbarkeit des Pareto-Kriteriums einschränken. So sagt die Pareto-Effizienz nichts über die Verteilung aus. Schließlich war es in unserem Beispiel egal, ob wir den Punkt D, E oder F erreichten, alle waren Pareto-effizient. Allerdings liegt nur im Punkt E eine tatsächliche Gleichverteilung vor. Darüber hinaus ist festzustellen, dass wirtschaftspolitische Maßnahmen im Sinne von Pareto letztlich unrealistisch scheinen. Schließlich darf niemand verlieren. Vor diesem Hintergrund schauen wir uns im Folgenden ein weiteres Kriterium zur Bewertung von Effizienz an: Das Kaldor-Hicks-Kriterium.

2.2.2 Das Kaldor-Hicks-Kriterium

Das Kaldor-Hicks Kriterium greift also den letzten Kritikpunkt auf und erlaubt grundsätzlich, dass ein Individuum auch schlechter gestellt werden darf. Nach Kaldor-Hicks ist ein sozialer Zustand im Vergleich zur Ausgangssituation dann besser, wenn der Hinzugewinn des einen Individuums größer ist als der Verlust des anderen. Das heißt Kaldor und Hicks stellen bei ihrer Beurteilung letztlich auf den Nettoeffekt ab. Solange der Hinzugewinn ausreichen würde, um den Verlust des anderen auszugleichen, ist der Nettoeffekt positiv und entsprechend Kaldor-Hicks-superior. Dabei ist nicht wichtig, dass der Gewinner den Verlierer tatsächlich für seinen Verlust kompensiert. Die hypothetische Kompensation reicht vollkommen aus. Allerdings wird in diesem Zusammenhang nun deutlich, dass Kaldor und Hicks ganz andere Anforderungen an die Operationalisierbarkeit des Nutzens von Anton und Berta stellen. So liegt dem Kaldor-Hicks-Kriterium letztendlich ein kardinales Nutzenkonzept zugrunde. Das heißt wir können die Nutzenniveaus von Anton und Berta nicht nur in eine sinnvolle Reihenfolge bringen (ordinales Nutzenkonzept), sondern sogar Quotienten und Differenzen interpretieren. Wir können also beispielsweise sagen, dass Antons Nutzen um 2 steigt, während Bertas Nutzenniveau um eine Einheit sinkt. Oder Anton realisiert einen doppelt so hohen Nutzen wie Berta. Das kardinale Nutzenkonzept erlaubt

uns schließlich auch, dass wir die Nutzenveränderungen gegeneinander aufrechnen können. Steigt also Antons Nutzen um 2 Einheiten, während Bertas Nutzen um 1 Einheit sinkt,
so ist der Nettoeffekt +1, da Nettoeffekt = Gewinn – Verlust = 2 – 1 = +1. Das heißt auch,
dass Anton die Berta rein theoretisch für ihren Verlust kompensieren könnte. Gibt Anton
der Berta tatsächlich eine Nutzeneinheit ab, um sie für ihren Verlust auszugleichen, so kämen Kaldor und Hicks sogar zum selben Ergebnis wie Pareto. Schließlich wird bei tatsächlicher Kompensation Berta nicht schlechter gestellt, während Anton um eine Nutzeneinheit
besser gestellt werden kann. Die Tatsache, dass sich das Kaldor-Hicks-Kriterium nur für
den Nettoeffekt und damit für die gesamtwirtschaftliche Veränderung (Summe aus Antons
und Bertas Nutzenniveaus) interessiert, verändert unsere Abb. 2.1 fundamental. Nun lassen
sich auch Allokationen im I. und III. Quadranten finden, die besser sind als unser Ausgangspunkt P. Abb. 2.2 zeigt, welche Punkte wir dabei als besser erachten würden.

Analog zur Abb. 2.1 handelt es sich bei sämtlichen Punkten im Quadranten II um Verbesserungen. Diese Punkte können dabei unter Umständen durch eine tatsächliche Kom-
pensationszahlung vom Gewinner an den Verlierer entstehen. In diesem Bereich kommen
Pareto und Kaldor-Hicks zum selben Ergebnis. Über den Pareto-superioren Bereich hinaus existieren nun aber Punkte in den Quadranten I und III, die Verbesserungen aus gesamtwirtschaftlicher Sicht darstellen. So handelt es sich letztlich auch bei allen Allokationen auf oder oberhalb der Geraden durch die Punkte E, P und D, um Verbesserungen im

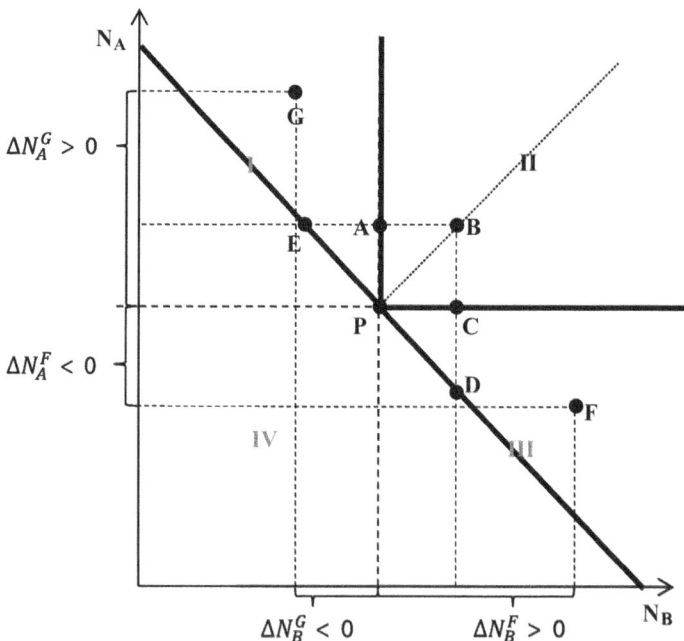

Abb. 2.2 Das Kaldor-Hicks-Kriterium

Sinne von Kaldor-Hicks. In Punkt G wird beispielsweise deutlich, dass der Hinzugewinn des Anton gegenüber Punkt P ($\Delta N_A^G > 0$) deutlich größer ist als der Verlust von Berta ($\Delta N_B^G < 0$). Würden wir also die Summe aus dem Hinzugewinn und den Verlust von Anton und Berta berechnen, so ergäbe sich $\Delta N_B^G + \Delta N_A^G > 0$ als Nettoeffekt. Mit anderen Worten: Von Punkt P zu Punkt G steigt die Gesamtwohlfahrt um den Nettoeffekt, wobei Anton etwas gewinnt und Berta etwas verliert. Würde Anton die Berta für ihren Verlust kompensieren, so würden wir wiederum im Quadranten II landen. Analog ergeben sich die Überlegungen in Bezug zu Punkt F. Hier gewinnt Berta ($\Delta N_B^F > 0$), während Anton verliert ($\Delta N_A^F < 0$). Da der Verlust des Anton indes kleiner ist als der Gewinn der Berta, ergibt sich ein positiver Nettoeffekt und damit eine Zunahme der Gesamtwohlfahrt von Punkt P zur neuen Allokation F. Optimalität im Sinne von Kaldor-Hicks liegt entsprechend dann vor, wenn wir die Gesamtwohlfahrt nicht mehr steigern können. Dass heißt bei Kaldor-Hicks-Optimalität forcieren wir eine Maximierung der Gesamtwohlfahrt.

Beispiel 2.2

Gegeben seien die Überlegungen aus Beispiel 2.1. Ausgangspunkt sei weiterhin der Punkt P = (5,5). Nun benötigen wir aber tatsächlich die Kardinalität, die wir in Beispiel 2.1 bereits zugrunde gelegt haben. Jeder Apfel führt zu einem Nutzenhinzugewinn für Anton (Berta) von 1 (0). Jede Banane führt zu einem Nutzenhinzugewinn für Berta (Anton) von 1 (0). Die Überlegungen werden aus der Abbildung deutlich:

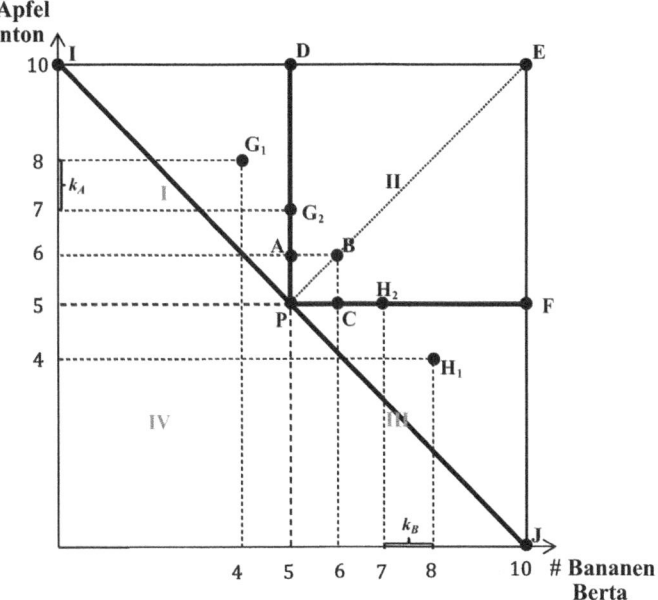

In Quadrant II stellen sich die Überlegungen nun analog zu Beispiel 2.1 dar. Darüber hinaus lassen sich nun die Punkte G_1 und H_1 als Kaldor-Hicks-Verbesserungen beschreiben (sowie sämtliche Punkte auf und oberhalb der linearen Funktion zwischen den Punkte I und J). So wird in G_1 deutlich, dass Anton sich im Vergleich zur Ausgangssituation um 3 Nutzeneinheiten verbessert, da $8 - 5 = +3$. Berta wird hingegen um eine Einheit schlechter gestellt, da $4 - 5 = -1$. Gesamtwirtschaftlich ergibt sich damit ein positiver Nettoeffekt von +2, da $3 + (-1) = +2$. Würde Anton nun Berta für ihren Verlust kompensieren (k_A), so müsste er eine Nutzeneinheit seines Gewinns an Berta abgeben. Damit gelangen wir schließlich zum Punkt G_2, der gleichzeitig eine Pareto-Verbesserung darstellt, da sich Anton besser stellen kann (+2), ohne dass Berta schlechter gestellt wird (0). Analog ergeben sich die Überlegungen zu den Punkten H_1 und H_2, in denen Berta gewinnt, während Anton verliert. Ohne Kompensation ergibt sich Allokation H_1. Mit Kompensation (k_B) der Punkt H_2, der auch im Sinne von Pareto wäre. Letztendlich lassen sich nach Kaldor-Hicks auch extreme Allokationen, wie in den Punkten I und J rechtfertigen. In I generiert Anton einen maximalen Nutzen, während Berta leer ausgeht. In J realisiert Berta hingegen einen maximalen Nutzen, während Anton leer ausgeht. Optimal im Sinne von Kaldor-Hicks wären folglich alle Punkte zwischen I und E sowie zwischen J und E, die auf der äußeren Kapazitätsgrenzen liegen. Die Gegenüberstellung der gesamtwirtschaftlichen Wirkungen mit und ohne Kompensation verdeutlicht diese Überlegungen noch einmal:

	Allokation P	Ohne Kompensation		Mit Kompensation	
		G_1	H_1	G_2	H_2
Anton	5	8 ($\Delta = +3$)	4 ($\Delta = -1$)	7 ($\Delta = +3 - 1$)	5 ($\Delta = -1 + 1$)
Berta	5	4 ($\Delta = -1$)	8 ($\Delta = +3$)	5 ($\Delta = -1 + 1$)	7 ($\Delta = +3 - 1$)
Gesamtwohlfahrt	10	12	12	12	12

Ein positiver Nettoeffekt geht also auch zwangsläufig mit einer höheren Gesamtwohlfahrt – im Sinne der Summe der Nutzenniveaus von Anton und Berta – einher. Entsprechend wird deutlich, dass in unserer Ausgangssituation eine Gesamtwohlfahrt in Höhe von 10 generiert wird. In den Punkten G und H – unabhängig davon, ob wir mit oder ohne Kompensation argumentieren – eine Gesamtwohlfahrt in Höhe von 12. Da $12 > 10$, stellen die Allokationen in G und H Verbesserungen im Sinne von Kaldor-Hicks dar. Im Sinne von Pareto wären hingegen nur die Allokationen G_2 und H_2.

Auch in Bezug auf das Kaldor-Hicks-Kriterium lassen sich eine Reihe von Kritikpunkten finden, die dessen Aussagekraft und Anwendbarkeit einschränken. Analog zum Pareto-Kriterium ermöglicht das Kaldor-Hicks-Kriterium ebenfalls keine Aussagen zu Verteilungswirkungen. Im Gegensatz zu Pareto sind die Verteilungswirkungen sogar noch extremer. So könnte man bei Nicht-Kompensation letztlich von einem Nullsummenspiel sprechen. Während bei Pareto die Armen niemals ärmer werden dürften, kann nach Kaldor-Hicks sogar eine Umverteilung von unten nach oben gerechtfertigt werden. Entscheidend ist lediglich, dass der Gewinn der Reichen größer ist als der Verlust der Armen. Darüber hinaus lassen sich zumindest theoretisch Beispiele finden, die eine logische

Inkonsistenz des Kaldor-Hicks-Kriteriums konstatieren. So kann mithilfe des Svitkosky-Tests gezeigt werden, dass bei perfekter Symmetrie der Individuen, Konstellationen eintreten können, in denen zwei unterschiedliche soziale Zustände wechselseitig dem Kaldor-Hicks-Kriterium entsprechen. Es kann also theoretisch gezeigt werden, dass X besser ist als Y und gleichzeitig Y besser als X.[13] Schließlich gibt es Bereiche, bei denen man den Gewinn des Einen nicht einfach mit dem Verlust des Anderen verrechnen kann. Bei unserem Apfel-Bananen-Beispiel ist das noch relativ unproblematisch. Denken wir aber beispielsweise an die Menschenrechte, die sowohl Anton als auch Berta zuteil werden sollten, so ergibt sich ein zwangsläufiges Abwägungsverbot. Die Tatsache, dass es Berta etwas besser geht, wenn Anton stirbt, lässt sich wohl kaum sinnvoll operationalisieren. Gerade in solchen Fällen sollte es ein moralisches Verbot zur Abwägung des Vorteils des einen gegen den Nachteil des anderen geben. Nichtsdestotrotz zeigen z. B. Lebens- oder Unfallversicherungen ganz klar, dass auch dem Tod (bzw. im Umkehrschluss dem Leben) ein monetärer Wert zugeordnet werden kann bzw. sogar muss. Schließlich ist es ja gerade die Aufgabe einer Versicherung, für den entgangenen Gewinn zu entschädigen.

2.3 Die ökonomische Analyse des Rechts

Die bisherigen Überlegungen zeigen, dass Effizienz sowohl aus individueller als auch sozialer bzw. gesamtwirtschaftlicher Perspektive beurteilt werden kann. Beschäftigen wir uns also mit den Folgen bzw. Wirkungen einer Rechtsnorm oder wirtschaftspolitischen Maßnahme, so müssen wir ebenfalls zwischen diesen beiden Perspektiven unterscheiden. Erstens: Welche Effekte ergeben sich hieraus für die Anreize der Individuen. Zweitens: Welche Effekte ergeben sich für die gesamte Wirtschaft als Summe aller individuellen Nutzenniveaus. Die ökonomische Analyse des Rechts setzt genau hier an. Wir betrachten also zunächst die individuellen Präferenzen und die Effekte des Rechts für die Wohlfahrt der Individuen. Anschließend betrachten wir die soziale Wohlfahrt und die Konsequenzen für die Gesellschaft als Ganzes. Die folgenden Abschnitte sollen die jeweiligen Überlegungen einleiten, bevor wir uns in den Kap. 3 und 4 zunächst mit der individuellen und in Kap. 5 mit der kollektiven Perspektive und den Folgen aus deren Vergleich für die Rechts- und Wirtschaftspolitik in Kap. 6 beschäftigen.

2.3.1 Individuelle Präferenzen und Wohlfahrt

Die individuelle Wohlfahrt stellt also auf die kleinsten Entitäten der Wirtschaft ab. Hintergrund der Untersuchung des Handelns dieser einzelnen Entitäten wird das Menschenbild des „Homo Oeconomicus" sein. Auf Basis der maximal möglichen Freiheit jedes Einzelnen

---

[13] Siehe Schäfer/Ott (2005) auf Seite 32 für eine Beispielrechnung zum Svitkovsky-Test.

wählen wir eine Präferenzorientierung, d. h., Basis des Handelns des Einzelnen sind seine Bedürfnisse. Jeder weiß am besten, welche Bedürfnisse er hat. Indem wir also den Einzelnen frei entscheiden lassen, führt dessen Egoismus zu einer bestmöglichen Bedürfnisbefriedigung. Ort der Entscheidung und Entscheidungsfindung ist schließlich der Markt.[14] Hier treffen Haushalte und Unternehmen aufeinander und tauschen aus. Jeder Einzelne entscheidet selbst, ob er tauscht. Die Transaktion ist damit automatisch Ausdruck einer Pareto-Verbesserung, schließlich würde niemand einer Transaktion freiwillig zustimmen, die ihn schlechter stellt.[15] Um zu verstehen, wie und warum Haushalte und Unternehmen bestimmte Güter und Produktionsfaktoren austauschen, müssen wir uns mit der mikroökonomischen Theorie beschäftigen. So kann uns die Haushaltstheorie Antworten dazu geben, warum und in welchen Mengen die Haushalte (d. h. die Individuen) bestimmte Güter konsumieren und damit am Markt nachfragen. Analog zeigt die Produktionstheorie, warum und in welchen Mengen die Inputfaktoren zur Produktion der Güter kosteneffizient eingesetzt werden. Die Marktgleichgewichtstheorie führt schließlich beide Seiten zusammen und beschreibt und bewertet das Zustandekommen einer Transaktion mithilfe des Marktmechanismus. Hier treffen die Haushalte als Nachfrager und die Unternehmen als Anbieter aufeinander. Handeln dabei alle Marktakteure im Sinne unserer Annahmen, werden wir Effizienz feststellen. Wir sprechen dabei von Allokationseffizienz.[16] Handeln die Marktakteure nicht im Sinne unserer Annahmen, so sprechen wir von Marktversagen. Liegt Marktversagen vor, sollte der Staat korrigierend eingreifen. Wie er das tun sollte, kann uns die soziale Wohlfahrtstheorie zeigen.

2.3.2   Soziale Wohlfahrt

Die soziale Wohlfahrt bzw. Gesamtwohlfahrt betrachtet nicht den Einzelnen, sondern das Große und Ganze. Hier entscheidet ein „Social Planer" (im Sinne einer übergeordneten Instanz), was für die Gesamtheit der Haushalte und Unternehmen am besten wäre. Am besten bedeutet dabei, was effizient aus wohlfahrtsökonomischer Sicht ist. Die Frage ist also nicht, wie und warum die Haushalte und Unternehmen entsprechend unseren Beobachtungen handeln, sondern wie die Haushalte und Unternehmen miteinander interagieren

---

[14] Die Ökonomische Analyse des Rechts beschäftigt sich indes keineswegs nur mit Markttransaktionen, sondern auch mit Nicht-Markttransaktionen. Wir werden hierauf in Kap. 6 zurückkommen, wenn wir das normative Coase-Theorem mit dem normativen Hobbes-Theorem vergleichen.

[15] Sowohl in Kap. 3, als auch im Anwendungsbeispiel zu Kap. 4, werden wir diesen Punkt nochmal aufgreifen und fragen, warum wir vor diesem Hintergrund überhaupt ein Vertragsrecht bzw. Verträge brauchen. Schließlich wird niemand einem Tausch freiwillig zustimmen, wenn dieser ihn schlechter stellen würde. Gerade die Spieltheorie kann indes zeigen, dass Opportunismus einen Vertragsbruch motivieren kann. Vertragsrecht dient in diesem Zusammenhang als Signal mit einer Bindungswirkung, um Kooperation und damit die Markttransaktion zu ermöglichen.

[16] Allokationseffizienz bedeutet immer Pareto-Effizienz.

sollten, um eine möglichst große soziale bzw. gesamtwirtschaftliche Wohlfahrt zu erreichen. Leitbild ist folglich nicht die Nutzen- (Haushaltstheorie) bzw. Produktionsfunktion (Produktionstheorie) des Einzelnen, sondern die Summe aller individuellen Wohlfahrten in Form einer sozialen Wohlfahrtsfunktion. Wir werden sehen, dass die Werturteile und damit letztlich die Kultur einer Gesellschaft, die wir dabei zugrunde legen, den Verlauf unserer sozialen Wohlfahrtsfunktion entscheidend bestimmen werden. Wollen wir also unsere Gesamtwohlfahrt maximieren, stellt sich zwangsläufig die Frage, ob es so etwas wie ein Optimum Optimorum gibt, d. h. eine Allokation, die die Gesamtheit aller Nutzen maximiert. Die Sozialwahltheorie wird uns hierzu Antworten geben.

Stellen wir nun fest, dass individuelle und soziale Präferenzen voneinander abweichen, so liegt also Marktversagen vor. Je nach Grund für das Marktversagen, können wir einen anderen Marktversagenstatbestand beschreiben. Der Staat sollte im Fall von Marktversagen korrigierend eingreifen. Dies kann er beispielsweise durch eine Rechtsnorm oder durch den Einsatz anderer wirtschaftspolitischer Maßnahmen (wie z. B. Steuern) tun. Korrigieren bedeutet in diesem Zusammenhang, dass er die Institutionen schafft, die unsere Marktakteure darin unterstützen, ihre eigenen Ziele erreichen zu können. Mit anderen Worten: Die ökonomische Theorie bietet das Instrumentarium, um Marktversagen feststellen und korrigieren zu können. Gleichzeitig deutet sie die Anforderungen an, die wir an das Recht stellen. Der Staat soll nicht Vormund des Einzelnen sein, sondern Unterstützer, um selbstständig an sein Ziel zu gelangen.[17]

2.4 Übungsaufgaben

1. **Aufgabe: Grundlagen und Prinzipien der ökonomischen Analyse (des Rechts)**
   Beantworten Sie die folgenden Fragen zu den Grundlagen und den Prinzipien der ökonomischen Analyse (des Rechts). Versuchen Sie hierzu die Zusammenhänge der einzelnen Prinzipien und Grundlagen zu erläutern.
   (a) Welche zentralen Annahmen liegen dem Konzept des sog. Homo Oeconomicus zugrunde? Für wie sinnvoll halten Sie diese Annahmen?
   (b) Was versteht man unter dem Konzept der beschränkten Rationalität? Welche Folgen ergeben sich hieraus für Ihr Menschenbild aus der Aufgabe (a)?
   (c) Was versteht man unter Nudging? Inwiefern ermöglicht dieses Konzept die Verbindung der beiden Welten aus Aufgabe (a) und (b)?

---

[17] Zum Schluss werden wir sehen, dass das nicht immer möglich ist. Als entscheidende Determinante werden wir im Rahmen des Coase-Theorems die Transaktionskosten ausmachen. Sind die Transaktionskosten prohibitiv hoch und lassen sich diese nicht deutlich reduzieren, müsste Aufgabe des Rechts sein, das hypothetische Marktgleichgewicht zu rekonstruieren. Hier kommen wir schließlich an die Grenzen unserer Beratungsfunktion.

(d) Erläutern Sie kurz das Prinzip des sog. normativen Individualismus. Warum stellt dieses Prinzip eine wesentliche Voraussetzung für Ihr Menschenbild aus Aufgabe (a) dar?

(e) Erläutern Sie vor dem Hintergrund der Aufgabe (d) das Prinzip der Vertragsfreiheit. Wie würden Sie vor diesem Hintergrund eine Willenserklärung, die einem Vertrag zugrunde liegt, bewerten? Inwiefern ist ein Vertrag dabei Ausdruck einer Pareto-Verbesserung, aber nicht notwendigerweise einer Kaldor-Hicks-Verbesserung?

2. **Aufgabe: Pareto und Kaldor/Hicks**

Gegeben sei ein Diagramm für den interpersonalen Nutzenvergleich von Anton und Berta. Anton und Berta generieren dabei Nutzen durch den Konsum von Äpfeln. Jeder Apfel steigert den Nutzen von Anton und Berta um genau eine Einheit. Insgesamt seien zehn Äpfel gegeben.

(a) Zeichnen Sie die Nutzenmöglichkeiten für Anton und Berta in ein Diagramm ein, indem Sie Antons Nutzenniveau (N_A) auf der y-Achse und Bertas Nutzenniveau (N_B) aus dem Konsum von Äpfeln auf der x-Achse abtragen. Beachten Sie dabei, dass jeder Apfel den Nutzen jedes Individuums um eine Einheit erhöht.

(b) Gegeben sei die folgende Ausgangsposition: Anton konsumiert zwei Äpfel und Berta konsumiert drei Äpfel. Zeichnen Sie Ihre Ausgangsposition in das Diagramm aus (a) ein. Zeichnen Sie beispielhaft zwei weitere Güterbündel ein, die eine Pareto-Verbesserung darstellen. Erläutern Sie kurz, warum diese Allokationen „besser" sind.

(c) Erläutern Sie kurz, was man unter Pareto-Effizienz versteht. Zeichnen Sie beispielhaft wieder zwei Punkte in Ihr Diagramm aus (a) ein und erläutern Sie, warum es sich hierbei im Vergleich zur Ausgangssituation um Pareto-effiziente Allokationen handelt. Welche Rolle spielt dabei Ihre Nutzenmöglichkeitenkurve aus (a)?

(d) Erläutern Sie kurz, warum es im Vergleich zur Ausgangssituation aus (b) nicht sinnvoll sein kann, wenn Berta alle zehn Äpfel erhält, während Anton keine Äpfel konsumiert. Wann wäre dieser Punkt Pareto-effizient? (Hinweis: Wie müsste Ihre Ausgangssituation hierzu lauten?)

(e) Wir bleiben bei unserer Ausgangssituation aus (b). Nun erhält Berta zwei Äpfel, während Anton einen Apfel abgeben muss. Inwiefern würden Kaldor und Hicks hier von einer Verbesserung sprechen?

(f) Zeigen Sie in der Abbildung, bei welchen Allokationen es sich um effiziente Allokationen im Sinn von Kaldor und Hicks handelt, wenn die Ausgangssituation aus Aufgabe (b) gegeben ist.

(g) Was müsste passieren, damit auch Pareto in Aufgabe (e) zu dem Schluss kommt, dass es sich bei der neuen Allokation um eine Verbesserung handelt? Erläutern und vergleichen Sie hierzu die Konzepte der hypothetischen und der tatsächlichen Kompensation.

(h) Nehmen Sie abschließend kritisch Stellung zu den Effizienzkriterien nach Pareto und Kaldor/Hicks. Wo liegen die Grenzen dieser Kriterien? Erläutern Sie kurz.

Literatur

Hicks J R (1939) The foundations of welfare economics. In: Economic Journal. Bd 49(196): 696–712

Kaldor N (1939) Welfare Propositions of economics and interpersonal comparisons of Utility. Economic Journal. Bd 49(195):549–552

Pareto V (1902-3/1965) Les systèmes socialistes, Oeuvres complètes. Bd V (G. Busino ed.), Genf

Rawls J (1971) A Theory of Justice. Belknap Press

Ruckriegel K (2012) Glücksforschung - Konsequenzen für die (Wirtschafts-) Politik. Wirtschaftsdienst. 92. Jg.:129–135

Sen A, Krüger C (2010) Die Idee der Gerechtigkeit 1. Aufl., C.H. Beck, München

Schäfer H-B, Ott C (2012) Lehrbuch der ökonomischen Analyse des Zivilrechts. 5. Aufl., Springer, Berlin und Heidelberg

Shavell S (2004) Foundation of Economic Analysis of Law. 2. Aufl., Harvard Univ Pr

Simon H (1959) Theories of decision making in economics and behavioural science. The American Economic Review. 49(3):253–283

Thaler R., Sunstein C. R. (2008) Nudge: Improving Decisions About Health, Wealth, and Happiness, New Haven & London: Yale University Press.

Towfigh E, Petersen N (2010 Ökonomische Methoden im Recht. Mohr Siebeck, Tübingen

Pindyck R, Rubinfeld D (2015) Mikroökonomie, 8. Aufl., Pearson, Hallbergmoos

Weise P, Brandes W, Eger T, Kraft M (2005) Neue Mikroökonomie, 5., verb. und erw. Aufl. Physica-Lehrbuch. Physica-Verl., Heidelberg

Klassische Mikroökonomik

3

Wie das Pareto-Kriterium verdeutlicht, bedeutet Allokationseffizienz effizientes Handeln auf mehreren Ebenen. Mit anderen Worten: Sämtliche Wirtschaftssubjekte handeln im Sinne des ökonomischen Effizienzgedankens. In diesem Zusammenhang wird erstmals der (vereinfachte) Wirtschaftskreislauf deutlich, in dem Unternehmen und Haushalte eigennutzorientiert und trotzdem zum Wohle der Allgemeinheit handeln. Wie Adam Smith bereits betonte, lenkt der Marktmechanismus – wie eine unsichtbare Hand – das Handeln der Marktakteure in eine sozial wünschenswerte Richtung.[1] Zu Wirtschaftswachstum kommt es, weil Haushalte und Unternehmen über den Markt interagieren. Abb. 3.1 verdeutlicht die Elemente dieses einfachen Wirtschaftskreislaufs.

Offensichtlich treten Haushalte und Unternehmen sowohl als Anbieter als auch Nachfrager im Markt auf. Während Haushalte Konsumgüter zu Marktpreisen nachfragen und ihre Arbeitskraft gegen Lohn anbieten, fragen die Unternehmen genau diese Arbeitskraft nach und produzieren im Gegenzug Güter, die sie zu Marktpreisen an die Haushalte verkaufen. Selbstverständlich sind die Grenzen zwischen Haushalten und Unternehmen zum Teil fließend, zumal ein Unternehmer zwar in seinem Handeln als Unternehmer Produktionsgüter anbietet, jedoch als Privatperson, und damit als Haushalt, selbige zum Teil nachfragt.

Als Markt bezeichnen wir folglich das Zusammentreffen von Angebot und Nachfrage. Je nach Art des zu handelnden Guts unterscheiden wir den Gütermarkt und den Arbeitsmarkt. Auf dem Gütermarkt werden Güter in Abhängigkeit von Angebot und Nachfrage zu einem bestimmten Preis gehandelt. Auf dem Arbeitsmarkt wird Arbeit(skraft) je nach Arbeitsangebot und -nachfrage zu einem bestimmten Lohn gehandelt.

Elektronisches Zusatzmaterial Die Online-Version dieses Kapitels (https://doi.org/10.1007/978-3-662-59370-7_3) enthält Zusatzmaterial, das für autorisierte Nutzer zugänglich ist.

[1] Siehe grundlegend hierzu insbesondere Smiths Werk „Der Wohlstand der Nationen" aus dem Jahr 1776 (Smith, 1776). Bereits 1759 erschien Smiths Buch zur „Theorie der ethischen Gefühle" (Smith, 1759).

© Springer-Verlag GmbH Deutschland, ein Teil von Springer Nature 2020
M. Scheufen, *Angewandte Mikroökonomie und Wirtschaftspolitik*,
https://doi.org/10.1007/978-3-662-59370-7_3

	Haushalt	Unternehmen
Nachfrage	Konsumgüter	Arbeitskraft
Angebot	Arbeitskraft	Produktionsgüter

Abb. 3.1 Marktteilnehmer und Aktivitäten

Am Ende dieses Kapitels werden wir gelernt haben,

- welche Menge eines Guts der Haushalt in Abhängigkeit seines Einkommens und dem Preis nachfragt (Haushaltstheorie),
- welche Menge eines Guts das Unternehmen in Abängigkeit seines Budgets und dem Preis für die Produktionsfaktoren anbietet (Produktionstheorie),
- unter welchen Bedingungen wir von einem funktionsfähigen Marktmechanismus und damit von Allokationseffizienz (im Sinne von Pareto) sprechen (Marktgleichgewichtstheorie),
- welche Rolle der Wettbewerb für Allokationseffizienz spielt (vollkommener Wettbewerb versus Monopol) und
- inwiefern das Recht ein Marktversagen (allokative Ineffizienz) korrigieren kann.

3.1 Haushaltstheorie

Die Haushaltstheorie beschäftigt sich im Allgemeinen mit den Haushalten, also mit der Konsumentenseite des Gütermarktes. Um zu verstehen, warum und welche Güter der Haushalt in welchen Mengen nachfragt, benötigen wir zwei wesentliche Konzepte der Haushaltstheorie: (1) die sog. Budgetgerade, (2) die sog. Indifferenzkurve.

Video 3.2 Haushaltstheorie

Offensichtlich hängt die Wahl des konsumierenden Guts in seiner Art und Menge entscheidend von dem ab, was der Haushalt sich leisten kann. Dieser Sachverhalt wird durch die sog. Budgetgerade beschrieben. Wieviel der Haushalt sich leisten kann, wird beeinflusst von seinem Einkommen bzw. Budget sowie den Güterpreisen. Je höher das Einkommen oder je günstiger ein Produkt, desto mehr kann sich der Haushalt leisten und umgekehrt. Die Budgetgerade stellt diesen Zusammenhang dar und determiniert damit alle erreichbaren Güterbündel, d. h. alle Mengenkombinationen der Güter X und Y, die sich der Haushalt leisten kann. Ob und wieviel der Haushalt von einem Gut nachfragt, wird zudem von seinen Präferenzen bestimmt. Mag der Haushalt grundsätzlich keine Bananen, wird er diese auch zu besonders günstigen Preisen oder einem ausufernden Budget nicht nachfragen. Wie wir gesehen haben, sprechen wir von Effizienz bei Abwesenheit von Verschwendung. Würde der Haushalt Bananen nachfragen, obwohl er keine Präferenz für diese hat und damit keinen Nutzen aus deren Konsum generiert, würde er sein Geld verschwenden. Wie sehr unser Haushalt ein Gut wertschätzt, wird durch die sog. Indifferenzkurve abgebildet. Wie der Name andeutet, stellt die Indifferenzkurve alle Güterbündel dar, zwischen denen der Haushalt indifferent ist, d. h. aus denen er identischen Nutzen generiert. Die Präferenzen eines Haushalts lassen sich folglich in eine sinnvolle Reihenfolge bringen. Entweder mag er X lieber als Y ($X \succ Y$), Y lieber als X ($X \prec Y$),[2] oder beide gleich gerne ($X = Y$). Für „Mögen" wird dabei der Nutzen zugrunde gelegt, den der Haushalt mit dem Konsum des jeweiligen Guts bzw. Güterbündels verbindet. Wesentlich ist vor diesem Hintergrund ein (zumindest) ordinales Nutzenkonzept, das verlangt, dass der Haushalt eine klare Präferenzordnung zu sämtlichen Konsummöglichkeiten äußern kann. Das Zusammenspiel aus (1) Budgetgerade und (2) Indifferenzkurve beschreibt schließlich das durch den Haushalt präferierte Güterbündel im Sinne eines Warenkorbs mit Gütermengen, der den Nutzen unseres Haushalts maximiert.

3.1.1 Annahmen

Um das Zusammenspiel zwischen Budget und Präferenzordnung zu ermöglichen, sind zudem vier grundlegende Annahmen zu gewährleisten: (1) Vollständigkeit, (2) Transitivität, (3) Monotonie und (4) eine abnehmende Grenzrate der Substitution.

Vollständigkeit.
Vollständigkeit bedeutet, dass unser Haushalt gegenüber allen verfügbaren Gütern eine klare Präferenzordnung äußern kann. Angenommen, der Haushalt hat die Wahl zwischen den Güter X, Y und Z, dann ist eine Präferenzordnung vollständig, wenn $X = Y = Z$ oder

---

[2] Die Symbole „$\prec$" und „$\succ$" sind bewusst zu unterscheiden von den Symbolen „<" und „>", da in der Haushaltstheorie Präferenzen und keine Mengeneinheiten miteinander verglichen werden. Es könnte sehr wohl sein, dass ein Apfel gegenüber drei Bananen bevorzugt wird (1 Apfel $\succ$ 3 Bananen), während 1 > 3 dem mathematischen Verständnis des Lesers widersprechen würde.

$X \succ Y \succ Z$ usw. Mit anderen Worten, der Haushalt muss zu jedem Gütervergleich eine klare Meinung haben. Allerdings kann man aus der Relation entsprechende analoge Schlussfolgerungen ziehen. Hier kommt die sog. Transitivität ins Spiel.

Transitivität.
Transitivität bedeutet, dass bestimmte Relationen in sich stimmig sein müssen. Bevorzugt der Haushalt beispielsweise X gegenüber Y $(X \succ Y)$ und Y gegenüber Z $(Y \succ Z)$, so folgt hieraus zwangsläufig, dass der Haushalt auch X gegenüber Z $(X \succ Z)$ bevorzugt. Es gilt: $X \succ Y \succ Z$. Jeder andere Schluss für das Verhältnis von X gegenüber Z würde die anderen Präferenzordnungen in Frage stellen. Transitivität könnte folglich auch mit einer konsistenten Präferenzrangordnung übersetzt werden.

Monotonie.
Monotonie bedeutet „mehr ist immer besser als weniger". Egal wie viel unser Haushalt von einem bestimmten Gut hat, er würde grundsätzlich eine weitere Einheit gegenüber einer Einheit weniger bevorzugen. Mit anderen Worten: Auch die hundertste Einheit eines Guts führt zu mehr Nutzen. Die Annahme der Monotonie erklärt schließlich, warum Indifferenzkurven sich niemals schneiden dürfen, d. h. grundsätzlich parallel zueinander verlaufen müssen. Abb. 3.2 zeigt zwei idealtypische Indifferenzkurven, die sich schneiden. Die Anwendung der Monotonie durch den Vergleich von 3 zufälligen Warenkörben (Punkte A, B und C) verdeutlicht den offensichtlichen Widerspruch, der sich aus dem Schnittpunkt zwischen Indifferenzkurven ergibt.

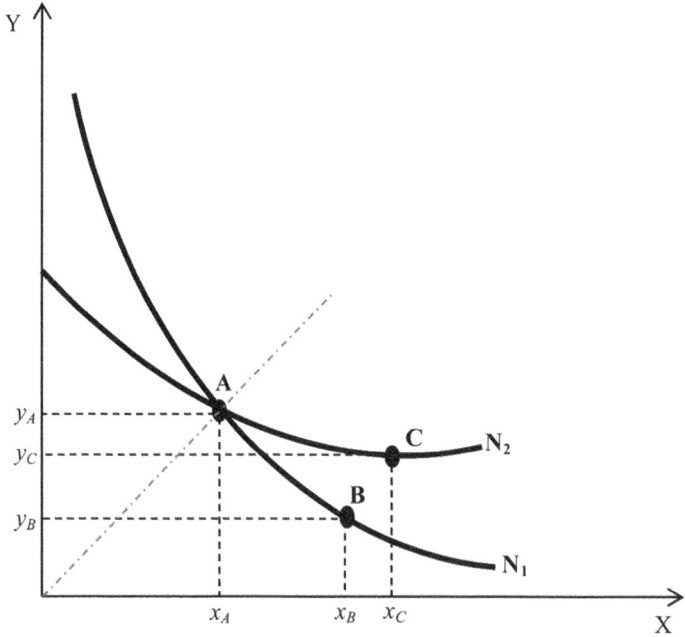

Abb. 3.2 Monotonie und Indifferenzkurven

Betrachten wir zunächst die Punkte A und B, so wird deutlich, dass beide Punkte auf einer Indifferenzkurve liegen. Hieraus folgt, dass der Haushalt zwischen den Güterbündeln A und B indifferent ist und schließlich in beiden Fällen den gleichen Nutzen generiert. Der Vergleich von Güterbündel A und C kommt indes zum gleichen Ergebnis. Beide liegen auf der Indifferenzkurve N_2, woraus folgt, dass beide mit dem gleichen Nutzenniveau einhergehen. Vergleichen wir nun Güterbündel B und C, so ergibt sich ein offensichtlicher Widerspruch. In Punkt B konsumiert der Haushalt x_B Einheiten des Guts X und y_B Einheiten des Guts Y. In Punkt C konsumiert der Haushallt x_C Einheiten des Guts X und y_C Einheiten des Guts Y, wobei $x_C > x_B$ sowie $y_C > y_B$. Güterbündel C weist im Vergleich zu Güterbündel B also mehr Einheiten von beiden Gütern auf. Da A = B und A = C müsste unter Anwendung des Konzepts der Transitivität auch B = C folgen. Eine solche Nutzennivellierung widerspricht jedoch unserer Annahme „mehr ist immer besser als weniger". Güterbündel C müsste vor diesem Hintergrund mit einem höheren Nutzen einhergehen. Allerdings nimmt der sog. Grenznutzen, d. h. der Nutzenzuwachs, den eine zusätzliche Einheit eines Guts generiert, mit zunehmender Menge an diesem Gut ab. Man spricht von einer abnehmenden Grenzrate der Substitution.

Abnehmende Grenzrate der Substitution (GRS).

Abnehmende Grenzrate der Substitution bedeutet, dass der zusätzliche Nutzen bei steigender Menge eines Guts sinkt. Während die erste Einheit eines Guts mit einem hohen zusätzlichen Nutzen für den Konsumenten einhergeht, führt die zweite Einheit ebenfalls zu einem höheren Nutzen (Monotonie), wobei der Nutzenzuwachs geringer ist als bei der ersten Einheit. Auch die hundertste Einheit führt zu mehr an Nutzen für den Konsumenten, wobei der Nutzenzuwachs immer kleiner wird. Im einfachen 2-Güterfall manifestiert sich dieser Sachverhalt darin, dass man bei steigender Menge des einen Guts immer weniger des knapperen Guts bereit ist abzugeben bzw. zu substituieren. Abb. 3.3 veranschaulicht das Konzept einer abnehmenden Grenzrate der Substitution anhand einer idealtypischen Indifferenzkurve.

Offensichtlich sinkt der Betrag der Steigung der Indifferenzkurve mit zunehmendem X, woraus die abnehmende Bereitschaft der Substitution des Guts Y zugunsten von X deutlich wird. Während der Konsument für die 4. Einheit von X noch bereit ist, etwa 2 Einheiten von Y aufzugeben, sinkt diese Bereitschaft für die 5., 8. und schließlich 10. Einheit von X sukzessive. Veranschaulichen kann man diesen Aspekt durch eine abnehmende Stabhöhe der Substitutionsbereitschaft, wie in der Abb. 3.3 am rechten Rand verdeutlicht.

Diese wesentlichen Annahmen der Haushaltstheorie stellen sicher, dass die geäußerte Präferenzrangfolge des Konsumenten konsistent ist und einer gewissen Rationalität im Sinne des Homo Oeconomicus folgt. Schließlich verfolgt der Haushalt das Ziel der Nutzenmaximierung unter expliziter Berücksichtigung seiner Präferenzen. Eine Verschwendung von Ressourcen ist unter dieser Bedingung nicht erlaubt. Hieraus folgt, dass jeder Euro des Budgets effizient einzusetzen ist. Um diesen Aspekt adäquat berücksichtigen zu können, müssen wir zunächst das Konzept der Budgetgeraden einführen.

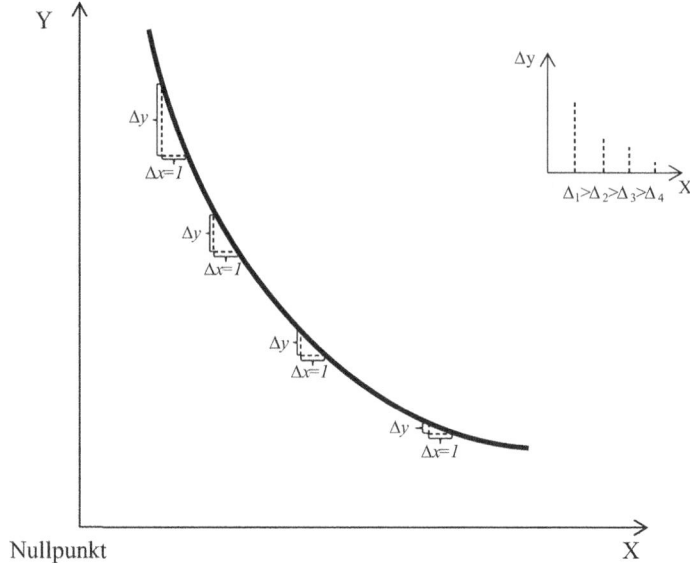

Abb. 3.3 Abnehmende Grenzrate der Substitution

3.1.2 Budgetgerade

Wieviel sich ein Haushalt von einem bestimmten Gut leisten kann, wird durch die sog. Budgetgerade beschrieben. Aus der Annahme der Monotonie folgt, dass der Haushalt sein gesamtes Einkommen für den Konsum ausgeben wird.[3] Mehr ist immer besser als weniger. Sparen bedeutet weniger Konsum und ist deshalb nicht rational. Im 2-Güterfall kann der Haushalt sein Einkommen also für den Konsum von x Einheiten des Guts X und y Einheiten des Guts Y aufwenden. Wieviel er sich von beiden Gütern leisten kann hängt entscheidend von den Preisen der beiden Güter X und Y ab, d. h. von P_X und P_Y. Die Budgetgerade hat, wie der Name bereits andeutet, den Vorteil, dass es sich um eine lineare Funktion handelt. Gibt der Haushalt sein Einkommen I (Income) für den Konsum der Güter X zum Preis P_X und Y zum Preis P_Y aus, so folgt bei einer Sparrate von null zwangsläufig

$$I = x \cdot P_X + y \cdot P_Y \tag{3.1}$$

als Gleichung für die Budgetgerade. Das heißt, die Summe der Ausgaben für den Konsum von X ($x \cdot P_X$) und Y ($y \cdot P_Y$) entspricht dem Einkommen (I). Der Haushalt kann nicht mehr ausgeben als er hat. Und weniger ist aufgrund der Monotonie nicht rational.

---

[3] Das heißt nicht unbedingt, dass ein Haushalt niemals spart. Allerdings sollte er während der Lebenszeit sein Einkommen ausgeben. In diesem Fall bedeutet sparen dann nur eine zeitliche Verschiebung von Konsum.

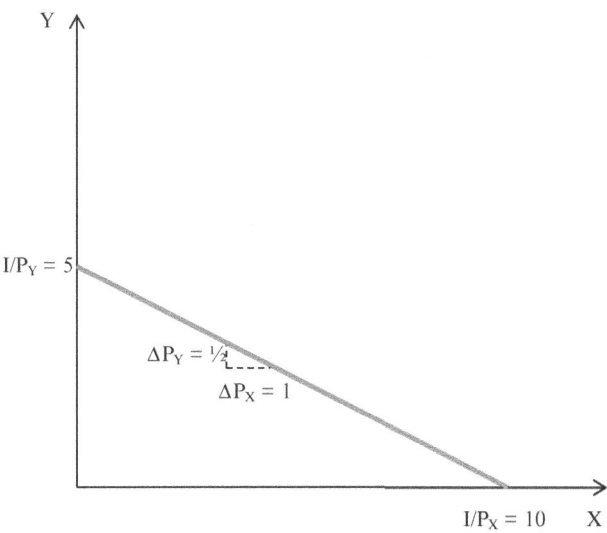

Abb. 3.4 Budgetgerade

Zur graphischen Darstellung der Budgetgeraden machen wir uns schließlich zu Nutze, dass es sich um eine Gerade handelt. Diese hat den Vorteil, dass wir nur zwei Datenpunkte im Diagramm benötigen, um die Budgetgerade zeichnen zu können. Üblicherweise wählt man hierzu die Schnittpunkte mit den Achsen. Mit anderen Worten: Wie viele Einheiten x (y) kann sich der Haushalt von X (Y) kaufen, wenn er sein gesamtes Einkommen für X (d. h. $y=0$) oder Y (d. h. $x=0$) aufwenden würde. Rechnerisch erhalten wir die beiden Schnittpunkte mit den Achsen also in Form von $y = I/P_Y$ und $x = I/P_X$. Zum besseren Verständnis wollen wir uns ein Beispiel anschauen. Wir stellen uns vor, Anton hätte ein Einkommen von 10 Euro zur Verfügung. Wenn ein Apfel (Gut X) 1 Euro kostet und eine Banane (Gut Y) 2 Euro, ergeben sich als Schnittpunkte $x(y=0) = 10/1 = 10$ und $y(x=0) = 10/2 = 5$. Durch Einzeichnen beider Punkte in das Diagramm und anschließendes Verbinden dieser Punkte erhalten wir unsere Budgetgerade (vgl. Abb. 3.4).

Allgemein lässt sich die Budgetgerade durch Umformen der Gl. (3.1) nach y darstellen, sodass

$$y = I / P_Y - P_X / P_Y \cdot x. \tag{3.2}$$

Wir erinnern uns an unsere Schulzeit. Hier haben wir gelernt, dass eine lineare Funktion (d. h. eine Gerade) allgemein die Form $f(x) = y = b + mx$ aufweist. Ganz allgemein versucht eine solche Funktion, die Variable y durch x zu beschreiben. Diese allgemeine Form hat den Vorteil, dass wir zwei Aspekte unseres Zusammenhangs sofort ablesen und interpretieren können. Der Parameter b beschreibt dabei den Schnittpunkt mit der y-Achse, der Parameter m die Steigung unserer Funktion.

Analog können wir diese beiden Aspekte in Gl. (3.2) anwenden. Es wird deutlich, dass unser Parameter b hier I/P_Y beträgt. Genau dieser Punkt ist in Abb. 3.4 auch der Schnittpunkt mit unserer y-Achse. Durch unsere Überlegung „wieviel können wir uns von Y leisten, wenn wir unser gesamtes Einkommen für Y ausgeben", haben wir also intuitiv den Parameter b unserer Budgetgerade abgetragen. Der Steigungsparameter m beträgt in Gleichung (3.2) $-P_X/P_Y$. Interpretieren können wir diesen Aspekt als das Preisverhältnis der Güter X und Y. Da in unserem Beispiel eine Banane doppelt so teuer war wie ein Apfel, müssen wir eine halbe Banane aufgeben, um uns einen weiteren Apfel leisten zu können. Dieser Sachverhalt wird durch das Steigungsdreieck in Abb. 3.4 wiedergegeben. Dass unser Parameter m ein negatives Vorzeichen aufweist, liegt in der Natur der Sache: Wenn wir uns einen weiteren Apfel kaufen möchten, müssen wir eine halbe Banane hierfür aufgeben. Wir können nicht mehr von beiden Gütern kaufen, da auch unser Einkommen eine knappe Ressource ist. Deshalb weist die Budgetgerade grundsätzlich einen fallenden Verlauf auf.

Die Budgetgerade bestimmt letztlich den Bereich der erreichbaren Güterbündel, d. h. den Bereich aller Güterbündel aus X und Y, den sich unser Haushalt leisten kann. So geht aus Abb. 3.4 hervor, dass sich der Haushalt beispielsweise die Güterbündel (x/y) 10/0, 0/5 oder auch 2/2 leisten kann. Entgegen der ersten beiden Güterbündel (10/0 und 0/5) bedeutet das Güterbündel 2/2, dass der Haushalt nicht sein gesamtes Einkommen für den Konsum von Äpfeln und Bananen ausgibt, da $2 \cdot P_X + 2 \cdot P_Y = 2 \cdot 1 + 2 \cdot 2 = 6 < I = 10$. Da unser Haushalt dem Konzept der Monotonie folgen wird, wird er letztlich ein Güterbündel wählen, das auf seiner Budgetgeraden liegt. Selbstverständlich würde er die Güterbündel 20/20 oder 100/10 gerne konsumieren. Diese Güterbündel liegen allerdings außerhalb des Bereichs der erreichbaren Güterbündel. Die Budgetgerade hält unseren Haushalt also davon ab, seinen Konsum und damit seinen Nutzen ins Unermessliche zu steigern. Eine zentrale Erkenntnis, auf die wir später zurückkommen werden.

Der Bereich der erreichbaren Güterbündel ist allerdings kein statischer Bereich. er kann sich verändern. Es kann zu Situationen kommen, in denen sich der Haushalt mehr oder weniger leisten kann. Wann kommt es also zu einer Veränderung der Budgetgeraden und damit zu einer Vergrößerung oder Verkleinerung des Bereichs der erreichbaren Güterbündel? Wenn wir uns an die Gl. (3.1) zurückerinnern, wird deutlich, dass unser Haushalt sich Güterbündel leisten kann in Abhängigkeit seines Einkommens und der Güterpreise. Kommt es also zu einer Veränderung des Einkommens oder des Preises eines Guts so verändert sich auch der Bereich der erreichbaren Güterbündel. Beide Aspekte wollen wir uns im Folgenden anschauen und überlegen, welche Wirkung sich hieraus für die Budgetgerade ergibt: (1) eine Einkommensveränderung (vgl. Abb. 3.5a), (2) eine Preisveränderung (vgl. Abb. 3.5b).

Einkommensveränderung.

Das Einkommen des Haushalts kann steigen oder sinken. Steigt das Einkommen des Haushalts, kann sich dieser tendenziell mehr von beiden Gütern leisten. Betrachten wir wieder unser Beispiel, so könnte sich das Einkommen von Anton beispielsweise verdoppeln und damit auf 20 Euro ansteigen. Dies bedeutet, dass er sich nun nicht mehr höchstens 10 Äpfel oder 5 Bananen leisten kann, sondern 20 Äpfel oder 10 Bananen. Eine Einkommenserhöhung um den Faktor 2 führt also zu einer Ausweitung des Bereichs der erreichbaren Güter um den Faktor 2. Anton kann sich nun doppelt so viel leisten wie vor der Einkommenserhöhung.

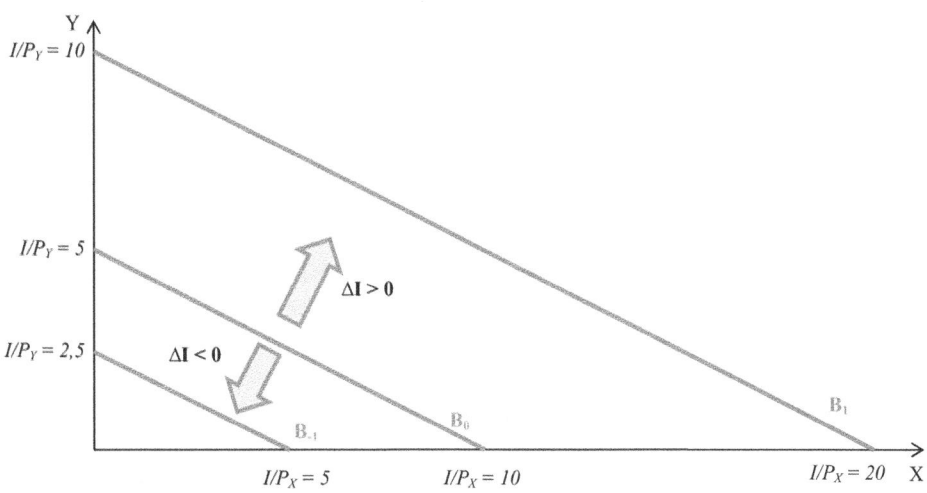

(a) Einkommensveränderung

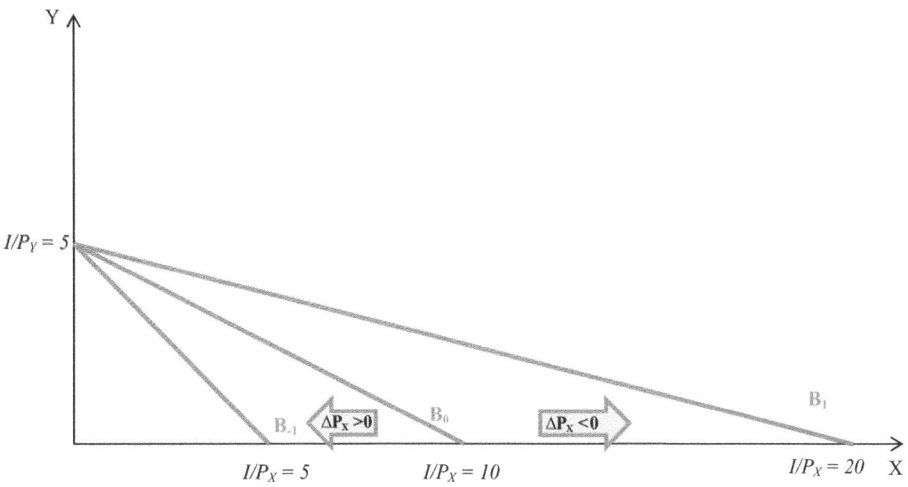

(b) Preisveränderung

Abb. 3.5 Veränderungen der Budgetgeraden

Sinkt das Einkommen indes, so kann sich Anton tendenziell weniger von beiden Gütern leisten. Sinkt das Einkommen also um die Hälfte auf 5 Euro, so kann er sich höchstens 5 Äpfel oder 2,5 Bananen leisten. Graphisch wird dies durch die Parallelverschiebung der Budgetgeraden deutlich, zumal sich der Bereich der erreichbaren Güterbündel proportional verändert. Steigt das Einkommen, so verschiebt sich die Budgetgerade nach außen (von B_0 auf B_1). Sinkt das Einkommen, so verschiebt sich die Budgetgerade nach innen (von B_0 auf B_{-1}). Entsprechend vergrößert oder verkleinert sich die Fläche unterhalb der Budgetgeraden und damit der Bereich der Güterbündel, die sich unser Anton leisten kann (vgl. Abb. 3.5a).

Preisveränderung.

Der Preis eines Guts kann steigen oder sinken. Steigt der Preis des einen Guts bei unverändertem Preis des anderen Guts führt dies dazu, dass sich unser Haushalt weniger dieses Guts kaufen kann. Sinkt der Preis des einen Guts bei unverändertem Preis des anderen Guts führt dies dazu, dass sich unser Haushalt mehr von diesem Gut leisten kann. Da der Preis des anderen Guts unverändert bleibt, ändert sich für dieses Gut auch nicht der Schnittpunkt mit der Achse. Kostet eine Banane weiterhin 2 Euro, so wird sich Anton bei einem Einkommen von 10 Euro immer noch höchstens 5 Bananen leisten können. Die Preisveränderung hat lediglich zur Folge, dass sich der Schnittpunkt mit der Achse des Guts verändert, dessen Preis sich ändert. Steigt der Preis eines Apfels auf 2 Euro, so wird sich Anton höchstens 5 Äpfel leisten können. Sinkt der Preis eines Apfels auf 0,5 Euro, so wird sich Anton höchstens 20 Äpfel leisten können. Graphisch zeigt sich dies durch eine Drehung der Budgetgeraden. Steigt der Preis, so dreht sich die Budgetgerade nach innen. Sinkt der Preis, so dreht sich die Budgetgerade nach außen. Entsprechend verkleinert (Preis steigt) oder vergrößert (Preis sinkt) sich der Bereich der erreichbaren Güterbündel in Form der Fläche unterhalb der Budgetgeraden (vgl. Abb. 3.5b).

Beispiel 3.1

Gegeben sei die klassische Budgetgerade $I = x \cdot P_X + y \cdot P_Y$. Bei einem Einkommen in Höhe von 20 und einem Preis für Äpfel in Höhe von 2 Euro (Bananen in Höhe von 2,5 Euro) ergibt sich Antons Budgetgerade durch $20 = 2x + 2,5y$. Wollen wir diese nun zeichnen, so benötigen wir lediglich die Schnittpunkte mit den Achsen. Kauft Anton ausschließlich Äpfel, so kann er sich maximal 20/2 = 10 Äpfel kaufen. Kauft sich Anton ausschließlich Bananen, so kann er maximal 20/2,5 = 8 Bananen kaufen. Tragen wir beide Punkte in ein Diagramm ab und verbinden diese, so erhalten wir Antons Budgetgerade.

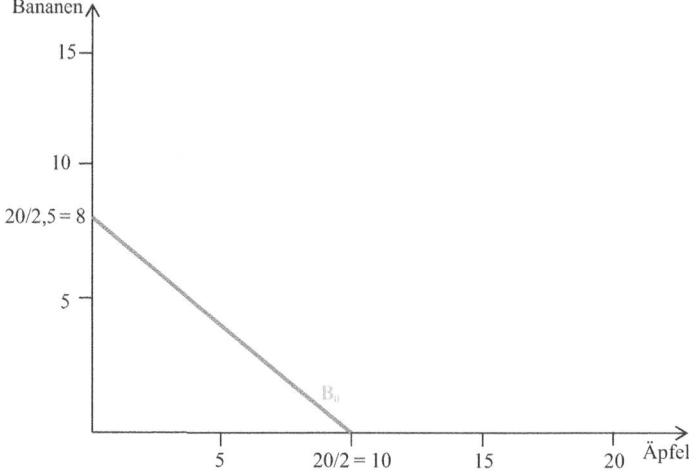

Steigt nun Antons Einkommen auf 30 Euro, so kann er sich mehr von beiden Gütern leisten. Die neuen Schnittpunkte mit den Achsen sind entsprechend 30/2 = 15 bzw. 30/2,5 = 12. Sinkt Antons Einkommen auf 10 Euro, so kann er sich weniger von beiden Gütern leisten. Die neuen Schnittpunkte mit den Achsen sind entsprechend 10/2 = 5 bzw. 10/2,5 = 4.

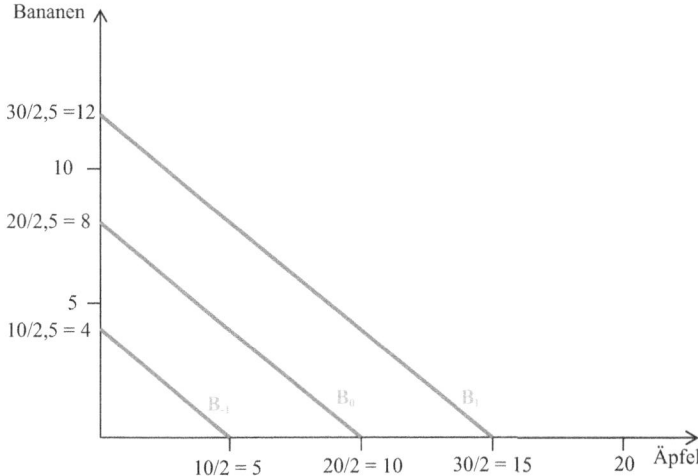

Steigt der Preis für Äpfel auf 4 Euro (bei sonst unveränderten Bedingungen), ändert sich nur der Schnittpunkt mit der x-Achse. Anton kann sich maximal 20/4 = 5 Äpfel leisten. Sinkt der Preis für Äpfel auf 1 Euro, so kann sich Anton 20/1 = 20 Äpfel leisten (vgl. Abbildung a). Steigt hingegen der Preis für Bananen auf 4 Euro (bei sonst unveränderten Bedingungen), ändert sich nur der Schnittpunkt mit der y-Achse. Anton kann sich maximal 20/4 = 5 Bananen leisten. Sinkt der Bananenpreis auf 2 Euro, so kann sich Anton hingegen 20/2 = 10 Bananen leisten (vgl. Abbildung b).

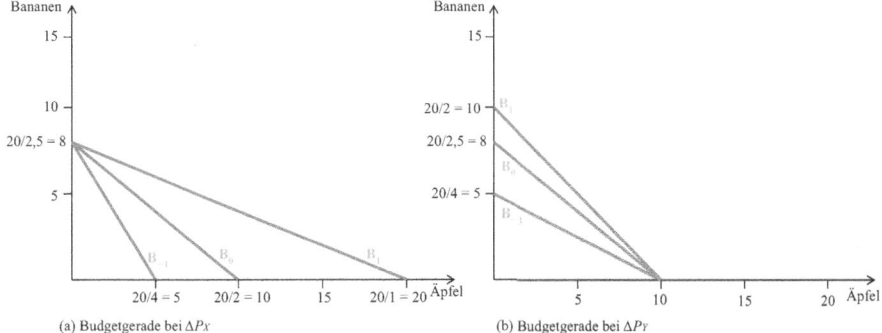

(a) Budgetgerade bei ΔP_X (b) Budgetgerade bei ΔP_Y

Um zu verstehen, welches Güterbündel sich unser Anton nun aussucht, müssen wir wissen, was Anton mag. Mit anderen Worten: Wir müssen Antons Präferenzen kennen. Zu diesem Zweck soll im Folgenden das Konzept der sog. Indifferenzkurven betrachtet werden.

3.1.3 Indifferenzkurve

Die Indifferenzkurve berücksichtigt die Präferenzen des Haushalts. Konkret beschreibt die Indifferenzkurve alle Güterkombinationen bzw. -bündel (X und Y), bei denen der Haushalt das gleiche Nutzenniveau erreicht. Das heißt alle Punkte auf der Indifferenzkurve spiegeln das gleiche Nutzenniveau wider. Von einer zur anderen Indifferenzkurve verändert sich folglich das Nutzenniveau des Individuums. Unter Anwendung des Prinzips der Monotonie, d. h. „mehr ist immer besser als weniger", wird Folgendes deutlich: Je weiter die Indifferenzkurve vom Nullpunkt entfernt ist, desto höher ist der Nutzen. Im Prinzip gibt es dabei unendlich viele Indifferenzkurven für den Haushalt. Man spricht von einer Indifferenzkurvenschar.

Die explizite Form oder Gestalt der Indifferenzkurve ist schließlich Ausdruck der Präferenzrangordnung. Konkret gibt die Form der Indifferenzkurve das Austauschverhältnis zwischen den beiden Gütern wieder. Wie bereits beschrieben, weist die idealtypische Indifferenzkurve einen fallenden Verlauf auf, wobei der Betrag der Steigung mit zunehmendem Konsum des einen Guts abnimmt. Wir sprechen in diesem Zusammenhang von einer abnehmenden Grenzrate der Substitution. Stellen wir die beiden Güter X und Y ins Verhältnis, so bedeutet diese abnehmende Grenzrate der Substitution letztlich, dass mit zunehmendem X unser Haushalt immer weniger bereit sein wird, Y aufzugeben, also zu substituieren. In der Volkswirtschaftslehre bringen wir diesen Sachverhalt typischerweise dadurch zum Ausdruck, dass die erste Ableitung kleiner gleich null ($dN/dx \leq 0$) und die zweite Ableitung ebenfalls kleiner gleich null ist ($d^2N / dx^2 \leq 0$).

Wir erinnern uns an die Schulzeit. Im Rahmen der sog. Kurvendiskussion analysierten wir regelmäßig die Extrem- und Wendepunkte einer Funktion *f(x)*. Der sog. Extrempunkt (oder Extrema bei Funktionen dritten und höheren Grades) war dadurch charakterisiert, dass hier die Funktion an einer bestimmten Stelle den höchsten (beim Maximum) oder niedrigsten (beim Minimum) Wert für y annahmen. Denken wir beispielsweise an die Gewinnfunktion eines Unternehmens, so wäre für das Unternehmen sicherlich interessant, welche Absatzmenge bei gegebenen Umsätzen und Kosten den Gewinn maximiert. Stellen wir uns die Gewinnfunktion nun in Form eines Wanderwegs vor, so wandern wir mit zunehmender Absatzmenge (*x*) zunächst bergauf, bis wir das Gipfelkreuz erreichen. Gehen wir nun weiter (d. h. zunehmendes x), so laufen wir plötzlich bergab. Genau dieses Gipfelkreuz auf der Gewinn-funktion interessiert uns. Wir wandern also zunächst bergauf, d. h. unsere Funktion verläuft in diesem Teilstück steigend. Ab dem Gipfelkreuz wandern wir dann bergab, d. h. unsere Funktion verläuft in diesem Teilstück fallend. Genau an der Stelle des Gipfelkreuzes verändert sich also das Vorzeichen unserer Steigung, von steigend (positives Vorzeichen) zu fallend (negatives Vorzeichen). Mit anderen Worten: Genau am Gipfel weist die Funktion keine, also eine Nullsteigung, auf. Hier ist der Grund, warum wir die erste Ableitung gleich null setzen, um die Extremstellen (ob Maximum (Gipfelkreuz) oder Minimum (Talstation)) zu berechnen. Die erste Ableitung zeigt die Steigung an. Ist diese null, so befinden wir uns am Gipfelkreuz oder im Tal der Funktion.

Um sicher zu gehen, ob wir uns oben (Maximum) oder unten (Minimum) befinden, war die zweite Ableitung wichtig. In der Schule sprachen wir hier von der hinreichenden Bedingung (im Gegensatz zur notwendigen Bedingung). Wies die zweite Ableitung ein negatives Vorzeichen auf, so konnten wir sicher sein, dass unser Extremwert ein Maximum war und umgekehrt. Die zweite Ableitung zeigt uns letztlich, wie sich die Funktion verändert, wenn man am Extrempunkt weitergeht. Geht es also bergab (negative Steigung), so muss es sich um ein Maximum handeln. Geht es indes bergauf (positive Steigung), so müssen wir einen Schritt zuvor beim Minimum gewesen sein. Notwendige und hinreichende Bedingung – und damit erste und zweite Ableitung – zeigen uns neben der Steigung (erste Ableitung) also auch die weitere Veränderung der Funktion an (zweite Ableitung). Vor diesem Hintergrund wissen wir, dass wir bergauf oder bergab laufen, wenn wir unsere Wanderung fortsetzen.

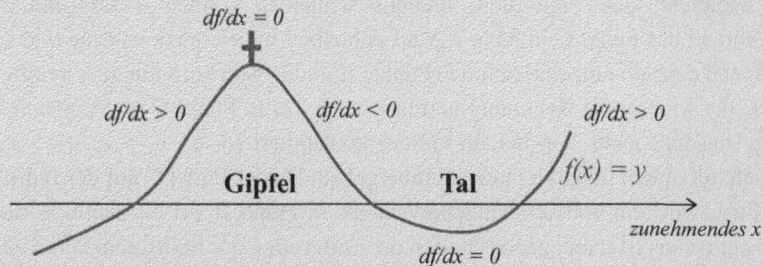

Die Abbildung verdeutlicht unsere Überlegungen nochmal am Beispiel einer idealtypischen Funktion 3. Grades (d. h. i. d. R. mit Maximum und Minimum).

Da die zweite Ableitung einer idealtypischen Indifferenzkurve also negativ ist, sinkt der Betrag der Steigung mit zunehmendem x. Mit anderen Worten: Das Gefälle nimmt immer weiter ab. Die Steigung wird immer negativ sein. Aber mit zunehmendem x wird diese negative Steigung immer und immer kleiner. Sie verändert allerdings nie ihr Vorzeichen. Die Steigung ist immer kleiner oder gleich null. Warum das so ist, verdeutlicht uns auch nochmal das Prinzip der Monotonie. Würde die Indifferenzkurve steigend verlaufen, so bliebe das Nutzenniveau immer gleich, obwohl wir mehr von beiden Gütern – d. h. mehr von x und y – in unserem Warenkorb sammeln. Mehr im Warenkorb zu haben muss allerdings mit einem höheren Nutzenniveau einhergehen und damit mit einer höheren Indifferenzkurve. Ein Warenkorb mit 2 Äpfeln und 2 Bananen kann also niemals das gleiche Nutzenniveau wie ein Warenkorb mit 3 Äpfeln und 3 Bananen aufweisen. Vor diesem Hintergrund verläuft die Indifferenzkurve immer fallend bzw. weist die Indifferenzkurve immer eine Steigung von kleiner oder gleich null auf.[4] Abb. 3.6 fasst unsere Überlegungen nochmal zusammen für eine Schar idealtypischer Indifferenzkurven, d. h. Indifferenzkurven mit abnehmender Grenzrate der Substitution.

Zwei Kernelemente der Indifferenzkurve gehen aus Abb. 3.6 hervor: Erstens, entlang der Indifferenzkurve ist der Konsument indifferent. Konkret heißt das, dass unser Anton in den Punkten D, A und B den gleichen Nutzen generiert. Er kann also entweder das Güterbündel (x_D, y_D) konsumieren, oder von Gut Y etwas aufgeben, um hierfür mehr von x in den Punkten A und B zu konsumieren. Jeder dieser Punkte führt zu dem gleichen Nutzenniveau für Anton. Zweitens erzielt Anton ein höheres Nutzenniveau, wenn er eine höhere Indifferenzkurve erreicht, wobei der Nutzen auf N_4 größer ist als auf N_3 usw., sodass $N_4 > N_3 > N_2 > N_1$. Abgebildet sind dabei 4 Indifferenzkurven als eine Schar von Funktionen. Letztlich hat jeder Konsument allerdings unendlich viele potentielle Indifferenzkurven, die auch zwischen den hier abgebildeten Indifferenzkurven liegen können.[5] Entscheidend ist vielmehr, dass sich diese niemals schneiden können – aufgrund der Monotonie. Während der Punkt C in Abb. 3.2 auf derselben Indifferenzkurve lag wie das Güterbündel A, und deshalb nutzengleich wie Punkte B und D war, wird nun hier deutlich, dass in Punkt C der Monotonie Rechnung getragen wird. Da in Punkt C im Vergleich zu Punkt B unser Haushalt mehr von beiden Gütern konsumiert (d. h. $x_C > x_B$, $y_C > y_B$), muss dieser auch mit einem höheren Nutzen einhergehen. Da der Punkt C auf der Indifferenzkurve N_2 liegt, wird ein höheres Nutzenniveau als in Punkt B auf N_1 deutlich. Ausdruck des Nutzenniveaus ist dabei grundsätzlich die Entfernung der Indifferenzkurve zum Nullpunkt des Diagramms. Je weiter weg unser Güterbündel vom Nullpunkt entfernt ist, desto höher ist das Nutzenniveau.

---

[4] Ist die Steigung gleich null, so sprechen wir von einem Extremfall. In diesem Fall würde unsere Funktion horizontal verlaufen. Wir schauen uns zum Schluss unseres Abschnitts einen solchen Extremfall an, indem wir annehmen, dass Anton überhaupt keine Bananen mag. Mit anderen Worten: Egal wie viel Bananen Anton konsumiert, sein Nutzenniveau wird ausschließlich von der Menge der konsumierten Äpfel abhängen.

[5] Auf diese Erkenntnis kommen wir später nochmal zurück, wenn wir uns mit der Edgeworth-Box beschäftigen.

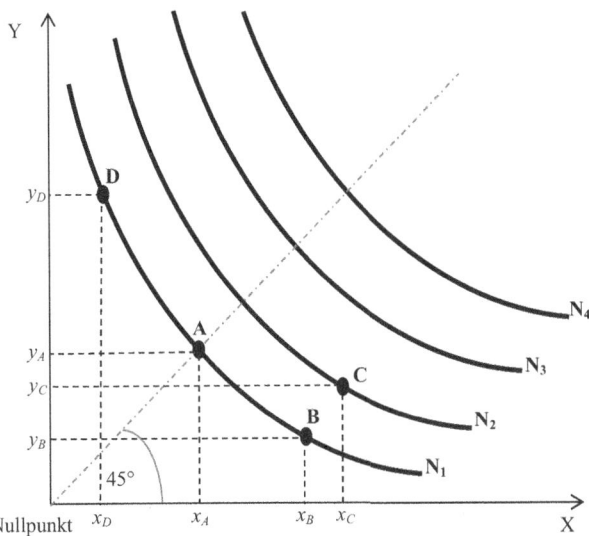

Abb. 3.6 Indifferenzkurvenschar

Gegeben sei die Nutzenfunktion $N(x, y) = x$. Gut X seien Äpfel. Gut Y seien Bananen. Dann wird aus der Nutzenfunktion unmittelbar deutlich, dass unser Anton keine Bananen mag. Sein Nutzen ist grundsätzlich durch die Anzahl an Äpfeln determiniert, unabhängig davon, wieviele Bananen er konsumiert. Eine mögliche Indifferenzkurvenschar mit den Nutzenniveaus 5, 10, 15 und 20 sieht dann wie folgt aus:

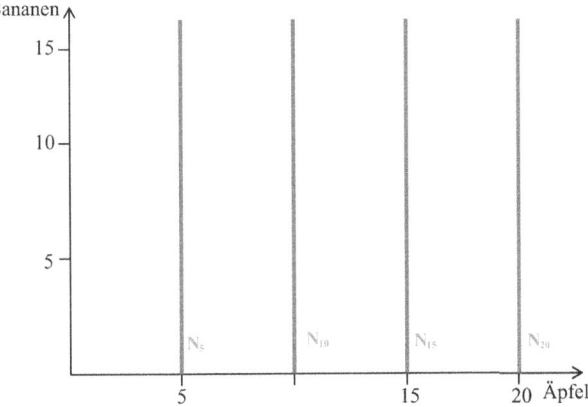

Die Tatsache, dass Anton offensichtlich keine Bananen mag, führt dazu, dass unsere Indifferenzkurven senkrecht zur x-Achse verlaufen. Der vertikale Verlauf spiegelt damit eine Steigung von unendlich wider. Anton wird nicht bereit sein, Äpfel gegen Bananen zu tauschen. Im Optimum wird er also keine Bananen konsumieren und sein gesamtes Einkommen in den Konsum von Äpfeln investieren.

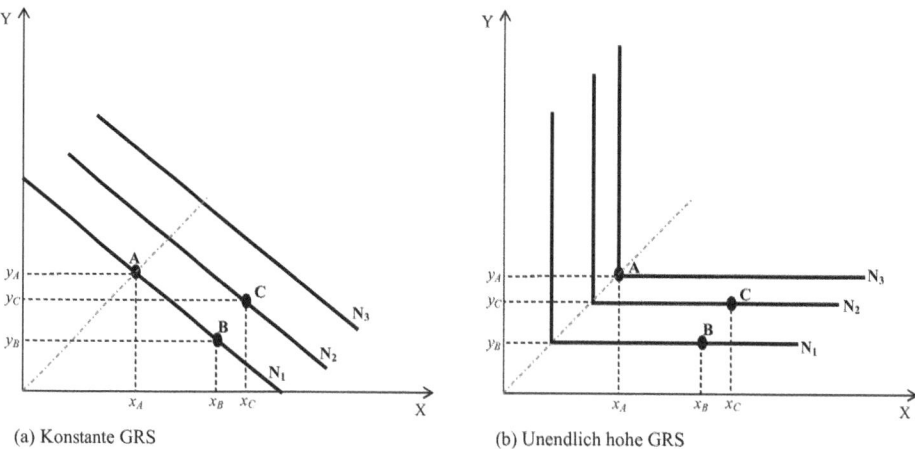

(a) Konstante GRS   (b) Unendlich hohe GRS

Abb. 3.7 Spezielle Verläufe von Indifferenzkurven

Nun haben wir bisher immer von einer idealtypischen Indifferenzkurve gesprochen. Diese
war durch eine abnehmende Grenzrate der Substitution charakterisiert. Offensichtlich gibt
es Ausnahmen von diesem Ideal, die in besonderen (Extrem-)Fällen auftreten und damit
einen anderen Verlauf der Indifferenzkurve bewirken. Gemeinsam ist allen Indifferenzkurven allerdings eine Steigung von kleiner oder gleich null. Eine positive Steigung kann
eine Indifferenzkurve aus den erläuterten Gründen (Monotonie) nicht aufweisen. Zwei
Sonderfälle sind dabei zu unterscheiden: (1) Indifferenzkurven mit konstanter Grenzrate
der Substitution (linearer Verlauf), (2) Indifferenzkurven mit unendlicher Grenzrate der
Substitution (limitationaler Verlauf). Abb. 3.7 stellt beide Sonderfälle einander gegenüber.
    Im Fall der konstanten GRS verläuft die Indifferenzkurve linear. Konkret bedeutet dies,
dass das Austauschverhältnis zwischen den Gütern X und Y immer gleich bleibt. Das heißt
Anton ist bereit, Äpfel gegen Bananen zu tauschen, unabhängig davon, wieviel er von dem
einen oder anderen Gut hat. Zeichnerisch kommt dieser Sachverhalt dadurch zum Ausdruck, dass die Steigung konstant bleibt. Der Betrag der Steigung ist negativ, aber verändert
sich nicht mit zunehmendem x. Folglich generiert Anton den gleichen Nutzen, wenn er
Güterbündel A und B konsumiert. Allerdings steigert er sein Nutzenniveau, wenn er stattdessen Güterbündel C konsumieren würde. Man spricht in diesem Zusammenhang von
perfekten Substituten, zumal man bereit ist, die Güter immer im gleichen Verhältnis gegeneinander zu substituieren.[6] Klassisches Beispiel sind Güter die sich durch eine besondere
Homogenität auszeichnen, wie Äpfel und Birnen oder Äpfel ähnlicher Sorten. Im Fall mit
unendlich hoher GRS wird ein sog. limitationaler Verlauf der Indifferenzkurven ersichtlich,
d. h. die Indifferenzkurven sind L-förmig. Man spricht in diesem Zusammenhang von perfekten Komplementärgütern, die nur in fixen Proportionen (in Abb. 3.7b ein „1 zu 1"- Ver-

---

[6] Im Gegensatz hierzu spricht man bei der idealtypischen Indifferenzkurve von imperfekten Substituten, da hier das Austauschverhältnis sich mit zunehmendem x verändert.

hältnis) konsumiert werden können. Ein klassisches Beispiel sind etwa Schuhe, die nur zu mehr Nutzen führen, wenn man neben dem linken Schuh auch einen rechten Schuh hinzubekommt. Bei einem einzelnen linken oder rechten Schuh verharrt der Konsument indes auf dem gleichen Nutzenniveau. Dieser Sachverhalt verändert die Güterkonstellationen in unserer Abbildung deutlich. Nun verspricht das Güterbündel A ein höheres Nutzenniveau als die Güterbündel B und C. Dies liegt daran, dass in Punkt A die Gütermengen x_A und y_A in gleichen Proportionen konsumiert werden. In den Punkten B und C könnte Anton zwar mehr Güter von X konsumieren, allerdings auf Kosten des Guts Y. Die fixen Proportionen verdeutlichen, dass unser Haushalt den gleichen Nutzen generieren würde, wenn er von Punkt C (B) ausgehend so viele Einheiten von X aufgibt, dass er genau so viele Einheiten wie von Gut Y hätte. In diesem Fall läge der Punkt also auf der Winkelhalbierenden und auf der Indifferenzkurve N_2 (N_1). Dieser besondere Fall zeigt, dass mehr nicht immer besser ist als weniger, zumal Anton indifferent wäre zwischen einem Warenkorb mit 2 linken und 2 rechten Schuhen auf der einen Seite und einem Warenkorb mit 2 linken und 5 rechten Schuhen auf der anderen Seite. Schließlich kann er nur 2 Schuhpaare in beiden Fällen tragen, während die 3 Einzelschuhe zu keinem Nutzenzuwachs führen.[7]

3.1.4 Allokationseffizienz

Wollen wir nun wissen, für welches Güterbündel sich der Haushalt entscheidet, so müssen wir beide Konzepte aus der Haushaltstheorie zusammenbringen, d. h. die Budgetgerade auf der einen Seite und die Indifferenzkurve auf der anderen. Selbstverständlich würde der nutzenmaximierende Konsument gerne eine Indifferenzkurve erreichen, die möglichst weit weg vom Nullpunkt, also möglichst hoch liegt. Welche Indifferenzkurve er allerdings erreichen kann, wird unmittelbar durch die Budgetgerade determiniert. Man sagt, der Konsument maximiert seinen Nutzen unter der Nebenbedingung der Budgetrestriktion.

Schauen wir uns diese Überlegung zunächst graphisch an, so muss der Grundgedanke sein, dass wir ein Güterbündel wählen, das wir uns gerade noch leisten können (Budgetrestriktion) und das auf der höchst möglichen Indifferenzkurve liegt (Nutzenmaximierung). Wie wir gelernt haben, beschreibt die Budgetgerade die erreichbaren Güterbündel. Alle Güterbündel die auf und unterhalb der Budgetgeraden liegen – also von der Budgetgerade gewissermaßen eingeschlossen werden – sind solche, die sich unser Haushalt leisten kann. Sämtliche

---

[7]In der Übungsaufgabe 1 dieses Kapitels schauen wir uns nochmal einen Sonderfall an, der zwischen den betrachteten Fällen liegt. Mag Anton beispielsweise keine Bananen und wählt zwischen Äpfeln und Bananen, so verläuft die Funktion senkrecht zu der Achse, auf der die Äpfel abgetragen sind. Tragen wir die Anzahl Äpfel auf der x-Achse ab, so verläuft die Funktion also vertikal. Tragen wir die Anzahl Äpfel auf der y-Achse ab, so verläuft die Funktion horizontal. In diesem Sonderfall würde Anton keine Bananen konsumieren, da nur durch ein Mehr an Äpfeln eine höhere Indifferenzkurve erreicht wird, unabhängig von der Anzahl an Bananen. Mit anderen Worten: Unser Anton sollte jeden Euro seines Budgets in den Konsum von Äpfeln investieren, da mehr Bananen seinen Nutzen nicht erhöhen, aber sein Budget für Äpfel reduzieren.

Punkte oberhalb der Budgetgeraden sind Güterbündel, die den Konsumenten zwar besser stellen würden (Nutzenzuwachs), die er sich aber nicht leisten kann. Selbstverständlich würde jeder von uns gerne ein tolles Auto fahren. Bei knappem Einkommen und den Preisunterschieden zwischen Klein- und Oberklassewagen entscheiden wir uns deshalb nicht für das, was wir vielleicht am liebsten hätten, sondern für das Auto, das unseren Nutzen unter Berücksichtigung unseres Budgets maximiert. Wenn also die Budgetgerade unsere Grenze des Bereichs der erreichbaren Güterbündel fixiert, werden wir ein Güterbündel wählen, das als Punkt irgendwo auf der Budgetgeraden beschrieben werden könnte. Zuvor haben wir mithilfe der Monotonie bereits argumentiert, dass jedes Güterbündel unterhalb der Budgetgeraden sparen bedeutet. Allerdings sparen wir nicht, da ja bekanntlich „mehr immer besser als weniger ist" (Monotonie). Also geben wir unser gesamtes Einkommen für ein Güterbündel aus, das entsprechend auf und nicht irgendwo unterhalb der Budgetgeraden liegen darf. Genau diesen Mechanismus machen wir uns nun zu Nutze. Den Satz „mehr ist immer besser als weniger" könnten wir auch übersetzen mit „eine höhere Indifferenzkurve führt zu einem höheren Nutzenniveau". Welchen Punkt auf der Budgetgeraden wir also konsumieren, hängt von unseren Präferenzen ab. Wir wählen schließlich das Güterbündel, das auf der höchstmöglichen und auf Basis des knappen Einkommens auch erreichbaren Indifferenzkurve liegt. In diesem Punkt bildet die Budgetgerade schließlich eine Tangente zur Indifferenzkurve, d. h. sie berührt die Indifferenzkurve so gerade noch. Abb. 3.8 fasst diese Überlegungen für eine Schar an idealtypischen Indifferenzkurven nochmal zusammen.

Nun wird deutlich, dass der Punkt D beispielsweise auf der Budgetgeraden liegt. Das heißt in Punkt D würde Anton x_D Einheiten von X und y_D Einheiten von Y konsumieren und sein gesamtes Einkommen für dieses Güterbündel aufwenden. Da Punkt D auf der Indifferenzkurve N_1 liegt, generiert er dasselbe Nutzenniveau wie auch in den Punkten A und B, die beide unterhalb der Budgetgeraden liegen. Sollte Anton also das Güterbündel D wählen? Die Antwort ist nein. Wenn wir die Budgetgerade nach unten wandern, wird deutlich, dass es ein Güterbündel gibt, das eine höhere Indifferenzkurve berührt. Genauer gesagt, existiert nur ein einziges Güterbündel auf dieser höheren Indifferenzkurve N_2, das sich unser Anton leisten kann. Eine höhere Indifferenzkurve bedeutet also ein höheres Nutzenniveau und ist damit besser als Güterbündel D, in dem Anton weniger Nutzen generiert. Die Tatsache, dass es weitere Güterbündel neben D gibt, die sich Anton entlang der Indifferenzkurve leisten könnte – da sie im Bereich der erreichbaren Güterbündel unterhalb der Budgetgeraden liegen – zeigt, dass dieser Punkt nicht das Nutzenmaximum darstellen kann. Schließlich suchen wir die höchst mögliche Indifferenzkurve, die wir bei gegebenem Einkommen gerade noch so erreichen können. Deshalb haben wir eben von einem Tangentialpunkt bzw. einer Tangente zur Indifferenzkurve gesprochen.

Im Nutzenmaximimum gibt es nur ein Güterbündel, bei dem wir diese (höchstmögliche) Indifferenzkurve erreichen können. So liegt der Punkt C oberhalb der Budgetgeraden und wäre folglich ein Güterbündel, das sich Anton nicht leisten kann. Im Nutzenmaximum konsumiert Anton indes x^* von X und y^* von Y, und erreicht dasselbe Nutzenniveau wie in Punkt C. Da dieser Punkt (x^*, y^*) ein Tangentialpunkt ist, existiert auch kein weiteres

Abb. 3.8 Nutzenmaximierung

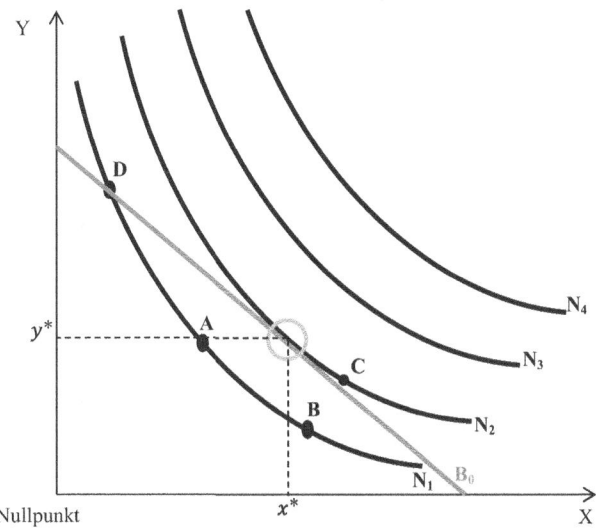

Güterbündel, das auf einer noch höheren Indifferenzkurve liegt. Anton maximiert hier seinen Nutzen. Mathematisch können wir das Nutzenmaximum mithilfe der Lagrangefunktion bestimmen.[8]

> Aus der Einführungsveranstaltung „Mathematik für Wirtschaftswissenschaftler" kennt der ein oder andere die sog. Lagrangefunktion. Genau dieses Konzept ermöglicht uns eine Differentialgleichung – d. h. eine Funktion mit einer oder mehreren Variablen – mit einer Nebenbedingung zu maximieren. Unsere Nutzenfunktion (d. h. unsere Indifferenzkurve) besteht ja gerade aus den beiden Variablen x und y, und damit aus zwei Variablen. Aber auch Funktionen mit drei oder mehr Variablen lassen sich mit diesem Konzept berechnen. Konkret betrachtet man dabei die Nutzenfunktion des Konsumenten und berücksichtigt, dass das Budget des Konsumenten die Nutzenmaximierung begrenzt. Die idealtypische Nutzenfunktion sieht dabei wie folgt aus: $N(x, y) = x \cdot y$. Aus Gl. (3.1) kennen wir die Budgetgerade, wobei $I = x \cdot P_X + y \cdot P_Y$. Wenn wir nicht sparen, setzen wir die Budgetgerade gleich null, sodass $x \cdot P_X + y \cdot P_Y - I = 0 = B(x, y)$.

---

[8] Selbstverständlich kann die rein graphische Betrachtung meistens nur näherungsweise wiedergeben, für welches Güterbündel sich Anton entscheidet. Um die genauen Mengeneinheiten von x und y zu bestimmen, müssen wir den mathematischen Weg beschreiten. Trotzdem muss klar sein, dass die Lagrangefunktion auch nichts anderes ermöglicht, als dass sie uns hilft, die höchstmögliche Indifferenzkurve zu finden, die sich unser Anton gerade noch leisten kann. Vor diesem Hintergrund soll die Lagragefunktion kurz dargestellt werden, ohne auf die notwendigen Ableitungsregeln einzugehen. Hierauf werden wir in Kap. 4 zurückkommen. Im Anhang soll deshalb für den interessierten Leser eine Kurzanleitung zur Lagrangefunktion gegeben werden, während hier die Intuition der Nutzenmaximierung im Mittelpunkt steht.

Um zu berücksichtigen, dass die Budgetgerade unser Nutzenmaximum begrenzt, nutzt die Lagrangefunktion den Parameter λ. Die allgemeine Struktur der Lagrangefunktion lautet dabei wie folgt:

$$L(x,y,\lambda) = x \cdot y + \lambda \cdot (x \cdot P_X + y \cdot P_Y - I).$$

Der erste Term zeigt die Nutzenfunktion. Ohne Budgetrestriktion würde unser Haushalt unendlich viel von x und y konsumieren wollen, da ein Mehr von x und y seinen Nutzen erhöht. Wird die Menge der erreichbaren Mengeneinheiten von x und y jedoch durch die Budgetrestriktion begrenzt, so können wir dies mithilfe der Nebenbedingung berücksichtigen. Diese wird in den Klammern des zweiten Terms deutlich. Nun wissen wir, dass eine solche Funktion aus Gipfeln und Tälern bestehen kann. Suchen wir das Nutzenmaximum, so wollen wir also folglich den höchsten Gipfel besteigen. Nur, dass wir uns erneut den oben genutzten Wanderweg nun in 3D vorstellen müssen, wo x und y unsere Berghöhe N beeinflusst ($N(x,y)$ lautet ja unsere Nutzenfunktion mit dem Nutzenniveau (unserer Berghöhe) N). Wie wir gelernt haben, müssen wir hierzu unsere erste Ableitung gleich null setzen, da am Gipfelkreuz die Steigung null ist, bevor es anschließend wieder bergab geht. Bei zwei Variablen (x und y) berechnen wir also zwei erste Ableitungen. Durch einfaches „Gleichsetzen" ermitteln wir schließlich unser Nutzenmaximum.

$$\left.\begin{aligned}\frac{\partial L}{\partial x} &= \frac{\partial N}{\partial x} + \lambda \cdot \frac{\partial B}{\partial x} = 0 \\ \frac{\partial L}{\partial y} &= \frac{\partial N}{\partial y} + \lambda \cdot \frac{\partial B}{\partial y} = 0\end{aligned}\right\} \quad \frac{\partial L}{\partial x} = \frac{\partial L}{\partial y}$$

Das „Gleichsetzen" beider Ableitungen wird einfacher verständlich, wenn man beide Ableitungen für unsere Lagrangefunktion einmal berechnet. Indem wir beide Ableitungen nach λ auflösen, wird der Gleichungszusammenhang deutlich. Da zwangsläufig $\lambda = \lambda$ gilt, muss die erste Ableitung nach x auch der ersten Ableitung nach y entsprechen.

$$\left.\begin{aligned}\frac{\partial L}{\partial x} &= y + \lambda \cdot P_X = 0 \leftrightarrow -\lambda = \frac{y}{P_X} \\ \frac{\partial L}{\partial y} &= x + \lambda \cdot P_y = 0 \leftrightarrow -\lambda = \frac{x}{P_Y}\end{aligned}\right\} \quad \frac{y}{x} = \frac{P_X}{P_Y}$$

Im Gleichgewicht maximieren wir also unseren Nutzen aus dem Konsum von x und y unter expliziter Berücksichtigung der Budgetrestriktion. So entspricht die Ableitung von $B(x,y)$ nach x bzw. y letztlich P_X bzw. P_Y und berücksichtigt damit das Preisverhältnis der Güter zueinander. Durch das Gleichsetzen wird sichergestellt, dass das Austauschverhältnis und das Preisverhältnis einander entsprechen. Mit anderen Worten: Dass das nutzenmaximierende Güterbündel (x^*, y^*) auch tatsächlich erreichbar – also auf der Budgetgeraden – ist. Indem wir uns die ersten Ableitungen anschauen, betrachten wir also die Steigung von Indifferenzkurve und Budgetgeraden. Im Nutzenmaximum ist dabei die Steigung beider Funktionen gleich bzw. bildet die Budgetgerade eine Tangente zur Indifferenzkurve.

Wie reagiert unser Haushalt aber nun auf Marktveränderungen? Wie wir bereits gelernt haben, können sich selbst kurzfristig Veränderungen für unseren Haushalt ergeben, auf die er reagieren muss. Das heißt, er passt seinen Warenkorb auf sich verändernde Rahmenbedingungen an. In der Haushaltstheorie gehen wir üblicherweise davon aus, dass die Präferenzen sich (zumindest kurzfristig) nicht ändern.[9] Allerdings können sich Veränderungen ergeben, die unsere Budgetgerade betreffen. So ändern sich die Gegebenheiten für unseren Anton aus zwei möglichen Gründen: (1) das Einkommen verändert sich (es steigt oder sinkt), (2) der Güterpreis verändert sich (er steigt oder sinkt). Wie wir gesehen haben bewirkt eine Veränderung des Einkommens eine Parallelverschiebung der Budgetgeraden, weil sich unser Konsument proportional mehr (Einkommen steigt) oder weniger (Einkommen sinkt) beider Güter leisten kann. Bei einer Preisänderung kam es indes zu einer Drehung der Budgetgeraden, da sich der Konsument mehr (Preis sinkt) oder weniger (Preis steigt) eines Guts bei gleichbleibendem Preis des anderen Guts leisten konnte. Beiden Veränderungen ist gemein, dass sich der Bereich der erreichbaren Güterbündel verändert. Berücksichtigen wir nun die Präferenzen und damit die Indifferenzkurven unseres Konsumenten, ergeben sich also auch neue Möglichkeiten, eine andere und gegebenenfalls höhere Indifferenzkurve zu erreichen. Anton passt sein nutzenmaximierendes Güterbündel also an die sich ändernden Bedingungen an. Wenn das Einkommen oder der Preis eines Guts sich verändert, schlägt sich dies also auf Antons Warenkorb nieder.

---

[9] Offensichtlich können sich auch Präferenzen im Laufe eines Lebens ändern. So ändert sich beispielsweise mit der Geburt eines eigenen Kindes der Fokus des Haushalts. So ist plötzlich nicht mehr der schicke Sportwagen die nutzenmaximierende Wahl unseres Konsumenten, sondern Anton präferiert die Funktionalität eines Kombis oder eines Vans (je nach Größe der Familie). Dieses Beispiel zeigt, dass sich auch Präferenzen und damit die Gestalt der Indifferenzkurven verändern können. Im Gegensatz zu Marktpreisen, die zum Teil tagesaktuell sind und sich von jetzt auf gleich verändern können, sind Präferenzen aber eher langfristigen Veränderungen ausgesetzt.

Betrachten wir zunächst die Einkommensveränderung. Das Einkommen kann steigen oder sinken. Entsprechend verschiebt sich die Budgetgerade nach außen oder nach innen. Unabhängig von der Richtung wird der nutzenmaximierende Haushalt seinen Warenkorb so anpassen, dass er unter veränderten Rahmenbedingungen (neue Budgetgerade) die höchst mögliche Indifferenzkurve erreichen kann. Abb. 3.9 fasst diesen Sachverhalt zusammen.

In der Ausgangssituation betrachtet Anton die Budgetgerade B_0 und wählt das Güterbündel (x_0^*, y_0^*), da unser Anton keine höhere Indifferenzkurve als N_2 erreichen kann. Im Punkt (x_0^*, y_0^*) maximiert Anton seinen Nutzen. Steigt nun sein Einkommen auf B_1, so kann Anton auch eine höhere Indifferenzkurve erreichen. Die höchst mögliche Indifferenzkurve ist unter dieser Nebenbedingung (B_1) die Kurve N_3. Anton erreicht also ein höheres Nutzenniveau, da $N_3 > N_2$. Hintergrund ist natürlich, dass das steigende Einkommen den Bereich der erreichbaren Güterbündel und damit das erreichbare Nutzenniveau ausweitet. Das nutzenmaximierende Güterbündel ist (x_1^*, y_1^*). Sinkt das Einkommen indes auf B_{-1}, muss Anton ein geringeres Nutzenniveau in Kauf nehmen. Die höchst mögliche Indifferenzkurve, die er unter der Bedingung B_{-1} erreichen kann, ist N_1. Anton wählt dabei das Güterbündel (x_{-1}^*, y_{-1}^*). Verbindet man nun alle Güterbündel, die unser Haushalt infolge einer Einkommensveränderung wählt, ergibt sich die sog. Einkommenskonsumkurve. Diese zeigt folglich alle nutzenmaximierenden Güterbündel bei sich änderndem Einkommen.

Bei einer Preisänderung kommt es hingegen zu einer Drehung der Budgetgeraden. Steigt der Preis eines Guts (hier P_X) bei gleichbleibendem Preis des anderen Guts (hier P_Y), dreht die Budgetgerade sich nach innen. Der Grund dafür ist, dass sich Anton zu einem höheren Preis weniger des Guts leisten kann. Sinkt der Preis hingegen, kommt es zu einer Drehung der Budgetgeraden nach außen. Zu einem geringen Preis kann sich unser Anton nämlich mehr von dem Gut (hier X) leisten. Abb. 3.10 verdeutlicht diesen Zusammenhang.

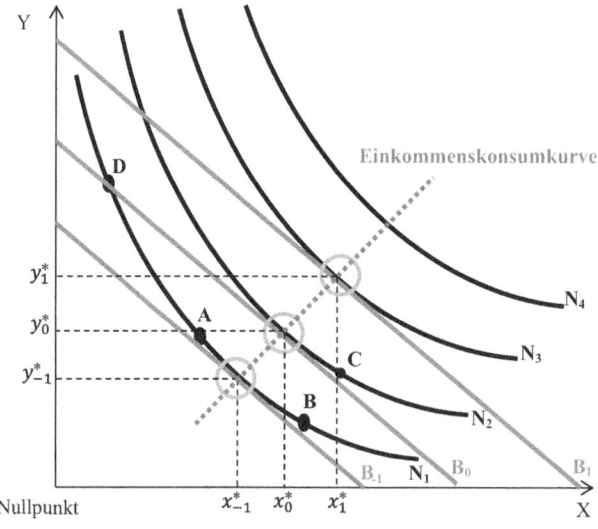

Abb. 3.9 Einkommenskonsumkurve

Abb. 3.10 Preiskonsumkurve

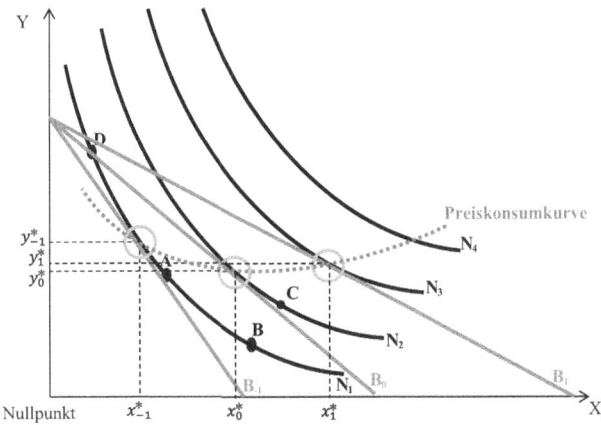

Unter Berücksichtigung seiner Präferenzen (Indifferenzkurven) wird Anton nun auf Preisänderungen reagieren. Unter den veränderten Bedingungen wird er aber immer versuchen, die höchst mögliche Indifferenzkurve zu erreichen. Steigt der Preis des Guts X, so dreht sich seine Budgetgerade nach innen auf B_{-1}.[10] Da das Gut X nun teurer ist, verringert sich sein Bereich der erreichbaren Güterbündel. Tendenziell wird er also weniger des teurer gewordenen Produkts nachfragen.[11] Unter der Bedingung B_{-1} wählt Anton das nutzenmaximierende Güterbündel (x_{-1}^*, y_{-1}^*). Unser Konsument kann nur noch das Nutzenniveau N_1 als höchst mögliche Indifferenzkurve erreichen. Sinkt der Preis für das Gut X, erhöht sich der Bereich der erreichbaren Güterbündel. Hieraus ergibt sich die Möglichkeit, dass Anton eine höhere Indifferenzkurve erreicht. Schließlich wählt er das Güterbündel (x_1^*, y_1^*) und kann maximal das Nutzenniveau N_3 erreichen. Verbindet man nun alle Güterbündel, die unser Haushalt infolge einer Preisveränderung wählt, ergibt sich die sog. Preiskonsumkurve. Diese zeigt folglich alle nutzenmaximierenden Güterbündel bei sich änderndem Preis für ein Gut (hier X). Hierauf werden wir nochmal zurückkommen, wenn wir uns mit der Nachfragefunktion beschäftigen.

---

[10] Wie weit sich die Budgetgerade dreht, ist gerade Ausdruck der Preisänderung. Je teurer oder günstiger das Produkt, desto stärker die Drehung. Wo der neue Schnittpunkt mit der x-Achse liegt, ergibt sich aus dem Verhältnis von Einkommen zu Güterpreis. Schließlich gibt uns dieser Punkt wieder, wie viel wir uns maximal von dem Gut leisten können, wenn wir unser gesamtes Einkommen für den Konsum dieses Guts aufwenden. Für eine genauere Betrachtung siehe Abschn. 3.1.2. Übungsaufgabe 2 dieses Kapitels beschäftigt sich noch mal mit diesem Sachverhalt.

[11] Wie stark er das teurer gewordene Produkt nun substituieren wird, hängt entscheidend davon ab, wie stark der Haushalt das Produkt wertschätzt. So gibt es Güter (wie z. B. Trinkwasser), die lebensnotwendig sind und eben nicht ohne weiteres substituierbar sind. Faktisch reduziert der Preisanstieg die Kaufkraft (oder das verfügbare Einkommen) unseres Konsumenten. In der Volkswirtschaftslehre kann man diese beiden Effekte nochmal unterscheiden und zeigen, inwiefern der Konsument auf sich ändernde Bedingungen reagiert. Man unterscheidet in diesem Zusammenhang den Einkommens- und den Substitutionseffekt.

Beispiel 3.3

Gegeben seien die Budgetgerade und Indifferenzkurvenschar aus den Beispielen 3.1 und 3.2. Nun wird deutlich, dass Anton sein gesamtes Einkommen im Nutzenmaximum in den Konsum von Äpfeln investieren wird, zumal nur diese seinen Nutzen ausweiten (d. h. mit jedem weiteren Apfel wird Anton eine höhere Indifferenzkurve erreichen). Die höchstmögliche Indifferenzkurve, die Anton erreichen kann, wird durch sein Budget bestimmt. Kann er sich 20 Äpfel leisten, wird er 20 Äpfel kaufen. Entsprechend ändert er seinen Warenkorb mit Äpfeln, wenn sich sein Einkommen oder der Preis für Äpfel verändert. Da Anton sowieso keine Bananen konsumieren möchte, ändert er seinen Warenkorb nicht infolge einer Preisveränderung für Bananen. Die Abbildung fasst die effizienten Güterallokationen bei einer (a) Einkommens- und (b) Preisänderung (b) zusammen.

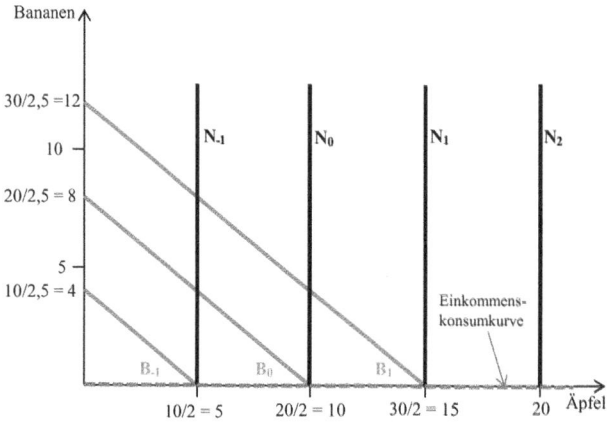

(a) Einkommensänderung

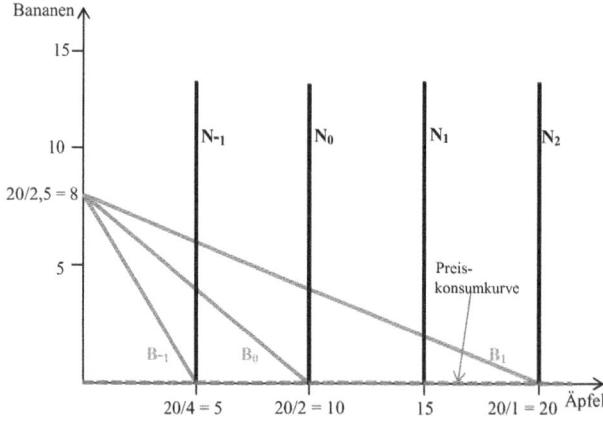

(b) Preisänderung

Verbinden wir nun alle effizienten Punkte in (a), so erhalten wir unsere Einkommens-konsumkurve. Verbinden wir alle effizienten Punkte in (b), so erhalten wir unsere Preis-konsumkurve. In diesem besonderen Fall, in dem Anton das eine Gut überhaupt nicht wertschätzt (bzw. Bananen nicht mag), verlaufen beide entlang der x-Achse.

3.1.5 Edgeworth-Box und Pareto-Effizienz

Bisher haben wir immer nur Anton betrachtet. Eine Volkswirtschaft besteht üblicherweise aber nicht aus einem Individuum, sondern aus vielen Individuen. Um alles überschaubar und so einfach wie möglich zu halten, gehen wir im Folgenden von zwei Individuen aus.[12] Zu diesem Zweck werden wir neben Anton die Berta betrachten. Der Zwei-Personen-Fall ermöglicht uns den Aspekt der Knappheit von Gütern viel besser zu berücksichtigen. Nehmen wir beispielsweise an, es gäbe nur 10 Bananen im Supermarkt, die sich Anton und Berta kaufen können. Wie viele Bananen es gibt, hängt natürlich unmittelbar von der Kapazitätsgrenze des produzierenden Gewerbes ab. Wenn es nur 10 Bananen gibt, dann müssen

Video 3.3 Edgeworth-Box

---

[12] So könnte man die Gesellschaft letztlich auch in zwei Gruppen teilen: Männer und Frauen, arm und reich, alt und jung, usw.

sich Anton und Berta im Tauschgeschäft einigen. Kauft Anton 4 Bananen, bleiben maximal 6 Bananen für Berta übrig. Im Zwei-Güter-Fall können wir wieder Äpfel und Bananen betrachten, die auf die beiden Individuen verteilt werden können. Besteht unsere Volkswirtschaft aus diesen beiden Personen, so können wir überlegen, ob ein weiterer Tausch unsere Volkswirtschaft besser stellt. Besser stellen heißt in diesem Zusammenhang, dass sich die Gesamtwohlfahrt – bestehend aus dem Nutzenniveau von Anton auf der einen Seite plus dem Nutzenniveau von Berta auf der anderen Seite – weiter erhöhen lässt. Welche gesellschaftliche Allokation dabei wünschenswert ist, wird von dem Effizienzkriterium abhängen, das wir anwenden. Sicher ist nur, dass wir keine Wohlfahrt verschwenden wollen. So haben wir in Kap. 2 gelernt, dass gesellschaftliche Wohlfahrt dann möglichst hoch ist, wenn ein möglichst hoher Grad der Bedürfnisbefriedigung erreicht ist. Mit anderen Worten: Berta und Anton zusammen sollen eine möglichst hohe individuelle Wohlfahrt bzw. möglichst hohe Indifferenzkurve erreichen, weil eine möglichst hohe Wohlfahrt beider auch eine möglichst hohe gesamtwirtschaftliche Wohlfahrt bedingt. Bei Knappheit der Güter ist indes klar, dass ein möglichst hoher Nutzen des einen Individuums, die Nutzenausweitung des anderen limitiert. Wie gestaltet sich also Allokationseffizienz aus gesamtwirtschaftlicher Perspektive?

Um diesen Zusammenhang zu untersuchen müssen wir das Konzept der sog. Edgeworth-Box – benannt nach dem Ökonomen Francis Edgeworth – einführen. Die Edgeworth-Box ermöglicht uns letztlich im Rahmen einer reinen Tauschökonomie[13] Allokationen und somit Nutzenniveaus verschiedener Individuen miteinander zu vergleichen. Wenn wir den Nutzen der Individuen miteinander vergleichen wollen, brauchen wir natürlich Informationen zu den Präferenzen und damit den Indifferenzkurven von Anton und Berta. Im einfachsten Fall weisen Anton und Berta relativ symmetrische Präferenzen auf, sodass die Indifferenzkurven nahezu identisch verlaufen. Um beide dennoch unterscheiden zu können, benennen wir die Indifferenzkurvenschar von Anton A_1 bis A_4 (Berta B_1 bis B_4), wobei das Subskript (1–4) die Ordnung der Nutzenniveaus widerspiegelt. Je höher das Subskript, desto höher das Nutzenniveau und umgekehrt. Abb. 3.11 zeigt Antons und Bertas Indifferenzkurven in einer Gegenüberstellung.

Um die Ressourcenknappheit nun zu berücksichtigen und die erreichbaren Nutzenniveaus in einem interpersonellen Nutzenvergleich darzustellen, müssen wir beide Diagramme zusammenführen. Hierzu nehmen wir Bertas Indifferenzkurven (vgl. Abb. 3.11b) und drehen das Diagramm um 180°, sodass das Diagramm quasi auf dem Kopf steht. Indem wir das gedrehte Diagramm nun über Antons Abbildung legen, können wir beide Sachverhalte adäquat abbilden. Erstens wird durch den geschlossenen Raum deutlich, dass begrenzt viele Einheiten der Güter X und Y zur Verfügung stehen. Die Kapazitätsobergrenze und damit Verfügbarkeit bezeichnen wir dabei mit $\overline{X}$ und $\overline{Y}$. Zweitens ermöglichen die

[13] Tauschökonomie bedeutet in diesem Zusammenhang, dass Anton und Berta die Güter direkt gegeneinander eintauschen, d. h. dass Anton zum Beispiel zwei Äpfel abgibt, um hierfür eine Banane zu erhalten. Die Tauschrelation ist letztlich auch Ausdruck der Preisrelation beider Güter.

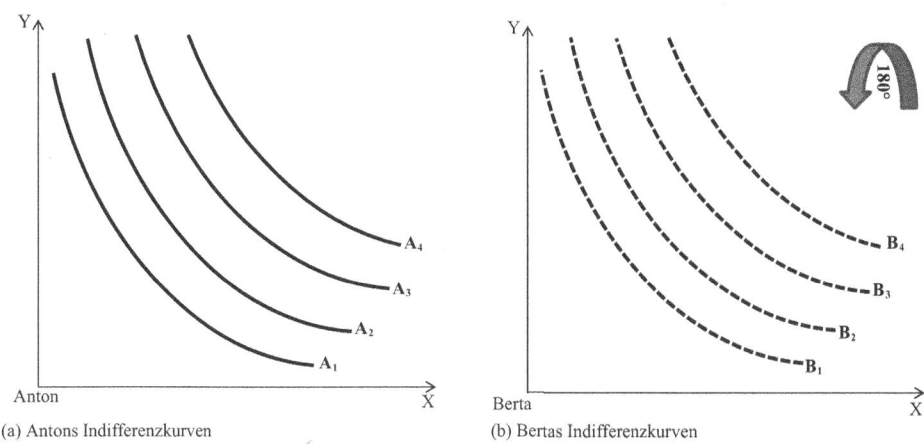

(a) Antons Indifferenzkurven   (b) Bertas Indifferenzkurven

Abb. 3.11   Indifferenzkurven im Zwei-Personen-Fall

Abb. 3.12   Edgeworth-Box

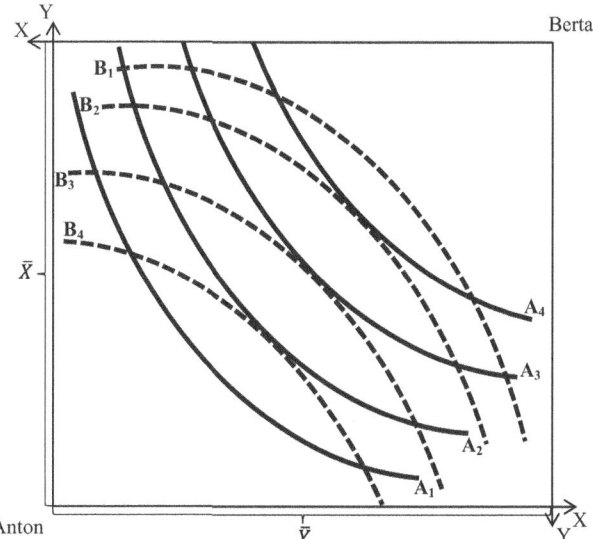

nun gespiegelten Indifferenzkurven einen direkten Vergleich der Nutzenniveaus von Anton
und Berta für ausgewählte Allokationen. Abb. 3.12 verdeutlicht das Ergebnis der 180°-Dre-
hung des Diagramms aus Abb. 3.11b. Der Personenbezug der Diagramme wird durch Namensgebung in den Diagrammnullpunkten kenntlich gemacht.

Folglich können Anton und Berta die beiden Güter X und Y in den Mengen $\bar{X}$ und $\bar{Y}$
zwischen sich aufteilen. Wieviel von beiden Gütern die beiden letztlich in der ursprünglichen

Allokation wählen, ist abhängig von den Präferenzen sowie der Verhandlungsmacht.[14] Aus der Abbildung geht indes deutlich hervor, dass Anton und Berta nicht mehr als die verfügbaren Gütermengen konsumieren können. Gibt es also höchstens 10 Einheiten von X und Anton konsumiert 6 Einheiten, so bleiben 4 Einheiten für Berta.

Wir stellen uns vor, dass Anton und Berta in einen Supermarkt gehen, in dem es insgesamt 10 Äpfel (Gut X) und 10 Bananen (Gut Y) gibt. Als die beiden 10 Minuten später mit voll bepackten Einkaufstüten herauskommen, hat Anton einen halben Apfel und neuneinhalb Bananen (Anfangsausstattung $P_A = \left(x_A^P, y_A^P \right) = (0,5; 9,5)$ und Berta entsprechend 9 Äpfel und eine Banane (Anfangsausstattung $P_B = \left(x_B^P, y_B^P \right) = (9,5; 0,5)$ in der Einkaufstüte. Abb. 3.13 zeigt den Status-Quo als Punkt P im Diagramm.

Es wird deutlich, dass in Punkt P unser Anton ein Nutzenniveau in Höhe von A_2 generiert, während Berta einen Nutzen in Höhe von B_1 erzielt. Mithilfe der Edgeworth-Box und unter Berücksichtigung des Pareto-Kriteriums können wir nun überlegen, ob durch Tausch Allokationen erreicht werden können, die besser sind als in der Ausgangsposition P. Hierzu erinnern wir uns, wie eine Verbesserung im Sinne von Pareto definiert wurde. Eine Verbesserung liegt dabei dann vor, wenn wir mindestens ein Individuum besser stellen können, ohne dass ein anderes Individuum hierzu schlechter gestellt werden muss. Nicht schlechterstellen heißt in unserem Kontext also, dass das eine Individuum auf ein und derselben Indifferenzkurve (Nutzen ist konstant) bleibt, während das andere Individuum durch Tausch eine höhere Indifferenzkurve erreichen kann. Nehmen wir beispielsweise an, Antons Nutzen würde gleich bleiben, so können wir zum Beispiel durch Tausch von Punkt P zum neuen Punkt A gelangen.[15] Hierzu müsste Anton der Berta eine Banane abgeben und würde etwa einen Bissen eines Apfels hierfür erhalten. Hinsichtlich dieses Tauschs wäre Anton indifferent, da Güterallokationen P und A auf ein und derselben Indifferenzkurve A_2 liegen.[16] Berta würde in Punkt A hingegen besser gestellt werden. Durch die zusätzliche Ba-

---

[14] Unter Verhandlungsmacht könnte man in diesem Zusammenhang auch das Budget verstehen. Schließlich entscheidet das Budget darüber, wieviel ich von einem Gut maximal kaufen kann. Da in einem vereinfachten Wirtschaftskreislauf der Lohn aus der Produktion der Güter und der Marktpreis aus dem Konsum der Güter einander entsprechen, können beide Individuen auch nicht mehr Budget haben als Güter zum Konsum bereitstehen. Da Anton und Berta nicht sparen (denn mehr ist ja besser als weniger), werden sie folglich auch keine Produkte im Supermarkt zurücklassen.

[15] Wie wir in der Anwendung des Pareto-Kriteriums zuvor gelernt haben, kann Pareto nur eine Aussage tätigen, wenn wir eine neue Güterallokation (einen neuen sozialen Zustand) mit einer Ausgangssituation vergleichen. Ohne Ausgangssituation können wir also keine Aussagen hinsichtlich der Optimalität treffen. Um im Bild zu bleiben heißt das, dass wir zunächst abwarten müssen, mit welchem Inhalt der Einkaufstüten unser Anton und unsere Berta aus dem Supermarkt kommen. Erst anschließend können wir eine Aussage hinsichtlich Pareto-Verbesserung und -Effizienz treffen.

[16] Indifferent heißt auch, dass Anton einem Tausch durchaus zustimmen würde. Wir erinnern uns an die Annahmen des Homo Oeconomicus. Bei vollständiger Rationalität darf es auch nicht so etwas wie Neid geben. Dass Berta sich besser stellen kann, ohne dass Anton etwas davon hat, beeinflusst also nicht Antons Bereitschaft, dem Tausch zuzustimmen.

nane würde Berta von B_1 auf die höhere Indifferenzkurve B_2 gelangen. Mit anderen Worten: Während Anton nicht schlechter gestellt wird, kann Berta durch den Tausch besser gestellt werden. Vor diesem Hintergrund stellt der Punkt A eine Pareto-Verbesserung gegenüber Punkt P dar. Die Frage ist nun, ob beide aus gesamtwirtschaftlicher Sicht weiter tauschen sollten. Wenn wir hierzu weiter auf der Indifferenzkurve A_2 wandern (Nutzen bleibt gleich, d. h. Anton wird nicht schlechter gestellt), stellt auch der Punkt B eine Pareto-Verbesserung dar. Auch über den Punkt B hinaus kann Berta besser gestellt werden, ohne dass wir Anton schlechter stellen müssen. Konkret ist dies bis zum Punkt C der Fall. Hier generiert Anton einen Nutzen in Höhe von weiterhin A_2 und Berta in Höhe von B_4. Darüber hinaus könnte Berta nur besser gestellt werden, wenn wir Anton schlechter stellen würden. Folglich handelt es sich beim Punkt C um eine Pareto-effiziente Allokation. Schließlich sprechen wir von Pareto-Effizienz, wenn wir kein Individuum mehr besser stellen können, ohne hierzu ein anderes Individuum schlechter stellen zu müssen. Da Anton indifferent ist zwischen den Punkten P, A, B und C, wird als Endergebnis des Tauschs letztlich Punkt C eintreten und damit eine effiziente Allokation. Analog können wir diese Überlegungen auch für einen konstanten Nutzen von Berta bei Verbesserung von Anton anstellen. Wandern wir von unserer Ausgangssituation P zum Punkt D und weiter zu E, so wird Anton besser gestellt (höhere Indifferenzkurve mit A_3 in D und A_4 in E), ohne dass Berta hierzu schlechter gestellt werden muss. Auch dieses Tauschgeschäft würde fortgesetzt, bis eine Pareto-effiziente Allokation eintritt. Erst an solchen Stellen, an denen die Indifferenzkurven von Anton und Berta einen Tangentialpunkt bilden, wird also keine Verbesserung im Sinne von Pareto mehr eintreten. In der Abb. 3.13 wird deshalb der Bereich aller Pareto-Verbesserungen (im Verhältnis zur Ausgangssituation P) durch den schraffierten Bereich kenntlich. Pareto-Optimalität

Abb. 3.13 Edgeworth-Box und Kurve des effizienten Tauschs

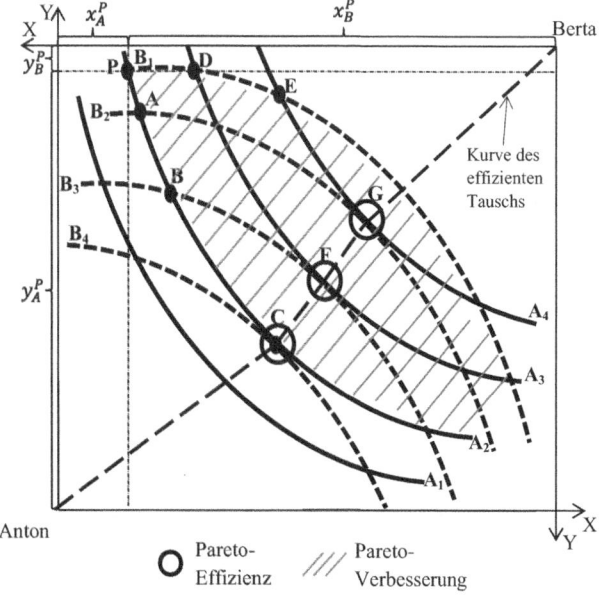

liegt indes in allen eingekreisten Allokationspunkten vor. Verbinden wir alle Pareto-effizienten Allokationen, d. h. alle eingekreisten Punkte, so erhalten wir die sog. Kurve des effizienten Tauschs. Diese bildet also letztlich alle Pareto-optimalen Allokationen des Tauschs zwischen Anton und Berta ab.

Beispiel 3.4

Gegeben sei eine idealtypische Nutzenfunktion $N(x, y) = xy$ für das Nutzenniveau von Anton und Berta. Insgesamt seien 10 Äpfel (Gut X) und 5 Bananen (Gut Y) verfügbar. Ausgangssituation sei der Punkt P. Hier konsumiert Anton einen Apfel und 4 Bananen. Für Berta bleiben folglich 9 Äpfel und 1 Banane. Ausgehend von einem kardinalen Nutzenkonzept können wir die Indiffernzkurven von Anton und Berta für beispielhafte Nutzenniveaus von 4, 6, 9, 15, 20 und 24 in eine Edgeworth-Box überführen. Dabei ergibt sich folgendes Bild:

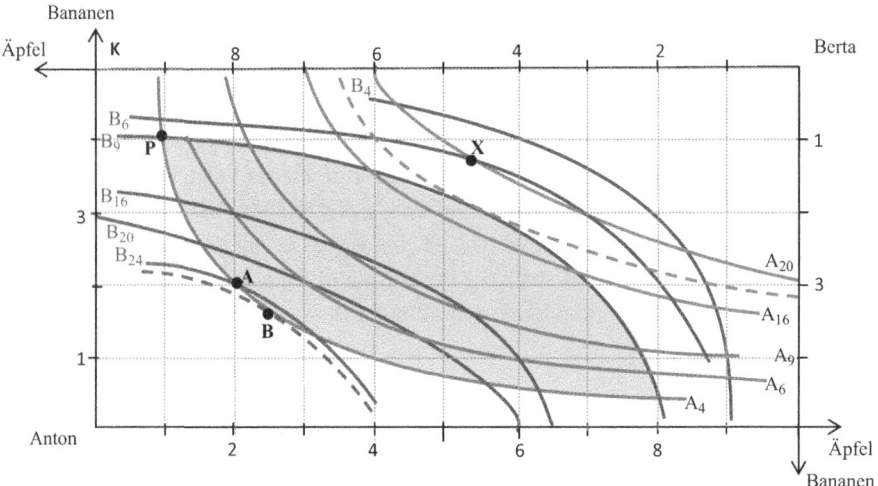

Wenden wir nun das Pareto-Kriterium an, wird deutlich, dass durch Tauschgeschäft Pareto-Verbesserungen möglich sind. In Punkt P erzielt Anton einen Nutzen in Höhe von 4 ($N_A(1,4) = 1 \cdot 4 = 4$). Berta generiert einen Nutzen von 9 ($N_B(9,1) = 9 \cdot 1 = 9$). Tauscht Anton nun 2 Bananen gegen einen Apfel, so wandern wir entlang Antons Indifferenzkurve, sein Nutzen bleibt unverändert bei 4 Nutzeneinheiten ($N_A(2,2) = 2 \cdot 2 = 4$). Berta kann durch den Tausch hingegen besser gestellt werden, da $N_B(8,3) = 8 \cdot 3 = 24$. Graphisch wird das durch den Punkt A in der Abbildung deutlich. Anton und Berta sollten das Tauschgeschäft fortsetzen bis der Punkt B erreicht ist, da hier Berta nur auf Kosten von Anton besser gestellt werden könnte, d. h. $N_A(x, y) < 4$. Hier erreicht Berta die hypothetische Indifferenzkurve (gestrichelte Indifferenzkurve), die in Punkt B einen Tangentialpunkt beschreibt zur Indifferenzkurve A_4 von Anton. Analog zur Abb. 3.13 sind alle Allokationen im schraffierten Bereich Pareto-Verbesserungen.

Während bei Pareto niemand verlieren darf, ist dies bei Kaldor-Hicks möglich. Mit anderen Worten: Bei Kaldor-Hicks lassen sich auch Allokationen außerhalb des schraffierten Bereichs rechtfertigen. Schauen wir uns beispielsweise den Punkt X an. Im Vergleich zur Ausgangssituation P wird Berta hier schlechter gestellt (vom Nutzenniveau 9 auf 6), während Anton deutlich besser gestellt wird (vom Nutzenniveau 4 auf 20). Wie wir gelernt haben, betrachtet Kaldor-Hicks nun den Nettoeffekt. Da Berta 3 Nutzeneinheiten verliert ($6 - 9 = -3$) und Anton 16 Nutzeneinheiten gewinnt ($20 - 4 = +16$), ist der Nettoeffekt hier positiv. Eine einfache Gegenüberstellung der beiden sozialen Zustände P und X verdeutlicht diese Überlegung:

Person	Sozialer Zustand P	Sozialer Zustand X	Gewinn/Verlust
Anton	4	20	+16
Berta	9	6	–3
Gesamtwohlfahrt	13	26	+13

Folglich können wir die Gesamtwohlfahrt von Punkt P zu Punkt X verdoppeln (von 13 auf 26). Da der Gewinn Antons den Verlust Bertas deutlich übersteigt, lässt sich gesamtwirtschaftlich ein besserer Zustand feststellen. Würde Anton nun Berta eine Kompensation für ihren Verlust zahlen, so kämen Pareto und Kaldor-Hicks zum gleichen Ergebnis. Berta bliebe in ihrem Nutzen unverändert, da $-3 + 3 = 0$, während Anton durch $16 - 3 = 13$ sich deutlich besser stellen würde. Genau hier liegt der Unterschied zwischen der tatsächlichen und hypothetischen Kompensation, die wir in Kap. 2 bereits diskutiert haben.

Die Punkte der Kurve des effizienten Tauschs können wir schließlich auch wieder in ein Diagramm überführen, das wir aus Kap. 2 kennen. Hier hatten wir zur Anwendung des Pareto-Kriteriums die Nutzenniveaus von Anton und Berta gegenübergestellt. Betrachten wir Abb. 3.13, so wird im Nullpunkt des Diagramms von Anton deutlich, dass die Kurve des effizienten Tauschs in einem Punkt beginnt, in dem Berta einen höchstmöglichen Nutzen generiert, während Anton keinen Nutzen realisiert, da er im Nullpunkt nicht konsumiert. Gleiches gilt umgekehrt für den Punkt im Nullpunkt von Berta (oben rechts). Diese beiden Punkte bilden die Extremwerte des Nutzenvergleichs. In Abb. 3.14 wird dieser Sachverhalt durch die Schnittpunkte mit den Achsen deutlich. Alle Allokationen zwischen diesen beiden Extremwerten bedeuten, dass ein Individuum mehr und das andere weniger Nutzen generiert. Tragen wir also alle effizienten Güterallokationen der Kurve des effizienten Tauschs in ein Nutzen/Nutzen-Diagramm ab, so erhalten wir eine Kapazitätsgrenze zu unserer Abbildung aus Kap. 2 (vgl. Abb. 2.1). Diese Kapazitätsgrenze ermöglicht uns schließlich auch Aussagen über Pareto-Effizienz zu treffen. Die Kurve, die alle Pareto-effizienten Allokationen in ein Nutzen/Nutzen-Diagramm überführt, bezeichnen wir als Nutzenmöglichkeitenkurve (vgl. Abb. 3.14).

Die Allokationspunkte aus Abb. 3.13 lassen sich einfach in das Nutzenmöglichkeitendiagramm überführen. Wie der Name andeutet, zeigt die Nutzenmöglichkeitenkurve alle

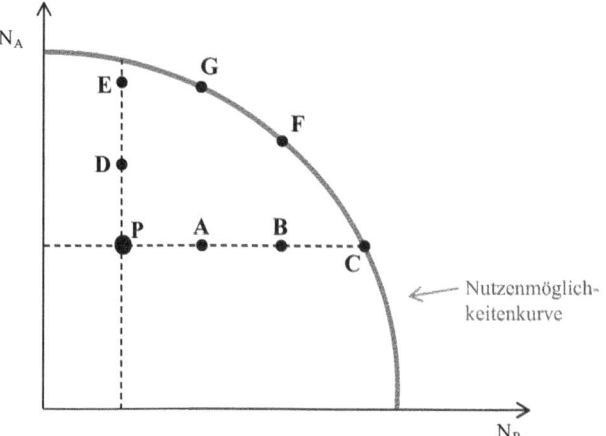

Abb. 3.14 Nutzenmöglichkeitenkurve

Nutzenverteilungen zwischen Anton und Berta, die möglich sind. So erzielte Anton in Punkt P einen Nutzen in Höhe von A_2, während Berta auf der Indifferenzkurve B_1 lag. Genau dieser Sachverhalt wird auch in Punkt P der Abb. 3.14 näherungsweise widergespiegelt. Punkt P ist hier dadurch charakterisiert, dass Anton einen höheren Nutzen als Berta erzielt.[17] Entsprechend engt der Ausgangspunkt P den Bereich auf der Nutzenmöglichkeitenkurve ein, den wir als Pareto-effizient bezeichnen dürfen. Eine wichtige Erkenntnis, die ihren Ursprung darin findet, dass wir immer Vergleiche mit der Ausgangsallokation anstellen. Also sind nicht alle Punkte auf der Nutzenmöglichkeitenkurve effizient, sondern nur jene, die im Bereich der gestrichelten Linie liegen, etwa die Allokationen C, F und G, die wir auch in Abb. 3.13 wiederfinden. So sind die Punkte F und G dadurch charakterisiert, dass im Vergleich zu P beide Individuen (Anton und Berta) ihren Nutzen ausweiten können, während in Punkt C das Nutzenniveau von Anton konstant bleibt und nur Berta eine höhere Indifferenzkurve erreichen könnte. Welchen Punkt (C, G, F oder einen anderen Punkt im Bereich der effizienten Güterallokationen) wir nun durch das Tauschgeschäft erreichen, hängt zentral von der Verhandlungsmacht der Individuen ab.

Bisher haben wir uns ausschließlich mit den Konsumenten, d. h. mit der Nachfragerseite, beschäftigt. Wie wir in der Einführung gelernt haben, lassen sich Markttransaktionen aber allgemein nur durch die Interaktion beider Marktseiten abbilden und verstehen. Schließlich müssen die Güter X und Y, die Anton und Berta in unseren Anwendungsbeispielen konsumierten, von jemandem produziert werden. Vor diesem Hintergrund wenden wir uns nun der Produktionstheorie zu.

---

[17]Wir erinnern uns daran, dass die Indifferenzkurven von Anton und Berta relativ symmetrisch waren. Nur so lassen sich die Nutzenniveaus zwischen beiden Individuen vergleichen. Ansonsten bräuchten wir eine konkrete Zahl als Nutzenniveau und damit ein kardinales Nutzenkonzept. In unserem Beispielfall wenden wir uns dieser Überlegung zu, um auch das Kaldor-Hicks-Kriterium anwenden zu können.

3.2 Produktionstheorie

Die Produktionstheorie beschäftigt sich im Allgemeinen mit den Unternehmen und folglich mit der Angebotsseite des Gütermarktes. Um zu verstehen, warum und welche Produktionsgüter das Unternehmen in welchen Mengen anbietet, benötigen wir zwei wesentliche Konzepte der Produktionstheorie: (1) die sog. Isokostengerade, (2) die sog. Isoquante.

Video 3.4 Produktionstheorie

Offensichtlich hängt die Wahl des zu produzierenden Guts in seiner Art und Menge entscheidend von dem ab, was das Unternehmen finanzieren kann. Dieser Sachverhalt wird durch die sog. Isokostengerade beschrieben. Wie viel das Unternehmen produzieren kann, wird beeinflusst von seinem Budget (Eigen- und/oder Fremdkapital) sowie den Preisen für die beiden Inputfaktoren Arbeit und Kapital.[18] Je höher das Budget oder je günstiger die Faktorpreise sind, desto mehr kann das Unternehmen produzieren und umgekehrt. Die Isokostengerade stellt diesen Zusammenhang dar und determiniert damit

---

[18] In der Produktionstheorie sprechen wir in der Regel von zwei Produktionsfaktoren: Arbeit und Kapital. Im Zeitalter der Datenökonomie muss man jedoch auch Daten als einen weiteren eigenständigen Produktfaktor berücksichtigen. In diesem Zusammenhang betont z. B. Vöpel (2018), dass insbesondere durch eine Künstliche Intelligenz (KI) eine datenbasierte Erweiterung der technologischen Möglichkeiten zu erzielen ist. So erlaubt eine KI eine Optimierung der knappen Ressourcen Arbeit und Kapital, um hierdurch mehr und auch neuen Output zu produzieren. So wie das Kapital in der Industrialisierung an Bedeutung gegenüber dem Faktor Arbeit gewann, wird die Datenrevolution des 21. Jahrhunderts die Wirtschaftsordnung entscheidend durch Daten geprägt sein und diesem Produktionsfaktor eine besondere Bedeutung zuordnen (vgl. Vöpel (2018), S. 829).

alle erreichbaren Faktorbündel, also alle Mengenkombinationen der Produktionsfaktoren Arbeit und Kapital, die das Unternehmen finanzieren kann. Ob und wieviel das Unternehmen von einem Produktionsgut anbietet, wird zudem von dem erreichbaren Outputniveau bestimmt. Wieviel wir von einem Produkt durch den Einsatz von Arbeit und Kapital produzieren können, wird durch die sog. Isoquante abgebildet. Wie wir gesehen haben, sprechen wir von Effizienz bei Abwesenheit von Verschwendung. Mit anderen Worten: Das Unternehmen sollte nur zusätzliche Arbeitskräfte (bzw. zusätzliches Kapital) einsetzen, wenn hierdurch ein höheres Outputvolumen erreicht werden kann. So lässt sich mit einem Baggerfahrer und einem Bagger ein Loch ausheben. Zwei Baggerfahrer und ein Bagger führen zu dem gleichen Ergebnis, allerdings steht einer der Fahrer teilnahmslos daneben. Das Unternehmen sollte schließlich so handeln, dass eine kosteneffiziente Produktion möglich ist. Mit einem gegebenem Budget soll demnach möglichst viel produziert werden bzw. ein gegebenes Outputniveau soll mit minimalen Produktionskosten erreicht werden. Das Zusammenspiel aus (1) Isokostengerade und (2) Isoquante beschreibt schließlich diesen Prozess der kosteneffizienten Produktion, da sowohl die Kosten als auch das Produktionsvolumen durch den Faktoreinsatz abgebildet werden.

3.2.1 Annahmen

Um das Zusammenspiel zwischen Isokostengerade und Isoquante betrachten zu können, sind zwei grundlegende Annahmen bezüglich der Produktion der Produktionsgüter zu gewährleisten: (1) Monotonie und (2) eine abnehmende Grenzproduktivität der Produktionsfunktion.

Monotonie.
Die Produktionsfunktion ist grundsätzlich monoton steigend, d. h. mit zunehmendem Input steigt das Produktionsvolumen im Produktionsprozess. Analog zur Haushaltstheorie, in der ein Mehr an Gütern immer zu einem Mehr an Nutzen führt, trägt jeder zusätzliche Einsatz der Produktionsfaktoren zu einem Mehr an Output bei. So können zwei Baggerfahrer mit zwei Baggern mehr und schneller ausbaggern, als ein Baggerfahrer mit nur einem Bagger. Während in der Haushaltstheorie der zusätzliche Nutzen mit zunehmender Gütermenge sinkt, ist hier der Anstieg des Produktionsvolumen ebenfalls immer weniger, je mehr Produktionsfaktoren wir einsetzen. Man spricht in diesem Fall von einer abnehmenden Grenzproduktivität.

Abnehmende Grenzproduktivität.
Eine abnehmende Grenzproduktivität beschreibt den Verlauf der Produktionsfunktion mit zunehmendem Faktorinput. Typischerweise weist die Produktionsfunktion einen konkaven Verlauf auf, d. h. mit zunehmenden Faktoreinsatz nimmt das zusätzliche Output im Produktionsprozess immer weiter ab. Während die ersten Einheiten der Inputfaktoren zu einem drastischen Anstieg des Produktionsvolumens beitragen, sinkt dieser im Verlauf.

Allerdings steigt das Produktionsvolumen aufgrund der Monotonie beständig. Der Betrag des Anstiegs wird nur immer kleiner. Hintergrund einer abnehmenden Grenzproduktivität ist eine abnehmende Grenzrate der technischen Substitution (GRTS). Analog zur abnehmenden Grenzrate der Substitution in der Haushaltstheorie, spiegelt eine abnehmende Grenzrate der technischen Substitution das Austausch- bzw. Substitutionsverhältnis der unterschiedlichen Produktionsfaktoren wider,[19] die zur Produktion einer gegebenen Menge des Produktionsguts eingesetzt werden. Die Grenzrate der technischen Substitution beschreibt also den Verlauf der Isoquante. Um eine gegebene Menge eines Produktionsguts zu produzieren (d. h. Bewegung entlang der Isoquante) können die Produktionsfaktoren gegeneinander ausgetauscht werden. Arbeitskräfte (Produktionsfaktor Arbeit) können durch Maschinen (Produktionsfaktor Kapital) substituiert werden, oder umgekehrt. Das Austauschverhältnis bleibt allerdings in der Regel nicht konstant, sondern verändert sich mit zunehmendem Einsatz des einen Produktionsfaktors. Schließlich brauchen wir noch Maschinenführer, die die Produktionsmaschinen bedienen können. Diesem Sachverhalt wird durch eine abnehmende Grenzrate der technischen Substitution Rechnung getragen, d. h. dass die Substitution eines Produktionsfaktors umso schwieriger ist, je weniger er eingesetzt wird. Idealtypisch weist die Isoquante damit einen konvexen Verlauf (vgl. Abb. 3.17) auf. Während wir bereit sind für eine zusätzlich Einheit des Produktionsfaktors Arbeit zunächst mehrere Einheiten Kapital aufzugeben, sinkt diese Bereitschaft immer weiter mit zunehmdem Einsatz des Faktors Arbeit und umgekehrt.[20]

3.2.2 Isokostengerade

Analog zur Budgetgeraden in der Haushaltstheorie spiegelt die Isokostengerade alle erreichbaren Faktorkombinationen wider. Das Unternehmen setzt dabei die Produktionsfaktoren Arbeit und Kapital ein, um ein bestimmtes Produktionsgut herzustellen. Der Produktionsfaktor Kapital kann dabei verstanden werden als in Produktionsanlagen investiertes Eigen- oder Fremdkapital. So ist der Mähdrescher für den Bauern oder die Abfüllanlage für den Bierbrauer eine Kapitalanlage, die den Produktionsablauf effektiver gestalten soll. Welche Faktorkombinationen von Arbeit und Kapital sich unser Produzent nun leisten kann, wird durch die Isokostengerade beschrieben. Diese beschreibt für ein bestimmtes Budget das Austauschverhältnis von Arbeit und Kapital. Entsprechend unseren Überlegungen zur Budgetgeraden in der Haushaltstheorie, kann der Unternehmer sein Budget nun in Arbeit und Kapital investieren. Wieviel er maximal von beiden Faktoren einsetzen kann, hängt von den Faktorpreisen ab, d. h. dem Lohnsatz für Arbeit und dem Zinssatz für Kapital. Gl. (3.3) spiegelt diese Überlegung wider:

---

[19] In Abb. 3.18 weichen wir von der Annahme einer abnehmenden Grenzrate der technischen Substitution ab und zeigen spezielle Verläufe von Isoquanten.

[20] Analog gilt dieser Sachverhalt für die Grenzrate der Substitution in der Haushaltstheorie (vgl. Abb. 3.3).

$$K_X(l,k) = w \cdot l + r \cdot k, \tag{3.3}$$

wobei l Einheiten des Produktionsfaktors Arbeit zu einem Lohnsatz von w und k Einheiten des Produktionsfaktors Kapital zu einem Zinssatz von r zu Gesamtkosten von $K_X(l,k)$ führen.[21] Auch hier wird das Unternehmen keine Rücklagen bilden und sein gesamtes Budget zur Produktion möglichst vieler Produktionsmengen einsetzen.

Zur graphischen Darstellung der Isokostengeraden machen wir uns wieder zunutze, dass es sich um eine Gerade handelt. Wir erinnern uns: Bei der Budgetgeraden hatten wir die beiden Schnittpunkte mit den Achsen bestimmt und beide Punkte einfach miteinander verbunden. Genau dasselbe können wir bei der Isokostengerade ebenfalls tun. Hierzu fragen wir uns, wieviel vom Produktionsfaktor Arbeit (bzw. Kapital) wir für unser Budget maximal einsetzen können. Während wir bei der Budgetgeraden hierzu das Einkommen durch den Güterpreis des Guts X und Y teilten, teilen wir hier das Budget bzw. die Kosten durch den Faktorpreis für Arbeit bzw. Kapital. Abb. 3.15 zeigt den Verlauf einer Isokostengeraden.

Es wird deutlich, dass die Steigung unserer Isokostengerade gerade dem Austauschverhältnis der Faktorpreise der beiden Inputfaktoren entspricht. Das heißt, wieviel wir von K aufgeben müssen, um eine zusätzliche Einheit Arbeit (l) zu erhalten.[22] Alle Faktorkombinationen unterhalb und auf der Isokostengerade können also mit einem bestimmten Budget bzw. gegebenen Kosten erreicht werden.

Aber auch die Isokostengerade kann Veränderungen ausgesetzt sein. Analog zur Budgetgeraden können sich zwei Bedingungen verändern: (1) Das Unternehmen hat mehr Budget zur Verfügung und kann deshalb mehr Kosten für die Produktion aufwenden, (2) Die Faktorpreise (der Lohn- oder Zinssatz) verändern sich. Verändert sich das Budget, so kommt es zu einer Parallelverschiebung der Isokostengeraden. Das Unternehmen kann sich proportional mehr von beiden Produktionsfaktoren leisten. Beträgt der Lohnsatz 10 Euro und der Zinssatz 5 Euro pro Einheit (d. h. 5 %), so kann sich das Unternehmen bei einem Budget von 100 Euro maximal 10 Einheiten Arbeit und 20 Einheiten Kapital leisten (Isokostengerade K_0 in Abb. 3.16 (a) und (b)). Steigt das verfügbare Eigen- oder Fremdkapital des Unternehmens auf 150 Euro, so sind es maximal 15 Einheiten Arbeit und 30 Einheiten Kapital. Die Isokostengerade verschiebt sich also nach oben (Isokostengerade K_1 in Abb. 3.16 (a)). Hat das Unternehmen indes nur 50 Euro zur Verfügung, so kann es höchstens 5 Einheiten Arbeit und 10 Einheiten Kapital einsetzen. Die Isokostengerade verschiebt sich parallel nach unten (Isokostengerade K_{-1} in Abb. 3.16 (a)). Abb. 3.16 zeigt die Veränderung der Isokostengeraden infolge einer Veränderung des Budgets bzw. der Kosten (vgl. Abb. 3.16 (a)) und infolge einer Veränderung der Faktorpreise (vgl. Abb. 3.16 (b)).

---

[21] Das Subskript X deutet an, welches Produkt produziert wird. Hier und im Folgenden das Produkt X = Äpfel.

[22] Diese zusätzliche Einheit Arbeit kann dabei eine Arbeitsstunde, ein Arbeitstag oder gar eine Arbeitskraft sein. Analog kann eine Einheit Kapital eine zusätzliche Maschinenstunde oder gar eine zusätzliche Maschine sein.

Abb. 3.15 Isokostengerade

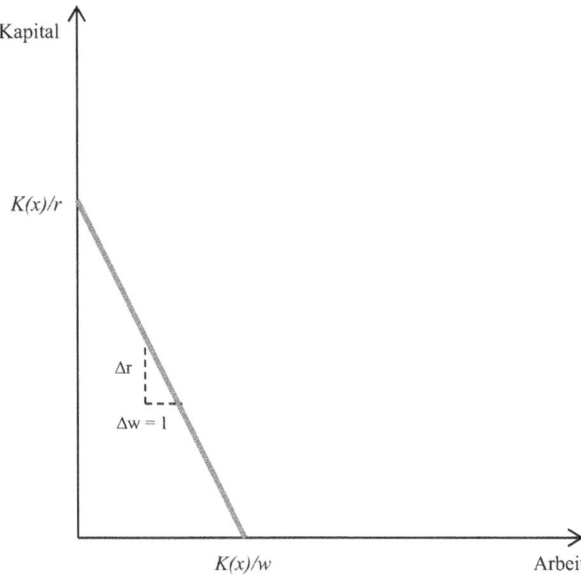

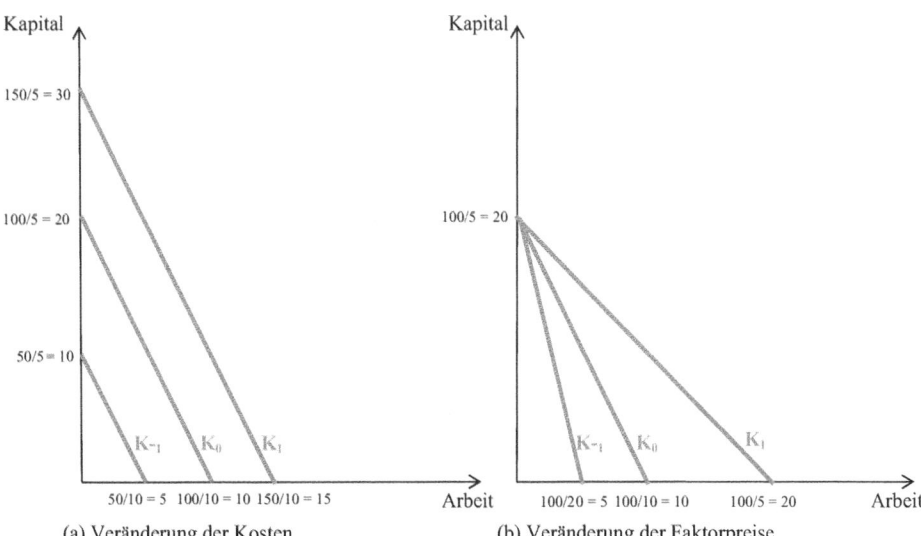

(a) Veränderung der Kosten   (b) Veränderung der Faktorpreise

Abb. 3.16 Veränderung der Isokostengerade

Verändert sich hingegen der Preis für einen Produktionsfaktor (bei unverändertem Preis des anderen Faktors), so kommt es zu einer Drehung der Isokostengeraden. Steigt der Faktorpreis für Arbeit auf 20 Euro pro Einheit, kann sich das Unternehmen nur noch maximal 5 Einheiten Arbeit zu Kosten in Höhe von 100 Euro leisten. Die Isokostengerade dreht sich nach innen (Isokostengerade K_{-1} in Abb. 3.16 (b)). Sinkt hingegen der Lohnsatz auf 5 Euro pro Einheit, so kann sich das Unternehmen bei gleichbleibenden Kosten in Höhe von 100

Euro höchstens 20 Einheiten des Produktionsfaktors Arbeit leisten (Isokostengerade K_1 in Abb. 3.16 (b)). Die Isokostengerade dreht sich nach außen. Entsprechend vergrößert oder verkleinert sich auch der Bereich der erreichbaren Faktorkombinationen.

Beispiel 3.5

Gegeben sei das Unternehmen Xtrem GmbH, das Äpfel für den Handel anbaut und vertreibt. Für den Anbau und die Ernte der Apfelplantagen werden Arbeitskräfte (insbesondere Pflücker und Maschinenführer) und Maschinen (insbesondere Traktoren) gebraucht, die in Arbeits-/Maschinenstunden verrechnet werden. Eine Arbeitskraft kostet im Arbeitseinsatz durchschnittlich 10 Euro pro Stunde. Für die finanzierten Traktoren zahlt Xtrem Zinsen in Höhe von 5 Euro pro Maschinenstunde. Bei einem Kostenbudget von 100 Euro kann sich das Unternehmen somit maximal $100 / 10 = 10$ Arbeitsstunden und $100 / 5 = 20$ Maschinenstunden leisten. Tragen wir nun beide Punkte auf den Achsen ab und verbinden sie, so ergibt sich das angegebene Bild.

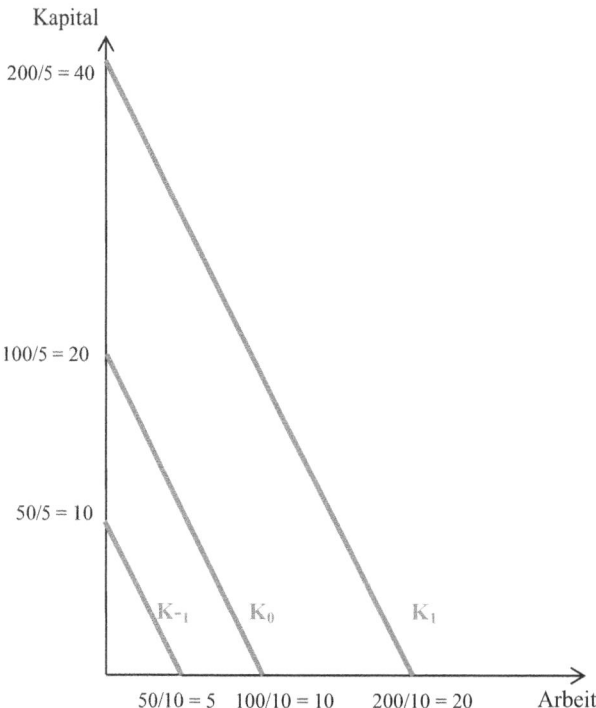

Bei höherer oder niedriger Kreditfähigkeit der Xtrem GmbH verändert sich nun das Kostenbudget. Hätte das Unternehmen beispielsweise einen Kostenrahmen von 200 Euro, so könnte es 200/10 = 20 Arbeitsstunden und 200/5 = 40 Maschinenstunden zur Apfelernte einsetzen. Bei einem knapperen Kostenrahmen von 50 Euro nur 50/10 = 5 Arbeitsstunden und *50/5 = 10* Maschinenstunden. Entsprechend verschiebt sich die Isokostengerade nach außen (Kostenbudget steigt auf K_1) oder nach innen (Kostenbudget sinkt auf K_{-1}).

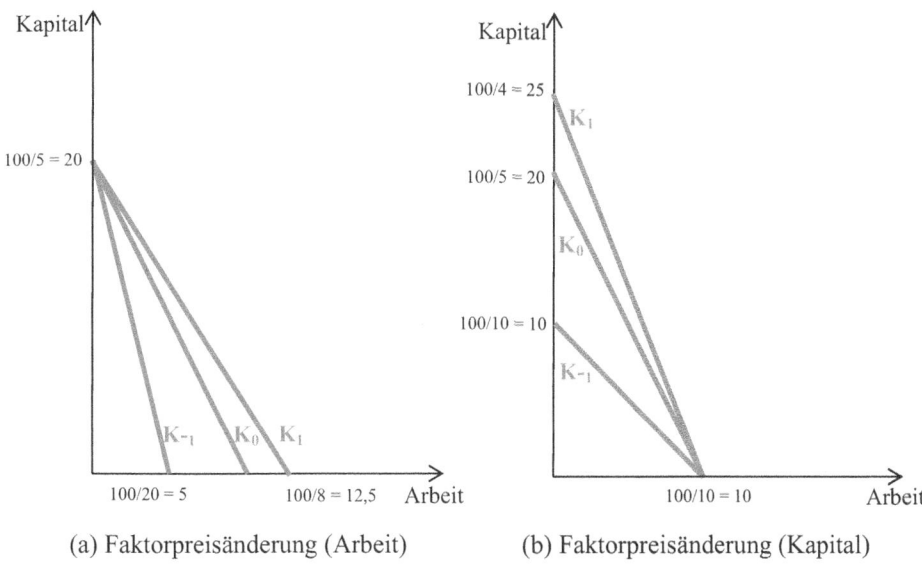

(a) Faktorpreisänderung (Arbeit)   (b) Faktorpreisänderung (Kapital)

Verändert sich der Lohn- oder Zinssatz, so kommt es zu einer Drehung der Isokostengeraden. Verändert sich der Lohn bei gleichbleibendem Zinssatz, dann verändert sich der Schnittpunkt mit der x-Achse. Steigt der Lohnsatz auf 20 Euro, so kann die Xtrem GmbH nur noch maximal *100 / 20 = 5* Arbeitsstunden für die Ernte der Äpfel aufwenden. Sinkt der Lohnsatz hingegen auf 8 Euro, sind es 12,5 Arbeitsstunden. Verändert sich hingegen der Zinssatz bei gleichbleibendem Lohnsatz, so verändert sich der Schnittpunkt mit der y-Achse. Steigen die Kosten pro Maschinenstunde auf 10 Euro, können höchstens *100 / 10 = 10* Maschinenstunden zur Ernte eingesetzt werden. Sinkt der Zinssatz auf 4 Euro, sind es *100 / 4 = 25* Maschinenstunden. Entsprechend dreht sich die Budgetgerade nach außen, wenn der Faktorpreis sinkt bzw. nach innen, wenn der Faktorpreis steigt. Der Bereich der erreichbaren Faktorkombinationen zur Apfelernte steigt oder sinkt entsprechend (sofern das Kostenbudget sich nicht verändert).

3.2.3   Isoquante

Bisher haben wir uns nur damit beschäftigt, wie hoch die Produktionskosten des Unternehmens sind. Neben den Kosten ist natürlich entscheidend, wie viele Güter das Unternehmen unter Einsatz der Produktionsfaktoren Arbeit und Kapital produzieren kann. Dieser Sachverhalt wird durch die sog. Isoquante abgebildet. Analog zu unseren Überlegungen zur Indifferenzkurve in der Haushaltstheorie, bildet die Isoquante in der Produktionstheorie alle Faktorkombinationen der beiden Inputfaktoren ab, die zum gleichen Outputniveau führen. So kann eine gegebene Anzahl an Äpfeln beispielsweise unter dem Einsatz vieler Arbeiter und wenig Maschinen geerntet werden, oder unter dem Einsatz weniger Arbeiter und vieler Maschinen. Selbstverständlich gibt es dabei Produkte die arbeitsintensiver sind, und andere, die durch einen höheren Einsatz von Maschinen produziert werden können.

Die Gestalt oder Form der Isoquante spiegelt gerade dieses Austauschverhältnis von Arbeit und Kapital bei gleichbleibendem Produktionsniveau wider. Abb. 3.17 zeigt den Verlauf einer Schar von idealtypischen Isoquanten. Zwei wesentliche Eigenschaften dieses Konzepts gehen unmittelbar aus der Abbildung hervor: Erstens, entlang einer Isoquante bleibt das Produktionsvolumen gleich. Entsprechend kann das Outputniveau X_1 durch den Einsatz von l_A Einheiten Arbeit und k_A Einheiten Kapital oder durch den Einsatz von l_B Einheiten Arbeit und k_B Einheiten Kapital produziert werden. Sämtliche Faktorkombination entlang der Isoquante X_1 – und damit die Punkte A, B und auch D – generieren das gleiche Produktionsvolumen. Der idealtypische Verlauf zeigt wieder den normalen Fall imperfekter Substitute. Das heißt die Inputfaktoren sind nur begrenzt gegeneinander substituierbar. Man spricht in diesem Zusammenhang von einer abnehmenden Grenzrate der technischen Substitution. So ist unmittelbar klar, dass man Arbeitskräfte nicht unbegrenzt gegen Maschinen substituieren kann, zumal jemand die Maschinen führen und warten muss.

Vor diesem Hintergrund sinkt die Bereitschaft, den Produktionsfaktor Arbeit aufzugeben, um eine weitere Einheit Kapital hinzuzugewinnen, mit zunehmendem Kapitalstock und umgekehrt. Zweitens, je höher die Isoquante, desto höher ist das Outputniveau. So wird entlang der Isoquante X_2 ein höheres Outputniveau generiert als in jedem Punkt entlang der Isoquante X_1. Vergleichen wir Punkt C mit Punkt B, so wird ersichtlich, warum die Faktorkombination (l_C, k_C) in C mit einem höheren Outputniveau einhergeht, zumal in C im Vergleich zu B mehr von beiden Produktionsfaktoren eingesetzt wird, d. h. $k_C > k_B$ und $l_C > l_B$. Entsprechend ergibt sich hinsichtlich der Höhe des Produktionsvolumens die Rangordnung $X_4 > X_3 > X_2 > X_1$. Je mehr von beiden Produktionsfaktoren eingesetzt werden, desto höher ist das Outputniveau (in der Abbildung kenntlich durch die Winkelhalbierende).

Abb. 3.17 Isoquantenschar

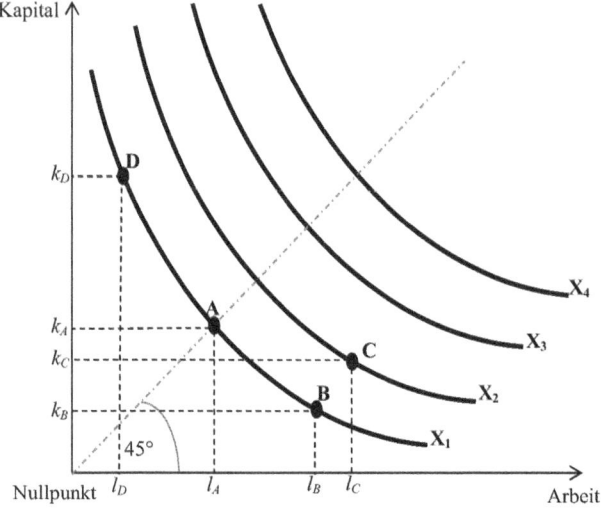

Beispiel 3.6

Gegeben sei die Firma Xtrem, die unter Einsatz von Arbeit und Kapital Äpfel anbaut und erntet. Das Produktionsvolumen der Xtrem GmbH sei durch eine idealtypische Isoquante der Form $X(l,k) = l \cdot k$ beschreibbar. Vor diesem Hintergrund können wir nun verschiedene Isoquanten berechnen, die das Produktionsvolumen des Unternehmens in Tonnen Äpfel abbildet. Hierzu eignet sich in der Regel eine Wertetabelle, die mindestens drei Punkte – d. h. Faktorkombinationen (l,k) – zu jedem Outputniveau angibt. Berechnen wir die Isoquanten für 1, 5, 10 und 20 Tonnen Äpfel, so ergibt sich folgende Wertetabelle:

Outputniveau (in Tonnen)	Isoquante	Faktorkombinationen (Punkte (*l*;*k*))
1	X_1	(1;1), (2;0,5), (0,5; 2), (10;0,1), (0,1;10)
5	X_5	(1;5), (5;1), (2,5; 2), (10;0,5), (0,5;10)
10	X_{10}	(1;10), (10;1), (5;2)
20	X_{20}	(2;10), (10;2), (4;5)

Es wird deutlich, dass die Xtrem GmbH beispielsweise 10 Tonnen Äpfel mit 10 Arbeitskräften und 1 Maschine oder mit 1 Arbeitskraft und 10 Maschinen ernten kann. Je höher dabei die Faktoreinsätze, desto höher ist auch der Ernteertrag. Um 20 Tonnen Äpfel zu produzieren, muss sich der Einsatz des einen Faktors verdoppeln gegenüber der Ernte von nur 10 Tonnen.

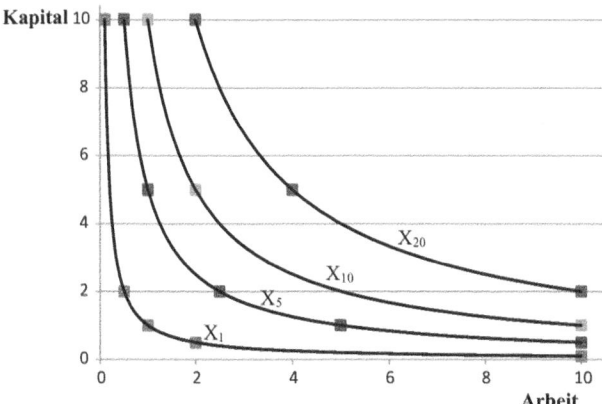

Durch Einzeichnen von jeweils drei Punkten pro Isoquante und Verbinden der Punkte (unter Berücksichtigung der abnehmenden Grenzrate der technischen Substitution) erhalten wir eine Schar von vier Isoquanten.

Nun haben wir bisher von einer idealtypischen Isoquante gesprochen, die durch eine abnehmende Grenzrate der technischen Substitution charakterisiert war. Selbstverständlich gibt es auch Ausnahmen von diesem Ideal, die in besonderen (Extrem-) Fällen auftreten und damit einen anderen Verlauf der Isoquanten bewirken. Zwei

Sonderfälle sind dabei zu unterscheiden: (1) Isoquanten mit konstanter Grenzrate der technischen Substitution (linearer Verlauf), (2) Isoquanten mit unendlicher Grenzrate der technischen Substitution (limitationaler Verlauf). Abb. 3.18 stellt beide Sonderfälle einander gegenüber.

Im Fall der konstanten GRTS verläuft die Isoquante linear. Konkret bedeutet dies, dass das Austauschverhältnis zwischen den Inputfaktoren Arbeit und Kapital immer gleich bleibt. Somit können in der Produktion Arbeit und Kapital immer im selben Verhältnis ausgetauscht werden, unabhängig davon, wie viel der Produzent von dem einen oder anderen Faktor hat. Zeichnerisch kommt dieser Sachverhalt dadurch zum Ausdruck, dass die Steigung konstant bleibt. Die Steigung ist negativ, aber verändert sich nicht mit zunehmendem l (oder k). Folglich generiert die Xtrem GmbH das gleiche Outputniveau, wenn sie die Faktorkombinationen A oder B wählt. Allerdings steigert die Firma ihr Outputniveau, wenn sie tendenziell mehr von beiden Produktionsfaktoren einsetzt, wie in Punkt C. Man spricht in diesem Zusammenhang von perfekten Substituten, zumal die Produktionsfaktoren immer im gleichen Verhältnis substituierbar sind. Klassisches Beispiel sind relativ einfache Produktionsabläufe, die von Hand oder Maschine gleichermaßen getätigt werden können, wie z. B. Lackieren von Fahrzeugen oder Kehren von (kleinen) Straßenflächen. Im Fall mit unendlich hoher GRS wird ein sog. limitationaler Verlauf der Isoquanten ersichtlich. Das heißt die Isoquanten sind L-förmig. Man spricht in diesem Zusammenhang von perfekten Komplementärtechnologien, die nur in fixen Proportionen (in Abb. 3.18(b) ein „1 zu 1"- Verhältnis) eingesetzt werden können. Ein klassisches Beispiel sind etwa Maschinen, die nicht automatisiert, sondern nur in Kombination mit menschlicher Führung arbeiten, wie etwa Bauer und Traktor, Baggerfahrer und Bagger sowie Schriftsteller und Computer. So kann der Baggerfahrer ohne Bagger kein Loch ausheben. Der Bagger alleine ist hingegen ebenfalls unproduktiv. Nur in der fixen „1 zu 1"-Proportion ist der Einsatz sinnvoll. Zwei Bagger und ein Baggerfahrer führen indes zum gleichen Ergebnis wie die Produktion mit einem Bagger weniger. In der Abb. 3.18(b) wird dieser

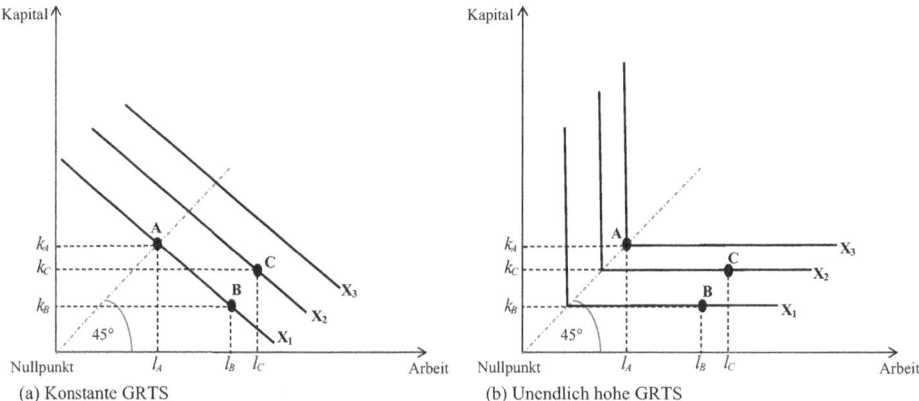

(a) Konstante GRTS   (b) Unendlich hohe GRS

Abb. 3.18 Spezielle Verläufe von Isoquanten

Sachverhalt dadurch deutlich, dass mit zunehmendem Produktionsfaktor Arbeit (Kapital) das Outputniveau auf dem gleichen Niveau verharrt, sofern nicht beide Produktionsfaktoren gleichermaßen eingesetzt werden. Wenn wir also einen zweiten Bagger kaufen, sollten wir auch einen zweiten Fahrer einstellen. Ein zusätzlicher Fahrer ist nur dann sinnvoll, wenn auch ein zweiter Bagger angeschafft wird. Der Vergleich der Punkte A, B und C verdeutlicht diesen Sachverhalt. So werden in Punkt A die Inputfaktoren Arbeit und Kapital im gleichen Verhältnis eingesetzt, wodurch die dritte und höchste Isoquante erreicht werden kann. Substituieren wir den Faktor Kapital durch ein Mehr an Arbeit, wie in den Punkten C und B, führt gerade dieses Missverhältnis zu einem geringen Produktionsniveau. Je größer dieses Missverhältnis, d. h. je mehr Kapital wir durch Arbeit substituieren, desto niedriger das Produktionsniveau, sodass in Punkt B eine niedrigere Isoquante (X_1) und damit ein geringeres Outputniveau als in Punkt C auf X_2 erreicht wird.

3.2.4 Allokationseffizienz

Wollen wir nun wissen, für welche Faktorkombination sich das Unternehmen entscheidet, so müssen wir beide Konzepte aus der Produktionstheorie zusammenbringen, die Isokostengerade auf der einen Seite und die Isoquante auf der anderen Seite. Die kosteneffiziente Produktion wird dabei durch das Zusammenspiel beider Konzepte deutlich. Möchte das Unternehmen ein gegebenes Outputniveau zu minimalen Kosten produzieren, suchen wir letztlich die niedrigste Kostenstruktur und damit niedrigste Isokostengerade, mit der dieses Produktionsvolumen realisiert werden kann. Suchen wir umgekehrt das höchstmögliche Produktionsvolumen zu einem gegebenem Kostenniveau oder -budget eines Unternehmens, so betrachten wir die höchstmögliche Isoquante, die auf Basis des Kostenbudgets erreicht werden kann. Was wir dabei erreichen können, wird gerade durch die Isokostengerade determiniert.

Schauen wir uns diese Überlegung zunächst graphisch an, muss der Grundgedanke sein, dass wir eine Faktorkombination aus Arbeit und Kapital wählen, die im Herstellungsprozess möglichst viel produziert. Analog zu unseren Überlegungen in der Haushaltstheorie, muss die Antwort also heißen, dass dieser optimale Punkt irgendwo auf der Isokostengerade liegen muss. Schließlich beschreibt diese die erreichbaren Faktorkombinationen für ein gegebenes Kostenbudget. Wollen wir unser Geld also möglichst effizient einsetzen, so sollten wir hiermit möglichst viel produzieren. Das höchstmögliche Niveau der Produktion zu gegebenen Kosten finden wir schließlich da, wo Isokostengerade und Isoquante sich so gerade eben noch berühren bzw. einen Tangentialpunkt bilden. Abb. 3.19 verdeutlicht diesen Zusammenhang für eine Schar idealtypischer Isoquanten.

Offensichtlich kann unser Unternehmen für das gegebene Kostenbudget (K_0) alle Faktorkombinationen auf und unterhalb der Isokostengeraden realisieren. Da wir allerdings zu gegebenen Kosten möglichst viel produzieren wollen, werden wir eine Kombination aus den Inputfaktoren Arbeit und Kapital wählen, die irgendwo auf der Isokostengeraden liegt. Schließlich gehen alle Punkte unterhalb der Geraden mit weniger Kosten einher und deshalb zwangsläufig auch mit einem geringeren Produktionsvolumen.

Abb. 3.19 Kosteneffiziente
Produktion

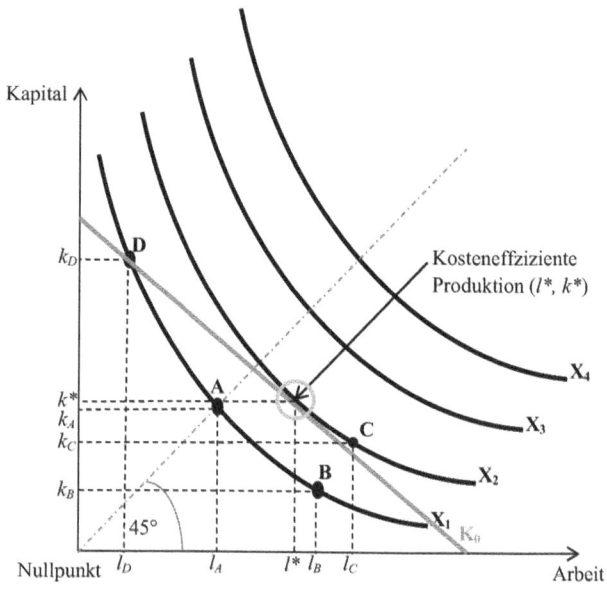

So liegt der Punkt D zum Beispiel auf der Isokostengeraden, stellt aber nicht die effiziente Faktorallokation dar. Warum ist das so? Im Punkt D wählt das Unternehmen l_D
Einheiten Arbeit und k_D Einheiten Kapital, und erreicht ein Produktionsniveau, das
durch die Isoquante X_1 beschrieben wird. Um in unserem Beispiel zu bleiben, könnten wir uns vorstellen, dass die Xtrem GmbH im Punkt D insgesamt 5 Tonnen Äpfel
zu Kosten in Höhe von $K_X(l_D, k_D) = l_D \cdot w + k_D \cdot r$ produziert. Dasselbe Produktionsvolumen können wir allerdings auch in den Punkten A und B erreichen. Da diese Punkte
unterhalb der Isoksotengeraden liegen, gehen diese indes mit niedrigeren Produktionskosten einher, sodass $K_X(l_D, k_D) < K_X(l_B, k_B) < K_X(l_A, k_A)$.[23] Mit anderen Worten: Unser
Punkt D nutzt zwar das gesamte Kostenbudget (K_0) aus, allerdings nicht das technisch
machbare Produktionsvolumen. Es existiert also ein Punkt auf der Isokostengeraden,
der zu gleichen Kosten mehr Produktionsvolumen schafft. Dieser Punkt wird durch die
Faktorkombination (l^*, k^*) in der Abb. 3.19 deutlich. Hier nutzt die Xtrem GmbH das
gesamte Kostenbudget, um maximal viele Äpfel zu ernten. So erreichen wir die Isoquante X_2, die durch ein Produktionsvolumen in Höhe von 10 Tonnen charakterisiert
sein könnte. Die Tatsache, dass der Punkt C nur zu höheren Kosten produziert werden
könnte bei gleichem Produktionsvolumen, zeigt, dass wir kosteneffizient produzieren.
Schließlich gibt es keinen anderen Punkt auf der Isoquante X_2, der zu diesem Kostenbudget produziert werden könnte. Nur im Punkt der kosteneffizienten Produktion erreichen wir diese Isoquante. Folglich beschreibt der Punkt (l^*, k^*) einen Tangentialpunkt zwischen Isoquante und Isokostengerade und stellt das höchstmögliche

---

[23] Dieser Sachverhalt wird deutlich, indem wir die Isokostengerade parallel verschieben, bis sie durch die
Punkte B und A verläuft. Auf diese Weise wird deutlich, dass der Punkt B auf einer höheren Isokostengeraden liegt als der Punkt A, sodass der Punkt A mit geringeren Kosten einhergeht als der Punkt B.

Produktionsvolumen (Isoquante) dar, das zu Kosten in Höhe von K_0 erreichbar ist. Mehr können wir also nur produzieren, wenn wir höhere Kosten hierfür in Kauf nehmen. Mathematisch können wir diesen Zusammenhang beispielsweise mithilfe der sog. Cobb-Douglas Produktionsfunktion darstellen.[24]

Aus der Einführungsveranstaltung „Mathematik für Wirtschaftswissenschaftler" kennt der ein oder andere noch die sog. Cobb-Douglas Produktionsfunktion. Diese erklärt im Allgemeinen, dass ein bestimmtes Produktionsvolumen x durch den Einsatz der Inputfaktoren Arbeit und Kapital produziert wird, wobei der Zusammenhang wie folgt aussieht:

$$X(l,k) = A \cdot l^{\alpha} \cdot k^{1-\alpha},$$

Das heißt um x Einheiten zu produzieren, setzen wir Arbeit und Kapital ein, wobei jede Einheit Arbeit mit dem Faktor α und jede Einheit Kapital mit dem Faktor $1-\alpha$ das Output erhöht, wobei $0 \leq \alpha \leq 1$. Der Faktor A wird dabei als Konstante angenommen, die z. B. die Produktivität des Produktionsprozesses abzubilden versucht. Bilden wir die Produktionsfunktion graphisch ab, so wird der Zusammenhang zwischen Input und Output wie folgt beschrieben:

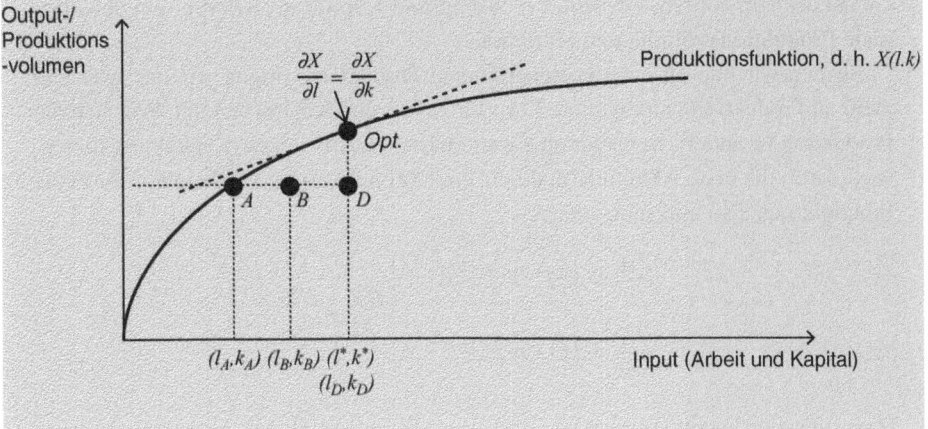

[24] Selbstverständlich gilt auch hier, dass die rein graphische Betrachtung meistens nur näherungsweise wiedergeben kann, für welche Faktorkombination (l^*,k^*) sich unser Unternehmen entscheidet. Um die genauen Mengeneinheiten von x und y zu bestimmen, müssen wir den mathematischen Weg beschreiten. Trotzdem muss klar sein, dass auch die mathematische Lösung derselben Intuition und demselben Verständnis für die Zusammenhänge folgt. So suchen wir die höchstmögliche Isoquante für ein gegebenes Kostenbudget. Mit anderen Worten: Wir suchen einen Tangentialpunkt, der üblicherweise dadurch gekennzeichnet ist, dass in diesem Punkt die Steigung der Isoquante und der Isokostengeraden einander entsprechen. Im Anhang soll deshalb für den interessierten Leser eine Kurzanleitung zur Cobb-Douglas-Produktionsfunktion gegeben werden, während hier die Intuition der kosteneffizienten Produktion im Mittelpunkt stehen soll.

Aus der Abbildung wird deutlich, dass die Produktionsfunktion durch Konkavität charakterisiert ist. Diese Eigenschaft berücksichtigt die abnehmende Grenzrate der technischen Substitution. Nun sehen wir, dass mit zunehmendem Input (Arbeit und Kapital) das Produktionsvolumen steigt. Allerdings nimmt der Betrag der Steigung mit zunehmendem Input immer weiter ab, sodass zu Beginn ein steilerer Verlauf der Funktion vorliegt und diese mit zunehmendem Input immer flacher wird. Genau diese Tatsache zeigt, dass der erste Euro, den ich in Arbeit und Kapital investiere, einen größeren Effekt auf das Produktionsvolumen hat als jeder weitere. Mit anderen Worten: Irgendwann führt der zusätzlich investierte Euro zu weniger Nutzen (zusätzliche Produktion) als ich hierfür zahlen muss. Genau hier liegt der Punkt der kosteneffizienten Produktion, die in unserer Abbildung durch Opt. deutlich wird. Gleichzeitig sind die Punkte A, B und D aus unserer Abb. 3.19 abgebildet. Alle drei Punkte führen zu einem geringeren Produktionsvolumen (da sie ja auf Isoquante X_1 liegen und nicht auf X_2). Allerdings sind die investierten Euro in die Inputfaktoren unterschiedlich. So führen die Punkte B und D zu höheren Kosten als der Punkt A, der auf der Produktionsfunktion liegt. Allerdings führt auch eine Ausweitung der Kosten ab Punkt A dazu, dass wir mehr Produktionswachstum als Faktorkosten haben (Nutzen > Kosten). Genau deshalb sollten wir weiter in Arbeit und Kapital investieren, um das optimale Produktionsvolumen zu erreichen.

   Suchen wir nun also die kosteneffiziente Produktion, fragen wir uns, wie viel mehr an Produktion jeder weitere Euro für Arbeit und Kapital erzeugt. Wie sich die Produktion verändert, wenn wir eine weitere Einheit Arbeit bzw. Kapital investieren, wird durch die erste Ableitung deutlich. Im Optimum muss die Steigung für beide Inputfaktoren also null sein, sodass

$$\left.\begin{array}{l} \dfrac{\partial X}{\partial l} = A\alpha l^{\alpha-1}k^{1-\alpha} = 0 \\[2mm] \dfrac{\partial X}{\partial k} = A(1-\alpha)l^{\alpha}k^{-\alpha} = 0 \end{array}\right\} \dfrac{\partial X}{\partial l} = \dfrac{\partial X}{\partial k}$$

Hier steht nun nichts anderes als das, was wir uns graphisch ursprünglich angeschaut haben. Dies wird einfacher deutlich, wenn wir uns hierzu die Grenzrate der technischen Substitution anschauen, die wir durch Berechnung des totalen Differentials der Produktionsfunktion und Nullsetzen erhalten, sodass

$$dx = \dfrac{\partial X}{\partial l} \cdot dl + \dfrac{\partial X}{\partial k} \cdot dk = 0 \rightarrow -\dfrac{dk}{dl} = \dfrac{\dfrac{\partial X}{\partial l}}{\dfrac{\partial X}{\partial k}}$$

Hier wird nun deutlich, dass das Austauschverhältnis von Kapital zu Arbeit der Grenzproduktivität entsprechen muss. Mit anderen Worten: Wir sollen nur solange weitere Euro in Arbeit und Kapital investieren, wie dies auch mit einer höheren Produktivität einhergeht. Wir stoppen also mit der weiteren Investition, wenn das Austauschverhältnis *(dk/dl)* der Grenzproduktivität ($\partial X / \partial l / \partial X / \partial k$) entspricht. Genau dieser Punkt ist im Tangentialpunkt aus Abb. 3.19 sichtbar. Auch hier entspricht die Steigung der Isoquante (also die Grenzproduktivität) der Steigung der Isokostengeraden (also dem Austauschverhältnis oder Kostenverhältnis beider Inputfaktoren zueinander). Das negative Vorzeichen vor *dk/dl* liegt dabei in der Natur der Sache. Schließlich verläuft die Isokostengerade fallend. Würde sie steigend verlaufen, würde mehr Arbeit und mehr Kapital zu gleichen Kosten führen, was unmittelbar jeder Rationalitätsprüfung widerspricht.

Selbstverständlich kann sich die Umwelt jederzeit ändern und damit die Bedingungen, auf die das Unternehmen reagieren muss. Während die Produktionstechnik sich zumindest kurzfristig nicht drastisch verändert (und damit auch nicht der Verlauf der Isoquante), können sich kurzfristige Änderungen insbesondere hinsichtlich des Kostenvolumens sowie der Faktorpreise ergeben. Gerade letztere unterliegen zum Teil tagesaktuellen Schwankungen (das gilt vor allem für den Zinssatz und damit für die Faktorkosten für Kapital). Hierdurch kommt es dann zu einer Veränderung der Isokostengeraden, was wir uns schon im Abschn. 3.2.2 angeschaut haben. Wie passt das Unternehmen aber nun seine kosteneffiziente Produktion auf diese Veränderungen – d. h. (1) Veränderung des Kostenvolumens und (2) Veränderung der Faktorpreise – an?

Betrachten wir zunächst die Veränderung des Kostenvolumens. Das Kostenvolumen ist offensichtlich u. a. von der Kreditwürdigkeit des Unternehmens abhängig. Steigt diese, so kann das Unternehmen einen höheren Kredit aufnehmen und sich deshalb auch höhere Produktionskapazitäten leisten. Sinkt sie, so kann das Unternehmen weniger Kredit aufnehmen und sich deshalb nur geringere Produktionskapazitäten leisten. Genau diese Überlegungen berücksichtigt unser Unternehmen nun in seiner Anpassung der effizienten Faktorkombination. Steigt das Kostenbudget von K_0 auf K_1, kann sich das Unternehmen auch ein höheres Produktionsvolumen leisten, wobei die höchstmögliche Isoquante X_3 ist. Damit wird die kosteneffiziente Produktion durch die Faktorkombination (l_1^*, k_1^*) erreicht (vgl. Abb. 3.20 (a)). Sinkt das Kostenvolumen hingegen von K_0 auf K_{-1}, kann das Unternehmen nur noch ein geringeres Produktionsvolumen erreichen. Die höchstmögliche Isoquante ist dabei X_1 und die kosteneffiziente Produktion durch die Faktorkombination (l_{-1}^*, k_{-1}^*) erreicht (vgl. Abb. 3.20 (a)). Verbinden wir nun alle Punkte der effizienten Produktion infolge einer Veränderung des Kostenvolumens, erhalten wir den sog. Kostenexpansionspfad (vgl. Abb. 3.20 (a)).[25]

Betrachten wir nun die Veränderung der Faktorpreise, stellen wir fest, dass sie mit einer Drehung der Isokostengeraden einher geht. Steigt beispielsweise der Lohnsatz

---

[25] Die Überlegungen ergeben sich dabei analog zur Einkommenskonsumkurve in der Haushaltstheorie.

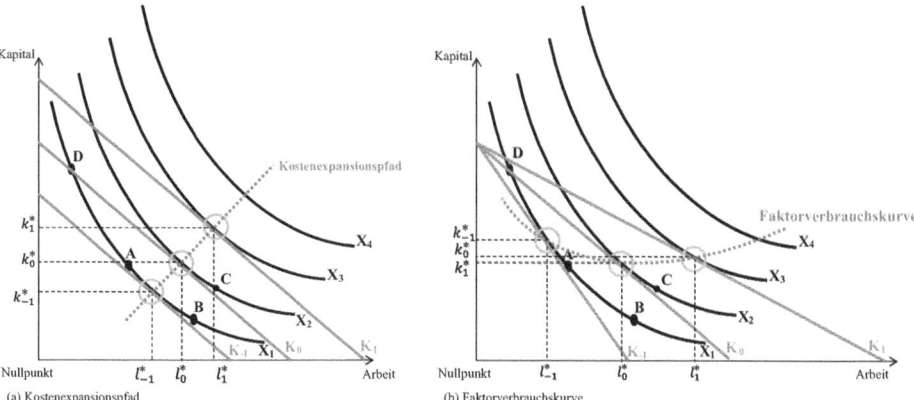

Abb. 3.20 Kostenexpansionspfad und Faktorverbrauchskurve

(d. h. der Preis für den Produktionsfaktor Arbeit), so kann sich das Unternehmen tendenziell weniger Arbeitskräfte leisten, da Arbeit im Verhältnis zu Kapital teurer geworden ist. Entsprechend dreht sich die Isokostengerade nach innen von K_0 auf K_{-1}, wodurch sich auch der Bereich der erreichbaren Faktorkombinationen verringert (also die Fläche unterhalb der Isokostengeraden). Die höchstmögliche Isoquante ist schließlich X_1. Die kosteneffiziente Produktion wäre also durch die Faktorkombination (l_{-1}^{*}, k_{-1}^{*}) gekennzeichnet (vgl. Abb. 3.20 (b)). Sinkt der Lohnsatz bei gleichbleibendem Zinssatz, wird Arbeit tendenziell günstiger. Damit kann sich unser Unternehmen mehr Arbeitskräfte leisten. Der Bereich der erreichbaren Faktorkombinationen steigt, da sich unsere Isokostengerade von K_0 auf K_1 nach außen dreht. Die höchstmögliche Isoquante ist X_3 bei einer effizienten Faktorkombination von (l_1^{*}, k_1^{*}). Verbinden wir nun alle Faktorkombinationen der effizienten Produktion bei einer Veränderung der Faktorpreise, so erhalten wir die sog. Faktorverbrauchskurve (vgl. Abb. 3.20 (b)).[26]

Beispiel 3.7

Wir erinnern uns an unsere Xtrem GmbH. Gegeben waren dabei die Isoquanten X_1, X_5, X_{10} und X_{20}. Die Isokostengerade sei durch K_0 charakterisiert. Die Gerade verändert sich nun infolge einer (1) Veränderung des Kostenvolumens und (2) Veränderung des Faktorpreises.

Steigt das Kostenbudget, so kommt es zu einer Ausweitung des Produktionsvolumens. Durch die Parallelverschiebung der Isokostengeraden von K_0 auf K_1 verändert sich der Bereich der erreichbaren Faktorkombinationen, wodurch die Xtrem GmbH das Output bis auf X_4 ausweitet und folglich 20 Tonnen Äpfel produziert. Sinkt das Kostenbudget hingegen auf K_{-1}, muss die Xtrem GmbH ihr Output auf 5 Tonnen reduzieren (vgl. Abbildung(a)).

---

[26] Die Überlegungen ergeben sich dabei analog zur Preiskonsumkurve in der Haushaltstheorie.

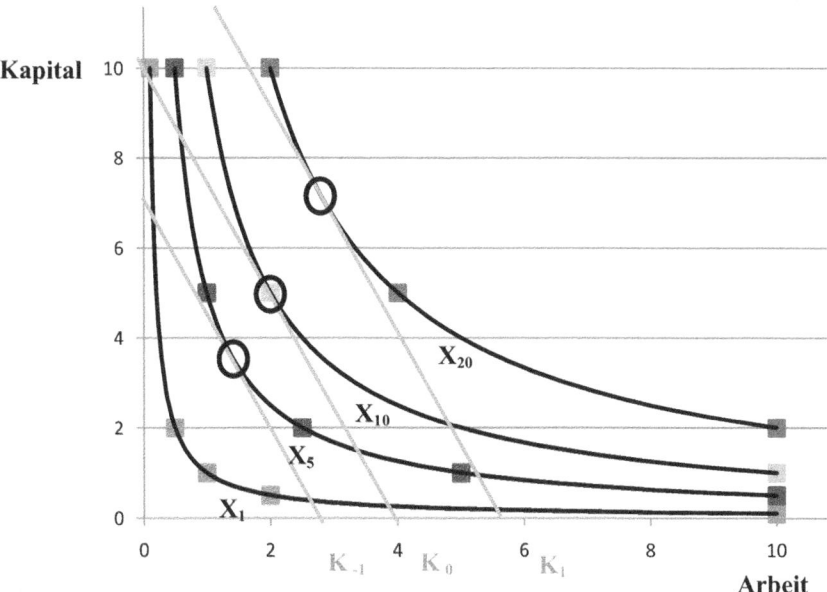

(a) Veränderung des Kostenvolumens

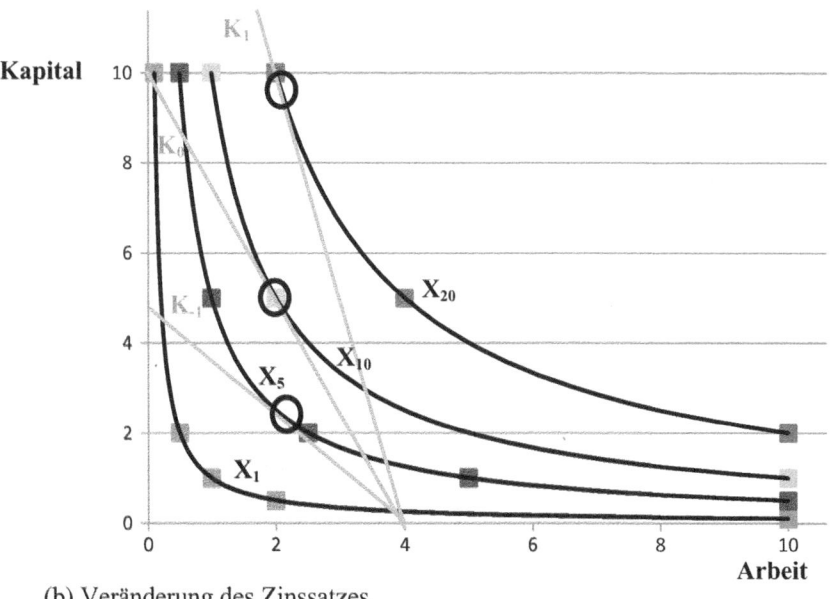

(b) Veränderung des Zinssatzes

Verändert sich der Zinssatz, kommt es zu einer Drehung der Isokostengeraden. Steigt der Zinssatz (bei gleichbleibendem Lohnsatz), kann sich die Xtrem GmbH tendenziell weniger Maschinen leisten. Die Isokostengerade dreht sich nach innen von K_0 auf K_{-1}.

Sinkt der Zinssatz (bei gleichbleibendem Lohnsatz), kann sich die Xtrem GmbH tendenziell mehr Maschinen leisten. Die Isokostengerade dreht sich nach außen von K_0 auf K_1. In beiden Fällen passt die Xtrem GmbH ihr Produktionsvolumen an die veränderten Marktbedingungen an. Steigt der Zinssatz, sinkt das Produktionsvolumen auf 5 Tonnen Äpfel. Sinkt der Zinssatz, steigt das Produktionsvolumen auf 20 Tonnen Äpfel. In beiden Fällen ist keine höhere Isoquante für das gegebene Kostenvolumen erreichbar (vgl. Abbildung(b)). Eine Veränderung des Lohnsatzes ergäbe sich analog, nur dass sich hierdurch die Schnittpunkte mit der x-Achse verändern würden.

3.2.5 Edgeworth-Box and Pareto-Effizienz

Bisher haben wir immer nur die Xtrem GmbH betrachtet. Eine Volkswirtschaft besteht üblicherweise aber nicht aus einem Unternehmen, sondern aus vielen Unternehmen. Um alles überschaubar und so einfach wie möglich zu halten, gehen wir im Folgenden von zwei Unternehmen aus.[27] Zu diesem Zweck werden wir neben der Xtrem GmbH die Ynot AG betrachten. Während die Xtrem GmbH das Produkt X (Äpfel) produziert, produziert die Ynot AG das Produkt Y (Bananen).[28] Der zwei Unternehmen-Fall ermöglicht uns, den Aspekt der Knappheit von Gütern viel besser zu berücksichtigen. Schließlich sind die Produktionsfaktoren Arbeit und Kapital auch nicht unendlich verfügbar, sondern letztlich knappe Güter. Vor diesem Hintergrund ergeben sich Kapazitätsgrenzen für beide Unternehmen. Die Arbeitskräfte und das Kapital, mit dem die Xtrem GmbH Äpfel produziert, steht der Ynot AG nicht zur Verfügung. Gibt es also beispielsweise nur 10 Einheiten Arbeit in unserer Volkswirtschaft, so werden unsere beiden Unternehmen diese untereinander aufteilen. Fragt die Xtrem GmbH also 4 Einheiten Arbeit nach, so bleiben noch 6 Einheiten für Ynot AG. Die Modellierung dieses Sachverhalts durch die Betrachtung einer reinen Tauschökonomie lässt sich wieder durch die Edgeworth-Box zeigen.

Entsprechend betrachten wir nicht nur die Isoquantenschar der Xtrem GmbH, sondern auch die der Ynot AG. Weisen beide Unternehmen sehr ähnliche Produktionsbedingungen auf – wovon bei den relativ homogenen Gütern Äpfel und Bananen ausgegangen werden

---

[27] So könnte man die Wirtschaft letztlich in zwei Gruppen unterteilen, wie produzierendes Gewerbe und Dienstleister, wodurch eine aggregierte Betrachtung im 2-Unternehmen-Fall möglich wird.

[28] Hier wird bereits deutlich, wie sich letztlich der Wirtschaftskreislauf schließt. Die Güter X und Y, die Anton und Berta in der Haushaltstheorie konsumierten, werden in der Produktionstheorie von der Xtrem GmbH und der Ynot AG produziert. Im Gleichgewicht entspricht die Produktionsgütermenge dabei der Konsumgütermenge. Genau auf diesen Zusammenhang werden wir im Abschn. 3.3 weiter aufbauen, wenn wir uns mit der allgemeinen Marktgleichgewichttheorie beschäftigen.

kann – ergibt sich letztlich die Situation in Abb. 3.21. Um die beiden Unternehmen und ihre Isoquanten später unterscheiden zu können, wählen wir Bezeichnungen, die die Produktionsgüter widerspiegeln. Folglich bezeichnen wir die Isoquanten der Xtrem GmbH mit X_1 bis X_4, wobei das Subskript das Outputniveau widerspiegelt, wobei $X_4 > X_3 > X_2 > X_1$. Die Isoquanten der Ynot GmbH bezeichnen wir analog mit Y_1 bis Y_4. Beide Unternehmen werden dabei eine kosteneffiziente Produktion anstreben. Das heißt beide werden versuchen zu möglichst niedrigen Kosten ein möglichst hohes Produktionsvolumen zu erreichen. Damit wir allerdings den Knappheitsaspekt adäquat berücksichtigen können, drehen wir die Isoquantenschar der Ynot AG um $180°$. Durch diese Drehung kann schließlich dem Sachverhalt Rechnung getragen werden, dass wir uns in einer Tauschökonomie befinden und die Produktionsfaktoren auf die Unternehmen X und Y zu verteilen sind.[29]

Drehen wir nun das Diagramm der Ynot AG um $180°$, sodass das Diagramm auf dem Kopf steht, können wir beiden Sachverhalten einer Volkswirtschaft adäquat Rechnung

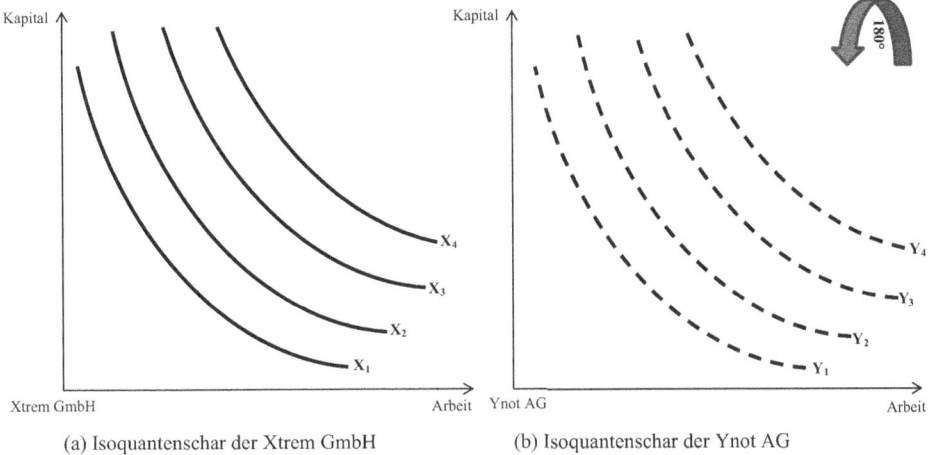

(a) Isoquantenschar der Xtrem GmbH   (b) Isoquantenschar der Ynot AG

Abb. 3.21 Isoquanten im Zwei-Unternehmen-Fall

---

[29] Die Betrachtung einer reinen Tauschökonomie bedeutet nicht, dass wir die Faktorpreise und damit die Kosten außer Acht lassen. Schließlich werden die Unternehmen im Gleichgewicht die Güter nur entsprechend ihres Austauschverhältnisses zu teilen bereit sein. Wie wir gesehen haben, entspricht das im Gleichgewicht dem Verhältnis der Faktorpreise. Der Hintergrund ist sehr einfach. Kostet eine Arbeitskraft doppelt so viel wie eine Einheit Kapital, so wird das Unternehmen die Inputfaktoren nicht im Verhältnis 1 zu 1 tauschen, sondern im Verhältnis 1 zu 2. Schließlich sind Euromünzen und Inputfaktoren (Güter in der Haushaltstheorie) Äquivalente.

tragen: Erstens wird durch den geschlossenen Raum deutlich, dass begrenzt viele Einheiten der Produktionsfaktoren Arbeit und Kapital zur Verfügung stehen. Die Kapazitätsobergrenze und damit die Verfügbarkeit, bezeichnen wir dabei mit $\overline{A}$ und $\overline{K}$. Zweitens ermöglichen die nun gespiegelten Isoquanten einen direkten Vergleich der Outputniveaus unserer Xtrem GmbH und der Ynot AG. Abb. 3.22 verdeutlicht das Ergebnis der 180°-Drehung des Diagramms aus Abb. 3.21(b).

Folglich können die Xtrem GmbH und Ynot AG die beiden Produktionsfaktoren Arbeit und Kapital in den Mengen $\overline{A}$ und $\overline{K}$ zwischen sich aufteilen. Wie viel von beiden Gütern die beiden letztlich in der ursprünglichen Allokation wählen, ist abhängig von der Produktionstechnologie sowie der Marktmacht.[30] Aus der Abbildung geht indes deutlich hervor, dass die Xtrem GmbH und die Ynot AG nicht mehr als die verfügbaren Produktionsfaktoren einsetzen können. Gibt es also höchstens 10 Einheiten des Produktionsfaktors Arbeit und die Xtrem GmbH setzt bereits 4 Einheiten ein, so bleiben 6 Einheiten für die Ynot AG.

Wir stellen uns vor, die Xtrem GmbH und die Ynot AG würden ihren Bedarf an den Produktionsfaktoren Arbeit und Kapital auf einem Händlermarkt decken. Als die beiden nach dem Besuch des Händlermarktes die Produktionsfaktoren Arbeit und Kapital mit dem Lieferwagen zur (Apfel- bzw. Bananen) Plantage mitnehmen wollen, hat die Xtrem

Abb. 3.22 Edgeworth-Box

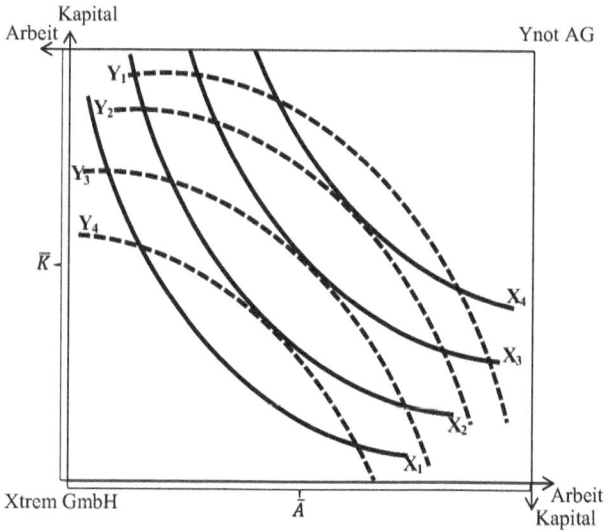

GmbH eine halbe Arbeitskraft und neuneinhalb Einheiten Kapital auf der Ladefläche (Anfangsausstattung $P_X = \left(l_X^p, k_X^p \right) = (0,5;9,5)$ und die Ynot AG entsprechend neuneinhalb Arbeitskräfte und eine Einheit Kapital, z. B. eine Erntemaschine (Anfangsausstattung $P_Y = \left(l_Y^p, k_Y^p \right) = (9,5;0,5)$. Abb. 3.23 zeigt den Status quo als Punkt P im Diagramm.

Die Frage ist nun, ob sich die beiden Unternehmen besser stellen könnten, wenn sie nach dem Besuch des Händlermarktes auf dem Parkplatz tauschen würden. Hintergrund ist entsprechend das Pareto-Kriterium. Folglich könnte eine Überlegung sein, ob der Punkt P tatsächlich eine sinnvolle Allokation darstellt. Fragen wir unseren Social Planer aus Kap. 2, wäre die Überlegung, ob wir eines der beiden Unternehmen durch Faktortausch besser stellen könnten, ohne dass hierdurch das andere Unternehmen schlechter gestellt wird. Wir sprachen dabei von einer sog. Pareto-Verbesserung. Nicht schlechter stellen heißt in unserem Kontext also, dass sich das Produktionsvolumen des Unternehmens nicht verändert. Genau dieser Zusammenhang wird durch die Bewegung entlang der Isoquante dargestellt. Bewegen wir uns beispielsweise von Punkt P entlang der Isoquante von der Xtrem GmbH zu Punkt A, so bleibt folglich das Outputniveau der Xtrem GmbH unverändert. Mit anderen Worten: Die Xtrem GmbH wird nicht schlechter gestellt. Vergleichen wir aber nun Punkt A mit der Ausgangssituation P für die Ynot AG, wird deutlich, dass die Ynot AG ihr Produktionsvolumen ausweiten kann. So befindet sich der Punkt A nicht auf der ursprünglichen Isoquante Y_1, sondern auf der Isoquante Y_2. Da die Ynot AG eine höhere Isoquante erreicht, steigt das Outputniveau und in der Gesamtbetrachtung des Social Planers die soziale Wohlfahrt (die sich ja aus der Summe der Outputniveaus der Unternehmen Xtrem GmbH und Ynot AG ergibt). Diese Überlegung können wir sogar weiterführen. Bewegen wir uns weiter entlang der Isoquante X_2 der Xtrem GmbH (d. h. das Unternehmen wird nicht schlechter gestellt), kann die Ynot AG eine noch höhere Isoquante Y_3 in Punkt B erreichen. Diese Überlegung können wir bis zum Punkt C fortsetzen. Im Punkt C kann die Ynot AG nur dann eine höhere Isoquante erreichen und sich damit besser stellen, wenn die Xtrem GmbH Produktionsvolumen aufgeben würde, sich also von X_2 auf X_1 verschlechtert. Deshalb stellt Punkt C – genau betrachtet handelt es sich um den Tangetialpunkt der Isoquanten X_2 und Y_4 – eine Pareto-effiziente Allokation dar. Analog sind die Überlegungen, wenn wir vom Ausgangspunkt P zu den Punkten D und E wandern. Hier kann durch Tausch die Xtrem GmbH besser gestellt werden (sie erreicht die Isoquanten X_3 bzw. X_4), ohne dass wir die Ynot AG hierzu schlechter stellen müssen (wir bleiben auf der Isoquante Y_1). Zusammenfassend ergeben sich im gesamten schraffierten Bereich der Abb. 3.23 soziale Zustände, die wir als Pareto-Verbesserung gegenüber der Ausgangssituation in Punkt P beschreiben können. Ferner stellen wir fest, dass weitere Punkte existieren, die Pareto-effiziente Allokationen im Vergleich zum Punkt P darstellen. So können in den Punkten E und G beide Unternehmen besser gestellt werden im Vergleich zu P. Welchen Punkt (C, E und G) wir letztlich erreichen, hängt von der Marktmacht der Unternehmen ab. Der Social Planer wird indes indifferent sein zwischen diesen Pareto-effizienten Allokationen, zumal Pareto keine Aussagen hinsichtlich der Verteilung macht. Ob wir diese Punkte tatsächlich erreichen, hängt entscheidend davon ab, ob der

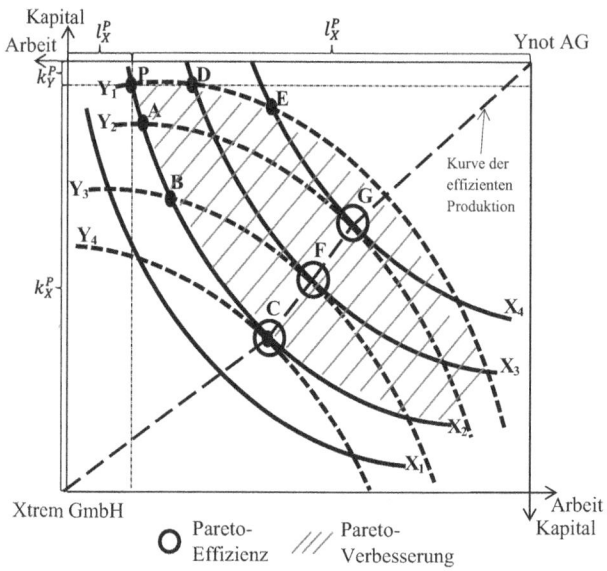

Abb. 3.23 Edgeworth-Box und Kurve der effizienten Produktion

Martkmechanismus funktioniert. Bei vollständiger Information und absoluter Rationalität[31] der handelnden Akteure wird sich automatisch eine effiziente Allokation einstellen.[32] Analog zur Haushaltstheorie können wir nun wieder alle Pareto-effizienten Allokationen hervorheben und durch eine Linie miteinander verbinden. Diese Linie bezeichnen wir als Kurve der effizienten Produktion. Die Kurve der effizienten Produktion bildet also alle Pareto-effizienten Allokationen ab.

Abschließend lassen sich alle Punkte der Kurve der effizienten Produktion zu einem Schaubild überführen, das uns eine Gegenüberstellung der möglichen Outputniveaus beider Güter – also X und Y – erlaubt. So ist beispielsweise der Beginn der Kurve des effizienten Tausches im Nullpunkt des Diagramms der Xtrem GmbH. Es existiert also ein Extrempunkt, bei dem die Xtrem GmbH nichts produziert, und die Ynot GmbH entsprechend maximal viel

---

[31] Absolute Rationalität bedeutet auch, dass Neid keine Rolle spielt. So wird die Xtrem GmbH einem Tausch von Punkt P zu A oder B neidlos zustimmen, zumal er indifferent zwischen den Punkten entlang seiner Isoquante ist. Gäbe es Neid, so würden nur Allokationen erreicht werden, die für beide besser sind. Diese Überlegung würde unseren Bereich der Pareto-Verbesserungen und damit den schraffierten Bereich in Abb. 3.23 erheblich einschränken. Denken wir diese Überlegung zu Ende, könnten sich beide Unternehmen neidvoll stur stellen, sodass wir im ineffizienten Punkt P verharren würden.

[32] Genau hier liegt der Grundstein unserer Argumentationskette. Wenn der Marktmechanismus funktioniert, wird sich eine effiziente Allokation einstellen. Wenn der Marktmechanismus nicht funktioniert, dann nicht. In diesem Zusammenhang werden wir im Folgenden und explizit nochmal in Kap. 6 von Marktversagen sprechen. Liegt Marktversagen vor, soll durch geeignete wirtschaftspolitische Maßnahmen (z. B. durch ein Gesetz) korrigierend eingegriffen werden.

produziert. Analog existiert dieser Punkt im Nullpunkt der Ynot AG (also oben rechts in der Edgeworth-Box). Hier produziert die Ynot AG nichts, während die Xtrem GmbH maximal viele Äpfel anbaut und produziert, d. h. soviel wie unter den gegebenen knappen Inputfaktoren möglich ist. Alle Punkte zwischen diesen beiden Extremen bedeuten von unten links ausgehend, dass die Ynot AG immer weniger Bananen produziert, während die Xtrem GmbH immer mehr Äpfel produziert. Angesichts knapper Produktionsfaktoren können nicht beide gleichzeitig mehr produzieren, wenn wir uns entlang der Kurve des effizienten Tausches bewegen. Überführen wir all diese Pareto-effizienten Allokationen in ein Diagramm, das die möglichen Outputniveaus beider Unternehmen miteinander vergleicht, gelangen wir zur sog. Transformationskurve (vgl. Abb. 3.24).

Auch hier finden wir letztlich alle Allokationspunkte aus unserer Abb. 3.23 wieder. So stellten wir in unserer Ausgangssituation P fest, dass etwas mehr von X im Vergleich zu Y produziert wurde, zumal der Punkt P auf der Isoquante X_2 und Y_1 lag und die Subskripte entsprechend unsere Rangordnung der Outputniveaus widerspiegelten. Da wir von relativ symmetrischen Produktionstechniken bei der Xtrem GmbH und der Ynot AG ausgegangen waren, ergibt sich ein relativ symmetrischer Verlauf der Transformationskurve.[33] Aus der Abb. 3.24 wird zudem nochmal deutlich, dass nicht die gesamte Transformationskurve zwangsläufig Pareto-effiziente Allokationen abbildet. Die Wahrheit ist vielmehr, dass nur im Verhältnis zu einer Ausgangssituation Pareto-Effizienz beurteilt werden kann und deshalb nur ein kleiner Bereich der Transformationskurve effiziente Allokationen im

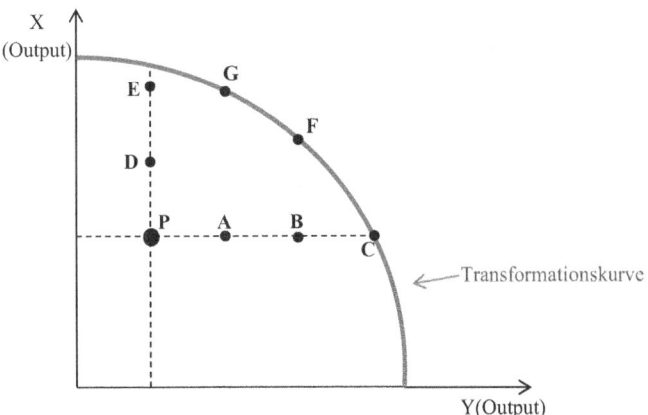

Abb. 3.24 Transformationskurve

---

[33] In unserem Beispiel 3.8 wollen wir uns deshalb nochmal der Situation zuwenden, in der die Unternehmen keine symmetrischen Produktionstechniken aufweisen. Hieraus ergibt sich nicht nur ein asymmetrischer Verlauf der Isoquanten im Unternehmensvergleich, sondern entsprechend andere Pareto-effiziente Allokationen und schließlich ein asymmetrischer Verlauf der Transformationskurve.

Vergleich zur Ausgangsallokation (P) widerspiegelt. Nur wenn wir als Ausgangssituation den Nullpunkt in Abb. 3.23 wählen, würden auch alle Punkte der Transformationskurve im Vergleich zu diesem Ausgangspunkt als Pareto-effizient bezeichnet werden können. In unserem Kontext schränkt der Punkt P also alle Pareto-effizienten Allokationen durch die gestrichelte Linie in Abb. 3.24 ein. Entsprechend beurteilen wir alle Punkte in Abb. 3.24 analog zur Abb. 3.23. Die Punkte A und B stellen Pareto-Verbesserung gegenüber P dar, da mehr von Y produziert werden kann, während das Outputniveau von X unverändert bleibt (auf der horizontal gestrichelten Linie). In den Punkten D und E kann die Produktion von X entsprechend ausgeweitet werden, ohne dass hierzu die Produktion von Y eingeschränkt wird (auf der vertikalen gestrichelten Linie). Können wir die Produktion des einen Guts nicht weiter ausweiten, ohne dass wir die Produktion des anderen Guts reduzieren müssten, liegt Pareto-Effizienz vor. Alle Punkte entlang der Transformationskurve, aber im eingeschränkten Bereich, stellen solche Pareto-effizienten Allokationen im Verhältnis zum Punkt P dar. So wird in C die Produktion von Y maximal ausgeweitet. In den Punkten F und G wird die Produktion beider Produktionsgüter im Verhältnis zu P maximal ausgeweitet. Wichtig zu verstehen ist dabei, dass wir die Punkte C, F und G gerne erreichen wollen. Welchen dieser Punkte wir dabei erreichen, ist uns als Social Planer egal, da Pareto keine Aussagen über Verteilungswirkungen machen kann.

Beispiel 3.8

Gegeben sei unsere Xtrem GmbH aus Beispiel 3.6 mit der idealtypischen Produktionsfunktion $X(l,k) = l \cdot k$. Daneben betrachten wir die Ybag GmbH & Co KG, die in reiner Handarbeit Rucksäcke für die Apfelernte herstellt. Die Produktionsfunktion der Ybag GmbH & Co KG sei aufgrund der Spezialisierung auf reine Handarbeit durch einen linearen (vertikalen) Verlauf gekennzeichnet. Für die Produktionsfunktion gilt: $Y(l,k) = l + 10$. Es seien insgesamt 10 Einheiten Arbeit und 10 Einheiten Kapital verfügbar. Analog zu Beispiel 3.6 können wir die Wertetabelle um die Firma Ybag GmbH & Co KG ergänzen. Zur besseren Veranschaulichung berechnen wir jeweils 6 Isoquanten für beide Firmen:

Isoquante	Faktorkombinationen Xtrem GmbH (idealtypischer Verlauf)	Isoquante	Faktorkombinationen Ybag HMbH & Co KG (linearer Verlauf)
X_1	(1;1), (2;0,5), (0,5; 2)	Y_{12}	(2;0), (2;5), (2;10)
X_5	(1;5), (5;1), (2,5;2)	Y_{13}	(3;0), (3;5), (3;10)
X_{10}	(1;10), (10;1), (5;2)	Y_{14}	(4;0), (4;5), (4;10)
X_{20}	(2;10), (10;2), (4;5)	Y_{16}	(6;0), (6;5), (6;10)
X_{30}	(3;10), (10;3), (5;6)	Y_{18}	(8;0), (8;5), (8;10)
X_{40}	(4;10), (4;10), (8;5)	Y_{19}	(9;0), (9;5), (9;10)

Allein auf der Basis der Wertetabelle stellen wir bereits fest, dass die Unternehmen sehr unterschiedliche (asymmetrische) Outputniveaus erreichen können. Um genau festzustellen, auf welche Ressourcenallokationen sich die Unternehmen im Optimum einigen würden, tragen wir die Isoquanten beider in die Edgeworth-Box ein.

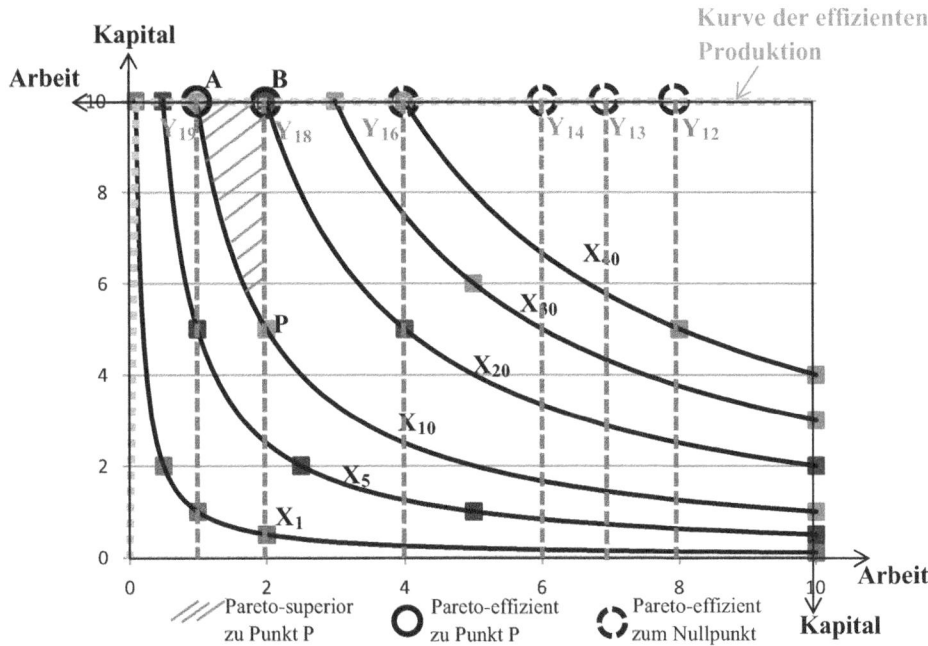

Ist der Ausgangspunkt zum Beispiel der Punkt P, so wird deutlich, dass alle Faktorkombinationen im schraffierten Bereich Pareto-Verbesserungen darstellen. Erst an den Kapitalnullpunkten werden beide Firmen damit aufhören zu tauschen. So wird deutlich, dass sich entweder die Xtrem GmbH von der Isoquante X_{10} auf X_{20} verbessern kann, oder die Ybag GmbH & Co KG von Y_{18} auf Y_{19} (bei jeweils gleichbleibendem Output des anderen). In den Optima wird die Ybag GmbH & Co KG allerdings nie Kapital einsetzen, was letztlich daran liegt, dass die Rucksäcke in reiner Handarbeit gefertigt werden und jede eingesetzte Einheit Kapital das Output nicht erhöht. Verbinden wir alle Pareto-effizienten Punkte, gelangen wir zur Kurve der effizienten Produktion. Durch die Überführung in ein Output/Output Diagramm werden die asymmetrischen Produktionsbedingungen deutlich.

Es wird ersichtlich, dass bei jeweils 10 verfügbaren Einheiten von Arbeit und Kapital unsere Unternehmen unterschiedliche Outputniveaus erreichen können. So liegt das maximal erreichbare Outputniveau der Ybag GmbH & Co KG bei 20, da $Y(10,10) = 10 + 10 = 20$. Das maximal erreichbare Outputniveau der Xtrem GmbH liegt bei 100, zumal $Y(10,10) = 10 \cdot 10 = 100$. Tragen wir diese Extremwerte in ein Output/Output-Diagramm ein, werden diese als Schnittpunkte mit den Achsen deutlich. Der sehr steile Verlauf der resultierenden Transformationskurve ist dabei auf die asymmetrischen Produktionsbedingungen zurückzuführen. Tragen wir nun den Punkt P ein, so liegt dieser bei einem Outputniveau für X in Höhe von 10 ($X(2,5) = 2 \cdot 5 = 10$) und für Y in Höhe von 18 ($Y(8,5) = 8 + 10 = 18$). Im Vergleich zur Ausgangsallokation P wird nun auch automatisch der Bereich der Pareto-superioren und -effizienten Allokationen eingeschränkt.

So sind nicht alle Punkte auf der Transformationskurve Pareto-effizient im Vergleich zu Punkt P, sondern nur alle Punkte zwischen den Punkten A und B auf der Transformationskurve.

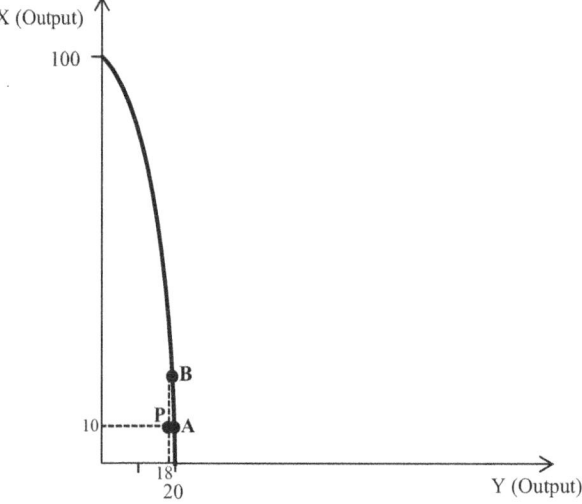

Nun wissen wir also, wie Unternehmen kosteneffizient produzieren. Allerdings war uns bisher auch relativ egal, welche Mengen wir von welchem Gut produzieren. Diese Mengen werden vom Markt bestimmt. Schließlich sollen die Güter X und Y, die unsere Unternehmen produzieren, von den Haushalten, also Anton und Berta, konsumiert werden. Vor diesem Hintergrund werden letztlich die Konsumentenpräferenzen die Marktnachfrage und das Marktangebot bestimmen. Deshalb wenden wir uns im Folgenden dem Großen und Ganzen zu. Wie kommt es also zur Markttransaktion? Wann ist der Markt effizient? Was passiert, wenn der Markt nicht effizient ist?

3.3   Marktgleichgewichtstheorie

Zur Beurteilung, ob ein Markt effizient funktioniert, müssen wir also beide Marktseiten zusammenbringen. Das Marktgleichgewicht ergibt sich schließlich aus dem Zusammenspiel zwischen Angebots- und Nachfragefunktion. Bevor wir uns also den Marktmechanismus genauer anschauen können, müssen wir uns noch mit diesen beiden grundlegenden Konzepten beschäftigen. Wir werden sehen, dass wir dabei von dem bereits Erlernten Gebrauch machen können. So hat die Nachfragefunktion letztlich ihren Ursprung in den Überlegungen zur Haushaltstheorie. Die Angebotsfunktion hat ihren Ursprung entsprechend in den Überlegungen zur Produktionstheorie. Nachdem wir Angebot- und Nachfragefunktion hergeleitet haben, wollen wir uns den Markt anschauen. Woher kommt die unsichtbare Hand, von der bereits Adam Smith sprach? Unter welchen Bedingungen führt diese unsichtbare Hand unseren Markt zur effizienten Allokation?

3.3.1 Die Nachfragefunktion

Die Nachfragefunktion beschreibt im Allgemeinen, wie sich die Nachfrage nach einem Gut infolge einer Preisänderung dieses Guts verändert. Wie wir bereits gesehen haben, hängt die Nachfrage nach einem Gut von verschiedenen Dingen ab. Erstens muss sich unser Anton das Gut leisten können. In diesem Zusammenhang haben wir die Budgetgerade kennengelernt. Anton konsumiert dabei in Abhängigkeit seines Einkommens und der Güterpreise. Zweitens waren Antons Präferenzen entscheidend. Mag Anton per se keine Bananen, wird er auch keine Bananen konsumieren. Hintergrund war die Annahme der Monotonie, nach der mehr immer besser als weniger ist. Würde er auch nur einen Euro in den Konsum von Bananen investieren, würde dieser Euro fehlen, um mehr Äpfel zu konsumieren. Führt der Konsum von Bananen zu keinem Nutzenzuwachs (höhere Indifferenzkurve), ist deren Konsum ineffizient. Schließlich kann jeder Euro, den Anton für Bananen ausgibt, nicht für Äpfel ausgegeben werden. Anton würde in diesem besonderen Fall sein gesamtes Einkommen in den Apfelkonsum investieren und keine Bananen nachfragen.[34]

Interessieren wir uns für Antons (individuelle) Nachfragefunktion, fragen wir uns, wie Anton die Nachfrage nach einem Gut infolge einer Preisveränderung dieses Guts anpasst. Wir erinnern uns, dass es infolge einer Preisänderung zu einer Drehung der Budgetgeraden kommt. Steigt beispielsweise der Preis für Äpfel von 1 Euro auf 2 Euro, dreht sich die Budgetgerade nach innen. Die Preiserhöhung führt schließlich dazu, dass sich Anton weniger Äpfel leisten kann. Dies wird deutlich durch die Verringerung der Fläche unterhalb der Budgetgeraden, die wir als Bereich der erreichbaren Güter bezeichnet haben. Sinkt der Preis umgekehrt von 1 Euro auf 0,5 Euro, kann sich Anton doppelt so viele Äpfel leisten wie zuvor. Die Budgetgerade dreht sich nach außen. Der Bereich der erreichbaren Güter wird größer. Ob und wie stark Anton nun auf diese Preisänderung reagiert, hängt von seinen Präferenzen und damit vom Verlauf seiner Indifferenzkurven ab. Schließlich wählt Anton bei jeder Veränderung der Marktbedingungen (Einkommensveränderung und Preisveränderung) den nutzenmaximierenden Warenkorb (x^*, y^*), der sich als Tangentialpunkt zwischen Budgetgerade und Indifferenzkurve ergibt. Nur so erreicht Anton die höchstmögliche Indifferenzkurve unter Berücksichtigung seines Budgets und damit den maximalen Nutzen aus dem Konsum der Güter X und Y. Die Nachfrage nach Äpfeln steigt oder sinkt also infolge einer Senkung oder Erhöhung des Preises für Äpfel. Genau diesen Sachverhalt haben wir schon kennengelernt, als wir von der Preis-Konsumkurve gesprochen haben. Die Preis-Konsumkurve beschreibt dabei alle nutzenmaximierenden Warenkörbe infolge einer Veränderung des Preises eines Guts. Mit anderen Worten: Die Nachfragefunktion findet ihren Ursprung in der Preis-Konsumkurve.

Die gewählten Warenkörbe entlang der Preis-Konsumkurve werden dabei in ein Preis/Mengen-Diagramm abgetragen, sodass die Nachfragefunktion grundsätzlich nur den Konsum eines Guts (bei gleichbleibendem Preis des anderen Guts) betrachtet. Die

---

[34] Diesen besonderen Fall haben wir als vertikal verlaufende Indifferenzkurven kennengelernt. Siehe hierzu Beispiele 3.2 sowie 3.3.

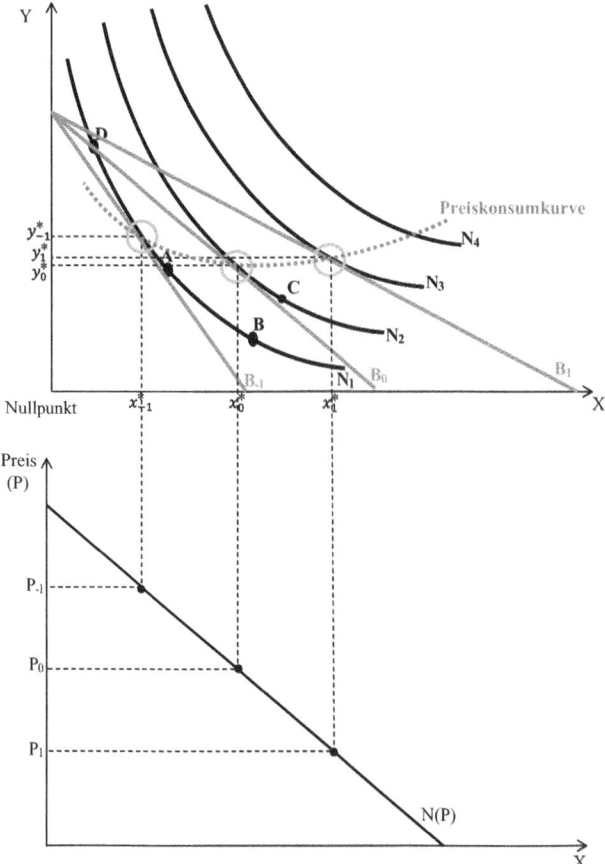

Abb. 3.25 Preis-Konsumkurve und Nachfragefunktion

Nachfragefunktion ist also immer eine Funktion für einen bestimmten Markt bzw. in Bezug zu einem bestimmten Gut. Bei unserem Anton handelt es sich also um den Markt für Äpfel. Abb. 3.25 fasst den Zusammenhang zwischen Preis-Konsumkurve und Nachfragefunktion zusammen.

Es wird deutlich, dass die Nachfragefunktion typischerweise einen fallenden Verlauf, also eine Steigung kleiner (oder gleich) null, aufweist.[35] Der Neigungswinkel der Nachfragefunktion, bzw. die Größe der Steigung, ist dabei gleichzeitig Ausdruck der sog. Preiselastizität der Nachfrage. Das heißt, wie stark der Konsument seine Nachfrage nach dem Gut reduziert, wenn der Preis steigt. Je größer die Steigung und je steiler die Nachfragefunktion

---

[35] Selbstverständlich gibt es auch hier Sonderfälle oder Ausnahmen von der Regel. So kann es bei sog. superioren Gütern auch zum gegenteiligen Effekt kommen. Die sog. Engelkurve zeigt dabei diesen Zusammenhang, der seinen Ursprung in der Einkommens-Konsum-Kurve findet. Schließlich verändert sich mit steigendem Einkommen letztlich auch die Güterzusammensetzung (in Richtung Luxusgüter) unseres Konsumenten.

verläuft, desto unelastischer ist die Nachfragefunktion. Im extremen Fall einer vertikal verlaufenden Nachfragefunktion (d. h. Steigung gleich unendlich) reagiert der Konsument gar nicht durch Mengenanpassung auf Preisänderungen. Ein klassisches Beispiel für solche Güter mit besonders unelastischer Nachfrage sind Kraftstoffe oder die Kosten für die Bahnfahrt bzw. das Pendeln im Allgemeinen, da die Konsumenten hierauf angewiesen sind, um ihrer beruflichen Tätigkeit nachzukommen. Das Gegenteil einer unelastischen Nachfragefunktion ist eine elastische Nachfrage. Klassisches Beispiel sind etwa Luxusgüter. Der Bezug zur Preis-Konsumkurve verdeutlicht aber nochmal den Zusammenhang zwischen Nutzen und Preisempfinden. Die Zahlungsbereitschaft, die mit der Nachfragefunktion letztlich abgebildet wird, findet also ihren Ursprung im Nutzenmaximierungskalkül – und damit in dem Zusammenspiel aus Budgetgeraden und Indifferenzkurve – unseres Konsumenten.

Beispiel 3.9

Gegeben sei eine idealtypische Indifferenzkurvenschar (N_1 bis N_3) für den Konsum von Äpfeln und Bananen unseres Antons. Anton hat ein Einkommen in Höhe von 20 Euro, das er für den Konsum von Äpfeln und Bananen aufwenden kann. Ein Apfel kostet 1 Euro. Eine Banane kostet 2 Euro. Als Schnittpunkte mit den Achsen erhalten wir für unsere Budgetgerade (B_0) folglich 20 Äpfel und 10 Bananen. Steigt der Preis für einen Apfel nun auf 2 Euro, so kann sich Anton nicht mehr 20, sondern nur noch maximal 10 Äpfel leisten. Die Budgetgerade dreht sich nach innen auf B_{-1}. Sinkt der Preis für einen Apfel auf 0,5 Euro, kann sich Anton nicht mehr 20, sondern maximal 40 Äpfel leisten. Die Budgetgerade dreht sich nach außen auf B_1. Anton passt seine Nachfrage nach Äpfeln entsprechend an, und wählt die Mengen (erreicht Nutzenniveaus in Höhe von) 4 (N_1), 12 (N_2) und 20 (N_3). Tragen wir die Preis-/Mengenkombinationen zur Nachfrage nach Äpfeln in ein Preis/Mengen-Diagramm ab, erhalten wir die (individuelle) Nachfragefunktion von Anton.

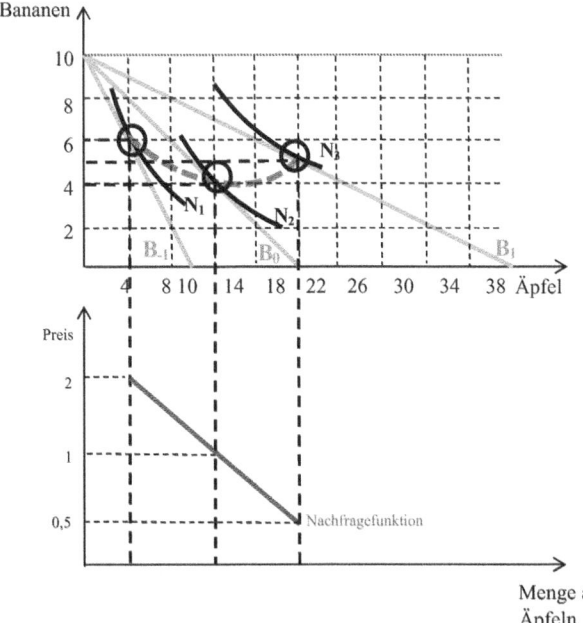

Offensichtlich ist der typisch fallende Verlauf. Das heißt Anton reduziert seine Nachfrage nach Äpfeln, wenn der Preis steigt und umgekehrt. Die Nachfragefunktion bildet dabei alle Preis -/Mengenkombinationen für Antons Apfelkonsum ab.

Wir wissen also nun wie wir die Nachfrageseite des Marktes betrachten können. Die Nachfragefunktion zeigt für alle Preisniveaus, ob und wie viele Güter gekauft werden. Allerdings war bisher nur von der individuellen Nachfragefunktion die Rede. Unsere Betrachtung bezog sich schließlich nur auf Anton. Um den gesamten Markt betrachten zu können, brauchen wir allerdings nicht die individuelle Nachfragefunktion, sondern Informationen über die Gesamtmarktnachfrage. Mit anderen Worten: Neben Anton müssen wir auch Berta berücksichtigen. Die Gesamtmarktnachfragefunktion oder aggregierte Nachfragefunktion ergibt sich dabei aus der Summe der individuellen Nachfragefunktionen.[36] Im Zwei-Personen-Fall addieren wir also zur Nachfragefunktion von Anton die Nachfragefunktion von Berta. Fragt also Anton zum Preis von 2 Euro pro Apfel insgesamt 4 Äpfel nach und Berta 2, ergibt sich eine Gesamtnachfrage in Höhe von 6 Äpfeln zu einem Preis von 2 Euro pro Apfel. Die Gesamtmarktnachfragefunktion ermöglicht uns diesen Zusammenhang zwischen Preis und Gesamtnachfrage für alle Preisniveaus zu zeigen. Das heißt unser Preis ist der Indikator zur Aggregation der individuellen Nachfragefunktionen.[37] Man spricht dabei von einer horizontalen Aggregation der individuellen Nachfragefunktionen, da man für jedes Preisniveau die individuellen Nachfragefunktionen horizontal aggregiert. Die Nachfragefunktion (individuell und aggregiert) beginnt dabei grundsätzlich beim Schnittpunkt mit der y-Achse. Es gibt also einen Preis, zu dem niemand bereit ist das Gut nachzufragen. Die nachgefragte Menge an dieser Stelle ist also null, d. h. $P(x = 0)$. Diesen Preis nennt man Reservationspreis. Der Reservationspreis ist also der maximale Preis, den ein Konsument bereit ist für ein Gut zu zahlen. Für Preise kleiner gleich dem Reservationspreis gibt es also eine Nachfrage, die üblicherweise mit sinkendem Preis immer weiter steigt. Vor diesem Hintergrund beginnen wir mit der Aggregation der individuellen Nachfragefunktion beim höchsten Reservationspreis, also dem Preis, zu dem der erste Konsument bereit ist das Gut nachzufragen. Für jeden Preis unterhalb dieses Reservationspreis ist die nachgefragte Menge größer als null. Wollen wir nun die (unterschiedlichen) Nachfragefunktionen von Anton und Berta horizontal aggregieren bedeutet diese Vorgehensweise, dass unsere Gesamtmarktnachfragefunktion

---

[36] Aggregieren heißt aufsummieren. Man bildet also die Summe der individuellen Nachfragemengen, um die Gesamtnachfragemenge zu berechnen.

[37] Das ist eine wichtige Erkenntnis. Den Preis im Sinne der tatsächlichen Zahlungsbereitschaft kennen wir üblicherweise nicht bei öffentlichen Gütern, da hier aufgrund der Nicht-Auschließbarkeit ein Anreiz zum Trittbrettfahren besteht. Mit anderen Worten: Hier haben die Individuen einen Anreiz eine geringere Zahlungsbereitschaft vorzutäuschen, weil sie sowieso nicht von der Nutzung des öffentlichen Guts ausgeschlossen werden können. Hier funktioniert dann auch keine horizontale Aggregation. Wir werden hierauf kurz in Kap. 6 zurückkommen.

Abb. 3.26 Horizontale Aggregation und Gesamtmarktnachfrage

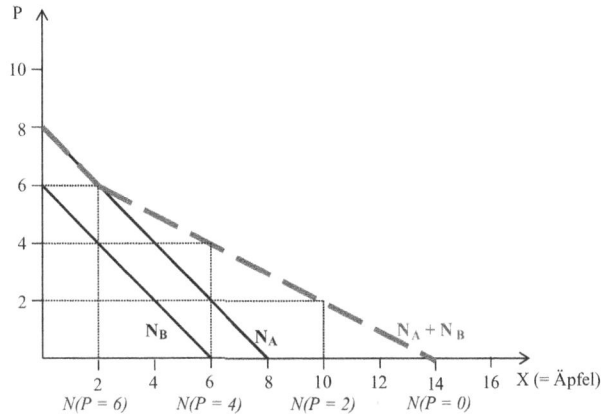

bei dem Konsumenten mit dem höchsten Reservationspreis beginnt. Bis zum Reservationspreis des anderen Konsumenten fragt also folglich nur der Konsument mit dem höchsten Reservationspreis (und folglich mit der höchsten Zahlungsbereitschaft) nach. Abb. 3.26 verdeutlicht, dass für jeden Preis zwischen dem Reservationspreis von Anton und Berta, die Gesamtmarktnachfragefunktion nur von der Nachfrage Antons bestimmt wird. Offensichtlich fragt Berta keine Äpfel nach, wenn der Preis größer ist als 6 Euro. Zwischen 6 und 8 Euro besteht die Gesamtmarktnachfrage also ausschließlich aus der Menge, die Anton konsumiert. Erst ab dem Reservationspreis von Berta ($P \leq 6$ Euro), ergibt sich die Gesamtmarktnachfrage aus der Summe beider individuellen Nachfragemengen. Da die individuellen Nachfragefunktionen linear verlaufen (also Geraden sind), wird auch die Gesamtmarktnachfragefunktion für $P \leq 6$ linear verlaufen. Schließlich bilden wir jeweils die Summe aus den nachgefragten Mengen zu jedem Preisniveau. Wir aggregieren horizontal, sodass $N_A + N_B$ = Gesamtnachfrage. Der Vorteil des linearen Verlaufs der Gesamtmarktnachfragefunktion ist, dass wir nur noch einen weiteren Punkt im Diagramm benötigen. Üblicherweise berechnen wir hierzu den Schnittpunkt mit der x-Achse, d. h. wieviel Äpfel Anton und Berta insgesamt konsumieren, wenn der Preis null wäre. Da Anton zu einem Preis von null acht Äpfel konsumiert und Berta sechs, konsumieren die beiden insgesamt $6 + 8 = 14$ Äpfel. Ab einem Preis unterhalb von 6 Euro entspricht die Gesamtnachfragefunktion also nicht mehr nur der individuellen Nachfrage Antons, sondern der Summe aus Antons und Bertas Nachfrage (vgl. Abb. 3.26).

Die Abbildung verdeutlicht auch nochmal die Logik der horizontalen Aggregation. Für jedes Preisniveau (P) ergibt sich die Gesamtnachfrage aus der Summe der entsprechenden individuellen Nachfragemengen auf dem jeweiligen (horizontalen) Niveau. So entspricht die Summe der nachgefragten Äpfel bei einem Preis von $P = 6$ ausschließlich der nachgefragten Menge von Anton (Berta fragt die erste Einheit erst ab einem Preis unterhalb ihres Reservationspreises nach). Bei einem Preis von $P = 4$ entspricht die nachgefragte Menge 6, da $N_A(P = 4) = 4$ plus $N_B(P = 4) = 2$ gleich 6 ist. Bei einem Preis $P = 2$ ergibt sich die Gesamtmarktnachfrage analog durch $N_A + N_B = 6 + 4 = 10$. Bei einem Preis $P = 0$ schließlich als $N_A + N_B = 8 + 6 = 14$.

3.3.2 Die Angebotsfunktion

Die Angebotsfunktion ist schließlich das Gegenstück zur Nachfragefunktion. Hier betrachten wir nicht die Nachfrager-, sondern entsprechend die Anbieterseite. Um zu verstehen wann, zu welchem Preis und wie viele Güter ein Unternehmen bereit ist zu produzieren (und auf dem Markt anzubieten), ist ein breites Verständnis über den Produktionsprozess sowie die Kostenstruktur des Unternehmens notwendig. Schließlich wird das Unternehmen nur dann bereit sein, überhaupt unternehmerisch tätig zu werden (und damit Güter auf dem Markt anzubieten), wenn hieraus kein Verlustgeschäft hervorgeht. Das Zusammenspiel von Produktion(sfunktion) und Kostenstruktur haben wir bereits in der Produktionstheorie kennengelernt. Hier sprachen wir von der sog. kosteneffizienten Produktion. Kosteneffizienz ist dadurch charakterisiert, dass das Unternehmen die im Produktionsprozess verwendeten Produktionsfaktoren (Arbeit und Kapital) so einsetzt, dass ein gegebenes Produktionsvolumen zu minimalen Kosten bzw. zu einem gegebenen Kostenvolumen (Finanzierungbudget) ein maximales Produktionsvolumen entsteht. Die Kostenstruktur hatten wir hierzu mithilfe der sog. Isokostengerade beschrieben, die das Preisverhältnis der Produktionsfaktoren Arbeit und Kapital widerspiegelt. Das Produktionsvolumen wird hingegen durch die sog. Isoquante determiniert. Hier gibt die Steigung der Isoquante gerade das Austauschverhältnis der Produktionsfaktoren an, unter dem das Outputniveau konstant bleibt. Bewegen wir uns entlang einer Isoquante, so sind wir in der Lage dasselbe Produktionsvolumen zu erzeugen. Wie verändern sich aber nun die Kosten im Verhältnis zum Produktionsvolumen?

Je nachdem, wie viel wir produzieren, verändern sich die Kosten des Unternehmens. Produzieren wir beispielsweise ein Produkt auf einer Maschine, so ist unter anderem für die Produktionskosten entscheidend, wie viele Produkte auf der Maschine gefertigt werden (können). Schließlich geht eine Maschine in der Regel mit Anschaffungskosten (i. S. v. Fixkosten) einher, deren Betrag sich auf die einzelnen Produkte zu entsprechenden Stückkosten verteilen lässt. Kostet eine Fertigungsmaschine z. B. 1000 Euro, so verteilen sich diese Kosten entsprechend auf die einzelnen Produkte. Bei einer Produktion von 1000 Stück ergeben sich damit Stückkosten von 1 Euro pro Produkt. Bei einer Produktion von 10000 Stück entsprechend 0,1 Euro pro Stück. Vor diesem Hintergrund ist auch das Verhältnis von Input und Output entscheidend für eine kosteneffiziente Produktion.

Aus der Einführungsveranstaltung „Mathematik für Wirtschaftswissenschaftler" kennt der ein oder andere noch den Begriff der „Homogenität von Funktionen". Homogenität bedeutet, dass bei proportionaler Änderung aller Variablen um den Faktor r sich der Funktionswert ($f(x) = y$) um den Faktor r^n ändert. Betrachten wir hierzu die Cobb-Douglas Produktionsfunktion

$$X(l,k) = l^\alpha \cdot k^\beta,$$

so betrachten wir zur Bestimmung der Homogenität dieser Funktion den r-fachen Input, sodass

$$X(rl,rk) = (rl)^{\alpha} \cdot (rk)^{\beta} = r^{\alpha} l^{\beta} \cdot r^{\alpha} k^{\beta} = r^{\alpha+\beta} \cdot X(l,k).$$

Es wird deutlich, dass eine proportionale Änderung der Produktionsfunktion um den Faktor r zu einer Veränderung der Produktion um den Faktor $r^{\alpha+\beta}$ führt. Erinnern wir uns an die Cobb-Douglas-Produktionfunktion aus Abschn. 3.2, wird ersichtlich, dass aus α und $\beta = 1 - \alpha$ zwangsläufig für die Homogenität folgt, dass $r^{\alpha+\beta} = r^{\alpha+1-\alpha} = r^1$. In diesem Fall sagen wir, die Funktion ist homogen vom Grad n = 1. Im Falle der Produktionsfunktion sprechen wir dann von konstanten Skalenerträgen. Für *n > 1* stellen wir steigende Skalenerträge und für *n < 1* fallende Skalenerträge fest.

Wollen wir also wissen, wie sich das Produktionsvolumen infolge einer Verdopplung (d. h. $r = 2$) der Inputfaktoren verändert, müssen wir den Homogenitätsgrad der Produktionsfunktion betrachten. Man unterscheidet dabei zwischen konstanten, steigenden und fallenden Skalenerträgen. Von konstanten Skalenerträge sprechen wir, wenn eine Erhöhung der Produktionsfaktoren um den Faktor *n* mit einem Anstieg des Produktionsvolumens um denselben Faktor einhergeht. Ein kurzes Anschauungsbeispiel verdeutlicht unsere Überlegungen (vgl. Abb. 3.27). Angenommen wir können bei einem Input von jeweils 10 Einheiten Arbeit und Kapital insgesamt 100 Einheiten des Guts *X* herstellen. Dann sprechen wir von konstanten Skalenerträgen, wenn eine Erhöhung der Inputfaktoren um den Faktor (*n*) mit einer konstanten Erhöhung des Produktionsvolumen einhergeht. Erhöhen wir etwa den Input von 10 Einheiten Arbeit und Kapital um den Faktor 1,5 auf jeweils 15 Einheiten, können wir nicht 100, sondern 150 Einheiten produzieren (d. h. Anstieg des Inputs um den Faktor $n = 1,5$). Verdoppeln wir den Input von 10 auf 20 Einheiten (also um den Faktor 2), so verdoppelt sich entsprechend das Produktionsvolumen von 100 auf 200 Einheiten des Produktionsguts *X* (vgl. Abb. 3.27 (b)).

Analog sprechen wir von steigenden (fallenden) Skalenerträgen, wenn eine Erhöhung des Inputs um den Faktor *n* mit einer überproportionalen (unterproportionalen) Erhöhung des Outputs verbunden ist. So zeigt Abb. 3.27 (a), dass für eine Verdopplung des Outputs weniger als das doppelte Input notwendig ist. Graphisch wird dies dadurch deutlich, dass die Abstände zwischen den Isoquanten, die das *n*-fache Produktionsvolumen widerspiegeln, immer kleiner werden. Wollen wir in einem solchen Fall also das Output von 100 auf 200 Einheiten erhöhen, so sind nicht doppelt so viele Einheiten von Arbeit und Kapital notwendig, sondern weniger als das Doppelte. Umgekehrt führt eine Verdopplung der Inputfaktoren zu einer Erhöhung des Produktionsvolumen um mehr als das Doppelte. Hier wird gerade der Zusammenhang zum Homogenitätsgrad der Produktionsfunktion deutlich, d. h. *n > 1*. Fallende Skalenerträge zeigen den gegensätzlichen Fall, dass die Abstände zwischen den Isoquanten immer größer werden. Hier müssen wir die Produktionsfaktoren

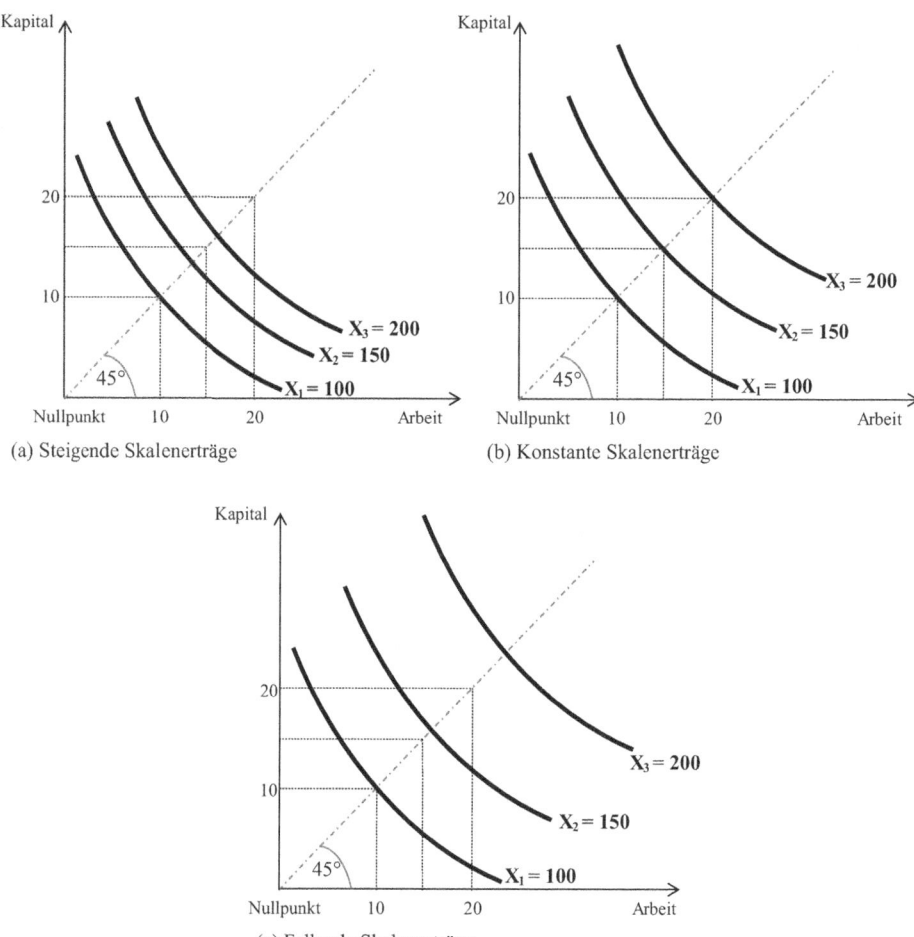

Abb. 3.27 Skalenerträge und Produktionsvolumen

Arbeit und Kapital also um mehr als das n-fache erhöhen, um das Produktionsvolumen um den Faktor n auszuweiten bzw. eine Ausweitung des Inputs um den Faktor n führt zu einer Ausweitung der Produktionsmenge um weniger als den Faktor n ($n < 1$). Abb. 3.27 (c) verdeutlicht, dass eine Verdopplung der Produktionsfaktoren Arbeit und Kapital von 10 auf 20 Einheiten zu weniger als dem doppelten Input führt.

Ob wir nun von konstanten, steigenden oder fallenden Skalenerträgen im Produktionsverlauf ausgehen, beeinflusst auch unmittelbar, wie sich die Kosten der Produktion mit zunehmender Produktionsmenge verändern und damit zu welchen Preisen das Unternehmen bereit sein wird bestimmte Mengen des Guts anzubieten. Wie das Unternehmen den kosteneffizienten Faktorinput bei sich ändernder Produktionsmenge anpasst, haben wir bereits in Abschn. 3.2.4 gesehen. Dieser Sachverhalt wird durch den sog.

Kostenexpansionspfad beschrieben.[38] Wie flexibel das Unternehmen allerdings auf sich ändernde Marktbedingungen reagieren kann, hängt unmittelbar vom Zeithorizont ab. Vor diesem Hintergrund ist hinsichtlich der Kostenstruktur und dem damit bedingten Angebot des Unternehmens zwischen der kurzfristigen und langfristigen Sicht zu unterscheiden.[39] Abb. 3.28 zeigt vor diesem Hintergrund den Zusammenhang zwischen der Kostenstruktur des Unternehmens – dargestellt durch kurzfristige und langfristige Grenz-, Durchschnitts- und variable Kosten – und dem Unternehmensgewinn.[40]

Der obere Teil der Abbildung verdeutlicht noch einmal das Gewinnmaximierungskalkül unseres Unternehmers. Der Unternehmensgewinn ergibt sich dabei aus Umsatz bzw. Erlös abzüglich der Kosten. Auf der einen Seite betrachten wir also die Erlösfunktion. Da das Unternehmen pro abgesetzte Einheit des Guts X einen Preis P erzielt, setzt sich der Erlös aus Preis mal Absatzmenge zusammen. Wie wir aus dem vorherigen Abschnitt wissen, steigt die nachgefragte Menge mit abnehmendem Preis und umgekehrt. Dieser Sachverhalt wird durch die Preis-Absatzfunktion widergespiegelt, sodass sich der Erlös des Unternehmens ergibt aus $E(x) = P(x) \cdot x$. Auf der anderen Seite zeigt der obere Teil der Abb. 3.28 einen idealtypischen Kostenverlauf. Die Kostenfunktion weist dabei typischerweise einen positiven y-Achsenabschnitt auf, der Ausdruck der Fixkosten des Unternehmens ist. Mit zunehmender Menge steigen die Produktionskosten zunächst und sinken anschließend, bis sie für $x > x^*$ wieder zunehmen. Um den Verlauf der Kostenfunktion $K(x)$ besser zu verstehen, gibt der untere Teil der Abb. 3.28 einen Einblick in die (idealtypische) Kostenstruktur eines Unternehmens. Hier unterscheiden wir nun zwischen der kurzfristigen und langfristigen Kostenstruktur. Darüber hinaus können wir bei der Kostenstruktur zwischen Grenz- und Durchschnittskosten sowie variable Kosten differenzieren. Als Grenzkosten (GK) bezeichnen wir die Kosten einer zusätzlichen Produktionseinheit, d. h. wie sich die Kosten verändern, wenn die Produktion um eine Einheit ausgeweitet wird. Formal können wir auch dK/dx schreiben. Die formale Betrachtung verdeutlicht, dass die Grenzkosten letztlich der Steigung unserer Kostenfunktion ($K(x)$) entspricht.[41] Hiervon zu unterscheiden

---

[38] Siehe hierzu insbesondere Abb. 3.20.

[39] Zumindest langfristig kann das Unternehmen alle Produktionsfaktoren optimal an die zu produzierende Menge anpassen, sodass es keine Fixkosten mehr gibt. Darüber hinaus werden sich langfristig technologische Unterschiede reduzieren, da jedes Unternehmen versuchen wird die günstigste Produktionstechnologie zu adaptieren.

[40] In der Abbildung ist zu berücksichtigen, dass die Ordinaten beider Diagramme notwendigerweise eine unterschiedliche Skalierung aufweisen.

[41] Dieser Sachverhalt ist eine wichtige Erkenntnis, zumal im Gewinnmaximum des Unternehmens gilt: Grenzerlöse gleich Grenzkosten. Wir werden hierauf im nächsten Abschnitt zurückkommen, wenn wir Angebots- und Nachfragefunktion zusammenführen, schließlich spiegelt die Angebotsfunktion die Grenzkosten und die Nachfragefunktion die Grenzerlöse wider. Die formale Betrachtung zur Ableitung der Kostenfunktion, einschließlich dem Gewinnmaximierungskalkül des Unternehmens, betrachten wir auch nochmal im Anhang auf der Grundlage einer idealtypischen Cobb-Douglas-Produktionsfunktion.

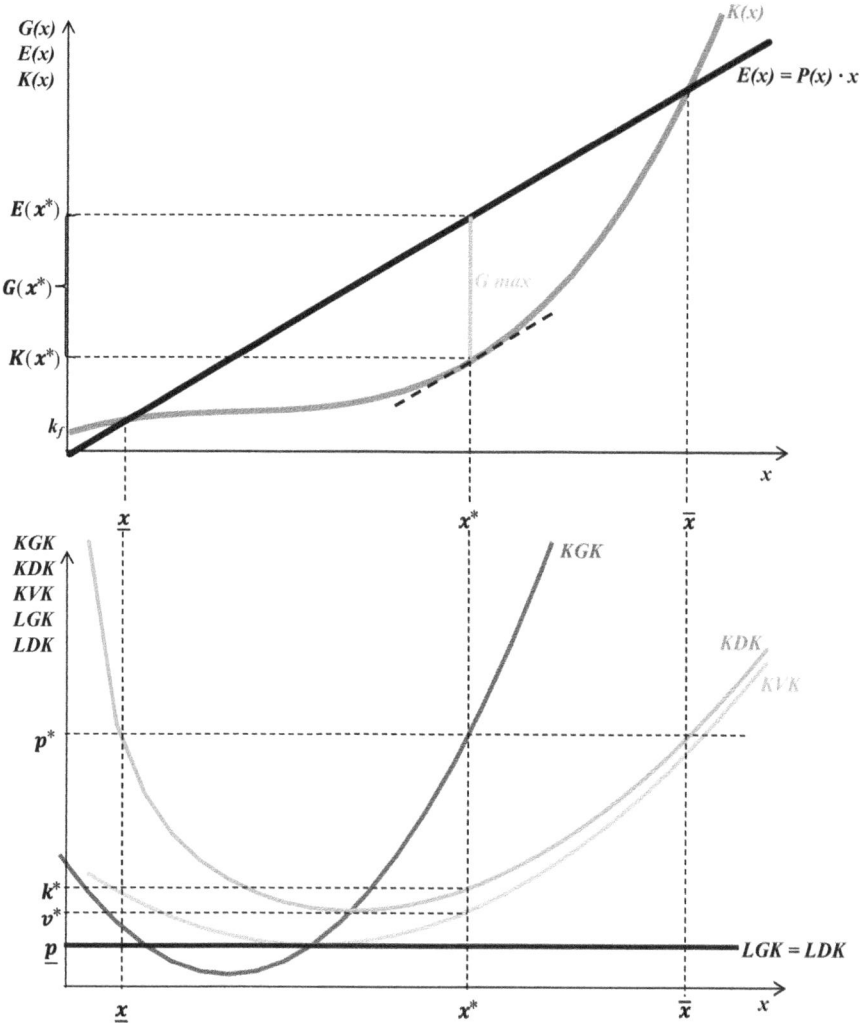

Abb. 3.28 Kostenverlauf und Angebotsfunktion

sind die Durchschnittskosten (*DK*) sowie die variablen Kosten (*VK*). Die Durchschnittskosten spiegeln die durchschnittlichen Kosten bei einer gegebenen Produktionsmenge wider. Vor diesem Hintergrund teilen wir die Gesamtkosten ($K(x) = k_f + c \cdot x$) durch die
Produktionsmenge (*x*) um die Durchschnittskosten zu ermitteln. Die variablen Kosten
(Kosten *c* pro Einheit (*x*)) betrachten im Gegensatz hierzu ausschließlich den variablen Teil
der Gesamtkosten (*VK=c·x*) bei einer gegebenen Produktionsmenge, d. h. abzüglich der
Fixkosten (*k$_f$*). Hier dividieren wir also die Summe aller variablen Kosten (d. h. *c·x*) durch
die Produktionsmenge (*x*).

  Die genaue Betrachtung des Verlaufs dieser drei Kostenarten verdeutlicht nun verschiedene Zusammenhänge der Gewinn- und Kostenrechnung unseres Unternehmers. Alle drei

Kostenfunktionen (*KGK*, *KVK*, *KDK*) weisen dabei in der kurzfristigen Sicht einen u-förmigen Verlauf auf, d. h. mit zunehmender Produktionsmenge sinken die Grenz-, Durchschnitts- und variablen Kosten zunächst und nehmen anschließend wieder zu. In Bezug auf unsere Erkenntnisse der Skalenerträge zeigt dieser Sachverhalt, dass wir im ersten Abschnitt steigende Skalenerträge betrachten und anschließend sinkende Skalenerträge. Darüber hinaus wird aus Abb. 3.28 ersichtlich, dass die Grenzkostenfunktion (*KGK*) die Durchschnittskosten sowie die variablen Kosten in deren Tiefpunkt schneidet. Hintergrund dieses zentralen Zusammenhangs der Kostentheorie wird erst mit Blick auf den oberen Teil der Abbildung ersichtlich. Unser Unternehmer wird versuchen seinen Gewinn zu maximieren. In der Abb. 3.28 wird der Gewinn als Abstand zwischen der Erlös- und Kostenfunktion ersichtlich. Vor diesem Hintergrund muss das Unternehmen mindestens $\underline{x}$ Einheiten des Produktes absetzen um in die Gewinnzone zu gelangen. Bei einem Absatz von $x \geq \bar{x}$ verlässt das Unternehmen dann wieder die Gewinnzone. Hier steigt der Gewinn zwischen $\underline{x}$ und $\bar{x}$ also zunächst an, um dann wieder zu sinken. In der Abbildung zeigt sich dieser Zusammenhang dadurch, dass der Abstand zwischen der Erlös- und Kostenfunktion zunächst steigt und dann wieder sinkt. Um den Gewinn also zu maximieren suchen wir den maximalen Abstand zwischen Erlös- und Kostenfunktion, der sich mathematisch dadurch kennzeichnet, dass in der gewinnmaximalen Menge x^* die Erlösfunktion eine Tangente zur Kostenfunktion bildet und damit der Betrag der Steigung beider Funktionen im Punkt x^* identisch sind. Die Steigung können wir mathematisch mithilfe der ersten Ableitung abbilden, sodass in x^* folglich gilt:

$$\frac{dG}{dx} = 0 \leftrightarrow \frac{dE}{dx} - \frac{dK}{dx} = 0 \leftrightarrow \underbrace{\frac{dP(x)x}{dx}}_{GE} = GK. \tag{3.4}$$

Im Gewinnmaximum müssen also die Grenzerlöse gleich den Grenzkosten sein. Um sicher zu gehen, dass es sich um das Gewinnmaximum und nicht um das Gewinnminimum handelt, müssen wir zusätzlich die zweite Ableitung hinzuziehen (hinreichende Bedingung).[42] Schließlich muss der Gewinn für $x > x^*$ wieder sinken, um sicherzustellen, dass wir am Gipfel und nicht im Tal der Gewinnfunktion angelangt sind, sodass gelten muss

$$\frac{d^2G}{dx^2} < 0 \leftrightarrow -\frac{d^2K}{dx^2} < 0 \leftrightarrow \frac{d^2K}{dx^2} > 0. \tag{3.5}$$

Betrachten wir nun Gl. (3.4) und (3.5) gemeinsam, so wird ersichtlich, dass eine weitere Einheit des Guts nur dann produziert wird, wenn diese zusätzliche Einheit mit mehr Erlös als Kosten einhergeht. Die Bereitschaft des Unternehmers eine weitere Einheit des Guts anzubieten beschränkt sich also auf den steigenden Bereich der Grenzkostenfunktion. Diesen Überschussbetrag einer weiteren Einheit bezeichnen wir dabei als (Stück-)

---

[42] Für eine Wiederholung der Ableitungsregel siehe die didaktischen Felder in Abschn. 3.1 sowie 3.2.

Deckungsbeitrag i.S.d. Beitrags zur Deckung der Kosten. Die Bereitschaft des Unternehmers überhaupt das Gut anzubieten wird also davon abhängen, ob die Bereitstellung mit einem positiven Deckungsbeitrag einhergeht. Im sog. Betriebsminimum wird das Unternehmen zumindest die kurzfristigen variablen Kosten decken müssen, d. h. hier entsprechen die kurzfristigen Grenzkosten den kurzfristigen variablen Kosten. In Abb. 3.28 wird dieser Sachverhalt entsprechend durch den Schnittpunkt der *KGK*- mit der *KVK*-Funktion ersichtlich. In diesem Schnittpunkt (Betriebsminimum) beginnt damit auch die Angebotsfunktion, die vor dem Hintergrund unserer Erkenntnisse aus (3.4) und (3.5) der Grenzkostenfunktion (*KGK*) entspricht. Einen Gewinn erzielt unser Unternehmer indes erst, sobald der Marktpreis sämtliche Kosten, d. h. auch die Fixkosten, deckt. Dieses sog. Betriebsoptimum ergibt sich in Abb. 3.28 dabei als Schnittpunkt zwischen der *KGK*- mit der *KDK*-Funktion, sodass für jede weitere Einheit x ab dem Punkt der Gewinn des Unternehmens steigt.

Ein maximaler Gewinn resultiert schließlich in x^*, da für $x < x^*$ der Erlös jeder weiteren produzierten Einheit des Guts (Grenzerlös) größer ist als die Kosten dieser zusätzlichen Einheit (Grenzkosten). Für $x > x^*$ steigen die Kosten jeder weiteren Einheit hingegen schneller als deren Erlös, sodass jede weitere Einheit den Gewinn des Unternehmens schmälert. In x^* erzielt das Unternehmen damit den maximalen Gewinn, der im unteren Teil der Abb. 3.28 durch die Rechtecksfläche $(p^* - k^*) \cdot x^*$ ersichtlich wird. Die Größe des Gewinns wird gleichzeitig durch den Abstand (*G max*) zwischen Erlös- und Kostenfunktion im oberen Teil der Abb. 3.28 deutlich. In der kurzen Frist ist die Angebotsfunktion also durch den steigenden Teil der Grenzkostenfunktion ab dem Betriebsminimum bestimmt.

Langfristig kann das Unternehmen schließlich alle Produktionsfaktoren optimal an die zu produzierende Menge anpassen, sodass es keine Fixkosten mehr gibt. Zudem werden in der langen Frist technologische Unterschiede reduziert, da alle Unternehmen versuchen die günstigste Produktionsmöglichkeit zu kopieren. Ferner können die Unternehmen langfristig entscheiden, ob sie dem Markt zutreten (sofern der Marktpreis mindestens das Niveau des Betriebsminimums erreicht) oder aus dem Markt austreten (sofern der Marktpreis unter dem Niveau des Betriebsminimums liegt). In der langfristigen Perspektive stellen sich damit letztlich konstante Skalenerträge ein, wodurch die Grenzkostenfunktion mehr und mehr abflacht, bis diese einen horizontalen Verlauf aufweist. Da in der langen Frist zudem keine Fixkosten existieren, entsprechen die Grenzkosten den Durchschnittskosten (*LGK = LDK*) und zeigen sich in Abb. 3.28 durch eine horizontale Funktion, die letztlich verdeutlicht, dass jedes Unternehmen auf dem Markt bereit sein wird das Produkt anzubieten, solange der Marktpreis mindestens das Niveau des Betriebsminimums erreicht. Nun ist das Unternehmen üblicherweise nicht alleiniger Anbieter auf dem Markt, sondern einer von vielen Anbietern.[43] Vor diesem Hintergrund ergibt sich das

---

[43] Die Konsequenzen aus der Anzahl der Anbieter auf dem Markt wird im Folgenden eine zentrale Überlegung in unserer Betrachtung über die Funktionsweise des Marktes sein. Der Vergleich der beiden Extrempositionen (Polypol versus Monopol) wird uns dabei zunächst einmal verdeutlichen, dass nur ein Markt mit wirksamem Wettbewerb ein effizienter Markt ist. In Kap. 6 diskutieren wir die Konsequenzen aus diesem Marktversagensproblem der Marktmacht, sowie weitere Marktversagenbestände.

Marktangebot letztlich aus der Summe aller angebotenen Einheiten des jeweiligen Produkts.[44]

Da in der langfristigen Perspektive sämtliche Unternehmen im Markt die günstigste Produktionstechnologie adaptieren werden, nähern sich die Anbieter sukzessive auch in ihrer Kostenstruktur an. Vor diesem Hintergrund können wir davon ausgehen, dass in der langen Frist die Anbieter auf einem gegebenem Markt eine identische Grenzkosten- und damit Angebotsfunktion aufweisen. Diese Erkenntnis führt uns zu einer zentralen Folge für den Wettbewerb. Bei gleicher Kostenstruktur werden die Unternehmen sich gegenseitig in ihrem Preis unterbieten, um auf diese Weise sämtliche Nachfrager zu gewinnen. Bei identischen Grenzkosten führt dieser Preiswettbewerb schließlich zu Grenzkostenpreisen, ein Sachverhalt der auch schon aus der Gl. (3.4) ersichtlich wird. In der langen Frist (bei konstanten Grenzkosten) führt diese Überlegung schließlich dazu, dass die Unternehmen Nullgewinne machen. Während diese Erkenntnis auf den ersten Blick problematisch wirkt, werden wir im Folgenden sehen, dass der Wettbewerb zwischen den Unternehmen einen kontinuierlichen Prozess der Innovation und Imitation in Gang setzt, der letztlich zu einer steigenden (sozialen) Wohlfahrt führt.

3.3.3 Das klassische Gleichgewichtsmodell

Bringen wir nun beide Konzepte (Nachfrage- und Angebotsfunktion) und damit beide Marktseiten zusammen, lässt sich die Interaktion zwischen Konsumenten und Produzenten analysieren. Konkret heißt das, dass wir hiermit beurteilen können, ob und inwiefern der Marktemchanismus funktioniert. Hier werden wir nun die unsichtbare Hand kennenlernen, die Marktnachfrage und -angebot zusammenbringt.

In diesem Zusammenhang betrachten wir also zwei Funktionen: Auf der einen Seite, die Nachfragefunktion, die uns widerspiegelt, wie sich die nachgefragte Menge eines Guts in Abhängigkeit des Güterpreises verändert. Je steiler die Nachfragefunktion dabei verläuft, desto weniger reagieren die Konsumenten auf Preisänderungen und umgekehrt. Wichtig ist zu verstehen, dass die Gestalt der Nachfragefunktion letztlich Ausdruck der Zahlungsbereitschaft der Konsumenten ist. Schließlich findet die Nachfragefunktion ihren Ursprung in der präferenzabhängigen Mengenanpassung unserer Konsumenten. Je mehr Nutzen ein Konsument mit einem Gut verbindet, desto weniger wird er auch bereit sein, dieses zu substituieren. Ob der Konsument das Gut überhaupt nachfragen wird, ist abhängig von dessen Marktpreis. Liegt dieser oberhalb des Reservationspreises (dem Schnittpunkt mit der y-Achse), wird es zu keiner Markttransaktion kommen. Erst für einen Preis unterhalb des Reservationspreises zeigt die Nachfragefunktion eine positive Nachfragemenge und damit die Möglichkeit zur Markttransaktion. Auf der anderen Seite steht die

---

[44] Bei identischer Produktionstechnik und damit Kostenstruktur in der langen Frist, führt der Wettbewerb zwischen n Wettbewerbern dazu, dass letztlich jedes Unternehmen ein n-tel des Marktangebots bereitstellt.

Angebotsfunktion, die uns zeigt, zu welchen kostendeckenden Preisen die Unternehmen bereit sind, bestimmte Gütermengen anzubieten. Zur Vereinfachung werden wir im Folgenden dabei von konstanten Grenzkosten ausgehen, d. h. unsere Angebotsfunktion verläuft horizontal. Ihren Ursprung findet die Angebotsfunktion in der Grenzkostenfunktion des Unternehmens. Diese zeigt, wie sich die Produktionskosten mit jeder weiteren produzierten Einheit verändern. Sie stellt gleichzeitig die Preisuntergrenze dar. So wird kein Unternehmen (zumindest langfristig) bereit sein, das Gut zu einem Preis unterhalb der Grenzkosten anzubieten. Schließlich würde das Unternehmen sonst Verluste machen. Offensichtlich ist also der Marktpreis der entscheidende Indikator dafür, ob sich unsere Marktnachfrage und -angebotsseite über die Markttransaktion einigen können.

Wichtig ist, in diesem Zusammenhang zu verstehen, dass jede Markttransaktion mit zusätzlicher Wohlfahrt einhergeht. Die Wohlfahrt spiegelt den Mehrwert einer Transaktion für die Marktteilnehmer wider. Gäbe es keinen Mehrwert, würden die Marktseiten einer Transaktion bzw. einem Kaufvertrag niemals zustimmen.[45] In diesem Zusammenhang unterscheiden wir wieder zwischen der Marktnachfrage- und angebotsseite. Die Marktnachfrageseite generiert Wohlfahrt in Form der sog. Konsumentenrente (KR). Die Marktangebotsseite in Form der sog. Produzentenrente (PR).[46] Wie hoch die jeweilige Wohlfahrt ist, wird entscheidend durch den Marktpreis bestimmt. Schließlich können Anton und Berta jeden Euro, den sie für den Apfel weniger zahlen müssen, in den Konsum von Bananen investieren. Da mehr immer besser ist als weniger, werden Anton und Berta bei niedrigerem Preis ein höheres Nutzenniveau erreichen können. Genau dieses Nutzenniveau ist Ausdruck der Konsumentenwohlfahrt bzw. -rente (KR). Auf der anderen Seite führt jeder Euro, den das Unternehmen mehr bekommt, zu zusätzlichem Umsatz und damit potentiell zu einer höheren Produzentenrente.[47] Wie sich die Wohlfahrt also nun auf die Konsumenten verteilt, wird durch den Marktpreis bestimmt. Abb. 3.29 zeigt diese Überlegung für einen hypothetischen Marktpreis (p_0), wobei $GK < p_0 < \overline{p}$.

---

[45] Hier wird der Zusammenhang zum Recht unmittelbar deutlich. Jede Markttransaktion geht mit einem (Kauf-) Vertrag einher, in dem die Vertragsparteien die Vertragskonditionen festhalten, d. h. was für wieviel an wen übergeht. Wieso wir das Vertragsrecht überhaupt brauchen, werden wir uns nochmal in einem Anwendungsbeispiel zu Kap. 4 anschauen. Wichtig ist aber zu verstehen, dass die Willenserklärung beider Vertragsparteien ein Ausdruck des Mehrwerts/ der individuellen Wohlfahrt ist, die sie mit der Transaktion verbinden. Es wird also niemand schlechter gestellt. Ein Vertrag ist Ausdruck einer Pareto-Verbesserung, schließlich würde niemand einer Schlechterstellung freiwillig zustimmen.

[46] Wichtig zu verstehen ist, dass die Produzentenrente nicht (zwangsläufig) dem Gewinn des Unternehmens entspricht. Schließlich ergibt sich die Produzentenrente als Differenz zwischen Marktpreis und Grenzkosten pro Einheit. Der Gewinn ergibt sich indes aus Umsatz minus Kosten, sodass insbesondere die Fixkosten bei der Produzentenrente unberücksichtigt bleiben.

[47] Diese Aussage ist nur in gewissen Grenzen korrekt. Schließlich wird unser Anbieter nur solange den Preis erhöhen, bis die Grenzerlöse den Grenzkosten entsprechen. Schließlich ist unser Anbieter ein Gewinnmaximierer. Wir werden uns das Gewinnmaximierungskalkül unserer/s Anbieter/s nochmal anschauen, wenn wir uns mit dem Monopol beschäftigen, da hier der Anbieter den Preis frei wählen kann.

Abb. 3.29 Das klassische Marktgleichgewichtsmodell

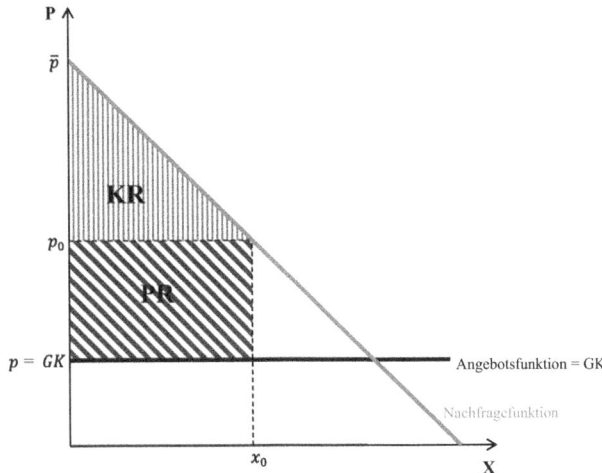

Es wird deutlich, dass zu unserem hypothetischen Preis (p_0) beide Marktseiten eine positive Wohlfahrt generieren würden. So werden zum Preis p_0 insgesamt x_0 Einheiten des Guts nachgefragt und angeboten. Zu diesem Preis generieren die Konsumenten also eine Konsumentenrente in Höhe des Dreiecks in Abb. 3.29. Hintergrund dieser Rente bzw. Wohlfahrt ist die Überlegung, dass es Konsumenten gibt, die bereit gewesen wären, das Gut für einen Preis oberhalb unseres Marktpreises zu kaufen. Im Extremfall wird deutlich, dass die erste Einheit des Guts zum Reservationspreis $\bar{p}$ nachgefragt wird. Mit anderen Worten: Es gibt einen Konsumenten, der das Gut so wertschätzt, dass er eine Zahlungsbereitschaft von $\bar{p}$ äußern würde. Der Anbieter fragt ihn allerdings nicht. Schließlich kann der Anbieter üblicherweise nicht zwischen den einzelnen Konsumenten differenzieren und mit jedem einen Preis entsprechend seiner individuellen Zahlungsbereitschaft aushandeln. Vielmehr muss sich unser Anbieter für einen Marktpreis entscheiden, zu dem alle Konsumenten das Gut erhalten. Das heißt, es gibt Konsumenten, die zwar bereit gewesen wären mehr zu zahlen, aber nur den Marktpreis entrichten müssen. Die Differenz aus der Zahlungsbereitschaft auf der einen Seite und dem Marktpreis auf der anderen, entspricht dabei gerade der Wohlfahrt des einzelnen Konsumenten. Schließlich kann er die ersparte Differenz für den Konsum anderer Güter verwenden und auf diese Weise ein höheres Nutzenniveau erreichen. Die Summe all dieser individuellen Renten der Konsumenten entspricht letztlich der gesamten Konsumentenrente. Auf der anderen Seite generieren unsere Produzenten eine Produzentenrente in Höhe des Rechtecks in Abb. 3.29. Hintergrund dieser Wohlfahrt für unsere Anbieter ist, dass der Marktpreis oberhalb der Grenzkosten liegt. Mit anderen Worten: Mit jeder verkauften Einheit generiert unser Anbieter eine Wohlfahrt in Höhe der Differenz zwischen Marktpreis und Grenzkosten. Die Summe aus dieser Differenz für jede einzelne Einheit entspricht schließlich der Produzentenrente. Wie können wir die Höhe der jeweiligen Renten nun quantifizieren?

Wir erinnern uns an unsere Schulzeit. Hier wurde die Berechnung von Flächen einfacherer Formen behandelt. So geht aus Abb. 3.29 offensichtlich hervor, dass die Höhe der Produzentenrente (PR) dem Flächeninhalt eines Rechtecks entspricht. Die Höhe der Konsumentenrente (KR) entspricht indes dem Flächeninhalt eines Dreiecks.[48]

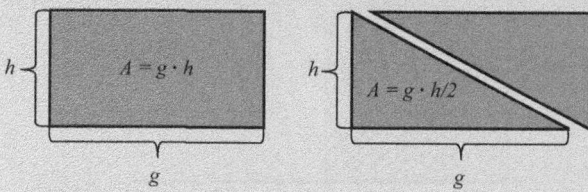

Die Flächenberechnung haben wir dabei in der Schule so kennengelernt, dass sich die Fläche eines Rechtecks aus Grundseite mal Höhe, also $A = g \cdot h$ ergibt. Die Fläche eines Dreiecks ergibt sich analog in Form der Hälfte eines Rechtecks. Schließlich können wir uns zwei identische Dreiecke vorstellen. Drehen wir das eine Dreieck auf den Kopf, so ergeben zwei Dreiecke gemeinsam ein Rechteck. Entsprechend berechnen wir die Hälfte des Flächeninhalts eines Rechtecks, sodass für das Dreieck die Fläche der Formel $A = g \cdot h/2$ entspricht. Die Abbildung verdeutlicht diesen Zusammenhang.

Analog lassen sich die Flächeninhalte und damit die Höhen der Konsumenten- und Produzentenrente bestimmen. So gilt für die Produzenten- und Konsumentenrente entsprechend den Flächeninhalten in unserer Abbildung:

$$PR = x_0 \cdot \left(p_0 - GK \right) \text{ und } KR = \frac{x_0 \cdot \left(\overline{p} - p_0 \right)}{2} \tag{3.6}$$

Die Frage ist nun, ob das hypothetische Marktgleichgewicht (x_0, p_0) effizient ist. Unabhängig von dem Effizienz-Kriterium wird deutlich, dass in jedem Fall keine Wohlfahrt verschwendet werden sollte. Wie groß ist also die Gesamtwohlfahrt, die unter den gegebenen Bedingungen möglich wäre? Betrachten wir die Abb. 3.29 erneut, so wird deutlich, dass es Konsumenten gibt, die bereit gewesen wären, einen Preis oberhalb der Grenzkosten zu zahlen, aber das Produkt nicht konsumieren. Dabei handelt es sich um jene Konsumenten, die eine Zahlungsbereitschaft zwischen $p = GK$ und dem Marktpreis (p_0) äußern. Könnte unser Anbieter jedem einzelnen dieser Konsumenten eine Einheit des Guts

---

[48] Selbstverständlich muss man bei Funktionen die Flächenberechnung normalerweise mittels Integration ermitteln. Allerdings machen die Integrale auch nichts anderes, als das, was wir im Einfachen hier beschreiben. Das Integral bildet die Summe der Flächeninhalte unterhalb der Funktion in gewissen Grenzen (das Integralzeichen „S" deutet diesen Summenbefehl gerade an). Die Integralgrenzen entsprechen dabei unserer Grundseite, die Lage der Funktion der Höhe.

zu einem Preis entsprechend der individuellen Zahlungsbereitschaft verkaufen, würde unser Anbieter sich hierauf einlassen. Schließlich bedeutet jeder Preis oberhalb der Grenzkosten- und damit Angebotsfunktion eine zusätzliche Wohlfahrt für unseren Anbieter. Der einheitliche Marktpreis verhindert aber die Transaktion dieser zusätzlichen Gütermengen über x_0 hinaus, da diese Konsumenten das Produkt nicht zum Marktpreis (p_0) nachfragen. Aus Sicht der Gesamtwohlfahrt stellt dieser Sachverhalt allerdings ein Problem dar. Unser Social Planer würde es begrüßen, wenn diese Konsumenten das Produkt konsumieren würden. Die Tatsache, dass diese Konsumenten leer ausgehen bedeutet letztlich, dass wir Wohlfahrt verschwenden. So könnte insgesamt eine höhere soziale Wohlfahrt erreicht werden. Im Maximum entspricht diese soziale Wohlfahrt genau der Fläche, die zwischen Nachfrage- und Angebotsfunktion eingeschlossen wird, also dem gesamten Dreieck zwischen Nachfrage- und Angebotskurve in Abb. 3.29. Mehr Wohlfahrt ist nicht möglich. Denn mehr Konsumenten würden das Produkt nur dann konsumieren, wenn das Produkt zu einem Marktpreis unterhalb der Grenzkosten angeboten würde. Diese Überlegung würde allerdings eine Situation hervorrufen, bei dem die Produzenten Verlust machen und sich also schlechter stellen. Ein rationaler Produzent würde einem Marktpreis unterhalb der Grenzkosten also nicht zustimmen. Aus Sicht der Gesamtwohlfahrt würde dieser Verlust letztlich wieder Wohlfahrt vernichten. Genau vor diesem Hintergrund würde sich unser Social Planer wünschen, dass der Marktpreis auf Grenzkostenniveau reduziert würde, wodurch die maximal mögliche soziale Wohlfahrt generiert werden kann. In unserem Beispielfall ergäbe sich die soziale Wohlfahrt dabei aus der Summe der Wohlfahrten der einzelnen Marktakteure, d. h. der Renten beider Marktseiten, sodass $SW = KR + PR$. Für unseren hypothethischen Marktpreis p_0 wird deutlich, dass die Summe aus Konsumenten- und Produzentenrente indes kleiner ist als die maximal mögliche soziale Wohlfahrt, kurz $KR + PR < SW_{max}$. In diesem Zusammenhang spricht man von allokativer Ineffizienz.

Beispiel 3.10

Gegeben sei die Nachfragefunktion $X(p) = 100 - p$ bzw. die Preis-Absatz-Funktion $P(x) = 100 - x$, die offensichtlich der Inversen der Nachfragefunktion entspricht. Die Angebotsfunktion sei durch konstante Grenzkosten in Höhe von 25 charakterisiert. Wollen wir die beiden Funktionen nun in unser Preis/Mengen-Diagramm einzeichnen, benötigen wir wieder zwei Punkte, die wir miteinander verbinden können. Schließlich handelt es sich um lineare Funktionen (also Geraden). Üblicherweise wählen wir bei unserer Nachfragefunktion die Schnittpunkte mit den Achsen, also den Reservationspreis und die maximale Nachfragemenge (für $p = 0$). Beide Punkte lassen sich aus den angegeben Funktionen einfach ablesen: So gilt für den Reservationspreis $x = 0 = 100 - p \leftrightarrow p = 100$. Für die maximale Nachfragemenge gilt: $p = 0 = 100 - x \leftrightarrow x = 100$. Verbinden wir die beiden Punkte (0,100) und (100,0), erhalten wir unsere Nachfragefunktion. Für die Angebotsfunktion stellt sich die Situation noch einfacher da. Bei konstanten Grenzkosten wird die Angebotsfunktion als horizontale Gerade ersichtlich, die die y-Achse auf Höhe der Grenzkosten schneidet. Der Schnittpunkt mit der y-Achse ergibt sich in unserem Fall also durch den Punkt (25,0). Einzeichnen ergibt folgendes Bild:

Nehmen wir nun an, dass der Marktpreis $p_0 = 50$ sei, werden zu diesem Preis insgesamt $x_0 = 50$ Einheiten nachgefragt, da $N(p = 50) = 100 - 50 = 50$. Da die Produzenten für jede verkaufte Einheit 25 Euro mehr bekommen als die Grenzkosten ausmachen, generieren sie eine Produzentenrente in Höhe von 25 Euro pro Einheit. Bei $x_0 = 50$ Einheiten entspricht dies einer Produzentenrente von $25 \cdot 50 = 1250$. Die Produzentenrente wird dabei durch das Rechteck in der Abbildung deutlich. Die Konsumentenrente entspricht dem Flächeninhalt des Dreiecks, sodass unter Berücksichtigung der Flächenformel gilt: $KR = {}^1/_2 \cdot (100 - 50) \cdot 50 = 1250$. Die soziale Wohlfahrt berechnet sich schließlich aus der Summe von Konsumenten- und Produzentenrente, d. h. $SW = KR + PR = 1250 + 1250 = 2500$.

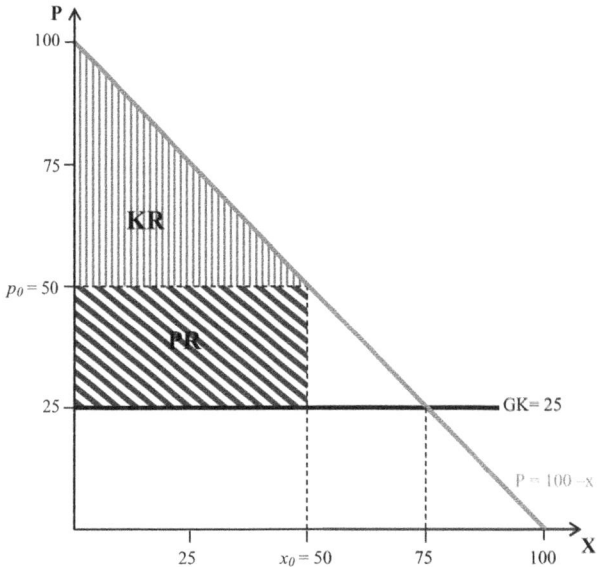

Die maximal mögliche soziale Wohlfahrt (SW_{max}) entspricht indes der Dreiecksfläche, die zwischen Nachfrage- und Angebotsfunktion eingeschlossen wird, sodass $SW_{max} = {}^1/_2 \cdot (100 - 25) \cdot 75 = 2812,5$. Die Differenz aus möglicher und realisierter sozialer Wohlfahrt beträgt also $2812,5 - 2500 = 312,5$. Diese wird in der Abbildung in Form der nicht schraffierten Dreiecksfläche zwischen Nachfrage- und Angebotsfunktion deutlich (Nebenrechnung: Wohlfahrtsverlust $= (50 - 25) \cdot (75 - 50) / 2 = 25 \cdot 25 / 2 = 312,5$). Dabei spricht man von einer allokativen Ineffizienz oder „dead-weight-loss" (dwl). Diese entspricht schließlich der entgangenen Konsumentenrente jener Konsumenten, die bereit gewesen wären, das Produkt zu einem Preis oberhalb der der Grenzkosten zu kaufen, dieses aber aufgrund des einheitlichen Marktpreises in Höhe von $p_0 = 50$ nicht bekommen.

Zusammenfassend stellen wir also fest, dass der Marktpreis darüber entscheidet, welche Marktseite welche Wohlfahrt generiert und ob die maximal mögliche soziale Wohlfahrt auch tatsächlich erreicht wird. Wer legt also den Marktpreis fest? Und wie hoch sollte dieser sein, damit wir von einer effizienten Allokation sprechen?

3.3.4   Vollkommener Wettbewerb vs. Monopol

Offensichtlich weisen unsere beiden Marktseiten gegenläufige Interessen auf. Während der Anbieter einen möglichst hohen Marktpreis anstrebt, würden die Konsumenten das Produkt gerne so preiswert wie möglich erhalten. Wer also den Marktpreis in welcher Form und Intensität bestimmt, hängt entscheidend von der „Stärke" der jeweiligen Marktseite ab. Man könnte auch von Marktmacht sprechen. Inwiefern nun die Anbieterseite den Marktpreis festlegen bzw. frei wählen kann, hängt auch vom Wettbewerb ab.

Video 3.5 Wettbewerb

Gibt es viele Wettbewerber, die das gleiche Produkt anbieten, wird der Anbieter in seiner Preissetzung beschränkt sein. Ist unser Anbieter hingegen alleine am Markt, also Monopolist, kann er den Marktpreis letztlich diktieren. Welche Konsequenzen sich aus der Marktmacht für die Verteilung der Wohlfahrt auf Konsumenten und Produzenten ergeben und wie das resultierende Marktgleichgewicht aus wohlfahrtsökonomischer Sicht zu bewerten ist, wollen wir auf Basis der beiden Extremfälle diskutieren: (1) Vollkommener Wettbewerb (viele kleine Anbieter) und (2) Monopol (nur ein Anbieter).

Der vollkommene Wettbewerb ist charakterisiert durch viele kleine Anbieter.[49] Da unser Anbieter also nun einer von vielen Anbietern ist, resultiert hieraus eine Marktmacht der Nachfrageseite. Konkret bedeutet dies, dass der Nachfrager sich entscheiden kann, bei welchem

---

[49] Das Modell des vollkommenen Wettbewerbs nutzen wir als Referenzmodell für soziale Wohlfahrt. Schließlich resultiert in diesem Modell keine allokative Ineffizienz, also kein Wohlfahrtsverlust. Neben dem Wettbewerbsaspekt liegen dem Modell der vollkommenen Konkurrenz allerdings zehn weitere Annahmen zugrunde. Wir wollen uns hierbei zunächst auf den Wettbewerb und

Anbieter er das Gut kauft. Gehen wir also von perfekt homogenen – gleichartigen und damit perfekt substituierbaren Gütern – aus, so entscheidet sich unser Konsument für den günstigsten Anbieter. Genau hierdurch wird die Möglichkeit zur freien Preiswahl unseres Anbieters begrenzt. Bietet unser Anbieter das Produkt auch nur etwas günstiger als seine Wettbewerber an, so werden die Konsumenten das Produkt bei ihm kaufen. Umgekehrt heißt das aber auch, dass zu jedem Preis der oberhalb des Marktpreises der Wettbewerber liegt, kein Konsument bei unserem Anbieter kaufen wird. Es kommt schließlich zu einer Preisspirale, in der sich unsere Anbieter immer weiter gegenseitig im Preis unterbieten. Weisen die Unternehmen also eine homogene Kostenstruktur auf,[50] werden die Unternehmen sich immer weiter unterbieten, bis letztlich Grenzkostenpreise resultieren. Schließlich wird zumindest langfristig kein Anbieter das Produkt zu Preisen unterhalb der Grenzkosten anbieten (können). Man sagt, der Anbieter ist Preisnehmer und Mengenanpasser. Abb. 3.30 zeigt das Marktgleichgewicht und die Wohlfahrtswirkungen, die sich im Modell des vollkommenen Wettbewerbs ergeben.

Es wird deutlich, dass das Produkt zu Grenzkostenpreisen angeboten wird. Man spricht in diesem Zusammenhang auch davon, dass die Anbieter die Preise im Sinne der „Grenzkosten gleich Preis"-Regel wählen. Zu diesem Preis werden x^* Mengeneinheiten konsumiert. Das Marktgleichgewicht ist (x^*, p^*). Genau in diesem Punkt ist der Schnittpunkt aus Nachfrage- und Angebotsfunktion. Zwei Effekte führen zu diesem Marktgleichgewicht: Erstens führt die Preisspirale dazu, dass immer mehr Mengen zu immer niedrigeren Preisen angeboten werden (Ausgangspunkt $p > GK$: p sinkt in Richtung p^*, x steigt in Richtung x^*). Zweitens existiert eine natürliche Preisuntergrenze, die letztlich darüber bestimmt, ob der Anbieter überhaupt anbietet. Schließlich würden Preise unterhalb der Grenzkosten Verluste bedeuten (Ausgangspunkt $p < GK$: p steigt in Richtung p^*, x sinkt in Richtung x^*). Da die Anbieter Grenzkostenpreise realisieren, decken die Umsätze aus dem Verkauf des Guts gerade noch die Kosten. Mit anderen Worten: Die Unternehmen erzielen keine Produzentenrente.[51] Da der Marktpreis allerdings den Grenzkosten entspricht, realisieren die Konsumenten eine maximale Konsumentenrente. Schließlich hätte es Konsumenten gegeben, die bereit gewesen wären, einen Preis oberhalb der Grenzkosten zu zahlen. Jeder Konsument mit einer Zahlungsbereitschaft in Höhe von $GK < p < \overline{p}$ erhält das Produkt also günstiger und kann

---

das hieraus resultierende Marktversagen bei Marktmacht konzentrieren. Jede einzelne der insgesamt elf Annahmen ist indes wichtig, damit wir Allokationseffizienz erreichen. In Kapital 6 schauen wir uns dieses Referenzmodell nochmal genauer an und werden feststellen, dass die Verletzung unterschiedlicher einzelner Annahmen auch unterschiedliche Marktversagenstatbestände determiniert.

[50] Homogene Kostenstruktur heißt, dass alle Anbieter identische Grenzkosten in der Produktion berücksichtigen und hierdurch identische Angebotsfunktionen resultieren. Unterscheiden sich die Kostenstrukturen, d. h. gibt es ein Unternehmen, das durch eine bessere/ günstigere Kostenstruktur charakterisiert ist, so führt dies zur Verdrängung der Wettbewerber, bis das Unternehmen mit der günstigsten Kostenstruktur im Markt verbleibt. In diesem Fall kommt es also zu einer Monopolisierung.

[51] Dieser Aspekt wird in der Abb. 3.30 durch die Fläche unterhalb der Grenzkostenfunktion deutlich. So erzielen die Unternehmen letztlich Umsätze in Höhe von $x^* \cdot p^*$. Gleichzeitig kostet die Produktion des Guts insgesamt $x^* \cdot p^*$. Hieraus ergeben sich schließlich Nullgewinne, da $x^* \cdot p^* \cdot x^* \cdot p^* = 0$.

Abb. 3.30 Modell des vollkommenen Wettbewerbs

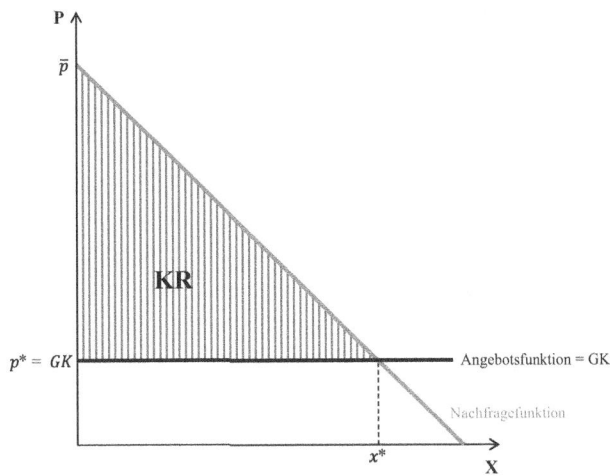

das „Ersparte" aus der Differenz seiner Zahlungsbereitschaft und dem Marktpreis für den Konsum anderer Güter verwenden. Im Marktgleichgewicht (x^*, p^*) realisieren die Konsumenten die maximal mögliche Wohlfahrt, die sich als Dreieck zwischen Nachfrage- und Angebotsfunktion darstellt. Da ein Mehr an sozialer Wohlfahrt nicht möglich ist, wird auch die soziale Wohlfahrt (in Form von Konsumentenrente) maximiert. Im Modell des vollkommenen Wettbewerbs ergibt sich folglich Allokationseffizienz.

Beispiel 3.11

Gegeben sei die Preisabsatzpunktion $P(x) = 100 - x$ aus Beispiel 3.10. Wir betrachten wieder unsere Xtrem GmbH, die Äpfel in 100 kg Paketen an Großabnehmer/ Konsumenten verkauft, die zu konstanten Grenzkosten in Höhe von 25 Euro produziert werden können. So ergibt sich bei vollkommenem Wettbewerb folgendes Bild:

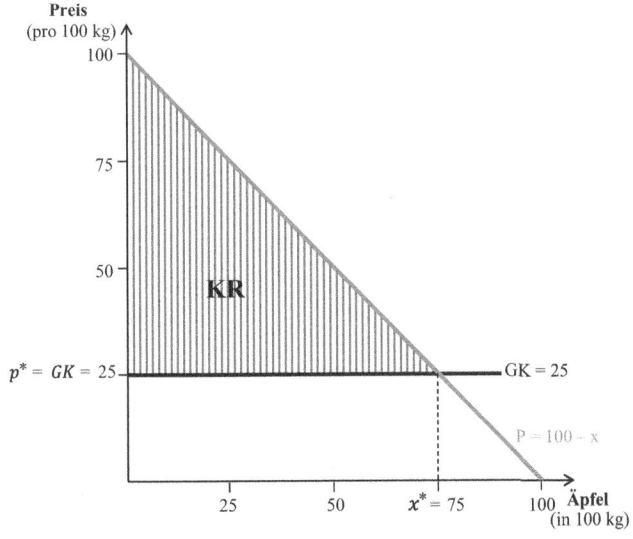

Da unsere Xtrem GmbH nur einer von vielen Apfelbauern ist, muss sie ihre Äpfel zu Grenzkostenpreisen anbieten. Selbst für einen Preis in Höhe von 26 Euro würden sich die Nachfrager für die Wettbewerber entscheiden und dort die Äpfel beziehen. Verkauft die Xtrem GmbH allerdings ihre Äpfel zu einem Paketpreis von 25 Euro, werden die Produktionskosten gerade noch gedeckt, da Umsätzen in Höhe von $25 \cdot 75 = 1875$ Euro Kosten in Höhe von $25 \cdot 75 = 1875$ Euro, gegenüberstehen. Es resultiert keine Produzentenrente. Für die Konsumenten ergibt sich allerdings eine positive Konsumentenrente, da $KR = (100 - 25) \cdot 75 / 2 = 5625 / 2 = 2812,5$. Da die maximal mögliche soziale Wohlfahrt auf dem Markt für Äpfel der gesamten Fläche zwischen Nachfrage und Angebotsfunktion entspricht, wird diese in Form von Konsumentenrente auch generiert, sodass $SW_{max} = KR$. Mit anderen Worten: Es wird keine Wohlfahrt verschwendet. Der Markt ist effizient.

Das Monopol ist im Gegensatz zum vollkommenen Wettbewerb dadurch charakterisiert, dass es nur einen Anbieter des Produktes gibt. Da er der einzige Anbieter auf dem Markt ist, kann er den Preis letztlich frei wählen. Er ist also Preisdiktator.[52] Wie sollte also unser gewinnmaximierender Unternehmer den Preis festlegen? Kann unser Unternehmer den Preis frei wählen, wird er versuchen die Produzentenrente so groß wie möglich ausfallen zu lassen. Im Extremfall könnte der Unternehmer sich die gesamte soziale Wohlfahrt, die zuvor von den Konsumenten als Konsumentenrente generiert wurde, aneignen. Allerdings müsste er hierzu zwischen den einzelnen Konsumenten differenzieren können, um von jedem Konsumenten auch die jeweilige individuelle Zahlungsbereitschaft abschöpfen zu können.[53] Jedoch setzt dieser Extremfall viele Informationen und Annahmen voraus, von denen wir nicht ohne weiteres ausgehen können. Üblicherweise wird unser Monopolist nicht unterschiedliche, sondern nur einen Marktpreis wählen können. Abb. 3.31 verdeutlicht die Überlegungen unseres Monopolisten zur Preissetzung bei einheitlichem Marktpreis.

Offensichtlich resultiert je nach Marktpreis eine unterschiedliche Produzentenrente für unseren Monopolisten (vgl. Abb. 3.31 (a)). Unser Monopolist wird versuchen, seine Produzentenrente zu maximieren. Seine Überlegung wird also darin bestehen, den Marktpreis so zu wählen, dass das Rechteck zwischen Nachfrage- und Angebotsfunktion maximiert wird. Abb. 3.31 (a) zeigt, dass das Rechteck in Form der Produzentenrente unterschiedlich groß sein kann. Wählt unser Monopolist beispielsweise einen möglichst hohen Stückpreis von p_1, generiert er eine Produzentenrente in Höhe von PR_1, die der Fläche des Rechtecks p_1AFp

---

[52] Im Gegensatz zum Preisnehmer im Modell des vollkommenen Wettbewerbs.

[53] In diesem Zusammenhang spricht man auch von perfekter Preisdiskriminierung. Der Monopolist diskriminiert in diesem Fall zwischen den Konsumenten, indem er jeden Konsumenten entsprechend dessen Zahlungsbereitschaft bepreist. Auf diese Weise kann sich der Monopolist die gesamte Konsumentenrente aneignen. Mit anderen Worten: Die gesamte soziale Wohlfahrt wird also in Form von Produzentenrente realisiert. Der Markt ist auch effizient, zumal unsere Effizienzkriterien keine Verteilungswirkungen beurteilen.

entspricht. Wählt er einen deutlich niedrigeren Preis von p_2, entspricht seine Produzentenrente dem Rechteck PR_2, mit der Fläche p_2CDp. Sind diese beiden Flächeninhalte nun maximal groß? Vergleichen wir die Flächen PR_1 oder PR_2 beispielsweise mit der Fläche PR^* (mit den Eckpunkten p^*BEp), so wird unmittelbar ersichtlich, dass es offensichtlich einen Marktpreis gibt, der eine deutlich höhere Produzentenrente für unseren Monopolisten realisiert. Das Maximierungskalkül des Unternehmers berücksichtigt dabei letztlich zwei gegenläufige Effekte: Erstens führt eine Anhebung des Marktpreises zu einem Preiseffekt in Form eines höheren Umsatzes. Schließlich berechnen wir den Umsatz als Preis mal Menge, sodass ein höherer Preis zwangsläufig mit höheren Umsätzen – und damit potentiell einem höheren Gewinn – einhergeht. Zweitens führt eine Anhebung des Marktpreises zu einem Mengeneffekt, der allerdings ein negatives Vorzeichen für die Umsatzentwicklung unseres Unternehmers hat. Schließlich führt ein höherer Preis laut Logik der Nachfragefunktion zu einer geringeren nachgefragten Menge des Guts. Während der Preiseffekt also einen positiven Effekt auf die Umsätze des Unternehmers hat, wirkt sich der Mengeneffekt negativ auf die Umsätze aus. Unser Unternehmer wird also versuchen, diese beiden Effekte gegeneinander abzuwägen. Das Maximierungskalkül lässt sich schließlich in eine Abwägung von Grenzerlösen und Grenzkosten, analog zu Abb. 3.31 (b), überführen. Während die Grenzkostenfunktion (GK) in der Abbildung unserer Angebotsfunktion entspricht, findet die Grenzerlösfunktion ihren Ursprung in der Nachfragefunktion. Konkret handelt es sich um die erste Ableitung der Erlösfunktion ($E(x)$), die sich aus dem Produkt von Preis-Absatz-Funktion (Inverse der Nachfragefunktion) und der Gütermenge zusammensetzt: $E(x) = (P(x)) \cdot x$. Das heißt, die Grenzerlösfunktion weist die doppelte Steigung der Nachfragefunktion auf.[54] Der Schnittpunkt der Grenzerlösfunktion mit der x-Achse liegt damit exakt bei der Hälfte des Achsenschnittpunktes der Nachfragefunktion ($GE(p = 0) = N(p = 0) / 2$). Eine wichtige Erkenntnis, um diese später in unser allgemeines Nachfrage-/Angebotsmodell einzuzeichnen. Letztlich beschreibt die Grenzerlösfunktion, wie sich die Erlöse bzw. Umsätze verändern, wenn sich die Menge um eine Einheit verändert. Die Grenzerlösfunktion zeigt uns also den Nettoeffekt einer Mengen- und damit Preisveränderung. Für welche Menge (bzw. für welchen Preis) sollte unser Unternehmer sich entscheiden?

---

[54] Das lässt sich relativ einfach zeigen: Die Preis-Absatz-Funktion sei $P(x) = a - bx$, mit a = Reservationspreis und b = Steigung der Funktion. Dann ergibt sich für die Erlösfunktion $E(x) = (a - bx) \cdot x = ax - bx^2$. Bilden wir die erste Ableitung der Erlösfunktkion, so gelangen wir zur Funktion der Grenzerlöse, wobei $GE(x) = dE / dx = a - 2bx$. Das heißt durch die Ableitung verdoppelt sich die Steigung von b auf $2b$. Mit der doppelten Steigung muss die Grenzerlösfunktion auch einen Schnittpunkt mit der x-Achse aufweisen, der halb so groß ist wie bei der Nachfragefunktion (Inverse der Preis-Absatz-Funktion). Auf die Regel zur Ableitung kommen wir nochmal in Kap. 4 zurück, wenn wir uns mit Reaktionsfunktionen beschäftigen.

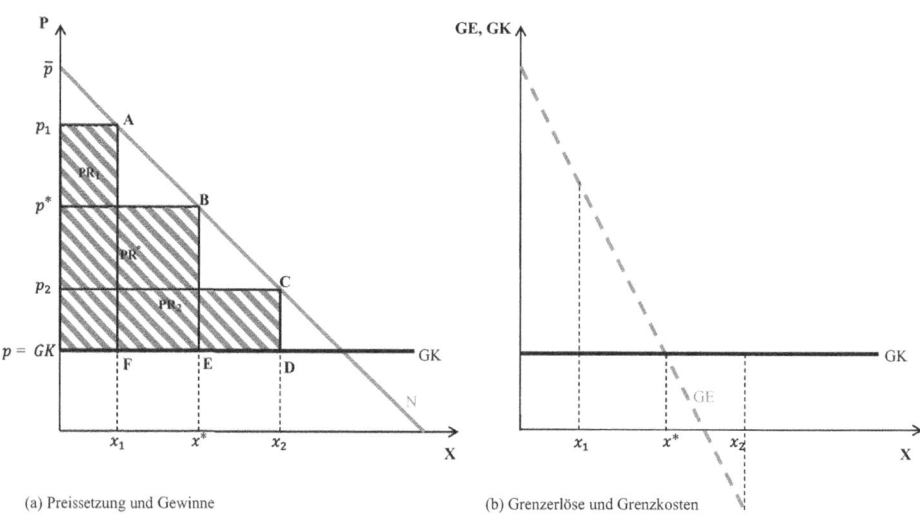

(a) Preissetzung und Gewinne   (b) Grenzerlöse und Grenzkosten

Abb. 3.31 Gewinnmaximierung im Monopol

Schauen wir uns nun das Kalkül des Unternehmers an als eine Abwägung zwischen Grenzerlösen und Grenzkosten, so wird ersichtlich, wie lange unser Unternehmen den Preis erhöhen sollte, damit der positive Preiseffekt nicht durch den negativen Mengeneffekt kompensiert wird. So wählte unser Monopolist in seiner ersten Überlegung einen möglichst hohen Preis p_1, wodurch er die Menge x_1 realisierte. In der Abb. 3.31 (b) wird nun deutlich, dass an der Stelle x_1 die Grenzerlöse deutlich oberhalb der Grenzkosten liegen, kurz $GE(x_1) > GK(x_1)$. Hieraus folgt, dass unser Monopolist seinen Preis senken und damit die Menge ausweiten sollte, zumal mit jeder zusätzlichen Mengeneinheit ein positiver Nettoertrag in Höhe von $GE(x) - GK(x)$ einhergeht. In der zweiten Überlegung unseres Monopolisten wählte er den Preis p_2 und realisierte damit eine Menge x_2. In der Abb. 3.31 (b) wird deutlich, dass an der Stelle x_2 die Grenzkosten die Grenzerlöse übersteigen, $GE(x_2) < GK(x_2)$. Irgendwo zwischen x_1 und x_2 überschreitet unser Monopolist die Schwelle, an der der Nettoeffekt null ist, d. h. der positive Preiseffekt wird durch den negativen Mengeneffekt wettgemacht. Das heißt kurz vor diesem Punkt wandern wir auf unserer Gewinnfunktion bergauf ($GE > GK$), und direkt nach diesem Punkt wandern wir auf unserer Gewinnfunktion bergab ($GE < GK$). Folglich gibt es einen Punkt x^*, an dem unser Monopolist seine Produzentenrente maximiert, wo er das größtmögliche Rechteck aus Abb. 3.31 (a) realisiert. Dieser Punkt ist genau da, wo die Grenzerlöse den Grenzkosten entsprechen. Unser Monopolist sollte also seinen Preis im Sinne der „Grenzerlöse gleich Grenzkosten"-Regel wählen.[55]

---

[55] Im Gegensatz zur Preissetzungsregel „Preis gleich Grenzkosten" im Modell des vollkommenen Wettbewerbs.

Abb. 3.32 Monopolmodell

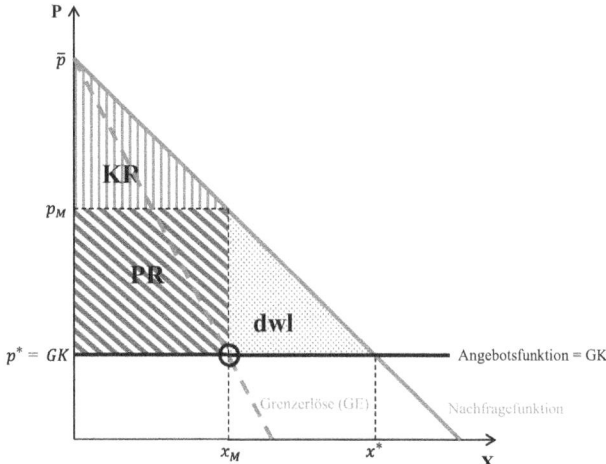

Übertragen wir diese Überlegungen in das klassische Nachfrage-/Angebotsmodell, wählt unser Monopolist also seinen Preis so, dass die Grenzerlösfunktion und die Grenzkosten- bzw. Angebotsfunktion sich schneiden. Da die Grenzerlösfunktion aus den genannten Gründen die doppelte Steigung im Vergleich zur Nachfragefunktion aufweist, können wir die Grenzerlösfunktion einfach einzeichnen (vgl. Abb. 3.32). Genau an der Schnittstelle zwischen Grenzerlösfunktion und Grenzkostenfunktion ist folglich die gewinnmaximale Menge x_M. Man spricht dabei auch von der Monopolmenge. Kennen wir die Monopolmenge, erhalten wir den Monopolpreis durch Einsetzen in die Nachfragefunktion, sodass $p_M = N(x_M)$. Zeichnerisch wird dieser Punkt so deutlich, dass wir die gestrichelte Linie an der Stelle x_M nach oben hin fortsetzen, bis wir die Nachfragefunktion treffen. Tragen wir diese Stelle nach links auf der y-Achse ab, erhalten wir den Monopolpreis. Das Marktgleichgewicht im Monopol ist also (x_M, p_M). Unser Monopolist erzielt eine Produzenten- bzw. Monopolistenrente in Höhe des Rechtecks PR in Abb. 3.32. Ein größeres Rechteck und damit eine größere Produzentenrente ist bei einem einheitlichen Marktpreis für unseren Monopolisten nicht möglich. Für unsere Konsumenten heißt der Monopolpreis zwangsläufig, dass sich die Konsumentenrente im Vergleich zum Modell des vollkommenen Wettbewerbs reduziert. Schließlich muss jeder Konsument nun einen Marktpreis zahlen, der oberhalb des Grenzkostenniveaus liegt. Die realisierte Konsumentenrente entspricht dabei der Fläche des Dreiecks in Abb. 3.32. Vor diesem Hintergrund ergibt sich schließlich eine schwerwiegende Konsequenz aus der Marktmacht des Anbieters. Liegt der Marktpreis oberhalb des Grenzkostenniveaus, so gibt es Konsumenten, die zwar eine höhere Zahlungsbereitschaft als das Grenzkostenniveau aufweisen, aber trotzdem leer ausgehen. Während unser Social Planer diesen Konsumenten gerne den Konsum ermöglichen wollen würde, wird unser Anbieter nicht bereit sein ihnen das Produkt zu verkaufen.

Schließlich maximiert der Monopolpreis seinen Gewinn und nicht ein Marktpreis von $p < p_M$. Da diese Konsumenten also keine Bedürfnisbefriedigung durch den Konsum erlangen, generieren sie auch keine Rente. Es resultiert eine allokative Ineffizienz bzw. ein „dead-weight-loss" (dwl) in Höhe des schraffierten Dreiecks rechts von x_M (vgl. Abb. 3.32). Mit anderen Worten: Die realisierte soziale Wohlfahrt als Summe von Konsumenten- und Produzentenrente ist kleiner als die maximal mögliche Wohlfahrt in Form der gesamten Fläche zwischen Nachfrage- und Angebotsfunktion, sodass $SW_{max} = KR + PR + dwl > KR_M + PR_M$. Bei Marktmacht kommt es also nicht zu einer effizienten Allokation. Der Marktmechanismus führt nicht zum optimalen Ergebnis. Es liegt Marktversagen vor.

Beispiel 3.12

Gegeben sei wieder die Xtrem GmbH aus Beispiel 3.11. Die Nachfragefunktion sei gegeben in der Form $P(x) = 100 - x$. Die Grenzkosten seien konstant bei 25 Euro. Nun nehmen wir an, die Xtrem GmbH hätte eine neuartige Apfelsorte mit dem Namen „Allstar" entwickelt, die zu gleichen Grenzkosten produziert werden könnten. Da es keinen anderen Apfelbauer gibt, der diese Apfelsorte produzieren kann und der „Allstar"-Apfel sich geschmacklich deutlich von den bekannten Apfelarten der Wettbewerber unterscheidet, freut sich die Xtrem GmbH über das neue Apfelmonopol.

Als Monopolist wählt unsere Xtrem GmbH den Marktpreis für ein Paket „Allstar"-Äpfel im Sinne der „Grenzerlös gleich Grenzkosten"-Regel. Betrachten wir das Kalkül der Xtrem GmbH zunächst graphisch, so benötigen wir neben Nachfrage- und Angebotsfunktion auch die Grenzerlösfunktion. Hier machen wir uns die Einsicht zu Nutze, dass die Grenzerlösfunktion die x-Achse exakt bei der Hälfte der Nachfragefunktion schneidet. Das heißt, da die Nachfragefunktion die x-Achse an der Stelle $x = 100$ schneidet, befindet sich der Schnittpunkt der Grenzerlösfunktion mit der x-Achse bei $x = 50$. Da die Grenzerlösfunktion im gleichen Punkt wie die Nachfragefunktion beginnt, können wir durch Verbinden der beiden Punkte $(0,100)$ und $(50,0)$ die Grenzerlösfunktion einzeichnen. Genau am Schnittpunkt zwischen Grenzerlös- und Grenzkostenfunktion resultiert nun das Marktgleichgewicht. Die Xtrem GmbH generiert eine Produzenten- bzw. Monopolrente in Höhe von $PR = (62,5 - 25) \cdot 37,5 = 1406,25$. Die Konsumentenrente reduziert sich im Vergleich zu Beispiel 3.11 auf $KR = \frac{1}{2} \cdot (100 - 62,5) \cdot 37,5 = 703,125$. Schließlich resultiert ein „dead-weight-loss" in Höhe von $dwl = \frac{1}{2} \cdot (75 - 37,5) \cdot (62,5 - 25) = 703,125$, sodass sich die maximal mögliche soziale Wohlfahrt aus der Summe der drei Flächen ergibt, wobei $SW_{max} = PR + KR + dwl = 1406,25 + 703,125 + 703,125 = 2812,5$ bzw. $SW_{max} = \frac{1}{2} \cdot (100 - 25) \cdot 75 = 2812,5$. Da die realisierte soziale Wohlfahrt um die Fläche des dwl kleiner als die maximal mögliche soziale Wohlfahrt ist, liegt keine effiziente Allokation vor.

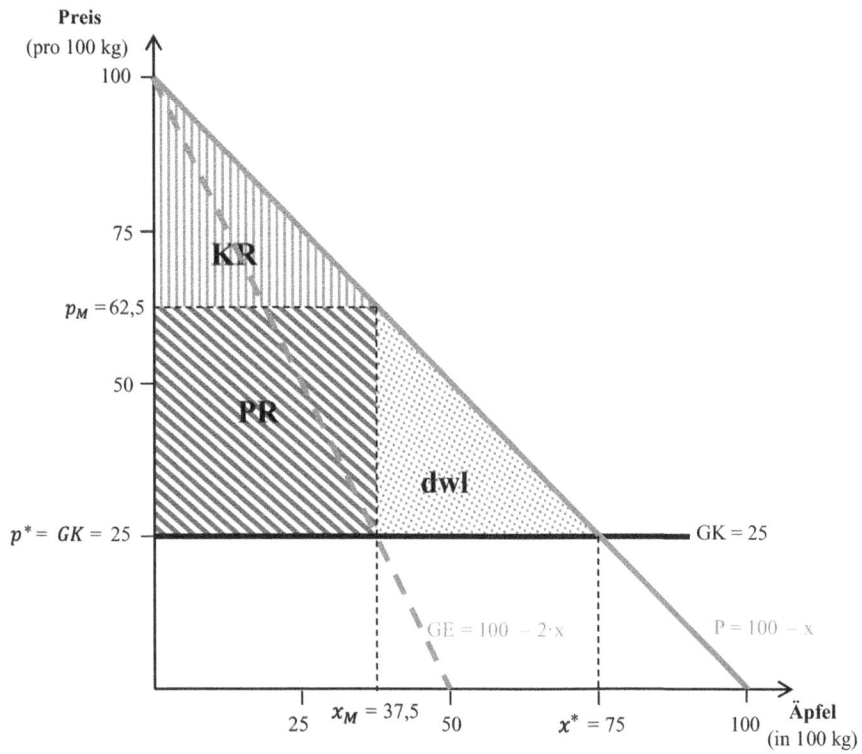

In unserem Beispiel wird deutlich, dass der graphische Weg nicht immer zum exakten Weg führen kann, schließlich ergeben sich im Marktgleichgewicht Kommabeträge. Mit derselben Intuition können wir auch den rechnerischen Weg beschreiten. So ergibt sich die Erlösfunktion durch $E(x) = (100 - x) \cdot x = 100 \cdot x - x^2$. Die Grenzerlösfunktion ist damit die erste Ableitung der Erlösfunktion, d. h. $GE(x) = dE / dx = 100 - 2x$. Da das Marktgleichgewicht dadurch charakterisiert ist, dass sich Grenzerlös- und Grenzkostenfunktion schneiden, setzen wir $GE(x) = GK(x)$ und lösen nach x auf. So ergibt sich: $100 - 2x = 25 \leftrightarrow 2x = 75 \leftrightarrow x_M = 37,5$. Durch Einsetzen in die Nachfragefunktion erhalten wir schließlich auch den Monopolpreis, wobei $p_M = 100 - x_M = 100 - 37,5 = 62,5$.

3.4 Anwendungsbereiche

Unser Beispiel zeigt, dass ein Unternehmen durch eine Innovation einen neuen Markt begründen kann, woraus sich eine Monopolstellung ergibt. Allerdings könnten die Wettbewerber natürlich auf den Gedanken kommen, die „Allstar"-Äpfel ebenfalls zu produzieren. Fraglich wäre dann nur, welchen Anreiz die Xtrem GmbH hätte, überhaupt eine neue Apfelsorte zu entwickeln. Schließlich müsste sie befürchten, dass der Wettbewerb mit den

„Fälschern" der Innovation die Produzentenrente reduziert. Damit die Xtrem GmbH vor Wettbewerbern bzw. Imitatoren geschützt ist, gibt es das Patentrecht.[56] Die ökonomische Intuition hinter dem Patentrecht lässt sich also mit diesen einfachen Überlegungen bereits zeigen. Das ökonomische Kalkül hinter einer optimalen Ausgestaltung des Patentrechts soll deshalb erstes Anwendungsbeispiel sein. Mit anderen Worten: Das Patentrecht ermöglicht etwas, was wir eigentlich verhindern wollen. Schließlich streben wir aus sozialer Wohlfahrtsperspektive die Maximierung der Gesamtwohlfahrt an. Das heißt, wir würden uns eigentlich wünschen, dass die gesamte Dreiecksfläche zwischen Nachfrage- und Angebotsfunktion realisiert wird. Vor diesem Hintergrund sind wir gewarnt, dass Marktmacht potentielle Wohlfahrt vernichtet und damit staatliche Intervention begründet. So führt auch eine Fusion zu weniger Wettbewerb, da infolge des Unternehmenszusammenschlusses aus ehemals zwei Wettbewerbern ein gemeinsames Unternehmen wird. Die Wettbewerbsbehörden sollten also ein Auge darauf haben, wenn eine Fusion Marktmacht begründet und ein potentielles Marktversagen hieraus resultiert. Deshalb soll die ökonomische Intuition im Kontext der Fusionskontrolle Anwendungsbeispiel Nummer zwei sein.

3.4.1 Patentrecht

Die klassische Ökonomik des Patentrechts

Das Patentrecht schützt im Allgemeinen technische Erfindungen. Voraussetzung zur Erlangung eines Patents ist die Anmeldung. In Deutschland erfolgt die Anmeldung beim „Deutschen Patent- und Markenamt" (DPMA) in München.[57] Das Amt prüft dabei, ob die wesentlichen Bedingungen für die Gewährung von Patentschutz vorliegen. Insgesamt ergeben sich drei Prüfungspunkte, die allesamt positiv zu beantworten sind. Erstens muss es sich bei der Erfindung um eine Neuheit handeln. Gemäß § 3 (1) PatG ist eine Erfindung neu, wenn sie sich vom aktuellen Stand der Technik abhebt. Als Stand der Technik gelten dabei „alle Kenntnisse, die vor dem für den Zeitrang der Anmeldung maßgeblichen Tag durch schriftliche oder mündliche Beschreibung, durch Benutzung oder in sonstiger Weise der Öffentlichkeit zugänglich gemacht worden sind" (§ 3 (1) PatG). Einfacher ausgedrückt, darf es sich also um keine allgemein bekannte Erfindung handeln. Zweitens muss die Erfindung auf einer erfinderischen Tätigkeit beruhen. Man spricht davon, dass die Erfindung aus einer geistigen und schöpferischen Tätigkeit hervorgeht. Insbesondere die „geistige Schöpfung"

---

[56] Wir werden sehen, dass das Patentrecht technische Erfindungen schützt. Nun ist ein Apfel im engeren Sinne keine Technologie. Allerdings kann der Produktionsprozess zur Generierung einer neuen Apfelsorte geschützt werden. Entscheidend ist die Technizität. Dieses Beispiel zeigt zudem, dass man unterscheiden muss zwischen Produktinnovationen auf der einen Seite und Prozessinnovationen auf der anderen. Wir folgen dieser Differenzierung bei unserer ökonomischen Analyse des Patentrechts im Folgenden.

[57] Das Patentrecht ist immer ein nationales Recht. Das heißt auch, dass lediglich territorialer Schutz gewährt wird, der sich nur bis zu den Ländergrenzen erstreckt. Allerdings ermöglichen internationale Abkommen, wie beispielsweise das TRIPS-Abkommen, dass das Patent über Ländergrenzen

engt den Schutzbegriff auf die Gattung Mensch ein.[58] Schließlich darf sich die Erfindung (für einen Fachmann) nicht bloß aus dem Stand der Technik ergeben (§ 4 PatG). Es muss vielmehr ein erfinderischer Schritt zu erkennen sein. So ist eine Entdeckung, bspw. die Entdeckung eines neuen Naturgesetzes, keine erfinderische Tätigkeit. Drittens und letztens muss die Erfindung gewerblich anwendbar sein. Laut § 5 PatG ist eine Erfindung „gewerblich anwendbar, wenn ihr Gegenstand auf irgendeinem gewerblichen Gebiet einschließlich der Landwirtschaft hergestellt oder benutzt werden kann" (§ 5 PatG). Das heißt auch, dass eine Technologie, die für den bloßen Eigen- oder Hausgebrauch gedacht ist, keinen Patentschutz genießt. Die gewerbliche Anwendbarkeit ist der Aspekt, der aus einer Erfindung eine Innovation macht. Patentrecht schützt also Innovationen. Die maximale Schutzdauer erstreckt sich dabei üblicherweise auf einen Zeitraum von 20 Jahren.[59] Mit der Gewährung erhält der Patentinhaber ein exklusives Verwertungsrecht. Er darf also andere (Wettbewerber) von der Nutzung ausschließen. Mit dem Patent erlangt der Patentinhaber ein Monopol für den Markt des patentrechtlich geschützten Produktes oder Prozesses. Wettbewerber können das Produkt/ die Prozesstechnologie nur selbst verwerten bzw. nutzen, wenn sie zuvor eine Lizenz beim Patentinhaber ersuchen.

Nun haben wir zuvor gesehen, dass ein Monopol mit allokativer Ineffizienz einhergeht. Ein Monopol kann also niemals effizient sein. Warum haben wir dann ein Patentrecht, das ein solches Monopol bewusst begründet? Letztlich folgt das Patentrecht einer ökonomischen Intuition, die ihren Ursprung in den Charakteristika von Informationsgütern findet. Schließlich handelt es sich bei einer Innovation um Wissen oder Information. Um zu verstehen, warum Informationsgüter mit bestimmten Anreizproblemen einhergehen, kann uns eine allgemein anerkannte Klassifizierung von Wirtschaftsgütern helfen. So lassen sich zwei wesentliche Eigenschaften finden, nach denen wir Güter klassifizieren können: Auf der einen Seite, Rivalität im Konsum: Entweder weist ein Gut Rivalität im Konsum auf, oder keine Rivalität im Konsum. Die Rivalitätseigenschaft stellt darauf ab, ob der Nutzen, den ein Konsument aus der Nutzung/dem Konsum des Guts erzielt, den Nutzen, den ein anderer Konsument aus der Nutzung dergleichen Sache generiert, beeinflusst. So besteht bei einem Glas Wasser Rivalität im Konsum. Trinkt unser Anton das Glas Wasser leer, kann Berta das Wasser nicht mehr trinken. Der Konsum des Wassers durch Anton reduziert den Nutzen, den Berta aus demselben Wasser ziehen kann. Nicht-Rivalität im Konsum besteht hingegen beispielsweise bei sauberer Luft. Die Tatsache, dass

---

hinaus Anerkennung findet. Im engeren Sinne bedeutet die Territorialität des Rechts allerdings, dass man in jedem Land, in dem man den Schutz genießen möchte, auch ein Patent anmelden muss. In gewissen Grenzen wird dies heutzutage dadurch vereinfacht, dass man z. B. ein „europäisches Patent" beim „European Patent Office" (EPO) anmelden kann. Allerdings heißt das nicht, dass man ein EU Patent erhält, vielmehr erfolgt eine Bündelung der Patentanmeldung, bei der für jedes Land, für das man Patentschutz in der EU ersucht, ein Patent erteilt werden kann.

[58] Siehe hierzu auch Besen und Raskind (1989).

[59] Die durchschnittliche Schutzdauer liegt allerdings erheblich unter 20 Jahren, zumal der Patentinhaber eine jährliche Patentgebühr zahlen muss, die im Zeitablauf progressiv steigt.

Anton tief durchatmet und die feuchte Morgenluft auf seinem Balkon genießt, beeinträchtigt Berta nicht in ihrem Genuss das gleiche zu tun. Es besteht Nicht-Rivalität im Konsum.[60]

Auf der anderen Seite, die Ausschließbarkeit anderer vom Konsum: Entweder kann ich andere vom Konsum des Guts ausschließen, oder nicht. Ausschließbarkeit liegt letztlich bei allen Gütern zugrunde, über die ich Eigentum haben kann. Die Tatsache, dass Anton den Schlüssel zu seinem Auto hat, bedeutet, dass Berta dieses nicht ohne weiteres nutzen kann. Hier liegt Ausschließbarkeit vor. Von Nicht-Ausschließbarkeit sprechen wir, wenn ich andere nicht oder nur sehr bedingt von der Nutzung abhalten kann. So mag es für den Anton nur zu prohibitiv hohen Kosten möglich sein, Berta von der Nutzung der Autobahn abzuhalten. Schließlich müsste Anton im Prinzip sämtliche Zufahrten zur Autobahn sperren, damit Berta diese nicht befahren kann. Hier liegt Nicht-Ausschließbarkeit vor. Nach diesen beiden Charakteristika lassen sich unterschiedliche Güter letztlich klassifizieren, die verschiedene Marktversagenstatbestände begründen (können). Abb. 3.33 gibt einen Überblick zur Einordnung und Benennung von Gütern in Abhängigkeit von Rivalität und Ausschließbarkeit.

Es wird deutlich, dass sich vier grundlegende Arten von Güter unterscheiden lassen. Erstens, private Güter wie der eigene PKW, das eigene Haus usw. Private Güter sind charakterisiert durch Rivalität im Konsum und Ausschließbarkeit. Setzt sich Anton an das Steuer seines Autos, so kann Berta sich nicht mehr an das Steuer setzen. Sie müssten sich schon einigen, wer Fahrer und Beifahrer ist. Hat Anton einen Schlüssel zum Auto, Berta aber nicht, so kann Anton das Auto fahren. Berta kann das allerdings nur, wenn sie den Schlüssel von Anton ausgehändigt bekommt. Zweitens, Clubgüter wie Tennisplatz, Fußballplatz oder Vereinshalle. Clubgüter lassen sich durch Nicht-Rivalität im Konsum und Ausschließbarkeit beschreiben. Spielen Anton und Berta im ortsansässigen Tennisverein, können beide auf unterschiedlichen Tennisplätzen mit ihren besten Freunden oder auch miteinander spielen, ohne dass der Nutzen des anderen hierdurch beeinträchtigt wird. Erst wenn es an einem wunderschönen Sommertag nur so von Clubmitgliedern wimmelt, könnte es zur Rivalität im Konsum kommen. Gleichzeitig wird Ausschließbarkeit durch

Abb. 3.33 Klassifizierung von Wirtschaftsgütern

	Rivalität	Nicht-Rivalität
Ausschließbarkeit	Private Güter (z. B.: PKW)	Clubgüter (z. B.: Tennisplatz)
Nicht-Ausschließbarkeit	Allmendegüter (z. B.: Meeresfische)	Öffentliche Güter (z. B.: Informationsgüter)

---

[60] Selbstverständlich gibt es Grauzonen, die irgendwo zwischen Rivalität und Nicht-Rivalität liegen. So ist eine Autobahn normalerweise durch Nicht-Rivalität gekennzeichnet. Die Tatsache, dass auch noch andere die Autobahn benutzen, beeinträchtigt meinen Nutzen nicht. Allerdings kann es zu partieller Rivalität kommen, wenn immer mehr Autos die Autobahn befahren. Im Extremfall kommt es zur Staubildung. Genau hier ist die Grenze zu ziehen zwischen nicht-rivalen und rivalen Gütern.

die Clubmitgliedschaft gewährleistet. So muss Anton seinen Clubausweis an der Pforte zum Tennisplatz hinterlegen. Hat Berta keinen solchen Clubausweis, kann sie von der Nutzung ausgeschlossen werden. Drittens, Allmendegüter wie Meeresfische, die durch Rivalität im Konsum und Nicht-Ausschließbarkeit beschrieben werden können.[61] So kann der Fisch, den Anton fängt, nicht mehr von Berta gefangen werden. Es besteht also Rivalität im Konsum. Gleichzeitig kann Anton die Berta nicht ohne weiteres vom Fangen der Meeresfische ausschließen. Schließlich müsste er im Prinzip alle Weltmeere gleichzeitig überwachen, um im Moment des Angelns sofort einzuschreiten. Viertens, öffentliche Güter wie Umweltgüter, die durch Nicht-Rivalitätä im Konsum und Nicht-Ausschließbarkeit charakterisiert werden können. So besteht überlicherweise keine Rivalität in Bezug auf Sauerstoff in der Luft. Anton und Berta können ohne Einschränkungen gleichzeitig atmen, ohne dass das Atmen des einen Einfluss auf das Atmen des anderen hätte. Darüber hinaus kann Anton die Berta nicht ohne weiteres vom Atmen ausschließen. Hierzu hat er auch gar keinen Anreiz, schließlich beeinträchtigt das Atmen von Berta sein eigenes Atmen der frischen Luft nicht. Gerade der Nicht-Rivalitätscharakter macht Güter für Ökonomen interessant, da hierdurch die Knappheit des Guts geradezu aufgehoben wird. Mit anderen Worten: Die Konsumenten sollten so viel wie möglich davon konsumieren. Schließlich ist in der Haushaltstheorie mehr immer besser als weniger. Wobei handelt es sich also bei Informationsgütern, die sich durch das Patentrecht bzw. geistige Eigentumsrechte im weiteren Sinne schützen lassen? Welche Probleme ergeben sich hieraus?

Informationsgüter erfüllen letztlich die Charakteristika von öffentlichen Gütern. So ist die Information, die einer Produkt-, Prozessinnovation oder allgemein einem Werk geistigen Eigentums, wie einem Buch, inhährent ist, nicht rival im Konsum. Die Tatsache, dass Anton das Buch bereits gelesen hat, beeinflusst Berta nicht in ihrer Möglichkeit, ebenfalls Nutzen aus der Information zu generieren.[62] Eigentlich ein Glücksfall für den Ökonomen, da offensichtlich keine Knappheit an dem Gut besteht. Daneben ist die Information ursprünglich auch durch Nicht-Ausschließbarkeit gekennzeichnet (d. h. Besitz alleine reicht nicht aus andere auszuschließen). Gäbe es kein Patentrecht oder andere formelle Schutzinstrumente geistigen Eigentums, könnte jedermann die Sache konsumieren. Aus der Nicht-Ausschließbarkeitseigenschaft des Informationsguts ergibt sich nun ein unmittelbares Problem. Arrow (1962) begründet in diesem Zusammenhang das sog. Informationsparadoxon. Möchte ein Innovator seine Information (bzw. das Produkt, das diese Information

---

[61] Zu den Allmendegütern werden wir in Kap. 4 zurückkehren, wenn wir uns mit Harold Demsetz Labrador-Indianer beschäftigen und der Frage, warum und unter welchen Umständen Eigentumsrechte spontan entstehen, ohne dass hierzu durch den Staat eingegriffen werden müsste.

[62] Wichtig ist in diesem Zusammenhang, zwischen Information oder Informationsgut auf der einen Seite und dem Informationsträger auf der anderen Seite zu unterscheiden. Informationsträger ist das Papier, auf dem das Buch gedruckt ist, oder die CD, auf der die Musik gespeichert ist. Beim Informationsträger besteht sehr wohl Rivalität im Konsum. So kann ich eine CD oder ein Buch durch meinen Gebrauch abnutzen und damit den Nutzen des anderen beeinträchtigen. Das gilt nicht für die dem Informationsgut inhärente Information.

beinhaltet) auf dem Markt verkaufen, so muss er Anton und Berta von den Vorzügen dieser neuartigen Information (bzw. des neuartigen Produktes) überzeugen. Schließlich kaufen Anton und Berta ja nicht die Katze im Sack. Das heißt der Innovator muss die Information preisgeben. Ist die Information aber bekannt, kann der Innovator sie dem Konsumenten nicht mehr entziehen. Diese Tatsache, dass Anton und Berta nicht von der Nutzung der Information ausgeschlossen werden können, resultiert in einem Anreiz für beide, sich nicht – oder zumindest nicht entsprechend ihrer tatsächlichen Zahlungsbereitschaft – an der Finanzierung des Informationsguts zu beteiligen.[63] Das heißt obwohl es einen Markt für das Informationsgut gäbe, und damit eine tatsächliche Marktnachfrage, kommt es nicht zu einer Markttransaktion – ein Paradoxon. Man spricht in diesem Zusammenhang davon, dass die Konsumenten einen Anreiz zum Trittbrettfahren haben. Da sie nicht von der Nutzung ausgeschlossen werden können, hoffen sie darauf, dass sich andere Konsumenten finden, die hierfür bezahlen. Weil nun alle so denken, wird unser Innovator erst gar keinen Anreiz haben, in die Forschung und Entwicklung seiner Innovation zu investieren. Es resultiert ein Anreizproblem und damit ein Unterangebot an Innovationen.

Wir müssen unserem Innovator folglich einen Anreiz bieten, in Forschung und Entwicklung zu investieren. Schließlich ist die Innovation von neuen Produkten und Prozessen Hauptantriebskraft des wirtschaftlichen Wachstums und damit unseres Wohlstands.[64] Eine Möglichkeit, diesen Anreiz zur Innovation zu schaffen, ist die Gewährung eines exklusiven Verwertungsrechts, das unserem Innovator ein temporäres Monopol, also ein Monopol auf Zeit, ermöglicht. Diese Aufgabe erfüllt das Patent. Das Patent stellt Ausschließbarkeit mit der Möglichkeit her, diese auch rechtlich durchsetzen zu können. Das heißt, nutzt ein Wettbewerber die patentrechtlich geschützte Information ohne Lizenz des Patentinhabers, kann dieser auf Unterlassung oder entsprechenden Schadensersatz klagen.[65] Die Vorteile einer solchen Monopolstellung aus Sicht unseres Innovators besteht letztlich darin, dass das Patent ihm die Möglichkeit bietet, für eine bestimmte Zeit (Patentlebenszeit) den Preis zu

---

[63] Hieraus ergibt sich ein fundamentales Problem zur Bestimmung unserer Gesamtnachfrage. Schließlich erinnern wir uns, dass die Gesamtnachfragefunktion sich aus der horizontalen Aggregation der individuellen Nachfragefunktionen ergab. Allerdings brauchten wir hierzu den Marktpreis als zentrale Größe. Bei öffentlichen Gütern haben die Individuen einen Anreiz, eine niedrigere Zahlungsbereitschaft vorzutäuschen, weil sie sowieso nicht von der Nutzung ausgeschlossen werden können. Dies führt dazu, dass wir nicht über den Marktpreis (also horizontal) aggregieren können. Deshalb erfolgt hier eine vertikale Aggregation über die Menge, da diese zumindest beobachtet werden kann. Schließlich könnte man feststellen, wie stark das öffentliche Gut nachgefragt wird. Siehe hierzu Kap. 5, insbesondere Beispiel 5.3.

[64] Josef Alois Schumpeter (1912) hat hierzu den Begriff der „kreativen Zerstörung" begründet. Nach Schumpeter ist wirtschaftliches Wachstum durch einen kontinuierlichen Prozess der Innovation und Imitation geprägt. Der Innovator führt die Innovation in den Markt ein. Imitatoren sorgen für die Verbreitung der Innovation. Schließlich kommt es erneut zur Verbesserung existierender Produkte und Prozesse, wodurch die Entwicklung von neuem beginnt.

[65] Offensichtlich führen potentielle Schadensersatzzahlungen auch zu entsprechenden Anreizwirkungen bei unseren Imitatoren, die unter Umständen von einem Markteintritt absehen.

diktieren. Abb. 3.34 vergleicht die Anreize für den Innovator in einer Welt mit Patent (vgl. Abb. 3.34 (a)) und ohne Patent (vgl. Abb. 3.34 (b)).[66]

Es wird deutlich, dass die Monopolistenrente unseres Innovators einen Anreiz zur Innovation schaffen soll. So generiert der Innovator in jedem Jahr, in dem sein Patent ihn vor Wettbewerbern schützt, eine Produzentenrente in Höhe von p_MBCD. Offensichtlich reduziert sich diese Rente von Jahr zu Jahr, zumal die Inflation die Kaufkraft aus dieser Rente von Jahr zu Jahr reduziert. Man spricht dabei von einer Diskontierung. So erzielt der Innovator im ersten Jahr eine Rente in Höhe des gesamten Rechtecks p_MBCD, d. h. PR_1 (vgl. Abb. 3.34 (a)). Im zweiten Jahr realisiert er eine Rente in Höhe des selben Rechtecks, aber diskontiert zum marktüblichen Zinssatz, d. h. $PR_2 \cdot d$, wobei d dem Diskontierungsfaktor $1/(1 + r)$ zum Zinssatz r entspricht. Im dritten Jahr entsprechend eine Rente in Höhe des Rechtsecks, diskontiert zum marktüblichen Zinssatz für das erste und zweite Jahr, d. h. $PR_3 \cdot d \cdot d = PR_3 \cdot d^2$. Für die Patentlebensdauer (T) kann unser Innovator also mit einer Rente in Höhe von $PR_{ges} = PR_1 + \sum_{t=2}^{T} PR_t \cdot \dfrac{1}{\left(1+r\right)^t}$ rechnen. Reicht diese aus, um die Investitionen in Forschung und Entwicklung zu kompensieren, wird unser Innovator einen Anreiz zur Innovation haben.[67] Reicht sie nicht aus, dann wird er keinen Anreiz zur Innovation haben.[68] In einer Welt ohne Patentrecht muss unser Innovator befürchten, dass Imitatoren in den Markt eintreten werden und dort als Wettbewerber auftreten. Je höher die potentielle Produzentenrente und damit je höher der Anreiz unseres Innovators, desto größer wird auch der Anreiz der Imitatoren sein, einen Teil hiervon abzuschöpfen. Dennoch wird unser Innovator einen Vorteil gegenüber potentiellen Imitatoren haben. In diesem Zusammenhang spricht man von einem „First-Mover-Advantage". Schließlich müssen die Imitatoren erstmal in der Lage sein, die Innovation ebenfalls zu produzieren. Dieser Prozess kostet Zeit und benötigt technisches Verständnis über das Produkt. Cohen und Levinthal (1989, 1990) begründen hierzu den Begriff der absorptiven Kapazität, die Fähigkeit, das Wissen aus der Innovation zu absorbieren und im Rahmen des eigenen Produktionsprozesses umzusetzen. Dieser „First-Mover-Advantage" unseres Innovators wird ihm also auch ohne Patent eine

---

[66] Abb. 3.34 in Anlehnung an Scherer und Ross (1990), S 623.

[67] Selbstverständlich kann unser Innovator im Voraus nicht wissen, wie seine Innovation vom Markt angenommen wird. Dieses übliche Unternehmerrisiko berücksichtigt unser Unternehmer aber grundsätzlich als Wahrscheinlichkeit (WS) in seinem Kalkül. Wir werden später darauf zurückkommen, schließlich sind solche zukünftigen Erträge nicht sicher, d. h. $WS < 1$. Man spricht in diesem Zusammenhang davon, dass unser Innovator einen Erwartungswert bildet, der sich aus dem Produkt zukünftiger Erträge und der Eintrittswahrscheinlichkeit ergibt.

[68] Die Höhe der Monopolistenrente ist natürlich auch ein Indikator für die Neuheit eines Produktes. Schließlich spiegelt unsere Fläche zwischen Angebot- und Nachfragefunktion die Wohlfahrt wider, die durch die Innovation erst geschaffen wird. Je größer diese Fläche, desto wertvoller ist die Innovation für die Gesellschaft. Ist die Produzentenrente also relativ klein, ist der Wert für die Gesellschaft aus dieser Innovation klein. Das Patentrecht schafft also zugleich einen Anreiz von weniger gesellschaftlich nützlichen Investitionen abzusehen.

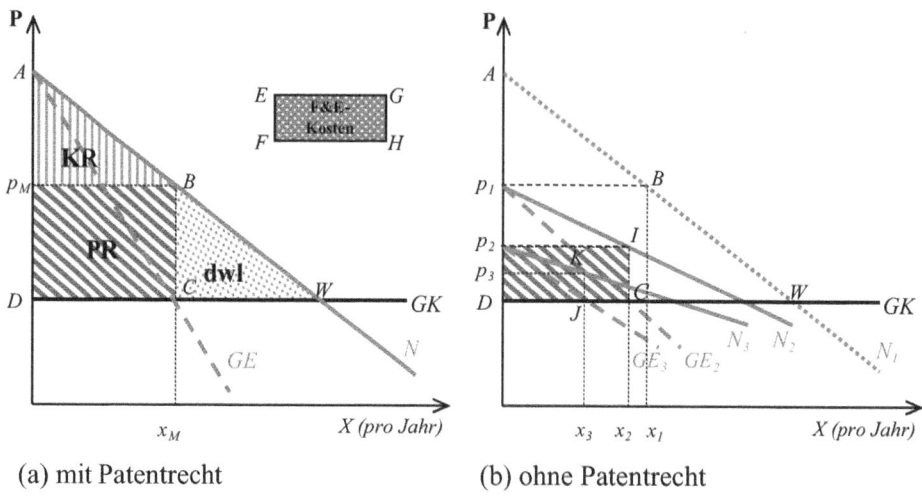

(a) mit Patentrecht   (b) ohne Patentrecht

Abb. 3.34 Produktinnovation

entsprechende Produzentenrente ermöglichen. Allerdings wird diese deutlich kleiner sein als zur Situation mit Patent. Darüber hinaus wird sie von Jahr zu Jahr deutlich sinken, und zwar über das Niveau der Diskontierung (Inflation) hinaus. Hintergrund ist in diesem Zusammenhang, dass es einige Konsumenten gibt, die unter diesen Bedingungen auf das später im Markt verfügbare Imitat warten werden. Andere Konsumenten wiederum werden das Produkt sofort konsumieren wollen und es bei unserem Innovator beziehen. Da von Jahr zu Jahr immer mehr Imitatoren in den Markt eintreten werden, sinkt der Preis immer weiter in Richtung Grenzkosten, wodurch auch die Produzentenrente unseres Innovators sinkt. In Abb. 3.34 (b) wird dieser Prozess dadurch deutlich, dass die Marktnachfrage nicht der alten Marktnachfrage (N) entspricht, sondern nur eine sog. Residual-Nachfrage in Form der Nachfragefunktion N_2 verbleibt. Diese verändert sich im nächsten Jahr zu N_3, da im Zeitablauf die Konsumenten eher bereit sein werden, das nahezu identische Imitat zu kaufen. Mit der Nachfrage verändert sich die Grenzerlösfunktion und damit das Maximierungskalkül des Innovators für den gewinnmaximierenden Preis. So wählt er zunächst den Preis p_2, der sich als Schnittpunkt der Grenzerlösfunktion (GE_2) und der Grenzkostenfunktion ergibt. Im nächsten Jahr wählt er den Preis p_3, als Schnittpunkt zwischen GE_3 und der Grenzkostenfunktion. Damit sinkt die erreichbare Prozentrente gegenüber der Situation mit Patent zunächst auf p_2ICD im ersten Jahr. Und schließlich auf p_3KJD im zweiten Jahr, wobei diese noch entsprechend zu diskontieren wäre. Unmittelbar deutlich wird indes, dass die Abwägung unseres Innovators zwischen Innovationsrente und den Kosten für Forschung und Entwicklung sehr viel knapper ausfallen wird. Der Anreiz, in Forschung und Entwicklung zu investieren, sinkt deutlich ohne Patentrecht. Eine gesellschaftlich wünschenswerte Innovation unterbleibt. Es kommt zu einem Unterangebot an Innovationen. Der neue Markt, und damit die neue soziale Wohlfahrt in Form des Dreiecks zwischen Angebots- und Nachfragefunktion, wird ohne Patent nicht realisiert.

Von der in Abb. 3.34 vorgestellten Produktinnovation ist die sog. Prozessinnovation zu unterscheiden. In diesem Zusammenhang ist das Ergebnis der Innovation kein neues Produkt, das auf dem Markt angeboten wird, sondern eine Prozesstechnologie, die die Produktion eines bekannten Produktes kostengünstiger gestaltet. Die Prozesstechnologie verschafft dem Innovator also eine bessere Kostenstruktur gegenüber den Wettbewerbern, sodass der Innovator der Preisabwärtsspirale, zu der es aus erläuterten Gründen im Markt des vollkommenen Wettbewerbs kommt, entgehen kann. Kann er günstiger als seine Wettbewerber produzieren, muss er nur marginal unter den Preisen seiner Wettbewerber liegen, um diese vom Markt zu verdrängen. In unserem klassischen Marktnachfrage-/Angebotsmodell kommt dies durch eine Verschiebung der Grenzkosten- und damit der Angebotsfunktion von GK_0 zu GK_1 zum Ausdruck. Schließlich kann unser Innovator jede Menge des Guts aufgrund seiner neuen Prozesstechnologie günstiger herstellen. Abb. 3.35 verdeutlicht die Folgen einer Prozessinnovation.

Wie viel günstiger unser Innovator nun produzieren kann, kommt durch den Grad der Verschiebung unserer Grenzkostenfunktion zum Ausdruck. Man unterscheidet zwischen einer drastischen und einer nicht-drastischen Prozessinnovation. Je drastischer die Prozessinnovation, desto deutlicher ist die Verschiebung der Grenzkostenfunktion. In diesem Zusammenhang wird auch ersichtlich, dass unser Innovator nicht ohne weiteres den Monopolpreis wählen wird bzw. kann. Schließlich befindet er sich beim Verkauf des Produktes im Wettbewerb. Aufgrund der Prozessinnovation kann er dabei zwar einerseits günstiger produzieren, andererseits schränkt sie ihn jedoch auch in seinem Preissetzungsverhalten ein. Die absolute Preisobergrenze bilden dabei die alten Grenzkosten (GK_0). Ob unser Innovator nun den Monopolpreis wählt, hängt davon ab, ob es sich um eine drastische oder nicht-drastische Prozessinnovation handelt. Bei einer nicht-drastischen Prozessinnovation verschiebt sich die Grenzkostenfunktion von GK_0 auf GK_1 nur geringfügig (vgl. Abb. 3.35 (a)). Unser Innovator würde gerne den Monopolpreis p_M wählen, der sich bekanntlich aus dem Schnittpunkt zwischen Grenzerlös- und Grenzkostenfunktion ($GE = GK_1$) ergibt. Allerdings liegt dieser oberhalb der ursprünglichen Grenzkosten. Um die Wettbewerber vom Marktzutritt abzuhalten, wird unser Innovator einen Preis wählen der marginal unterhalb der Grenzkostenfunktion GK_0 liegt, sodass $p=p_0-\varepsilon$. Das ε zeigt dabei diesen marginalen Betrag, mit dem unser Innovator unterhalb des alten Preises bleibt.[69] Die Konsumentenrente verändert sich nicht. Der Innovator generiert indes eine Produzentenrente in Höhe des schraffierten Rechtecks in Abb. 3.35 (a). Genau in Höhe dieses Rechtecks steigt also auch die soziale Wohlfahrt durch unsere Prozessinnovation. Es entsteht zwar auch ein „dead-weight-loss", allerdings vergrößert sich die soziale Wohlfahrt, sodass aus Sicht von Pareto und Kaldor-Hicks eine Verbesserung vorliegt. Im Fall der drastischen Innovation verschiebt die Grenzkostenfunktion sich so weit, dass der Monopolpreis unterhalb des ursprünglichen Preises p_0 liegt (vgl. Abb. 3.35 (b)). In diesem Fall wählt der Innovator also den Monopolpreis und generiert eine Produzentenrente in Höhe des diagonal schraffierten Rechtecks. Gleichzeitig steigt die Konsumenten-

---

[69] Da unser Geld in der kleinsten Einheit auf Centbeträge begrenzt ist, könnte man ε mit 1 Cent beziffern. Der Preis des Innovators liegt also um 1 Cent unter dem ursprünglichen Preis p_0.

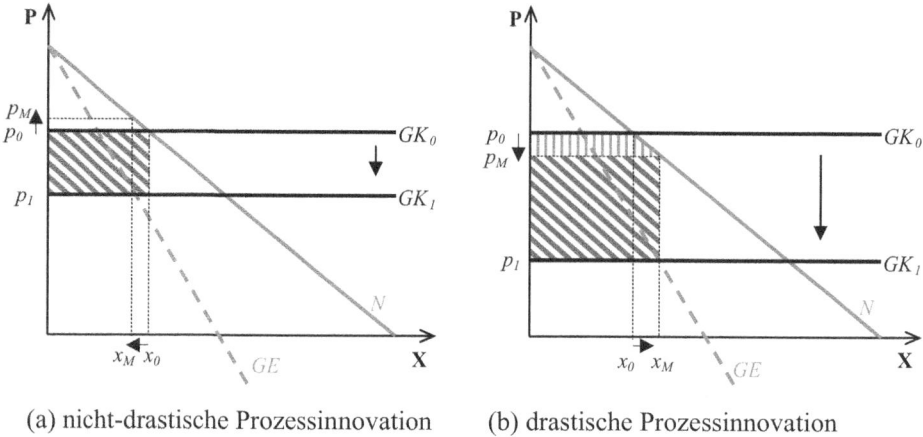

(a) nicht-drastische Prozessinnovation   (b) drastische Prozessinnovation

Abb. 3.35 Prozessinnovation

rente um die Fläche des vertikal schraffierten Bereichs. Das heißt die Konsumenten werden besser gestellt, zumal der Preis durch die drastische Erfindung sinkt. Die soziale Wohlfahrt steigt um die Fläche des schraffierten Berreichs in Abb. 3.35 (b). Beide Marktseiten – die Konsumenten und der Innovator – werden besser gestellt.

Die Frage ist nun, welche Rolle das Patent(recht) in diesen beiden Innovationsbereichen spielt. Im letzten Fall, der Prozessinnovation, stellen wir fest, dass das Patent womöglich gar keine große Rolle spielt. Schließlich handelt es sich um eine Prozesstechnologie. Kauft der Konsument (oder der Wettbewerber) das Produkt des Innovators, wird aus dem Produkt nicht ohne weiteres ersichtlich, wie genau sich der Produktionsprozess gestaltet. In diesem Fall könnte unser Innovator also auch die Strategie der Geheimhaltung wählen. In jedem Fall wird die soziale Wohlfahrt zunehmen, da eine neue Prozesstechnologie den Produktionsprozess kosteneffektiver gestaltet. Im Fall der Produktinnovation wird hingegen deutlich, dass ein Patent eine viel größere Rolle spielt. Hier kann der Innovator nicht ohne weiteres seine Information geheim halten, da der Konsument mit dem Produkt auch die Information gewinnt. Ein Fachmann wird also nach einiger Zeit die absorptive Kapazität aufgebaut haben, um das Produkt zu imitieren. Vor diesem Hintergrund stechen zwei grundlegende Funktionen des Patentrechts aus ökonomischer Sicht hervor: Erstens soll das Patentrecht einen Anreiz zur Innovation schaffen. Dieser Anreiz besteht darin, dass der Innovator aufgrund der Ausschließbarkeit eine Monopolistenrente für die Dauer des Patents erwarten kann. Das Patentrecht hat also eine Anreizfunktion. Zweitens muss der Patentinhaber mit Gewährung des Patents die Informationen, die seiner Innovation zugrunde liegen, offenlegen. In diesem Zusammenhang ergibt sich eine Pflicht zur Offenlegung dieser Informationen in der sog. Patentschrift nach § 32 PatG. Die Patentschrift soll letztlich die absorptive Kapazität schaffen und damit zu einer Beschleunigung der Wissensdiffusion beitragen. So sollte ein Fachmann auf Basis der Patentschrift die Innovation nachbauen können. Das Patent hat also auch eine Informationsfunktion. Beide Funktionen zusammmen sollen einen Interessenausgleich schaffen. Auf der einen Seite wird deutlich, dass ein Patent ein temporäres Monopol schafft. Die Aussicht auf eine positive

Produzentenrente geht mit einem „dead-weight-loss" für die Dauer der Patentlebensdauer einher. Mit anderen Worten: Wir verzichten auf einen Teil der Wohlfahrt. Erst nach Ablauf des Patents geht die Innovation in Gemeineigentum über und wird zu Grenzkostenpreisen eine effiziente Allokation bewirken. Auf der anderen Seite werden die der Innovation zugrunde liegende Informationen offen gelegt. Diese Offenlegung ermöglicht damit auch Weiterentwicklungen der Basistechnologie, die wiederum patentierbar sind. In diesem Zusammenhang ist weniger die Lebensdauer des Patents entscheidend, sondern die Frage danach, wie weit eine andere patentierbare Innovation von der Basisinnovation entfernt sein muss. Neben der Patentlebenszeit ergeben sich deshalb die Patentbreite und -tiefe als zentrale Stellschrauben zur optimalen Ausgestaltung des Patentrechts.

Zusammenfassend lassen sich drei Dimensionen des Patentrechts hervorheben. Erstens, die Patentlebensdauer im Sinne des Zeitrahmens für die der Innovator ein exklusives Verwertungsrecht und damit temporäres Monopol erhält. Zweitens, die Patentbreite als Ausmaß, in dem ein „inventing around" verhindert wird. So könnte ein Patent für einen Motor grundsätzlich auf die Technologie Motor abstellen. Man spricht dann von einem breiten Patent. Ein solch breites Patent würde sämtliche Innovationen zu dieser Technologie unterbinden. Im Gegensatz könnte eine bestimmte Art des Motors durch das Patent geschützt sein, sodass andere Motortechnologien gleichberechtigt daneben stehen würden. Je enger das Patent dabei ist, desto näher darf die neue Motortechnologie der Basistechnologie sein. Die Patentbreite ist damit ein Gradmesser für den ermöglichten Wettbewerb. So stehen heutzutage Ottomotor und Dieselmotor im Wettbewerb zueinander. Drittens, die Patenttiefe, d. h. inwiefern der Innovator der Basistechnologie an Weiterentwicklungen und Verbesserungen teilhaben darf. Schließlich ist eine Weiterentwicklung nicht ohne die Basistechnologie möglich. Gleichzeitig verteuert das Patent für die Basistechnologie die Möglichkeit einer Weiterentwicklung. So muss der Innovator der Weiterentwicklung unter Umständen eine Lizenz beim Innovator der Basistechnologie ersuchen. Das Zusammenspiel aus allen drei Dimensionen strebt einen Interessenausgleich zwischen den gegenläufigen Interessen des Innovators auf der einen Seite und der Allgemeinheit auf der anderen Seite an. Man spricht in diesem Rahmen von der optimalen Patentausgestaltung.

Das Nordhaus-Modell

Eine grundlegende Arbeit zur optimalen Patentlebensdauer geht auf Nordhaus (1969) zurück. Nordhaus untersucht in seiner Doktorarbeit aus dem Jahr 1969 genau den Zielkonflikt, den wir in Abb. 3.35 beschreiben. Der Vorteil des Patents ist, dass der Innovator einen Anreiz zur Schaffung der Innovation hat. Der Nachteil besteht darin, dass wir auf einen Teil der Wohlfahrt für die Dauer des Patents verzichten.[70] Bei der Ausgestaltung wägen wir beide Interessen gegeneinander ab.

Betrachten wir das Interesse des Innovators und damit die Anreizfunktion des Patentrechts etwas genauer, so wird deutlich, dass selbst der Innovator keinen Anreiz haben

---

[70] Optimal wäre es sicherlich, wenn man dem Innovator direkt nach Markteinführung das Patent wieder entziehen könnte. Denn ist die Innovation einmal vorhanden, würde unser „Social Planer" diese gerne allen zur Verfügung stellen. Schließlich liegt hier Nicht-Rivalität im Konsum vor. Hiermit würden wir allerdings den Anreiz zur Innovation entziehen. Spätestens die zweite Innovation würde also

wird, für eine unendliche Patentlebensdauer zu plädieren. Grund für diesen Sachverhalt ist der idealtypische Verlauf der Produktionsfunktion einer Innovation. Nordhaus (1969) betrachtet hierzu eine Prozessinnovation. Wie bereits erläutert, führt eine Prozessinnovation zu einer Verschiebung der Grenzkostenfunktion nach unten. Zur Veranschaulichung betrachten wir eine Prozessinnovation, die genau zwischen einer nicht- und einer drastischen Prozessinnovation liegt, sodass $p_M = p_0 = GK_0$ (Abb. 3.36).

Vor diesem Hintergrund definiert Nordhaus das Ausmaß dieser Grenzkostenverschiebung ($B(R)$) als[71]

$$B(R) = GK_0 - GK_1. \tag{3.7}$$

Gl. (3.7) verdeutlicht, dass das Ausmaß der Prozessinnovation durch die Differenz des Kostensenkungspotentials beschrieben werden kann, wobei zur Generierung dieser Kosteneinsparung der Einsatz von „Forschung- und Entwicklung" (R) erforderlich ist. Die Produktionsfunktion zur Generierung einer Prozessinnovation im Ausmaß B durch Einsatz von R weist dabei einen konkaven Verlauf auf, d. h. während der erste investierte Euro in „Forschung und Entwicklung" das Ausmaß B drastisch erhöht, reduziert sich dieser Grenzertrag mit zunehmendem Einsatz von R. Abb. 3.37 verdeutlicht den Verlauf der Produktionsfunktion dadurch, dass der Betrag der Steigung mit zunehmendem Input R immer weiter sinkt.[72] Nehmen wir nun an, dass jede Einheit R zu einem Kostensatz s eingesetzt wird, so erhalten wir auf der Kostenseite des Innovators

$$K(R) = s \cdot R. \tag{3.8}$$

Demgegenüber ist der Ertrag des Innovators nicht nur vom Ausmaß der Prozessinnovation, sondern auch von der Dauer des Patentschutzes abhängig. Schließlich entscheidet die Patentlaufzeit T darüber, für welche Zeitdauer der Innovator eine Produzentenrente erzielt, bevor die Imitation der Innovation und damit der Markteintritt von Wettbewerbern zu der bekannten Preisabwärtsspirale des Modells des vollkommenen Wettbewerbs führt und Grenzkostenpreise ($p = GK_1$ in Abb. 3.36) resultieren. Vor diesem Hintergrund ergibt sich der Ertrag des Innovators aus dem Ausmaß der Prozessinnovation (B) und der Patentlebenszeit (T) in Form von[73]

---

unterbleiben. Das Patentrecht kann damit immer nur eine „second best"-Lösung sein. Ziel des Patentrechts sollte deshalb sein, dass der Anreiz gerade ausreicht, um die Innovation zu schaffen. Das ist auch der Grund, warum die Patentgebühren mit zunehmender Patentlebenszeit progressiv steigen. Im Abschn. 6.2.3 werden wir eine weitere Lösungsmöglichkeit in Form der sog. Pigou-Subvention diskutieren, die tatsächlich zu einer „first best"-Lösung führen könnte.

[71] Die hier dargestellte Form des Nordhaus-Modells folgt in Teilen der geometrischen Reinterpretation des Nordhaus-Modells nach Scherer (1972). Siehe hierzu auch Kaufer (1989).

[72] Allerdings bleibt hervorzuheben, dass die Steigung immer größer gleich null und damit positiv sein wird. Mit jedem weiteren Euro, den wir in Forschung und Entwicklung investieren, erhöhen wir das Ausmaß der Kostensenkung durch die Prozessinnovation. Nur der Hinzugewinn an Kosteneinsparung wird immer kleiner mit zunehmendem R.

[73] Hier bleibt zu berücksichtigen, dass der Innovator nicht die Patentlebensdauer maximiert, sondern seinen Ertrag aus der Innovation. Schließlich setzt der Gesetzgeber die Patentlebensdauer fest und

Abb. 3.36 Prozessinnovation im
Nordhaus-Modell

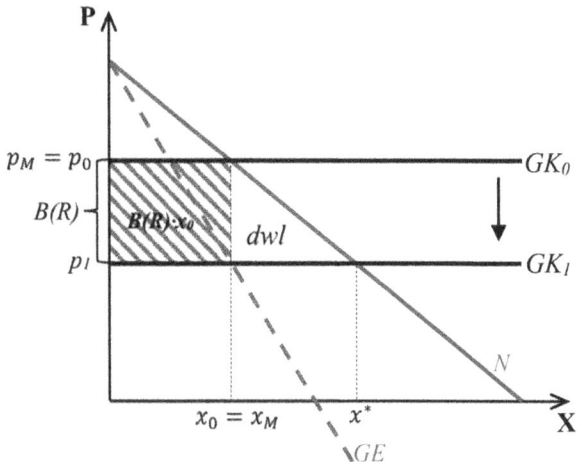

$$V(B,T) = \int_{\tau=0}^{T} B(R) \cdot x_0 \cdot e^{-r\tau} dv = \left(1 - e^{-r\tau}\right) \cdot \frac{B(R) \cdot x_0}{r}. \tag{3.9}$$

Gl. (3.9) verdeutlicht, dass sich der Ertrag des Innovators als Summe aller Produzenten-renten (i. S. v. $B(R) \cdot x_0$) im Zeitablauf, d. h. von $\tau = 0$ bis zum Ende der Patentlaufzeit $\tau = T$, ergibt.[74] Damit ergibt sich das Gewinnmaximierungskalkül des Innovators aus Ertrag mi-nus Kosten der Prozessinnovation, sodass

$$G(B,T) = V(B,T) - s \cdot R. \tag{3.10}$$

Hier wird nun unmittelbar deutlich, dass die Patentlebenszeit (T) explizit von unserem Innovator in seinem Maximierungskalkül berücksichtigt wird und unmittelbar seine Ent-scheidung über die Investition in Forschung und Entwicklung (R) beeinflusst. Zur Verein-fachung setzen wir den Kostensatz s pro Einheit von „Forschung und Entwicklung" (R) gleich eins, damit

$$G(B,T) = V(B,T) - R. \tag{3.11}$$

Abb. 3.37 zeigt nun das Maximierungskalkül unseres Innovators, in Abhängigkeit der Patent-lebensdauer. Wie bereits erläutert weist die Produktionsfunktion $B(R)$ einen konkaven Verlauf auf, d. h. mit jeder weiteren Einheit R steigt das Ausmaß der Prozessinnovation (B), allerdings sinkt der Betrag der Steigung mit zunehmendem R. Zur Realisierung einer gegebenen Prozess-innovation (B) investiert unser Innovator R Einheiten in Forschung und Entwicklung. Der Er-trag des Innovators aus der Prozessinnovation wird durch $V(B,T)$ ersichtlich, wobei der Ertrag

---

nicht der Innovator. Vor diesem Hintergrund ist die zu integrierende Variable der Ertrag v aus der Prozessinnovation (deshalb dv als Integrationsbefehl).

[74] Auf den Diskontierungsfaktor e^{-rt} kommen wir noch zurück. Für eine Wiederholung der Regel zur Integration und das damit verbundene Bilden einer Stammfunktion (durch Aufleiten) siehe Kap. 6.

Abb. 3.37 Das
Maximierungskalkül des
Innovators im Nordhaus
-Modell

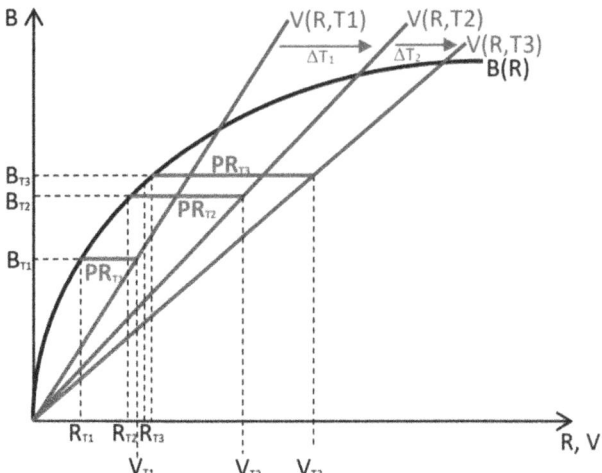

mit zunehmendem R steigt und von der Patentlebenszeit T abhängt. Der Grund für den Anstieg von B durch R wird unmittelbar in Abb. 3.36 deutlich. Je mehr der Innovator in Forschung und Entwicklung investiert (d. h. je größer R) desto größer ist das Ausmaß der Prozessinnovation (B) und damit die Höhe des Rechtecks unserer Produzentenrente (PR), die unser Innovator maximieren möchte. Je größer also B, desto größer der Flächeninhalt $PR = B(R) \cdot x_0$. Die Patentlebensdauer (T) entscheidet schließlich darüber, ob die erzielte Produzentenrente nur im Jahr $\tau = 1$ realisiert wird, oder auch in weiteren Jahren $\tau = 2$ bis $\tau = T$. Dieser Sachverhalt führt schließlich zu einer Drehung der Ertragsfunktion des Innovators, wobei mit jedem weiteren T der Grad der Drehung sinkt. Gerade dieser Aspekt wird auch in Gl. (3.9) durch den Faktor $e^{-r\tau}$ deutlich. Hierbei handelt es sich um einen Diskontierungsfaktor, der zwei wesentliche Argumente berücksichtigt. Zunächst einmal trifft der Innovator seine Entscheidung zur Investition in Forschung und Entwicklung im Zeitpunkt $\tau = 0$, wobei die Erträge aus der Innovation erst in der Zukunft eintreten. Das heißt, die zukünftigen Erträge müssen auf die Gegenwart (also $\tau = 0$) abdiskontiert werden, um u. a. die Inflation – also die Abnahme des Wertes im Zeitverlauf – zu berücksichtigen. Darüber hinaus nimmt idealtypisch der Ertrag aus dem Verkauf eines (neuen) Produktes im Zeitablauf ab – insbesondere vor dem Hintergrund, dass andere Marktteilnehmer Alternativen oder Weiterentwicklungen der Basisinnovation entwickeln und damit einige Konsumenten zum Teil bei Wettbewerbern kaufen werden. Der Diskontierungsfaktor $e^{-r\tau}$ berücksichtigt damit, dass die zu erzielende Produzentenrente von Jahr zu Jahr sinkt.

Abb. 3.37 verdeutlicht nun, wie sich das Maximierungskalkül unseres Innovators verändert, wenn wir an der Stellschraube der Patentlebensdauer (T) drehen. Entsprechend ist für eine Patentlebensdauer T_1 für den Innovator die Ertragsfunktion $V(R,T1)$ relevant. Der Innovator maximiert entsprechend seine Gewinnfunktion aus Gl. (3.11) und wählt den größtmöglichen Abstand – und damit die größtmögliche Produzentenrente (PR_{T1}) – zwischen der Ertragsfunktion ($V(R,T1)$) und der Produktionsfunktion ($B(R)$). Vor diesem Hintergrund investiert der Innovator R_{T1} Einheiten in Forschung und Entwicklung und erzielt einen Ertrag V_{T1}. Die resultierende Produzentenrente entspricht der Differenz aus Ertrag minus Kosten, d. h. $PR_{T1} = V_{T1} - R_{T1}$. Drehen wir nun an der Stellschraube Patentlebensdauer und erhöhen die Patentlebensdauer auf T_2, so führt diese Veränderung zu einer Drehung der Ertragsfunktion unseres Innovators nach außen. Um diese Überlegung zu verstehen, betrachten wir die Gl. (3.9) etwas genauer. Erhöhen wir die Patentlebensdauer von einer auf zwei Perioden, so addieren wir zur Produzentenrente aus der ersten Periode die Produzentenrente der zweiten Periode hinzu. Dieser Aspekt wird auch in Abb. 3.37 ersichtlich. Unser Innovator wählt erneut eine Menge R, die den Abstand zwischen der Ertragsfunktion (nun $V(R,T2)$) und der Produktionsfunktion ($B(R)$) maximiert, sodass die Investitionen in Forschung und Entwicklung auf R_{T2} Einheiten steigen und ein Ertrag von V_{T2} erzielt wird – damit ergibt sich eine Produzentenrente in Höhe von $PR_{T2} = V_{T2} - R_{T2}$. Diese Produzentenrente (PR_{T2}) ist größer als die Produzentenrente für nur eine Periode der Patentlebensdauer (PR_{T1}), allerdings nicht doppelt so groß. Dies liegt letztlich daran, dass die Produzentenrente der zweiten Periode aufgrund der Diskontierung (mit dem Faktor e^{-rt}) kleiner ist als die Produzentenrente der ersten Periode.

Drehen wir nun erneut an der Stellschraube der Patentlebensdauer, so führt dies erneut zu einer Drehung der Ertragsfunktion (von $V(R,T2)$ auf $V(R,T3)$). Der Grad der Drehung nimmt jedoch von Periode zu Periode ab, sodass die Ertragsfunktion nur geringfügig verschoben wird. Hintergrund ist auch hier die Diskontierung zukünftiger Erträge. Dieser Sachverhalt wird auch bei Betrachtung der Produzentenrente (PR_{T2}) deutlich, wobei der Innovator erneut seine Investitionen in Forschung- und Entwicklung auf R_{T3} erhöht und einen entsprechend größeren Ertrag V_{T3} erzielt, sodass $PR_{T3} = V_{T3} - R_{T3}$. Schließlich stellen wir fest, dass der Grenznutzen – d. h. der zusätzliche Nutzen der Veränderung der Patentlebensdauer um eine Periode – aus der Patentverlängerung von Mal zu Mal sinkt.[75] Das Abdiskontieren der zukünftigen Produzentenrenten führt von Periode zu Periode dazu, dass immer weniger Produzentenrente (und damit Anreiz in Forschung und Entwicklung zu investieren) hinzukommt. Zusammenfassend zeigt Abb. 3.37 damit, dass selbst ein Innovator kaum für eine unendliche Patentlebensdauer plädieren würde, zumal jede Erweiterung der Patentlaufzeit immer unattraktiver wird, je weiter diese in der Zukunft liegt.

Beispiel 3.13

Gegeben sei erneut die Preisabsatzfunktion $P(x) = 100 - x$. Die Grenzkosten seien 60 Euro, sodass $GK_0 = p_0 = 60$. Die Xtrem GmbH kann die Grenzkosten durch ein neues Herstellungsverfahren (Prozessinnovation) deutlich auf 20 Euro senken, sodass $GK_1 = p_1 = 20$. Hierfür sind F&E-Kosten in Höhe von 3000 Euro entstanden. Der Zinssatz zur Diskontierung sei gegeben durch $r = 0,05$.

Das Einzeichnen der Preisabsatzfunktion sowie der beiden Grenzkostenfunktionen liefert nachfolgendes Bild. Es wird deutlich, dass das Ausmaß der Prozessinnovation durch $B = GK_0 - GK_1 = 60 - 20 = 40$ gegeben ist. Ohne Berücksichtigung des Diskontierungsfaktors, ergibt sich damit eine Produzentenrente (PR) von $PR = B(R) \cdot x_0 = 40 \cdot 40 = 1600$. Diese Produzentenrente generiert die Xtrem GmbH jedes Jahr, wobei

---

[75] Messen wir die Produzentenrenten (PR_{T1}, PR_{T2}, PR_{T3}) aus Abb. 3.37 nach, so wird ersichtlich, dass eine Verlängerung der Patentlebensdauer von $T1$ auf $T2$ die Produzentenrente um 96 % erhöht, während die nächste Erweiterung von $T2$ auf $T3$ die Produzentenrente nur um weitere 70 % steigen lässt. Das heißt das Mehr an Nutzen (Grenznutzen) aus einer Patentverlängerung sinkt mit jeder Erweiterung der Patentlebensdauer.

die Dauer davon abhängig ist, für wie viele Jahre ein Patent das Unternehmen vor Imitation schützt. Die Bestimmung der optimalen Patentlebensdauer basiert nun auf der Überlegung, dass die erwartete Produzentenrente gerade groß genug ist, dass der Innovator einen Anreiz hat in die Forschung- und Entwicklung der neuen Prozessinnovation zu investieren. Hierzu sollte der erwartete Ertrag aus der Prozessinnovation größer sein als die Aufwendungen in Form von F&E-Investitionen, d. h. es muss gelten, dass $V(B, T) \geq R$.

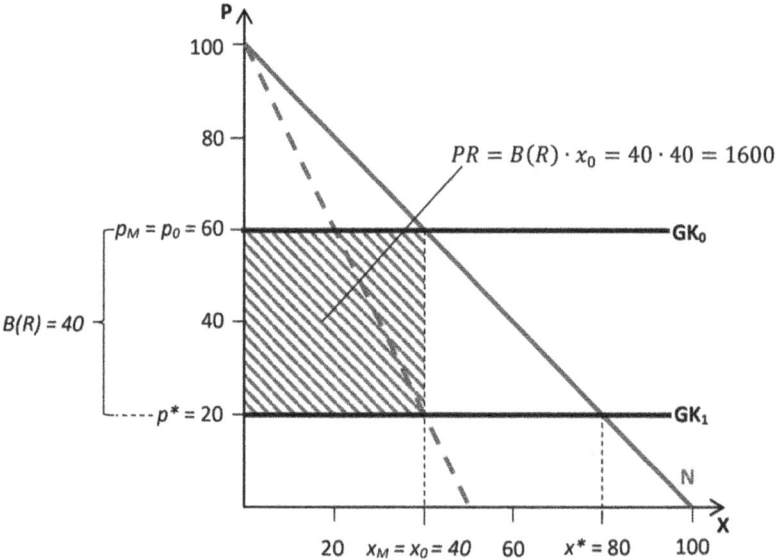

Berechnen wir nun die Produzentenrente bei einer Patentlebensdauer von einer Periode, so greifen wir auf unsere Überlegungen aus der Gl. (3.9) zurück, sodass

$$V\left(B = 40, T = 1\right) = \left(1 - e^{-0,05 \cdot 1}\right) \cdot \frac{40 \cdot 40}{0,05} = 1560,66.$$

Es wird also deutlich, dass eine einperiodige Patentlebensdauer nicht als Anreiz zur Investition in die Forschung und Entwicklung der Prozessinnovation ausreicht, da $V(B = 40, T = 1) = 1560, 66 < R = 3000$. Drehen wir nun an der Patentlebensdauer und erhöhen diese von 1 auf 2 Perioden, so ergibt sich folgendes Kalkül:

$$V\left(B = 40, T = 2\right) = \left(1 - e^{-0,05 \cdot 2}\right) \cdot \frac{40 \cdot 40}{0,05} = 3045,20.$$

Das heißt. eine Patentlebensdauer von 2 Jahren reicht aus, um einen Anreiz zur Investition in F&E zu bieten, da $V(B = 40, T = 2) = 3045, 20 > R = 3000$. Auch in unserer Rechnung wird nun deutlich, dass die hinzukommende Produzentenrente von der ersten zur zweiten Periode sinkt.

Aus sozialer Wohlfahrtsperspektive wird schließlich deutlich, dass die optimale Patentlebensdauer dadurch charakterisiert ist, dass gerade genügend Anreiz für den Innovator gegeben wird in Forschung- und Entwicklung zu investieren, um dabei nicht noch länger als nötig auf das „dead-weight-loss" des Monopols zu verzichten. Die soziale Wohlfahrtsfunktion ergibt sich damit in der Form

$$SW = \int_{\tau=0}^{\infty} \underbrace{B(R) \cdot x_0 \cdot e^{-r\tau} d\tau}_{W_1} + \int_{T}^{\infty} \underbrace{\frac{B(R) \cdot (x^* - x_0) \cdot e^{-r\tau}}{2}}_{W_2} d\tau - R. \qquad (3.12)$$

Die soziale Wohlfahrt (*SW*) lässt sich vor diesem Hintergrund in drei Teile unterteilen: Im Teil W_1 wird die Wohlfahrt deutlich, die für die Zeit der Patentlebensdauer als Produzentenrente durch den Innovator internalisiert wird und danach als Konsumentenrente. Hintergrund ist dabei, dass zum Zeitpunkt des Ablaufs des Patents Wettbewerber mit einer Imitation in den Markt eintreten, sodass es zu der bekannten Preisabwärtsspirale kommt, bis Grenzkostenpreise resultieren. Aus sozialer Wohlfahrtsperspektive ist dabei irrelevant, wer (ob Produzenten oder Konsumenten) die Wohlfahrt internalisiert, schließlich können weder Pareto noch Kaldor/Hicks Aussagen über Verteilungswirkungen machen.[76] Deshalb betrachten wir die internalisierte soziale Wohlfahrt auch als Summe der Wohlfahrtsflächen vom Zeitpunkt null bis unendlich, ohne diese nochmals in Produzenten- (von 0 bis T) und Konsumentenrente (von T bis unendlich) zu unterteilen. Im Teil W_2 wird deutlich, dass wir ab Ablauf des Patents (im Zeitpunkt T) auch die Dreiecksfläche des „dead-weight-loss" realisieren. Auf diese Wohlfahrt verzichten wir schließlich für die Dauer des Patents, um dem Innovator einen Anreiz zur Innovation zu bieten. Nach Ablauf der Patentlebensdauer wird diese Wohlfahrt als Konsumentenrente internalisiert, schließlich führt die Preisabwärtsspirale als Folge des Markteintritts von Imitatoren im Zeitpunkt T dazu, dass Grenzkostenpreise resultieren. Der dritte und letzte Teil der sozialen Wohlfahrtsfunktion hebt schließlich hervor, dass der Generierung einer Innovation, Forschungs- und Entwicklungsaufwendungen im Umfang von R gegenüberstehen. Zur Vereinfachung hatten wir bisher angenommen, dass jede Einheit R eine Geldeinheit kostet, sodass der variable Kostensatz (*s*) unberücksichtigt bleibt. Betrachten wir diesen Aspekt indes etwas genauer, so könnten wir die soziale Wohlfahrtsfunktion auch wie folgt definieren

$$SW = \int_{\tau=0}^{\infty} \underbrace{B(R) \cdot x_0 \cdot e^{-r\tau} d\tau}_{W_1} + \int_{T}^{\infty} \underbrace{\frac{B(R) \cdot (x^* - x_0) \cdot e^{-r\tau}}{2}}_{W_2} d\tau - \int_{\tau=0}^{T} s(\tau, R) \cdot R \cdot e^{-r\tau} d\tau. \qquad (3.13)$$

Die variablen Kosten einer Innovation weisen vor diesem Hintergrund zwei Komponenten auf (Gl. (3.13)): Erstens muss der Innovator für die Dauer der Patentlebenszeit (also von 0 bis T) Patentgebühren entrichten, die zudem progressiv steigend sind. Zweitens entstehen variable Kosten für den Einsatz von Forschung und Entwicklung im Umfang von R im Zeitpunkt 0. Diese Komponente könnte man beispielsweise als Stundenlohn für einen Mitarbeiter in der Forschung und Entwicklung berücksichtigen. Hiermit wird abschließend auch nochmal eine notwendige Bedingung dafür deutlich, dass die soziale Wohlfahrt aus

---

[76] Für eine Wiederholung siehe Kap. 2.

Gl. (3.13) überhaupt entsteht. Schließlich muss der Innovator seine Aufwendungen für die Innovation, durch den Ertrag aus der Innovation, zumindest decken können, sodass $\int_0^T (R) \cdot x_0 \cdot e^{-r\tau} d\tau \geq \int_0^T s(\tau, R) \cdot R \cdot e^{-r\tau} d\tau$ eine notwendige Bedingung für $SW \geq 0$ darstellt. Schließlich entsteht keine soziale Wohlfahrt, wenn der Innovator keine Innovation produziert. Vor diesem Hintergrund stellt $T^* = 0$ keine Option dar, da in diesem Fall der Anreiz für den Innovator ausbleibt.[77]

Wir maximieren also letztendlich Gl. (3.13) im Hinblick auf die Patentlebensdauer und suchen das optimale $\tau^* = T$, das gerade genug Anreiz zur Generierung einer Innovation erlaubt, ohne unnötig lange auf die Realisierung des „dead-weight-loss" (nach Ablauf der Patentlebensdauer) zu verzichten. Die Argumentation zur optimalen Patentlebensdauer lässt sich anhand der Abb. 3.38 veranschaulichen.

Vor diesem Hintergrund geht jede Erweiterung der Patentlebenszeit mit Grenznutzen und -kosten einher. Die Grenznutzen aus einer Erweiterung der Patentlebenszeit um eine Einheit weisen dabei einen sinkenden Verlauf auf. Mit anderen Worten: Jede Erweiterung der Patentlebensdauer führt zwar zu einem zusätzlichen Nutzen (solange $GN \geq 0$), dieser zusätzliche Nutzen aus jeder Patentlebenszeiterweiterung sinkt jedoch, je größer die Patentlebenszeit T. Den Grund für diesen sinkenden Verlauf haben wir bereits in Abb. 3.37 beobachtet. Hier dreht sich die Ertragsfunktion der Prozessinnovation nach außen, allerdings sinkt der Grad dieser Drehung mit jedem weiteren T aufgrund der Abdiskontierung. Man könnte auch sagen, dass die Produzentenrenten von Jahr zu Jahr immer kleiner werden und damit auch der Anreiz aus jeder weiteren Erweiterung der Patentlebensdauer. Die Grenzkosten aus einer Erweiterung der Patentlebenszeit um eine Einheit weisen hingegen einen steigenden Verlauf auf, schließlich bedeutet jede Erhöhung des F&E-Inputs zusätzliche Kosten. Zudem verdeutlicht Gl. (3.13), dass der Kostensatz mit zusätzlicher Patentlebenszeit steigt, da die Patentgebühren einen steigenden und progressiven Verlauf aufweisen. Das heißt, jede Erweiterung der Patentlebenszeit geht mit Kosten einher, die zudem mit jeder Erweiterung ansteigen. Bringen wir nun Grenznutzen und -kosten zusammen, so wird schnell deutlich, dass eine optimale Patentlebensdauer existiert. So führt die Erweiterung der Patentlebenszeit von T_1 auf T_2 zu einer zusätzlichen sozialen Wohlfahrt in Höhe der horizontal schraffierten Fläche (Abb. 3.38). Es wird deutlich, dass in T_1 die Grenznutzen einer Patentlebenszeiterweiterung deutlich über den Grenzkosten liegen, d. h. $GN_1 > GK_1$. Solange dies der Fall ist, lohnt sich auch eine Erweiterung der Patentlebenszeit über T_2 hinaus. Auch in T_2 liegen die Grenznutzen oberhalb der Grenzkosten einer Erweiterung der Patentlebenszeit, sodass die gepunktete Fläche als zusätzliche soziale Wohlfahrt aus einer Erweiterung von T_2 auf T_3 hervorgeht. Abb. 3.38 verdeutlicht schließlich, dass auch über T_3 hinaus eine Erweiterung der Patentlebensdauer die soziale

---

[77] Wie wir bereits gesehen haben gibt es einen „First-Mover-Advantage" des Innovators, der umso größer ist, je komplexer eine Technologie ist. Schließlich muss der Imitator zunächst die absorptive Kapazität (Cohen und Levinthal 1989) aufbauen, um die Innovation imitieren zu können. Nichtsdestotrotz wird der Innovationsanreiz im Falle von $T = 0$ deutlich geringer sein.

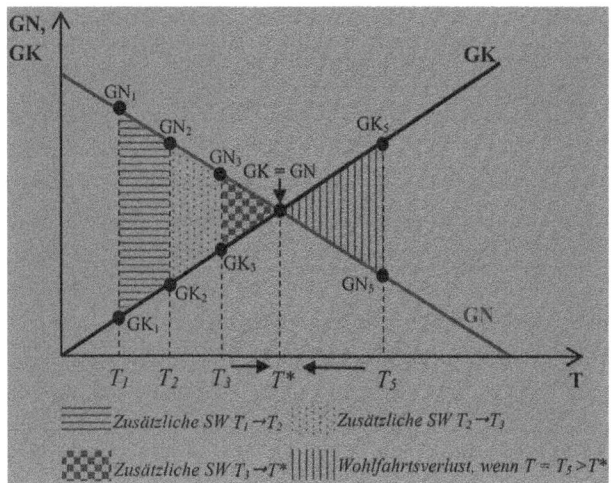

Abb. 3.38 Optimale Patentlebensdauer

Wohlfahrt erhöht, bis die Grenznutzen einer Erweiterung den Grenzkosten entsprechen ($GN = GK$). Genau hier befindet sich die optimale Patentlebensdauer T^*, d. h. die Patentlebenszeit, die die soziale Wohlfahrt maximiert. Erhöhen wir über T^* hinaus die Patentlebenszeit, so liegen die Grenznutzen unterhalb den Grenzkosten, sodass jede Erweiterung über T^* hinaus die soziale Wohlfahrt reduziert. Analog wird dieser Sachverhalt in der Abb. 3.37 ersichtlich. Hier steigt die zusätzliche Wohlfahrt in Form der Produzentenrente mit steigendem T an, während der Grenzertrag immer kleiner wird. Bevor dieser Grenzertrag negativ und damit kleiner wird, sollten wir die Ausweitung der Patentlebenszeit beenden. Hier befindet sich dann die optimale Patentlebenszeit.

Nordhaus (1969) hebt dabei vier Effekte für eine optimale Patentlebensdauer hervor. Erstens, sinkt mit zunehmender Preiselastizität der Nachfrage auch die optimale Patentlebensdauer. Schließlich bestimmt die Elastizität der Nachfrage die Steigung der Nachfragefunktion. Je steiler diese verläuft, desto niedriger ist das dead-weight-loss im Sinne der Dreiecksfläche, auf die wir während der Patentlebensdauer verzichten. Zweitens, je größer die neu geschaffene Wohlfahrt im Sinne der Fläche zwischen Nachfrage- und Angebotsfunktion, desto größer ist die optimale Patentlebensdauer. Drittens, je größer die Diskontierungsrate ist, desto größer ist die optimale Patentlebensdauer. Offensichtlich sinkt mit zunehmender Diskontierungsrate auch der Wohlfahrtsverlust in Form des „dead-weight-loss", den wir in Zukunft (nach Ablauf des Patents) realisieren. Viertens, je größer die Produktivität der Innovation, desto größer die optimale Patentlebensdauer. Die Produktivität der Innovation stellt dabei darauf auf, wie viel neue Wohlfahrt durch wie viel Input (i.S.v. F&E Aufwendungen) geschaffen wird. Je höher dieser Wirkungsgrad der Innovation ist, desto länger sollte ein Innovator hiervon auch profitieren dürfen. Das Zusammenspiel aus optimaler Patentlebensdauer und -breite geht hingegen erst auf spätere Arbeiten von Gilbert und Shapiro (1990), Gallini (1992) und Maurer und Scotchmer (1998) zurück. Gilbert und Shapiro (1990) verstehen die Patentbreite dabei als besseren Schutz vor Imitation. Die Autoren argumentieren, dass ein breiteres Patent die Möglichkeit des Marktzutritts potentieller Wettbewerber reguliert. Ein breiteres Patent erschwert also den Marktzutritt. Damit schützt das breite Patent auch vor Wettbewerbern mit solchen Produkten, die sich zwar vom Patent unterscheiden, aber Substitute sind. Damit gilt: Je breiter das Patent, desto größer der Wohlfahrtsverlust des Monopols. Deshalb sprechen sich Gilbert und Shapiro (1990) für ein schmales, aber langes Patent aus. Gallini (1992) versteht Patentbreite als die Kosten für Forschung und Entwicklung, die nötig sind, um ein „inventing around" zu betreiben. Folglich macht ein breites Patent die Erfindung einer ähnlichen Technologie teurer. Gallini (1992) kommt zu dem Schluss, dass das breite Patent die Anreize von Imitatoren reduziert. Deshalb spricht sie sich letztlich für ein breites, aber kurzes Patent aus. Maurer und Scotchmer (1998) beziehen die Möglichkeit mit ein, dass der Innovator eine Lizenz vergeben kann, die Imitation de facto erlaubt. Die Überlegung ist, dass viele Lizenzen den Anreiz für Imitatoren verringern. Da der Innovator die Lizenzkonditionen wählt, hat er auch weiter die Kontrolle über den Markt. Die Autoren argumentieren schließlich für ein schmales, aber langes Patent.[78]

3.4.2 Wettbewerbsrecht und Fusionskontrolle

Unsere Überlegungen zum Patentrecht verdeutlichen, dass Patente den Wettbewerb unmittelbar beeinflussen. Schließlich gewähren wir dem Patentinhaber ein Monopol. Letztlich können Patente auch missbräuchlich gegen den Wettbewerb eingesetzt werden. Beispiele für solche grundsätzlich missbräuchlichen Wettbewerbsstrategien sind Patent Trolls. Hierbei handelt es sich um Unternehmen, die das Ziel verfolgen, nur deshalb Patente aufzukaufen, um den Wettbewerb auf anderen Märkten zu behindern. Es gibt aber auch Patentstrategien, die nicht zwangsläufig mit wettbewerbsmindernden Effekten einhergehen. So ist es in Branchen mit besonders komplexen Technologien üblich, dass sich sog. Patentpools bilden. Hintergrund ist die Überlegung, dass bei besonders komplexen Technologien verschiedene Technologiekomponenten und damit zahlreiche Patente notwendig sind, damit es überhaupt zu Innovationen kommt. Patentpools sind letztlich Lizenzvereinbarungen mit anderen Unternehmen, die ihre Patente in einen gemeinsamen Pool geben. So kann sich jedes Unternehmen im Pool der Patente bedienen und hierdurch Weiterentwicklungen vorantreiben. Selbstverständlich muss eine Wettbewerbsbehörde solche quasi-Zusammenschlüsse beobachten. Schließlich gehen für die Allgemeinheit auch potentielle wettbewerbsmindernde Effekte aus solchen Vereinbarungen

---

[78] Einen Überblick zur Literatur geben Hall und Harhoff (2012).

oder Zusammenschlüssen einher.[79] Anstelle eines Patentpools könnte ein Unternehmen auch auf die Idee kommen, seinen Wettbewerber im Zusammenhang mit einer Fusion zu übernehmen. So wird aus einem Markt mit n Wettbewerbern, ein Markt mit $n-1$ Wettbewerbern. Gleichzeitig erhält das Unternehmen mit der Fusion die Patentrechte des ursprünglichen Wettbewerbers. Die Effekte einer solchen Unternehmensfusion und damit den möglichen Zielkonflikt, dem sich unsere Wettbewerbsbehörde gegenübersieht, können wir mit den relativ einfachen methodischen Mitteln aus der klassischen Mikroökonomie analysieren.[80] Wann sollte eine Wettbewerbsbehörde eine solche Fusion also untersagen?

Eine Fusion geht sowohl mit Vor- als auch Nachteilen einher (§ 36 GWB). Die Fusionskontrolle ist in diesem Sinne als eine Abwägung dieser Kosten und Nutzen aus sozialer Wohlfahrtsperspektive zu verstehen. Die Grundzüge der klassischen Fusionskontrolle lassen sich dabei mithilfe des sog. „Williamson-Trade-off" erklären. Der zentrale Vorteil oder Nutzen einer Fusion besteht darin, dass es im Zuge eines Unternehmenszusammenschlusses zu Kostensynergien kommt. Das heißt eine Fusion führt zu Kosteneinsparungen. Hintergrund ist die Überlegung, dass das Unternehmen auf verschiedene Posten des Produktionsprozesses unter einem einheitlichen Unternehmensgebäude verzichten kann. Auch privat führen „Zusammenschlüsse" zu Kostensynergien. Beschließen Anton und Berta beispielsweise zusammenzuziehen, so sind in einer gemeinsamen Wohnung nicht zwei Kühlschränke, Betten und Sofas notwendig, sondern nur ein Kühlschrank, ein gemeinsames Bett (im Falle einer Beziehung der beiden) und ein gemeinsames Sofa. Analog kommt es zu Einsparungen, wenn zwei Unternehmen sich zu einem zusammenschließen. Es sind nicht zwei Produktionshallen notwendig, sondern nur eine. Man braucht nicht zwei Marketing-Abteilungen, sondern nur eine. Mit anderen Worten: Fusionieren die Xtrem GmbH und die Ynot AG zur Xtrot AG, die Bananen und Äpfel produziert, kann die Xtrot AG kostengünstiger produzieren. Ähnlich zu unseren Überlegungen im Kontext der Prozessinnovation, führt die verbesserte Kostenstruktur zu einer Verschiebung der Grenzkostenfunktion. Die Fusion führt damit zu einem zentralen Effizienzvorteil, der sich aus der kosteneffektiveren Produktion ergibt. Der zentrale Nachteil einer Fusion besteht darin, dass durch die Fusion die Anzahl der Wettbewerber sinkt und damit die Marktmacht des fusionierten Unternehmens

---

[79] Man spricht in diesem Zusammenhang von sog. kollusiven Verhalten. Konkret bedeutet das, dass die Unternehmen ihre Vereinbarungen auf andere Marktparameter ausweiten könnten. Ein Kartell wäre eine mögliche Folge. In Kap. 4 analysieren wir deshalb nochmal Preiskartelle und deren Schlussfolgerungen für das Wettbewerbsrecht nach §19 GWB.

[80] In Deutschland prüft das Bundeskartellamt solche Unternehmenszusammenschlüsse. Kommt das Bundeskartellamt zu dem Schluss, dass die Fusion den Wettbewerb entscheidend behindert, kann die Behörde die Fusion untersagen.

steigt. Im Extremfall wird aus einem Duopol ein Monopol, mit den entsprechenden Folgen, die wir im Monopolmodell bereits diskutiert haben. Kann das fusionierte Unternehmen den Preis als Monopolist frei wählen, ergibt sich das neue Marktgleichgewicht aus dem Schnittpunkt der neuen Grenzkostenfunktion (GK_1) und der Grenzerlösfunktion (GE). Es resultieren die Monopolmenge x_M und der Monopolpreis p_M. Vergleichen wir nun das Marktgleichgewicht vor der Fusion (x^*, p^*) mit dem Marktgleichgewicht nach der Fusion (x_M, p_M), ergibt sich eine Dreiecksfläche „dwl", die der sozialen Wohlfahrt entspricht, auf die wir aufgrund des Unternehmenszusammenschlusses verzichten müssen. Schließlich führt die erhöhte Marktmacht infolge der Fusion zu einer Mengenreduktion, sodass $x_M < x^*$.

Die Fusionskontrolle vergleicht nun die Vorteile in Form des Effizienzvorteils aus der Fusion mit den Nachteilen im Sinne der marktmachtinduzierten allokativen Ineffizienz. Sind die Effizienzvorteile größer als das resultierende „dead-weight-loss", sollte eine Fusion erlaubt werden. Sind die Effizienzvorteile indes kleiner als das resultierende „dead-weight-loss", sollte eine Fusion untersagt werden. Abb. 3.39 fasst unsere Überlegungen zur Fusionskontrolle in Form des Williamson-Trade-offs zusammen. Entsprechend vergleichen wir in unseren Überlegungen den Flächeninhalt des Rechtecks als Effizienzvorteil mit der Dreiecksfläche des Wohlfahrtsverlustes, die wir infolge der größeren Marktmacht in Kauf nehmen müssen.

Die Abbildung zeigt, dass in unserem Beispielfall die Fusion aus gesamtwirtschaftlicher Sicht erlaubt werden sollte. Schließlich führt die Fusion zu einer Erhöhung der sozialen Wohlfahrt. Der Effizienzvorteil wird in diesem Fall in Form von Produzentenrente realisiert. Darüber hinaus wird deutlich, dass sich unsere Konsumenten durch die Fusion

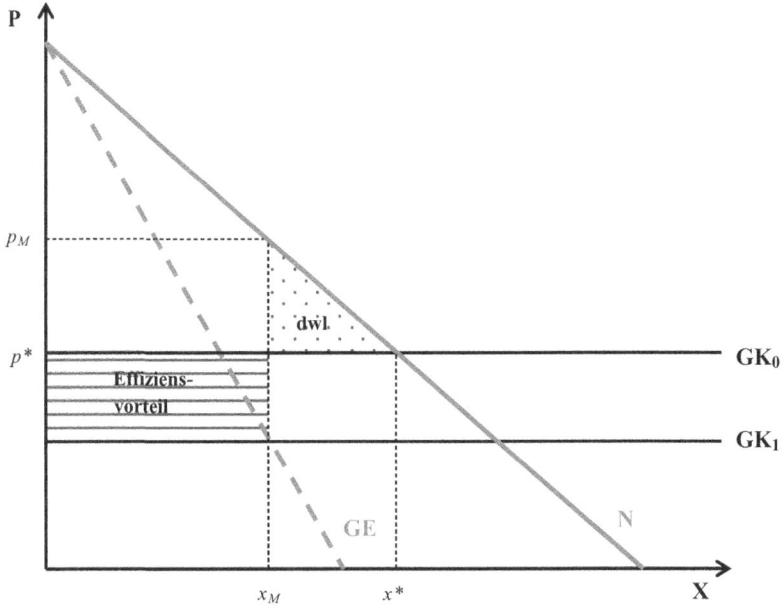

Abb. 3.39 Williamson-Trade-off

verschlechtern. So sinkt die Konsumentenrente um die Fläche des Dreiecks „dwl" plus des Rechtecks der verbleibenden Produzentenrente, die zuvor in Form von Konsumentenrente durch die Konsumenten realisiert wurde. Vor diesem Hintergrund wird deutlich, dass in unserem Beispielfall nur eine Kaldor-Hicks-Verbesserung vorliegt. Pareto würde die Fusion indes untersagen, da sich die Konsumenten schlechter stellen. In der Fusionskontrolle kommt diese Diskussion bzw. unterschiedliche Herangehensweise ebenfalls zum Ausdruck. Hier unterscheiden wir zwischen dem sog. „Total-Welfare-Standard" und dem sog. „Consumer-Welfare-Standard". Während der „Total-Welfare-Standard" ausschließlich auf den Nettoeffekt der Fusion abstellt und damit dem Effizienzkriterium nach Kaldor-Hicks folgt, macht der „Consumer-Welfare-Standard" sich das Pareto-Kriterium zu nutze. Der „Consumer-Welfare-Standard" argumentiert, dass sich die Konsumenten durch die Fusion nicht verschlechtern dürfen. In unserem Fall würden wir unter Anwendung dieses Standards also zu der Schlussfolgerung gelangen, dass wir die Fusion untersagen sollten. Schließlich verlieren die Konsumenten in unserem Fallbeispiel. Es lassen sich aber auch Fälle konstruieren, bei denen die Konsumenten sich nicht schlechter, sondern gegebenenfalls sogar besser stellen. Die Überlegungen hierzu lassen sich analog zu unserer Diskussion zu den drastischen versus den nicht-drastischen Innovationen verstehen. Ob die Konsumenten sich letztlich besser oder schlechter stellen, wird von dem Ausmaß der Kostensynergien abhängen. Führt die Fusion zu einer deutlichen Verschiebung der Grenzkostenfunktion von GK_0 auf GK_1, kann wie im Fall der drastischen Innovation eine Situation eintreten, bei der der Monopolpreis niedriger ist als der ursprüngliche Grenzkostenpreis (p^*). Nur in einem solchen Fall würden auch die Konsumenten von der Fusion der Unternehmen profitieren. Beide Marktseiten – die Produzenten und die Konsumenten – würden sich besser stellen. Mit anderen Worten: Die Fusion führt zu einer Pareto- und Kaldor-Hicks-Verbesserung. Das europäische Wettbewerbsrecht wendet dabei den „Consumer-Welfare-Standard" an, während in den USA im Einzelfall auch der „Total-Welfare-Standard" zur Anwendung kommt.[81]

Beispiel 3.13

Gegeben sei wieder die Xtrem GmbH aus Beispiel 3.11 und 3.12. Die Nachfragefunktion sei gegeben in der Form $P(x) = 100 - x$. Die Grenzkosten seien konstant bei 25 Euro. Unter Wettbewerbsbedingungen bietet die Xtrem GmbH ihre Äpfel folglich zu Grenzkostenpreisen in Höhe von 25 Euro pro 100 kg an. Nun beschließt der Vorstand sich mit dem größten Obstkonkurrenten, der Ynot AG, zur Xtrot AG zusammenzuschließen. Infolge der Fusion kommt es zu erheblichen Kosteneinsparungen, da man insbesondere die Kapazitäten der alten Lagerhalle ausreizen kann und es zudem zu weniger Maschinenleerständen durch eine eingeführte Schichtarbeit auf den Plantagen kommt. Die Grenzkosten können in der Folge auf 10 Euro pro 100 kg reduziert werden.

---

[81] Siehe hierzu Kerber (2007) sowie die dort zitierte Literatur.

Aus der Abbildung wird ersichtlich, dass sich durch die Fusion die Grenzkosten-funktion nach unten verschiebt, von $GK_0 = 25$ auf $GK_1 = 10$. Während die Xtrem GmbH vor der Fusion 75 Apfelpakete (á 100 kg Äpfel) zu Grenzkostenpreisen anbot, führt das monopolistische Preissetzungsverhalten nach der Fusion dazu, dass 45 Pakete zu 55 Euro pro Paket angeboten werden (Nebenrechnung: $GE = GK_1 \leftrightarrow 100 - 2x = 10 \leftrightarrow x_M = 45$; $p_M = 100 \cdot 45 = 55$). In der Konsequenz kann die Xtrot AG eine Produzentenrente in Höhe von $PR = (55 - 10) \cdot 45 = 2025$ erzielen. Die Konsumentenrente sinkt von ursprünglich $KR_0 = \frac{1}{2} \cdot (100 - 25) \cdot 75 = 2812,5$ auf $KR_1 = \frac{1}{2} \cdot (100 - 55) \cdot 45 = 1012,5$. Durch die Marktmacht entsteht ein „dead-weight-loss" in Höhe von $dwl = \frac{1}{2} \cdot (55 - 25) \cdot (75 - 45) = 450$. Im Gegenzug ergibt sich ein Effizienzvorteil aufgrund der Kostensynergien in Höhe von $EV = (25 \cdot 10) \cdot 45 = 675$.

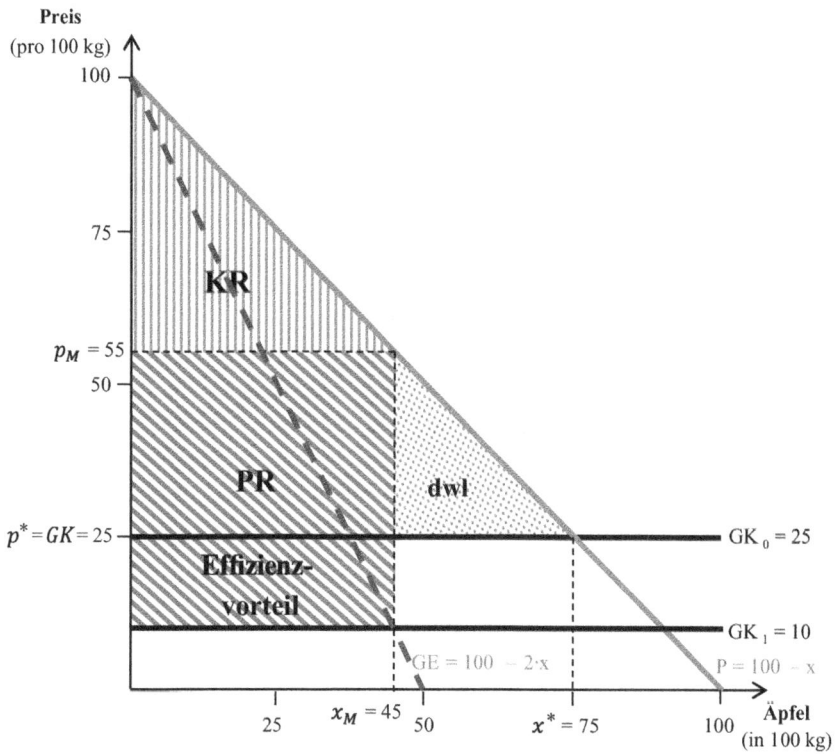

Somit vergleicht der „Total-Welfare-Standard" letztlich den Flächeninhalt des Recht-ecks (Effizienzvorteil) mit dem Flächeninhalt des Dreiecks (dwl). Der Nettoeffekt er-gibt sich schließlich als Differenz aus Nutzen minus Kosten der Fusion, hier $Nettoeffekt = 675 - 450 = +225$. Dieser wird auch deutlich, wenn man sich die Gesamt-wohlfahrt vor und nach der Fusion anschaut. So wird vor der Fusion eine soziale Wohl-fahrt (in Form von KR_0) in Höhe von 2812,5 realisiert. Nach der Fusion erhöht sich diese auf 3037,5, also um den Nettoeffekt von 225. Dieser setzt sich zusammen aus $KR_1 = \frac{1}{2} \cdot (100 - 55) \cdot 45 = 1012,5$ und $PR = (55 - 10) \cdot 45 = 2025$. Die Tabelle fasst die wesentlichen Daten der Fusionskontrolle nochmal zusammen:

Flächenbetrachtung	Berechnung	Nettoeffekt
Effizienz-vorteil	$EV = g \cdot h$ $= (25 - 10) \cdot 45 = 675$	
dwl	$dwl = \dfrac{g \cdot h}{2}$ $= \dfrac{(75 - 45) \cdot (55 - 25)}{2}$ $= \dfrac{30 \cdot 30}{2} = 450$	Nettoeffekt $= 675 - 450$ $= +225$

Da sich die Gesamtwohlfahrt also erhöht, würde der „Total-Welfare-Standard" für die Fusion sprechen. Der „Consumer-Welfare-Standard" betrachtet hingegen nur die Veränderung der Konsumentenrente. Diese sinkt von $KR_0 = 2812,5$ auf $KR_1 = 1012,5$, entsprechend müssten wir die Fusion untersagen. Schließlich würden die Konsumenten sonst schlechter gestellt.

3.5 Übungsaufgaben

1. **Aufgabe: Indifferenzkurve**
   Anton konsumiert Äpfel und Bananen. Seine Nutzenfunktion sei $N(A, B) = A$.
   (a) Zeichnen Sie eine Indifferenzkurvenschar bestehend aus mindestens 4 Indifferenzkurven. (Hinweis: Welchen Nutzen generiert Anton bei 10, 20, 30 oder 40 Äpfeln? Wie verändert sich dieser Nutzen mit steigendem Bananenkonsum?)
   (b) Erläutern Sie kurz den Verlauf der Indiffernzkurve(n), indem Sie u. a. auf die Grenzrate der Substitution eingehen. Wie viele Bananen wird Anton konsumieren? Erläutern Sie.

2. **Aufgabe: Haushaltstheorie**
   Michael konsumiert Bücher und Kleidung. Er verfügt über ein Einkommen in Höhe von 300 Euro, wobei ein Buch 10,- Euro kostet und ein Kleidungsstück 30,- Euro. Das Nutzenniveau des Konsumenten sei durch das Produkt der beiden Konsumgüter charakterisiert, d. h. $N(B, K) = B \cdot K$.
   (a) Wie lautet Michaels Budgetgerade? Zeichnen Sie die Budgetgerade in ein Diagramm.
   (b) Erstellen Sie eine Wertetabelle für die Nutzenfunktion und bestimmen Sie das Nutzenniveau für 5, 10, 15, und 20 Bücher/Kleidungsstücke.
   (c) Skizzieren Sie die Indifferenzkurven im Diagramm aus (a) und bestimmen Sie zeichnerisch das optimale Güterbündel.
   (d) Nehmen Sie nun an, der Preis für Kleidungsstücke steigt auf 50 Euro. Berücksichtigen Sie diese Veränderung im Diagramm. Was verändert sich für das Güterbündel von Michael? Überlegen Sie, was sich geändert hätte, wenn der Preis für Bücher gestiegen/gesunken wäre.

(e) Nehmen Sie nun an, Michaels Einkommen steigt auf 450 Euro. Berücksichtigen Sie diese Veränderung im Diagramm. Was verändert sich für das Güterbündel von Michael?

3. **Aufgabe: Pareto- und Kaldor-Hicks-Kriterium, Edgeworth-Box**
   Timo und Sonja konsumieren Bücher und Kleidungsstücke. Beide individuellen Nutzenfunktionen seien $N_i(B,K) = B \cdot K$, wobei $i = Timo$, Sonja. Die beiden besuchen ein Einkaufszentrum, in dem es insgesamt 5 (10) Bücher (Kleidungsstücke) gibt.

   (a) Zeichnen Sie die Nutzenfunktionen von Timo und Sonja in zwei Diagramme. Nutzen Sie hierzu eine Wertetabelle und bestimmen Sie die Werte für die Nutzenniveaus 4, 6, 9, 15 und 20. Hinweis: Bestimmen Sie jeweils 3 Punkte für die jeweiligen Nutzenniveaus.

   (b) Fügen Sie die beiden Diagramme zu einer Edgeworth-Box zusammen. Erläutern Sie die Ergebnisse.

   (c) Nach der Shoppingtour hat Timo 4 Bücher und ein Kleidungsstück in seiner Tüte. Sonja kommt mit einem Buch und 9 Kleidungsstücken in der Tüte aus dem Einkaufszentrum. Können sich die beiden besser stellen, wenn Sie tauschen würden?

   (d) Ausgangspunkt sei weiterhin Punkt P_T (4;1) bzw. P_S(1;9). Zeichnen Sie den Pareto-effizienten Bereich ein. Erläutern Sie, wodurch dieser Bereich charakterisiert ist.

   (e) Wenden Sie nun das Kaldor-Hicks Kriterium an. Wodurch ist dieses charakterisiert? Erläutern Sie das Ergebnis anhand unseres Beispiels, ausgehend von Punkt P_T (4;1) bzw. P_S(1;9).

4. **Aufgabe: Produktionstheorie/ Gleichgewichtstheorie/ Patent- und Wettbewerbsrecht**
   Der Sportschuhhersteller „flink GmbH" ist polypolistischer Anbieter auf dem Markt für Sportschuhe. Ein Sportschuh kostet in der Herstellung 25,- Euro, wobei die Fixkosten aufgrund der realisierten Fixkostendegression nur einen sehr kleinen Beitrag zu den Gesamtkosten liefern und deshalb vernachlässigbar sind. Das heißt die Gesamtkostenfunktion $K(x)$ lautet schließlich $K(x) = 25 \cdot x$. Die Marketingabteilung teilt mit, dass die Preisabsatzfunktion $P(x) = 100 - x$ sei.

   (a) Zeichnen Sie die Nachfrage- und Angebotsfunktion in ein Diagramm.

   (b) Da die „flink GmbH" nur einer von vielen Anbietern auf dem Sportschuhmarkt ist, wählt sie ihren Schuhpreis im Sinne der „Grenzkosten gleich Preis"-Regel. Wie stellen sich dabei Preis und Absatzmenge graphisch dar? Wieviel Gewinn macht das Unternehmen?

   (c) Wie groß ist die Gesamtwohlfahrt in unserem Beispiel? Zeigen Sie die Wohlfahrt zeichnerisch und interpretieren Sie.

   (d) Nehmen Sie nun an das Unternehmen möchte nach jahrelanger F&E-Tätigkeit mit einer Innovation in das Schuhsegment „casual, but sportiv" vordringen. Mit dem

Patent erlangt die „flink GmbH" eine monopolistische Position am Markt, wobei für die Kostenfunktion weiterhin gilt: $K(x) = 25 \cdot x$. Was verändert sich nun in unserem Modell? Zeichnen und interpretieren Sie.

(e) Vergleichen Sie nun Ihre Zeichnungen aus (c) und (d). Überlegen Sie sich Argumente für und gegen die Gewährung eines Patents.

(f) Das Unternehmen überlegt mit dem größten Konkurrenten „flott AG" zu fusionieren. Infolge der Fusionierung könnten erhebliche Kosteneinsparungen realisiert werden, so dass für die Kostenfunktion nach der Fusion gilt: $K(x) = 12{,}5 \cdot x$. Was verändert sich in der Grafik?

(g) Vergleichen Sie nun Ihre Zeichnungen aus (f) und (d) und überlegen Sie, ob im Rahmen einer Fusionskontrolle für oder gegen die Fusion gestimmt werden sollte. Diskutieren Sie.

5 Aufgabe: Prozessinnovation, Patentrecht, Nordhaus-Modell

Der Bürostuhlhersteller „Boss-Chair AG" (kurz BC) ist polypolistischer Anbieter auf dem Markt für ergonomischen Bürostuhbedarf. Ein Bürostuhl kostet in der Herstellung 60,- Euro, wobei die Kostenfunktion $K(x) = 60x$ lautet. Die Marketingabteilung teilt mit, dass für die Preisabsatzfunktion gilt: $P(x) = 80 - x$.

(a) Zeichnen Sie die Nachfrage und Angebotsfunktion in ein Diagramm. Diskutieren Sie kurz die wohlfahrtsökonomischen Konsequenzen. Wie viel Gewinn macht die Boss-Chair-AG?

(b) Nach jahrelanger F&E-Tätigkeit kommt die Boss-Chair-AG mit dem neuen Bürostuhl „Flexy-Fit" auf den Markt (bei sonst gleichen Marktbedingungen). Insgesamt investierte das Unternehmen dabei 800 Euro. Diskutieren Sie die Anreizprobleme für den Fall (1) mit Patentrecht und (2) ohne Patentrecht. Nehmen Sie dabei an, dass das Patent nur eine Periode (also 1 Jahr) gewährt wird. Erläutern Sie Ihre Überlegungen mithilfe der Abbildung (a). Reicht die Patentlebensdauer von 1 Jahr als Anreiz aus?

(c) Überlegen Sie, welche Konsequenzen sich (graphisch in Abbildung aus (a)) ergäben, wenn die „Boss-Chair AG" keinen neuen Bürostuhl, sondern ein neuartiges Fertigungsverfahren entwickelt, durch welches sie zu Grenzkosten von 50 Euro produzieren könnte. Ermitteln Sie den Marktpreis sowie Produzenten- und Konsumentenrente in diesem Beispiel.

(d) Im Kontext von Prozessinnovationen unterscheiden wir zwischen (1) drastischen und (2) nicht-drastischen Innovationen. Welcher Fall liegt in (c) vor? Überlegen Sie sich die Bedingungen, die in (c) einen Übergang von einem zum anderen Fall begründen würde.

(e) Skizzieren Sie die wohlfahrtsökonomischen Konsequenzen einer Prozessinnovation, die genau zwischen der (1) drastischen und (2) nicht-drastischen Prozessinnovation liegt. Diskutieren Sie die wohlfahrtsökonomischen Konsequenzen unter Zuhilfenahme des Nordhaus-Modells. Wie groß ist die Wohlfahrt W_1 und W_2 in unserem Fallbeispiel? (Hinweis: Die Grenzkostenverschiebung muss so hoch sein, dass gilt: $p_M = p_0 = GK_0$).

(f) Welche Anreize ergeben sich für die „Boss-Chair AG" in (e)? Betrachten Sie hierzu den diskontierten Gegenwartswert $(V(B,T))$ sowie die Produktionsfunktion $(B(R))$. Nehmen Sie für den Zinssatz r einen Wert von 5 % an. Welche Konsequenzen ergeben sich, wenn wir die Patentlebensdauer von 1 Jahr auf 2 Jahre und schließlich auf 3 Jahre erhöhen? Wie groß ist die optimale Patentlebensdauer in etwa?

Literatur

Arrow K (1962) Economic Welfare and the Allocation of Resources for Invention. In: Nelson R (Hrsg.) The Rate and Direction of Inventive Activity. Cambridge, Harvard University Press S. 609-624

Blind K et al (2009) Study on the Interplay between Standards and Intellectual Property Rights. (IPRs), Tender No ENTR/09/015 (OJEU S136 of 18/07/2009), Final Repor

Besen S, Raskind L (1989) New Technologies and Intellectual Property: Collectives that collect. In: RAND Report No. R-3751-M

Cohen W, Levinthal D (1989) Innovation and Learning: The Two Faces of R&D, Economic Journal. 99(397):569-596

Cohen W, Levinthal D (1990) Absorptive Capacity: A New Perspective on Learning and Innovation. Administrative Science Quarterly, 35(1):128-152

Gallini N (1992) Patent Policy and Costly Imitation. In: The RAND Journal of Economics. 23(1):52-6

Gilbert R, Shapiro C (1990) Optimal Patent Length and Breadth. The RAND Journal of Economics, 21(1):106-11

Hall B, Harhoff D (2012) Recent Research on the Economics of Patents. NBER Working Paper Series. http://www.nber.org/papers/w17773.pdf. Zugegriffen November 2016

Kaufer, Erich (1989), The Economics of the Patent System, Innsbruck: Harwood Academic Publishers.

Kerber W (2007) Wettbewerbspolitik. In: Vahlens Kompendium der Wirtschaftstheorie und Wirtschaftspolitik. München, Vahlen. Bd. 2, 9. Aufl., S. 369-434

Nordhaus W (1969) Invention, Growth and Welfare: A Theoretical Treatment of Technological Change. Cambridge, Massachusetts, S. 70-90

Maurer S, Scotchmer S (1998) The Independent Invention Defense in Intellectual Property. Boalt School of Law, UC Berkeley John Olin Working Paper:98-11,

Schumpeter J (1912) Theorie der wirtschaftswissenschaftlichen Entwicklung. Berlin: Duncker & Humblot (Neuausgabe Jochen Röpke und Olaf Stiller (Hrsg.), Berlin (2006))

Scherer, Frederic M. (1972), Nordhaus' Theory of Optimal Patent Life: A Geometric Reinterpretation, in: The American Economic Review, 62(3), S. 422-427.

Smith, Adam (1776), Der Wohlstand der Nationen: eine Untersuchung seiner Natur und seiner Ursachen, aus d. Engl. übertr. u. mit e. Würdigung von Horst Claus Recktenwald, Beck: München 1974.

Smith, Adam (1759), Theorie der ethischen Gefühle, aus d. Engl. übertr. Von Walther Eckstein, Felix Meiner: Hamburg 2004.

Vöpel, Henning (2018), Wie künstliche Intelligenz die Ordnung der Wirtschaft revolutioniert, in: Wirtschaftsdienst, 11, S. 828-830.

Spieltheorie

4

Bisher haben wir unsere Entscheidung der Haushalte und Unternehmen immer getrennt voneinander betrachtet. Allerdings wurde im Kontext der Edgeworth-Box bereits deutlich, dass unsere Marktakteure auch miteinander interagieren, und damit miteinander verhandeln. Bei der Edgeworth-Box konnten wir bisher keine konkrete Aussage darüber machen, auf welchen Punkt sich die Haushalte bzw. Unternehmen in unserer Tauschökonomie einigen. Abhängig ist dies unter anderem von der Verhandlungsmacht der einzelnen Parteien. Solche Interaktionen lassen sich schließlich mithilfe der Spieltheorie analysieren. Die Spieltheorie blickt dabei auf eine noch relativ junge Literatur zurück und stammt ursprünglich aus der Mathematik.[1] Deshalb kann die Spieltheorie – wie auch die Mikroökonomie – zum Teil sehr mathematisch sein.

Dennoch können wir die Kerngedanken und Intuition der Spieltheorie auch für uns nutzbar machen. Vor diesem Hintergrund werden wir nach einer kurzen Einleitung, in der wir auf zentrale Begriffe und Konzepte der Spieltheorie eingehen, zunächst die sog. Normalform vorstellen. Die Normalform bietet uns ein relativ einfaches Instrumentarium, um Interaktionen zwischen den Marktakteuren zu modellieren. Hier sollen vor allem besondere Spiele aus der Spieltheorie vorgestellt werden, aus denen wir nützliche Erkenntnisse für die

---

[1] Die Spieltheorie wurde insbesondere durch die beiden US-Amerikaner Oskar Morgenstern und John von Neumann in den 1930er- und 1940er-Jahren begründet. Als grundlegend gilt vor allem das von beiden verfasste Buch „Spieltheorie und wirtschaftliches Verhalten" aus dem Jahr 1944. Als ein weiterer Meilenstein in der Entwicklung der Spieltheorie gilt zudem die Dissertation von John F. Nash (Nash (1950)). Das hier begründete Nash-Gleichgewicht wird uns im Folgenden beschäftigen.

Elektronisches Zusatzmaterial Die Online-Version dieses Kapitels (https://doi.org/10.1007/978-3-662-59370-7_4) enthält Zusatzmaterial, das für autorisierte Nutzer zugänglich ist.

Rechtsausgestaltung sowie die Wahl wirtschaftspolitischer Maßnahmen gewinnen können.
Anschließend werden wir andere bzw. weiterführende Darstellungsformen kennenlernen.
So ermöglicht die sog. Extensivform (und Teilspielperfektion) die Untersuchung von sequentiellen Spielen oder Spielen mit imperfekter Information. Das Konzept der Reaktionsfunktion deutet anschließend zumindest an, dass die Spieltheorie mitunter mathematisch
sein kann. Die Reaktionsfunktionen ermöglichen uns beispielsweise die Untersuchung von
Oligopolen, d. h. Wettbewerbsformen, die zwischen unseren bisher betrachteten Extremen
(dem Polypol im Modell des vollkommenen Wettbewerbs und dem Monopol) liegen. Anwenden werden wir die erlernten spieltheoretischen Methoden schließlich auf das Vertrags
sowie auf das Wettbewerbsrecht. Im letzteren Fall untersuchen wir die Stabilität von (Preis-)
Kartellen. Zum Schluss zeigen wir, wie man die Spieltheorie nutzbar macht, um die (spon-
tane) Entstehung von Recht zu erklären. Inhaltlich beschäftigen wir uns dabei mit der sog.
Allmendegutsproblematik am Beispiel der Labrador-Indianer (Demsetz (1967)).

Am Ende dieses Kapitels werden wir gelernt haben:

- wie man Spiele in der Normal- und Extensivform analysiert,
- unter welchen Umständen es zur Kooperation kommt und unter welchen Umständen
  die Defektion eine dominante Strategie darstellt,
- auf welche Preis-/Mengenkombination sich die Wettbewerber eines Oligopols einigen
  würden und
- inwiefern das Recht dabei unterstützen kann, dass Kooperation entsteht.

4.1   Annahmen und Definitionen

Die Spieltheorie ermöglicht, schließlich Interaktionen zwischen Individuen zu analysieren,
also Situationen, in denen das Handeln des einen Individuums Einfluss auf das Handeln bzw.
den Nutzen des anderen Individuums hat. Bevor wir mit der konkreten Analyse solcher Situationen beginnen können, müssen wir uns allerdings noch an einige Begrifflichkeiten gewöhnen, die uns in der Spieltheorie begegnen. So sprechen wir nicht von Situationen oder
Interaktionen, sondern von Spielen. Betrachtet werden entsprechend nicht Individuen, sondern Spieler. Die Spieler verfügen in der Regel über verschiedene Strategien, zwischen denen sie wählen können. Unter einer Strategie verstehen wir die Planung einer bestimmten
Folge von Handlungen. Wir werden dabei später zwischen sog. reinen und gemischten Strategien unterscheiden. Die Menge aller Strategien bzw. Handlungsalternativen der Spieler
bezeichnen wir als Strategieraum. Hat Anton beispielsweise beim Dorffest die Wahl, entweder mit Berta oder mit niemandem zu tanzen, so sind $S_1 =$ „mit Berta tanzen" und $S_2 =$
„nicht tanzen" seine Strategien. Der Strategieraum beinhaltet also zwei Strategien.

Einige Spiele aus der Spieltheorie weisen eine sog. dominante Strategie auf. Dominant heißt in diesem Zusammenhang, dass unabhängig von der Handlung des Gegenspielers unser Spieler immer nur eine Strategie wählen wird. Ist Anton z. B. so gar nicht für das Tanzen zu begeistern, wird $S_2 =$ „nicht tanzen" vermutlich seine dominante Strategie sein. Das Gegenteil einer dominanten Strategie ist die dominierte Strategie. Die dominierte Strategie wird nie gespielt. Nun helfen Vermutungen hinsichtlich der Strategiewahl nicht wirklich. Um eine sinnvolle Strategie auszuwählen, betrachtet der Spieler seinen Nutzen in Abhängigkeit seiner und der Strategie des Gegenspielers. Anstelle von Nutzen sprechen wir von Auszahlung. Enthält der Strategieraum mehr als nur eine Strategie, eröffnet sich für unseren Spieler eine sog. Auszahlungsmatrix. Die Auszahlungsmatrix stellt alle Auszahlungen der Spieler in Abhängigkeit von deren Strategiewahl einander gegenüber. Üblicherweise wissen wir nicht, welche Auszahlung in Zukunft eintreten wird. Allerdings gibt es die Möglichkeit, den einzelnen Strategien bestimmte Eintrittswahrscheinlichkeiten zuzuordnen. In solchen Fällen betrachten wir als Auszahlungen in unserer Auszahlungsmatrix die Erwartungswerte ($E(X)$) der Spieler.[2] Der Erwartungswert ergibt sich dabei als Produkt der erwarteten Auszahlung und ihrer Eintrittswahrscheinlichkeit. Erwartet Anton, dass er von seinem besten Freund 100 Euro für die gewonnene Wette bekommt sofern Berta mit ihm tanzt, und liegt die Wahrscheinlichkeit, dass sich Berta darauf einlässt, bei 50 Prozent, dann ergibt sich als Erwartungswert $E(X) = 100 \cdot 0{,}5 = 50$. Die Auszahlungsmatrix listet nun alle Auszahlungen (Erwartungswerte) der Spieler auf und gibt damit die Möglichkeit zu analysieren, welche Strategien die Spieler unter welchen Bedingungen spielen. Im einfachsten Fall betrachten wir ein Spiel mit zwei Spielern und 2 Strategiemöglichkeiten. So haben Anton und Berta jeweils die Möglicht $S_1 =$ „zu tanzen" oder $S_2 =$ „nicht zu tanzen". Allgemein spricht man bei Strategie S_1 von Kooperation und bei Strategie S_2 von Defektion. Entweder kooperiert man also mit dem Gegenspieler, oder man defektiert. Dieses einfache Spiel lässt sich schließlich in die sog. Normalform überführen. Die Normalform ist eine Darstellungsmöglichkeit spieltheoretischer Sachverhalte im 2-Spieler-Fall. Das heißt, in einer Normalform lassen sich allgemein auch Spiele mit mehr als 2 Strategien darstellen. Bleiben wir beim einfachen 2-Spieler- und 2-Strategien-Spiel, unterscheiden wir zwischen Zeilen- und Spaltenspielern. Abb. 4.1 verdeutlicht den allge-

Auszahlung		Spieler B	
		Kooperation	Defektion
Spieler A	Kooperation	$N_A(K,K)/N_B(K,K)$	$N_A(K,D)/N_B(D,K)$
	Defektion	$N_A(D,K)/N_B(K,D)$	$N_A(D,D)/N_B(D,D)$

Abb. 4.1 Aufbau eines Spiels in der Normalform

---

[2] Den Anwendungsfall für den Erwartungswert betrachten wir im Absch. 4.2.2, wenn wir uns mit der Spieltheorie beschäftigen bzw. mit der Berechnung von Gleichgewichten in gemischten Strategien.

meinen Aufbau eines Spiels in der Normalform und zeigt unmittelbar, worauf die Begrifflichkeiten Zeilen- und Spaltenspieler Bezug nehmen.

Wir sprechen vom Zeilenspieler bei Spieler A, da dieser zwischen den Strategien in den Zeilen wählt. Der Spaltenspieler ist Spieler B, da dieser zwischen den Strategien in den Spalten wählt. Die Auszahlungen der Spieler werden in den vier Feldern unten rechts in der Matrix deutlich. Die einzelnen Auszahlungen sind dabei so zu lesen, dass die Auszahlungen des Zeilenspielers (Spieler A) grundsätzlich vor dem Strich, die Auszahlungen des Spaltenspielers (Spieler B) hinter dem Strich stehen. Wählt also Spieler A die Strategie S_1 = Kooperation und spielt Spieler B ebenfalls S_1 = Kooperation, so rechnet Spieler A mit einer Auszahlung in Höhe von $N_A(K,K)$, wobei *(K,K)* für *(Kooperation/Kooperation)* von Spieler *(A,B)* steht. Spieler B rechnet hingegen mit einer Auszahlung in Höhe von $N_B(K,K)$. Wählt Spieler A indes S_2 = Defektion, und bleibt Spieler B bei S_1 = Kooperation, so rechnet Spieler A mit einer Auszahlung in Höhe von $N_A(K,D)$. Spieler B erwartet hingegen eine Auszahlung in Höhe von $N_B(D,K)$. Die Bezeichnung $N_{A,B}(S_A,S_B)$ deutet dabei an, dass es sich um Nutzenniveaus handelt. Mit anderen Worten: Die Auszahlungen spiegeln wider, auf welcher Indifferenzkurve sich unsere Spieler befinden. Analog kann man das Spiel mit Unternehmen als Spieler konstruieren, wobei die Auszahlungen entsprechend Umsätze oder Gewinne anzeigen können. Wollen Anton und Berta nun ihren Nutzen maximieren, wählen sie in Abhängigkeit der Strategie des anderen jene Strategie, die ihnen die höchste Auszahlung verspricht. Man spricht in diesem Zusammenhang von der sog. besten Antwort. Dass heißt beide Spieler werden in ihrem Kalkül sämtliche (hier 2) Handlungsalternativen des Gegenspielers durchgehen und ihre beste Antwort hierzu wählen. So überlegt sich Anton: „Wenn Berta kooperiert, dann sollte ich …". „Wenn Berta defektiert, dann sollte ich …". Führen beide Fragen zur selben besten Antwort, handelt es sich hierbei um eine dominante Strategie. Schließlich spielt der Spieler dann unabhängig von der Strategiewahl des anderen immer die gleiche beste Antwort.

Beispiel 4.1

Gegeben sei ein Spiel zwischen Anton und Berta. Anton und Berta konsumieren Äpfel und Bananen. Insgesamt gäbe es 2 Äpfel und 2 Bananen, wobei Anton über 1 Apfel und 1 Banane verfügt und Berta ebenfalls. Aus unseren vorherigen Beispielen wissen wir, dass Anton keine Bananen mag. Berta hingegen keine Äpfel. Die Frage ist nun, ob sich beide auf einen Tausch einigen würden. Kooperieren beide, führt der Tausch dazu, dass Anton 2 Äpfel und Berta 2 Bananen hat. Defektieren beide, bleiben sie bei ihrer Ausgangssituation. Kooperiert nur einer von beiden, verliert der Kooperationsspieler letztlich eine Tauschmöglichkeit. Schließlich hätte Anton (Berta) den Apfel (die Banane) z. B. gegen einen Lutscher beim Händler eintauschen können. Bewerten wir den Nutzen aus einem Apfel bzw. einer Banane mit 1 für den, der ihn bzw. sie wertschätzt und den Lutscher mit 0,5, so erhalten wir folgende Auszahlungsmatrix:

Auszahlung		Berta	
		Kooperation	Defektion
Anton	Kooperation	2/2	1/2,5
	Defektion	2,5/1	1,5/1,5

Aus der Abbildung geht hervor, dass Antons Auszahlung davon abhängt, für welche Strategie sich Berta entscheidet. Geht er davon aus, dass Berta kooperiert, kann er eine Auszahlung in Höhe von 2 realisieren, wenn er mit Berta seine Banane gegen einen Apfel tauscht. Tauscht er hingegen nicht, kann er neben den beiden Äpfeln noch seine Banane gegen einen Lutscher eintauschen. Anton würde dann einen Nutzen in Höhe von 2,5 (2 + 0,5 = 2,5) realisieren. Berta verliert hingegen in der zweiten Situation beides. Sie gibt Anton den Apfel. Gleichzeitig gibt sie damit die Tauschmöglichkeit für den Lutscher ab (1,5 − 0,5 = 1). Bleiben beide bei ihrer Anfangsausstattung, können sie jeweils gegen einen Lutscher beim Händler tauschen und würden beide eine Auszahlung von 1,5 (1 + 0,5 = 1,5) realisieren. Wofür entscheiden sich die beiden nun?

Anton überlegt:

- „Wenn Berta kooperiert, dann sollte ich defektieren" (weil 2,5 > 2)
- „Wenn Berta defektiert, dann sollte ich ebenfalls defektieren" (weil 1,5 > 1)

Das heißt, je nachdem ob Anton davon ausgeht, dass er sich in der Spalte Kooperation oder in der Spalte Defektion befindet, wählt er jene Strategie, die seinen Nutzen maximiert. Hier wird deutlich, dass Defektion folglich die dominante Strategie ist. Da es sich um ein symmetrisches Spiel handelt, wird Berta zur gleichen Schlussfolgerung gelangen.

Wählen beide nun wechselseitig ihre besten Antworten, spricht man vom sog. Nash-Gleichgewicht. Das Nash-Gleichgewicht ist dadurch gekennzeichnet, dass niemand einen Anreiz hat, einseitig von seiner Strategie abzuweichen. Schließlich spielt man ja bereits die beste Antwort auf die Strategie des Gegenspielers. Würde ein Spieler also einseitig abweichen, würde er sich zwangsläufig hierdurch schlechter stellen. In unserem Beispiel wird ersichtlich, dass für beide unabhängig vom Gegenspieler die Defektion als beste Antwort gilt. Die Defektion ist die dominante Strategie. Da im Matrixfeld (*Defektion/Defektion*) beide ihre beste Antwort spielen, handelt es sich also um ein Nash-Gleichgewicht. Würde Anton nun beispielsweise einseitig von dieser Strategie abweichen (d. h. Berta bleibt bei der Defektionsstrategie), würde er sich um 0,5 Nutzenpunkte verschlechtern. Da er alleine kooperiert, verschenkt er mit der Banane gleichzeitig die Gelegenheit, diese gegen einen Lutscher einzutauschen. In einer solchen sog. 2×2-Matrix ist es nun relativ einfach, die besten Antworten zu finden. Schließlich haben die Spieler nur 2 Handlungsmöglichkeiten. Bei zwei Strategien gibt es folglich zwei beste Antworten. Betrachten wir Spiele mit mehreren

Abb. 4.2 Nash-Gleichgewicht und beste Antworten

A \ B	S_1	S_2	S_3	S_4
S_1	0/0	0/7	0/6	0/5
S_2	7/0	3/3	1,6/3,3	1/3
S_3	6/0	3,3/1,6	2/2	1,2/1,8
S_4	5/0	3/1	1,8/1,2	1/1

☐ = beste Antworten   ▨ = Nash-Gleichgewicht

Handlungsalternativen, dann wird es schon etwas komplexer. Dennoch lässt sich das Konzept der besten Antworten und das Nash-Gleichgewicht analog anwenden. Abb. 4.2 zeigt eine fiktive 4×4-Auszahlungsmatrix, auf die wir unsere Konzepte anwenden können.

Nun können wir auf Basis unserer Überlegungen die besten Antworten für beide Spieler bestimmen. So wählt Anton seine besten Antworten entsprechend folgender Überlegungen: „Wenn Berta S_1 spielt, dann sollte ich S_2 spielen" (da 7 > 6 > 5 > 0). „Wenn Berta S_2 spielt, dann sollte ich S_3 spielen" (da 3,3 > 3 > 0). „Wenn Berta S_3 spielt, dann sollte ich ebenfalls S_3 spielen" (da 2 > 1,8 > 1,6 > 0). „Wenn Berta S_4 spielt, dann sollte ich S_3 spielen" (da 1,2 > 1 > 0). Für Berta ergeben sich die besten Antworten analog, da es sich weiterhin um ein symmetrisches Spiel handelt. Die besten Antworten beider Spieler werden in der Abbildung durch die graue Schraffierung kenntlich gemacht. Die Frage ist nun, welche Strategie die Spieler im Gleichgewicht spielen. Nach Nash befindet sich ein Spiel im Gleichgewicht, wenn die Spieler wechselseitig ihre besten Antworten spielen. Spielen beide ihre besten Antworten, werden sie keinen Anreiz haben hiervon einseitig abzuweichen. Schauen wir uns die Überlegungen von Anton noch mal genauer an, wird ersichtlich, dass er mit einer Ausnahme (wenn Berta S_1 spielt) immer S_3 wählt. Analoges gilt für Berta. Da S_1 aber grundsätzlich nie eine beste Antwort sein kann, wird die erste Überlegung auch nicht eintreten. Beide Spieler spielen also S_3 als beste Antwort. Es handelt sich dabei um wechselseitig beste Antworten und damit um ein Nash-Gleichgewicht. Im Gleichgewicht realisieren beide Spieler also eine Auszahlung in Höhe von 2. Würde Anton einseitig von dieser Strategie abweichen (Berta bleibt bei S_3), so würde er sich auf 1,8 bei Wahl von S_4 oder 1,6 bei Wahl von S_2 oder sogar auf 0 bei Wahl von S_1 verschlechtern. Letzte Überlegung verdeutlicht auch nochmal, warum S_1 nie eine rationale Strategie sein kann. Will Anton sich also nicht verschlechtern, sollte er bei seiner besten Antwort S_3 bleiben. Das gleiche gilt für Berta. In (S_3, S_3) befinden sich die Spieler also im Gleichgewicht und realisieren eine Auszahlung von (2,2).

4.2 Besondere Spiele

Die bisher betrachtete Normalform wird uns zunächst noch ein wenig begleiten. In der Spieltheorie gibt es dabei eine Reihe von besonderen Spielen. Diese beschreiben Sachverhalte, die auch in der realen Welt so oder ähnlich immer wieder auftreten. Die Auszahlungen in unserer erlebten Welt mögen gegebenenfalls ein wenig von den hier vorgestellten Werten abweichen, die Schlussfolgerungen lassen sich nichtsdestotrotz auf ähnliche Lebenswirklichkeiten übertragen. In diesem Zusammenhang beginnen wir mit dem wohl bekanntesten Spiel, dem sog. Gefangenendilemma. Hierbei handelt es sich um ein Spiel mit dominanter (Defektions-) Strategie. Die sog. „Tit-for-Tat"-Strategie zeigt uns die beste Möglichkeit, um dem eigentlichen Nash-Gleichgewicht zu entgehen und trotzdem Kooperation entstehen zu lassen. Es folgen Spiele, in denen zum Teil Gleichgewichte in sog. reinen Strategien („Kampf der Geschlechter" und „Hirschjagd-Spiel") sowie Gleichgewichte in gemischten Strategien („Kampf der Geschlechter", „Hirschjagd-Spiel" und „Feigling-Spiel") zustande kommen.

4.2.1   Das Gefangenendilemma und Tit-for-Tat

Das sog. Gefangenendilemma ist das bekannteste und in seiner Anwendung praxisrelevanteste Spiel aus der Spieltheorie. Das Gefangenendilemma beschreibt schon Thomas Hobbes in seinem Leviathan. Die Namensgebung geht zurück auf Albert William Tucker.[3]

Video 4.6   Gefangenendilemma

---

[3] Albert William Tucker war zugleich Doktorvater von John F. Nash, auf den das Nash-Gleichgewicht zurückgeht. Eine Anekdote besagt, dass Tucker über die Spieltheorie und seine Anwendungen vor Psychologen referieren sollte. Zur Veranschaulichung entschloss er sich, das ursprünglich sehr mathematische Szenario des Gefangenendilemmas anhand eines sozialen Dilemmas zu präsentieren.

In der Regel wird das Gefangenendilemma auf der Basis eines Dilemmas zweier Gefangener bzw. Krimineller erläutert. So werden zwei mutmaßliche Komplizen einer Serie von z. B. Bank- und Raubüberfällen von der Polizei gefangen genommen und zum Polizeirevier gebracht. Der ermittelnde Beamte beschließt, die Tatverdächtigen getrennt voneinander zu verhören. Die beiden Gefangenen können nicht miteinander kommunizieren. Beiden wird eine Kronzeugenregelung angeboten. Wenn einer auspackt, dann kann dieser unter gewissen Voraussetzungen vollständige Immunität erlangen. Mit anderen Worten: Der Kronzeuge kommt frei. Beide Gefangene haben jeweils zwei Strategien (zu schweigen oder zu gestehen), wodurch sich schließlich drei Möglichkeiten ergeben, wie das Spiel ausgehen könnte: Erstens, wenn beide schweigen, kann ihnen die Tat nicht nachgewiesen werden, und sie erhalten aufgrund geringfügiger Vergehen eine geringe Gefängnisstrafe von einem Jahr. Zweitens, wenn der eine gegen den anderen aussagt, so erhält er vollständige Immunität und wird freigelassen, während der andere für die Serie an Bank- und Raubüberfällen zu einer Gefängnisstrafe von 10 Jahren verurteilt wird. Drittens, sagen beide aus, so kann beiden unabhängig voneinander verschiedene Tatvorwürfe nachgewiesen werden. Beide erhalten in diesem Fall eine Freiheitsstraße in Höhe von 8 Jahren. Wichtig ist dabei, dass beide Gefangenen getrennt voneinander vernommen werden. Sie können weder direkt noch indirekt miteinander kommunizieren und müssen sich, ohne zu wissen, ob der andere sein Schweigen bricht, sofort entscheiden: Kronzeuge oder nicht, Freiheit oder Gefängnis.[4] Abb. 4.3 zeigt das Dilemma unserer beiden Gefangenen.

Zur Lösung des Spiels suchen wir wieder die besten Antworten der Spieler auf jede mögliche Handlungsalternative/Strategie seines Gegenspielers. So gehen dem Gefangenen A zwei Überlegungen durch den Kopf: Erstens, wenn der B schweigt, dann stelle ich mich besser, wenn ich mein Schweigen breche und als Kronzeuge aussage. Schließlich komme ich dann frei (0 > 1). Zweitens, wenn der B nicht schweigt, dann stelle ich mich besser, wenn ich ebenfalls aussage. Schließlich sind 8 Jahre besser als 10 Jahre Haft. Für den Gefangenen B ergeben sich die Überlegungen analog. Es handelt sich damit um ein symmetrisches Spiel. Als Ergebnis resultiert die Defektionsstrategie also als dominante Strategie. Unabhängig der Handlung des Gegenspielers werden beide Gefangenen defektieren, also gestehen. Das heißt, (gestehen/gestehen) ist das Nash-Gleichgewicht. In diesem Punkt spielen beide Gefangenen wechselseitig ihre besten Antworten. Keiner hätte also einen Anreiz, einseitig von seiner Strategie abzuweichen. Im Gleichgewicht werden beide Gefangenen also zu einer Haftstrafe von 8 Jahren verurteilt. Betrachten wir die Abb. 4.3

Abb. 4.3 Das Gefangenendilemma

Gefängnisstrafe		Gefangener B	
		Kooperation (schweigen)	Defektion (gestehen)
Gefangener A	Kooperation (schweigen)	1/1	10/0
	Defektion (gestehen)	0/10	8/8

---

[4] In diesem besonderen Fall sind die Auszahlungen ausnahmsweise gegenläufig zu interpretieren. Eine „geringere Auszahlung" in Abb. 4.3 entspricht einer geringen Strafe. In diesem Fall ist also ein niedriger Wert besser als ein hoher Wert.

etwas genauer, wird deutlich, dass sich beide deutlich besser stellen könnten, wenn sie miteinander kooperiert hätten. Schließlich kann man ihnen nur kleinere Vergehen nachweisen, die nur zu einer Haftstrafe von 1 Jahr führen. Die Gefangenen sind in einem Dilemma. Man sagt, sie sind im „schwachen Nash-Gleichgewicht" gefangen. Beim Gefangenendilemma liegt also ein Koordinationsspiel mit dominanter Strategie vor.

Beispiel 4.2

Gegeben sei wieder die Situation aus Beispiel 4.1. Betrachten wir die Abbildung nochmal genauer, wird deutlich, dass sich Anton und Berta ebenfalls in einem Gefangenendilemma befinden. Beide könnten miteinander tauschen und sich auf diese Weise besser stellen. Mit anderen Worten: Kooperieren Anton und Berta, können sie ihre Auszahlung um 0,5 Nutzeneinheiten erhöhen. Anton konsumiert zwei Äpfel, Berta zwei Bananen. Allerdings erliegen sie einer großen Versuchung. Da sie sich gleichzeitig entscheiden müssen und die Situation nicht so einfach rückgängig gemacht werden kann, könnten beide versucht sein, den anderen über's Ohr zu hauen, da 2,5 > 2. Spielt Anton der Berta also vor, dass er sicher gerne seine Banane gegen Bertas Apfel tauschen wollen würde, könnte er den Apfel von Berta und den Lutscher vom Händler bekommen, wenn er sich plötzlich umentscheidet. Da Berta sich allerdings der gleichen Situation gegenüber sieht, werden beide versuchen, den anderen über den Tisch zu ziehen. Beide defektieren und finden sich schließlich mit einem Apfel (Anton) bzw. einer Banane (Berta) und jeweils dem Lutscher als Trostpreis wieder. Beide sind im „schwachen Nash-Gleichgewicht" gefangen. Wie kommen wir nun aus diesem Gefangenendilemma heraus bzw. wie ermöglichen wir Kooperation zwischen Anton und Berta?

Das Dilemma unserer beiden Gefangenen beruht letztlich darauf, dass sie sich in Unkenntnis über das Verhalten des Anderen für eine eigene Handlungsalternative entscheiden müssen. Für beide wäre die optimale Strategie, auf den Anderen zu vertrauen und nicht zu gestehen. Ein solcher Vertrauensaufbau ist über zwei Wege möglich: Erstens, durch Kommunikation zwischen den Gefangenen. Kommunikation ermöglicht, dass sich beide auf Kooperation verständigen. Dennoch wird auch eine solche Verständigung bestimmte Vertrauensbeweise voraussetzen. Zweitens, mit und ohne Kommunikation setzt die Möglichkeit des Vertrauens entsprechende Erfahrungswerte voraus. Das heißt, wenn das Verhör der beiden Gefangenen ein einmaliges Spiel bleibt, ohne entsprechende Wiederholung zu einem späteren Zeitpunkt in der Zukunft, werden beide Spieler keine Anreize haben, Vertrauenskapital zu investieren. Beim einmaligen Spiel werden beide Spieler die dominante Defektionsstrategie wählen, da diese unabhängig vom Verhalten des Gegenspielers die beste Antwort darstellt. Gehen beide Spieler davon aus, dass sie dem Anderen nach Spielende nie wieder begegnen, wird keiner die Gefahr eingehen und unter Umständen eine Haftstrafe von 10 anstelle von 8 Jahren in Kauf nehmen. Beim einmaligen Spiel werden beide gestehen.[5] Auch eine vorherige Kommunikation wird an dieser Entscheidung

---

[5] Empirische Ergebnisse zeigen, dass auch bei einmaligen Spielen Kooperation zustande kommt. Die Literatur betont in diesem Zusammenhang, dass es unterschiedliche Typen von Spieler gibt, die sich nicht notwendigerweise mit unserem rein rationalen Spieler decken. Siehe hierzu u. a. Vogt (2001).

nichts ändern. Vertrauen wird sich nur durch die historische Erfahrung beider Spieler im wiederholten Spiel aufbauen können. Gehen beiden Spieler davon aus, dass sie sich wiedersehen werden, haben beide einen Anreiz, sich kooperativ zu zeigen. Schließlich beziehen sie im mehrmaligen Spiel nicht nur den kurzfristigen Gewinn der Defektion im Kakül mit ein, sondern auch den langfristigen Verlust aus der Nicht-Kooperation. Langfristig gleicht sich der mögliche Verlust aus einer Runde mit Defektion des Gegenspielers viel eher aus. Da beide sich in der gleichen Situation befinden, kann durch einen Vorschuss an Vertrauen eines jeden Spielers Kooperation entstehen und damit ein stabiles Gleichgewicht. Was wäre also nun die optimale Strategie für den Gefangenen, der von einem wiederholten, d. h. mehrmaligen Spiel ausgeht?

Die Antwort auf diese sehr einfache Frage überrascht und heißt „Tit-for-Tat". Die „Tit-for-Tat"-Strategie bedeutet wörtlich übersetzt, „wie du mir, so ich dir" oder auch „Auge um Auge, Zahn um Zahn" Holler und Illing ((2008), S. 21).[6] Nach Axelrod besticht die „Tit-for-Tat"-Strategie durch vier zentrale Elemente. Erstens steht „Tit-for-Tat" für Klarheit bzw. Einfachheit. Einfach ist die Regel insofern, als sie besagt, dass man grundsätzlich mit Kooperation beginnt, und solange kooperiert bis der Gegenspieler defektiert. Zweitens, „Tit-for-Tat" zeigt Nettigkeit. Die Strategie ist nett, da der Spieler ein unumstößlicher Optimist ist. Der „Tit-for-Tat"-Spieler ist immer für Kooperation offen und spielt nie von sich aus Defektion. Drittens, unser Spieler ist aber provozierbar. Er lässt eine Defektion seines Gegenspielers niemals unbestraft. Er spielt immer Kooperation. Beobachtet er, dass sein Gegenspieler nicht kooperiert, bestraft er diesen ebenfalls durch Defektion. Viertens bestichtet die „Tit-for-Tat"-Strategie durch Nachsichtigkeit. Unser Spieler ist nicht nachtragend, wenn sein Gegenspieler einmal defektiert. So kehrt er nach einer Bestrafung aufgrund der Defektion seines Gegners sofort zur Kooperation zurück, sobald sich sein Gegenspieler kooperativ zeigt.[7] Spielen also beide Spieler „Tit-for-Tat", wird es immer zur Kooperation kommen, zumal beide Spieler mit Kooperation beginnen und keinen Grund haben, hiervon abzuweichen. Schließlich defektiert jeder Spieler erst, wenn der andere defektiert. Vor diesem Hintergrund bleibt es bei Kooperation von der ersten bis zur letzten Runde. Ist also die Wiederholung eines Spiels bereits Garant für die Entstehung von Kooperation?

Die Antwort ist: nein. So zeigen Oskar von Morgenstern sowie John von Neumann bereits durch sog. Rückwärtsinduktion, dass bei endlich wiederholten Spielen keine Kooperation entsteht. Reinhard Selten begründet hierzu den Begriff des sog. „Chainstore-Paradoxon"

---

[6] Hintergrund dieser Strategie ist das Buch „Evolution der Kooperation" von Robert Axelrod (1984). Um zu verstehen, unter welchen Bedingungen in wiederholten Gefangenendilemma-Spielen Kooperation entsteht, lud er Experten aus aller Welt und verschiedensten Disziplinen ein, sich an einem Turnier zu beteiligen. Hierzu sollten die Experten ein Programm schreiben, das die jeweiligen Handlungsstrategien der Spieler simuliert und die Erfahrungen aus vergangenen Runden miteinbezieht. Zu Axelrods Überraschung setzte sich die „Tit-for-tat"-Strategie des US-amerikanischen Mathematikers und Biologen Anatol Raporport durch. Auch in einer zweiten Runde des Turniers bestätigte sich der Erfolg der „Tit-for-Tat"-Strategie Axelrod ((1984), S. 37 ff.).

[7] Hierzu u. a. Dixit und Nalebuff (1997) auf Seite 105.

Selten (1978).[8] Ist die Rundenanzahl des wiederholten Spiels bekannt, werden die Spieler in der letzten Runde vor der gleichen Entscheidung stehen wie im einmaligen Spiel. Schließlich treffen sie sich nach der letzten Runde niemals wieder. Vor diesem Hintergrund werden beide Spieler in der letzten Runde defektieren. Wissen die Spieler also, dass in der letzten Runde die Defektionsstrategie die einzig rationale Handlungsalternative darstellt, so werden sie auch in der vorletzten Runde defektieren. Schließlich ergibt sich hieraus die einzige Möglichkeit, seine individuelle Auszahlung noch kurzfristig zu erhöhen. Durch Rückwärtsinduktion zeigt Selten (1987) schließlich, dass sich eine Art Kettenreaktion ergibt, wodurch die Spieler bereits in der ersten Runde defektieren werden. Das heißt, obwohl die Spieler sich darüber bewusst sind, dass sie sich besser stellen könnten, wenn sie kooperieren, wird es in keiner einzigen Runde zur Kooperation kommen – ein Paradoxon. Im wiederholten Spiel mit endlicher bzw. bekannter Rundenzahl kommt es also nicht zur Entstehung von Kooperation, da der Egoismus der Spieler sie davon abhält, langfristig Vertrauen aufzubauen. Unsere Argumente zu einer Evolution der Kooperation Axelrod (1984) durch den Aufbau von Vertrauen zwischen den Spielern trifft also nur auf solche wiederholten Spiele zu, die aus unendlich vielen Runden bestehen bzw. aus endlich vielen Runden, deren Anzahl die Spieler nicht kennen.

4.2.2 Kampf der Geschlechter

Im Gegensatz zum klassischen Gefangenendilemma handelt es sich beim sog. „Kampf der Geschlechter"-Spiel um kein Koordinationsspiel mit dominanter Strategie, sondern um ein Koordinationsspiel mit Verteilungskonflikt. Es können in diesem Zusammenhang mehrere Nash-Gleichgewichte existieren. Im Allgemeinen ist in diesem Spiel Kooperation einfacher herzustellen, da die Spieler aus der einseitigen Defektion keinen Gewinn erzielen und damit auch keiner Versuchung erliegen können. Vielmehr ist es beim Kampf der Geschlechter so, dass die Spieler nur gewinnen, wenn Sie kooperieren. Das Problem besteht allerdings darin, dass sie aufgrund der fehlenden Kommunikation keine sichere Kooperationsstrategie wählen können. Die Ungewissheit darüber, welche Strategie der Gegenspieler wählt, führt zu einem Koordinationsspiel mit Verteilungskonflikt, da ihre individuellen Präferenzen und damit die Auszahlungen je nach gewählter Strategie bei Kooperation auseinanderliegen. Üblicherweise wird das Spiel auf der Basis eines Kennenlernens zwischen Mann und Frau skizziert.[9] Wir kehren hierzu zu Anton und Berta zurück.

---

[8] Reinhard Selten ist der bisher einzige deutsche Nobelpreisträger für Wirtschaftswissenschaften. Im engeren Sinne handelt es sich dabei allerdings um keinen Nobelpreis, sondern um den „Alfred-Nobel-Gedächtnispreis". Dieser Preis wird seit 1969 vergeben und wurde von der schwedischen Reichsbank anlässlich des 300-jährigen Bestehens gestiftet. Reinhard Selten erhielt den „Wirtschaftsnobelpreis" im Jahre 1994, zusammen mit John F. Nash und John C. Harsanyi, für ihre Arbeiten zur Spieltheorie.

[9] Wir kennen diese Situation aus vielen Soaps oder Spielfilmen im Fernsehen. Hier vereinbaren die Protagonisten ständig, sich wiederzusehen, ohne einen Ort oder sogar eine Uhrzeit oder einen Tag zu vereinbaren. Während dies im Drehbuch gut funktioniert, ergibt sich hieraus für das wahre Leben ein schwerwiegender Konflikt, aus dessen Lösung wir wichtige Lehren für den Alltag ziehen können.

Anton und Berta laufen sich eines Tages über den Weg. Es ist Liebe auf den ersten Blick. Bevor die beiden in irgendeiner Form Kontaktdetails austauschen können, einigen sie sich darauf, sich heute Abend wiederzusehen. Sie wollen sich um 20 Uhr treffen. Bei der ganzen Aufregung vergessen die beiden, einen Ort zu vereinbaren. In der kurzen Unterhaltung tauschten sie sich nur darüber aus, was sie ursprünglich für den Abend geplant hatten. Anton berichtete über das Bundesligaspiel seines Heimatvereins. Da sein Kumpel verhindert ist, könnte Berta mit seiner Dauerkarte ins Stadion kommen. Berta meinte, dass sie noch eine Karte für das Theater übrig habe, wo heute Abend eine Aufführung von Dürrentmatts „Die Physiker" stattfindet. Als Anton und Berta sich gegen 18 Uhr unabhängig voneinander für den gemeinsamen Abend vorbereiten, fällt ihnen auf, dass sie nichts Genaues vereinbart haben. Sie wollen sich unbedingt wiedersehen. Auf keinen Fall wollen sie den heutigen Abend ganz alleine verbringen, egal ob beim Fußball oder im Theater. So haben Anton und Berta jeweils zwei Strategien (Fußball versus Theater). Damit ergeben sich drei Möglichkeiten, wie das Spiel ausgehen könnte: Erstens, wenn beide ins Fußballstadion gehen, verbringen sie einen schönen gemeinsamen Abend miteinander, wobei Anton als großer Fußballfan etwas mehr davon hat (Auszahlungen (*Anton/ Berta*) = (2/1)). Zweitens, wenn beide ins Theater gehen, verbringen sie ebenfalls einen schönen gemeinsamen Abend zusammen, wobei Berta als großer Theaterfan etwas mehr davon hat (Auszahlungen (*Anton/ Berta*) = (1/2)). Drittens, wenn der/die eine zum Fußball und der/die andere zum Theater geht, werden sie den Abend alleine verbringen und können weder dem Fußballspiel noch dem Theaterspiel etwas Positives abgewinnen (Auszahlungen (*Anton/ Berta*) = (0/0)).

Anton und Berta müssen sich nun also entscheiden, wo sie heute Abend hingehen, ohne hierüber miteinander kommunizieren zu können.[10] Vor diesem Hintergrund überlegt Anton nun: Wenn Berta zum Fußball geht, sollte ich ebenfalls zum Fußball gehen (weil 2 > 0). Wenn Berta zum Theater geht, sollte ich ebenfalls zum Theater gehen (weil 1 > 0). Analog ergeben sich die Überlegungen für Berta. Es wird unmittelbar deutlich, dass beide einen großen Anreiz haben, miteinander zu kooperieren, da die Option, den Abend alleine zu verbringen, keine positive Auszahlung ergibt. Allerdings entsteht ein unmittelbarer Verteilungskonflikt, da Anton den gemeinsamen Abend schon lieber beim Fußball verbringen würde, während Berta den Abend lieber mit Anton beim Theater verbringen möchte. Abb. 4.4. zeigt die Auszahlungsmatrix dieses Kampfs der Geschlechter.

Im Kampf der Geschlechter gibt es also keine dominante Strategie. Im Gegenteil, es ergeben sich nun zwei Nash-Gleichgewichte. Konkret stellen die Situationen (*Fußball/ Fußball*) und (*Theater/Theater*) wechselseitig beste Antworten dar. Es handelt sich bei beiden um einen Gleichgewichtszustand. Schließlich hat keiner von beiden einen Anreiz, einseitig von dieser Strategie abzuweichen. Würde er oder sie dies tun, so würden sie sich sicher nicht wiedersehen. Man spricht dabei von zwei Nash-Gleichgewichten in reinen

---

[10] Das Spiel geht davon aus, dass beides nicht möglich ist. Das heißt, das Fußballstadion und das Theater befinden sich nicht in unmittelbarer Nachbarschaft, sodass man zunächst beim Fußball auftaucht, um zu sehen, ob der andere dort ist, um anschließend zum Theater zu gehen oder umgekehrt.

Abb. 4.4 Kampf der
Geschlechter

		Berta	
		Fußball	**Theater**
Anton	**Fußball**	*2/1*	*0/0*
	Theater	*0/0*	*1/2*

Strategien. Das Problem ist nun, wie die Spieler zu diesen Nash-Gleichgewichten ohne Kommunikation gelangen können. In diesem Zusammenhang ergeben sich zwei Lösungsmöglichkeiten. Auf der einen Seite könnte ein sog. „Fokus-Punkt" (im englischen auch Focal-Point) helfen, dass Anton und Berta miteinander kooperieren. Hier könnte man beispielsweise daran denken, dass historisch gewachsenes Wissen über die Erwartungen des Gegenspielers bei der Koordination helfen könnten. Konkret heißt das, dass es Normen, Sitten, Gebräuche, oder allgemein eine Kultur gibt, an der wir uns in unserem Handeln orientieren können. Zu denken ist in diesem Zusammenhang etwa an geschlechtsspezifische Rollen. So war es in der Vergangenheit in Mitteleuropa und auch heute noch im arabischen Raum üblich, dass der Mann Entscheidungen dominiert. Gibt es also so etwas wie eine kulturell geprägte Dominanz in der „Mann versus Frau"-Beziehung, so könnte diese dazu beitragen, dass Anton und Berta sich tatsächlich wiedersehen. Letztlich würde Berta ohne große Überlegung zum Fußball gehen. Im Zeitalter der Emanzipierung wird uns eine solche Orientierungshilfe vermutlich jedoch nicht weiterhelfen. Auf der anderen Seite ergibt sich die Option sog. gemischter Strategien. Hier kommen wir nun auf die Erwartungsbildung bzw. den Erwartungswert vor dem Hintergrund einer Zufalls- oder einer Wahrscheinlichkeitswahl zurück. So könnte ein Zufallsmechanismus darüber entscheiden, welche Strategie Anton und Berta wählen. In diesem Zusammenhang spricht man von einem Nash-Gleichgewicht in gemischten Strategien. Anton und Berta müssen also den jeweiligen Strategien Wahrscheinlichkeiten zuordnen. So ist die Lösung dieses Koordinationsspiels mit Verteilungskonflikt mithilfe einfacher Berechnung möglich.

Aus der Einführungsveranstaltung „Statistik für Wirtschaftswissenschaftler" kennt der ein oder andere noch den sog. Multiplikationssatz sowie den Satz der totalen Wahrscheinlichkeit. Beide Sätze helfen uns, richtig mit Wahrscheinlichkeiten umzugehen. So besagt der Multiplikationssatz, dass die Wahrscheinlichkeit, dass ein Ereignis A zweimal hintereinander eintritt, sich aus dem Produkt seiner Teilwahrscheinlichkeiten ergibt. Beim Würfeln beträgt beispielsweise die Wahrscheinlichkeit dafür eine „6" zu würfeln 1/6, weil die „6" auf einer der insgesamt sechs Seiten eines Würfels vorkommt. Bei einem fairen Würfel würden wir also erwarten, dass jede Zahl mit der gleichen Wahrscheinlichkeit in Höhe von 1/6 fällt. Die Wahrscheinlichkeit, zweimal hintereinander eine „6" zu würfeln, ergibt sich schließlich aus dem Produkt seiner Teilwahrscheinlichkeiten, d. h. die Wahrscheinlichkeit, eine „6" beim ersten Wurf zu würfeln mal die Wahrscheinlichkeit eine „6" beim zweiten Wurf zu würfeln. Wir schreiben: $P(\text{„6" und „6"}) = 1/6 \cdot 1/6 = 1/36$.

Betrachten wir hingegen die Wahrscheinlichkeit, dass eins von zwei unabhängigen Ereignissen eintritt, müssen wir nach dem Satz der totalen Wahrscheinlichkeiten die Teilwahrscheinlichkeiten aufsummieren. Interessieren wir uns z. B. dafür, wie groß die Wahrscheinlichkeit ist, eine „6" oder eine „1" zu würfeln, ergibt sich diese Wahrscheinlichkeit aus der Summe der Wahrscheinlichkeit, eine „6" plus die Wahrscheinlichkeit, eine „1" zu würfeln. Wir schreiben: P(„1" oder „6") = 1/6 + 1/6 = 2/6 = 1/3. Hier sehen wir auch den Unterschied zwischen beiden Sätzen. Während der Multiplikationssatz die Wahrscheinlichkeit betrachtet, dass Ereignisse A *und* B eintreten, gilt der Satz der totalen Wahrscheinlichkeit für die Wahrscheinlichkeit, dass A *oder* B eintritt.

Beide Regeln können wir nun nutzen, um den Erwartungsnutzen von Anton und Berta zu berechnen. Hierzu sei der Nutzen von Anton durch N_A und der Nutzen von Berta durch N_B gekennzeichnet. P_B sei die Wahrscheinlichkeit, dass die Berta zum Fußball geht. P_A sei die Wahrscheinlichkeit, dass der Anton zum Fußball geht. Entsprechend ergeben sich die Gegenwahrscheinlichkeiten $(1-P_B)$ als Wahrscheinlichkeit, dass Berta zum Theater geht und $(1-P_A)$, dass Anton zum Theater geht. Dann erhalten wir für das Nutzenkalkül für Anton folgende Überlegung:

$$N_A = 2 \cdot P_A \cdot P_B + 0 \cdot P_A \cdot (1-P_B) + 0 \cdot (1-P_A) \cdot P_B + 1 \cdot (1-P_A) \cdot (1-P_B) \qquad (4.1)$$

In Gl. (4.1) ordnet Anton den jeweiligen Strategien Wahrscheinlichkeiten zu und berücksichtigt die entsprechenden Auszahlungen aus Abb. 4.4. So spiegelt der erste Term der Gl. (4.1) das Matrixfeld (*Fußball/Fußball*) = (*2/1*) oben links in der Abbildung wider. Gehen Anton und Berta zum Fußball, erzielt er eine Auszahlung in Höhe von 2. Die Wahrscheinlichkeit, dass Anton und Berta dabei zum Fußball gehen, beträgt P_A bzw. P_B. Sein Erwartungswert aus dieser Spielsituation ergibt sich also als Produkt seiner erwarteten Auszahlung (in Höhe von 2) mit den entsprechenden Eintrittswahrscheinlichkeiten. Zur Berechnung seines Erwartungsnutzens (N_A) berücksichtigen wir nun sämtliche Spielsituationen mit den jeweiligen Auszahlung und Eintrittswahrscheinlichkeiten. So spiegelt der zweite Term aus Gl. (4.1) die Spielsituation (*Fußball/Theater*) = (*0/0*) wider. Anton erzielt in dieser Situation also eine Auszahlung von null, wobei diese mit den entsprechenden Eintrittswahrscheinlichkeiten multipliziert wird. Das heißt, der Wahrscheinlichkeit, dass Anton zum Fußball geht (P_A), aber Berta nicht zum Fußball geht ($1-P_B$). Entsprechend zeigen die Terme 3 und 4 der Gl. (4.1) die Spielsituationen (*Theater/Fußball*) = (*0/0*) und (*Theater/Theater*) = (*1/2*) aus Sicht von Anton. Die Gleichung können wir noch vereinfachen und erhalten durch Ausrechnen und Umformen schließlich

$$N_A = 2 \cdot P_A \cdot P_B + 1 - P_A - P_B + P_A \cdot P_B = 1 + 3 \cdot P_A \cdot P_B - P_A - P_B. \qquad (4.2)$$

Für Berta ergeben sich die Überlegungen analog, sodass für das Nutzenkalkül von Berta gilt:

$$N_B = 1 \cdot P_A \cdot P_B + 0 \cdot P_A \cdot (1-P_B) + 0 \cdot (1-P_A) \cdot P_B + 2 \cdot (1-P_A) \cdot (1-P_B). \qquad (4.3)$$

Nach Umformen erhalten wir schließlich

$$N_B = P_A \cdot P_B + 2 - 2 \cdot P_A - 2 \cdot P_B + 2 \cdot P_A \cdot P_B = 2 + 3 \cdot P_A \cdot P_B - 2 \cdot P_A - 2 \cdot P_B. \quad (4.4)$$

Angenommen, Anton spielt nun entsprechend den hier dargestellten gemischten Strategien, dann wird Berta indifferent sein zwischen den reinen Strategien, also zum Fußball oder zum Theater zu gehen, und umgekehrt. Schließlich hat keiner von beiden etwas davon, wenn man letzten Endes alleine im Theater oder beim Fußball sitzt. Der Erwartungsnutzen aus beiden Handlungsalternativen ist also identisch. Diese Überlegung können wir nutzen, um die konkreten Wahrscheinlichkeiten zu berechnen, mit denen Anton und Berta zum Fußball bzw. zum Theater gehen. Nimmt sich Anton vor, zum Fußball zu gehen, ist die Wahrscheinlichkeit $P_A = 1$ (also 100 Prozent). Geht Anton nicht zum Fußball, beträgt die Wahrscheinlichkeit $P_A = 0$. Bei gleichem Erwartungsnutzen müssten also beide Strategien zur selben Auszahlung führen, woraus folgt:

$$N_A : 1 + 3 \cdot 1 \cdot P_B - 1 - P_B = 1 + 3 \cdot 0 \cdot P_B - 0 - P_B \leftrightarrow 2 \cdot P_B = 1 \cdot P_B \leftrightarrow P_B = \frac{1}{3} \quad (4.5)$$

Die Gl. (4.5) spiegelt genau den beschriebenen Sachverhalt wider, da der Erwartungsnutzen aus der Strategie, zum Fußball zu gehen ($N_A(P_A = 1)$), dem Erwartungsnutzen aus der Strategie, nicht zum Fußball zu gehen ($N_A(P_A = 0)$), entspricht. Da wir für P_A nun Werte einsetzen können, erhalten wir eine Gleichung mit einer Unbekannten (P_B), die wir durch Umformen nach P_B berechnen können. Analog stellt sich die Situation für Berta dar, wobei wir durch Gleichsetzen der Erwartungsnutzen für $N_B(P_B = 1)$ und $N_B(P_B = 0)$ die Wahrscheinlichkeit P_A berechnen können.[11]

$$N_B : 2 + 3 \cdot 1 \cdot P_A - 2 - 2 \cdot P_A = 2 + 3 \cdot 0 \cdot P_A - 0 - 2P_A \leftrightarrow 3P_A = 2 \leftrightarrow P_A = \frac{2}{3} \quad (4.6)$$

Wir stellen also fest, dass in 33,33 Prozent (d. h. in einem von drei Fällen bzw. 1/3) der Fälle beide den Lieblingsort des Partners aufsuchen sollten. In 66,67 Prozent (d. h. in zwei von drei bzw. 2/3) der Fälle sollten beide den eigenen Lieblingsort aufsuchen. Spielen Anton und Berta gleichermaßen auf Basis dieser Wahrscheinlichkeiten, ist die Möglichkeit zur Kooperation am höchsten. Man spricht in diesem Zusammenhang von einem Nash-Gleichgewicht in gemischten Strategien.

4.2.3 Hirschjagd-Spiel

Das sog. Hirschjagd-Spiel[12] ist ein Koordinationsspiel ohne Verteilungskonflikt, ähnlich dem Gefangenendilemma. Im Gegensatz zum Gefangenendilemma stellt in diesem Spiel allerdings auch die wechselseitige Kooperation einen Gleichgewichtszustand dar. Typischerweise

---

[11] Grundlage ist nun Gleichung (4.4) im Text, da wir den Erwartungsnutzen von Berta betrachten.

[12] Im Englischen spricht man vom sog. „Stag-Hunt-Game".

wird dieses Spiel auf der Basis einer Hirschjagd erläutert. Wir stellen uns also vor, Anton und Berta gehen als Jäger auf eine Hirschjagd. Die beiden können sich überlegen, ob sie gemeinsam oder alleine jagen. Wie in den Spielen zuvor, können sie jedoch vor Abgabe des Schusses nicht kommunizieren. Beide schießen also ohne zu wissen, auf welches Ziel der andere Jäger sein Gewehr gerichtet hat. Mehr als einen Schuss haben sie nicht. Anton und Berta müssen sich zwischen zwei Alternativen entscheiden. Entweder schießt man auf den Hasen, oder man schießt auf den Hirsch. Im Gegensatz zum Hasen kann der Hirsch allerdings nicht durch einen einzigen Schuss erlegt werden. Nur wenn beide gleichzeitig auf den Hirsch schießen, werden sie ihn erlegen können. Vor diesem Hintergrund ergeben sich schließlich zwei Strategien (Hirsch versus Hase) und drei mögliche Ergebnisse des Hirschjagdspiels. Zunächst könnten Anton und Berta gemeinsam jagen, um den Hirsch zu erlegen. Da ein Hirsch ein wesentlich größerer Fleischproduzent als der Hase ist, können beide eine Auszahlung in Höhe von 5 erwarten. Daneben könnten sie sich von vornherein auf die Hasenjagd konzentrieren, wobei sie den Hasen auch alleine erlegen können. Jeder Hase führt zu einer Auszahlung in Höhe von 2. Schließlich ergibt sich die Möglichkeit, dass einer auf den Hasen, der andere allerdings auf den Hirsch schießt. In diesem Fall wird derjenige, der sich auf die gemeinsame Jagd verlassen hat, leer ausgehen (Auszahlung in Höhe von 0), während der andere sich auf Hasenbraten zum Abendessen freuen kann (Auszahlung in Höhe von 2). Die Abb. 4.5 zeigt die Auszahlungen für unser Hirschjagd-Spiel im Überblick.

Anton überlegt also nun: Wenn die Berta auf den Hirsch schießt, sollte ich ebenfalls auf den Hirsch schießen (weil $5 > 2$). Wenn Berta auf den Hasen schießt, sollte ich ebenfalls auf einen Hasen schießen (weil $2 > 0$). Für Berta ergeben sich die Überlegungen und damit die besten Antworten analog. Es existiert also keine dominante Strategie. Wenn der Gegenspieler kooperiert, sollte man kooperieren. Wenn der Gegenspieler defektiert, sollte man ebenfalls defektieren. Es gibt vor diesem Hintergrund also zwei Nash-Gleichgewichte in reinen Strategien. Konkret gestalten sich (*Hirsch/Hirsch*) und (*Hase/Hase*) als wechselseitig beste Antworten. Im Gegensatz zum Gefangenendilemma lässt sich hier Kooperation einfacher herstellen, zumal es sich bei (*Hirsch/Hirsch*) um ein Pareto-effizientes Gleichgewicht handelt. Keiner von beiden kann besser gestellt werden, ohne den jeweils anderen hierfür schlechter stellen zu müssen. Es existieren letztendlich zwei Lösungsmöglichkeiten, um Kooperation herzustellen. Auf der einen Seite ist das klassische Zauberwort wieder Vertrauen. Schließlich sind sich unsere beiden Jäger darüber bewusst, dass sie sich im Falle einer gemeinsamen Jagd besser stellen könnten. Die einseitige Defektionsstrategie stellt im Gegensatz zum Gefangenendilemma also keine Versuchung dar. Den Hasen zu jagen ist immer die schlechtere Alternative, unabhängig von der Entscheidung des anderen Jägers. Allerdings birgt die Hirschjagd immer die Gefahr einer Nullauszahlung. In

Abb. 4.5 Hirschjagd-Spiel

Hirschjagd		Berta	
		Hirsch	Hase
Anton	Hirsch	5/5	0/2
	Hase	2/0	2/2

diesem Fall stellt die Hasenjagd die Ausweichstrategie dar. Man spricht in diesem Fall vom Hasen als Maximin-Lösung, d. h. Maximierung des minimalen Nutzens. Bei der ersten oder einmaligen gemeinsamen Jagd ist jedoch noch keine Erfahrung und damit auch kein Vertrauen dar. Auf der anderen Seite können unsere Jäger auch hier ein Gleichgewicht in gemischten Strategien anstreben. In diesem Zusammenhang führt uns das sog. Konzept der Risikodominanz zu diesem Nash-Gleichgewicht. Das Konzept der Risikodominanz vergleicht die Erwartungswerte beider Strategien miteinander. In unserem Hirschjagd-Spiel beträgt die erwartete Auszahlung für die Hasenjagd 2, schließlich hat man die Gewissheit, dass man den Hasen auch alleine erlegen kann (d. h. $E(Hase) = 2$).[13] Schießt Anton auf den Hasen, erwartet er eine Auszahlung in Höhe von 2.[14] Schießt er indes auf den Hirsch, so kann er sich nicht sicher sein, dass er auch eine entsprechende Auszahlung erhält. Diese tritt nur dann ein, wenn Berta ebenfalls auf den Hirsch schießt. In diesem Fall erzielt Anton also entweder eine Auszahlung in Höhe von 5, oder eine Auszahlung in Höhe von 0. Da wir ohne weitere Informationen von einer 50 zu 50 Wahrscheinlichkeit ausgehen müssen, dass Berta den Anton bei der Hirschjagd unterstützen wird, ergibt sich als Erwartungswert für die Hirschjagd $E(Hirsch) = 0,5 \cdot 5 = 2,5$. Vergleichen wir nun beide Erwartungswerte miteinander, so wird deutlich, dass die erwartete Auszahlung einer Hirschjagd größer ist als die einer Hasenjagd. In diesem Zusammenhang sagt man auch, dass die Strategie *Hirsch* risiko-dominant ist, da $E(Hirsch) = 2,5 > E(Hase) = 2$. Diese Überlegungen zeigen, dass es davon abhängen wird, wie viel mehr an Auszahlung die Kooperation einbringt. Wären wir von einer Auszahlung in Höhe von 3 pro Jäger im Falle der gemeinsamen Hirschjagd ausgegangen, wäre der Erwartungswert mit $E(Hirsch) = 0,5 \cdot 3 = 1,5$ kleiner als der Erwartungswert aus der Hasenjagd ($E(Hase) = 2$). In diesem Fall wäre die Strategie *Hase* risikodominant.

4.2.4 Feigling-Spiel

Im Rahmen des sog. Feigling-Spiels[15] sprechen wir von einem gemischten Koordinations- und Konfliktspiel. Hintergrund sind dabei prohibitiv hohe Kosten eines Koordinationsversagens. Das heißt, bei wechselseitiger Defektion haben die Spieler in dieser Spielform besonders viel zu verlieren. Dargestellt wird das Feigling-Spiel in Form einer Mutprobe unter Jugendlichen. Wir stellen uns vor, Anton und Berta fahren mit ihren Autos aufeinander zu, wobei derjenige, der ausweicht, verliert bzw. als Feigling im gemeinsamen Freundeskreis

---

[13] Üblicherweise schreibt man für den Erwartungswert einer Handlung X, $E(X)$. Daneben ist auch die Verwendung von „µ" häufig.

[14] In dieser Überlegung gehen wir davon aus, dass beide Jäger zielsicher sind. Wenn sie auf ein Objekt zielen, treffen sie es. Die Möglichkeit daneben zu schießen bleibt unberücksichtigt. Es ist allerdings problemlos möglich, auch die Trefferwahrscheinlichkeit in die Berechnung des Erwartungswertes mit einzubeziehen. Hierzu würden wir dann auf den zuvor vorgestellten Multiplikationssatz zurückgreifen.

[15] Im Englischen spricht man vom sog. „Chicken-Game".

gilt. Halten beide jedoch drauf, führt ein Zusammenprall zum Tode beider Fahrer. Hier ist die Besonderheit dieses Spiels. Möchte keiner von beiden als Feigling gelten, werden sie sich schlechter stellen als vor der Mutprobe. Beide Fahrer sterben. Es ergeben sich zwei Strategien (ausweichen versus draufhalten) für Anton und Berta und schließlich 3 Möglichkeiten, wie das Spiel ausgehen könnte: Erstens, wenn beide ausweichen, gewinnt keiner von beiden die Mutprobe. Allerdings überleben sie und keiner wird als Feigling bezeichnet (*(Ausweichen/Ausweichen) = (4/4)*). Zweitens, wenn einer von beiden ausweicht während der andere draufhält, gewinnt der Draufgänger die Mutprobe (*(Draufhalten/Ausweichen) = (6/2)* bzw. *(Ausweichen/Draufhalten) = (2/6)*). Aber der Feigling überlebt immerhin. Drittens, wenn beide draufhalten, überleben sie den Zusammenprall ihrer Fahrzeuge nicht. Beide erzielen eine negative Auszahlung, zumal sie sich durch den Tod schlechter stellen (*(Draufhalten/Draufhalten) = (−1/−1)*). Die Auszahlungsmatrix in Abb. 4.6 fasst die möglichen Auszahlungen je nach Strategiewahl bei der Mutprobe zusammen.

Anton überlegt also: Wenn Berta ausweicht, sollte ich draufhalten (weil 6>4). Wenn Berta draufhält, sollte ich ausweichen (weil 2> −1).[16] Es existiert also keine dominante Strategie. Allerdings geht ein Koordinationsversagen mit extrem hohen Kosten einher. Es gibt schließlich zwei Lösungsmöglichkeiten, um ein Koordinationsversagen zu verhindern. Zunächst könnte man darüber nachdenken, dass einer von beiden Spielern dem anderen glaubwürdig versichert, dass er bzw. sie nicht ausweichen wird. Man spricht in diesem Zusammenhang von einer glaubwürdigen Selbstbindung. Eine Möglichkeit einer solchen glaubwürdigen Selbstbindung wäre, dass Anton während der Fahrt das Lenkrad in seinem Auto abmontiert und vor den Augen Bertas aus dem Fenster wirft. Ohne Lenkrad kann Anton nicht ausweichen. Berta muss davon ausgehen, dass es zum Zusammenprall kommt, falls sie nicht selbst ausweicht. In diesem Fall wäre *(Draufhalten/Ausweichen) = (6/2)* die Lösung. Allerdings existiert dabei kein eindeutiges Nash-Gleichgewicht. Daneben könnten wir wieder über gemischte Strategien nachdenken, die nach bestimmten Wahrscheinlichkeiten die Autofahrer entscheiden lassen. Allerdings beeinflussen die extrem hohen Kosten eines möglichen Koordinationsversagens diese Wahrscheinlichkeiten. Ähnlich zur Hasenjagd könnten wir also an eine Maximin-Lösung denken, um den Verlust möglichst gering zu halten. Eine Maximierung des minimalen Nutzens würde ausschließlich die Ausweichstrategie als Lösung übrig lassen. Wenn wir die beste Möglichkeit nur bekommen

Abb. 4.6 Feigling-Spiel

Feigling		Berta	
		Ausweichen	Draufhalten
Anton	Ausweichen	4/4	2/6
	Draufhalten	6/2	-1/-1

[16] Aus gesamtwirtschaftlicher Sicht stellen wir fest, dass alle Ausgänge, bei denen unsere Spieler überleben, mit der gleichen Gesamtwohlfahrt (da $4 + 4 = 8$ sowie $2 + 6 = 6 + 2 = 8$) einhergehen. Vor diesem Hintergrund ist es aus wohlfahrtsökonomischer Sicht egal wie das Spiel ausgeht, solange es zu keinem Koordinationsversagen $(−1 + (−1) = −2)$ kommt.

können, wenn wir in jedem Fall draufhalten, sollten wir uns mit der zweitbesten Möglichkeit begnügen, sofern wir auf keinen Fall sterben wollen. Liegt dem Kalkül beider Spieler diese Maximin-Lösung zugrunde, finden sich Anton und Berta im Gleichgewicht *(Ausweichen/Ausweichen) = (4/4)* wieder. Die Auszahlung in Höhe von 4 ist die maximale Auszahlung, wenn wir uns nicht für Draufhalten entscheiden. Wir maximieren also unseren minimalen Nutzen.

4.3   Andere Darstellungsformen

Die bisher vorgestellte Normalform hat den klaren Vorteil, dass sie spieltheoretische Situationen (Situationen, in denen Individuen miteinander interagieren) sehr einfach und übersichtlich darstellt. Allerdings können wir uns vorstellen, dass die Normalform schnell an ihre Grenzen der Übersichtlichkeit stößt, wenn nicht zwei, sondern viele Handlungsoptionen bzw. Strategien den Strategieraum unserer Spieler bestimmen. Darüber hinaus sind wir bisher immer davon ausgegangen, dass beide Spieler gleichzeitig entscheiden, welche Strategie sie wählen. Es gibt aber Situationen, in denen die Spieler nacheinander entscheiden (sequentielle Spiele). Hier werden wir die Extensivform als Darstellungsform kennenlernen, um solche sequentiellen Spiele aufzulösen. Beide dieser Darstellungsformen, die Normal- und die Extensivform, sind allerdings nur geeignete Instrumente, solange wir von einem endlichen Strategieraum sprechen. In Kapitel drei haben wir bereits gelernt, dass ein Unternehmen bei Marktmacht im Prinzip jeden beliebigen Preis wählen könnte. Dass heißt es ergeben sich nahezu unendlich viele Möglichkeiten der Preis- oder Mengensetzung unter Marktmacht. Ist das Unternehmen nicht alleine im Markt (also kein Monopolist), sondern sieht sich wenigen Wettbewerbern gegenüber, wird es nicht den Monopolpreis wählen (können). Bei wenigen Wettbewerbern wird es aber auch nicht zu einer Preisspirale kommen, woraus Grenzkostenpreise resultieren. In einem solchen sog. Oligopol wird das Unternehmen die beste Antwort auf die Preis- oder Mengenwahl seines Konkurrenten wählen. Da im Prinzip unendlich viele Möglichkeiten der Preis- oder Mengensetzung existieren, wird uns die Normal- oder Extensivform hier nicht mehr weiterhelfen. In diesem Fall bilden sog. Reaktionsfunktionen die Menge aller besten Antworten auf die Preis- oder Mengenwahl des Wettbewerbers ab. Hier werden wir den einfachsten Fall des sog. Duopols untersuchen, also einen Markt mit zwei Wettbewerbern.

4.3.1   Extensivform und Teilspielperfektion

Bisher haben wir eine wesentliche Annahme zugrunde gelegt, auf deren Basis unsere Spieler Entscheidungen treffen: perfekte Informationen. Die Extensivform eignet sich dabei nicht nur, um sequentielle Spiele unter perfekter Information abzubilden und zu untersuchen, sondern auch Spiele mit imperfekter und unvollständiger Information. Den Fall mit perfekter und imperfekter Information wollen wir hier näher betrachten. Die Extensivform nutzt einen sog. Entscheidungsbaum als Darstellungs- und Untersuchungsgrundlage, auf dem wir entlang wandern, um unser Nash-Gleichgewicht zu finden. Hierzu müssen wir uns allerdings zunächst mit einigen Begrifflichkeiten beschäftigen, die dem Konzept der Extensivform zugrunde liegen. In diesem Zusammenhang unterscheiden wir zwischen sog. Knoten und Kanten des Entscheidungsbaums. Bei den Knoten gibt es wiederum Entscheidungsknoten (x_i) und Endknoten (z_i). Bei jedem Entscheidungsknoten ergeben sich Handlungsalternativen, zwischen denen der Spieler entscheiden kann. Im sequentiellen Spiel werden wir hierzu zwei Entscheidungsebenen kennenlernen: die Entscheidungs-ebene vom „first mover", mit einem Entscheidungsknoten (x_1) sowie die Entscheidungs-ebene vom „second mover", wobei die Anzahl der Entscheidungsknoten auf dieser Ebene der Anzahl der Strategien bzw. Handlungsalternativen auf der ersten Ebene entsprechen, d. h. in einem Spiel mit zwei Strategien sprechen wir dann von zwei Entscheidungsknoten (x_2 und x_3) auf dieser Ebene. Daneben gibt es Kanten im Sinne der Äste unseres Ent-scheidungsbaums wobei diese die Aktionsmöglichkeiten bzw. Strategieoptionen abbilden. Hat unser „first mover" 2 Aktionsmöglichkeiten zur Auswahl, führt die erste Kante zum Entscheidungsknoten x_2, und die zweite Kante zum Entscheidungsknoten x_3. Im sequen-tiellen Spiel unter perfekter Information wählt also z. B. zuerst Anton (Entscheidungskno-ten x_1) und dann wählt Berta (Entscheidungsknoten x_2 oder x_3). Die Extensivform kön-nen wir nun auf sämtliche Spiele, die wir zuvor kennengelernt haben, anwenden. So ergibt sich z. B. für den „Kampf der Geschlechter" das Bild in Abb. 4.7.

Entscheidet sich also nun Anton zum Fußball zu gehen, befindet sich Berta am Ent-scheidungsknoten x_2. Berta hat also die Wahl ebenfalls zum Fußball zu gehen, um zum Endknoten z_1 mit einer Auszahlung in Höhe von (2/1) zu gelangen, oder zum Theater zu gehen, um zum Endknoten z_2, mit einer Auszahlung in Höhe von (0/0) zu gelangen. Ent-scheidet sich Anton hingegen dafür ins Theater zu gehen, so befindet sich Berta am Ent-scheidungsknoten x_3. Sie hat entsprechend die Wahl zum Fußball zu gehen und am End-knoten z_3 ((0/0)) anzukommen, oder zum Theater zu gehen, um den Endknoten z_4 ((1/2)) zu erreichen. Die Auswertung eines solchen Entscheidungsbaums erfolgt in der

Abb. 4.7 Extensivform im Kampf der Geschlechter

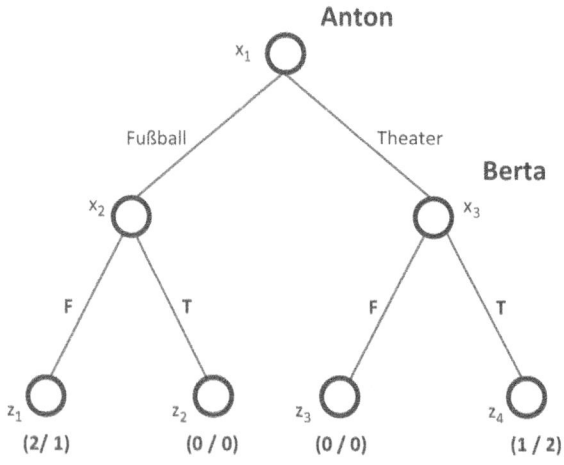

Regel mithilfe der sog. strategischen Form, in der wir sämtliche Pfade des Entscheidungsbaums in einer Tabelle abbilden und untersuchen können, ob diese ein Nash-Gleichgewicht darstellen. Schließlich hat Berta selbst die Möglichkeit zu entscheiden, ob sie zum Fußball oder zum Theater geht. Obwohl sie gegebenenfalls beobachten kann, für welche Strategie sich Anton entscheidet, hat sie die Möglichkeit, Anton zu folgen oder nicht. In der strategischen Form können wir vier mögliche Strategien abbilden, die den vollständigen Handlungsplan von Berta in Abhängigkeit von Antons Entscheidung abbilden (vgl. Abb. 4.8).

Bertas Handlungsplan stellt sich also wie folgt dar: Berta kann immer zum Fußball (*F/F*) oder zum Theater (*T/T*) gehen, unabhängig von Antons Entscheidung. Daneben kann Berta immer das Gegenteil von dem tun, was sie bei Anton beobachtet (*T/F*). Und schließlich kann sie Antons Entscheidung folgen (*F/T*).[17] Betrachten wir die strategische Form aus Abb. 4.8 etwas genauer, so ergeben sich letztlich drei mögliche Nash-Gleichgewichte. Nur die Strategie, dass Berta sich immer für das Gegenteil entscheidet, stellt keine rationale Strategie dar, da sie Anton dann definitiv nicht sehen wird (in beiden Fällen ist die Auszahlung (*0/0*)). Alle grau schraffierten Felder in der Abb. 4.8 stellen aber potentielle Nash-Gleichgewichte dar. Die Strategie immer zum Fußball zu gehen führt zu einem Nash-Gleichgewicht, wenn sich Anton für Fußball entscheidet. Anton erzielt eine Auszahlung in Höhe von 2, Berta eine Auszahlung in Höhe von 1. Darüber hinaus kommt es zu einer wechselseitig besten Antwort und damit zu einem Nash-Gleichgewicht, wenn Berta grundsätzlich Antons Entscheidung folgt. Da Anton eher zum Fußball geht,[18] stellt auch hier (*Fußball/Fußball*) ein Nash-Gleichgewicht dar. Fraglich ist indes, ob die implizite Drohung Bertas immer zum Theater zu gehen ein Nash-Gleichgewicht darstellen kann. Im Fall der impliziten Drohung zum Fußball zu gehen, stellt sich die Situation relativ einfach dar. Da Anton mit einer größeren Wahrscheinlichkeit zum Fußball gehen wird, ergibt sich relativ einfach ein Gleichgewichtszustand. Wie glaubwürdig ist also die implizite Drohung von Berta, immer zum Theater (also (*T/T*)) zu gehen?

Abb. 4.8 Strategische Form im Kampf der Geschlechter

		Berta			
		F/F	F/T	T/F	T/T
Anton	Fußball	2 / 1	2 / 1	0 / 0	0 / 0
	Theater	0 / 0	1 / 2	0 / 0	1 / 2

---

[17] Der Handlungsplan ist wie folgt zu lesen: Der Plan (*F* / *F*) bedeutet, dass Berta immer „ *F* " spielt. Geht Anton zum Fußball, geht Berta zum Fußball. Geht Anton zum Theater, geht Berta zum Theater. Vor dem Schrägstrich steht also die Aktion von Berta infolge der Handlungsalternative 1 von Anton, d. h. Fußball. Hinter dem Schrägstrich steht die Aktion von Berta infolge der Handlungsalternative 2 von Anton, d. h. Theater.

[18] Wir erinnern uns, dass die Wahrscheinlichkeit, dass Anton zum Fußball geht, 66,67 Prozent beträgt.

Abb. 4.9 Teilspielperfektion
im Kampf der Geschlechter

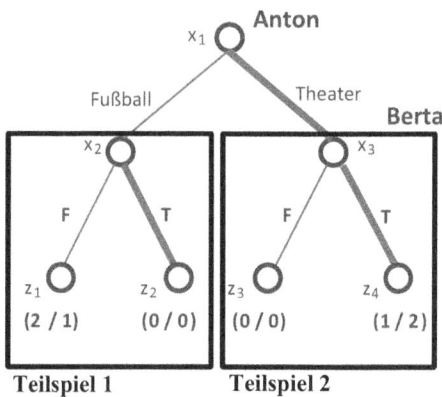

Der Schlüssel zur Beantwortung dieser Frage heißt Teilspielperfektion. Bei der Teilspielperfektion teilen wir das Spiel in Teilspiele auf. An jedem Entscheidungsknoten von Berta beginnt ein solches separates Teilspiel. Hier ergeben sich also zwei Teilspiele. Teilspiel 1 beginnt am Entscheidungsknoten x_2. Teilspiel 2 beginnt am Endscheidungsknoten x_3. Die einzelnen Teilspiele lassen sich schließlich mithilfe des Konzepts der sog. Rückwärtsinduktion lösen. Das heißt, wir beginnen an den Endknoten eines jeden Teilspiels und bewerten, inwiefern die Strategieentscheidung von Berta (als „second mover") rational scheint. Die Abb. 4.9 zeigt die Aufteilung unseres Kampfs der Geschlechter.

Die zu untersuchende implizite Drohung von Berta, immer ins Theater zu gehen, egal wofür sich der Anton zuvor entscheidet, ist in der Abbildung fett hervorgehoben. Vor diesem Hintergrund werden zwei mögliche Pfade von Bertas Theaterstrategie ersichtlich. Im ersten Fall geht Anton zum Fußball und Berta entscheidet sich, ins Theater zu gehen (Teilspiel 1). Im zweiten Fall geht Anton ins Theater und Berta entscheidet sich ebenfalls ins Theater zu gehen (Teilspiel 2). Im zweiten Teilspiel wird deutlich, dass die Strategie „Theater" auch Bertas beste Antwort darstellt. Vergleichen wir beide Endknoten z_3 und z_4 des Teilspiels 2, stellen wir fest, dass sich Berta für nichts anderes als das Theater entscheiden könnte. Aus $z_4 = (1 / 2) > z_3 = (0 / 0)$ schließen wir also auf den Entscheidungsknoten x_3 zurück und stellen fest, dass in diesem Fall die implizite Drohung durchaus glaubwürdig erscheint. Unsere Frage bezog sich allerdings auf die Glaubwürdigkeit der impliziten Drohung in Teilspiel 1. In Teilspiel 1 entscheidet sich Berta für das Theater, obwohl Anton zum Fußball geht. Beginnen wir nun wieder an den Endknoten des Teilspiels 1, so lässt sich nur schlussfolgern, dass diese implizite Drohung niemals glaubwürdig sein kann. Da $z_1 = (2 / 1) > z_2 = (0 / 0)$, kann der Pfad entlang der Kante 2 niemals eine rationale Entscheidung begründen.[19] Schließlich entscheidet sich Berta dafür, alleine

---

[19] In diesem Zusammenhang spricht man auch vom sog. „Tree-Puning". Bei „Tree-Puning" schreiben wir die besten Antwortstrategien bzw. deren Auszahlungen an die Entscheidungsknoten vom „second-mover". Wir kürzen also die Äste unseres Entscheidungsbaums auf das Wesentliche, d. h. das was unter Rationalitätserwägungen zu realisierende Ergebnisse sind. Machen wir das für Abb. 4.9, so schreiben wir unter Entscheidungsknoten x_2 die Auszahlung (2/1) und unter Entscheidungsknoten

im Theater zu sitzen (und eine Auszahlung von 0 zu realisieren), anstatt sich mit Anton gemeinsam beim Fußball zu amüsieren (und eine Auszahlung von 1 zu realisieren). Wir stellen also fest: Geht Anton zum Fußball, wird Berta ihm folgen (Nash-Gleichgewicht 1). Geht Anton zum Theater, wird Berta ihm ebenfalls folgen (Nash-Gleichgewicht 2). Im sequentiellen Spiel stellt das erste Nash-Gleichgewicht die nächstliegende Lösung dar. Auch wenn Berta Anton androhen würde, ihm nicht zum Fußball zu folgen, kann sich Anton sicher sein, dass Berta trotzdem zum Fußball kommt.

Bisher haben wir die Extensivform in einem Spiel mit perfekter oder vollkommener Information betrachtet. Anton entscheidet sich zuerst, Berta folgt unter der Gewissheit, dass Anton zum Fußball (Entscheidungsknoten x_2) oder zum Theater (Entscheidungsknoten x_3) gegangen ist. Allerdings lassen sich auch Spiele mit imperfekter bzw. unvollkommener Information mithilfe der Extensivform darstellen und analysieren. Imperfekte Information bedeutet allerdings, dass Berta nicht beobachten kann, für welche Alternative sich Anton entschieden hat. Sie kann also nicht zwischen den Entscheidungsknoten x_2 und x_3 unterscheiden. Man sagt, die Entscheidungsknoten x_2 und x_3 gehören zur selben Informationsmenge. Graphisch machen wir dies durch eine gestrichelte Linie zwischen den Entscheidungsknoten auf der zweiten Ebene kenntlich (vgl. Abb. 4.10).

In diesem Fall können wir das Spiel nicht mithilfe der Rückwärtsinduktion bzw. Teilspielperfektion lösen. Berta muss sich für eine Strategie entscheiden, ohne zu wissen, was Anton tut. Hier stellt sich das Spiel also analog zum simultanen Spiel dar, in dem Anton und Berta gleichzeitig und ohne jegliche Kommunikationsmöglichkeit eine Entscheidung treffen.[20] Wie wir wissen, lässt sich diese Form des Spiels durch Nash-Gleichgewichte in reinen und gemischten Strategien beschreiben und lösen.

Abb. 4.10 Extensivform bei imperfekter Information

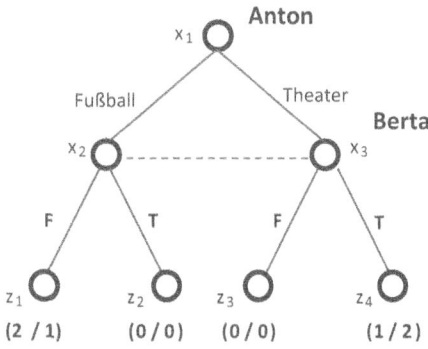

---

x_3 die Auszahlung (*1/2*). Nur Entscheidungen, die zu diesen beiden Auszahlungen führen, sind also glaubwürdig und stellen (realistische) Nash-Gleichgewichte dar.

[20] Das sequentielle Spiel ist letztlich nichts anderes als eine Form der Kommunikation. Ob Berta beobachtet, wo Anton hingeht, oder ob Anton Berta anruft und ihr mitteilt, wo er sich befindet, ist dabei egal. Findet diese Kommunikation nicht statt, sind das sequentielle (perfekte Information) und das simultane (imperfekte Information) Spiel analog zu behandeln.

4.3.2 Reaktionsfunktionen

Bisher haben wir uns immer nur mit endlich vielen Handlungsalternativen beschäftigt. In vielen spieltheoretischen Situationen gibt es aber viel mehr als 2, 3 oder 4 Strategien für unsere Spieler.

Video 4.7 Reaktionsfunktion

Im Extremfall existieren unendlich viele Strategien. In diesem Zusammenhang sprechen wir von einer stetigen Strategiemenge. Klassische Beispiele sind etwa die Wahl des Produktionsniveaus oder die Festlegung des (Verkaufs-) Preises bei Unternehmen, die im Wettbewerb stehen. In Kap. 3 haben wir uns bereits mit Wettbewerb beschäftigt, indem wir die beiden Extremfälle – d. h. das Monopolmodell mit nur einem Anbieter und das Modell der vollkommenen Konkurrenz mit vielen kleinen Anbietern – untersucht haben. Gibt es aber nicht viele kleine Anbieter, sondern einige wenige, stellt sich die Situation anders dar. Dieses sog. Oligopol liegt zwischen den beiden Extremfällen aus Kap. 3. Je weniger Wettbewerber, desto größer ist dabei deren individuelle Marktmacht und Möglichkeit, einen Preis oberhalb des Grenzkostenniveaus zu wählen. Bei wenigen Wettbewerbern werden sich die Entscheidungen zur Mengen- oder Preiswahl allerdings gegenseitig beeinflussen. Mit anderen Worten: Die optimale Menge bzw. der optimale Preis hängt von den Erwartungen über die Mengen- bzw. Preisentscheidung der Konkurrenten ab. Im einfachsten Fall besteht ein Oligopol aus zwei Wettbewerbern – ein sog. Duopol. Im Folgenden wollen wir uns deshalb zunächst mit der Wahl der Produktionsmenge zweier Wettbewerber beschäftigen.[21]

Angenommen, zwei Wettbewerber produzieren das gleiche Gut X. Der Marktpreis ergibt sich aus der allgemeinen Form der Preis-Absatz-Funktion, sodass

$$P(x_A, x_B) = \bar{p} - x_A - x_B, \qquad (4.7)$$

wobei $\bar{p}$ dem Reservationspreis und x_A sowie x_B den Produktionsmengen der Unternehmen A und B entsprechen. Beide Wettbewerber werden versuchen durch die Wahl der Produktionsmengen ihren Gewinn zu maximieren. Da der Gewinn sich allgemein aus Umsätzen bzw. Erlösen abzüglich der Produktionskosten ($K(X)$) ergibt und für die Erlöse der Unternehmen $E(X) = P(X) \cdot x_i$ gilt, ergibt sich ein Gewinn in der Form

$$
\begin{aligned}
G_A(x_A, x_B) &= E(x_A, x_B) - K(x_A) = P(x_A, x_B) \cdot x_A - K(x_A) \\
G_B(x_A, x_B) &= E(x_A, x_B) - K(x_B) = P(x_A, x_B) \cdot x_B - K(x_B)
\end{aligned}. \qquad (4.8)
$$

Es wird deutlich, dass die Wahl der Produktionsmenge des einen Unternehmens einen Einfluss auf die Gewinnerwartung des Wettbewerbers hat, und umgekehrt. So ist der Gewinn des Unternehmens A (B) nicht nur von seiner Produktionsmenge x_A (x_B) abhängig, sondern auch von der Produktionsmenge seines Wettbewerbers, also x_B (x_A). Ein genauerer Blick in Gl. (4.8) zeigt, dass die Mengenwahl beider Unternehmen in erster Linie den Marktpreis beeinflusst. Je höher die Produktionsmengen beider Unternehmen, desto niedriger ist der Marktpreis und damit der zu erzielende Umsatz. Genau diesen Zusammenhang haben wir kennengelernt, als wir darüber nachgedacht haben, wie der gewinnmaximierende Monopolist den Marktpreis festlegt. Dieser wird den Preis solange erhöhen, bis die Grenzerlöse der letzten Einheit den Grenzkosten entsprechen. Der Monopolist wählt den Preis entsprechend der „Grenzerlöse gleich Grenzkosten"-Regel. Wir hatten hierzu in Kap. 3 von einem positiven Preis- und einem negativen Mengeneffekt gesprochen, zumal die Nachfrage und damit die Menge des Guts X bei steigendem Preis sinkt. Analog können wir das Maximierungskalkül der beiden Wettbewerber hier betrachten, nur dass in diesem Fall die Mengenwahl von den Mengen beider Unternehmen abhängt. Jeder wird seine Erwartungen über die Mengenwahl des Wettbwerbers in seinem Kalkül berücksichtigen und solange seine eigene Produktionsmenge erhöhen, bis die Grenzerlöse den Grenzkosten entsprechen. Diese Tatsache folgt auch unmittelbar aus dem Gewinnmaximierungskalkül unter Verwendung der

---

[21] Die Überlegungen zur Festlegung des Marktpreises ergeben sich analog. Wir werden uns mit der Preiswahl in Abschn. 4.4.2 beschäftigen, wenn es um die Stabilität von Preiskartellen und den entsprechenden Implikationen für das Wettbewerbsrecht geht. In der Volkswirtschaftslehre unterscheiden wir dabei zwischen dem sog. Cournot- (Mengenwahl) und dem Bertrand-Wettbewerb (Preiswahl). Eine dritte Form stellt der sog. Stackelberg-Wettbewerb dar, in dem es einen Marktführer gibt, der zuerst seine Handlungsalternative (Menge oder Preis) wählt. Siehe hierzu weiterführend u. a. Bester (2012).

Gewinnfunktionen aus Gl. (4.8). Wollen wir das Maximum der Gewinnfunktion bestimmen, so setzen wir die erste Ableitung der Gewinnfunktion gleich null.

Wir erinnern uns an die Schulzeit. Hier hatten wir die allgemeine Regel zur Ableitung von Funktionen kennengelernt. Wir betrachten hierzu eine Funktion in ihrer allgemeinen Form, mit $f(x) = a \cdot x^n$, mit a als Konstante und n als Exponent. Die Regel zur Ableitung einer solchen Funktion ergibt sich dann wie folgt:

$$f(x) = a \cdot x^n \rightarrow f'(x) = \frac{df}{dx} = a \cdot n \cdot x^{n-1}$$

Wir ziehen den Exponent also vor das x und multiplizieren die Zahl n mit der Konstanten a. Gleichzeitig subtrahieren wir von unserem Exponenten die Zahl 1. Betrachten wir als Beispiel die Funktion $f(x) = 3 \cdot x^4$, d. h. mit $a = 3$ und $n = 4$, dann ergibt sich die erste Ableitung als

$$f(x) = 3 \cdot x^4 \rightarrow f'(x) = \frac{df}{dx} = 3 \cdot 4 \cdot x^{4-1} = 12 \cdot x^3$$

Nun betrachten wir in unseren Beispielen in der Regel Differentialgleichungen, d. h. Funktionen mit einer oder mehreren Variablen. Die Ableitung solcher Differentialgleichungen erfolgt jedoch analog, nur dass wir die Variablen, nach denen wir nicht ableiten bzw. differenzieren, wie eine Konstante behandeln – also wie das a in unserer Musterfunktion. Anstelle des „d" für den Ableitungsbefehl schreiben wir nun „∂ ", um kenntlich zu machen, dass wir eine Differentialgleichung betrachten. Entsprechend gilt für eine Differentialgleichung mit zwei Variablen x_1 und x_2:

$$f(x_1, x_2) = a \cdot x_1^n \cdot x_2^m \rightarrow \frac{\partial f}{\partial x_1} = a \cdot n \cdot x_1^{n-1} \cdot x_2^m$$

$$f(x_1, x_2) = a \cdot x_1^n \cdot x_2^m \rightarrow \frac{\partial f}{\partial x_2} = a \cdot m \cdot x_1^n \cdot x_2^{m-1}$$

Selbstverständlich existieren komplexere Zusammenhänge, die unter Umständen die Verwendung von Produkt- und/oder Kettenregel erfordern. Die Anwendbarkeit der hier dargestellten Ableitungsregel bleibt hiervon allerdings unberührt.

Setzen wir also nun die erste Ableitung der Gewinnfunktionen beider Unternehmen aus Gl. (4.8) gleich null, erhalten wir schließlich

$$\frac{\partial G_A}{\partial x_A} = \frac{\partial E_A}{\partial x_A} - \frac{\partial K_A}{\partial x_A} = 0 \leftrightarrow \frac{\partial E_A}{\partial x_A} = \frac{\partial K_A}{\partial x_A} \, bzw. \, GE_A = GK_A$$

$$\frac{\partial G_B}{\partial x_B} = \frac{\partial E_B}{\partial x_B} - \frac{\partial K_B}{\partial x_B} = 0 \leftrightarrow \frac{\partial E_B}{\partial x_B} = \frac{\partial K_B}{\partial x_B} \, bzw. \, GE_B = GK_B$$

$$(4.9)$$

Die Ableitungen aus Gl. (4.9) zeigen dasselbe Maximierungskalkül wie das unseres Monopolisten. Der Unterschied ist indes, dass die eigene Mengenwahl des Unternehmers von der Mengenwahl des Wettbewerbers beeinflusst wird. Wir haben nicht ein Maximierungskalkül, sondern zwei Gewinnmaximierer. Die Spieltheorie kann uns dabei helfen, diesen Sachverhalt näher zu untersuchen. Wir suchen also die besten Antworten des Unternehmens A (B) auf die Mengenwahl x_B (x_A) des Wettbewerbers, wobei angenommen wird, dass beide Unternehmen jede beliebige Menge des Guts anbieten könnten. Hierzu benötigen wir schließlich das Konzept der Reaktionsfunktion, die die Menge aller besten Antworten abbildet, mit der unser Unternehmen auf die Mengenwahl seines Wettbewerbers reagiert. Wie das Unternehmen A auf jede Mengenwahl des Unternehmens B reagiert, liegt letztlich unserem Maximierungskalkül aus Gl. (4.9) bereits zugrunde. Schließlich ist die beste Antwort x_A (x_B) auf eine gegebene Menge x_B (x_A) die Menge, die den Gewinn des Unternehmens maximiert. Würde das Unternehmen also z. B. erwarten, dass sein Konkurrent eine Menge in Höhe von null produziert, könnte er unabhängig von seinem Konkurrenten seine Menge wählen und damit die Monopolmenge.[22] Da

$$G(x) = (\bar{p} - x) \cdot x - K(x), \qquad (4.10)$$

folgt aus der Gewinnmaximierung des Monopolisten ($x_B = 0$)

$$\frac{dG}{dx} = GE_A - GK_A = 0 \leftrightarrow \bar{p} - 2x - GK_A = 0 \leftrightarrow x_M = \frac{\bar{p} - GK_A}{2}. \qquad (4.11)$$

Das heißt, die beste Antwort auf die Menge $x_B = 0$ des Konkurrenten ist die Monopolmenge x_M. Entscheidet sich der Wettbewerber (B) hingegen dafür in den Markt einzutreten, d. h. eine Menge $x_B > 0$ zu wählen, dann wird das Unternehmen A zwangsläufig mit einer niedrigeren Menge $x_A < x_M$ reagieren. Hieraus können wir nun Schlussfolgerungen hinsichtlich des Verlaufs der Reaktionsfunktion (in einem x_A / x_B -Diagramm) des Unternehmens A ziehen. So ist der Schnittpunkt mit der x_A-Achse an der Stelle $(\bar{p} - GK_A)/2$ zu finden. Schließlich ist das Unternehmen A im Falle $x_B = 0$ Monopolist und wählt die Monopolmenge. Für alle $x_B > 0$ weist die Reaktionsfunktion des Unternehmens A ($R_A(x_B)$) einen fallenden Verlauf auf. Für das Unternehmen B gestaltet sich die Situation analog, nur spiegelverkehrt. Schnittpunkt mit der x_B-Achse ist der Punkt $(x_A = 0, x_B = x_M = (\bar{p} - GK_B)/2)$. Für jede Menge $x_A > 0$ wählt das Unternehmen B eine Menge $x_B < x_M$. Auf welche Menge würden sich die Wettbewerber nun einigen?

Da jedes Unternehmen auf die Menge seines Wettbewerbers mit seiner besten Antwort reagiert, wird jeder seine Menge solange verändern, bis ein Gleichgewichtszustand erreicht ist. Wie wir wissen, sprechen wir von einem Gleichgewicht, wenn beide Spieler wechselseitig

---

[22] Wir gehen hier wieder vom einfachsten Fall linearer Reaktionsfunktionen aus. Selbstverständlich können wir auch einen nicht-linearen Verlauf betrachten. Die hier vorgestellten Argumente gelten aber auch für diese komplexeren Fälle. Siehe weiterführend auch Holler und Illing (2006) sowie Kap. 3 in Bester (2012).

Abb. 4.11 Reaktionsfunktionen
und Cournot-Gleichgewicht

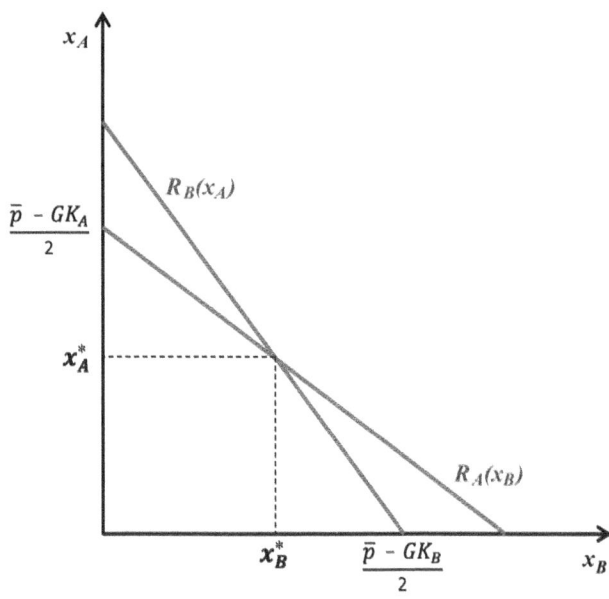

ihre besten Antworten spielen. Das heißt, es gibt einen Punkt, der dadurch charakterisiert ist, dass hier beide Wettbewerber ihre beste Antwort spielen. Da die Reaktionsfunktionen die Menge aller besten Antworten abbilden, wird ein Zustand wechselseitig bester Antworten nur im Schnittpunkt der beiden Reaktionsfunktionen erreicht. Für jeden anderen Punkt (x_A, x_B) wird indes mindestens ein Unternehmen einen Anreiz haben, einseitig von seiner gewählten Produktionsmenge abzuweichen, um seinen Gewinn zu erhöhen. Erst im Gleichgewichtspunkt (x_A^*, x_B^*) wird keiner der beiden Wettbewerber mehr einen Anreiz haben, von der gewählten Menge einseitig abzuweichen. Der Schnittpunkt beider Reaktionsfunktionen bestimmt also unser Gleichgewicht. In diesem Zusammenhang sprechen wir von einem sog. Cournot-Gleichgewicht, benannt nach dem französischen Mathematiker und Wirtschaftstheoretiker Antoine-Augustin Cournot.[23] Abb. 4.11 illustriert den typischen Verlauf der Reaktionsfunktionen sowie das Cournot-Gleichgewicht.

Beispiel 4.3

Gegeben sei die Preis-Absatz-Funktion $P(X) = 40 - x_A - x_B$ sowie die Kostenfunktion $K(x_i) = 4x_i$, mit $i = A, B$ und Xtrem *GmbH* = Unternehmen A und Xtrail *AG* = Unternehmen B. Dann erhalten wir für die Gewinnfunktion beider Unternehmen

$$G_A(x_A, x_B) = (40 - x_A - x_B) \cdot x_A - 4 \cdot x_A$$
$$G_B(x_A, x_B) = (40 - x_A - x_B) \cdot x_B - 4 \cdot x_B$$

---

[23] Siehe grundlegend hierzu Cournot (1838).

Als gewinnmaxierende Unternehmen werden die Xtrem *GmbH* und die Xtrail *AG* nun ihre individuellen Produktionsmengen so wählen, dass $GE_i = GK_i$ bzw. $\partial G_i / \partial x_i = 0$, sodass

$$\frac{\partial G_A}{\partial x_A} = 40 - 2x_A - x_B - 4 = 0 \leftrightarrow 36 - 2x_A - x_B = 0$$

$$\frac{\partial G_B}{\partial x_B} = 40 - 2x_B - x_A - 4 = 0 \leftrightarrow 36 - 2x_B - x_A = 0$$

Die Reaktionsfunktionen beider Unternehmen ergeben sich nun durch Umformung nach x_A bzw. x_B und Gleichsetzen beider Reaktionsfunktionen:

$$\frac{\partial G_A}{\partial x_A} = 36 - 2x_A - x_B = 0 \rightarrow R_A\left(x_B\right) = x_A = 18 - \frac{1}{2} \cdot x_B$$

$$\frac{\partial G_B}{\partial x_B} = 36 - 2x_B - x_A = 0 \rightarrow R_B\left(x_A\right) = x_B = 18 - \frac{1}{2} \cdot x_A$$

Da es sich hier um lineare Reaktionsfunktionen handelt, benötigen wir nur 2 Punkte im Diagramm, um die Reaktionsfunktionen zu zeichnen. Den Schnittpunkt mit der x_A-Achse können wir einfach ablesen. Der Schnittpunkt ist bei $x_A = 18$. Ein zweiter Punkt wäre der Schnittpunkt mit der x_B – Achse. Da hier $x_A = 0$, erhalten wir diesen Punkt durch Einsetzen in die Reaktionsfunktion des A, d. h. $R_A(x_B) = 18 - 0{,}5 \cdot x_B = 0 \leftrightarrow x_B = 36$. Einzeichnen der Reaktionsfunktionen in ein x_A / x_B-Diagramm zeigt das Cournotgleichgewicht (x_A^*, x_B^*) als Schnittpunkt beider Reaktionsfunktionen. Zeichnerisch erkennen wir jedoch nur, dass beide Unternehmen eine identische Produktionsmenge zwischen 9 und 18 wählen.

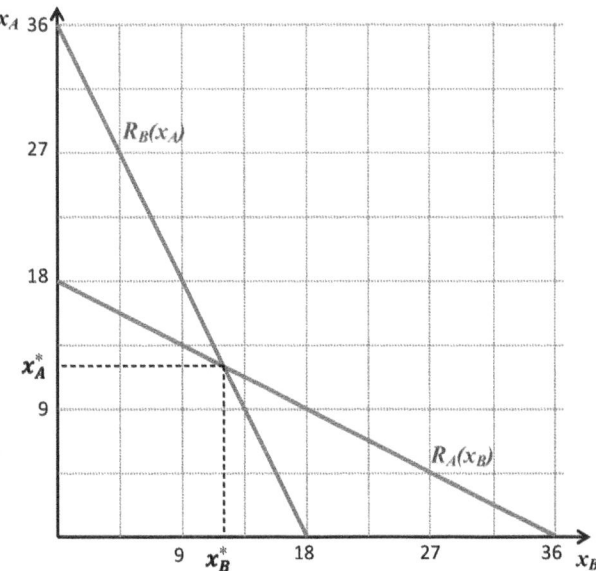

Zeichnerisch können wir das Cournot-Gleichgewicht nur näherungsweise bestimmen. Eine exakte Bestimmung der Produktionsmengen im Gleichgewicht lässt sich schließlich auch rechnerisch zeigen, durch Einsetzen von x_A (x_B) in x_B (x_A):

$$x_A^* : x_A = 18 - \frac{1}{2} \cdot \left(18 - \frac{1}{2} x_A \right) \leftrightarrow x_A = \frac{9 \cdot 4}{3} = 12$$

$$x_B^* : x_B = 18 - \frac{1}{2} \cdot 12 = 18 - 6 = 12$$

Im Gleichgewicht wählen die Xtrem GmbH und die Xtrail AG also identische Produktionsmengen in Höhe von 12. Insgesamt werden also 24 Einheiten zu einem Preis von $P(24) = 40 - 12 - 12 = 16$ Geldeinheiten auf dem Markt angeboten. Beide Unternehmen erzielen damit einen Gewinn in Höhe von $G_i \left(x_A, x_B \right) = 12 \cdot 16 - 12 \cdot 4 = 144$.

Die Tatsache, dass die Unternehmen in unserem Beispiel identische Produktionsmengen im Cournot-Gleichgewicht wählen, liegt letztendlich daran, dass die Reaktionsfunktionen symmetrisch verlaufen. Allerdings kann es auch zu asymmetrischem Verlauf kommen. Da die Marktnachfrage für beide Unternehmen die gleiche ist – sie gilt ja schließlich für den gesamten/gemeinsamen Markt –, ergibt sich die gleiche Struktur der Erlösfunktion für die Wettbewerber. Eine Änderung der Marktnachfrage würde also beide Wettbewerber gleichermaßen betreffen und an unserer Symmetrie nichts ändern. Vor diesem Hintergrund kommt nur eine unterschiedliche Kostenstruktur für einen asymmetrischen Verlauf der Reaktionsfunktionen in Frage. Die Kostenstruktur kommt in unserer Reaktionsfunktion in Form der Grenzkosten zum Ausdruck. Aus Abb. 4.11 sehen wir nun, dass die Grenzkosten unmittelbar die Form der Reaktionsfunktionen beeinflusst. So ergibt sich der Schnittpunkt der Reaktionsfunktion des Unternehmens A mit der x_A-Achse durch ($\bar{p} - GK_A / 2$). Verändern sich also die Grenzkosten des Unternehmens A, ändert sich zwangsläufig der Schnittpunkt mit der x_A-Achse. Konkret bewirkt eine schlechtere (bessere) Kostenstruktur, dass sich die gewinnmaximierende Produktionsmenge des Unternehmens proportional reduziert (erhöht). Mit anderen Worten: Es kommt zu einer Parallelverschiebung der Reaktionsfunktion des Unternehmens, dessen Kostenstruktur sich gegenüber der Ausgangssituation verändert. Abb. 4.12 zeigt die Veränderung der Reaktionsfunktion für den Fall, dass sich (a) die Grenzkosten des Unternehmens A und (b) die Grenzkosten des Unternehmens B verändern.

Verändern sich also die Grenzkosten des Unternehmens A, verschiebt sich die Reaktionsfunktion des Unternehmens A von $R_A^0(x_B)$ auf $R_A^1(x_B)$ und umgekehrt. Steigen die Grenzkosten gegenüber dem Wettbewerber, verschiebt sich die Reaktionsfunktion nach unten. Sinken die Grenzkosten gegenüber dem Wettbewerber, verschiebt sich die Reaktionsfunktion des Unternehmens A nach oben. Abb. 4.12 (a) zeigt die Veränderung für den Fall steigender Grenzkosten (GK_A). Die Grenzkostenfunktion des Unternehmens B bleibt hiervon unberührt. Umgekehrt verschiebt sich die Reaktionsfunktion des Unternehmens B, wenn die Grenzkosten des Unternehmens B sich verändern (vgl. Abb. 4.12 (b)). Die Argumentation aus 4.12 (a) ist hier analog anzuwenden.

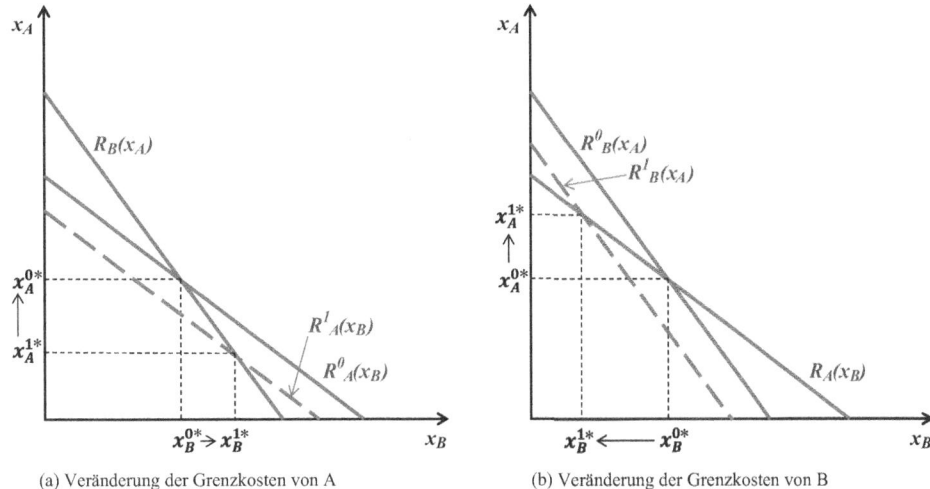

(a) Veränderung der Grenzkosten von A   (b) Veränderung der Grenzkosten von B

Abb. 4.12 Veränderung der Reaktionsfunktionen

Beispiel 4.4

Gegeben seien die Gewinnfunktionen aus Beispiel 4.3. Nun steigen die Grenzkosten der Xtrem GmbH (Unternehmen A). Nehmen Sie an, die Grenzkosten steigen von 4 auf 13 Geldeinheiten, d. h. $K_A(x_A) = 13 \cdot x_A$, während für Unternehmen B weiterhin $K_B(x_B) = 4 \cdot x_B$ gilt. Hierdurch verändern sich die Gewinnfunktionen wie folgt:

$$G_A\left(x_A, x_B\right) = \left(40 - x_A - x_B\right) \cdot x_A - 13 \cdot x_A$$
$$G_B\left(x_A, x_B\right) = \left(40 - x_A - x_B\right) \cdot x_B - 4 \cdot x_B$$

Indem wir die erste Ableitung der Gewinnfunktionen gleich null setzen und nach x_A (x_B) umformen und gegenseitig einsetzen, erhalten wir schließlich unsere Reaktionsfunktionen in der Form

$$\frac{\partial G_A}{\partial x_A} = 27 - 2x_A - x_B = 0 \rightarrow R_A\left(x_B\right) = x_A = 13{,}5 - \frac{1}{2} \cdot x_B$$

$$\frac{\partial G_B}{\partial x_B} = 36 - 2x_B - x_A = 0 \rightarrow R_B\left(x_A\right) = x_B = 18 - \frac{1}{2} \cdot x_A$$

Es wird deutlich, dass sich also die Reaktionsfunktion des Unternehmens A verändert. Die neuen Schnittpunkte (x_A, x_B) mit den Achsen sind (13,5;0) und (0;27). Zeichnen wir die Reaktionsfunktionen vorher und nachher in ein Diagramm, so erhalten wir folgendes Bild:

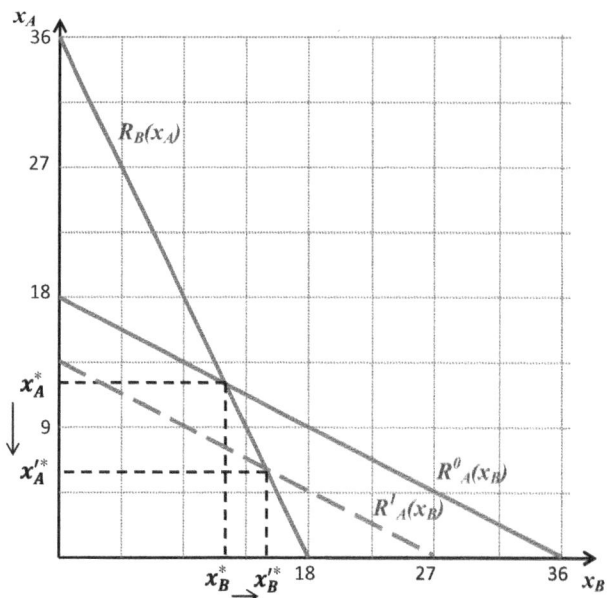

Die Veränderung der Grenzkosten führt also auch zu einer Veränderung des Cournot-Gleichgewichts. Aus Beispiel 4.3 wissen wir, dass die Wettbewerber zuvor beide 12 Einheiten produzierten. Erhöhen sich die Grenzkosten der Xtrem GmbH (Unternehmen A) von 4 auf 13, wird die Xtrem GmbH aufgrund der schlechteren Kostenstruktur auch weniger anbieten (können). Die Kostenstruktur hat also unmittelbar Einfluss auf die Marktmacht der Unternehmen und auf die Symmetrie oder Asymmetrie unseres Cournot-Gleichgewichts. In der Zeichnung wird ersichtlich, dass die Xtrem GmbH ihre Menge von x_A^* auf x_A' reduzieren wird, während die Xtrail AG wiederum mit ihrer besten Antwort auf diese Menge reagiert und die Produktionsmenge von x_B^* auf x_B' im Gleichgewicht ausweitet. Das neue Ergebnis können wir auch wieder rechnerisch ermitteln.

$$x_A^* : x_A = 13,5 - \frac{1}{2} \cdot \left(18 - \frac{1}{2} x_A\right) \leftrightarrow x_A = \frac{4,5 \cdot 4}{3} = 6$$

$$x_B^* : x_B = 18 - \frac{1}{2} \cdot 6 = 18 - 3 = 15$$

Wir gelangen also zu einem asymmetrischen Cournot-Gleichgewicht, in dem die Xtrem GmbH 6 und die Xtrail AG 15 Einheiten des Guts anbieten.

Diese Veränderung des Cournot-Gleichgewichts wird auch in Abb. 4.12 deutlich. Verändert sich die Kostenstruktur des Unternehmens, wird es im neuen Gleichgewicht mehr (Grenzkosten sinken) oder weniger (Grenzkosten steigen) anbieten. Der Wettbewerber reagiert hierauf wiederum mit seiner besten Antwort und bietet weniger (Grenzkosten des Wettbewerbers sinken) oder mehr (Grenzkosten des Wettbewerbers steigen) an.

4.4 Anwendungsbereiche

Unsere Überlegungen zur Spieltheorie zeigen letztendlich, dass die Haushalte und Unternehmen Anreize haben, strategisch zu handeln. Immer wenn die Entitäten unserer Volkswirtschaft miteinander interagieren, ergeben sich Anreize für unsere Spieler, bestimmte Handlungsalternativen zu wählen, in Abhängigkeit eigener Erwartungen über die Strategiewahl des Gegenspielers. Vor diesem Hintergrund ist es nicht offensichtlich, dass sich Anton auf einen Tausch mit Berta einlässt, weil er unter Umständen der Versuchung erliegen könnte ohne Gegenleistung an den Apfel von Berta zu gelangen. Solche Transaktionen – ob in der reinen Tauschökonomie oder der realen Geldwirtschaft – gehen vor diesem Hintergrund mit einem Vertrag einher. So regelt beispielsweise der Kaufvertrag (§ 433 BGB) die einzelnen Hauptleistungspflichten der Vertragsparteien, d. h. Übergabe und Übereignung sowie Kaufpreiszahlung. Kommen die Vertragsparteien ihren Pflichten aus dem Kaufvertrag nicht nach, so kann die Gegenpartei beispielsweise Schadensersatz verlangen. Deshalb soll das Vertragsrecht unser erstes Anwendungsbeispiel sein. Wir wollen wissen, wofür wir Verträge überhaupt benötigen und wie die Möglichkeit des Schadensersatzes die Anreize der Vertragsparteien auf Einhaltung des Vertrags beeinflusst. Daneben haben wir im Kontext der Reaktionsfunktionen bereits gesehen, dass die Mengenwahl der Wettbewerber im Oligopol entscheidend von den Erwartungen über die Mengenwahl des Konkurrenten sowie der Kostenstruktur abhängt. Gleichzeitig erinnern wir uns, dass Wettbewerb wichtig ist, um eine effiziente Allokation des Marktes zu bewirken. Vor diesem Hintergrund betrachten wir die Stabilität von Preiskartellen und die sich hieraus ergebenden Implikationen für das Wettbewerbsrecht (insbesondere § § 19 ff. GWB) als Anwendungsbeispiel Nummer zwei. Abschließend wenden wir uns nochmal den Charakteristika von Wirtschaftsgütern zu und wollen lernen, wie die Spieltheorie uns dabei unterstützen kann, zu analysieren, unter welchen Umständen es bei sog. Allmendegütern zur spontanen Entstehung von Eigentumsrechten und damit zur Schaffung von Ausschließbarkeit kommt. Hierzu betrachten wir als Beispiel die Studie von Harold Demsetz über die Labrador-Indianer.

4.4.1 Vertragsrecht

Im Rahmen der sog. Edgeworth-Box haben wir in Kap. 3 noch argumentiert, dass sich Anton und/oder Berta vom Ausgangspunkt (P) ausgehend besser stellen können, wenn sie die Güter untereinander tauschen. In diesem Zusammenhang haben wir angenommen, dass beide jedem Tausch zustimmen, der sie zumindest nicht schlechter stellt. Hierzu haben wir den Bereich der Pareto-Verbesserungen skizziert und festgestellt, dass Anton und Berta solange tauschen, bis keiner von beiden mehr besser gestellt werden kann, ohne dass hierzu der andere schlechter gestellt werden müsste (Pareto-Optimalität bzw. Punkt auf der Kurve des effizienten Tauschs). Beide würden jeder dieser Allokationen im Bereich der Pareto-Verbesserungen freiwillig zustimmen. Mit anderen Worten: Sie erklären ihren Willen bzw. äußern ihre Willenserklärung. Diese Willenserklärung liegt jedem Vertrag zugrunde. So einigen sich die Vertragsparteien in einem Kaufvertrag darüber, was zu welchen Konditionen ge- bzw. verkauft wird. Käufer und Verkäufer äußern ihren freien Willen, indem sie den Kaufvertrag unterschreiben.[24] Vor dem Hintergrund unseres Wissens aus Kap. 3 könnten wir sagen, die Unterschrift unter dem Kaufvertrag ist Ausdruck einer Pareto-Verbesserung. Schließlich würde niemand freiwillig einem Vertrag zustimmen, der ihn schlechter stellt. Wenn also der Tausch sowieso von beiden gewollt ist, wieso benötigen wir dann überhaupt einen Vertrag bzw. das Vertragsrecht?

Die Antwort zu dieser Frage finden wir durch eine einfache spieltheoretische Betrachtung. Wir stellen uns wieder vor, Anton und Berta kommen aus dem Supermarkt.[25] Wir trennen beide voneinander und bieten ihnen unabhängig die Möglichkeit, dass sie tauschen können. Beim Blick in die Einkaufstasche stellen wir fest, dass Anton x_A^P Einheiten Äpfel (Gut X) und y_A^P Einheiten Bananen (Gut Y) hat. Berta hat x_B^P Äpfel und y_B^P Bananen. Wir betrachten also Ausgangspunkt P in der Abb. 4.13. Nun bieten wir beiden an, zu tauschen. Im Falle eines Tauschs können sich beide besser stellen und den Punkt F (vgl. Abb. 4.13) erreichen. In diesem Punkt konsumiert Anton x_A^F Äpfel und y_A^F Bananen, während Berta x_B^F Äpfel und y_B^F Bananen konsumiert. Anton gibt also einige Bananen auf, um mehr Äpfel zu konsumieren, Berta umgekehrt. Nun werden beide unabhängig voneinander befragt, ob sie tauschen wollen, ohne die Möglichkeit miteinander zu kommunizieren. Hierzu sollen beide die Anzahl Äpfel (X) und Bananen (Y) auf einen verdeckten Tisch legen. Beide dürfen gleichzeitig die Decke des Tauschangebots lüften. Anton und Berta haben nun zwei Strategiemöglichkeiten: Kooperation durch Tausch zum Punkt F oder Defektion durch Vortäuschung eines Tauschwillens im Sinne der Punkte Z_1 oder Z_2. Vor diesem Hintergrund ergeben sich nun drei Möglichkeiten, wie das Spiel ausgehen könnte: Erstens, wenn beide kooperieren führt der Tausch zu Punkt F. Hierzu legt Anton $y_A^P - y_A^F$ Einheiten Bananen auf den Tauschtisch und erhält hierfür $x_A^P - x_A^F$ Einheiten Äpfel. Berta legt analog $x_B^P - x_B^F$ Einheiten Äpfel auf den Tisch für Anton und erhält im Gegenzug $y_B^P - y_B^F$ Einheiten Bananen. Beide stellen sich besser durch Erreichen des Punktes F. Während Anton sich im Vergleich zum Ausgangspunkt P von seiner Indifferenzkurve A_3 auf A_4 verbessert, erreicht Berta von ihrer Indifferenzkurve B_2 ausgehend das Nutzenniveau B_4 (vgl. Abb. 4.13). Zweitens, wenn einer der beiden kooperiert und der andere defektiert, wird der Kooperationsspieler Nutzen verlieren (d. h. niedrigere Indifferenzkurve), während der Defektionsspieler Nutzen hinzugewinnt (d. h. höhere Indifferenzkurve). So könnte Anton nur vortäuschen seine Bananen gegen Bertas Äpfel zu tauschen und tatsächlich keine Bananen auf den Tisch für Berta legen. In diesem Fall verliert Anton keine Bananen, erhält aber die $x_A^P - x_A^F$ Einheiten Äpfel von Berta. Hier erreichen Anton und Berta den Allokationspunkt Z_1. Da Anton nur Äpfel gewinnt, ohne Bananen im Gegenzug aufzugeben, kann er seinen Nutzen deutlich steigern – von Indifferenzkurve A_3 auf A_6. Berta verliert hingegen Nutzen – von B_2 auf $B_{1,5}$ –

---

[24] Eine Unterschrift ist nicht zwangsläufig zu leisten, weil der Kaufvertrag grundsätzlich formfrei ist. Wir verwenden die Unterschrift hier zur Vereinfachung als Platzhalter für jede Form der Willenserklärung.

[25] Abb. 4.13 stellt eine Erweiterung der Abb. 3.13 dar. Siehe Abschn. 3.1.5 für eine Wiederholung.

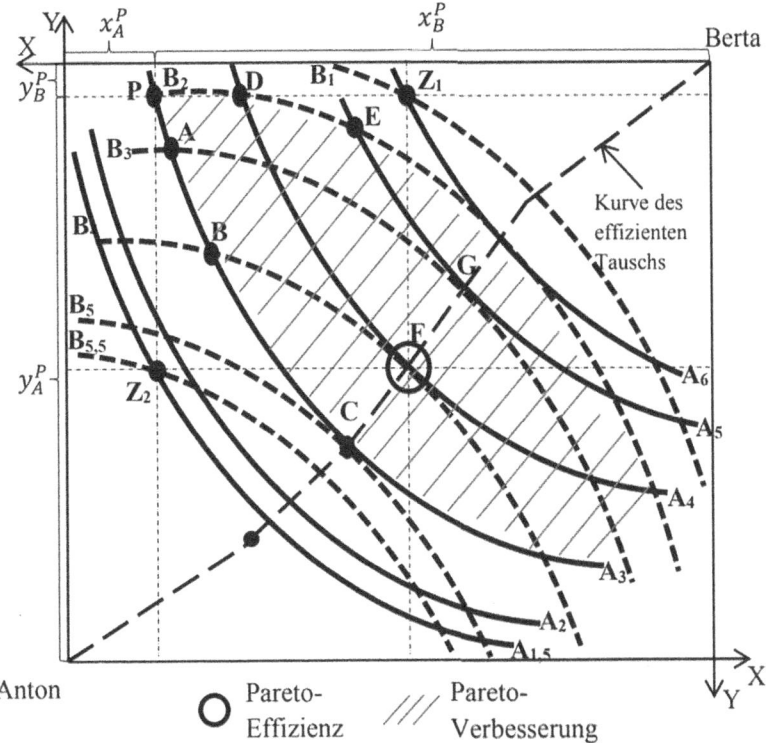

Abb. 4.13 Tausch als Positivsummenspiel

zumal sie Äpfel aufgibt, ohne Bananen im Gegenzug zu erhalten. Wenn Berta hingegen Anton täuscht und dieser kooperiert, erreichen beide den Punkt Z_2 mit den analogen Schlussfolgerungen. Drittens, wenn beide defektieren, werden beide keine Äpfel und Bananen auf den Tauschtisch legen. In diesem Fall verharren Anton und Berta im Ausgangspunkt P, d. h. mit Nutzenniveaus von A_3 und B_2.

Sämtliche Überlegungen lassen sich nun in unsere bekannte Normalform überführen und entsprechend analysieren. Schließlich stellen die zu erreichenden Nutzenniveaus bzw. Indifferenzkurven im Falle von Kooperation oder Defektion nichts anderes dar als Auszahlungen. Die sich ergebende Auszahlungsmatrix in der Normalform ist in Abb. 4.14 dargestellt. Anton überlegt nun: Wenn Berta kooperiert (also sich an die Vertragsbedingungen im Tauschpunkt F hält), dann sollte ich defektieren, da 6>4. Wenn Berta defektiert (sich nicht an die Vertragsbedingungen im Tauschpunkt F hält), dann sollte ich ebenfalls defektieren, weil 3>1,5. Für Berta ergeben sich die Anreize analog, da 5,5>4>2>1.[26] Defektion ist also die dominante Strategie. In (*Defektion/Defektion*) = (*3/2*) spielen beide schließlich wechselseitig ihre beste Antwort, d. h. keiner hat einen Anreiz, einseitig von

---

[26] Im Unterschied zu vorherigen Betrachtungen dieses Gefangenendilemma-Spiels erzielen die Spieler im Nash-Gleichgewicht keine identische Auszahlung. Diese Tatsache ist der Ausgangsallokation (Punkt P) geschuldet. Die Überlegungen ergeben sich jedoch analog.

Abb. 4.14 Tauschspiel ohne
Vertragsrecht

Ohne Vertragsrecht		Berta	
		Kooperation	Defektion
Anton	Kooperation	4/4	1,5/5,5
	Defektion	6/1	3/2

seiner Defektionsstrategie abzuweichen. Es kommt kein Tausch zustande. Anton und
Berta verharren in dem „schwachen" Nash-Gleichgewicht. Beide könnten sich im Falle
einer Kooperation besser stellen, da (*Kooperation/ Kooperation*) = (*4/4*).

Es wird also ersichtlich, dass trotz der Vorteilhaftigkeit des Tauschs, die Versuchung auf
den „Täuschungsgewinn" dazu führt, dass kein Tausch zustande kommt. Da es sich gerade
bei Kaufgeschäften häufig um einmalige Spiele handelt, werden Anton und Berta auch
kein Vertrauen aus wiederholtem Aufeinandertreffen aufbauen. Nur so ist (auf Basis der
„Tit-for-Tat"-Strategie) im wiederholten Spiel eine Kooperation wahrscheinlich. Das Vertragsrecht soll deshalb eine Bindungswirkung entfalten und Kooperation bzw. Vertragseinhaltung ermöglichen.[27] Dies geschieht dadurch, dass Defektion bzw. der Vertragsbruch
entsprechend sanktioniert wird. Je nach Sanktionsregel ergeben sich hieraus unterschiedliche Anreize für die Spieler sich vertragsgetreu zu verhalten. Zwei grundlegende Sankti-
onsformen bzw. -regeln lassen sich dabei unterscheiden: (1) Ersatz des negativen Interesses und (2) Ersatz des positiven Interesses (§ 249 Abs. 1 BGB). Im Fall eines
Schadensersatzes in Höhe des negativen Interesses muss der Vertragsbrüchige den Ver-
tragpartner so stellen wie vor dem Vertragsbruch. Man spricht in diesem Zusammenhang
auch vom Ersatz des Vertrauensschadens. Kooperiert Anton beispielsweise, während Ber-
tra vertragsbrüchig wird, muss Berta den Anton für sein Vertrauen in die Vertragseinhaltung kompensieren. Da Anton vor dem Vertragsbruch einen Nutzen von 3 erzielt und aufgrund des Vertragsbruchs durch Berta nur einen Nutzen in Höhe von 1,5, muss Berta
Schadensersatz in Höhe von 1,5 zahlen. Vor diesem Hintergrund erzielt sie im Falle eines
Vertragsbruchs (bei gleichzeitiger Vertragseinhaltung Antons) keine Auszahlung in Höhe
von 5,5, sondern von 5,5 − 1,5 = 4 (vgl. Abb. 4.15). Im Fall eines Schadensersatzes in Höhe
des positiven Interesses, muss Berta den Anton so stellen, als wenn der Vertrag eingehalten
worden wäre. Man spricht vom sog. Erfüllungsschaden. Da Anton ohne Sanktion bei der
Defektion von Berta nur einen Nutzen von 1,5 erzielt und einen Nutzen von 4 erzielen
würde, wenn Berta den Vertrag einhält, beträgt der Schadensersatz 4 − 1,5 = 2,5. Zahlt
Berta einen Schadensersatz in Höhe von 2,5, erzielt sie im Falle einer Defektion keinen
Nutzen von 5,5, sondern in Höhe von 5,5 − 2,5 = 3. Abb. 4.15 zeigt die Auszahlungsmatrix
mit Vertragsrecht und vergleicht die beiden Sanktionsregeln im Falle der unilateralen

---

[27] Dies ergibt sich schon aus dem vertragsrechtlichen Grundsatz „pacta sunt servanda", was soviel
heißt wie Verträge sind einzuhalten. Wolf und Neuner (2012) betonen in diesem Zusammenhang,
dass dieses Gebot sich letztlich aus der bindenen Kraft des Versprechens (im Sinne eines morali-
schen Akts einer Person) ergibt. Siehe hierzu auch Palandt (2016) auf Seite 163.

Mit Vertragsrecht		Berta		
		Kooperation	Defektion (Vertrauensschaden)	Defektion (Erfüllungsschaden)
Anton	Kooperation	4/4	3/4	4/3
	Defektion (Vertrauensschaden)	5/2	*Bilaterale Schadenshaftung*	
	Defektion (Erfüllungsschaden)	3/4		

Abb. 4.15 Tauschspiel mit Vertragsrecht und unterschiedlichen Sanktionsregeln

Schadensverursachung, d. h. nur ein Spieler defektiert bei gleichzeitiger Kooperation des Gegenspielers.

Berta überlegt nun, ob sie sich an den Vertrag hält oder nicht. Im Fall eines Schadensersatzes in Höhe des Vertrauensschadens wird deutlich, dass Berta indifferent sein wird zwischen Vertragseinhaltung und -bruch. Geht sie davon aus, dass Anton kooperiert, so wird es ihr egal sein, ob der Vertrag zustande kommt oder nicht, da 4 = 4 (d. h. (*Kooperation/Kooperation*) = (*4/4*) im Vergleich zu (*Kooperation/Defektion*) = (*3/4*)). Im Fall eines Schadensersatzes in Höhe des Erfüllungsschadens wird hingegen deutlich, dass Berta den Vertrag einhalten wird, da 4 > 3. Für Anton ergeben sich die Überlegungen analog im Falle der Vertragseinhaltung durch Berta, wobei ersichtlich wird, dass im Falle des Vertrauensschadens für Anton der Vertragsbruch sogar attraktiver wäre (5 > 4). Die beidseitige Defektion im Sinne einer bilateralen Schadenshaftung betrachten wir hier nicht.[28] Schließlich müssen im Prinzip beide Schadensersatz leisten, sodass die Defektion gar zu einer Situation mit hohen Kosten des Koordinationsversagens (Feigling-Spiel) führen kann. Gleichzeitig zeigt diese Überlegung die größere Tendenz beider Spieler zur Kooperation, da die beiderseitige Defektion gänzlich unattraktiv ist. Es wird deutlich, dass sich je nach Ausgestaltung der Sanktionsregel unterschiedliche Anreize für die Spieler ergeben, sich vertragsgetreu zu verhalten. So schafft das Vertragsrecht mehr oder weniger Bindungswirkung, je nachdem wie im Falle eines Vertragsbruchs sanktioniert wird. In unserem Beispiel würde nur das Prinzip des Erfüllungsschadens in jedem Fall zur Kooperation und damit zu einer Pareto-Verbesserung bzw. Optimalität (schließlich handelt es sich um einen Punkt auf der Kurve des effizienten Tauschs) führen, während beim Vertrauensschaden der Vertragsbrüchige indifferent zwischen der Defektions- und Kooperationsstrategie ist.

Unsere Ausgangsfrage war, warum wir überhaupt einen Vertrag bzw. das Vertragsrecht benötigen, wenn der Tausch sowieso mit einer Pareto-superioren bzw. sogar effizienten Lösung für unsere Spieler einhergeht. Man könnte auch von einem Positivsummenspiel sprechen. Unsere Überlegungen zeigen, dass der Opportunismus der Spieler das verhindert. Ohne Vertragsrecht kommt es nicht zu einer Kooperation. Durch den Vertrag und die damit

---

[28] Siehe hierzu weiterführend u. a. Schäfer und Ott (2012). Siehe ausführlich zur Spieltheorie und Schadenshaftung Schweizer (2015).

einhergehende rechtliche Durchsetzbarkeit wird eine Bindungswirkung entfaltet, die Kooperation ermöglicht. Je nach Sanktionierung im Falle eines Vertragsbruchs führt dies zur Kooperation, oder auch nicht.

Allerdings kann man in einem Vertrag nicht sämtliche Eventualitäten regeln. Insbesondere unvorhersehbare Ereignisse können dazu führen, dass sich für eine oder beide Vertragsparteien eine Einhaltung des Vertrages nicht mehr lohnt bzw. die Vertragseinhaltung sogar zu einer Pareto-Verschlechterung führt. Im Gegensatz zu unserer Ausgangssituation, in der der Tausch als Positivsummenspiel betrachtet wurde und in der beide Vertragsparteien durch ihre Willenserklärung eine Pareto-Verbesserung signalisieren, führt der Tausch nun zu einer Güterallokation außerhalb des schraffierten Bereichs der Pareto-Verbesserungen (vgl. Abb. 4.13). Während wir bisher also davon ausgingen, dass wir vollständige Verträge betrachten, in denen sich sämtliche Eventualitäten regeln lassen, sprechen wir im Folgenden von sog. unvollständigen Verträgen.[29] Bei unvollständigen Verträgen kann es zu einer Situation kommen, in der ein Vertragsbruch nicht nur individuell, sondern auch gesamtwirtschaftlich die effiziente Lösung ist. Man spricht vor diesem Hintergrund deshalb auch von einem sog. „effizienten Vertragsbruch".

In der Theorie des effizienten Vertragsbruchs lassen sich zwei Situationen unterscheiden, die einen Vertragsbruch gesamtwirtschaftlich effizient erscheinen lassen. Auf der einen Seite kann es zu einer Situation kommen, in der ein anderer Käufer die Bereitschaft signalisiert einen höheren Preis für eine Sache zu zahlen. Im Falle eines Stückkaufs[30] führt eine solche Situation dazu, dass der Verkäufer die Sache an den Käufer verkaufen möchte, der die höchste Zahlungsbereitschaft erkennen lässt. Aus ökonomischer Sicht kann man zudem argumentieren, dass der Käufer mit der höchsten Zahlungsbereitschaft auch das Gut konsumieren sollte. Schließlich lässt die Zahlungsbereitschaft des Käufers gleichzeitig den Nutzen erkennen, den er mit dem Konsum eines Guts verbindet.[31] Eine wesentliche Erkenntnis aus der Mikroökonomie ist dabei, dass eine knappe Ressource immer der produktivsten Verwendungsmöglichkeit zufließen sollte, um das Ziel der Bedürfnisbefriedigung zu erreichen. In einem solchen Fall, in dem ein Verkäufer bereits einen Stückkauf vertraglich vereinbart hat, kann der Verkäufer die Sache trotzdem an einen anderen Käufer übereignen. In diesem Fall wäre ein Vertragsbruch auch effizient. Auf der anderen Seite kann es zu einer Situation eines effizienten Vertragsbruchs kommen, wenn ein externer Schock[32] es für eine

---

[29] Hiermit ist kein unvollkommener Vertrag im juristischen Sinne gemeint. Unvollständig heißt aus ökonomischer Sicht, dass nicht alle Eventualitäten vertragsrechtlich fixiert werden.

[30] Zu unterscheiden ist bei einem Kauf zwischen einem sog. Stückkauf und einem Gattungskauf. Beim Stückkauf beschränkt sich der Vertrag nur auf eine einzige Sache. Ein Beispiel ist der Gebrauchtwagen. Verkaufe ich ein gebrauchtes Auto, so ist es regelmäßig unmöglich dieselbe Sache im Falle eines Schadens zu ersetzen. Bei einem Gattungskauf handelt es sich hingegen um viele homogene Produkte, bei der eine Sache durch eine beliebige Sache selber Gattung ersetzt werden kann. Beim Gattungskauf ist also nur eine Sache mittlerer Art und Güte geschuldet (§ 243 BGB).

[31] Für eine Wiederholung (siehe Abschn. 3.1).

[32] Unter einem Schock versteht man in der Volkswirtschaftslehre eine drastische (Preis-) Änderung z. B. durch Krieg.

oder beide Vertragsparteien unmöglich oder teuer macht, sich an den Vertrag zu halten. Zu solchen Situationen kommt es häufig besonders dann, wenn Vertragsschluss und Übergabe zu unterschiedlichen Zeitpunkten erfolgen. Ein Beispiel für einen solche Schock ist ein Kaufvertrag über die Lieferung von Heizöl. Kommt es nun durch einen externen Schock zu einem drastischen Preisanstieg für Heizöl, so kann es für das Heizölunternehmen unter Umständen ruinös sein, das Heizöl zu den ursprünglichen Vertragskonditionen zu liefern. In solchen Extremsituationen bietet das Recht etwa die Möglichkeit einer Vertragsanpassung (bei Störung der Geschäftsgrundlage nach § 313 BGB) sowie die rechtsvernichtende Einrede aufgrund faktischer Unmöglichkeit (§ 275 II BGB), wobei diesen absoluten Ausnahmesituationen sehr enge rechtliche Grenzen gesetzt sind.

Den zweiten Fall – d. h. effizienter Vertragsbruch aufgrund eines externen Schocks – wollen wir uns nochmal genauer anschauen.[33] Stellen wir uns beispielsweise vor, dass die Übereignung der Bananen für Berta teurer ausfällt,[34] beispielsweise aufgrund der Einführung einer zusätzlichen Steuer für den Kauf bzw. Tausch von Bananen (wobei die Steuer vom Käufer zu tragen sei) oder durch einen Ernteausfall, aufgrund eines besonders trockenen und heißen Sommers. Ein solcher Schock würde für Berta bedeuten, dass die zusätzlichen Bananen aus dem Tauschvertrag mit erheblichen variablen Kosten einhergehen, die es wirtschaftlich sinnvoll machen, den Tausch erst gar nicht zu vollziehen. Nehmen wir an, die variablen Kosten betragen $c = 4$ Nutzeneinheiten. Dann würde eine Vertragseinhaltung für Berta bedeuten, dass sie sich durch den Tausch nicht von zwei auf vier Nutzeneinheiten verbessern kann, sondern sich durch den Tausch aufgrund der Bananensteuer sogar von zwei Nutzeneinheiten auf null verschlechtert. Abb. 4.16 fasst die Auszahlungen des Tauschspiels bei variablen Kosten und ohne Vertragsrecht zusammen.[35]

Es wird ersichtlich, dass bei variablen Kosten beide Vertragsparteien immer noch einen Anreiz haben sich nicht an den Vertrag zu halten und folglich durch beidseitige Defektion in der Ausgangssituation zu verharren. Der Unterschied ist nur, dass diese beidseitige

Ohne Vertragsrecht		Berta		
		Kooperation $(c_B = 0)$	Kooperation $(c_B = 4)$	Defektion
Anton	Kooperation	4/4	4/0	1,5/5,5
	Defektion	6/1	6/1	3/2

Abb. 4.16 Tauschspiel bei variablen Kosten und ohne Vertragsrecht

---

[33] Ein Beispiel für Fall 1 liefern Schäfer und Ott (2012).

[34] Da Anton nur Bananen abgibt, um Äpfel im Tausch zu erhalten, betrifft die Bananensteuer Anton nicht. Antons Nutzen aus dem Tauschgeschäft bleibt folglich bei 4, während Bertas Nutzen um die Höhe der variablen Kosten sinkt.

[35] Die Spalte „Kooperation $(c_B = 0)$" spiegelt lediglich unsere Ausgangssituation aus Abb. 4.14 wider. Für die Bestimmung der besten Antworten bei variablen Kosten ist hingegen diese Spalte zu ignorieren.

Defektionsstrategie nun aber auch gesellschaftlich gewünscht bzw. effizient ist. Schließlich führt beidseitige Kooperation zu einer Pareto-Verschlechterung, weil Berta Nutzen verliert. Zudem würde auch Kaldor-Hicks den Vertragsbruch bevorzugen, zumal gesamtwirtschaftlich die beidseitige Defektion mit einer sozialen Wohlfahrt in Höhe von $SW = N_A + N_B = 3 + 2$ größer ist als beidseitige Kooperation mit $SW = N_A + N_B = 4 + 0 = 4$. Das heißt, in diesem Fall sollte die Anwesenheit eines Vertragsrechts nicht die beidseitige Kooperation erzwingen, sondern vielmehr den effizienten Vertragsbruch ermöglichen.

Wenden wir nun die vertragsrechtlichen Sanktionsregeln auf die Tauschsituation mit variablen Kosten an, so ändert sich nur für Anton der Referenzmaßstab zur Berechnung des Schadensersatzes. Betrachten wir zunächst die Situation einer einseitigen Defektion Antons bei Kooperation von Berta, so ist zunächst im Falle eines „Ersatzes des negativen Interesses" (Vertrauensschaden) weiterhin die Ausgangssituation Referenz für den Schadensersatz. Da in der Ausgangssituation Berta einen Nutzen in Höhe von $N_B = 2$ erzielt und die Defektion Bertas Nutzen auf $N_B = 1$ reduziert, muss Anton unter Anwendung des Vertrauensschadens also einen Schadensersatz in Höhe von 1 zahlen, sodass Antons Nutzen von $N_A = 6$ (ohne Sanktion) auf $N_A = 5$ (mit Sanktion in Form des Vertrauensschadens) sinkt. Legen wir hingegen das Sanktionsprinzip des „Erfüllungsschadens" zugrunde, so ist Referenz zur Bestimmung des Schadensersatzes ein Nutzenniveau in Höhe von $N_B = 0$, d. h. in diesem Fall müsste Anton keinen Schadensersatz leisten. Antons Nutzen bleibt also bei $N_A = 6$. Betrachten wir hingegen den Fall einer einseitige Defektion durch Berta, so ändern sich die Auszahlungen bei Vertrauensschaden und Erfüllungsschaden nicht, zumal der Referenzmaßstab aufgrund der unveränderten Situation Antons der gleiche bleibt. Da Anton keine variablen Kosten zu tragen hat, ist Referenz zur Berechnung des Schadensersatzes bei Vertrauensschaden also ein Nutzenniveau in Höhe von $N_A = 3$ (d. h. Schadensersatz in Höhe von 1,5) und bei Erfüllungsschaden ein Nutzenniveau in Höhe von $N_A = 4$ (d. h. ein Schadensersatz in Höhe von 2,5). Abb. 4.17 verdeutlicht die Auszahlungen des Tauschspiels bei variablen Kosten und mit Vertragsrecht.

Bestimmen wir nun die besten Antworten, so wird deutlich, dass für Anton und Berta die dominante Strategie die Defektion bleibt, unabhängig davon, welche vertragsrechtliche Sanktionsregel wir zugrunde legen. In diesem Fall ist diese Entscheidung auch effizient, zumal die variablen Kosten für Berta bei einem Erzwingen der Kooperation zu einer Pareto- und Kaldor-Hicks-Verschlechterung führen würde.

Mit Vertragsrecht		Berta		
		Kooperation $(c_B = 4)$	Kooperation (Vertrauenschaden)	Defektion (Erfüllungschaden)
Anton	Kooperation	4/0	3/4	4/3
	Defektion (Vertrauensschaden)	5/2	*Bilaterale Schadenshaftung*	
	Defektion (Erfüllungsschaden)	6/0		

Abb. 4.17 Tauschspiel bei variablen Kosten und mit Vertragsrecht

4.4.2 Wettbewerbsrecht und Preiskartelle

Im Wettbewerbsrecht lassen sich allgemein drei zentrale Säulen des Wettbewerbs unterscheiden, deren Schutz die Aufgabe der nationalen und europäischen Wettbewerbsbehörden (z. B. in Deutschland das Bundeskartellamt in Bonn) ist: (1) Missbrauch einer marktbeherrschenden Stellung (Deutschland: §§ 18 ff. GWB, Europa: Art. 102 AEUV),[36] (2) Vereinbarungen bzw. Kartelle zwischen Unternehmen (Deutschland: §§ 1 f. GWB, Europa: Art. 101 AEUV) und (3) Fusions- bzw. Zusammenschlusskontrolle (Deutschland: §§ 35 ff. GWB, Europa: VO Nr. 139/2004 FKVO). Die dritte Säule einer Fusions- oder Zusammenschlusskontrolle haben wir bereits in Kap. 3 als Anwendungsbereich kennengelernt. Hier war entscheidend, dass ein Zusammenschluss von zwei (oder mehr) Unternehmen mit Vor- und Nachteilen verbunden ist. Schließlich können die Unternehmen durch das Zusammenlegen von u. a. Abteilungen (z. B. ehemals zwei Marketingabteilungen werden zu einer Marketingabteilung zusammengeführt) und Produktionsstätten Kostensynergien realisiert werden. Diese Synergien sind der Grund für die Verschiebung der Grenzkostenfunktion, die wir in Kap. 3 beobachten. Die zusätzlich entstehende Wohlfahrt zwischen den Grenzkostenfunktionen (GK_0 und GK_1 in Abb. 3.39) führt zu einem Effizienzvorteil, der zunächst einmal für den Zusammenschluss von Unternehmen spricht. Dem gegenüber stehen marktmachtinduzierte Wohlfahrtsverluste, da aus ehemals zwei (oder mehr) Wettbewerbern nun ein gemeinsames Unternehmen wird. Im extremsten Fall resultiert hieraus ein Monopol, mit den bekannten Konsequenzen in Form eines Wohlfahrtsverlustes (dwl in Abb. 3.39), da der Monopolist den Marktpreis diktieren kann und entsprechend den gewinnmaximierenden Monopolpreis (im Sinne der „Grenzerlöse gleich Grenzkosten"-Regel) setzt. Die Fusionskontrolle wägt schließlich die Vor- (Kostensynergien) und Nachteile (dwl) gegeneinander ab und untersagt eine Fusion, wenn die Nachteile gegenüber den Vorteilen überwiegen und umgekehrt (sog. Total-Welfare-Standard i. S. v. Kaldor-Hicks-Kriterium). Die europäische (und deutsche) Fusionskontrolle folgt hingegen dem Pareto-Kriterium in Form des sog. „Consumer-Welfare"-Standards. Für die Entscheidung der Fusionskontrolle ist demzufolge nur entscheidend, dass die Konsumenten nicht schlechter gestellt werden. Das heißt, zentral ist hier, ob der Preis nach der Fusion steigt (Konsumentenrente sinkt) oder sinkt (Konsumentenrente steigt).

In diesem Abschnitt wollen wir uns nun der zweiten Säule des Wettbewerbsrechts widmen. In diesem Zusammenhang schreibt § 1 des Gesetzes gegen Wettbeschränkungen (GWB) vor, dass „Vereinbarungen zwischen Unternehmen, Beschlüsse von Unternehmensvereinigungen und aufeinander abgestimmte Verhaltensweisen, die eine Verhinderung, Einschränkung oder Verfälschung des Wettbewerbs bezwecken oder bewirken" (§ 1 GWB, analog im Art. 101 AEUV auf europäischer Ebene) grundsätzlich verboten sind. Man spricht in diesem Zusammenhang auch von sog. Kartellen, wobei zwischen horizontalen

---

[36] Hier beschäftigen wir uns nicht explizit mit der Missbrauchsaufsicht. Beispiele für den Missbrauch einer marktbeherrschenden Stellung sind u. a. Behinderungsmissbrauch und Ausbeutungsmissbrauch.

und vertikalen Kartellen zu unterscheiden ist. Während horizontale Kartelle Vereinbarungen zwischen Unternehmen auf derselben (horizontalen) Wertschöpfungsebene darstellen, versteht man unter vertikalen Vereinbarungen solche, bei denen sich Unternehmen auf unterschiedlichen (vertikalen) Wertschöpfungsebenen absprechen, z. B. Hersteller und Zulieferer. Diese Vereinbarungen können sich dabei auf unterschiedliche Aspekte des Wettbewerbs beziehen und u. a. mit Absprachen zu Absatzmengen oder Marktpreisen verbunden sein.[37] Trotz des allgemeinen Kartellverbots kommt es immer wieder zur Aufdeckung von Kartellen durch die Wettbewerbsbehörden, die zum Teil mit extrem hohen Bußgeldzahlungen bestraft werden. Wir wollen in diesem Abschnitt der Frage nachgehen, wie es zu solchen Vereinbarungen kommt und unter welchen Bedingungen solche Vereinbarungen stabile Gleichgewichte darstellen, also Vereinbarungen, an die sich die Unternehmen freiwillig halten. Schließlich können die Unternehmen aufgrund des Kartellverbots keinen Vertrag über ihre Vereinbarungen schließen (d. h. die Sanktionsregeln aus Abschn. 4.4.1 sind hier nicht anwendbar). Die Spieltheorie kann uns dabei helfen die Stabilität von Kartellen zu analysieren, um zu verstehen, welche Stellschrauben des Kartellrechts zur Bekämpfung horizontaler und vertikaler Vereinbarungen geeignet sind. Hierzu betrachten wir ein Preiskartell und widmen uns dem sog. Preiswettbewerb bzw. Bertrand-Wettbewerb.

Gegeben sei wieder ein Duopol[38] im Sinne eines Marktes mit den Unternehmen A und B, die im Wettbewerb zueinander stehen. Unsere Überlegungen zum Preiskartell gestalten sich nun analog zu denen im Mengenwettbewerb. In Kap. 3 haben wir gesehen, dass unser Monopolist seinen Preis solange erhöht, bis die Grenznutzen aus der Preiserhöhung den Grenzkosten entsprechen. Wir haben in diesem Zusammenhang von einem positiven Preiseffekt und einem negativen Mengeneffekt gesprochen. Erhöhen wir den Preis, so steigt der Erlös (und damit der Gewinn). Allerdings führt ein höherer Preis zu einer geringen Nachfragemenge. Je niedriger die Nachfragemenge, desto niedriger ist der Erlös (und damit der Gewinn). Im vollkommenen Wettbewerb haben wir gesehen, dass die Unternehmen Grenzkostenpreise wählen, da es zu einer Preisabwärtsspirale kommt und kein Unternehmen bereit sein wird, (langfristig) zu Preisen unterhalb der Grenzkosten anzubieten. Vor diesem Hintergrund werden auch unsere Reaktionsfunktionen – als beste Antwort auf den Preis des Wettbewerbers – auf dem Niveau der Grenzkosten beginnen. Für jeden Preis oberhalb der Grenzkosten steigert das Unternehmen seinen Gewinn. Beide Unternehmen könnten versucht sein, genau dies zu tun, also ihr Preisniveau so zu

---

[37] Es gibt auch Ausnahmen vom Kartellverbot, die im § 2 GWB geregelt sind. Beispielsweise können Vereinbarungen zwischen Unternehmen erlaubt sein, wenn diese sich auf gemeinsame Forschungsvorhaben beziehen.

[38] Bester (2012) zeigt, dass bei Märkten mit mehr als zwei Unternehmen eine optimale Anzahl an Kartellmitgliedern existiert, die eine Stabilität (konkret interne und externe Stabilität) des Kartells gewährleisten kann. Offensichtlich ist dabei die Stabilität bei weniger Kartellmitgliedern einfacher zu gewährleisten.

koordinieren, dass der Gewinn steigt. Deshalb weisen die Reaktionsfunktionen im Preiswettbewerb einen steigenden Verlauf auf. Mit steigendem Preis des Wettbewerber B (p_B) kann das Unternehmen A seinen Preis erhöhen (p_A). Umgekehrt verdeutlich der positive Verlauf der Reaktionsfunktion den Preisspiraleneffekt unter vollkommenem Wettbewerb, schließlich reagiert Unternehmen A umgekehrt auf eine Preissenkung des Wettbewerbers B ebenfalls mit einer Preissenkung. Abb. 4.18 verdeutlicht den Verlauf beider Reaktionsfunktionen im Preiswettbewerb.

Da die Reaktionsfunktion $R_A(p_B)$ alle besten Antworten für einen gegebenen Preis p_B widerspiegelt, werden beide Wettbewerber solange einen Anreiz haben, ihren Preis anzupassen, bis ein Gleichgewicht im Sinne wechselseitig bester Antworten erreicht ist. Wie wir bereits gesehen haben, ergibt sich ein Gleichgewichtspunkt nur im Schnittpunkt beider Reaktionsfunktionen, hier in (p_A^*, p_B^*). Für jeden Preis $p_B < p_B^*$ wird das Unternehmen einen Anreiz haben, von p_A^* abzuweichen und seinen Preis ebenfalls zu senken. Für jeden Preis $p_B > p_B^*$ wird das Unternehmen A ebenfalls einen Anreiz haben, von p_A^* abzuweichen und seinen Preis zu senken. Für das Unternehmen B ergeben sich die Überlegungen analog. Nur im Gleichgewicht wird kein Wettbewerber einen Anreiz haben einseitig von seiner besten Antwort abzuweichen, zumal die beste Antwort des Unternehmens A auf p_B^* die gewinnmaximierende Menge p_A^* ist und umgekehrt. Keiner der Wettbewerber wird also einseitig seinen Preis verändern. Allerdings könnten die Unternehmen A und B einen Anreiz haben, ihren Preis zu koordinieren. Schließlich wählen sie beide im Gleichgewicht einen Preis $p_A^* < p_M$. Im Monopol ergäbe sich eine deutlich größere Produzentenrente als im Oligopol, da der Wettbewerbsdruck die Preissetzungsmöglichkeiten einschränkt. Würden also Unternehmen A und B fusionieren, würden sie den negativen Wettbewerbseffekt aus Unternehmenssicht infolge der Fusionierung internalisieren. Neben der Fusion könnte

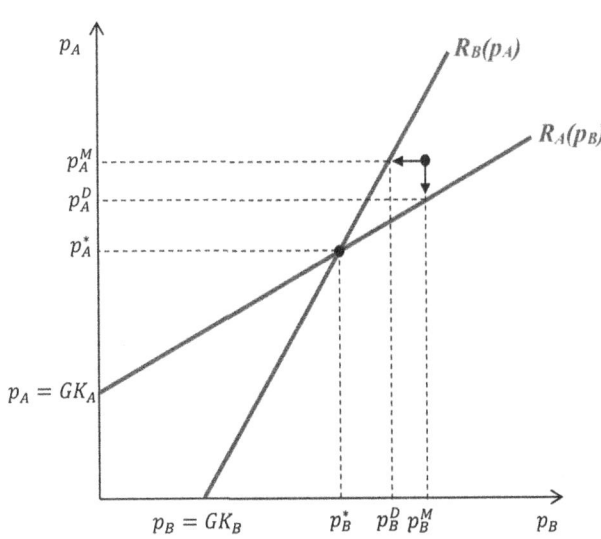

Abb. 4.18 Stabilität von Preiskartellen

ein Preiskartell zu denselben Folgen führen. Unternehmen A und B vereinbaren hierzu, die Produkte zum Monopolpreis p_A^M bzw. p_B^M anzubieten, mit den entsprechenden negativen Wohlfahrtswirkungen für die Verbraucher (Konsumentenrente sinkt). Die Frage ist nun, wie stabil diese Vereinbarung ist.

Betrachten wir hierzu wieder Abb. 4.18, wird deutlich, dass die Preisvereinbarung (p_A^M, p_B^M) weder auf der Reaktionsfunktion des Unternehmens A, noch auf der Reaktionsfunktion des Unternehmens B liegt.[39] Für beide Unternehmen stellt dieser Punkt also keine beste Antwort auf den Preis des Wettbewerbers dar. Beide haben einen Anreiz, von dieser Preisvereinbarung einseitig abzuweichen, um den eigenen Gewinn zu maximieren. Damit ist die beste Antwort des Unternehmens A auf den Preis p_B^M seines Wettbewerbers der Defektionspreis p_A^D. Umgekehrt ist die beste Antwort des Unternehmens B auf den Preis p_A^M der Defektionspreis p_B^D. Da die Unternehmen im Gegensatz zur Fusion eigenständig bleiben, ergeben sich also auch individuelle Anreize, die durch die Reaktionsfunktionen als Menge aller gewinnmaximierenden Antworten ersichtlich werden. Im Kollektiv maximieren die Unternehmen A und B durch den Monopolpreis p_M ihren Gewinn, individuell können sie ihren Gewinn erhöhen, wenn sie den Wettbewerber unterbieten. Diese Überlegungen lassen sich letztlich auch in die bekannte Normalform mit den Strategien Kooperation (Preis im Sinne der Kartellvereinbarung) und Defektion (Preis im Sinne der individuell besten Antwort) überführen, mit den möglichen Gewinnen $G(p_i^D) > G(p_i^M)$ für i = Unternehmen A bzw. B (vgl. Abb. 4.19), aber $G_A\left(p_A^M, p_B^M\right) > G_A\left(p_A^D, p_B^M\right) > G_A\left(p_A^D, p_B^D\right) > G_A\left(p_A^M, p_B^D\right)$ und $G_B\left(p_A^M, p_B^M\right) > G_B\left(p_A^M, p_B^D\right) > G_B\left(p_A^D, p_B^D\right) > G_B\left(p_A^D, p_B^M\right)$. Unternehmen A überlegt vor diesem Hintergrund nun: Wenn B kooperiert, dann sollte ich defektieren, d. h. mich nicht an die Kartellvereinbarung halten (weil $G(p_A^D) > G(p_A^M)$). Wenn der B defektiert, dann sollte ich ebenfalls defektieren und von der Kartellvereinbarung abweichen, bis p_A^* (weil $G\left(p_A^D\right) > G(p_A^M)$). Für Unternehmen B gelten die Überlegungen analog. Die Defektion ist also für beide Unternehmen die dominante Strategie. Obwohl sie sich durch Kooperation und Einhaltung der Kartellvereinbarungen kollektiv besser stellen, führt der Anreiz auf einseitige Gewinnerhöhung durch Abweichung von der Kartellvereinbarung zur Instabilität des Preiskartells. Abb. 4.19 fasst unsere Überlegungen zusammen und zeigt das Kartellspiel unserer Unternehmen als Gefangenendilemma, in dem die Wettbewerber durch einseitiges Abweichen ihre Gewinn ausweiten können. Im Gleichgewicht ergeben

Gewinne aus dem Preiskartell		Unternehmen B	
		Kooperation (Kartellpreis)	Defektion (beste Antwort)
Unternehmen A	Kooperation (Kartellpreis)	$G_A(p_A^M)/G_B(p_B^M)$	$G_A(p_A^M)/G_B(p_B^D)$
	Defektion (beste Antwort)	$G_A(p_A^D)/G_B(p_B^M)$	$G_A(p_A^D)/G_B(p_B^D)$

Abb. 4.19 Stabilität von Preiskartellen in der Normalform

[39] Hintergrund ist, dass die Wettbewerber die negativen externen Effekte ihrer Preiswahl auf den Wettbewerber nicht berücksichtigen. Diese könnten nur im Falle einer Fusion internalisiert werden.

sich schließlich trotz Kartellvereinbarung wieder die Preise p_A^* und p_B^*, da aus Abb. 4.18 deutlich hervorgeht, dass der Punkt (p_A^D, p_B^D) nicht durch wechselseitig beste Antworten charakterisiert ist. Allerdings nur, weil Kartelle nach Art. 101 AEUV bzw. § 1 GWB nicht erlaubt sind. Könnten die Unternehmen A und B einen Kartellvertrag schließen, dessen Einhaltung man zur Not rechtlich durchsetzen kann, so kämen wir zum gleichen Ergebnis wie im Anwendungsbeispiel zum Vertragsrecht. Der Kartellvertrag würde auf diese Weise eine Bindungswirkung entfalten, die zur Entstehung von Kooperation und damit zur Stabilität des Preiskartells beitragen kann.

Allerdings kommt es trotzdem in der Realität immer wieder zur Kartellbildung. Die Gründe sind vielfältig. So können unsere Wettbewerber im wiederholten Spiel eine Vertrauensbasis aufbauen, die Kooperation ermöglicht. Zudem kann die direkte Kommunikation in Form eines sog. Kartellfrühstücks der Stabilität des Preiskartells dienen. Und schließlich zeigen sequentielle Spiele mit einem Marktführer, der vorangeht, dass auf diese Weise Stabilität hergestellt werden kann. Um das Gefangenendilemma zu verschärfen, hat die Wettbewerbsbehörde deshalb die Möglichkeit, z. B. durch eine Kronzeugenregelung das Kartell zu destabilisieren. So werden insbesondere kleine Unternehmen bereit sein als Kronzeuge gegen den großen Wettbewerber auszusagen. Die Kronzeugenregelung führt also in zweierlei Hinsicht zu einem Vorteil für den Kronzeugen und damit zu einem Anreiz, sich bei der Wettbewerbsbehörde zu melden: Erstens erhält der Kronzeuge vollständige Immunität. Zweitens führt die Strafzahlung des Wettbewerbers zu einem Wettbewerbsvorteil des Kronzeugen.

Beispiel 4.5

Gegeben seien die Ergebnisse aus Beispiel 4.3. Im Cournot-Gleichgewicht wählen beide Unternehmen eine Produktionsmenge in Höhe von jeweils 12. Der Marktpreis in diesem Cournot-Gleichgewicht entspricht damit $P(12,12) = 40 - 12 - 12 = 16$. Betrachten wir also nun den Preiswettbewerb zwischen den Unternehmen, ergibt sich der Gewinn der Unternehmen A bzw. B aus

$$G_A(p_A, p_B) = p_A \cdot x_A(p_A, p_B) - 4x_A \text{ bzw. } G_B(p_A, p_B) = p_B \cdot x_B(p_A, p_B) - 4x_B,$$

wobei für $x_A(p_A, p_B)$ bzw. $x_B(p_A, p_B)$ nun gilt:

$$x_A = 16 - 2p_A + p_B \text{ bzw. } x_B = 16 - 2p_B + p_A$$

Es wird also ersichtlich, dass aus Sicht des Unternehmens A die Absatzmenge bei steigendem Preis sinkt. Konkret führt ein Anstieg um eine Geldeinheit zu einer Reduktion der Absatzmenge von 2 Einheiten (da $(-2) \cdot p_A$). Hebt der Wettbewerber indes den Preis, hat dieser Preisanstieg einen positiven Effekt auf die Absatzmenge des Unternehmens A (hier $+p_B$). Damit erhalten wir für die Gewinnfunktionen unserer Unternehmen schließlich:

$$G_A(p_A, p_B) = (16 - 2 \cdot p_A + p_B) \cdot p_A - 4x_A = 16p_A - 2p_A^2 + p_A \cdot p_B - 4x_A$$
$$G_B(p_A, p_B) = (16 - 2 \cdot p_B + p_A) \cdot p_B - 4x_B = 16p_B - 2p_B^2 + p_A \cdot p_B - 4x_B$$

Die Reaktionsfunktionen erhalten wir wieder, indem wir die Gewinnfunktionen ableiten und gleich null setzen:

$$\frac{\partial G_A}{\partial p_A} = 16 - 4p_A + p_B = 0 \leftrightarrow R_A\left(p_B\right) = 4 + \frac{1}{4} \cdot p_B$$

$$\frac{\partial G_B}{\partial p_B} = 16 - 4p_B + p_A = 0 \leftrightarrow R_B\left(p_A\right) = 4 + \frac{1}{4} \cdot p_A$$

Hier sehen wir nun, dass die Reaktionsfunktionen auf Höhe des Grenzkostenniveaus
von 4 beginnen. Hebt der Wettbewerber den Preis um eine Einheit an, reagiert das
Unternehmen mit einer Preisanhebung um $^1/_4$. Durch Einsetzen von z. B. $p_B = 16$
erhalten wir einen zweiten Punkt unserer Reaktionsgeraden, $R_A\left(p_B\right) = 4 + \frac{1}{4} \cdot 16 = 8$.
Für Unternehmen B gelten die Überlegungen analog. Graphisch stellt sich dieser
Sachverhalt wie folgt dar:

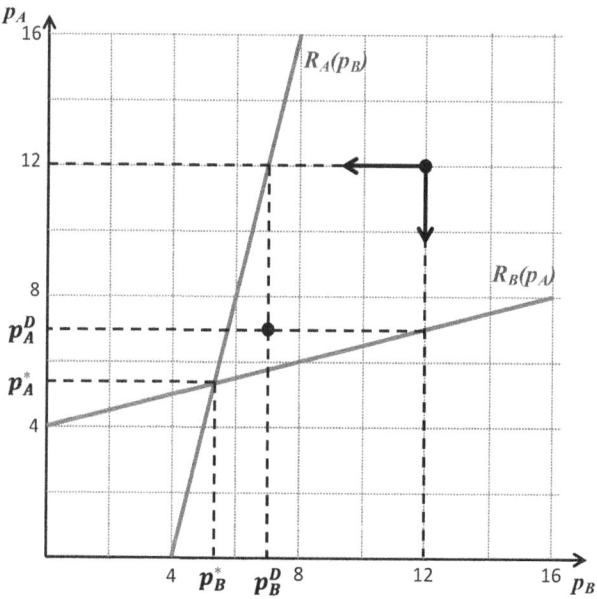

Stellen wir uns nun vor, die Unternehmen würden sich über einen höheren Preis verständigen. Dieses Mal würden sie sich nicht auf den Monopolpreis verständigen (dieser
läge bei $p_M = 22$), sondern nur auf einen niedrigeren Kooperationspreis $p_A^K = p_B^K = 12$.
So wird nicht nur graphisch deutlich, dass sich für die Unternehmen ein Anreiz ergibt,
hiervon abzuweichen. Schließlich ist die beste Antwort des Unternehmens A auf den
Preis $p_B^K = 12$ der Defektionspreis $p_A^D = 4 + \frac{1}{4} \cdot 12 = 7$. Umgekehrt gilt die Überlegung

auch für Unternehmen B. Vor diesem Hintergrund ergibt sich schließlich ein Gefangenendilemma für die beiden Wettbewerber, in dem jeder einen Anreiz hat einseitig vom Kooperationspreis abzuweichen.

Gewinne aus dem Preiskartell		Unternehmen B	
		Kooperation ($p_B^K = 12$)	Defektion ($p_B^D = 7$)
Unternehmen A	Kooperation ($p_A^K = 12$)	$(12-4) \cdot 4 = 32$ / $(12-4) \cdot 4 = 32$	0/ $(7-4) \cdot 14 = 42$
	Defektion ($p_A^D = 7$)	$(7-4) \cdot 14 = 42$ / 0	$(7-4) \cdot 9 = 27$ / $(7-4) \cdot 9 = 27$

Unternehmen A überlegt nun: Wenn B kooperiert, dann sollte ich defektieren (weil $42 > 32$). Wenn B defektiert, sollte ich ebenfalls defektieren (weil $27 > 0$). Wichtig ist zu sehen, dass der Preiskampf die diskutierte Preisspirale andeutet. Schließlich werden alle Konsumenten bei dem günstigsten Anbieter kaufen. Einseitige Kooperation führt damit zu einem Nullgewinn.

Letztendlich wird auch der Punkt $\left(p_A^D, p_B^D \right)$ kein Gleichgewicht sein, da die beste Antwort auf den Preis p_B^D wiederum der Preis $p_A = 4 + \frac{1}{4} \cdot 7 = 5,75$ ist. Ein Nash-Gleichgewicht ergibt sich erst im Schnittpunkt beider Reaktionsfunktionen, in dem beide Unternehmen wechselseitig ihre beste Antwort spielen. Umformen von $p_B = 4 + \frac{1}{4} \cdot p_A$ nach p_A und Einsetzen ergibt folgendes Gleichgewicht:

$$4 \cdot p_B - 16 = 4 + \frac{1}{4} \cdot p_B \leftrightarrow p_B = \frac{20 \cdot 4}{15} = 5 \frac{1}{3}$$

$$p_A = 4 + \frac{1}{4} \cdot 5 \frac{1}{3} = 4 + \frac{16}{4 \cdot 3} = 5 \frac{1}{3}$$

Im Gleichgewicht wählen die Wettbewerber letztlich einen Preis in Höhe von $p_A = p_B = 5 \frac{1}{3}$ bei einer Menge $X_A : 16 - 2 \cdot 5 \frac{1}{3} + 5 \frac{1}{3} = 10 \frac{2}{3} = X_B$ und erzielen einen Gewinn von jeweils $G\left(5 \frac{1}{3}, 5 \frac{1}{3} \right) = \left(5 \frac{1}{3} - 4 \right) \cdot 10 \frac{2}{3} = 14,22$.

Allerdings hebt unser Beispiel nochmal einen wichtigen Aspekt hervor. Indem das Unternehmen den Preis seines Wettbewerbers unterbietet, kann es die gesamte Marktnachfrage auf sich ziehen.[40] Mit anderen Worten: Selbst im Gleichgewicht werden die Unternehmen immer einen Anreiz haben Preiskampf zu spielen, da er den Wettbewerber durch Preisunterbietung vom Markt verdrängt. Da allerdings beide Wettbewerber diesem Anreiz verfallen

---

[40] Allerdings nur unter der Annahme, dass keine Kapazitätsbeschränkungen bestehen und jedes Unternehmen potentiell den kompletten Markt bedienen könnte.

könnten, wird es selbst im Oligopol nach Bertrand[41] zur Preisspirale nach unten und damit letztlich zu Grenzkostenpreisen kommen.[42] Ein Gefangenendilemma, das die Wettbewerber zwingt das sozial effiziente Gleichgewicht anzustreben, obwohl sie sich individuell besser stellen könnten. Während wir also im Cournot-Gleichgewicht (d. h. Mengenwettbewerb) eine Tendenz zur marktmachtinduzierten Ineffizienz feststellen, kommt das Bertrand-Gleichgewicht (d. h. Preiswettbewerb) zu dem gegenteiligen Schluss. Nichtsdestotrotz zeigen empirische Studien, dass es in Oligopolen sehr wohl zu koordiniertem Verhalten der Wettbewerber und damit zu Wohlfahrtsverlusten kommt, weshalb dem Wettbewerbsrecht und dem Bundeskartellamt eine zentrale Aufgabe als „Social Planer" zukommt.

4.4.3   Die Entstehung von Verfügungsrechten (Allmende)

Wir erinnern uns an die Ausführungen zum Patentrecht in Kap. 3 und die Erkenntnis, dass es sich bei Informationen bzw. Informationsgütern um öffentliche Güter handelt. In diesem Zusammenhang haben wir zwei zentrale Eigenschaften eingeführt, nach denen sich Wirtschaftsgüter charakterisieren lassen: (1) Rivalität im Konsum versus Nicht-Rivalität im Konsum sowie (2) Ausschließbarkeit versus Nicht-Ausschließbarkeit. So lassen sich öffentliche Güter durch Nicht-Rivalität im Konsum und Nicht-Ausschließbarkeit beschreiben. Gerade aus dem Nicht-Ausschließbarkeitscharakter von Innovationen ergibt sich ein zentrales Anreizproblem, das zu einem Unterangebot solcher öffentlicher Güter führt. Wir kennen noch eine zweite Form von Gütern, die sich durch Nicht-Ausschließlichkeit beschreiben lassen – sog. Allmendegüter. Im Gegensatz zu den öffentlichen Gütern weisen Allmendegüter allerdings Rivalität im Konsum auf. Diese Komponente rückt den Knappheitsaspekt in den Mittelpunkt. Als klassisches Beispiel für Allmendegüter wird häufig der Fischbestand der Weltmeere genannt. Da es prohibitiv teuer oder gar unmöglich ist, Fischer vom Fangen der Fische aus dem Meer auszuschließen, wird jeder Fischer einen Anreiz haben, so viele Fische wie möglich zu fangen. Schließlich führt jeder verkaufte Fisch auf dem Markt zu mehr Umsatz für den einzelnen Fischer. Die Rivalität im Konsum führt allerdings nun dazu, dass der Fisch, den Fischer A fängt, nicht mehr von Fischer B gefangen werden kann. Da jeder Fischer Gewinnmaximierer ist und mehr Umsatz auch mehr Gewinn bedeutet, werden beide so viele Fische wie möglich fangen und damit mehr als für den Arterhalt sinnvoll wäre. Die Aussicht auf den kurzfristigen Gewinn führt zur Überfischung und damit zu einem Überangebot (im Gegensatz zum Unterangebot bei öffentlichen Gütern). Aus ökonomischer Sicht berücksichtigen die Fischer nicht die Kosten für die Allgemeinheit (sog. externe Kosten) aus dem Rückgang des Tierbestands im individuellen Kalkül. Dieses Externalitätenproblem führt damit zu einem zentralen Marktversagenstatbestand.[43] Man spricht in diesem Zusammenhang auch von der

---

[41] Siehe grundlegend hierzu Bertrand (1888). Siehe hierzu weiterführend u. a. Wolfstetter (2003) in Kap. 3.

[42] In diesem Zusammenhang spricht man vom sog. Bertrand-Paradoxon.

[43] Wir greifen diesen Aspekt nochmal in Kap. 6 auf und werden dabei sehen, wie durch staatlichen Eingriff solche Externalitäten internalisiert werden können.

Tragik der Allmende. Lösen lässt sich dieses Problem letztlich nur, indem – wie durch das Patentrecht im Falle öffentlicher Güter – Ausschließbarkeit hergestellt wird. Als besonders erfolgreiches Beispiel wird hierzu häufig auf die Studie der Labrador-Indianer von Harold Demsetz zurückgegriffen.

Demsetz (1967) zeigt auf der Basis einer anthropologischen Untersuchung, dass es unter Umständen zur spontanen Entstehung von Eigentumsrechten kommt. Hierzu untersucht er den Indianerstamm auf Labrador. Im 18. Jahrhundert lebten die Indianer in erster Linie von der Biberjagd. Vor der Masseneinwanderung durch die Europäer im späten 18. Jahrhundert existierten dabei keinerlei Jagdbeschränkungen (d. h. Kriterium der Nicht-Ausschließbarkeit gegeben). Jeder Indianer konnte so viele Biber jagen, wie er für sich und seine Familie zum Überleben benötigte. Vor dem Hintergrund der damaligen Bevölkerungszahlen ergaben sich keinerlei Anreize für eine Überjagung der Biber. Infolge der Immigration aus Europa kam es jedoch schließlich zu einer erhöhten Nachfrage nach Biberpelzen und damit der Möglichkeit, die Biberjagd für andere Zwecke als die Nahrungsaufnahme und das eigene Überleben zu betreiben. Da es sich beim Biber um ein klassisches Allmendegut handelt, haben die Indianer nun einen Anreiz, vermehrt Biber zu jagen, da jeder weitere Biber auf dem Markt zu einem individuellen Vorteil führt. Analog zu unserer Argumentation beim Fischbestand der Weltmeere, hätte man eine schnelle Dezimierung der Biberpopulationen bishin zur Ausrottung der Biber erwartet. Die individuell rationale Überlegung nicht in den Tiererhalt zu investieren, führt schließlich zur kollektiven Selbstschädigung. Indes zeigt Demsetz (1967), dass die Kommerzialisierung zur spontanen Entstehung von Eigentumsrechten im Sinne von Jagdgebieten führte. Entscheidend für diese Entstehung hebt Demsetz die Höhe der Kosten der Internalisierung hervor. Biber sind allgemein dafür bekannt, dass sie im Familienverband in einem engen Radius um ihren Biberbau herum leben und vor diesem Hintergrund keine größeren Strecken zurücklegen. Mit anderen Worten: Die Aufteilung der Biberbauten in gleiche Jagdterritorien (Bildung von Eigentumsrechten an Bibern) kann mit relativ günstigen Mitteln (z. B. durch einfachen Zaunbau) umgesetzt werden. Nach Demsetz entstehen Eigentumsrechte spontan, wenn die Kosten der Internalisierung (d. h. der Durchsetzung der Eigentumsrechte) kleiner sind als die Gewinne der Internalisierung (d. h. der Wert der Ressource). Abb. 4.20 zeigt die Intensitätsstufen (wenig, mittel, hoch) der Biberjagd anhand von Beispielzahlen für den Fall mit (a) geringen Internalisierungskosten und (b) hohen Internalisierungskosten in der Extensivform.

Da die Bildung von Eigentum an Bibern mit relativ niedrigen Kosten hergestellt werden konnte, ergeben sich die Anreize im „2-Indianer"-Spiel entsprechend der Abb. 4.20 (a). So überlegt Indianer B: „Wenn der A wenig jagt, sollte ich mit einer mittleren Intensität jagen" (weil $7 > 6$). „Wenn der A mit einer mittleren Intensität jagt, sollte ich mit einer mittleren Intensität jagen" (weil $4 > 2$). „Wenn der A mit einer hohen Intensität jagd, sollte ich mit einer mittleren Intensität jagen" (weil $2 > 1 > 0$). Unabhängig der Jagdstrategie des Indianers A, wird der B mit einer mittleren Intensität jagen und damit letztendlich nachhaltig. Bei hohen Internalisierungskosten zur Bildung von Eigentumsrechten an den Bibern ergeben sich indes Anreize entsprechend der Abb. 4.20 (b). Nehmen wir an die Einhaltung und Überwachung der nachhaltigen Jagd geht mit Kosten einher, weil die Biber regelmäßig große Strecken zurücklegen und neben einem Zaunbau zudem weitere Überwachungsmaßnahmen zu treffen sind, um die Jagdgebiete sinnvoll aufzuteilen. So geht

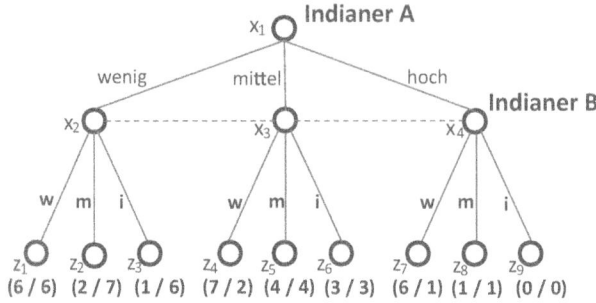

(a) mit geringen Internalisierungskosten

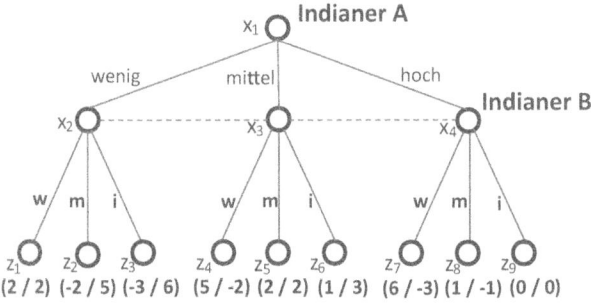

(b) mit hohen Internalisierungskosten

Abb. 4.20 Extensivform der Biberjagd

eine geringe oder mittlere Jagdintensität mit Kosten in Höhe von 4 (Strategie „wenig")
bzw. 2 (Strategie „mittel") einher, zumal der Indianer zum Erhalt der Biberpopulation auf
Jagen verzichtet und durch Überwachung die Einhaltung durch seinen Nachbarn sicher-
stellen muss. Indianer B überlegt nun: „Wenn der A wenig jagd, sollte ich viel jagen"
(weil $6 > 5 > 2$). „Wenn der B eine mittlere Jagdintensität wählt, sollte ich viel jagen" (weil
$3 > 2 > -2$). „Wenn der B viel jagd, sollte ich auch viel jagen" (weil $0 > -1 > -3$). Für
Indianer A ergeben sich die Anreize analog. Das Nash-Gleichgewicht ist in diesem Fall
(*intensiv/intensiv*) = (*0/0*). Das heisst obwohl sich beide Spieler im Jagdspiel durch eine
nachhaltige Jagd besser stellen könnten, entscheiden sie sich für die intensive Jagd und
damit für die Ausrottung der Biberpopulation. Jeder Jäger berücksichtigt dabei nur seinen
eigenen Ertrag aus der Jagd und nicht die externen Kosten aus der Bestandsreduktion für
die Gemeinschaft der Indianer. Keiner hat vor diesem Hintergrund einen Anreiz, in den
Erhalt des Tierbestands zu investieren. Bei geringen Kontrollkosten (aufgrund des eingeschränkten Lebensraums der Biber) und der Entstehung von Eigentum durch die Übertra-
gung von Jagdterritorien, werden die externen Effekte hingegen internalisiert. Nun hat jeder einen Anreiz, nachhaltig zu jagen, um auch morgen noch von der Jagd leben zu können.

Es sind also die Kosten der Internalisierung, die darüber entscheiden, ob der Staat eingreifen soll oder nicht. Das Coase-Theorem hebt in diesem Zusammenhang die Höhe der
Transaktionskosten hervor. Hiermit wollen wir uns abschließend nochmal in Kap. 6
beschäftigen. Schließlich deuten beide Ergebnisse darauf hin, dass bei Abwesenheit von

Transaktionskosten eine marktliche (i.S.e. spontanen Entstehung von Eigentumsrechten bzw. der Transaktion von Rechten) Lösung möglich ist. Hieraus ergeben sich wichtige Erkenntnisse für die Anforderung an das Recht aus ökonomischer Sicht.

4.5 Übungsaufgaben

1. **Aufgabe: Nash-Gleichgewicht**
   Betrachten Sie die folgende Auszahlungsmatrix für die Spieler A und B.

A \ B	S1	S2	S3	S4
S1	0 / 0	0 / 8	0 / 9	0 / 6
S2	8 / 0	5 / 5	2,5 / 6	2 / 4
S3	9 / 0	6 / 2,5	3 / 3	2,2 / 2
S4	6 / 0	4 / 2	2 / 2,2	1,5 / 1,5

   (a) Bestimmen Sie die besten Antworten für die Spieler A und B und machen Sie diese in der Auszahlungsmatrix deutlich. Erläutern Sie Ihre Vorgehensweise.
   (b) Bestimmen Sie das Nash-Gleichgewicht. Warum ist der Punkt (S2/S2) = (5/5) kein Nash-Gleichgewicht?

2. **Aufgabe: Normalform**
   Die beiden Firmen „Microhard" und „Banana" sind Produzenten von Computermäusen. Während „Microhard" auf 4 Produktionsmaschinen zurückgreifen kann, produziert „Banana" auf maximal 3 Produktionsmaschinen. Pro Produktionsmaschine können 10 Computermäuse hergestellt werden. Für die Kosten für eine Computermaus sei bekannt, dass 10 Computermäuse zu Stückkosten in Höhe von 60 Euro produziert werden können. Bei einer Produktion von 20, 30 oder 40 Computermäusen sinken die Stückkosten aufgrund von Kostensynergien auf 40 Euro pro Maus.
   Aus Ihrer Marketingabteilung erhalten Sie die Information, dass für die Preisabsatzfunktion gelte: $P(X) = 100 - X$, wobei X sich aus der Summe beider Produktionsmengen ergibt ($x_1 + x_2$).
   (a) Berechnen Sie den jeweiligen Marktpreis für die verschiedenen Mengenkombinationen der Firmen „Microhard" und „Banana". (Hinweis: Mengen für „Microhard": 10, 20, 30, 40. Mengen für „Banana": 10, 20, 30).
   (b) Erstellen Sie die Auszahlungsmatrix der Unternehmensgewinne. (Hinweis: Berechnen Sie hierzu zunächst die Umsätze und Kosten der Unternehmen bei gegebenen Mengenkombinationen).
   (c) Bestimmen Sie die besten Antworten der beiden Unternehmen (Spieler). Wie heißt das Nash-Gleichgewicht? Erläutern Sie kurz Ihre Vorgehensweise.

3. **Aufgabe: Reaktionsfunktionen**

Die beiden Firmen „Boss Chair AG" und „Relax 4.0 GmbH" sind Produzenten von Bürostuhlbedarf und teilen sich den Markt im Bereich „Rückenfit". Aus der Marketing-abteilung sei bekannt, dass für die Preis-Absatzfunktion im Markt für ergonomische Bürostühle $P(x_1, x_2) = 100 - x_1 - x_2$ gelte. Für die Kostenstruktur beider Unternehmen sei bekannt, dass die Bürostühle beider Firmen zu variablen Kosten in Höhe von 10 Euro hergestellt werden können, sodass $K(x_i) = 10 \cdot x_i$.

(a) Bestimmen Sie die Gewinnfunktionen und berechnen Sie die Reaktionsfunktionen beider Unternehmen. Interpretieren Sie die Reaktionsfunktionen, indem Sie für 3 beliebige Absatzmengen (x_1) erläutern, wie die Unternehmen reagieren. (Hinweis: Der Gewinn ergibt sich aus Umsatz minus Kosten).

(b) Zeichnen Sie die Reaktionsfunktionen ein. Welche Absatzmengen wählen die „Boss Chair AG" und die „Relax 4.0 GmbH" im Gleichgewicht? Erläutern Sie. (Hinweis: Bestimmen sie die Absatzmengen sowohl rechnerisch als auch gra-phisch).

(c) Stellen Sie sich vor, die „Boss Chair AG" könnte durch eine neuartige Prozessinno-vation günstiger produzieren. Für die neue Kostenfunktion gelte $K(x_1) = 5x_1$. Für die „Relax 4.0 GmbH" sei die Situation unverändert. Bestimmen Sie die neue Re-aktionsfunktion für die „Boss Chair AG" und zeichnen Sie diese in das Diagramm aus (b).

(d) Bestimmen Sie graphisch und rechnerisch das neue Cournot-Gleichgewicht. Er-läutern Sie kurz.

(e) Nehmen Sie nun an, es gäbe drei mögliche Kapazitätsschranken (z. B. eine, zwei oder drei Halle/n). Vor diesem Hintergrund können beide Firmen entweder 10, 30 oder 60 Einheiten produzieren. Berechnen Sie die Gewinne beider Unternehmen unter Verwendung der Werte aus (a) und stellen Sie diese in der Normalform einan-der gegenüber. Bestimmen Sie die besten Antworten und das Nash-Gleichgewicht.

(f) Nehmen Sie an, die „Boss Chair AG" würde als Marktführer zuerst seine Produk-tionsmenge wählen (d. h. sequentielles Spiel). Stellen Sie die Überlegungen aus (e) vor diesem Hintergrund in der Extensivform dar. Erläutern Sie die Anreize der Wettbewerber, auch unter Verwendung der strategischen Form des Spiels.

(g) Welche Schlussfolgerungen ziehen Sie aus (e) und (f) in Bezug auf die Stabilität von Kartellen? Welche Aufgabe hat das Wettbewerbsrecht in diesem Zusammenhang?

4. **Aufgabe: Edgeworth-Box, Normalform, Vertragsrecht**

Anton und Berta beabsichtigen ein Tauschgeschäft zu Ihrem Bestand an Äpfeln (Gut X) und Bananen (Gut Y) vorzunehmen. Im Ausgangspunkt P (siehe Abbildung) verfügt Anton über 9,5 Bananen und 1,5 Äpfel. Berta verfügt hingegen über 0,5 Bananen und 8,5 Äpfel. Durch das Tauschgeschäft gelangen Anton und Berta zum Punkt F, der durch ein höheres Nutzenniveau für beide gekennzeichnet ist. Allerdings könnten Anton und Berta auch jeweils ein Tauschinteresse vortäuschen, um so zu den Extrempunkten Z_1 bzw. Z_2 zu gelangen.

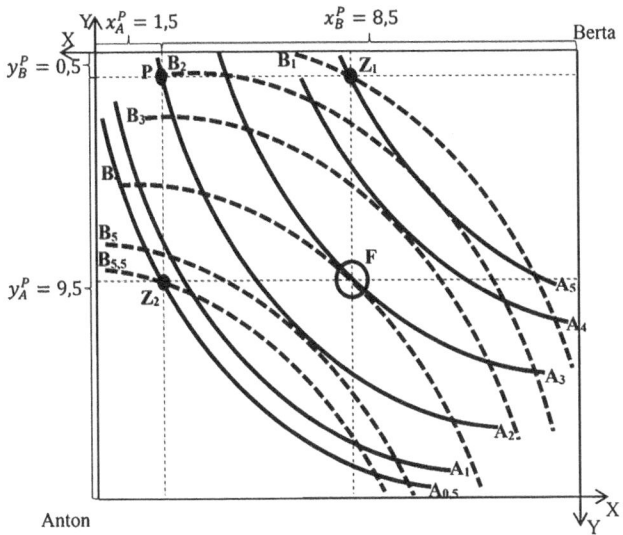

(a) Erläutern Sie kurz, warum Anton und Berta grundsätzlich einem Tauschgeschäft zum Punkt F zustimmen sollten. Zeichnen Sie hierzu den Bereich der Pareto-Verbesserungen sowie die Punkte der effizienten Allokation im Vergleich zum Ausgangspunkt P in die Abbildung ein. Erläutern Sie Ihre Überlegungen und Schlussfolgerungen. Wofür benötigen wir dann eigentlich ein Vertragsrecht?

(b) Erläutern Sie Ihre Argumente, indem Sie das beschriebene Tauschgeschäft in der Normalform mit zwei Strategien (Kooperation (Tausch zum Punkt F), Defektion (Vortäuschen eines Tauschwillens i. S. v. Z_1 bzw. Z_2) und den entsprechenden Auszahlungen für Anton und Berta bestimmen. Wodurch sind hiernach Antons und Bertas beste Antworten charakterisiert? Wo ist in Ihrem Fall das Nash-Gleichgewicht?

(c) Welche Wirkung hat nun die Einführung eines Vertragsrechts? Diskutieren Sie in diesem Zusammenhang die Sanktionsregeln „Ersatz des positiven Interesses" sowie „Ersatz des negativen Interesses". Welche Folgen haben beide Regelungen für Ihr Spiel in der Normalform? Inwiefern kommt es nun zu einer effizienten Allokation?

Literatur

Axelrod R (1984) Die Evolution der Kooperation. 3. Aufl. Science Nova, Oldernbourg (Neuauflage: 2009, De Gruyter, Oldernbourg)

Bertrand J (1888) Calcul des probabilities. Gauthier-Villars et fils, Paris

Bester H (2012) Theorie der Industrieökonomik. 6. Aufl. Springer, Berlin und Heidelberg

Cooter R, Ulen T (2007) Introduction to Law and Economics. 5. Aufl. Pearson Education, Boston

Cournot A (1838) Recherches sur les principes mathématiques de la theorie des richesses. Chez L Hachette, Paris

Demsetz H (1967) Toward a Theory of Property Rights. American Economic Review, 57(2): 347–359

Dixit A, Nalebuff B (1997) Spieltheorie für Einsteiger. Schäfer-Poeschel Verlag, Stuttgart

Holler M, Illing G (2008) Einführung in die Spieltheorie. 7. Aufl. Springer, Berlin und Heidelberg

Nash JF Jr (1950) The bargaining problem. Econometrica, 18:155–162

Palandt (2016) Bürgerliches Gesetzbuch. 75. Aufl. Verlag C.H. Beck, München

Selten R (1978) The Chain Store Paradox. Theory and Descision, 9(2):127–159

Schäfer, H-B, Ott, C (2012), Lehrbuch der ökonomischen Analyse des Zivilrechts, 5. Auflage, Springer, Berlin und Heidelberg.

Schweizer U (2015) Spieltheorie und Schuldrecht. Mohr Siebeck, Tübingen

Vogt C (2001) Kooperation im Gefangenen-Dilemma durch endogenes Lernen. Inauguraldissertation, Universität Magdeburg. http://diglib.uni-magdeburg.de/Dissertationen/2001/carvogt.pfd

Wolf M, Neuner J (2012) Allgemeiner Teil des Bürgerlichen Rechts. 10. Aufl. Verlag C.H. Beck, München

Wolfstetter E (2003) Topics in Microeconomics. Industrial Organization, Auctions, and Incentives. Cambridge University Press, Cambridge et al.

Soziale Wohlfahrt und Sozialwahltheorie

5

Bisher haben wir uns in erster Linie mit den individuellen Anreizen beschäftigt. Im Rahmen der Edgeworth-Box in Kap. 3 haben wir bereits gesehen, dass der Tausch zu einer Pareto-optimalen Verteilung führen kann. Hierzu haben wir die Kurve des effizienten Tauschs kennengelernt und die sog. Nutzenmöglichkeitenkurve hieraus abgeleitet. Welchen der (Pareto-effizienten) Punkte die beiden Individuen unserer Gesellschaft dabei erreichen, war bisher unerheblich. Jeder Punkt auf der Kurve des effizienten Tauschs und damit auf der Nutzenmöglichkeitenkurve war bisher effizient. Der Bereich der effizienten Allokationen wurde dabei lediglich durch unsere Ausgangssituation eingeschränkt. Ob im Verhältnis zum Ausgangspunkt das eine oder andere Individuum, oder beide besser gestellt wurden, war dabei unerheblich.

In diesem Kapitel wollen wir nun der Frage nachgehen, ob es einen Punkt auf der Nutzenmöglichkeitenkurve gibt, der das gesellschaftliche Maximum der optimalen Allokationen darstellt. Man spricht in diesem Zusammenhang vom sog. Optimum Optimorum.[1] Gibt es also eine Güteraufteilung zwischen Anton und Berta, die ihre gemeinsame bzw. soziale Wohlfahrt optimiert? Hierzu nehmen wir zunächst an, es gäbe so etwas wie ein Optimum Optimorum. Dann wird die Wahl dieses Gesellschaftsoptimums unmittelbar von unseren Werturteilen hinsichtlich der Verteilung der Wohlfahrt auf unsere Gesellschaftsmitglieder abhängen. Wir betrachten in diesem Zusammenhang zwei philosophische

---

[1] Das Konzept des „Optimum Optimorums" geht auf die sog. Bergsonsche-Indifferenzkurve zurück, die nicht den individuellen, sondern den gesellschaftlichen Nutzen bzw. die Gesamtwohlfahrt in einem interpersonellen Nutzenvergleich betrachtet. Analog zu unseren Überlegungen zur individuellen Nutzenmaximierung gibt es eine Allokation, die die gesellschaftliche Wohlfahrt maximiert, d. h. einen Punkt, in dem die höchstmögliche soziale Indifferenzkurve erreicht wird.

Elektronisches Zusatzmaterial Die Online-Version dieses Kapitels (https://doi.org/10.1007/978-3-662-59370-7_5) enthält Zusatzmaterial, das für autorisierte Nutzer zugänglich ist.

Denkschulen (den Utilitarismus und die Gerechtigkeitstheorie nach John Rawls) zur Ableitung einer sog. soziale Wohlfahrtsfunktion. Je nachdem, welches Weltbild (Utilitarismus versus Rawls) wir dabei zugrunde legen, wird die soziale Wohlfahrtsfunktion einen anderen Verlauf bzw. eine andere Form aufweisen und damit ein anderer Punkt auf unserer Nutzenmöglichkeitenkurve das Optimum Optimorum determinieren. Anschließend beschäftigen wir uns mit der Frage, ob es tatsächlich so etwas wie ein Optimum Optimorum geben kann. Anhand des sog. Arrow-Paradoxons zeigen wir, dass für mehr als drei Gesellschaftsmitglieder und mehr als drei Güterallokationen ein unmittelbarer Zielkonflikt auftreten kann. Ferner lernen wir mit dem sog. Medianwählertheorem und dem Konzept des „Rent-Seekings" weitere zentrale Probleme aus der Sozialwahltheorie kennen. Zum Schluss wenden wir unsere Überlegungen auf das Urheberrecht und das Sozialrecht an.

Am Ende dieses Kapitels werden wir gelernt haben:

- wie unterschiedliche Werturteile und damit Kulturen den Verlauf der sozialen Wohlfahrtsfunktion beeinflussen,
- wodurch das soziale Wohlfahrtsoptimum (Optimum Optimorum) charakterisiert ist,
- welche Probleme es bei der Bestimmung eines solchen Optimums gibt, und
- inwiefern das Recht durch unterschiedliche Kulturen und philosophische Denkschulen geprägt ist.

5.1 Soziale Wohlfahrtsökonomik

Die soziale Wohlfahrtsökonomik betrachtet nicht die einzelnen Nutzenniveaus unserer Gesellschaftmitglieder, sondern den gemeinsamen Nutzen (als Nutzen der Allgemeinheit). Die Betrachtung der Allgemeinheit erfordert ein Aggregationsverfahren, um von der Summe aller Einzelnniveaus auf die Gesamtwirtschaft schließen zu können. Je nachdem, welches Weltbild wir dabei zugrunde legen, erfolgt die Aggregation der individuellen Nutzenniveaus auf unterschiedliche Weise. Zwei dieser Weltbilder bzw. philosophischen Denkschulen wollen wir uns anschauen: Auf der einen Seite die utilitaristische Wohlfahrtsfunktion im Sinne der einfachen (ungewichteten) Addition der individuellen Nutzen. Auf der anderen Seite die Rawlsche Wohlfahrtsfunktion als Ergebnis aus Rawls Maximin-Regel. Hier betrachten wir nicht die Summe der Nutzenniveaus, sondern das Nutzenniveau des am schlechtesten gestellten Individuums in der Gesellschaft (Minimum). Auf diese Weise maximieren wir den minimalen Nutzen.

5.1.1 Utilitarismus

Grundgedanke der utilitaristischen Wohlfahrtsfunktion nach Jeremy Bentham (1748–1832) und John Stuart Mill (1806–1877) ist, dass sich der Nutzen der Allgemeinheit aus der Summe der Nutzenniveaus der Gesellschaftsmitglieder ergibt, sodass für die soziale Wohlfahrt gilt:

$$SW\left(N_1, N_2, \ldots, N_n\right) = \alpha_1 . N_1 + \alpha_2 . N_2 + \ldots + \alpha_n . N_n, \qquad (5.1)$$

wobei N_1 bis N_n dem Nutzenniveau des ersten bis n-ten Gesellschaftsmitglieds entspricht und α_1 bis α_n dem entsprechenden Gewichtungsfaktor des ersten bis n-ten Individuums, mit dem dessen Nutzen in der sozialen Wohlfahrt Berücksichtigung findet. Der Gewichtigungsfaktor deutet an, dass diese Form der sozialen Wohlfahrtsfunktion auch eine bestimmte Ideologie bzw. Diskriminierung, wie zum Beispiel Antisemitismus berücksichtigen kann. So führt jeder Gewichtungsfaktor $\alpha < 1$ dazu, dass das Nutzenniveau dieses Individuums nicht in vollem Umfang in der Gesamtwohlfahrt berücksichtigt wird. Die klassische utilitaristische Wohlfahrtsfunktion gewichtet jedes individuelle Nutzenniveau hingegen gleichermaßen ($\alpha_i = 1$ für alle $i = 1, \ldots, n$) und definiert die soziale Wohlfahrt als einfache Summe aller individuellen Nutzenniveaus, sodass

$$SW\left(N_1, N_2, \ldots, N_n\right) = N_1 + N_2 + \ldots + N_n. \qquad (5.2)$$

Betrachten wir wieder den einfachen Zwei-Personen-Fall, so ergibt sich die soziale Wohlfahrt aus der Summe des jeweiligen Nutzens von Anton und Berta, d. h. $SW(N_A, N_B) = N_A + N_B$. Die Tatsache, dass wir die einzelnen Nutzenniveaus addieren, verdeutlicht die Notwendigkeit eines kardinalen Nutzenkonzepts.[2] Schließlich benötigen

Video 5.8 Soziale Wohlfahrtsfunktion

---

[2]Analog zu unseren Überlegungen zum Pareto und Kaldor-Hicks-Kriterium in Kap. 2, ist zu unterscheiden zwischen dem ordinalen und kardinalen Nutzenkonzept. Ordinal bedeutet, dass wir die Nutzenniveaus lediglich in eine sinnvolle Reihenfolge bringen können, d. h. besser vs. schlechter oder mehr vs. weniger. Kardinalität verlangt hingegen, dass wir auch Differenzen und/oder Quotienten interpretieren können, d. h. um 5 Einheiten besser oder schlechter bzw. doppelt so gut oder halb so gut.

wir konkrete Zahlen (für den Nutzen von Anton und Berta), um diese aufsummieren zu können. Die gleichartige Gewichtung der individuellen Nutzenniveaus zeigt, dass aus sozialer Wohlfahrtsperspektive die individuellen Nutzenniveaus in gleichen Proportionen substituierbar sind, um immer dieselbe Gesamtwohlfahrt zu erreichen. Sinkt das Nutzenniveau von Anton um eine Einheit, während Bertas Nutzen um eine Einheit steigt, wird aus gesamtwirtschaftlicher Perspektive dasselbe Wohlfahrtsniveau erreicht, da $\Delta SW = N_A + N_B = -1 + 1 = 0$. Mit anderen Worten: Die Nutzenniveaus von Anton und Berta sind perfekte Substitute. Wie wir aus Kap. 3 wissen (vgl. Abb. 3.7), wird dies durch einen linearen Verlauf der (sozialen) Indifferenzkurven deutlich. Abb. 5.1 zeigt den Verlauf einer solchen utilitaristischen Wohlfahrtsfunktion bzw. Indifferenzkurve.

Es wird deutlich, dass wie im individuellen Nutzenkalkül unendlich viele soziale Indifferenzkurven existieren. Auch nun gilt: Je höher die (soziale) Indifferenzkurve, desto höher ist die (soziale) Wohlfahrt. Jeder Punkt auf der sozialen Indifferenzkurve determiniert dasselbe soziale Wohlfahrtsniveau. So führen die Punkte A, B und C alle zur selben sozialen Wohlfahrt, da sie alle auf der sozialen Wohlfahrtsfunktion SW_1 liegen. Unabhängig davon, ob Anton einen höheren Nutzen als Berta ($N_A^A > N_B^A$ in Punkt A) oder Anton einen geringeren Nutzen als Berta ($N_A^C < N_B^C$ in Punkt C) oder beide einen Nutzen in

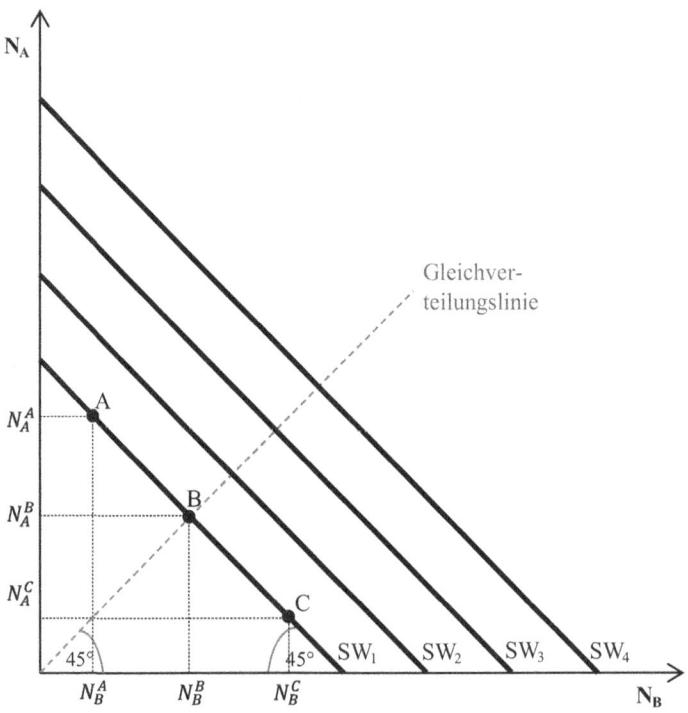

Abb. 5.1 Die klassische utlitaristische Wohlfahrtsfunktion

gleicher Höhe realisieren ($N_A^B = N_B^B$ im Gleichverteilungspunkt B), die Summe der individuellen Nutzenniveaus und damit die soziale Wohlfahrt ist immer dieselbe und entspricht dem Niveau der sozialen Wohlfahrtsfunktion SW$_1$. Zudem zeigt Abb. 5.1, dass die Gleichgewichtung der Nutzenniveaus von Anton und Berta in einer sozialen Wohlfahrtsfunktion resultiert, die einen rechten Winkel (90°-Winkel) zur Gleichverteilungslinie aufweist. Diskriminieren wir hingegen gegen Anton ($\alpha_A < 1$) oder gegen Berta ($\alpha_B < 1$), verläuft die Funktion flacher ($\alpha_B < 1$) oder steiler ($\alpha_A < 1$) im Vergleich zur Abb. 5.1. Abb. 5.2 zeigt den entsprechenden Verlauf für (a) $\alpha_B = 0,5$ und $\alpha_B = 0$ sowie (b) $\alpha_A = 0,5$ und $\alpha_A = 0$.

Es wird deutlich, dass die unterschiedliche Gewichtung der Nutzenniveaus von Anton und Berta den Verlauf der sozialen Wohlfahrtsfunktion unmittelbar beeinflusst. Messen wir dem Nutzen von Berta einen geringen Wert bei ($\alpha_B < 1$), verläuft die soziale Indifferenzkurve flacher. Im Extremfall ($\alpha_B = 0$) verläuft die Funktion horizontal. In diesem Fall erreichen wir nur eine höhere soziale Wohlfahrt, wenn das Nutzenniveau von Anton sich erhöht, unabhängig von Bertas Nutzenniveau (vgl. Abb. 5.2 (a)). Analog gestaltet sich die Form der Indifferenzkurve, wenn wir Anton diskriminieren ($\alpha_A < 1$). Im Extremfall verläuft die soziale Indifferenzkurve vertikal ($\alpha_A = 0$) und wir erreichen nur dann eine höhere soziale Wohlfahrt, wenn das Nutzenniveau von Berta steigt. Im Folgenden wollen wir allerdings die klassische (d. h. ungewichtete) Wohlfahrtsfunktion im utilitaristischen Sinne zugrunde legen.[3]

Ziel der sozialen Wohlfahrtsfunktion ist nun die Maximierung der Gesamtwohlfahrt. Bentham (1786) spricht in diesem Zusammenhang vom „größten Glück der größten Zahl". Man könnte auch sagen, wir wollen, dass möglichst viele Gesellschaftsmitglieder möglichst glücklich sind bzw. ein möglichst hohes Nutzenniveau erreichen. Analog zum individuellen Nutzenkalkül aus Kap. 3, versuchen wir hier also eine möglichst hohe soziale Wohlfahrt zu erreichen. Da eine höhere soziale Indifferenzkurve mit einer höheren sozialen Wohlfahrt einhergeht, wird unser „Social Planer" eine Nutzenkombination (N_A, N_B) wählen, die auf der höchstmöglichen sozialen Indifferenzkurve liegt. Höchstmöglich bedeutet in diesem Zusammenhang, dass wir diesen Punkt vor dem Hintergrund unserer volkswirtschaftlichen Kapazitäten auch realisieren können. Welche Nutzenniveaus für Anton und Berta erreichbar sind, haben wir unter dem Begriff der Nutzenmöglichkeitenkurve kennengelernt, die wir aus der Kurve des effizienten Tauschs ableiten. Die Nutzenmöglichkeitenkurve bildet ab, welche maximalen Nutzenkombinationen für Anton und Berta erreichbar sind. Also spiegelt die Nutzenmöglichkeitenkurve letztendlich die soziale Budgetgerade wider. Suchen wir die Nutzenkombination (N_A, N_B), die unsere Gesamtwohlfahrt maximiert, folgt das soziale Optimum denselben Gesetzmäßigkeiten wie das individuelle Optimum: Das soziale Optimum bzw. Optimum Optimorum wird ein Punkt auf der Nutzenmöglichkeitenkurve sein, zumal jeder Punkt unterhalb der Nutzenmöglichkeitenkurve

---

[3] In Übungsaufgabe 2 im Abschn. 5.4 greifen wir die Gewichtung und ihre Wirkung für das soziale Optimum nochmal auf.

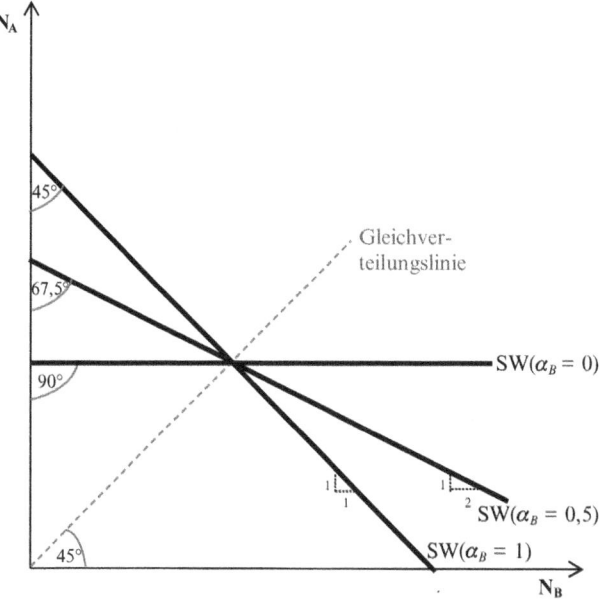

(a) Soziale Wohlfahrtsfunktionen für $\alpha_B \leq 1$

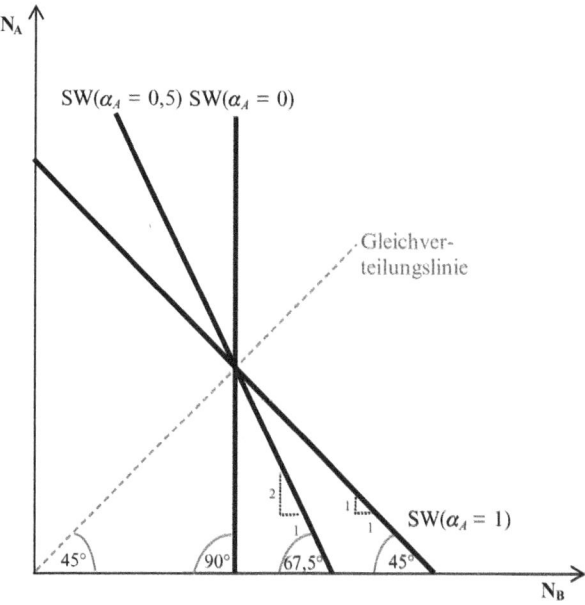

(b) Soziale Wohlfahrtsfunktionen für $\alpha_A \leq 1$

Abb. 5.2 Die gewichtete utlitaristische Wohlfahrtsfunktion

bedeutet, dass man die gesamtwirtschaftlichen Möglichkeiten nicht voll ausschöpft. Dieser Aspekt würde unserer Annahme der Monotonie (d. h. mehr ist immer besser als weniger) widersprechen. Welchen Punkt auf der Nutzenmöglichkeitenkurve der „Social Planer" präferieren wird, wird entscheidend durch den Verlauf der sozialen Indifferenzkurve bestimmt. Schließlich wählen wir jene Nutzenkombination (N_A, N_B), durch die die höchstmögliche soziale Indifferenzkurve erreicht wird. In diesem Punkt bilden die soziale Wohlfahrtsfunktion und die Nutzenmöglichkeitenkurve (als soziale Budgetgerade) einen Tangentialpunkt. Abb. 5.3 verdeutlicht diesen Zusammenhang unter Verwendung einer symmetrischen Nutzenmöglichkeitenkurve.

Das Optimum wird durch den Tangentialpunkt (Opt.) zwischen der (symmetrischen) Nutzenmöglichkeitenkurve und der sozialen Wohlfahrtsfunktion (SW_{max}) kenntlich. Offensichtlich existiert kein Punkt auf der Nutzenmöglichkeitenkurve, der mit einer höheren Gesamtwohlfahrt einhergeht. Aufgrund der Symmetrie der Nutzenmöglichkeitenkurve in Verbindung mit der ungewichteten Form der sozialen Wohlfahrtsfunktion, entspricht das Optimum einem Punkt auf der Gleichverteilungslinie (45°-Linie). Also sollten im Optimum Anton und Berta das gleiche Nutzenniveau (N_A^*, N_B^*) erreichen.

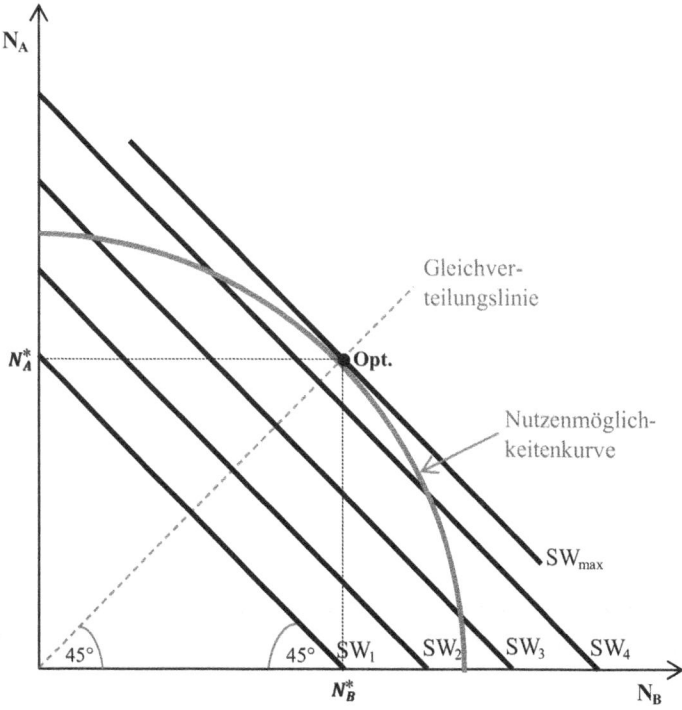

Abb. 5.3 Soziales Optimum im Utilitarismus

Gegeben sei das Beispiel aus Abb. 4.13 in einer leicht abgewandelten Form, um keine perfekt symmetrischen Ergebnisse zu betrachten. Anton und Berta tauschen Äpfel und Bananen. Der Ausgangspunkt sei der Punkt P. Dann stellen wir fest, dass Anton und Berta sich durch Tausch besser stellen können. Pareto-optimale Punkte im Vergleich zu Punkt P sind die Punkte C, F, G und H.

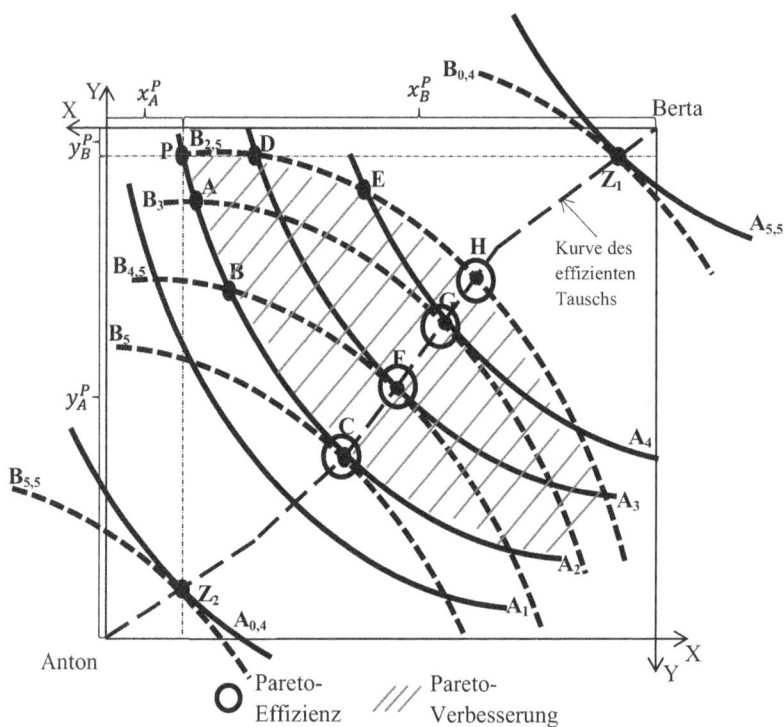

Die Punkte der Nutzenmöglichkeitenkurve erhalten wir nun durch Überführung der Nutzenniveaus von Anton und Berta entlang der Kurve des effizienten Tauschs. Die soziale Indifferenzkurve bzw. Wohlfahrtsfunktion (im utilitaristischen Sinne) bestimmen wir durch einfaches Addieren der Nutzenniveaus entlang der Schnittpunkte der individuellen Indifferenzkurven von Anton und Berta. Die entsprechenden Punkte können wir in einer Tabelle zusammenfassen:

Punkte im Diagramm	Individuelle Wohlfahrt		Soziale Wohlfahrt	Nutzenmöglich-keitenkruve
	Anton	Berta		
P	2	2,5	4,5	Punkte unterhalb der Nutzenmöglich-keitenkurve
A	2	3	5	
B	2	4,5	6,5	
C	2	5	7	(2;5)
F	3	4,5	7,5	(3;4,5)
H	4,7	2,5	7,2	(4,7;2,5)

Sämtliche Punkte können wir nun in ein Nutzen/Nutzen-Diagramm überführen. Für die sozialen Indifferenzkurven bzw. Wohlfahrtfunktionen benötigen wir hierzu mindestens zwei Punkte, um diese zeichnen zu können. So ergibt sich die soziale Wohlfahrt in Höhe von 4,5 etwa durch die Punkte $(N_A; N_B) = \{(3,5; 1), (2; 2,5)\}$, die soziale Wohlfahrt in Höhe von 5 durch die Punkte $(N_A; N_B) = \{(2;3), (3;2)\}$, usw. Für die Nutzenmöglichkeitenkurve können wir die drei Punkte aus der Tabelle verwenden und diese miteinander verbinden. Es ergibt sich folgendes Bild:

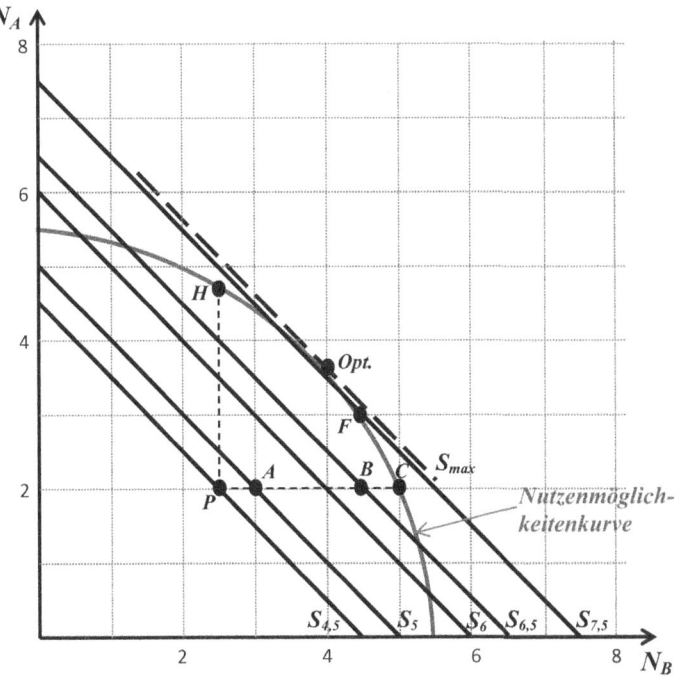

Es wird ersichtlich, dass der Punkt P nicht optimal ist. So kann die soziale Wohlfahrt vom Punkt P zu den Punkten C und H auf 7 erhöht werden, ohne dass hierzu Anton oder Berta schlechter gestellt werden müssen. Wandern wir nun auf der Nutzenmöglichkeitenkurve von C ausgehend nach oben, erreichen wir Punkt F (auf der sozialen Indifferenzkurve $S_{7,5}$), mit einer Wohlfahrt in Höhe von 7,5. Das heißt die soziale Wohlfahrt ist hier größer als in Punkt C. Diese kann allerdings weiter erhöht werden, bis zum Punkt Opt. Hier wird die höchstmögliche soziale Indifferenzkurve erreicht, die geringfügig oberhalb von $S_{7,5}$ liegt, also bei ca. $S_{7,7}$. In diesem Optimum Optimorum wird also die Gesamtwohlfahrt maximiert. Anton und Berta erreichen eine gemeinsame Wohlfahrt in Höhe von (ca.-Maße) $3, 7 + 4 = 7, 7$.

Das Beispiel zeigt, dass eine nicht perfekt symmetrische Nutzenmöglichkeitenkurve ein soziales Optimum begründet, in dem Anton und Berta nicht dasselbe Nutzenniveau erreichen. Die Form bzw. Gestalt hat also einen unmittelbaren Einfluss auf die Gleich- und

Ungleichverteilung der Nutzen zwischen unseren Gesellschaftmitgliedern im sozialen Optimum.[4] Auch die Un-/Gewichtung der utilitaristischen Wohlfahrtsfunktion bestimmt wie gleich oder ungleich die Wohlfahrt auf Anton und Berta verteilt sein sollte. Ist für die soziale Wohlfahrt ausschließlich das Nutzenniveau von Berta entscheidend (d. h. $\alpha_A = 0$), wird das soziale Optimum im Punkt $(N_A, N_B) = (0, N_B^{max})$ sein. Der vertikale Verlauf der sozialen Indifferenzkurven würde diese Ungleichverteilung begründen. Je weniger der Nutzen eines Individuums aufgrund einer bestimmten Kultur oder Ideologie also Berücksichtigung in der Gesamtwohlfahrt findet, desto ungleicher wird der ideologiegetriebene „Social Planer" das soziale Optimum begründen.[5]

5.1.2 Rawls-Gerechtigkeitstheorie

Die Gerechtigkeitstheorie nach John Rawls betrachtet das Konzept der sozialen Wohlfahrt unter der Leitfrage, was sozial gerecht ist.[6] Hierzu führt Rawls den Begriff des sog. Urzustands ein. Im Urzustand kennen die Gesellschaftsmitglieder ihre gesellschaftliche Position nicht. Sie befinden sich hinter dem sog. Schleier der Ungewissheit (englisch: „veil of ignorance"). Anton und Berta wissen also nicht, wie reich, intelligent oder in welche gesellschaftlichen Schicht sie hineingeboren werden. Hinter dem Schleier der Ungewissheit, so argumentiert Rawls, müssten die Gesellschaftsmitglieder letztendlich befürchten, dass sie in der schlechtesten Position der gesellschaftlichen Hierarchie enden. Vor diesem Hintergrund sei nur eine solche gesellschaftliche Ordnung sozial gerecht, auf die sich die Individuen hinter dem Schleier der Ungewissheit geeinigt hätten. Nach Rawls würden sich die Individuen letztlich auf zwei zentrale Prinzipien verständigen: Auf der einen Seite, das sog. Freiheitsprinzip. Dieses Prinzip verlangt die maximal mögliche Freiheit jedes Einzelnen, soweit sie die Freiheit eines Anderen nicht einschränkt. Das Freiheitsprinzip betont also die Leitlinien des normativen Individualismus. Schließlich weiß nur jeder für sich, was gut für ihn ist bzw. was individuelle und damit letztlich auch soziale Wohlfahrt schafft.[7] Auf der anderen Seite würden sich die Gesellschaftsmitglieder auf das sog. Differenzprinzip einigen. Dieses Prinzip betont, dass soziale und ökonomische Ungleichheit nur zugelassen wird, sofern diese allen Gesellschaftsmitgliedern zum Vorteil gereicht. Mit anderen Worten: Eine Umvertcilung von unten nach oben, wie es im Utilitarismus möglich ist, kann nach Rawls nicht sozial gerecht sein. So darf der Reiche nur reicher werden, solange auch die Ärmsten in der Gesellschaft hiervon profitieren. Die soziale Wohlfahrt folgt vor diesem Hintergrund der sog. Maximin-Regel, also der Maximierung des minimalen Nutzens. Die soziale Wohlfahrt ergibt sich demnach nicht aus der Summe der individuellen

---

[4] Wellisch (2000) diskutiert die utilitaristische und Rawlsche Wohlfahrtsfunktionen vor dem Hintergrund einer asymmetrischen Nutzenmöglichkeitenkurve.

[5] Siehe hierzu Übungsaufgabe 2 im Abschn. 5.4.

[6] Siehe grundlegend hierzu Rawls (1971).

[7] Zum Prinzip des normativen Individualismus siehe Kap. 2.

Nutzenniveaus, sondern entspricht dem Nutzenniveau des am schlechtesten gestellten Gesellschaftsmitglieds, sodass die soziale Wohlfahrt der folgenden Gleichung folgt:

$$SW\left(N_1, N_2, \ldots, N_n\right) = \min\{N_1, N_2, \ldots, N_n\}. \tag{5.3}$$

Betrachten wir wieder den einfachen Zwei-Personen-Fall, entspricht die soziale Wohlfahrt dem niedrigsten Nutzenniveau von Anton und Berta, d. h. $SW(N_A, N_B) = min\{N_A, N_B\}$. Auf diese Weise orientiert sich die soziale Wohlfahrt immer an dem Individuum, das im interpersonalen Nutzenvergleich schlechter abschneidet. Weisen Anton und Berta dasselbe Nutzenniveau auf, entspricht die soziale Wohlfahrt dem Niveau beider Individuen, z. B. $SW(N_A, N_B) = SW(3,3) = 3$. Weist hingegen ein Individuum ein geringeres Nutzenniveau auf, gilt zum Beispiel: $SW(N_A, N_B) = SW(2,3) = SW(3,2) = 2$. Auf diese Weise wird sichergestellt, dass man nur von einem höheren sozialen Wohlfahrtsniveau spricht, wenn auch das am schlechtesten gestellte Gesellschaftsmitglied hiervon profitiert. Die Maximierung der sozialen Wohlfahrt stellt damit zwangsläufig auf die Maximierung des minimalen Nutzens ab.

Die Gestalt der sozialen Indifferenzkurven weist also einen limitationalen Verlauf auf, mit einer unendlich hohen Grenzrate der Substitution. Abb. 5.4 verdeutlicht die Rawlsche Wohlfahrtsfunktion in Form einer Schar von sozialen Indifferenzkurven. Offensichtlich

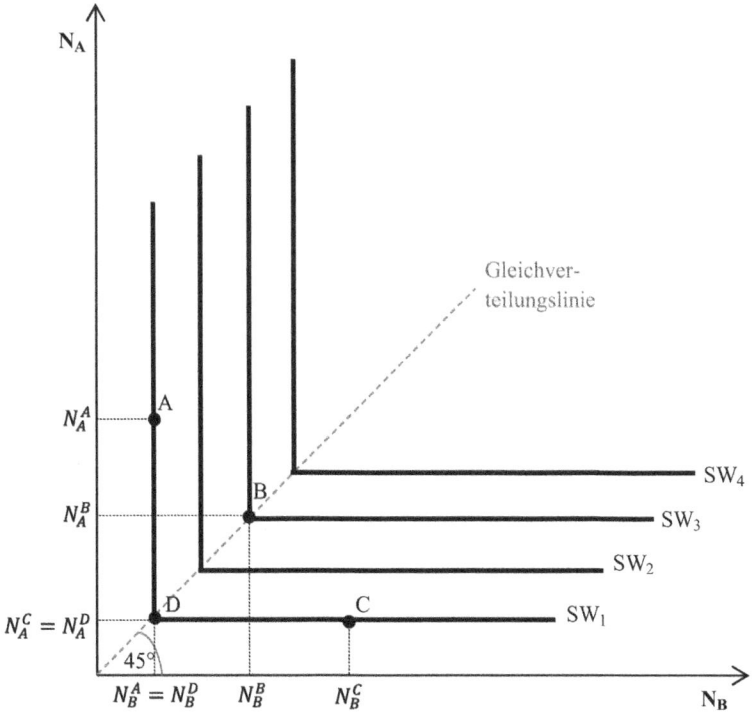

Abb. 5.4 Die Rawlsche Wohlfahrtsfunktion

ändert das Verständnis von sozialer Gerechtigkeit als leitende Maxime für das Konzept der sozialen Wohlfahrtsfunktion fundamental, wie wir unterschiedliche Nutzenkombinationen (N_A, N_B) aus gesamtwirtschaftlicher Perspektive interpretieren. So liegen die Punkte A, B und C nun nicht mehr auf ein und derselben sozialen Wohlfahrtsfunktion (vgl. Abb. 5.1). Während der Utilitarismus also diese Punkte mit demselben sozialen Wohlfahrtsniveau interpretieren würde, kommt Rawls zu einem anderen Urteil. Entsprechend liegen die Punkte A und B auf einer gemeinsamen sozialen Indifferenzkurve (SW$_1$). Während in Punkt A Anton einen höheren Nutzen als Berta generiert ($N_A^A > N_B^A$), realisiert Berta im Punkt C einen höheren Nutzen ($N_B^C > N_A^C$), wobei $N_A^C = N_B^A$. In beiden Fällen würde das jeweils niedrigere Nutzenniveau die Höhe der sozialen Wohlfahrt determinieren.

Folglich stellt der Punkt D aus sozialer Wohlfahrtsperspektive dasselbe Wohlfahrtsniveau dar, wie die Punkte A und B, obwohl in den Punkten A und B jeweils ein Individuum eine höhere soziale Wohlfahrt generiert. In Punkt B erreichen wir hingegen ein höheres Wohlfahrtsniveau. Während die Summe der Nutzenniveaus in B ($N_A^B + N_B^B$) der gemeinsamen Wohlfahrt aus A ($N_A^A + N_B^A$) und C ($N_A^C + N_B^C$) entspricht und auf einer utilitaristischen Indifferenzkurve liegen, erreichen wir bei Rawls im Punkt B nun die soziale Indifferenzkurve (SW$_3$) und damit ein höheres Wohlfahrtsniveau.

Das soziale Optimum im Sinne der maximal erreichbaren sozialen Wohlfahrt folgt nun denselben Gesetzmäßigkeiten wie das individuelle Maximierungskalkül. Wie wir im Utilitarismus gesehen haben, stellt die Nutzenmöglichkeitenkurve nichts anderes dar als die soziale Budgetgerade. Schließlich zeigt diese alle erreichbaren Nutzenkombinationen (N_A, N_B) und beschränkt damit das Maximierungskalkül vom „Social Planer". Entsprechend ist das soziale Optimum durch die höchstmögliche soziale Indifferenzkurve charakterisiert und damit durch einen Tangentialpunkt zwischen Nutzenmöglichkeitenkurve und Rawlscher Wohlfahrtsfunktion. In Abb. 5.5 wird das Optimum durch den Punkt Opt. deutlich. Hier erreichen wir die maximal mögliche soziale Wohlfahrt (SW$_{max}$).

Offensichtlich liegt das soziale Optimum auf der Gleichverteilungslinie, sodass Anton und Berta im Optimum dasselbe Nutzenniveau realisieren. Allerdings folgt dieser Sachverhalt unmittelbar aus der Symmetrie der Nutzenmöglichkeitenkurve.[8]

Beispiel 5.2

Gegeben sei die Edgeworth-Box aus Beispiel 5.1. Nun ergibt sich die soziale Wohlfahrt nicht aus der Summe der individuellen Nutzenniveaus, sondern durch $SW = min\{(N_A; N_B)\}$ als Minimum der individuellen Nutzenniveaus, also beispielsweise $SW(2;3) = min\{(2;3)\} = 2$. Die Punkte der Nutzenmöglichkeitenkurve sind die gleichen wie in Beispiel 5.1. Es ergibt sich nun die angegebene Tabelle für die Allokationspunkte aus der Edgeworth-Box.

---

[8] Für einen besonders asymmetrischen Verlauf der Nutzenmöglichkeitenkurve siehe Übungsaufgabe 1 im Abschn. 5.4. Hier wird deutlich, dass auch bei Rawls eine Ungleichverteilung der Nutzen zwischen Anton und Berta gerechtfertigt werden kann.

Punkte im Diagramm	Individuelle Wohlfahrt		Soziale Wohlfahrt	Nutzenmöglich- keitenkruve
	Anton	Berta		
P	2	2,5	2	
A	2	3	2	Punkte unterhalb der Nutzenmöglich- keitenkurve
B	2	4,5	2	
D	3	2,5	2,5	
E	4	2,5	2,5	
C	2	5	2	(2;5)
F	3	4,5	3	(3;4,5)
H	4,7	2,5	2,5	(4,7;2,5)

Vor diesem Hintergrund wird nun deutlich, dass die Punkte P, A und B auf ein und derselben sozialen Wohlfahrtsfunktion liegen, während diese beim Utilitarismus noch unterschiedliche Wohlfahrtsniveaus darstellten. Das gleiche gilt für die Punkte D und E, die auf der sozialen Indifferenzkurve $SW_{2,5}$ liegen. Jeder Punkt auf dieser sozialen Wohlfahrtsfunktion stellt auch im Sinne von Rawls eine Verbesserung gegenüber SW_2 dar, da auch Anton vom höheren Nutzenniveau Bertas profitiert. Die Punkte C und H sind zwar Schnittpunkte der sozialen Indifferenzkurven SW_2 und $SW_{2,5}$ mit der Nutzenmöglichkeitenkurve, allerdings existiert noch eine höhere Wohlfahrtsfunktion $SW_{3,8}$, die im Punkt Opt_{neu} einen Tangentialpunkt zwischen sozialer Indifferenzkurve und Nutzenmöglichkeitenkurve beschreibt. Hier ist das Optimum Optimorum im Rawlschen Sinne (vgl. Abbildung).

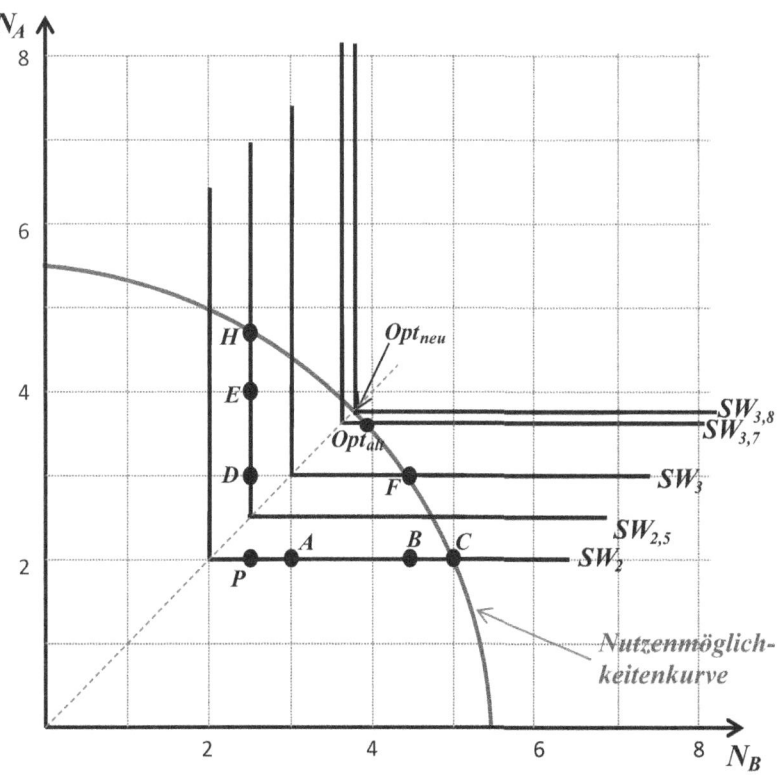

Vergleichen wir nun das Optimum (Opt_{neu}) mit dem Optimum der utilitaristischen Wohlfahrtsfunktion (Opt_{alt}), wird ersichtlich, dass der Punkt Opt_{alt} auf einer niedrigeren sozialen Wohlfahrtsfunktion liegt. Während im utilitaristischen Optimum Anton und Berta Nutzenniveaus in Höhe von ca. 3,7 und 4 (Summe = 7,7) realisieren, beträgt das Nutzenniveau beider im Rawlschen Optimum 3,8 und 3,8 (Summe 7,6). Das heißt Rawls verzichtet auf einen Teil der Gesamtwohlfahrt, da Berta sich nur besser stellen darf, solange auch Anton hiervon profitiert, und umgekehrt.

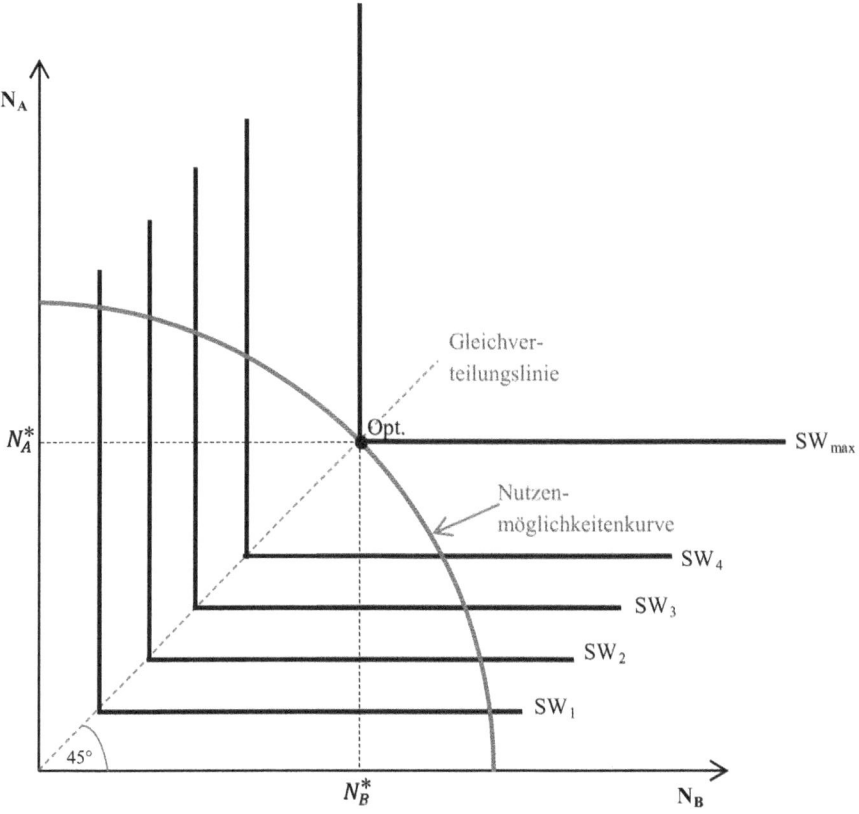

Abb. 5.5 Soziales Optimum bei Rawls

Vergleichen wir nun die klassische utilitaristische Wohlfahrtsfunktion mit der Rawlschen Wohlfahrtfunktion,[9] wird entscheidend vom Verlauf der Nutzenmöglichkeitenkurve abhängen, ob beide zum identischen Ergebnis hinsichtlich des sozialen Optimums gelangen. So wird aus unseren Überlegungen deutlich, dass im Falle einer perfekt symmetrischen Nutzenmöglichkeitenkurve die ungewichtete Wohlfahrtsfunktion des Utilitarismus und Rawls den gleichen Allokationspunkt ($N_A^*[U] = N_A^*[R]$ und $N_B^*[U] = N_B^*[R]$, mit U = Utilitarismus und R = Rawls) als Schnittpunkt zwischen Gleichverteilungslinie und Nutzenmöglichkeitenkurve präferieren werden (vgl. Abb. 5.6 (a)).

   Betrachten wir hingegen eine asymmetrische Nutzenmöglichkeitenkurve,[10] kommen Utilitarismus und Rawls zu unterschiedlichen Ergebnissen (vgl. Abb. 5.6 (b)). Gleichzeitig wird deutlich, dass im Falle einer besonders asymmetrischen Nutzenmöglichkeitenkurve auch Rawls keine Gleichverteilung der Nutzenniveaus zwischen Anton und Berta präferiert. Schließlich wäre eine Gleichverteilung der Nutzenniveaus nur in Punkt C möglich. Offensichtlich existiert auch bei Rawls eine soziale Indifferenzkurve, die oberhalb des Punkts C liegt. Eine genauere Betrachtung zeigt, dass wir ausgehend vom Punkt P (Nullpunkt) den Bereich der Pareto-effizienten Allokation und damit den Bereich, in dem das soziale Optimum zu finden ist, weiter eingrenzen können. Während im symmetrischen Fall (vgl. Abb. 5.6 (a)) alle Punkte auf der Nutzenmöglichkeitenkurve effiziente Allokationen im Sinne von Pareto darstellen, sind im asymmetrischen Fall (Abb. 5.6 (b)) nur Punkte auf der Nutzenmöglichkeitenkurve effizient (im Vergleich zum Ausgangspunkt P), die zwischen dem Punkt A und dem sozialen Optimum nach Rawls (Opt $_{Rawls}$) liegen. Auf der einen Seite kann Berta von A ausgehend (nach rechts) nicht mehr besser gestellt werden, ohne dass Anton hierfür schlechter gestellt werden müsste. Auf der anderen Seite kann Berta in Opt $_{Rawls}$ nicht mehr besser gestellt werden, ohne Anton hierzu schlechter zu stellen. Zwischen den Punkten A und Opt $_{Rawls}$ beschreibt die Nutzenmöglichkeitenkurve also den Bereich der Pareto-effizienten Allokationen. Unabhängig des Verlaufs der sozialen Wohlfahrtsfunktion muss das soziale Optimum eine Nutzenkombination (N_A, N_B) aufweisen, die in diesem Bereich liegt. Aufgrund des

---

[9] Eine dritte Form der sozialen Wohlfahrtsfunktion ist die Wohlfahrtsfunktion nach John Nash (auch Bernoulli-Nash-Wohlfahrtsfunktion). Diese weist den idealtypischen Verlauf einer Indifferenzkurve auf, d. h. hier sind die Nutzen der Gesellschaftsmitglieder nur begrenzt gegeneinander substituierbar. Bei Nash ergibt sich die soziale Wohlfahrt folglich aus dem Produkt der Nutzenniveaus der Gesellschaftsmitglieder, sodass gilt: $SW(N_1, N_2,...,N_n) = N_1 \cdot N_2 \cdot .... \cdot N_n$.

[10] Die Nutzenmöglichkeitenkurve folgt in seiner Struktur in etwa den Abbildungen aus Wellisch (2000). Wir erinnern uns, dass sich die Nutzenmöglichkeitenkurve aus der Kurve des effizienten Tauschs ableitet. Eine asymmetrische Nutzenmöglichkeitenkurve geht damit auf eine asymmetrische Kurve des effizienten Tauschs zurück und spiegelt nur wider, wo die Tangentialpunkte der Indifferenzkurven unserer beiden Individuen in der Endgeworth-Box wiederzufinden sind.

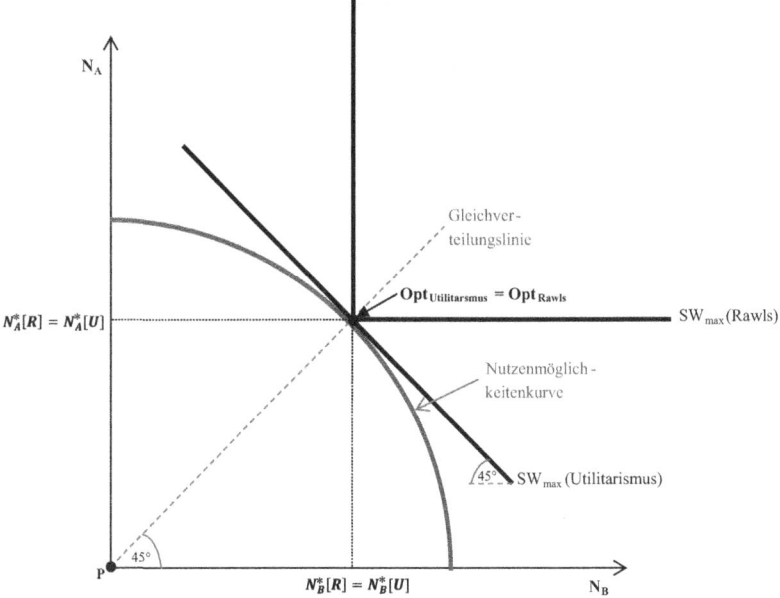

(a) Symmetrische Nutzenmöglichkeitenkurve

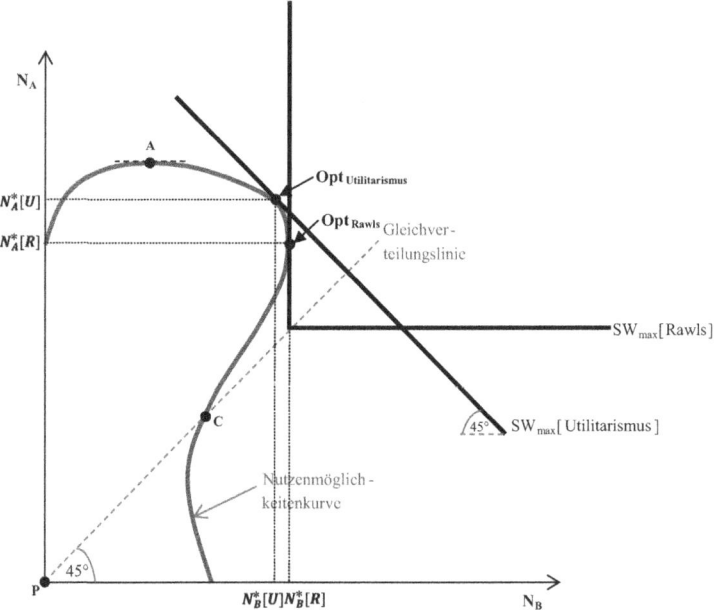

(b) Asymmetrische Nutzenmöglichkeitenkurve

Abb. 5.6   Klassischer Utilitarimus versus Rawls

asymmetrischen Verlaufs der Nutzenmöglichkeitenkurve kommen Utilitarismus und Rawls nun zu unterschiedlichen Ergebnissen hinsichtlich der wohlfahrtsoptimalen Allokation. Während der klassische Utilitarismus den Punkt $\text{Opt}_{\text{Utilitarismus}}$ auf der sozialen Wohlfahrtsfunktion SW_{max} [Utilitarismus] als wohlfahrtsoptimal bezeichnet, präferiert Rawls den Punkt $\text{Opt}_{\text{Rawls}}$ auf der sozialen Wohlfahrtsfunktion SW_{max} [Rawls]. Hieraus wird nochmal die Maximin-Regel aus Rawls Gerechtigkeitstheorie deutlich. Von Punkt B ausgehend (nach oben) könnte Anton nur auf Kosten von Berta besser gestellt werden. Da Berta allerdings bereits ein niedrigeres Nutzenniveau als Anton im Allokationspunkt B aufweist, wird diese ökonomische Ungleichheit auf der Basis des Differenzprinzips nicht zugelassen. In diesem Fall weist Berta den niedrigsten bzw. minimalen Nutzen auf, der allerdings in Punkt B maximiert wird. Schließlich kann Berta aufgrund der asymmetrischen Nutzenmöglichkeitenkurve nicht besser gestellt werden als im Punkt B. In B maximieren wir den minimalen Nutzen. Weil Berta also nicht mehr besser gestellt werden kann, wird eine ungleiche Verteilung zugunsten von Anton zugelassen. Ein direkter Vergleich zwischen den Optima ($\text{Opt}_{\text{Rawls}}$ und $\text{Opt}_{\text{Utilitarismus}}$) verdeutlicht jedoch, dass Rawls tendenziell weniger Ungleichheit zwischen den Gesellschaftsmitgliedern zulässt, zumal $N_A^*\left[Utilitarismus\right] > N_A^*\left[Rawls\right] > N_B^*\left[Rawls\right] > N_B^*[Utilitarismus]$. Hintergrund ist dabei, dass im klassischen Utilitarismus die Nutzenniveaus der Gesellschaftsmitglieder perfekte Substitute darstellen, sodass auch eine Umverteilung von unten nach oben gerechtfertigt werden könnte. Eine solche Umverteilung ist indes niemals im Sinne von Rawls.

5.2 Sozialwahltheorie

Bisher haben wir vorausgesetzt, dass man die individuellen Indifferenzkurven aggregieren kann, um auf diesem Weg zu einer gemeinsamen bzw. sozialen Indifferenzkurve zu gelangen. Unabhängig der zugrundeliegenden Wertekultur und damit des entsprechenden Aggregationsverfahrens, setzt diese Vorgehensweise allerdings voraus, dass wir die individuellen Präferenzen und Nutzenniveaus kennen. Wie wir bereits im Zuge des Konzepts des normativen Individualismus gelernt haben, weiß nur das Individuum selbst am besten, was gut für es ist bzw. welche Präferenzen zugrunde zu legen sind, um Bedürfnisbefriedigung (i.S.e. Nutzenmaximierung oder Satisfizierung) anzustreben. Vor diesem Hintergrund ergeben sich besondere Informationsanforderungen für unseren „Social Planer" zur Bestimmung des Optimum Optimorums. Die sog. Sozialwahltheorie beschäftigt sich mit den besonderen Anforderungen und den zentralen Problemen zur Bestimmung einer solchen sozialen Präferenzrangfolge. Üblicherweise greift man in demokratischen Wirtschafts- und Rechtsordnungen auf Wahlen zurück, um die Präferenzen der Gesellschaftsmitglieder und schließlich eine soziale Präferenzrangfolge abzuleiten. Allerdings zeigt das sog. Arrow-Paradoxon,[11] dass bei mehr als drei Wählern und mehr als drei

---

[11] In diesem Zusammenhang spricht man auch vom sog. Condorcet-Paradoxon. Siehe hierzu auch Fritsch (2014) im Abschn. 14.1.2 sowie die dort zitierte Literatur.

Gütern soziale Rangordnungen zustande kommen können, die inkonsistent sind (und damit der Annahme der Transitivität widersprechen). In diesem Zusammenhang wollen wir kritisch hinterfragen, ob es vor diesem Hintergrund überhaupt so etwas wie ein Optimum Optimorum geben kann. Ferner ergeben sich zwei zentrale Probleme, die die Sozialwahltheorie und die optimale Wahl unseres „Social Planers" beschränken. Auf der einen Seite, das sog. Medianwählertheorem. Schließlich sind Politiker selbst eigennützige Individuen, die üblicherweise eine Wiederwahl anstreben. Das Medianwählertheorem zeigt, dass aufgrund der Wiederwahlrestriktion nicht notwendigerweise Allokationseffizienz erreicht wird, da Politiker nicht die Maximierung von (sozialer) Wohlfahrt, sondern die Maximierung von Wählerstimmen als zentrale Zielvorstellung verfolgen. Auf der anderen Seite lernen wir das sog. „Rent-Seeking"-Konzept kennen. In diesem Zusammenhang wird zu zeigen sein, dass die Wirtschaftssubjekte (Individuen, Unternehmen, Politiker) Einfluss auf den politischen Entscheidungsprozess nehmen, der eine effiziente Wahl unter Umständen verhindert. Zudem führt der Prozess der Einflussnahme zu Aufwendungen bzw. Kosten, denen aus wohlfahrtsökonomischer Perspektive kein Mehrwert gegenübersteht. Rent-Seeking geht damit mit Verschwendung einher und widerspricht fundamental unseren Vorstellungen von Allokationseffizienz.

5.2.1 Optimum Optimorum

Die Existenz eines Optimum Optimorums im utilitaristischen oder Rawlschen Sinne setzt letztendlich voraus, dass wir die zu aggregierenden individuellen Indifferenzkurven kennen. Nur so werden wir in der Lage sein, aus den individuellen Präferenzen eine soziale Präferenzrangfolge abzuleiten. Üblicherweise greifen wir zur Ableitung dieser sozialen Präferenzrangfolge auf Wahlen zurück. Bei der Wahl äußern die Gesellschaftsmitglieder ihre Präferenzen in Bezug auf einzelne Sachfragen, die z. B. die Bereitstellung öffentlicher Infrastruktur bzw. Güter betreffen. In einer Demokratie soll so der Wille der Mehrheit staatliches Handeln ermöglichen. Allerdings setzt die Präferenzaggregation durch Wahlabstimmung voraus, dass der Wahlprozess zu konsistenten Ergebnissen führt. Schließlich muss im sozialen wie im individuellen Kalkül die Annahme der Transitivität erfüllt sein, d. h. die Präferenzrangordnung muss in sich konsistent sein. Bevorzugt Anton Äpfel gegenüber Bananen (A ≻ B) und Bananen gegenüber Zitronen (B ≻ Z), folgt hieraus zwangsläufig, dass er auch Äpfel gegenüber Zitronen bevorzugt (A ≻ Z).[12] Das sog. Arrow-Paradoxon zeigt nun, dass für den Fall mit mindestens drei Individuen und mindestens drei Wahlalternativen die Transitivitätsannahme nicht gilt. Hierzu wollen wir uns ein einfaches Beispiel anschauen, in dem drei Individuen mit unterschiedlichen individuellen Präferenzordnungen über drei Möglichkeiten abstimmen.

Wir betrachten die Abstimmung über das Angebot eines öffentlichen Guts (X), das in drei unterschiedlichen Versionen (X_1, X_2 oder X_3) bereitgestellt werden könnte. Drei

---

[12] Siehe Abschn. 3.1 für eine Wiederholung.

Individuum	Präferenz-ordnung	Paarweise Abstimmung		
		X_1 vs. X_2	X_2 vs. X_3	X_1 vs. X_3
Anton	$X_1 > X_2 > X_3$	X_1	X_2	X_1
Berta	$X_3 > X_1 > X_2$	X_1	X_3	X_3
Herrmann	$X_2 > X_3 > X_1$	X_2	X_2	X_3
Paarweiser Vergleich	-	$X_1 > X_2$	$X_2 > X_3$	$X_3 > X_1$
Soziale Präferenzordnung	Keine	$X_3 > X_1 > X_2 > X_3$		

Abb. 5.7 Arrows Wahlparadoxon

Individuen sollen über die Bereitstellung abstimmen. Neben Anton und Berta soll Herrmann seine Präferenzen über die Wahlabstimmung äußern. Abb. 5.7 zeigt die unterschiedlichen Präferenzordnungen der drei Wahlberechtigten. Würden wir nun alle drei Möglichkeiten zur Wahl stellen, würde jede Version eine Stimme bekommen: Anton würde X_1 wählen, Berta X_3 und Herrmann X_2. Die Abstimmung führt in diesem Fall also zu keinem Ergebnis bzw. zu keiner einheitlichen sozialen Präferenzordnung. Alternativ könnten wir darüber nachdenken paarweise über jeweils zwei Versionen des öffentlichen Guts abzustimmen, d. h. X_1 gegen X_2, X_2 gegen X_3 und X_1 gegen X_3. Die rechte Seite der Abb. 5.7 verdeutlicht die jeweiligen Präferenzen von Anton, Berta und Herrmann für den paarweisen Vergleich.

Der paarweise Vergleich zeigt, dass die Individuen sich durch Mehrheitswahl (jeweils im Verhältnis zwei zu eins) für eine der beiden Versionen des Guts X entscheiden. Lassen wir Anton, Berta und Herrmann über die Alternativen X_1 und X_2 abstimmen, entscheiden sich Anton und Berta für X_1, während Herrmann X_2 präferiert. Der Vergleich von X_1 und X_2 führt folglich zur sozialen Präferenzordnung X_1 (2 Stimmen) $\succ$ X_2 (1 Stimme). Der paarweise Vergleich der anderen Kombination zeigt indes, dass sich insgesamt keine eindeutige soziale Rangfolge ableiten lässt. Im Gegenteil, die Ableitung einer sozialen Präferenzordnung führt zur Verletzung der Transitivitätsannahme und ist damit nicht konsistent. Da im paarweisen Vergleich zwischen X_1 und X_2 die Wahl auf $X_1 \succ X_2$ fällt, bei X_2 gegenüber X_3 auf $X_2 \succ X_3$ und bei X_1 gegen X_3 auf $X_3 \succ X_1$, müsste für die gemeinsame Rangfolge der drei Möglichkeiten gelten: $X_3 \succ X_1 \succ X_2 \succ X_3$. Offensichtlich widerspricht diese Rangfolge der Annahme der Transitivität.

Das Arrow-(Wahl)Paradoxon zeigt, dass es nicht selbstverständlich ist, dass eine einfache Mehrheitswahl zu einer konsistenten sozialen Präferenzordnung und damit zur Entscheidung über das Optimum Optimorum führt. Darüber hinaus zeigt die paarweise Abstimmung, dass rein theoretisch die Wahlregeln den Entscheidungsprozess beeinflussen können. Nehmen wir beispielsweise an, dass der Verlierer des paarweisen Vergleichs direkt ausscheidet (und damit für die anschließenden paarweisen Abstimmungen nicht mehr zur Wahl steht), so entscheidet letztlich die Reihenfolge eines solchen sukzessiven Wahlverfahrens darüber, welche zur Wahl stehende Möglichkeit sich durchsetzt. Dass es sich hierbei nicht nur um einen theoretischen Aspekt handelt, zeigt Leininger (1993) für das

Abstimmungsverfahren des Regierungssitzes und des Parlaments nach der deutschen Wiedervereinigung. Zur Abstimmung im Bundestag am 20. Juni 1990 standen dabei im Prinzip drei Möglichkeiten:

(1) Vorschlag A: Die Regierung bleibt in Bonn, das Parlament zieht nach Berlin,
(2) Vorschlag B: Parlament und Regierung ziehen nach Berlin,
(3) Vorschlag C: Das Parlament bleibt in Bonn, die Regierung zieht nach Berlin.

Bei einfacher Mehrheitswahl gewinnt Vorschlag B. Im ersten Wahldurchgang führt die Abstimmung unter den Abgeordneten zu folgendem Ergebnis: A: 147, B: 221, C: 290. Keine der drei Möglichkeiten erzielt also die absolute Mehrheit. Eine Stichwahl zwischen B und C (A scheidet als „Verlierer" aus) führt zu C = 338: B = 320 (bei zwei Enthaltungen). Leininger (1993) zeigt, dass je nach Wahlregel (Mehrheitswahl, Bordas-Regel und Zustimmungswahl) ein anderer Vorschlag das Abstimmungsverfahren gewonnen hätte. Abgesehen von der Existenzfrage eines Optimum Optimorums, ergeben sich aber zudem zwei zentrale Probleme, die einer optimalen Allokation (durch die politischen Entscheidungsträger) entgegenstehen: (1) Das sog. Medianwählertheorem, (2) Rent-Seeking.

5.2.2 Zentrale Probleme

Das Medianwählertheorem geht davon aus, dass auch Politiker letztlich Nutzenmaximierer sind. Politiker streben dabei die Wiederwahl an. Als eigennutzorientiertes Individuum werden die politischen Entscheidungsträger deshalb nichts tun, was ihre Wiederwahl gefährden könnte. Hierzu muss die Partei eine Mehrheit der Wähler vom Wahlprogramm überzeugen. Folglich wird der Politiker nicht notwendigerweise im Sinne der sozialen Wohlfahrt handeln (insbesondere bei unpopulären Entscheidungen, wie Steuererhöhung oder Haushaltskürzungen), sondern was möglichst viele Wählerstimmen bringt. Politiker sind also Wahlstimmenmaximierer. Das Medianwählertheorem zeigt, dass politische Entscheidungsprozesse letztendlich durch den sog. Medianwähler getrieben sind. Die Parteien nähern sich inhaltlich immer weiter mit ihren Wahlprogrammen an. Die Wirkungsweise des Medianwählertheorems lässt sich anhand eines einfachen Beispiels verdeutlichen.

Wir betrachten die Wahl über die Bereitstellung eines öffentlichen Guts.[13] Wir nehmen an, zwei Parteien (die Linkspartei und die Rechtspartei) konkurrieren mit ihrem Wahlprogramm um Wählerstimmen. Zur Disposition steht, in welchem Umfang (in Prozent) die Parteien Sanierungsbedarf im Hinblick auf die öffentliche Infrastruktur sehen, d. h. Sanie-

---

[13] Wir erinnern uns, dass öffentliche Güter durch Nicht-Rivalität im Konsum und durch Nicht-Ausschließbarkeit charakterisiert sind. Insbesondere die Nicht-Ausschließbarkeitseigenschaft führt dazu, dass niemand einen Anreiz hat, sich an der Finanzierung des öffentlichen Guts zu beteiligen. Die Konsequenz dieses Trittbrettfahrerproblems ist ein Unterangebot öffentlicher Güter. Deshalb gibt es gute Gründe, warum öffentliche Güter staatlich bereitgestellt und steuerfinanziert werden sollten. Siehe Abschn. 3.4 für ein Wiederholung.

rungsbedarf zwischen 0 bis 100 Prozent. Beide Parteien geben in ihren Wahlprogrammen an, in welchem Umfang sie eine Sanierung anstreben. Während die Linkspartei $x_L = 40$ Prozent der Infrastruktur sanieren möchte, strebt die Rechtspartei eine Sanierung um $x_R = 70$ Prozent an. Jeder Wähler entscheidet sich mit seiner Stimme für jene Partei, die seinen Präferenzen am ehesten entspricht. Dabei sind sie vollständig über das Wahlprogramm und die Arbeit der Parteien informiert.[14] Zur Veranschaulichung nehmen wir an, dass die Präferenzen normalverteilt sind, mit einem Erwartungswert von 50 Prozent.[15] Folglich werden 50 Prozent der Wähler für eine Sanierung im Umfang von höchstens 50 Prozent stimmen, und der Rest (50 Prozent) für mindestens 50 Prozent. Abb. 5.8 zeigt die Wahlverteilung zugunsten der beiden Parteien bei einem Angebot von x_L und x_R.

Offensichtlich entscheiden sich die Wähler zugunsten jener Partei, die ihren Vorstellungen am ehesten entspricht. Wähler mit Präferenzen von $x \leq 40$ werden also in jedem Fall die Linkspartei wählen, Wähler mit Präferenzen $x \geq 70$ werden sich für die Rechtspartei entscheiden. Für Wähler mit Präferenzen von $40 < x < 70$ ist entscheidend, welche Partei ihren Vorstellungen am nächsten kommt. Hierzu betrachten wir den Mittelwert

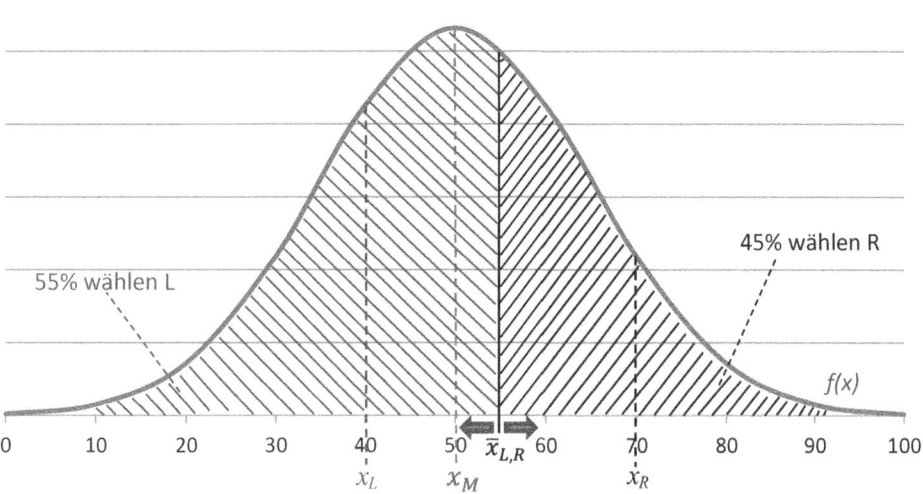

Abb. 5.8 Das Medianwählertheorem

---

[14] Das heißt auch, dass nicht eingehaltene Wahlversprechen sofort (bei der nächsten Wahl) sanktioniert werden.

[15] Die Normalverteilung ist eine symmetrische Verteilungsfunktion mit den Parametern Erwartungswert (μ) und Standardabweichung (σ). Für große Stichprobengrößen (Faustregel: $n \geq 30$) sind letztendlich viele Merkmale normalverteilt. Eine wichtige Eigenschaft ist, dass die Normalverteilung symmetrisch ist und um den Erwartungswert schwankt. Häufigkeiten interpretieren wir dann als Fläche unterhalb der Vertleiungsfunktion. Aufgrund der Symmetrie weisen folglich 50 Prozent der Personen der Stichprobe höchstens den Wert μ auf, und die restlichen 50 Prozent mindestens den Wert μ.

$$\overline{x}_{L,R} = \frac{x_L + x_R}{2} = \frac{40 + 70}{2} = 55$$, also die Mitte zwischen x_L und x_R. Wähler mit einer Präferenz $x < 55$ werden sich für die Linkspartei entscheiden, während Wähler mit einer Präferenz $x > 55$ ihre Stimme für die Rechtspartei abgeben.[16] Es wird also ersichtlich, dass die Linkspartei 55 Prozent (schraffierte Fläche links von $\overline{x}_{L,R}$) der Stimmen und damit die absolute Mehrheit erlangt, während die Rechtspartei nur 45 Prozent (schraffierte Fläche rechts von $\overline{x}_{L,R}$) der Stimmen auf sich vereinen kann. Wie wird die Rechtspartei nun reagieren?

Um sich Chancen auf einen Wahlsieg zu bewahren, muss die Rechtspartei also ihr Wahlprogramm (den Wählerpräferenzen) anpassen. Sie wird also zwangsläufig eine Menge $x < 70$ wählen, um so einen Teil der ehemaligen Linkswähler zu gewinnen. Nehmen wir an, die Rechtspartei entscheidet sich für einen Sanierungsbedarf in Höhe von $x_R = 55$. Dann ist der Mittelwert zwischen x_L und x_R bei $\overline{x}_{L,R} = 47,5$. Es werden sich alle Wähler mit einer Präferenz $x < 47,5$ für die Linkspartei entscheiden und der Rest für die Rechtspartei. Abb. 5.9 verdeutlicht die Neuorientierung der Rechtspartei und die Konsequenzen für die Verteilung der Wählerstimmen auf die beiden Parteien.

Die Rechtspartei gewinnt die Wahl mit 52,5 Prozent der Wählerstimmen, gegenüber 47,5 Prozent für die Linkspartei. Vor diesem Hintergrund wird nun die Linkspartei ihr Wahlprogramm ändern und ein $x > x_L$ in ihr Wahlprogramm aufnehmen.[17]

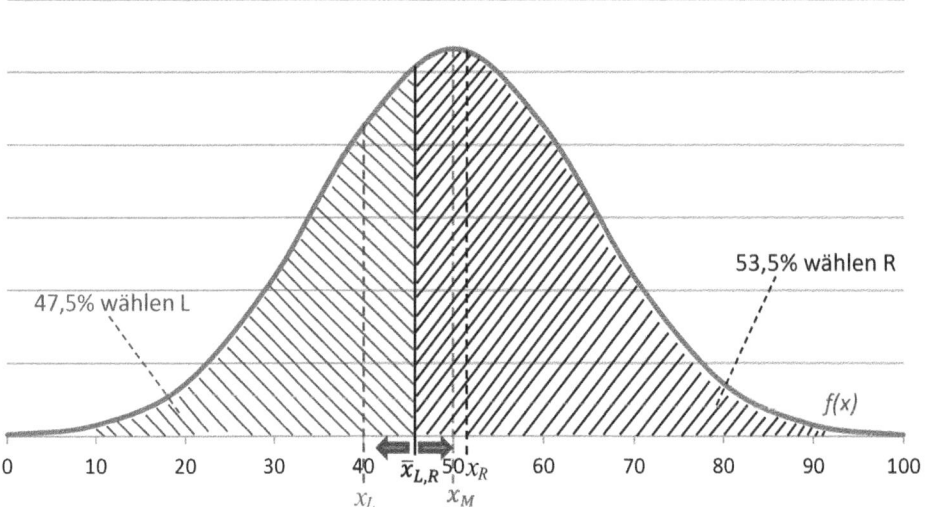

Abb. 5.9 Reaktionen im Medianwählertheorem

---

[16] Der Wähler mit einer Präferenz von $x = 55$ ist indifferent zwischen den beiden Parteien.

[17] Für gewöhnlich geht man im Medianwählertheorem davon aus, dass aufgrund der Anpassung an den Medianwähler auch Stimmen in den Extrempunkten (durch Enthaltung) verloren gehen. Beim Zugrundelegen einer Normalverteilung sind diese Verluste jedoch deutlich geringer als die Gewinne in der Mitte der Verteilung.

Aus der Einführungsveranstaltung „Statistik für Wirtschaftswissenschaftler" kennt der ein oder andere noch die Begriffe Median, Quantil oder Quartil sowie das arithmetische Mittel (oder den Erwartungswert). Bei diesen Größen handelt es sich um sog. Lagemaßzahlen, die dem Leser einen Eindruck von der (Häufigkeits-)Verteilung einer Beobachtung geben. Beobachten können wir dabei unterschiedliche Merkmale, für die wir uns interessieren, z. B. Alter, Körpergröße oder eben Präferenzen. Lagemaßzahlen geben uns die Möglichkeit die unterschiedlichen Merkmalsausprägungen, also die konkreten Werte wie 30 Jahre oder 1,8m, bzw. deren Verteilung, zu beschreiben.

Der Median (sowie die Quantile und Quartile) sind Lagemaßzahlen, die wir für mindestens ordinalskalierte Merkmale berechnen können. Der Median teilt dabei die Merkmalsträger (also die Befragten in einer Stichprobe) in zwei gleich große Hälften (50/50 Prozent) auf. 50 Prozent der Befragten weisen dann höchstens den Medianwert (x_M) auf, der Rest (50 Prozent) mindestens den Medianwert (x_M). Die Quantile und Quartile nehmen eine solche Teilung der Merkmalsgruppe zu bestimmten Schwellenwerten (P%) vor. Bei den Quartilen unterscheiden wir zwischen dem 1., 2. und 3. Quartil (bzw. 25 %, 50 % und 75 % Quantil). Beim 1. Quartil teilen wir die Merkmalsträger in zwei Gruppen entsprechend einem 25 zu 75 Verhältnis auf. Dann weisen 25 Prozent der Befragten höchstens den Wert des ersten Quartils ($x_{25\%}$) auf, und der Rest (75 Prozent) mindestens diesen Wert ($x_{25\%}$). Beim 3. Quartil erfolgt die Aufteilung analog in einem Verhältnis 75 zu 25, d. h. 75 Prozent weisen mindestens und der Rest (25 %) höchstens diesen Wert auf. Der Median entspricht damit dem 2. Quartil bzw. dem 50 % Quantil. Das arithmetische Mittel ist eine Maßzahl zur Lage einer Verteilung für mindestens kardinalskalierte Merkmale und gibt Auskunft über den durchschnittlichen Wert, der beobachtet wird. Im Gegensatz zum Median reagiert das arithmetische Mittel sensibel auf Ausreißer, d. h. sehr kleine oder sehr große Werte. Das arithmetische Mittel berücksichtigt jede Merkmalsausprägung mit dem konkreten Wert. Ein besonders hoher Wert führt damit zu einem höheren Mittelwert und umgekehrt. Der Median reagiert auf solche Ausreißer nicht, zumal die Aufteilung in einem 50 zu 50 Verhältnis unabhängig der konkreten Höhe der Merkmalsausprägungen erfolgt. Die Normalverteilung beschreibt schließlich einen Sonderfall einer perfekt symmetrischen Verteilung, wobei Median und Mittelwert übereinstimmen.

Dieser Anpassungsprozess setzt sich schließlich fort bis zum sog. Medianwähler. Der Medianwähler ist der Wähler, der sich genau in der Mitte der Verteilung befindet und letztlich das Zünglein an der Waage darstellt, dass die Wahl mit 50 Prozent plus einer Stimme gewonnen wird. Entscheidend für den politischen Entscheidungsprozess ist also nicht die effiziente Menge des öffentlichen Guts (bzw. Sanierungsbedarf der öffentlichen Infrastruktur), sondern die Menge, die der Medianwähler präferiert. Die Eigennutzorientierung der Politiker und die damit einhergehende Wiederwahlrestriktion veranlasst den Entscheidungsträger auch, eine vermeintlich sozial ineffiziente Lösung zu wählen. Abb. 5.10

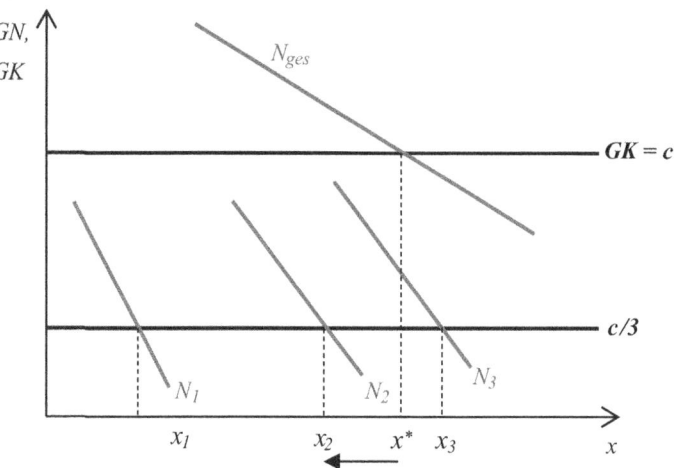

Abb. 5.10 Medianwähler und die Bereitstellung öffentlicher Güter

verdeutlicht die Konsequenzen des Medianwählertheorems exemplarisch für die Mengenwahl bei der Bereitstellung eines öffentlichen Guts.[18]

Unseren bisherigen Vorstellungen entsprechend sollte ein „Social Planer" die Menge
des bereitgestellten öffentlichen Guts so wählen, dass die Marktnachfrage (im Sinne der
Summe aller individuellen Nachfragen bzw. Grenznutzenfunktionen) die Grenzkosten
schneidet. Bei einem privaten Gut gäbe es dabei kein Problem, schließlich würde jeder
Haushalt eine Menge wählen, die seiner Zahlungsbereitschaft entspricht. Da bei einem
öffentlichen Gut die Finanzierung über Steuermittel erfolgt, sollte (im einfachsten Fall)
jeder der drei Haushalte ein Drittel der Kosten tragen. Zu diesem Preis würde Individuum
1 x_1 Einheiten nachfragen, Individuum 2 x_2 Einheiten und Individuum 3 schließlich x_3
Einheiten. Aggregiert ergibt sich hieraus eine Gesamtmarktnachfrage in Höhe von x^* als
Schnittpunkt zwischen der Marktnachfrage und der Grenzkostenfunktion ($GK = c$). Das
Medianwählertheorem verdeutlicht hingegen, dass nicht die gesamtwirtschaftlich effizi-
ente Menge sondern nur die Mengenwahl des Medianwählers entscheidend ist. Bei drei
Individuen ist der Medianwähler das Individuum 2, zumal er das Individuum ist, dessen
Stimme zum Wahlerfolg (2 gegen 1 Stimme) führt. Der eigennutzorientierte Politiker
wählt also die Menge $x_2 < x^*$.

---

[18] Bei einem öffentlichen Gut haben die Haushalte einen Anreiz, eine falsche (bzw. zu niedrige)
Zahlungsbereitschaft vorzutäuschen, zumal sie nicht von der Nutzung des Guts ausgeschlossen wer-
den können. Diese Überlegung hat zur Folge, dass keine horizontale Aggregation der individuellen
Nachfragefunktionen, sondern eine vertikale Aggregation dieser zur Gesamtmarktnachfrage erfolgt.
Siehe hierzu auch Beispiel 5.3.

Beispiel 5.3

Gegeben seien die individuellen Nachfragefunktionen von Anton (N_A), Berta (N_B) und Herrmann (N_H) für ein öffentliches Gut: $N_A = 4 - \frac{1}{3} \cdot x, N_B = 6 - \frac{1}{2} \cdot x$ und $N_H = 12 - x$. Die Grenzkosten des öffentlichen Guts seien konstant bei 9 Euro, wobei die Kosten steuerfinanziert zu gleichen Teilen von den Gesellschaftsmitgliedern getragen werden, also 3 Euro pro Person (GK/3).

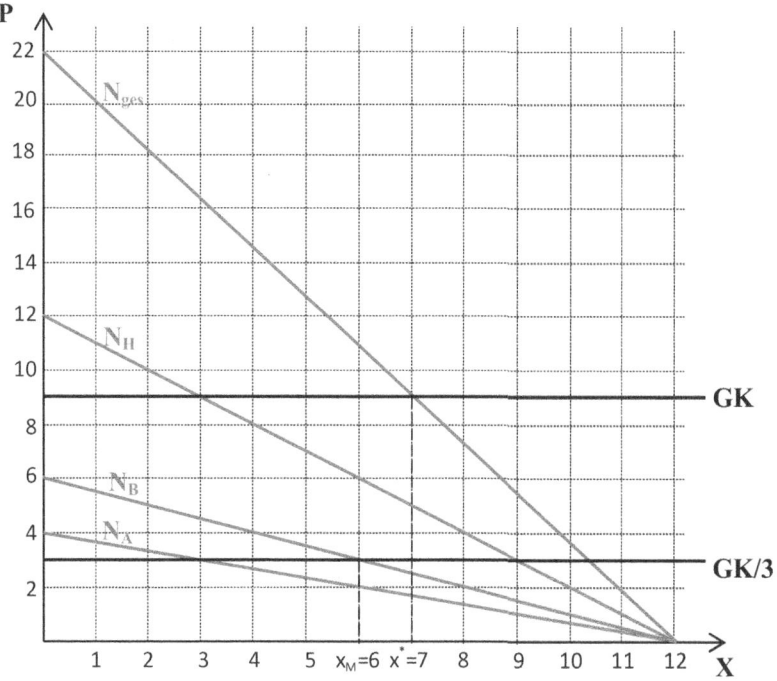

Da es sich um ein öffentliches Gut handelt, können wir die individuellen Nachfragefunktionen nicht über das Preisniveau (also horizontal) aggregieren, zumal jeder einen Anreiz hätte eine zu niedrige Zahlungsbereitschaft vorzutäuschen. Schließlich kann niemand von der Nutzung ausgeschlossen werden bzw. nur zu prohibitiv hohen Kosten. Die Aggregation erfolgt deshalb vertikal, beginnend bei $x = 12$. Aufgrund der Linearität der Nachfragefunktion erhalten wir den Schnittpunkt mit der y-Achse durch einfaches Addieren der individuellen y-Achsenabschnitte, d. h. $4 + 6 + 12 = 22$. In der Abbildung wird die Gesamtnachfragefunktion durch N_{ges} deutlich. Aus wohlfahrtsökonomischer Perspektive sollten wir nun $x^* = 7$ Einheiten des öffentlichen Guts bereitstellen (Schnittpunkt zwischen Grenzkosten- und Gesamtmarktnachfragefunktion). Unser Politiker wird sich indes an der Präferenz des Medianwählers (hier: Berta) orientieren und $x_M = 6$ Einheiten des öffentlichen Guts bereitstellen.

Zugegebenermaßen handelt es sich bei unseren Überlegungen zum Medianwählertheorem um einen besonders restriktiven Fall, zumal unsere Argumentation an eine Reihe von Annahmen geknüpft ist. So könnte man überlegen, ob es bei mehr als zwei Parteien zu anderen Implikationen kommt. Allerdings deuten die Forschungsergebnisse zu einem Drei-Parteien-Modell darauf hin, dass es in einem solchen Modell starke Tendenzen gibt, sich zu einem Zwei-Parteien-Modell zu entwickeln (sog. Duvergers Gesetz).[19] Darüber hinaus haben wir vollständige Information der Wähler hinsichtlich der Wahlprogramme angenommen. Schließlich haben wir eine Normalverteilung zugrunde gelegt. Weiterführende Analysen können dabei auch mehrgipflige oder asymmetrische Verteilungsmodelle berücksichtigen. Allerdings kommen erweiterte Modelle des Medianwählertheorems zu ähnlichen bis gleichen Schlussfolgerungen.[20] Die eigennützigen Motive der Politiker führen dazu,[21] dass sie ihre Wahlprogramme nicht am Optimum Optimorum, sondern an den Präferenzen der Wähler (des Medianwählers) ausrichten. Aber nicht nur der Eigennutz der Politiker schränkt die Effizienz der Allokation ein, sondern auch die Einflussnahme durch externe Interessenvertreter (Rent-Seeking).

Unter Rent-Seeking[22] verstehen wir allgemein die Einflussnahme auf den politischen Entscheidungsprozess. Im engeren Sinne kann man auch von Lobbyismus sprechen. Auch im deutschen Bundestag nehmen verschiedene Interessenvertreter Einfluss auf den politischen Entscheidungsprozess. So zählt die „Öffentliche Liste über die Registrierung von Verbänden und deren Vertreter" gegenwärtig 2338 (Stand: Januar 2019) Eintragungen.[23] Hintergrund des Rent-Seekings verschiedener Interessengruppen ist, dass Politikentscheidungen das individuelle Nutzenniveau unserer Gesellschaftsmitglieder beeinflussen. So hat ein Gesetz zu Emissionshöchstgrenzen einen direkten Effekt auf solche Unternehmen, die in ihrer Tätigkeit auf das Emittieren von Schadstoffen angewiesen sind. Höchstgrenzen oder besondere Emissionsbeschränkungen und -vorschriften führen damit zu zusätzlichen Kosten. Mit ihrer Einflussnahme auf den Entscheidungsprozess haben die Interessenvertreter also ihr eigenes Wohlergehen im Blick und werden versuchen, ihr Nutzenniveau in Abhängigkeit vom politischen Entscheidungsprozess zu maximieren. Warum stellt die Existenz von Rent-Seeking aber ein Problem dar?

---

[19] Siehe hierzu z. B. Duvergers (1972). Insbesondere in den angelsächsischen Ländern zeigt sich diese Tendenz auch in der Realpolitik deutlich.

[20] Siehe hierzu Fritsch (2014).

[21] Letztlich entscheiden nicht die Politiker selbst, sondern Bürokraten über die tatsächlich bereitgestellte Menge öffentlicher Güter. In diesem Zusammenhang zeigt die sog. Bürokratietheorie, dass die Bürokraten (als Agenten) ihren Informationsvorsprung gegenüber den Politikern (als Prinzipal) ausnutzen, um eine politische Rente abzuschöpfen. Mikroökonomische Modelle von Niskanen (1971) sowie Leibenstein (1966) verdeutlichen die Konsequenzen aus diesem Prinzipal-Agent-Problem. Wir werden in Kap. 6 hierauf zurückkommen und Lösungsmöglichkeiten bei asymmetrischer Informationsverteilung diskutieren.

[22] Der Begriff des Rent-Seekings wurde von Anne Krueger (1974) geprägt.

[23] Siehe hierzu Bundestag (2019).

Hierzu wollen wir uns ein einfaches Modell anschauen und auf unsere Erkenntnisse der Spieltheorie zurückgreifen.[24] Angenommen, zwei Unternehmen (Unternehmen A und B) konkurrieren um den Zuschlag für einen öffentlichen Auftrag, z. B. die Sanierung der Autobahn.[25] Dabei erhält nur ein Unternehmen den Auftrag (sog. „winner-takes-it-all"-Spiel). Durch die Einflussnahme auf den politischen Entscheidungsprozess erwarten die beiden Unternehmen eine Rente (R). Rent-Seeking ist dabei nicht kostenlos möglich. Der Lobbyaufwand des Unternehmens i sei x_i, $i = A, B$. Die Wahrscheinlichkeit, dass Unternehmen A (B) den Zuschlag erhält, ist nicht nur von seinem Lobbyaufwand, sondern auch vom Lobbyaufwand des Gegenspielers abhängig. Die Erfolgswahrscheinlichkeit (P) des Unternehmens A in Abhängigkeit des Aufwands x_A ergibt sich damit als

$$P(x_A) = \frac{x_A}{x_A + x_B}. \tag{5.4}$$

Für das Unternehmen B bestimmt sich die Erfolgswahrscheinlichkeit $P(x_B)$ analog. Offensichtlich steigt mit einem höheren Lobbyaufwand auch die Wahrscheinlichkeit, die Rente (R) zu erhalten. Wie viel Aufwand sollte das Unternehmen A (B) betreiben, um den Zuschlag für den öffentlichen Auftrag zu erhalten?

Hierzu betrachten wir die Gewinnfunktion des Unternehmens A (B). Der Gewinn aus den Rent-Seeking Bemühungen ergibt sich aus der erwarteten Rente abzüglich der Aufwendungen x_A. Da die Erzielung der Rente von der Erfolgswahrscheinlichkeit abhängt und nur ein Unternehmen die Rente bekommt, gilt für die Gewinnfunktion des Unternehmens A (B analog mit x_B)

$$G_A(x_A, x_B) = \frac{x_A}{x_A + x_B} \cdot R - x_A. \tag{5.5}$$

Das Unternehmen A wird nun solange seinen Lobbyaufwand ausweiten, bis der zusätzliche Nutzen aus der letzten zusätzlichen Einheit dessen Grenzkosten entspricht.[26] Mit anderen Worten: Das Unternehmen wählt den Aufwand x_A nun so, dass der Gewinn aus der Rent-Seeking Aktivität maximiert wird

---

[24] Das Modell geht ursprünglich auf Gordon Tullock (1967) zurück (auch Tullock-(Contest)-Modell genannt).

[25] Als klassisches Beispiel wird in diesem Kontext häufig auf die Vergabe der UMTS-Lizenzen (in den Jahren 2000 und 2010) zurückgegriffen. Letztlich betrifft Rent-Seeking aber alle politischen Entscheidungsprozesse, aus denen eine Rente realisiert wird bzw. mit einer Veränderung der individuellen Wohlfahrt für die Gesellschaftsmitglieder einhergeht. In unserem Anwendungsbeispiel zum Urheberrecht (Abschn. 5.3.1) werden wir sehen, dass auch die letzte Ausweitung des Urheberrechts (CTEA 1998) durch Rent-Seeking beeinflusst wurde.

[26] Für eine Wiederholung der Ableitungsregel (auch für Differentialgleichungen) siehe Abschn. 4.3.2.

Wir erinnern uns an die Schulzeit. Neben den klassischen Regeln zur Ableitung von Funktionen haben wir zwei besondere Regelungen mit der Produkt- und Kettenregel kennengelernt.[26] Während die sog. Produktregel auf die Ableitung von Funktionstermen abstellt, die in einer multiplikativen Beziehung stehen, betrachtet die Kettenregel Funktionen, die sich aus einer Verkettung zweier (differenzierbarer) Funktionen ergeben.

Beinhaltet die Funktion $f(x)$ ein Produkt in der Form $f(x) = u(x) \cdot v(x)$, erhalten wir unter ''Verwendung der Produktregel für die (erste) Ableitung

$$f'(x) = df/dx = u'(x) \cdot v(x) + u(x) \cdot v'(x).$$

Betrachten wir beispielsweise die Funktion $f(x) = (2x-1) \cdot (1-x^2)$, mit $u(x) = 2x-1$ und $v(x) = 1-x^2$ und damit $u'(x) = 2$ und $v'(x) = -2x$. Für unsere Ableitung erhalten wir dann: $f'(x) = 2 \cdot (1-x^2) + (2x-1) \cdot 2x = x^2 - x + 1$.

Beinhaltet die Funktion $f(x)$ eine Verkettung zweier differenzierbarer Funktionen in der Form $f(x) = u(v(x))$, so gilt unter Verwendung der Kettenregel für die Ableitung

$$f'(x) = df/dx = u'(v(x)) \cdot v'(x).$$

Man sagt auch: innere mal äußere Ableitung. Betrachten wir z. B. die Funktion $f(x) = (x^2+1)^3$, mit $u(x) = v^3$ und $v(x) = x^2+1$ und damit $u'(x) = 3v^2$ und $v'(x) = 2x$. Für die erste Ableitung der Funktion erhalten wir schließlich: $f'(x) = 3 \cdot (x^2+1)^3 \cdot 2x = 6x \cdot (x^2+1)^3$.

Wir nutzen nun die Produktregel zur Ableitung unserer Gewinnfunktion. Indem wir die erste Ableitung der Gewinnfunktion gleich null setzen, erhalten wir

$$\partial G / \partial x_A = \frac{x_A + x_B - x_A}{(x_A + x_B)^2} \cdot R - 1 = 0 \leftrightarrow \frac{x_B}{(X_A + X_B)^2} \cdot R = 1. \tag{5.6}$$

Unter Verwendung der Symmetrie ($x_A = x_B$) ergibt sich durch Setzen von $x_A = x_B = x$ schließlich

$$\frac{x}{(2x)^2} \cdot R = 1 \leftrightarrow \frac{4x^2}{x} = R \leftrightarrow x = \frac{R}{4}. \tag{5.7}$$

Jedes Unternehmen wendet also ein Viertel der zu erwartenden Rente auf, um Einfluss auf den politischen Entscheidungsprozess zu nehmen bzw. den Zuschlag für die öffentliche Ausschreibung zu erhalten. Beide zusammen setzen damit $x_{A+B} = 2 \cdot \frac{R}{4} = \frac{R}{2}$, also die Hälfte der zu erzielenden Wohlfahrt für ihre Rent-Seeking Aktivität ein.[27]

---

[27] Es kann gezeigt werden, dass für $n > 2$ Wettbewerber die Summe des Rent-Seeking Aufwands weiter steigt, sodass für $n > 2$ sogar mehr als die Hälfte der Rente in Lobbyaktivitäten investiert wird.

Beispiel 5.4

Im Rahmen einer Ausschreibung zur Vergabe eines öffentlichen Auftrags betreiben die Unternehmen A und B Lobbyarbeit. Der öffentliche Auftrag verspricht eine mögliche Rente von 1000 Euro. Für die Gewinnfunktion der beiden Unternehmen gilt damit $G_i(x_i) = \frac{x_i}{x_i + x_j} \cdot 1000 - x_i$, mit $i, j = A, B$. Maximierung und Nutzung der Symmetrie führt schließlich zu einem Lobbyaufwand für beide Unternehmen in Höhe von $x = R / 4 = 1000 / 4 = 250$ Euro. Beide Unternehmen zusammen setzen insgesamt 500 Euro ein, um den Zuschlag für den Auftrag in Höhe von 1000 Euro zu erhalten. Damit ergibt sich für die soziale Wohlfahrt: $SW = 1000 - 500 = 500 < R = 1000$.

Auch das Beispiel verdeutlicht noch einmal, dass die Unternehmen letztlich soziale Wohlfahrt verschwenden. Die Tatsache, dass die Unternehmen A und B Rent-Seeking betreiben, führt aus sozialer Wohlfahrtsperspektive nämlich zu keinem Mehrwert. Unabhängig des angewandten Effizienzkriteriums (Pareto oder Kaldor-Hicks) ist es für den „Social Planer" unerheblich, ob der öffentliche Auftrag von Unternehmen A oder B ausgeführt wird. Über die Verteilung kann weder das Pareto- noch das Kaldor-Hicks-Kriterium eine Aussage treffen. Investieren die Unternehmen also darin, den Zuschlag für den öffentlichen Auftrag zu erhalten, reduziert jeder investierte Euro den sozialen Mehrwert in gleicher Höhe. Rent-Seeking kann deshalb nicht effizient sein und verhindert damit, das Optimum Optimorum zu erreichen (unabhängig der philosophischen Denkschule bzw. Ideologie und damit des Verlaufs der sozialen Wohlfahrtsfunktion).

5.3 Anwendungsbereiche

Im Folgenden betrachten wir zwei Anwendungsbeispiele, die letztlich verdeutlichen, inwiefern verschiedene Kulturen, Traditionen bzw. Weltanschauungen das Rechtssystem beeinflussen. Zunächst widmen wir uns dem Urheberrecht in einem (z. T. rechtshistorischen) Vergleich zwischen dem US-amerikanischen und dem europäischen Modell. Die Persönlichkeitsrechte, die das Urheberrecht in den europäischen Ländern bevorzugt betont, sind im US-Copyright-Law nicht in dieser Form präsent, mit schwerwiegenden Konsequenzen hinsichtlich der Ausgestaltung des Urheberrechts. Abschließend betrachten wir das Sozialrecht als eine Form des Rechts, das Rawls Gerechtigkeitsgedanken in engen Grenzen verfolgt.

5.3.1 Urheberrecht

Das Urheberrecht (engl. copyright bzw. „right to copy") schützt im Allgemeinen Werke der Literatur, Kunst und Wissenschaft. Analog zum Patentrecht[28] handelt es sich bei diesem Schutz um ein exklusives Recht zur Verwertung des Werks im Sinne eines zeitlichen

---

[28] Zum Patentrecht siehe Abschn. 3.4.

Monopols. In den meisten Ländern der Welt erstreckt sich dieser Schutz auf die Lebenszeit des Urhebers plus 70 Jahre. Im US-amerikanischen Urheberrecht (im Gegensatz zum kontinentaleuropäischen Modell) gibt es darüber hinaus sog. Auftragsarbeiten („works made for hire"), deren Schutzdauer sich auf mindestens 90 Jahre nach Veröffentlichung oder 120 Jahre nach Erstellung des Werks erstreckt (17 U.S.C. § 101). Das deutsche (und kontinentaleuropäische) Urheberrecht kennt diese Unterscheidung zwischen Werk und Auftragsarbeit nicht, da es von einem umfassenden Urheberrechtsschutz ausgeht. Das dem europäischen Urheberrecht inhärente Persönlichkeitsrecht stellt sicher, dass der Urheber für immer untrennbar mit seinem Werk verbunden bleibt. Er kann zwar Dritten einzelne Nutzungsrechte an seinem Werk einräumen, allerdings nicht das Autorenrecht bzw. die Autorenschaft transferieren. Der Schutzrechtsumfang des Urheberrechts ist darüber hinaus im Vergleich zum Patentrecht stark eingeschränkt. Während das Patentrecht die Idee einer Innovation schützt, umfasst der Schutzbereich des Urheberrechts ausschließlich die Form bzw. den Ausdruck eines Werks. Deshalb kann es im Urheberrecht auch so etwas wie Doppelschöpfungen geben, während das Patentrecht auf Basis des Prioritätsprinzips der Person das Patent gewährt, die es zuerst anmeldet („First to File"-Prinzip in Europa) oder die Erfindung nachweislich zuerst tätigt („First to Invent"-Prinzip in den USA). Zum Schutzeintritt ist dabei keine Anmeldung erforderlich. Das Urheberrecht an einem Werk entsteht vielmehr selbstständig mit der Schaffung des Werks. Die Schutzvoraussetzungen sind vor diesem Hintergrund deutlich niedriger als zur Patentierbarkeit einer technischen Erfindung. Um vom Schutzbereich des Rechts umfasst zu sein, muss ein Werk den Anforderungen Kreativität und Autorenschaft entsprechen. So wäre beispielsweise das Kunstwerk eines Affens nicht schutzfähig, weil diesem die Anforderung der Autorenschaft abgesprochen würde. Allerdings bleibt das Urheberrecht relativ vage hinsichtlich der Definition dieser Begrifflichkeiten.[29]

Aus ökonomischer Sicht ist ein urheberrechtliches Werk[30] seinem Ursprung nach ein öffentliches Gut, das durch Nicht-Rivalität im Konsum und Nicht-Ausschließbarkeit gekennzeichnet ist.[31] Insbesondere die Eigenschaft der Nicht-Ausschließbarkeit (in einer Welt ohne Urheberrecht) führt letztlich zu einem Trittbrettfahrerproblem. Weil niemand von der Nutzung des Informationsguts ausgeschlossen werden kann (ohne Urheberrecht), haben die Individuen keinen Anreiz, sich an der Finanzierung des Guts zu beteiligen. Es kommt zu einem Unterangebot an urheberrechtlichen Werken. Das Urheberrecht dient vor diesem

---

[29] Zum Kreativitätsbegriff aus ökonomischer Sicht siehe u. a. Demsetz (2009).

[30] Zu unterscheiden ist dabei zwischen dem Informationsgut und dem Informationsträger. Das Informationsgut entspricht dabei der Information, die dem Werk zugrunde liegt, z. B. der Inhalt eines Romans oder die Melodie eines Lieds. Der Informationsträger ist das entsprechende Speicher- oder Distributionsmedium der Information, z. B. das Papier (Roman) oder die CD (Lied). Während das Informationsgut die klassischen Charakteristika eines öffentlichen Guts aufweist, handelt es sich beim Informationsträger um ein privates Gut.

[31] Siehe Abschn. 3.4 für eine Wiederholung zur Kategorisierung von Wirtschaftsgütern.

Hintergrund als Anreizinstrument, indem Ausschließbarkeit in Form eines exklusiven Verwertungsrechts für den Urheber eines Werks geschaffen wird. Das Urheberrecht generiert also einen Anreiz für den Urheber, der aus der Erwartung finanzieller Rückflüsse aus der Schaffung eines urheberrechtlichen Werkes erwächst. Daneben zeigen Ausnahmen des Urheberschutzes die Grenzen der Ausschließbarkeit auf, und betonen damit die Informationsfunktion des Urheberrechts. Schließlich fügt das Urheberrecht einen Preis für Informationsgüter ein, der die Schaffung zukünftiger Werke verteuert. Insbesondere in kumulativen Produktionsprozessen (wie z. B. in der Wissenschaft) ergeben sich hieraus Zielkonflikte, die durch eine Interessenabwägung im Urheberrecht zu lösen sind. Dieser Interessenausgleich betont zwei wesentliche Aspekte zur ökonomischen Analyse, die letztlich ihren Ursprung in der Eigentumsgarantie des Art. 14 GG findet. Auf der einen Seite betrachten wir dabei das Interesse des Urhebers an einem möglichst umfangreichen Schutz zur Generierung zukünftiger Gewinne (Anreizfunktion). So betont Art. 14 Abs. 1 GG, dass „Eigentum […] von unbefugter Nutzung zu bewahren" ist. Auf der anderen Seite steht das Interesse der Allgemeinheit an einem möglichst freien und ungehindert Zugang (Informationsfunktion). Schließlich hebt Art. 14 Abs. 2 GG den Grundsatz der Sozialbindung hervor, nach dem Eigentum auch verpflichtet, da sein „Gebrauch zugleich dem Wohle der Allgemeinheit" dienen soll. Zur Ausgestaltung eines optimalen Ausgleichs dieser gegenläufigen Interessen stehen im Urheberrecht letztlich drei Dimensionen oder Stellschrauben zur Verfügung: (1) Länge, (2) Tiefe und (3) Breite. Dabei stellt die Länge des Urheberrechts auf die Schutzrechtsdauer ab, d. h. für wie viele Jahre dem Urheber eines Werkes eine exklusive Verwertung gewährt wird. In den meisten Ländern der Welt entspricht die Dauer des Urheberrechts der Lebenszeit des Urhebers zuzüglich 70 Jahre nach dessen Tod. Darüber hinaus definiert das sog. TRIPS-Abkommen eine Mindestlaufzeit von Lebenszeit plus 50 Jahre. Die Tiefe des Urheberrechts wird vom Verständnis über den Werkbegriff geleitet. So schützt das Urheberrecht nur den Ausdruck und nicht die Idee (kein Prioritätsprinzip). Die Breite des Urheberrechts bestimmt schließlich die konkreten Schutzrechte sowie abgeleitete Rechte, über die der Urheber Exklusivität bzw. Kontrolle erlangt. Das Recht zur exklusiven Verwertung des Werks gewährt dem Urheber dabei das temporäre Monopol, finanzielle Erträge aus dem Verkauf (oder sonstigen Verwertung) des Werks zu realisieren. Aufgrund der besonderen Marktstruktur mit vielen (unterschiedlichen) Nutzern eines Werks überträgt der Urheber das Verwertungsrecht in der Regel an einen Intermediär, z. B. an einen Buchverlag oder Musikproduzenten. Folglich sind Rechteinhaber und Urheber nicht zwingend identisch, da bestimmte Rechtebündel bzw. Nutzungsrechte an Dritte übertragbar (transferierbar) sind. Darüber hinaus definiert das Urheberpersönlichkeitsrecht sog. abgeleitete oder besondere Rechte des Urhebers an seinem Werk, wie z. B. das Veröffentlichungsrecht (§ 12 UrhG), das Recht auf Anerkennung der Urheberschaft (§ 13 UrhG), Schutz vor Entstellung des Werks (§ 14 UrhG) sowie weitere persönlichkeitsrechtliche Normen (§ § 25, 29, 34, 39, 42, 62, 63 und 112 ff. UrhG). Diese besonderen Persönlichkeitsrechte sind jedoch nicht an Dritte übertragbar. Das US-amerikanische sowie sonstige angelsächsische Urheberrechte kennt solche abgeleiteten bzw. persönlichkeitsrechtliche Normen nicht (bzw. nur in sehr engen Grenzen). Nur so ist zu erklären, warum das „US-Copyright Law" Auftragarbeiten („works made for hire") kennt, während das Urheberrecht europäischer Herkunft eine solche Unterscheidung nicht trifft. Die Schutzrechtsbreite definiert darüber hinaus Ausnahmen des Urheberrechtsschutzes, d. h. Bereiche oder Anwendungen, in denen eine Nutzung urheberrechtlicher Werke vom Schutzbereich des Urheberrechts ausgenommen sind. Auch hierbei unterscheiden sich Rechtssysteme des „common law" von denen, die der Tradition des „civil law" folgen. Das deutsche Urheberrecht (sowie anderer kontinentaleuropäischer Staaten) definiert solche Ausnahmen oder Schranken des Urheberrechts in sog. geschlossenen Schrankenkatalogen (§ § 44 ff. UrhG). Hierunter versteht man eine Auflistung von Nutzungsformen, die vom Urheberrecht ausgenommen sind. Beispielsweise begründet die Zitatrechtsschranke (§ 51 UrhG) die Möglichkeit, fremde Werke bzw. Teile dieser Werke als Zitat (unter Kenntlichmachung des Urhebers) zu übernehmen. Gerade der kumulative Produktionsprozess in der Wissenschaft wäre ohne eine solche Zitatrechtsschranke undenkbar.[32] Das Adjektiv *geschlossen* deutet dabei an, dass solche Nutzungen, die nicht in dieser Liste der Urheberrechtsschranken aufgelistet werden, auch keine Ausnahmen darstellen. Das US-amerkanische Urheberrecht greift in diesem Fall auf keinen Katalog, sondern auf eine Kosten-Nutzen-Abwägung im Einzelfall in Form der sog. „fair-use"-Doktrin zurück. Diese „fair-use"-Doktrin soll abwägen, ob die jeweilige Nutzung des urheberrechtlichen Werks fair gegenüber dem Rechteinhaber ist. Konkret geht es dabei um die Nutzen und Kosten der Verwendung im Einzelfall. Überwiegen die (gesellschaftlichen) Nutzen gegenüber den (individuellen) Kosten des Urhebers, ist diese Verwendung fair und damit als Schranke des Schutzes einzuordnen. Zur Abwägung definiert das Recht dabei vier sog. „Statutes", die dabei helfen, die Nutzen und Kosten des Einzelfalls zu operationalisieren. Beispielsweise untersucht das erste „Statute" den Zweck sowie den Charakter der Nutzung.[33] Verfolgt der Nutzer eines urheberrechtlich geschützten Werks etwa keine kommerziellen Zwecke, so ist diese in der Regel als unproblematisch einzuordnen. Schließlich tritt der Nutzer damit nicht als Wettbewerber auf und schmälert somit auch nicht die finanziellen Erträge des Rechteinhabers.

Diese unterschiedlichen Ausprägungen (kontinentaleuropäisches versus angelsächsisches Urheberrecht) sind dabei durch unterschiedliche philosophische Ansätze bzw. Denkschulen geprägt. Zu unterscheiden ist zwischen der naturrechtlichen Schule nach Jean-Jacques Rousseau und John Locke und der utilitaristischen Schule nach Jeremy

---

[32] Wie Sir Isaac Newton bereits mit seinem Satz „if I have seen far, it's by standing on the shoulders of giants" andeutet, entsteht wissenschaftlicher Fortschritt aus einem kumulativen Produktionsprozess. Schließlich bauen wir auf dem Wissen anderer Autoren auf und entwickeln Ideen weiter bzw. überprüfen ihre Theorien.

[33] Daneben dienen die Natur des urheberrechtlichen Werks („the nature of the copyrighted work"), die Menge und Substanz des verwendeten Ausschnitts („the amount and substantiality of the portion used") sowie die Wirkung der Nutzung für den (potentiellen) Markt bzw. für den Wert des Werks („the effect of the use upon the potential market for or value of the copyrighted work") als Abwägungskriterien.

Bentham und John Stuart Mill. Das Naturrecht betont dabei das „natürliche Recht" jeden Individuums auf die Ergebnisse seiner physischen sowie geistigen Arbeitsleistun-
gen. Dieser Ansatz versteht die Ergebnisse geistiger Anstrengung als Erweiterung der
individuellen Identität. Der Utilitarismus betont indes, dass die individuellen Arbeits-
leistungen jeder Person im Newton'schen Sinne auf den Gedanken und Ideen anderer
Individuen aufbauen (kumulativer Wissensschaffungsprozess). Vor diesem Hintergrund
soll nicht das Individuum alleine, sondern die Gesellschaft als Ganzes von den Innova-
tionserträgen profitieren. Während also das kontinentaleuropäische Urheberrecht (insbesondere mit der Betonung persönlichkeitsrechtlicher Normen) der naturrechtlichen
Philosophie folgt, betont das angelsächsische Urheberrecht den utilitaristischen Gedanken einer Kosten-Nutzen-Abwägung im Einzelfall zur Schaffung eines Interessenausgleichs zwischen Urheber/Rechteinhaber auf der einen und der Allgemeinheit auf der
anderen Seite.

Entsprechend unterschiedlich bewerten beide Urheberrechtssysteme die konkrete Abwägung im Interessenausgleich. Das US-amerikanische Urheberrecht bewertet hierzu im
Einzelfall, ob der Nutzen aus der Verwendung des Werks für die Allgemeinheit gegenüber
den Kosten für den Urheber überwiegt. Analog zur klassischen sozialen Wohlfahrtsfunktion im Utilitarismus werden in dieser Abwägung die Nutzenniveaus der beiden Interes-
senparteien (Urheber, Allgemeinheit) gleichmäßig gewichtet. Jede Bewegung entlang
der Wohlfahrtsfunktion US ($\alpha_A = 1$) geht dabei mit demselben Wohlfahrtsniveau einher
(vgl. Abb. 5.11). Verspricht die konkrete Verwendung eines urheberrechtlichen Werks einen
Nutzenzuwachs um eine Einheit, bei Kosten für den Urheber in Höhe von einer Einheit,

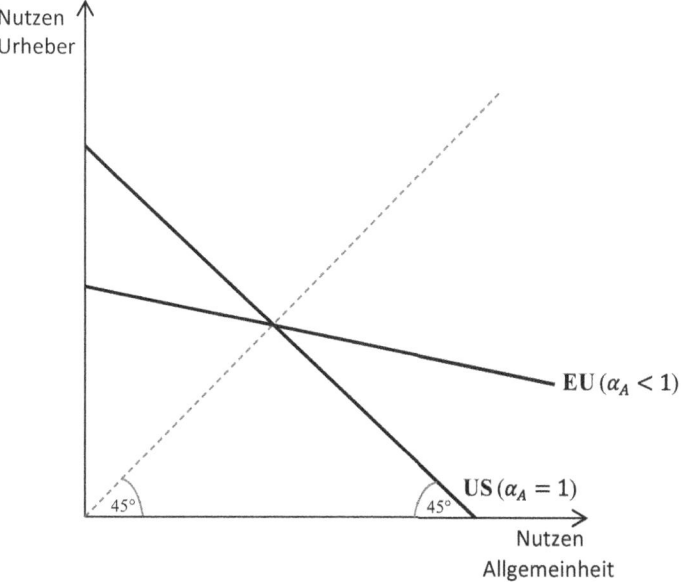

Abb. 5.11 Interessenausgleich im Urheberrecht: US versus EU

ergibt sich hieraus dieselbe soziale Wohlfahrt (im Sinne der Summe beider Nutzenveränderungen), da $\Delta SW = N_U + N_A = -1 + 1 = 0$ (mit N_U = Nutzen des Urhebers und N_A = Nutzen der Allgemeinheit).[34] Überwiegen also die Nutzen der Allgemeinheit im Einzellfall gegenüber den Kosten des Urhebers, erreichen wir eine höhere soziale Wohlfahrtsfunktion, da $\Delta SW = N_U + N_A > 0$ für $N_A > N_U$. Deshalb spricht man in diesem Zusammenhang von „fair use". Überwiegen hingegen die Kosten des Urhebers gegenüber dem Nutzen für die Allgemeinheit aus der Verwendung, so sinkt die Summe beider Nutzenniveaus und damit die gemeinsame (soziale) Wohlfahrt. In diesem Fall erreichen wir eine niedrigere soziale Wohlfahrtsfunktion, da $\Delta SW = N_U + N_A < 0$ für $N_A < N_U$. Vor diesem Hintergrund folgt das angelsächsische Urheberrechtssystem dem ökonomischen Effizienzparadigma im Sinne einer Kosten-Nutzen-Abwägung (Kaldor-Hicks-Kriterium). Im kontinentaleuropäischen Urheberrechtssystem folgt man indes einer gewichteten Abwägung, zumal insbesondere das Urheberpersönlichkeitsrecht dem Interesse des Urhebers ein höheres Gewicht beimisst. In Abb. 5.11 wird dieser Sachverhalt durch eine flachere soziale Wohlfahrtsfunktion deutlich.[35]

Selbstverständlich hat sich das Urheberrecht im Laufe der Jahrhunderte stark verändert. Gleiches gilt für den Interessenausgleich, der letztlich im Zusammenspiel mit dem technologischen und gesellschaftlichen Wandel zu interpretieren ist. Hieraus ergeben sich immer wieder neue Herausforderungen für das Urheberrecht, die eine Veränderung bzw. Reform notwendig machen. Dabei ist die Geschichte des Urheberrecht gerade mal knapp 300 Jahre alt. Die Entstehung des Urheberrechts ist eng verbunden mit der Entwicklung des Buchdrucks durch Johannes Gutenberg im 15. Jahrhundert. Zuvor war das Kopieren von Werken aufwendig und teuer. Im Mittelalter setzte man Mönche zum Kopieren von Büchern ein, die die jeweiligen Werke letztlich Seite für Seite abschrieben. Mit der Erfindung des Buchdrucks veränderte sich die Kostenstruktur des Druckens und damit auch die Kosten für das Kopieren von Werken. Während vor dem Buchdruck die Druckkosten durch hohe Stückkosten für das handschriftliche Kopieren von Werken charakterisiert waren, führte der Buchdruck zu deutlich höheren Fixkosten bei stark fallenden Stückkosten durch Fixkostendegression. Der Buchdruck war dabei Fluch und Segen zugleich. Schließlich veränderte der Buchdruck ebenfalls die Kosten des Kopierens, wobei der Kopist zwei zentrale Vorteile gegenüber der Druckerei des Originals hat. Auf der einen Seite muss der Kopist dem Autor kein Honorar zahlen. Auf der anderen Seite erspart sich der Kopist das

---

[34] Die Kosten des Urhebers entsprechen damit letztlich einer negativen Nutzenveränderung und umgekehrt.

[35] Selbstverständlich kann die Steigung der sozialen Wohlfahrtsfunktion (EU($\alpha_A < 1$)) hier nur näherungsweise wiedergegeben werden. Nichtsdestotrotz zeigt die Abbildung, dass auch feinste Unterschiede zwischen den Urheberrechtssystemen Kontinentaleuropas mit einer Veränderung der Steigung einhergeht. Je bedeutender das Interesse des Urhebers dabei im Urheberrechtssystem verankert ist, desto flacher verläuft die soziale Wohlfahrtsfunktion. Im Extremfall einer horizontalen Wohlfahrtsfunktion würde man gar keine Schranke zu Lasten des Urhebers ermöglichen.

unternehmerische Risiko, indem nur solche Bücher kopiert werden, die sich als besonders erfolgreich erweisen. Aufgrund der Kostenvorteile des Kopisten stiegen schnell die Anforderungen an besondere Schutzprivilegien für Drucker, Autoren usw., um einen Anreiz zur Investition zu schaffen.[36] Allerdings boten die im 15. und 16. Jahrhundert entstehenden Privilegien (in Form von Druckprivilegien (erstmals 1469 in Venedig), Bücherprivilegien, Autorenprivilegien (erstmals 1486 in Venedig) und Territorialprivilegien (erstmals 1531 in Basel)[37] immer noch einen sehr unvollkommenen Schutz. Diese Privilegien im Einzelfall werden mit der Einführung der sog. „Statute of Anne" im Jahre 1710 in England durch ein allgemeines Gesetz zum Schutz des Urhebers verdrängt. Dieser Strukturbruch (Privilegien versus allgemeines Gesetz) ist dabei richtig in den historischen Kontext der damaligen Zeit einzuordnen. Zwar bleibt die Technologie des Buchdrucks (mit gegossenen, beweglichen Metalllettern) bis weit ins 19. Jahrhundert nahezu unverändert, allerdings führt die zunehmende Industrialisierung sowie neue gesellschaftliche Entwicklungen zu immer wieder neuen Herausforderungen des Urheberrechts der damaligen Zeit. Auf der einen Seite führt die Verwendung der Dampfkrafttechnologie zu einem weiteren starken Rückgang der Stückkosten bei gleichzeit höheren Fixkosten. Auf der anderen Seite führt die zunehmende Bildung sowie die Veränderung der Literatursprache von Latein zu Deutsch zu einer höheren Nachfrage. Beide Entwicklungen (technologischer und gesellschaftlicher Wandel) erhöhen dabei den Druck auf die Mindestabsatzmenge zur Erreichung der Gewinnzone für die Druckereien und damit auf die Entwicklung eines effektiveren Schutzsystems zur Wahrung des Interessenausgleichs. Von England ausgehend verbreitet sich das Urheberrecht nach Vorbild der „Statute of Anne" auf die USA (1791), Frankreich (1791 und 1793), Deutschland (u. a. 1837) und weitere Länder aus – allerdings mit den besprochenen unterschiedlichen Ansätzen zwischen Kontinentaleuropa und den angelsächsischen Ländern.

Zu einer erneuten technologischen Revolution kommt es erst Mitte des 20. Jahrhunderts durch die Erfindung des sog. „Xeros 914"-Photokopierers. Diese Technologie ermöglichte erstmals das Kopieren einer Schriftvorlage mithilfe von Xerographie bzw. Elektrographie. Hieraus ergaben sich zwei fundamentale Veränderungen für das Kopieren von Schriftstücken: Erstens wird das Kopieren deutlich günstiger. Zweitens stellen Kopie und Original keine perfekten Substitute dar und stehen damit nicht unbedingt im direkten Wettbewerb. Insbesondere für akademische Zeitschriften in Hochschulbibliotheken hatte die Erfindung des Photokopierers jedoch drastische Auswirkungen. Zahlreiche Reformen des Urheberrechts, wie der „Copyright Act of 1976" in den USA veränderten in der Folge

---

[36] Schließlich ergibt sich hierbei ein klassisches Hold-up Problem, zumal das Drucken der Originale Voraussetzung für das Kopieren und Verbreiten von Informationsgütern ist. Ohne die Erwartung auf mögliche Gewinne aus dem Drucken, wird das Drucken allerdings unterbleiben und damit letztlich auch die Gelegenheit zur weiteren Verbreitung durch das Kopieren des jeweiligen Werks.

[37] Siehe ausführlich hierzu Eger und Scheufen (2012) sowie die dort zitierte Literatur.

die Schrankenbestimmungen des Urheberrechts (insbesondere auch im wissenschaftlichen Kontext) mit entsprechenden Abgabezahlungen für das Kopieren von Werken, die über die Verwertungsgesellschaften (in Deutschland: VG Wort für schriftstellerische Werke oder GEMA für musikalische Werke) wiederum an die Rechteinhaber der Werke zurückfließen. Die sog. „Fair Use"-Doktrin (im US-amerikanischen Urheberrecht) als Schrankenregelung im Einzelfall ist letztlich Ergebnis eines umfangreichen Reformprozesses infolge der Photokopiertechnologie.

Die dritte technologische Revolution ist schließlich die Digitalisierung, die seit dem Ende des 20. Jahrhunderts das Urheberrecht vor eine neue Herausforderung stellt und auf die mit entsprechender Reformierung des Rechts zu reagieren ist. Drei wesentliche Konsequenzen ergeben sich aus der Möglichkeit der Digitalisierung in Bezug auf den Interessenausgleich im Urheberrecht: Erstens ist das Kopieren digitaler Inhalte nahezu kostenlos möglich. Zweitens gibt es keine qualitativen Unterschiede mehr zwischen einer Kopie und dem Original, wodurch Kopie und Original perfekte Substitute sind und in einem direkten Wettbewerb stehen. Darüber hinaus hat das Internet die Distributionskosten zur Verbreitung digitaler Inhalte drastisch gesenkt, wobei diese Veränderung für Originale und Kopien gleichermaßen gilt. Durch die Implementierung von sog. „Digital Rights Management"-Systemen hat das Urheberrecht bereits auf die Veränderungen der digitalen Welt reagiert. So ist es beispielsweise möglich, dass digitale Inhalte (z. B. ein Film) für eine bestimmte Dauer auf einem Speichermedium verfügbar und nicht kopier- bzw. speicherbar sind. Eine neue Urheberrechtsreform im Jahre 1998 veränderte zudem den Umfang des Urheberrechts deutlich. Der „Copyright Term Extension Act" (CTEA) in den USA verlängert die Laufzeit des Urheberrecht von „Lebenszeit plus 50 Jahre" auf nunmehr „Lebenszeit plus 70 Jahre". Hieran orientieren sich mittlerweile die meisten Länder der Welt. So schreibt das TRIPS-Abkommen einen Mindeststandard von „Lebenszeit plus 50 Jahre" vor, von dem die meisten Länder mittlerweile nach oben abweichen. Das CTEA ist zudem ein gutes Beispiel, wie Rent-Seeking auf die Gesetzgebung und die Ausgestaltung des Rechts Einfluss nimmt. In diesem Zusammenhang war es insbesondere die Firma Walt Disney, die auf die Gesetzgebung Einfluss nahm, um ein Auslaufen des Urheberrechts für ihre Comic-Figur „Mickey Mouse" zu verhindern. Ohne eine Verlängerung des Urheberrechtsschutzes wäre die Figur im Jahre 2003 in Allgemeineigentum übergegangen. Schließlich betont die Gesetzesreform, dass auch die Laufzeit für bereits existierende Werke von dieser Verlängerung betroffen sind, was insbesondere aus anreizökonomischen Erwägungen nicht zu begründen ist.

Im Zeitalter der künstlichen Intelligenz (KI) stellen sich schließlich ganz neue Fragestellungen und damit Herausforderungen für das Urheberrecht.[38] Was ist, wenn eine KI ein neues Kunstwerk, neue Musik oder ein anderes Werk mit potenziellem Urheberschutz produziert? Kann eine Maschine Urheber sein? Ein Beispiel für ein solches

---

[38] Zur Bedeutung des Urheberrechts im Zeitalter von KI s. u. a. Scheufen (2019).

computergeneriertes Erzeugnis ist das Projekt „The Next Rembrandt", eine Kooperation der ING-Gruppe, Microsoft sowie Forscher der TU Delft in den Niederlanden. Ziel des Projekts bestand darin, eine KI zu entwickeln, die auf Basis von Grafikdaten existierende Bilder des bekannten niederländischen Malers Rembrandt van Rijn (kurz Rembrandt), neue Kunstwerke erstellt. Einfach ausgedrückt ist eine solche KI in der Lage, auf Basis eines Algorithmus, eine Handschrift eines Künstlers zu erkennen, um dann ein neuartiges Kunstwerk mithilfe eines 3D-Druckers zu produzieren. Die Frage ist nun, wer Urheber eines solchen Kunstwerks ist oder sein sollte. Die naheliegende Antwort könnte natürlich sein, dass der Programmierer der KI oder aber der Eigentümer der Daten, Urheber sein könnte. Schließlich gäbe es ohne Programmierer und ohne Daten auch kein Kunstwerk. Nach gegenwärtiger Rechtsauffassung ist das allerdings komplett offen. Insbesondere im Kontext des Eigentums der Grafikdaten stellt sich allerdings bereits die Frage, wer eigentlich Eigentümer von Daten ist. Das gegenwärtige Rechtssystem ist in diesem Zusammenhang sehr fragmentiert und unvollständig, insbesondere vor dem Hintergrund, dass nur einzelne Elemente eines Datensatzes, wie beispielsweise die Struktur einer Datenbank, Schutz genießen. In Großbritannien, Irland und Neuseeland sieht das Urheberrecht indes bereits explizit den Programmierer des Algorithmus als Urheber KI-generierter Erzeugnisse an. Daneben könnte man sich die Frage stellen, ob nicht gar die Maschine selbst Urheber sein könnte? Dieser Frage ist mit einem klaren Nein zu begegnen. Schließlich betont § 2 Abs. 2 Urheberrechtsgesetz (UrhG), dass nur solche Werke schutzfähig sind, die auf einer „persönlichen geistigen Schöpfung" basieren. Vor diesem Hintergrund spricht das Urheberrecht etwa einem Affen das Recht an einem selbsterzeugten Selfie ab. So betont ein Urteil des US-amerikanischen Copyright Office, dass dem Affen die notwendige geistige Schöpfungstätigkeit fehlt. Das Urheberrecht knüpft den Schutzbegriff vor diesem Hintergrund explizit an den Menschen, weshalb eine KI oder Maschine nicht mit dem gegenwärtigen Urheberrechtssystem vereinbar wäre. Allerdings könnte man fragen, ob eine KI Urheber sein sollte und das gegenwärtige Urheberrecht ein digitales Update benötigt?

Hierzu greifen wir auf die Intuition des Urheberrechts zurück, die wir bereits kennengelernt haben. Das Urheberrecht soll letztlich einen (finanziellen) Anreiz schaffen, indem es dem Schöpfer eines Werks ein exklusives Verwertungsrecht und damit ein temporäres Monopol zuspricht – mit den bekannten wohlfahrtsökonomischen Konsequenzen („dead weight loss").[39] Ursprung dieses Anreizproblems war dabei der öffentliche Gutscharakter des urheberrechtlichen Werks als Informationsgut. Ohne Urheberrecht könnte man andere nicht ohne Weiteres von der Nutzung solcher Informationsgüter ausschließen, mit der Konsequenz, dass niemand einen Anreiz hätte, sich an der Finanzierung zu beteiligen (Trittbrettfahrerproblem). Im Fall einer KI wird hingegen deutlich, dass diese als

---

[39] Für eine Wiederholung siehe Kap. 3.

Maschine nicht wirklich anreizgetrieben ist. Darüber hinaus wird bei näherer Betrachtung deutlich, dass eine KI Kunstwerke zu Nullgrenzkosten herstellen kann. Ist eine KI zur Produktion von Kunstwerken einmal geschrieben, so ist die Produktion dieser neuartigen Kunstwerke kostenlos möglich. Damit stellt sich überhaupt nicht die Frage oder Notwendigkeit eines zusätzlichen rechtsbasierten Anreizes. Ferner haben wir bereits gesehen, dass das gegenwärtige Urheberrecht zusätzliche persönlichkeitsrechtliche Elemente hervorhebt. Diese persönlichkeitsrechtlichen Elemente finden ihren Ursprung in einem naturrechtlichen Verständnis des Urheberrechts. So versteht die Naturrechtsschule geistige Schöpfung als Erweiterung der persönlichen individuellen Identität. Vor dem Hintergrund wäre eine Urheberschaft einer Maschine nicht mit dem gegenwärtigen Rechtsrahmen zu vereinbaren. Sollte allerdings weder der Programmierer noch die Maschine selbst schutzfähig sein, so stellt sich wiederum die Frage, wer einen Anreiz haben sollte, eine solche KI für computergenerierte Erzeugnisse zu entwickeln. Hierzu wird die Rechtsprechung und Gesetzgebung in naher Zukunft Antworten finden müssen.[40]

5.3.2 Sozialrecht

Das Sozialrecht soll im Allgemeinen der Erfüllung des grundgesetzlichen Auftrags zur Sicherung des Sozialstaatsprinzips dienen. So betont Art. 20 Abs. 1 GG, dass die Bundesrepublik Deutschland ein „demokratischer und sozialer Bundesstaat" ist. Das Sozialrecht ist öffentliches Recht. Konzeptionell kann zwischen zwei Formen bzw. Ausprägungen unterschieden werden. Auf der einen Seite befindet sich das Sozialrecht im formellen Sinne. Hierunter zählt mitunter das allgemeine Sozialgesetzbuch. Auf der anderen Seite steht das Sozialrecht im materiellen Sinne. Hierunter zu subsumieren sind allgemein alle sozialrechtlichen Ausprägungen, die über das Sozialgesetzbuch hinausgehen, wie beispielsweise das Recht des Lastenausgleichs sowie Sonderversorgungssysteme (regional und berufsständisch). Das Sozialgesetzbuch soll gemäß § 1 Abs. 1 SGB I die „Verwirklichung sozialer Gerechtigkeit und sozialer Sicherheit" regeln.[41] Dies ist mit Hilfe von „Sozialleistungen einschließlich sozialer und erzieherischer Hilfe" zu erreichen. Als zentrale Ziele des Sozialgesetzbuchs betont § 1 Abs. 1 SGB I darüber hinaus (1) ein menschenwürdiges Dasein zu

---

[40] Eine ähnliche Fragestellung im Kontext KI stellt sich im Haftungsrecht. Wer sollte für Schäden haften, die von einer selbstständigen, autonomen KI verursacht werden. Auch in diesem Zusammenhang diskutiert die gegenwärtige (vor allem juristische) Literatur über die Möglichkeit, der Maschine selbst eine eigene – als e-Person zu bezeichnende – Rechtspersönlichkeit im Haftungsrecht zu geben.

[41] Die römische Eins (I) hinter SGB zeigt das „Buch" an. Man unterschiedet dabei zwischen zwölf Teilen bzw. Büchern (SGB I bis SGB XII).

sichern, (2) gleiche Voraussetzungen für die freie Entfaltung der Persönlichkeit (insbesondere für junge Menschen) zu schaffen, (3) die Familie zu schützen und zu fördern, (4) den Erwerb des Lebensunterhalts durch eine frei wählbare Tätigkeit zu ermöglichen sowie (5) besondere Belastungen des Lebens (z. B. Arbeitslosigkeit, Obdachlosigkeit usw.) abzuwenden oder auszugleichen.

Aus ökonomischer Sicht folgt das Sozialstaatsprinzip letztlich dem Rawl'schen Verständnis von sozialer Gerechtigkeit. In diesem Zusammenhang könnte man etwa unter einem „menschenwürdigen Dasein" nicht nur das finanzielle Überleben, sondern auch die soziale Partizipation (d. h. das Teilhaben am sozialen Leben in Form von z. B. Kinobesuchen) verstehen. Wir erinnern uns: Während im Utilitatismus auch eine Umverteilung von unten nach oben möglich ist, betont Rawls die sozialökonomische Teilhabe aller Gesellschaftsmitglieder. Ursprung von Rawls Idee von „sozialer Gerechtigkeit" ist dabei der sog. Urzustand. Hierunter versteht man einen Zustand, in dem die Gesellschaftmitglieder ihre Position in der Gesellschaft nicht kennen. Sie wissen also nicht, ob sie erfolgreiche Manager oder Arbeitslose verkörpern, oder wie intelligent, wohlhabend oder talentiert sie sein werden. In diesem Urzustand (bzw. hinter dem Schleier der Ungewissheit, engl. „veil of ignorance") so Rawls, würden sich die Individuen auf zwei zentrale Prinzipien des gesellschaftlichen Zusammenlebens einigen. (1) Das Freiheitprinzip, d. h. die maximal mögliche persönliche Freiheit (auch die frei wählbare Tätigkeit gemäß § 1 Abs. 1 SGB I) jedes Einzelnen, solange sie mit der ebenso weitgehenden Freiheit der Anderen vereinbar ist. (2) Das Differenzprinzip, nach dem soziale und ökonomische Ungleichheit nur zugelassen werden, solange sie allen Gesellschaftsmitgliedern zum Vorteil gereicht. Aus dem Differenzprinzip lässt sich schließlich die sog. Maximin-Regel ableiten, wonach wir den Nutzen des „ärmsten" Individuums (i.S.d. minimalen Nutzens) maximieren. Vor diesem Hintergrund folgt das Sozialgesetzbuch in Grenzen dem Ralwschen Gedanken von sozialer Gerechtigkeit, zumal soziale Ungleichheit nur zugelassen wird, solange jedem Individuum ein menschenwürdiges Dasein ermöglicht wird. Das Sozialgesetzbuch zementiert damit eine Rawl'sche Untergrenze in Form eines Existenzminimums, das neben dem bloßen Überleben zudem die gesellschaftliche Teilhabe jedes Gesellschaftsmitglieds betont. Diese Rawl'sche Untergrenze wird vor allem durch den Punkt (5) als besondere Belastungen des Lebens deutlich, die das Sozialrecht abwenden und ausgleichen soll. Schließlich sollen die Arbeitslosen- und Sozialhilfeversicherung (in Form von ALG I und II)[42] vor der besonderen Belastung einer Arbeitslosigkeit schützen und damit davor seinen eigenen Lebensunterhalt nicht mehr eigenständig erwirtschaften zu können. In diesem Zusammenhang betont das zweite Buch des Sozialgesetzbuchs die Grundsicherung für Arbeitssuchende, die Leistungsberechtigten ermöglichen soll, „ein Leben zu führen, das der Würde des Menschen entspricht" (§ 1 Abs. 1 SGB II).

---

[42] ALG II ist besser unter dem Begriff „Hartz IV" bekannt.

5.4   Übungsaufgaben

1. **Aufgabe: Klassischer Utilitarismus und Rawls Gerechtigkeitstheorie**
   Gegeben sei eine asymmetrische Nutzenmöglichkeitenkurve – mit den Nutzenniveaus
   für Anton (N_A) und Berta (N_B) – entsprechend der folgenden Abbildung:

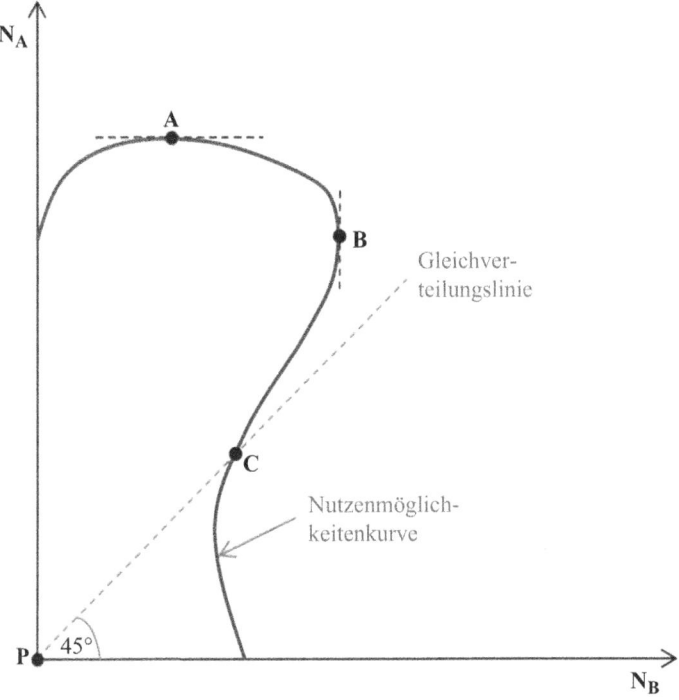

(a) Betrachten Sie die Punkte A und B in der Abbildung. Wodurch sind diese im Ver-
    gleich zum Ausgangspunkt P charakterisiert? Welche Schlussfolgerungen ziehen
    Sie hieraus für die Position des sozialen Optimums? (Hinweis: Die gestrichelten
    Linien durch die Punkte A und B sind die horizontale bzw. vertikale Tangente
    durch die Punkte A bzw. B).

(b) Erläutern Sie kurz, was man unter dem Utilitarismus und der Gerechtigkeitstheorie
    von John Rawls versteht. Welche Bedeutung haben die unterschiedlichen Weltan-
    schauungen dabei für die soziale Wohlfahrt?

(c) Zeigen Sie das soziale Optimum im utilitaristischen Sinne in der Abbildung. Wie
    viel Nutzen realisieren Anton und Berta in diesem Optimum? Warum liegt dieser
    Punkt nicht auf der Gleichverteilungslinie? (Hinweis: Vergleich mit Punkt C in der
    Abbildung).

(d) Zeigen Sie das soziale Optimum im Rawlschen Sinne in der Abbildung. Wie viel Nut-
    zen realisieren Anton und Berta in diesem Optimum? Warum liegt dieser Punkt nicht
    auf der Gleichverteilungslinie? (Hinweis: Vergleich mit Punkt C in der Abbildung).

2. **Aufgabe: Gewichtete utilitaristische Wohlfahrtsfunktion**

Skizzieren Sie eine symmetrische Nutzenmöglichkeitenkurve analog zur Abb. 5.3 im Text. Nehmen Sie nun an, dass Bertas Nutzen aufgrund einer bestimmten ideologischen Überzeugung gänzlich unberücksichtigt bleibt für die soziale Wohlfahrt (d. h. $\alpha_B = 0$).

(a) Zeigen Sie graphisch, wie diese Weltanschauung den Verlauf einer utilitaristischen Wohlfahrtsfunktion verändert. Welche Folgen hat die Annahme, dass $\}\alpha_B = 0$ für die soziale Wohlfahrt?

(b) Zeigen Sie graphisch, wodurch das soziale Optimum in diesem Beispiel charakterisiert ist. Wie viel Nutzen entfallen dabei auf Anton und Berta? Begründen Sie kurz unter Zuhilfenahme Ihrer Skizze.

(c) Welche Folgen hat eine Veränderung der Gewichtung auf $\}\alpha_B = 0,5$. Zeigen Sie graphisch das soziale Optimum. Erläutern Sie kurz, wie viel Nutzen auf Anton und Berta entfallen.

3. **Aufgabe: Rent-Seeking**

Zwei Interessenten (A und B) konkurrieren um die Vergabe einer öffentlichen Ausschreibung, die ihnen im Falle einer Auftragserteilung ein Finanzvolumen von 0,8 Mio Euro verspricht. Um den Bewerbungsprozess zu ihren Gunsten ausfallen zu lassen, nehmen sie Einfluss auf den politischen Entscheidungsprozess. Die entstehenden (Rent-Seeking) Kosten seien durch x beschrieben. Die Wahrscheinlichkeit, dass ein bestimmter Bewerber den Auftrag erhält sei $\dfrac{x_i}{x_i + x_j}$, mit $i, j = A, B$.

(a) Bestimmen Sie die Gewinnfunktionen und Reaktionsfunktionen der beiden Unternehmen. Wie viel sollten A und B in ihre Lobbyaktivität investieren? Erläutern Sie kurz.

(b) Nehmen Sie an, die beiden Unternehmen könnten bei ihren Rent-Seeking-Investitionen (in Tausend Euro) nur zwischen vier Strategien $S = \{0, 100, 200, 300\}$ wählen. Berechnen Sie die Reaktionsmengen der Unternehmen mithilfe der Reaktionsfunktion aus (a) und veranschaulichen Sie Ihre Ergebnisse in der Normalform.[43]

(c) Bestimmen Sie die besten Antworten sowie das Nash-Gleichgewicht zu Ihren Ergebnissen aus (b). Wie viel Lobbying betreiben die beiden Unternehmen vor diesem Hintergrund? Wie ist dies aus sozialer Wohlfahrtsperspektive zu beurteilen?

(d) Nehmen Sie nun an, dass wir nicht 2 sondern n Interessenten betrachten. Die Erfolgswahrscheinlichkeit sei damit gegeben durch $x_i / \Sigma_{j=1}^{n} x_j$. Welche Folgen hat diese Annahme für die Rent-Seeking-Kosten der einzelnen Bewerber, wenn wir $n \to \infty$ setzen? Wie ist dies aus sozialer Wohlfahrtsperspektive zu beurteilen?

---

[43] Für eine Wiederholung siehe Kap. 4.

Literatur

Bentham J (1786) Principles of the Civil Code. In: Bowing J (Hrsg.) The Works of Jeremy Bentham. Bd. I Edinburgh (1838-43):297–298 Neudruck, New York (1962)

Bundestag (2019) Ständig aktualisierte Fassung der öffentlichen Liste über die Registrierung von Verbänden und deren Vertretern. http://www.bundestag.de/blob/189476/aa391952a37ebc285ce-3b29834e859d9/lobbylisteaktuell-data.pdf

Demsetz (2009) Creativity and the Economics of the Copyright. Review of Economic Research on Copyright Issues 6(2):5–12

Duvergers (1972) Party Politics and Pressure Groups. A comparative introduction. Crowell, New York

Eger T, Scheufen M (2012) Das Urheberrecht im Zeitenwandel: Von Gutenberg zum Cyberspace. In Müller C, Trosky F, Weber M (Hrsg.) Ökonomik als allgemeine Theorie menschlichen Verhaltens: Grundlagen und Anwendungen. Schriften zu Ordnungsfragen der Wirtschaft. Lucius & Lucius, Stuttgart

Frisch M (2014) Marktversagen und Wirtschaftspolitik. 9. Aufl., Franz Vahlen, München (ehemals Fritsch M, Wein T, Ewers H-J 1.-7. Aufl., Vahlen, München)

Krueger A (1974) The Political Economy of the Rent Seeking Society. The American Economic Review, 64(3):291–303

Leibenstein H (1966) X-Efficiency versus Allocative Efficiency. The American Economic Review. 56(3):392–415

Leininger (1993) The Fatal Vote: Berlin vs. Bonn. Finanzarchiv, 50:1–20

Niskanen W (1971) Bureaucracy and Representative Government. Aldine-Atherton, Chicago

Rawls J (1971) A Theory of Justice. Belknap Press

Scheufen M (2019) Die Bedeutung des Urheberrechts im Zeitalter Künstlicher Intelligenz. IW-Kurzbericht, Nr. 6.

Tullock (1967) The Welfare Costs of Tariffs, Monopolies, and Theft. Western Economic Review, 5(3): 224–232

Wellisch D (2000) Finanzwissenschaft. Bd. 1: Rechtfertigung der Staatsaktivität. Kap. 8.3 Soziale Wohlfahrtstheorie. S. 271–298 Vahlen, München

Marktversagen und Wirtschaftspolitik 6

Bisher haben wir individuelle und soziale Wohlfahrt relativ getrennt voneinander betrachtet. Bereits in Kap. 3 haben wir gesehen, dass individuelle und soziale Anreize nur dann miteinander einhergehen, wenn eine Reihe von Annahmen erfüllt sind. Als Referenzmaßstab für (Allokations-) Effizienz haben wir das Modell des vollkommenen Wettbewerbs kennengelernt. Der Vergleich von Polypol und Monopol zeigt uns dabei bereits, dass die Verletzung auch nur einer der Annahmen des Modells des vollkommenen Wettbewerbs (Polypol) zu Wohlfahrtsverlusten führt (dead-weight-loss). In diesem Zusammenhang ist die Annahme der „atomistischen Marktstruktur" verletzt. Marktmacht führt dazu, dass der Marktmechanismus nicht zum sozial wünschenswerten Marktgleichgewicht führt. Man spricht deshalb von Marktversagen. Nun kann jede dieser Annahmen dieses Referenzmodells einen eigenen Marktversagenstatbestand begründen.

Drei dieser Marktversagenstatbestände (Marktmacht, Informationsasymmetrie und Externalitäten)[1] wollen wir in diesem Kapitel genauer betrachten und rechts- sowie wirtschaftspolitische Lösungsmöglichkeiten diskutieren, die das Marktergebnis korrigieren. Dabei ist die Feststellung eines Marktversagens bzw. eines konkreten Marktversagenstatbestands gerade Ausgangspunkt zur Legitimation des Staatseingriffs. Sind nämlich die Annahmen unseres Referenzmodells erfüllt, so führt der Marktmechanismus automatisch zu Allokationseffizienz. Abschließend diskutieren wir die Implikationen aus der Marktversagenstheorie für das Verhältnis von Markt versus Staat. Das Coase-Theorem (das als Geburtsstunde der ökonomischen Analyse des Rechts gilt) zeigt uns in diesem Abschnitt,

Elektronisches Zusatzmaterial Die Online-Version dieses Kapitels (https://doi.org/10.1007/978-3-662-59370-7_6) enthält Zusatzmaterial, das für autorisierte Nutzer zugänglich ist.

---

[1] Weitere Marktversagenstatbestände sind Pfadabhängigkeiten, Rent-Seeking oder natürliche Monopole aufgrund von Unteilbarkeiten (Subadditivität der Kostenfunktion). Siehe weiterführend u. a. Fritsch (2014).

dass die Höhe der Transaktionskosten entscheidend für die Funktionsfähigkeit des Markts ist. Entsprechend ergeben sich drei zentrale Funktionen des Rechts (bzw. staatlicher Institutionen im Allgemeinen) aus ökonomischer Sicht, die inhaltlicher Schlusspunkt und Ausblick dieses Lehrbuchs sein sollen. Abschließend betrachten wir mit dem Markenrecht und dem Verbraucherschutzrecht zwei Anwendungsbeispiele, die sich in erster Linie dem Marktversagenstatbestand der Informationsasymmetrie widmen.[2]

Am Ende dieses Kapitels werden wir gelernt haben:

- welche Annahmen dem Modell des vollkommenen Wettbewerbs zugrunde liegen,
- was man unter Marktversagen versteht und welche (besonderen) Marktversagenstatbestände zu unterscheiden sind,
- welche rechts- sowie wirtschaftpolitischen Lösungsmöglichkeiten dem politischen Entscheidungsträger zur Verfügung stehen,
- inwiefern die Transaktionskosten im Kontext des sog. Coase-Theorems bestimmte Funktionen des Rechts hervorhebt sowie
- wie das Markenrecht und das Verbraucherschutzrecht diese Aufgaben erfüllt.

6.1 Einführung

Die ökonomische Analyse beschäftigt sich im Allgemeinen mit der Frage, wie die gegebenen knappen Ressourcen einer Gesellschaft bestmöglich auf die Gesellschaftmitglieder zu verteilen sind. Wie wir in den vorangegangenen Kapiteln gesehen haben, heißt bestmöglich letztlich, dass ein möglichst hoher Grad der Bedürfnisbefriedigung zu erreichen ist. Unseren Gesellschaftmitglieder soll es gut gehen. Diese Bedürfnisbefriedigung streben wir dabei auf allen Ebenen an – sowohl in Bezug auf die Haushalte als auch den Unternehmen. In Kap. 2 hatten wir hierzu den Begriff der Allokationseffizienz als Zielvorstellung kennengelernt. Allokationseffizienz stellt dabei immer auf Pareto-Effizienz ab.[3] Wir haben zudem gesehen, dass wir den Begriff der Effizienz auch anpassen können, je nachdem welche anderen Zielvorstellungen ein politischer Entscheidungsträger verfolgen möchte. Unsere (stark kulturell geprägte) Zielvorstellung bildet schließlich unseren Referenzmaßstab, an dem wir messen, ob wir von einem funktionsfähigen Marktmechanismus sprechen können. Wie sieht dieser Referenzmaßstab aus?

In Kap. 3 haben wir hierzu das Modell des vollkommenen Wettbewerbs kennengelernt, das durch eine Reihe extremer Annahmen gekennzeichnet ist. Diese Annahmen ermöglichen es uns von einer Vielzahl in der Realität vorzufindenen Unzulänglichkeiten zu abstrahieren, um den voll funktionsfähigen und effizienten Markt zu skizzieren. In diesem

---

[2] Für Anwendungsbeispiele zu den Marktversagenstatbeständen Marktmacht (z. B. Wettbewerbsrecht) und Externalitäten (z. B. Allmendegüter) siehe Abschn. 3.4 und 4.4.

[3] Siehe Kap. 2 für eine Wiederholung zum Effizienzbegriff sowie dem Pareto-Kriterium.

Modell führt der Marktmechanismus automatisch zu einer effizienten Ressourcenallokation im Sinne der Maximierung der Gesamtwohlfahrt (d. h. Konsumenten- plus Produzentenrente). Das Modell des vollkommenen Wettbewerbs geht letztlich auf die (alten) Klas-
siker der Volkswirtschaftslehre zurück, gilt aber bis heute als Standard-Referenzmodell
zur Beurteilung von Effizienz. Wollen wir also beurteilen, ob der Markt effizient ist, so
müssen wir das Marktergebnis letztlich daran messen, ob das Marktergebnis des Modells
des vollkommenen Wettbewerbs erreicht wird. Weicht die Realität von unserem Referenzmodell ab, so wird keine Allokationseffizienz erreicht. Entscheidend sind in diesem Zusammenhang insgesamt elf Annahmen, die unserem Modell zugrundeliegen:[4]

(1) Gegebener Ressourcenaustausch,
(2) Konstante Produktionstechnik,
(3) Konstante Präferenzen,
(4) Wahl- bzw. Vertragsfreiheit,
(5) Homogenität der Güter,
(6) Atomistische Marktstruktur,
(7) Vollständige Markttransparenz,
(8) Unbegrenzte Mobilität der Güter und Produktionsfaktoren,
(9) Unbegrenzte Teilbarkeit der Güter und Produktionsfaktoren,
(10) Unendliche Reaktionsgeschwindigkeit und
(11) Abwesenheit technologischer externer Effekte.

Die Annahmen über einen (1) gegebenen Ressourcenaustausch und einer (2) konstanten
Produktionstechnik bewirken letztlich, dass dynamische Prozesse, wie technischer Fortschritt oder Wirtschaftswachstum, von der Betrachtung ausgeschlossen bleiben. Die Annahme (3) konstanter Präferenzen stellt zudem sicher, dass die Gestalt bzw. Form der Indifferenzkurve (zumindest kurzfristig) unverändert bleibt. In Kap. 3 haben wir hierzu
unterstellt, dass es zu einer Anpassung des nutzenmaximierenden Güterbündels nur infolge einer Einkommens- oder Preisänderung kommt.[5] Die (4) Wahl- und Vertragsfreiheit
trägt den Erkenntnissen des normativen und methodologischen Individualismus Rechnung. Schließlich weiß nur jeder Einzelne für sich, was am besten für ihn oder sie ist und
damit welche Ressourcenallokation zur Bedürfnisbefriedigung beiträgt. Deshalb sollte
jeder Einzelne möglichst frei in seiner Wahl und Vertragsausgestaltung sein. Unter (5)
Homogenität der Güter versteht man, dass es keine (qualitativen) Unterschiede zwischen
den Gütern gibt und somit Güter unterschiedlicher Anbieter perfekte Substitute darstellen.
Eine (6) atomistische Marktstruktur stellt zudem sicher, dass aufgrund der in Kap. 3 beschriebenen Preisabwärtsspirale kein Anbieter in der Lage ist einen Preis oberhalb der

---

[4] Siehe hierzu auch Fritsch (2014), S. 26.
[5] Eine Einkommensänderung führt in diesem Zusammenhang zu einer Parallelverschiebung der
Budgetgerade. Eine Preisveränderung kommt in Form einer Drehung der Budgetgerade zum
Ausdruck.

Grenzkosten zu verlangen. Jeder Anbieter ist nur einer von vielen Anbietern. Infolge des Preiskampfs zur Gewinnung der Konsumenten unterbieten sich die Anbieter gegenseitig, bis Grenzkostenpreise erreich sind. Die Wahl des günstigsten Anbieters aus Konsumentensicht verlangt zudem (7) vollständige Markttransparenz. Eine (8) unbegrenzte Mobilität und (9) Teilbarkeit der Güter und Produktionsfaktoren ermöglicht des Weiteren, dass dieser Anpassungsprozess unabhängig vom Standort (d. h. keine Transportkosten) oder technischen Begrenzungen (d. h. keine Kosten des Marktzu- und austritts) erfolgt. Jeder kann ohne Zeitverlust ((10) unendliche Reaktionsgeschwindigkeit) auf die Marktgegebenheiten reagieren. Gleichzeitig hebt dieser Aspekt hervor, dass im Modell des vollkommenen Wettbewerbs automatisch nur Gleichgewichtszustände betrachtet werden, da der Anpassungsprozess zeitlos erfolgt. Die (11) Abwesenheit technologischer externer Effekte stellt zuletzt auf eine effiziente Produktionsstruktur ab, d. h. jeder berücksichtigt die selbst verursachten Kosten in voller Höhe im individuellen Maximierungskalkül. Kein Dritter trägt die Kosten (z. B. Umweltschädigung) des Verursachers, ohne hierfür durch den Verursacher entsprechend kompensiert zu werden. Der letzte Aspekt hebt nochmal hervor, dass kein Marktakteur schlechter gestellt werden darf (Pareto-Effizienz). Sind alle elf Annahmen erfüllt, so führt der Marktmechanismus automatisch zu eine Maximierung der Gesamtwohlfahrt und damit zu einer effiziente Allokation.

Auf der anderen Seite verdeutlicht das Modell des vollkommenen Wettbewerbs, dass ein Nicht-Erfüllen auch nur einer der Annahmen des Modells ein Erreichen von Effizienz verhindert. Nur wenn alle Annahmen erfüllt sind, ist die Funktionsfähigkeit des Markts (bzw. des Marktmechanismus) gewährleistet. Funktioniert der Markt nicht effizient, weil eine oder mehrere Annahmen verletzt sind, so spricht man von Marktversagen. Liegt Marktversagen vor, so ist es Aufgabe des Staates korrigierend einzugreifen. Marktversagen legimiert damit Staatseingriff, d. h. rechts- oder wirtschaftspolitische Maßnahmen, die auf die jeweils verletze(n) Annahme(n) gerichtet sind. Entsprechend lassen sich verschiedene Marktversagentatbestände unterscheiden, die auch unsere rechts- und wirtschaftspolitische Instrumentenwahl beeinflussen. In diesem Kapitel wollen wir uns drei besonderen Marktversagenstatbeständen widmen, die verdeutlichen, dass die Reaktion der wirtschaftspolitischen Entscheidungsträger auf das vorliegende Marktversagen, durch die Feststellung des jeweiligen Marktversagentatbestands geleitet sein sollte. Abb. 6.1 gibt einen Überblick über diese Marktversagenstatbestände und zeigt, welche der Annahmen des Modells des vollkommenen Wettbewerbs hier verletzt werden.

Kapitel	Annahme (Nr.)	Marktversagensproblem
6.2.1.	Atomistische Marktstruktur (6)	Marktmacht
6.2.2.	Vollständige Markttransparenz (7)	Informationsasymmetrie
6.2.3.	Abwesenheit technologischer externer Effekte (11)	Externalitäten

Abb. 6.1 Besondere Marktversagenstatbestände

Wie zuvor erläutert, soll das Modell des vollkommenen Wettbewerbs bewusst von der in der Realität vorzufindenden Komplexität abstrahieren, um auf diese Weise als Referenzmodell bzw. Zielvorstellung des (maximal) Erreichbaren zu dienen. Legitimieren wir nun den Staatseingriff dadurch, dass wir die Realität an der Abstraktion messen, so finden wir prinzipiell immer einen Grund, warum der Staat korrigierend eingreifen sollte. Dieser Aspekt veranlasste Demsetz (1969) schließlich zu seinem Nirwana-Vorwurf,[6] zumal eine Welt ohne Marktversagen in der Realität nicht vorkommt. Vor diesem Hintergrund bleibt zumindest hervorzuheben, dass das Modell des vollkommenen Wettbewerbs als Referenzmodell zur Beurteilung von (Allokations-) Effizienz kritisch zu sehen ist.

6.2 Klassische Marktversagenstatbestände

Im Folgenden wollen wir drei besondere Marktversagenstatbestände betrachten und hierzu rechts- sowie wirtschaftspolitische Lösungsmöglichkeiten im Einzelfall diskutieren. Zunächst widmen wir uns dem Marktversagentatbestand der Marktmacht. Analog zu unserem Vergleich zwischen dem Modell des vollkommenen Wettbewerbs und dem Monopolmodell aus Kap. 3,[7] wiederholen wir nochmal in aller Kürze die wesentlichen Wirkungszusammenhänge aufgrund von Marktmacht aus sozialer Wohlfahrtsperspektive. Anschießend betrachten wir drei verschiedene Situationen, in denen die Marktseiten (z. B. Anbieter und Nachfrager) über unterschiedliche Informationen verfügen. Diese asymmetrische Informationsverteilung kann dabei sowohl vor als auch nach Vertragsschluss auftreten und zu verschiedenen Marktversagensproblemen führen. In diesem Zusammenhang wird uns die sog. Prinzipal-Agent-Theorie Möglichkeiten zur Analyse und zur Lösung solcher Informationsasymmetrien aufzeigen. Abschließend widmen wir uns dem Marktversagentatbestand externer Effekte, wobei wir positive und negative Externalitäten unterscheiden. Hier diskutieren wir mit der Pigouschen Steuerlösung (bei negativen Externalitäten) und der Pigouschen Subventionslösung (bei positiven Externalitäten) zwei wirtschaftspolitische Maßnahmen zur Internalisierung solcher Externalitäten. Aufgrund der eingeschränkten Praktikabilität dieser Maßnahmen, wollen wir zudem einige rechts- sowie wirtschaftspolitische Alternativen aufzeigen.

6.2.1 Marktmacht

Die ökonomischen Konsequenzen von Marktmacht haben wir bereits in Kap. 3 analysiert, indem wir die beiden Extrempositionen des Polypols und des Monopols miteinander verglichen haben. Im sog. Polypol sind alle elf Annahmen unseres Modells des

---

[6] Unter Nirwana versteht man in der buddhistischen Lehre einen Zustand höchster Erleuchtung.

[7] Neben dem Poly- und Monopol als Extremsituationen, können wir auch Mischformen (i. S. v. Oligopolen) mithilfe spieltheoretischer Instrumente analysieren. Siehe Kap. 4 für eine Wiederholung.

vollkommenen Wettbewerbs erfüllt. Im Besonderen führt dabei die Annahme einer (6) atomistischen Marktstruktur dazu, dass jeder einzelne Anbieter keinen Preissetzungsspielraum hat. Im Gegenteil: die vielen Anbieter werden einen Anreiz haben sich gegenseitig zu unterbieten, um auf diese Weise alle Konsumenten zu gewinnen. Schließlich können die Konsumenten bei (7) vollständiger Markttransparenz jede noch so geringe Preisdifferenz beobachten. Aufgrund der (5) Homogenität der Güter stellen die Extrempositionen unterschiedlicher Anbieter perfekte Substitute dar. Folglich wird der günstigste Anbieter die gesamte Marktnachfrage bedienen. Da aber nun alle Anbieter so denken, führt der Preiswettbewerb schließlich zu Grenzkostenpreisen, die die natürliche Untergrenze des Preiswettbewerbs zementiert. Schließlich wird kein Anbieter (zumindest langfristig) bereit sein Verluste in Kauf zu nehmen. Bei identischer Kostenstruktur (siehe Annahme 2) resultiert schließlich ein Preis in Höhe der Grenzkosten. In Abb. 6.2 (a) wird deutlich, dass zu $p^* = GK$ insgesamt x^* Einheiten des Guts (X) nachgefragt werden. Das Marktgleichgewicht ergibt sich genau im Schnittpunkt von Angebots- und Nachfragefunktion. Die maximal mögliche Wohlfahrt wird in Form von Konsumentenrente realisiert. Die Unternehmen machen Nullgewinne. Der Markt ist effizient.

Abb. 6.2 (b) zeigt die Konsequenzen in Folge von Marktmacht. Stellen wir uns beispielsweise vor, ein Unternehmen kommt mit einer Innovation[8] auf den Markt und erlangt durch ein Patent das exklusive Verwertungsrecht für dieses Produkt. Als Monopolist kann unser Anbieter nun den Preis bestimmen bzw. diktieren, da es keinen anderen Anbieter gibt, der mit ihm den Preiskampf aufnimmt. Schließlich bietet das Patentrecht unserem Innovator unter Umständen einen Unterlassungsanspruch, der potentielle Imitatoren davon abhält (während der Patentlebenszeit) in den Markt einzutreten. Als Preisdiktator wird der Monopolist den (einheitlichen) Marktpreis nun so festlegen, dass er seinen Gewinn maximiert. Wie wir aus Kap. 3 wissen, ergibt sich die gewinnmaximale Menge (x_M) aus dem Schnittpunkt der Grenzerlös- und Grenzkostenfunktion, da $\dfrac{dG(x)}{dx} = \dfrac{dE(x)}{dx} - \dfrac{dK(x)}{dx} = 0$ und somit $\dfrac{dE(x)}{dx} = \dfrac{dK(x)}{dx}$ bzw. $GE(x) = GK(x)$. Es wird deutlich, dass der Anbieter als Monopolist eine Menge $x_M < x^*$ wählt, die seinen Gewinn maximiert. Durch Einsetzen der Monopolmenge (x_M) in die Preisabsatzfunktion erhalten wir schließlich den Monopolpreis (p_M). Da der Anbieter nun einen Preis oberhalb der Grenzkosten realisiert ($p_M > p^* = GK$), erzielt er für jede Menge x einen Überschuss. Im Marktgleichgewicht ($x_M; p_M$) generiert der Anbieter also eine Produzentenrente in Höhe von $PR = (p_M - GK) \cdot x_M$, die durch das diagonal schraffierte Rechteck in Abb. 6.2 (b) ersichtlich wird. Dieses Rechteck ist (unter der Bedingung eines einheitlichen Marktpreises) die größtmögliche Fläche, die zwischen Angebots- und Nachfragefunktion eingeschlossen werden kann.[9] Eine größere Wohlfahrt

---

[8] Ein neues Produkt bedeutet gleichzeitig auch einen neuen Markt, d. h. die Wohlfahrt aus Abb. 6.2 (b) ist neue/zusätzliche Wohlfahrt, die vor der Produktinnovation nicht existierte (im Gegensatz zum Fall einer Prozessinnovation). Siehe Abschn. 3.4.1 für eine Wiederholung.

[9] Könnte der Anbieter zwischen Konsumenten mit unterschiedlichen Preisen differenzieren, so könnte er unter Umständen die gesamte Dreiecksfläche zwischen Angebots- und Nachfragefunktion

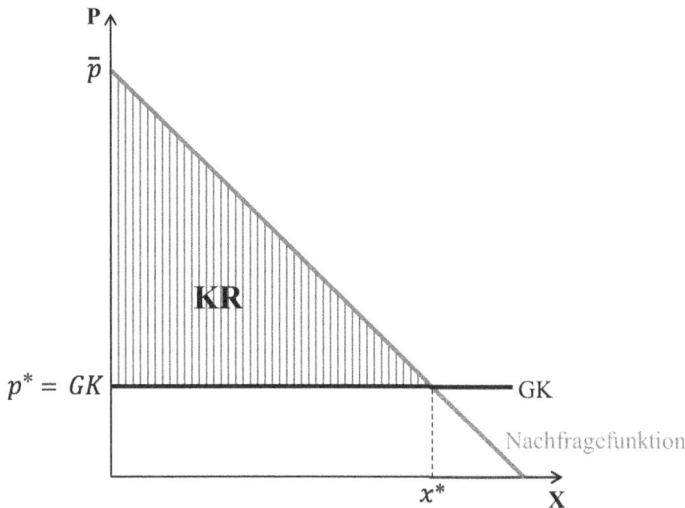

(a) Vollkommener Wettbewerb

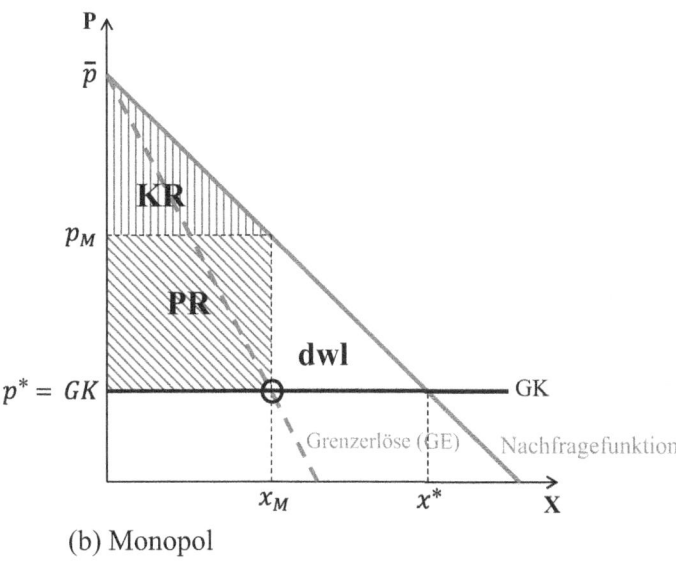

(b) Monopol

Abb. 6.2 Vollkommener Wettbewerb versus Monopol

als Produzentenrente realisieren. In diesem Fall spricht man von perfekter Preisdiskriminierung, die ebenfalls eine effiziente Allokationen darstellen würde. Schließlich können weder Pareto noch Kaldor und Hicks Aussagen über die Verteilung (zwischen Anbieter und Nachfrager) machen.

(bzw. Rente) kann unser Monopolist also nicht generieren. Das beschriebene Preissetzungsverhalten hat allerdings im Vergleich zur polypolistischen Marktstruktur schwerwiegende Konsequenzen für die Höhe und Verteilung der sozialen Wohlfahrt. Ein Teil der Konsumentenrente wird umverteilt. So reduziert sich die Konsumentenrente von $KR_P = (\bar{p} - p^*) \cdot x^*$ im Polypol (vgl. Abb. 6.2 (a)) auf $KR_M = (\bar{p} - p_M) \cdot x_M$ im Monopol (vgl. Abb. 6.2 (b)). Das heißt es gibt auch im Monopol Konsumenten, die bereit gewesen wären einen Preis $p > p_M$ zu zahlen und bei einem einheitlichen Monopolpreis eine positive Wohlfahrt generieren. Schließlich spart jeder dieser Konsumenten Geld (in Höhe der Differenz zwischen Zahlungsbereitschaft und Monopolpreis), welches für den Konsum anderer Produkte und damit zu zusätzlichen Nutzen führt. Allerdings wird ein Teil der Konsumentenrente in Höhe von $(p_M - GK) \cdot x_M$ nun in Form von Produzentenrente auf den Monopolisten umverteilt. Zudem ergibt sich eine Wohlfahrtsdifferenz in Höhe des schraffierten Dreiecks (dwl), die ungenutzt bleibt. Man spricht in diesem Zusammenhang von Wohlfahrtsverlust, allokativer Ineffizienz oder „dead-weight-loss" (dwl). Dieser Wohlfahrtsverlust resultiert aus der Tatsache, dass es Konsumenten gegeben hätte, die bereit gewesen wären einen Preis oberhalb der Grenzkosten zu zahlen, das Produkt aber vor dem Hintergrund eines Marktpreises von $p_M > GK$ nicht erhalten. Als „Social Planer" würden wir diese Konsumenten indes gerne bedienen, zumal für jeden Konsumenten mit einer Zahlungsbereitschaft von $p \geq GK$ zusätzliche Wohlfahrt generiert werden könnte. Wir verzichten also im Monopol auf einen Teil der möglichen Wohlfahrt. Offensichtlich verschwenden wir also (soziale) Wohlfahrt, wobei Verschwendung immer Effizienzverlust bedeutet. Vor diesem Hintergrund kann das Monopol nicht effizient sein. In der ökonomischen Analyse des Patentrechts wird dieser Sachverhalt dadurch deutlich, dass das Patentrecht nie eine „first best"- sondern maximal eine „second best"-Lösung sein kann. Aufgabe des Patentrechts ist folglich, in Form eines Interessenausgleichs die Wohlfahrtsverluste (dwl) so gering wie möglich zu halten, aber gerade genügend Anreize zur Schaffung neuer Innovationen (und damit zusätzlicher Märkte bzw. sozialer Wohlfahrt) anzubieten. Anreiz zur Investition in Forschung und Entwicklung sind dabei gerade die erwarteten Erträge in Form der Produzentenrente (vgl. Abb. 6.2 (b)) für die Dauer der Patentlebenszeit.

6.2.2 Informationsasymmetrie

Bisher sind wir immer davon ausgegangen, dass Verträge vollständig sind. Unsere Vertragsparteien müssen hierzu allerdings über einen perfekten Informationsstand verfügen.[10] In der Realität ist das häufig nicht der Fall. Schließlich gibt es Eventualitäten, die sich vor oder nach Vertragsschluss ändern können und nicht ohne weiteres vorhersehbar sind. Entscheidungen unter perfekter Information sind unmöglich. Darüber hinaus sagt uns auch

---

[10] In der Theorie wird dieser Aspekt mit der Annahme des Homo Oeconomicus überwunden. Der Homo Oeconomicus ist ein fiktives Wesen, dass aus reinen Rationalitätserwägungen seine Entscheidungen fällt und immer perfekt informiert ist.

die Informationsökonomik, dass vollständige Information gar nicht sinnvoll sein kann. Schließlich sollte ein rational handelndes Individuum nur zusätzliche Informationen heranziehen, solange diese mit einem positiven Nettogrenzertrag einhergehen. Schließlich sinkt der Grenznutzen jeder weiteren Information mit zunehmendem Informationsstand, sodass es einen kritischen Schwellenwert gibt, ab dem die Grenzkosten jeder weiteren Information deren Grenznutzen überwiegen. Vor diesem Hintergrund sollte ein rational handelnder Akteur auch nur solange weitere Informationen sammeln, bis die Grenznutzen den Grenzkosten entsprechen. Perfekte Information ist also nicht nur Utopie, sondern letztlich auch (in einer Welt mit positiven Transaktionskosten) nicht ökonomisch.

In der Realität gibt es häufig Situationen, in denen die verschiedenen Marktseiten zudem über einen unterschiedlichen Informationsstand verfügen. Man spricht in diesem Zusammenhang auch von einer Informationsasymmetrie. Analysiert werden solche Situationen asymmetrischer Information mithilfe des Modells der Prinzipal-Agent-Theorie. Die Prinzipal-Agent-Theorie geht allgemein davon aus, dass Situationen zwischen Auftraggeber (Prinzipal) und Auftragnehmer (Agent) durch eine asymmetrische Informationsverteilung gekennzeichnet sind,[11] die mit verschiedenen Problemen einhergehen können. Dabei wird angenommen, dass der Agent als derjenige, der den Auftrag ausführt über verschiedene Informationsvorteile verfügen kann. In diesem Zusammenhang lassen sich drei mögliche Charakteristika der konkreten Prinzipal-Agent-Beziehung unterscheiden, die jeweils verschiedene Probleme hervorrufen können: (1) verborgene Eigenschaften (engl. hidden characteristics), (2) verborgene bzw. nicht beobachtbare Handlungen oder Informationen (engl. hidden action/ hidden information) sowie (3) verborgene Absichten (engl. hidden intention). Da der Agent typischerweise über mehr und bessere Informationen verfügt, kann er diese auf unterschiedliche Art und Weise gegenüber seinem Auftraggeber (Prinzipal) ausnutzen. Je nach Art des Problems, lassen sich verschiedene Lösungsstrategien differenzieren, wobei allgemein zwei Formen von Lösungen zu unterscheiden sind. Auf der einen Seite gibt es die Möglichkeit, dass die besser informierte Marktseite (d. h. der Agent) bestimmte Informationen bereitstellt bzw. signalisiert. Hier spricht man von „Signaling". Auf der anderen Seite kann sich die schlechter informierte Marktseite (d. h. der Prinzipal) die notwendigen Informationen beschaffen. In diesem Zusammenhang spricht man von „Screening". Je nach Problemtyp bieten sich verschiedene Strategieformen dieser sehr allgemeinen Lösungen an. Deshalb wollen wir im Folgenden zunächst die drei Problemtypen beschreiben. In jedem dieser konkreten Fälle werden wir anschließend konkrete wirtschaftspolitische Maßnahmen zur Überwindung dieser Probleme auf der Basis von „Signaling" und/oder „Screening" diskutieren.

Den ersten Problemtyp bezeichnet man als adverse Selektion. Zu dieser Form der Prinzipal-Agent-Beziehung kommt es typischerweise vor Vertragsschluss (ex ante). Hintergrund sind dabei verborgene Eigenschaften, die sich in der Regel dadurch zeigen, dass

---

[11] Typische Prinzipal-Agent-Beziehungen sind z. B. die zwischen Verkäufer (Agent) und Käufer (Prinzipal), Arzt (Agent) und Patient (Prinzipal) sowie Manager (Agent) und Aktionäre (Prinzipale).

es gerade bei der Verkäufer-Käufer-Beziehung um den Austausch von Erfahrungsgüter handelt. In diesem Zusammenhang kann der Käufer – als schlechter informierte Marktseite – häufig die Qualität der Güter vor dem Kauf kaum beurteilen, zumal nur die konkrete Erfahrung mit dem Gut eine Qualitätseinschätzung ermöglichen kann. Eine erste systematische Analyse des Problems der adversen Selektion geht auf den Artikel „The Market for Lemons" von George Akerlof (1970) zurück. Akerlof nutzt zur Beschreibung des Problems das Beispiel des Gebrauchtwagenmarkts. Der Gebrauchtwagenmarkt ist typischerweise dadurch gekennzeichnet, dass die Qualität der Fahrzeuge nur sehr schwer beurteilt werden kann. Allerdings gibt es Gebrauchtwagen guter und schlechter Qualität.[12] Akerlof spricht in diesem Zusammenhang von „plums" (gute Qualität) und „lemons" (schlechte Qualität). Wäre der Käufer nun perfekt über die Qualität informiert, so würde er seine Zahlungsbereitschaft entsprechend der Qualität der Güter differenzieren, d. h. für einen Gebrauchtwagen guter Qualität wäre er bereit mehr zu zahlen als für ein Auto schlechter Qualität. Letztlich würde eine Kosten-Nutzen-Abwägung (im Sinne des Zusammenspiels zwischen Budgetgerade (Kosten) und Indifferenzkurve (Nutzen)) darüber entscheiden, für welchen Gebrauchtwagen sich unser Käufer entscheidet. Auf diese Weise würden die unterschiedlichen Präferenzen der verschiedenen Käufertypen und die unterschiedliche Qualität der verschiedenen Gebrauchwagentypen über den Markt zusammenfinden. Wir wollen zur Veranschaulich ein Beispiel betrachten: Angenommen ein zufällig ausgewählter Konsument wäre bereit für ein „plum" maximal 18.000 Euro zu zahlen, für ein „lemon" maximal 12.000 Euro. Auf der anderen Seite wäre ein zufällig ausgewählter Gebrauchtwagenhändler bereit ein „plum" für mindestens 16.000 Euro und ein „lemon" für mindestens 10.000 Euro zu verkaufen. Wären beide Marktseiten nun perfekt informiert, so käme es zur Transaktion. Angenommen Verkäufer und Käufer würden sich jeweils auf die Preismitte einigen, dann käme es zur Transaktion eines „plums" zu 17.000 Euro und ein „lemon" würde 11.000 Euro kosten. Käufer- und Verkäuferseite würden jeweils eine Rente von 1.000 Euro realisieren. Abb. 6.3 verdeutlicht die Überlegungen. Unser Konsument differenziert seine Zahlungsbereitschaft (gestrichelte Linien) entsprechend der Qualität der Gebrauchtwagen A bis E (gut bis schlecht). Sind die beiden Marktseiten nun nicht perfekt informiert bzw. liegt nun Informationsasymetrie vor, so kann der Käufer die Qualität der Güter A bis E nicht einschätzen. In der Abb. 6.3 wird dies durch eine Sichtblende deutlich, die unserem Käufer die Möglichkeit nimmt, einen Blick auf die Qualität der Güter zu werfen. Auf diese Weise muss unser Käufer so entscheiden, als würde er in eine Urne mit unterschiedlichen Kugeln A bis E greifen und zufällig eine Kugel (und damit einen Gebrauchtwagen) herausziehen. Er mag sich zwar über die Verteilung der unterschiedlichen Güterqualitäten bewusst sein, kann seine Wahl aufgrund der Sichtblende aber nicht gezielt treffen. Der Gebrauchtwagenkauf erfolgt damit im Sinne eines Zufallsexperiments. Wie viel wäre unser Käufer aber nun bereit für einen zufällig ausgewählten Gebrauchtwagen zu zahlen?

---

[12] Hierdurch weichen wir entsprechend von der Annahme (5) Homogenität der Güter ab. Qualitätsunterschiede führen dazu, dass die Güter unterschiedlicher Anbieter keine perfekten Substitute mehr sind.

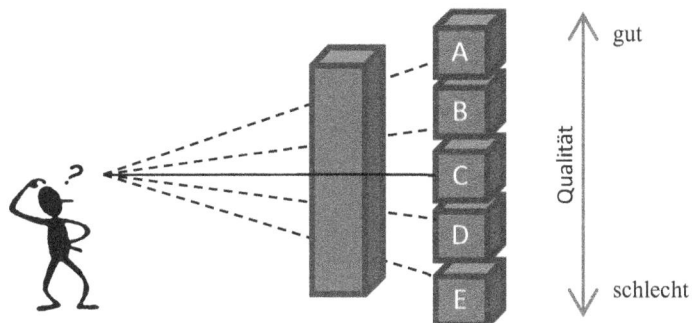

Abb. 6.3 Adverse Selektion im Gebrauchtwagenmarkt

Hierzu erinnern wir uns an Kap. 4. Hier haben wir gelernt, wie ein rationales Individuum damit umgeht, wenn die Auszahlung mit bestimmten Wahrscheinlichkeiten eintreten. Hierzu hatten wir den Begriff des Erwartungswerts begründet. Der Erwartungswert bzw. -nutzen beschreibt die erwartete Auszahlung, wenn der Ausgang einer Handlung (oder Entscheidung) ungewiss bzw. zufällig ist. Um den Erwartungswert und damit die Zahlungsbereitschaft unserers Gebrauchtwagenkäufers berechnen zu können, müssen wir Annahmen zu den Wahrscheinlichkeiten über den Ausgang des Gebrauchtwagenkaufs (bzw. des Zufallsexperiments) treffen. Nehmen wir an, dass unser Käufer jede Kugel mit der gleichen Wahrscheinlichkeit zieht (hier $P(A) = P(B) = \ldots = P(E) = 0,2$)), dann bildet unser Käufer einen Erwartungswert im Sinne einer durchschnittlichen Zahlungsbereitschaft.[13] Greifen wir hierzu wieder auf unser Beispiel zurück, so wird deutlich, dass unser Käufer keine differenzierte Zahlungsbereitschaft von 18.000 bzw. 12.000 äußert, sondern eine durchschnittliche Zahlungsbereitschaft von 15.000. Zu diesem Preis wären die Händler von Gebrauchtwagen der Kategorie A aber nun nicht mehr bereit ihre Güter anzubieten, da $15.000 < 16.000$. Die „plums" würden also vom Markt verdrängt. Damit befindet sich keine Kugel A in der Urne. Ein rational handelnder Käufer müsste diese Tatsache in der Berechnung seines Erwartungswertes berücksichtigen. Auf diese Weise würde er schrittweise seine Zahlungsbereitschaft anpassen, bis nur noch Gebrauchtwagen schlechter Qualität übrig blieben und damit Kugeln der Kategorie E.

Man spricht in diesem Zusammenhang von einer Verdrängung (bzw. engl. „Crowding-out") von Gütern guter Qualität durch Güter schlechter Qualität. Akerlof (1970) kommt zu dem Schluss, dass die Informationsasymmetrie den Markt zu einem Selektionsprozess drängt, in dem nur noch „lemons" und damit Güter schlechter Qualität angeboten werden. In diesem Zusammenhang kommt es zu einer adversen Selektion im Sinne eines gegensätzlichen

---

[13] Hier wird nun deutlich, dass unser Erwartungswert von unserer Erwartung über die Verteilung der Güter abhängt. Wissen wir beispielsweise, dass sich nur eine Kugel A und 4 Kugeln E in der Urne befinden, so würden wir dies entsprechend in unserem Erwartungswert berücksichtigen können. Offensichtlich würde in diesem Beispiel die Wahrscheinlichkeit ein Auto guter Qualität zu ziehen ($P(A) = 0,2$; $P(E) = 0,8$) den Erwartungswert unter den Durchschnittswert senken.

(lat. adversus) Ergebnisses. Schließlich würden wir uns als „Social Planer" eher wünschen, dass sich die Anbieter guter Qualität durchsetzen und keine abwärtsgerichtete Qualitätsspirale („race to the bottom") in Gang gesetzt wird.[14] Auch Innovationen stellen letztlich auf einen gegensätzlichen Entwicklungspfad ab, zumal Innovationen häufig Weiterentwicklungen gegebener Produkte (und Dienstleistungen) darstellen. Wie wir aus Kap. 3 wissen, sind Innovationen aber gerade die Hauptantriebskraft wirtschaftlicher Entwicklung (Schumpeter (1912)). Das Problem der adversen Selektion verhindert damit auch jeden Anreiz zur Entwicklung neuer Produkte (und Dienstleistungen), weil der Innovator davon ausgehen muss, dass er seine „besseren" Produkte gar nicht verkaufen kann.

Um das Marktversagensproblem adverser Selektion zu überwinden, müssen wir die beiden Marktseiten also auf den gleichen Informationsstand bringen. In erster Linie müssen wir daher den Käufer unseres Gebrauchtwagens in die Lage versetzen, eine informierte und damit differenzierte Entscheidung zu treffen. Wie wir zuvor gesehen haben, wäre dies auf zwei Wegen möglich. Auf der einen Seite könnte der Gebrauchtwagenhändler Informationen über die Qualität der Gebrauchtwagen (z. B. Baujahr, Kilometerleistung, Unfallschäden usw.) bereitstellen. Damit signalisiert der Anbieter, ob er Fahrzeuge guter oder schlechter Qualität bereitstellt. Da der Käufer diese Information nicht ohne weiteres überprüfen kann, besteht hinsichtlich der Wirkung des Qualitätssignals das Problem der Glaubwürdigkeit. Schließlich hätten die Anbieter von schlechten Gebrauchtwagen ein Interesse daran, bessere Qualität vorzutäuschen. Vor diesem Hintergrund könnte das Signaling etwa durch eine rechtliche Bindungswirkung unterstützt werden. Ein typisches Beispiel hierfür sind Garantievereinbarungen, die der Händler dem Käufer einräumt, um so glaubhaft zu versichern, dass es sich bei dem Gebrauchtwagen um ein zumindest fahrtüchtiges Fahrzeug handelt.[15] Schließlich verpflichtet sich der Händler auf diese Weise, mögliche Schäden innerhalb der Garantiezeit zu beseitigen. In dieser Hinsicht ist auch die gesetzlich vorgeschriebene Gewährleistungspflicht von gewerblichen Händlern nach § 437 BGB (im Kaufrecht) und § 634 BGB (im Werkvertragsrecht) zu verstehen. Darüber hinaus können auch weitere rechtliche Rahmenbedingungen die Glaubwürdigkeit der Signalfunktion unterstützen. Im Abschn. 6.4 werden wir hierzu das Markenrecht und das Verbraucherschutzrecht kennenlernen, die ebenfalls auf die Bekämpfung adverser Selektion im Besonderen bzw. auf das Problem einer asymmetrischen Informationsverteilung in der Käufer-Verkäufer-Beziehung gerichtet sind. So soll das Markenrecht eine Zuordnung von Produkten zu bestimmten Anbietern ermöglichen. Auf diese Weise können Käufer ihre Erfahrungen mit bestimmten Anbietern nutzen, um eine informierte Entscheidung zu treffen. Das Verbraucherschutzrecht schreibt hingegen bestimmte Informationspflichten vor, sodass der Anbieter verpflichtet ist bestimmte Informationen bereitzustellen. Ein Beispiel sind in diesem Zusammenhang etwa die verpflichtenden Nährwertangaben für Anbieter von Lebensmitteln. Eine ähnliche Form des „Signalings" sind bestimmte Siegel (z. B. Bio-Siegel, Stiftung Warentest) oder allgemeine Nachweise

---

[14] In einer armen Gesellschaft kann die beste Lösung durchaus darin bestehen, dass jeder die schlechteste Qualität zum geringsten Preis erhält.

[15] In diesem Zusammenhang bekannt geworden ist die 7 Jahre Garantieleistung von Kia Motors, die deutlich über die Garantieleistungen der Konkurrenz hinausgeht.

(z. B. Zeugnis)[16], die Signal für eine bestimmte Qualität sein können. Allerdings stellt sich auch in diesem Zusammenhang das Problem der Glaubwürdigkeit des Siegels. Neben dem „Signaling" stellt das sog. „Screening" eine Möglichkeit dar, um das Problem adverser Selektion zu beseitigen. Unter „Screening" versteht man, dass die schlechter informierte Marktseite sich entsprechende Informationen über die Qualität der Güter besorgt. In dieser Hinsicht ist das Verbraucherschutzrecht in gewisser Weise beiden Lösungsmöglichkeiten (Signaling und Screening) gewidmet. Auf der einen Seite verpflichtet man den Anbieter bestimmte Informationen bereitzustellen. Auf der anderen Seite versteht man den Verbraucher als mündigen Bürger, der die entsprechenden Informationen nutzt und interpretiert.

Den zweiten Problemtyp einer asymmetrischer Informationsverteilung ist unter dem Begriff „Moral Hazard" bekannt. Moral Hazard ist dabei üblicherweise ein Problem, das nach Vertragsschluss (ex post) auftritt. Hintergrund können dabei entweder Handlungen sein, die nicht vollständig beobachtbar sind (sog. hidden action) oder solche, die zwar beobachtbar aber deren Qualität nicht beurteilt werden kann (sog. hidden information). In beiden Fällen kommt es zum Problem, dass die Leistung des Agenten ex post nicht (vollständig) beurteilt werden kann. Den entstehenden Handlungsspielraum kann der Agent ausnutzen. Klassisches Beispiel für ein solches Moral Hazard Problem ist die Versicherungsnehmer-Versicherungsgeber-Beziehung. In diesem Zusammenhang ist typischerweise der Versicherungsgeber die schlechter informierte Marktseite, da er die Handlungen des Versicherungsnehmers nicht (vollständig) beobachten und beurteilen kann. Nehmen wir beispielsweise an unser Anton kauft sich ein neues Fahrrad, das er gegen Diebstahl versichert. So könnte die Fahrradversicherung Anton dazu verleiten nicht mehr sorgfältig zu handeln. Schließlich geht ein höheres Sorgfaltsniveau mit einem entsprechenden Vermeidungsaufwand einher. Anton muss sich ein Schloss kaufen, um sein Fahrrad vor Diebstahl zu schützen. Darüber hinaus geht auch der Prozess des Abschließens mit einem Zeitaufwand einher, den man zumindest im Sinne von Opportunitätskosten[17] als Vermeidungsaufwand verstehen kann. Die Versicherung führt auf diese Weise zu einem zentralen Zielkonflikt zwischen den eigenen und den kollektiven Kosten. Die Fahrradversicherung ermöglicht Anton schließlich weniger sorgfältig zu sein, ohne hierfür die Kosten in vollem Umfang tragen zu müssen. Das Kollektiv der Versicherten trägt indes die potentiell kostspieligen Konsequenzen von Antons Handeln. Man spricht in diesem Zusammenhang auch vom sog. „Pooling" des Risikos, da der Einzelne die Kosten seines Handelns auf Basis der Versicherung externalisiert. Dieses Risikopooling führt schließlich zu einer höheren Risikobereitschaft. Das zentrale Problem besteht nun darin, dass unser Versicherungsgeber als Prinzipal nicht ohne Weiteres zwischen „guten"

---

[16] So signalisiert der Universitätsabschluss beispielsweise bestimmte Fähigkeiten (u. a. analytisches Denken) des Bewerbers in der Bewerber-Arbeitgeber-Beziehung.

[17] Opportunitätskosten beschreiben in der Ökonomie grundsätzlich die Kosten einer alternativen Beschäftigung. So könnte man seine Zeit auch sinnvoll zum Geldverdienen einsetzen, wonach für jede Stunde, die man in die Sorgfalt investiert den entsprechenden Stundenlohn seiner Tätigkeit ansetzen könnte. Auf diese Weise würde zumindest die Summe aller Minuten der Sorgfalt über z. B. den Zeitraum eines Jahres zu bewertbaren Aufwendungen führen.

und „schlechten" Risikotypen unterscheiden kann. Schließlich ist dem Anton nicht ohne Weiteres anzusehen, ob er risikoavers oder risikofreudig ist. Eine typische Form zur Lösung dieses Prinzipal-Agent-Problems besteht in der sog. Selbstselektion durch Anbieten unterschiedlicher Verträge. Hierbei handelt es sich letztlich um eine Form des „Screenings", die dem Prinzipal ermöglicht, Informationen über die Risikoeigenschaften seiner Kunden einzuholen. Grundgedanke ist dabei, dass den Versicherten beispielsweise unterschiedliche Verträge mit und ohne Selbstbehalt zu unterschiedlichen Prämiensätzen angeboten werden. Unter einem Selbstbehalt versteht man grundsätzlich, dass der Versicherungsnehmer im Falle eines Schadens für einen Teil des Schadens selbst aufkommen muss. Bieten wir unseren Versicherten nun z. B. zwei verschiedene Versicherungsverträge an (einen ohne Selbstbehalt bei einer hohen Versicherungsprämie und einen mit Selbstbehalt bei einer niedrigeren Versicherungsprämie), so werden sich die Versicherungsnehmer entsprechend ihrer Erwartungswerte für den einen oder anderen Vertrag entscheiden. Anton würde sich aufgrund seines geringeren Sorgfaltsniveaus und damit hohen Wahrscheinlichkeit eines Schadenseintritts für den Vertrag ohne Selbstbehalt entscheiden, Berta aufgrund ihrer sorgfältigen Natur für den geringeren Prämiensatz mit Selbstbehalt. Auf diese Weise selektieren sich die unterschiedlichen Risikotypen gewissenmaßen selbst. Andere Formen des „Screenings" stellen zudem bestimmte Eigenschaften dar, die der Prinzipal relativ leicht beobachten kann. So kann statistisch gezeigt werden, dass junge Männer eine höhere Schadenswahrscheinlichkeit aufweisen als junge Frauen oder ältere Männer. Vor diesem Hintergrund sollte man aus ökonomischer Sicht junge Männer mit einer höheren Versicherungsprämie versehen. Man spricht dabei von statistischer Diskriminierung.[18] Auch Informationen über Lebenserwartung usw. stellen wichtige Informationen zur Prämienberechnung privater Rentenversicherungen dar. In diesem Zusammenhang kommt dem Staat in der Bereitstellung solcher Informationen, z. B. durch das statische Bundesamt, eine wichtige Funktion zu.

Der dritte Problemtyp stellt das sog. „Hold-up"-Problem dar. Hierunter versteht man ebenfalls in der Regel ein Problem, das nach Vertragsschluss (ex post) auftritt. Hintergrund sind dabei verborgene Absichten (engl. hidden intentions) des Agenten. Ein typisches Beispiel stellen Lieferantenbeziehungen dar. Voraussetzung für das Auftreten eines „Hold-up"-Problems ist das Entstehen eines Abhängigkeitsverhältnisses, das in der Regel durch das Tätigen spezifischer Investionen der einen Vertragspartei (z. B. Lieferant) zustande kommt. Unter spezifischen Investitionen versteht man in der Ökonomie sog. versunkene Kosten, d. h. Investitionen, die irreversibel und ex post nicht (etwa durch Verkauf) wieder rückgängig gemacht werden können. In diesem

---

[18] Diese Form der statistischen Diskriminierung ist mittlerweile nicht mehr möglich, obwohl es aus ökonomischer Sicht gute Gründe gibt, warum junge Männer eine höhere Versicherungsprämie für ihr Auto zahlen sollten. Sicherlich diskriminiert man dabei sorgfältige junge Männer. Auf der anderen Seite stellt das Geschlecht eine kostengünstige Möglichkeit dar, um auf statistisch nachweisbare Effekte zu reagieren. Schließlich stellen Unisextarife bei der Autoversicherung auch eine Diskrimierung gegenüber Frauen dar, die tendenziell für die höhere Risikobereitschaft einiger junger Männer mehr zahlen müssen. Siehe hierzu u. a. Vandenberghe (2007).

Zusammenhang könnte unser Lieferant etwa Investitionen in Maschinen tätigen, die ihm erlauben, die im Vertrag spezifizierten Produkte zu produzieren. Das Problem besteht nun darin, dass in diesem Vertrag üblicherweise nicht alle Eventualitäten fixiert werden können. So könnte etwa ein Ölpreisanstieg zu veränderten Kosten führen oder eine neue rechtliche Regelung Umbaumaßnahmen erforderlich machen. Auch spezifische Investitionen in Immobilien sind aufgrund sich ändernder Immobilienpreise einem gewissen Risiko unterworfen. Aufgrund der spezifischen Investitionen begibt sich unser Lieferant indes in ein Abhängigkeitsverhältnis zum Vertragspartner, der diesen Handlungsspielraum ex post (d. h. nach Tätigung der Investitionen) ausnutzen könnte. Eine Lösungsmöglichkeit zur Überwindung des „Hold-up"-Problems sind Garantievereinbarungen (z. B. eine Bürgschaft) die ebenfalls in Form eines Signalings für die potentiellen Folgen einer spezifischen Investition kompensieren sollen.[19]

6.2.3   Externalitäten

Unter einer Externalität versteht man im Allgemeinen Sachverhalte, bei denen Kosten oder Nutzen für Dritte entstehen, ohne dass der Verursacher[20] diese bezahlt bzw. hierfür entlohnt wird.

Video 6.9 Externalitäten

---

[19] Siehe weiterführend zum „Hold-up"-Problem u. a. Fritsch (2014), S. 256 ff.

[20] Der Verursacher einer Externalität ist nicht immer eindeutig bestimmbar, insbesondere bei externen Kosten. Baut Anton z. B. sein Haus in unmittelbarer Nähe zur Autobahn und beschwert sich dann über den Verkehrslärm, so ist nicht eindeutig, wer hier Verursacher der Externalität ist.

In diesem Zusammenhang lassen sich verschiedene Arten von Externalitäten unterscheiden. Annahme (11) des Modells des vollkommenen Wettbewerbs betont dabei die Abwesenheit technologischer externer Effekte.[21] Hierunter versteht man, dass es einen direkten physischen Zusammenhang gibt zwischen dem Handeln des Verursachers einer Externalität und den Konsequenzen für einen externen Dritten. Hiervon zu unterscheiden sind sog. pekuniäre externe Effekte sowie psychologische externe Effekte. Pekuniäre externe Effekte sind indirekter Natur und damit natürliche Konsequenzen des Marktmechanismus. Wenn sich Knappheiten und damit Preise verändern, veranlasst diese Tatsache unsere Marktteilnehmer dazu ihre Marktentscheidungen zu überdenken und entsprechend anzupassen. Damit sind pekuniäre Externalitäten keine Folge von Marktversagen. Psychologische externe Effekte sind hingegen Folgen einer psychischen Beeinflussung des Handelns Dritter, die unter Umständen zu einer Form des Marktversagens führen kann und vor allem verteilungspolitische Maßnahmen notwendig macht.[22] Wir wollen uns im Folgenden auf technologische externe Effekte beschränken.

Technologische externe Effekte können dabei externe Kosten sowie externe Nutzen bewirken. Bei externen Kosten sprechen wir auch von negativen Externalitäten. Hier hat das Handeln des Verursachers der Externalität Kosten für einen externen Dritten zur Folge. Klassisches Beispiel sind Umweltgüter. So führen Emissionen eines Chemieunternehmens nicht nur zu Kosten für das Chemieunternehmen, sondern als Folge des emissionsinduzierten Klimawandels (in Form von z. B. saurem Regen) zu Ernteausfällen bzw. Kosten für Landwirte in Entwicklungsländern. Das Beispiel verdeutlicht, dass externe Effekte nicht immer territorial begrenzt sind. Die Emissionsschäden werden in diesem Fall also nicht vom eigentlichen Verursacher der Externalität getragen, sondern von einem unbeteiligten Dritten. Hier existiert also ein direkter physischer Zusammenhang zwischen Ursache und Wirkung für (über den Markt) nicht miteinander verbundene Parteien. Offensichtlich haben technologische externe Effekte Auswirkungen auf das Handeln der Parteien. Muss das Chemieunternehmen nicht für die Emissionsschäden aufkommen, so wird es kaum einen Anreiz haben Emissionen zu vermeiden. Schließlich geht auch die Vermeidung selbst mit Kosten einher, sog. Vermeidungsaufwand. Gleichzeitig erhöhen die externen Kosten die Produktionskosten für den eigentlich unbeteiligten Landwirt, mit direkten Konsequenzen für seine Kostenstruktur und dem entsprechenden Marktpreis für landwirtschaftliche Erzeugnisse. Zur Analyse des Sachverhalts in unserem klassischen Angebots-/Nachfrage-Modell, müssen wir zwischen privaten und sozialen Grenzkosten unterscheiden. Wir bleiben hierzu bei unserem Beispiel und stellen uns vor, dass die Sorglos Chemistry AG ihren Chemiemüll nicht ordnungsgemäß entsorgt, sondern kostenlos in den nahe gelegenen Fluss einleitet. Das chemische Gebräu gelangt so in den flussabwärts gelegenen See, wodurch in der Folge die Fischpopulation stark dezimiert wird. Auf diese Weise führt die Externalität (Chemiemüllentsorgung) zu direkten Konsequenzen für Fischer Anton, der ausschließlich vom Fischfang

---

[21] Im Folgenden verwenden wir die Begriffe Externalität und externe Effekte synonym.
[22] Siehe hierzu Fritsch (2014), S. 80 f.

lebt und vor diesem Hintergrund auf eine ausreichende und stabile Population im Fischersee angewiesen ist. Schließlich besteht Rivalität im Konsum: Jeder Fisch, der durch den Chemiemüll stirbt, kann Fischer Anton nicht mehr fangen. Die privaten Grenzkosten (PGK) entsprechen nun den mit der Produktion direkt verbundenen Kosten der Sorglos Chemistry AG. Nicht in den Produktionskosten enthalten sind allerdings die Entsorgungskosten für den Chemiemüll, die die Sorglos Chemistry AG durch ihr Handeln einspart. Diese externen Kosten werden schließlich dem Fischer Anton aufgebürdet, sodass die Sorglos Chemistry AG mit jedem Liter des Gebräus das kostenlos in den Fluss eingeleitet wird die Produktionskosten von Anton erhöht. Eine effiziente Allokation würde nun verlangen, dass die Sorglos Chemistry AG sämtliche Kosten ihres Handelns in vollem Maße berücksichtigen sollte, d. h. einschließlich der externen Kosten. Vor diesem Hintergrund sind von den privaten Grenzkosten (PGK) die sozialen Grenzkosten (SGK) zu unterscheiden, die sich aus der Summe der privaten und externen Grenzkosten ergeben, sodass

$$SGK = PGK + EGK. \tag{6.1}$$

Die externen Grenzkosten entsprechen somit der Differenz zwischen den sozialen Grenzkosten (SGK) und den privaten Grenzkosten (PGK), d. h.

$$EGK = SGK - PGK. \tag{6.2}$$

Abb. 6.4 zeigt den Zusammenhang zwischen sozialen, privaten und externen Grenzkosten in unserem klassischen Angebots-/Nachfragemodell. Berücksichtigt die Sorglos Chemistry AG als Verursacher der Externalität die externen Grenzkosten nicht in ihrem Kalkül, so ergäbe sich das Marktgleichgewicht im Polypol[23] als Schnittpunkt zwischen privaten Grenzkosten (PGK) und der Marktnachfragefunktion. Entsprechend werden x_0 Einheiten des Guts zu dem Preis p_0 angeboten. Allerdings wird deutlich, dass im Marktgleichgewicht ($x_0; p_0$) externe Grenzkosten in Höhe von $EGK(x_0)$ entstehen, die ohne staatlichen Eingriff Fischer Anton tragen müsste. Nach dem Verursacherprinzip sollte indes die Sorglos Chemistry AG für diese Kosten aufkommen, sodass die sozialen Grenzkosten im Marktgleichgewicht nicht $PGK(x_0)$, sondern $SGK(x_0) = PGK(x_0) + EGK(x_0)$ entsprechen.

Da sich die soziale Grenzkostenfunktion im Sinne der Gl. (6.1) als Summe der privaten und externen Grenzkostenfunktion ergibt, können wir diese durch einfache Aggregation einzeichnen. Da wir hier wieder den einfachen Fall linearer Funktionen betrachten, reichen uns in unserem Diagramm zwei Punkte. Neben $SGK(x_0)$ können wir hierzu den Ursprung der sozialen Grenzkostenfunktion nutzen, d. h. den Schnittpunkt mit der *y-Achse*. Wenn die Sorglos Chemistry AG nicht produziert ($x = 0$), dann entstehen auch keine externen Kosten für Fischer Anton. Vor diesem Hintergrund haben soziale und private

---

[23] Der Marktversagenstatbestand der Externalitäten betrachtet isoliert die Verletzung der Annahme (11) Abwesenheit technologischer externer Effekte. Vor diesem Hintergrund bleibt die Annahme einer (6) atomistischen Marktstruktur aufrecht erhalten.

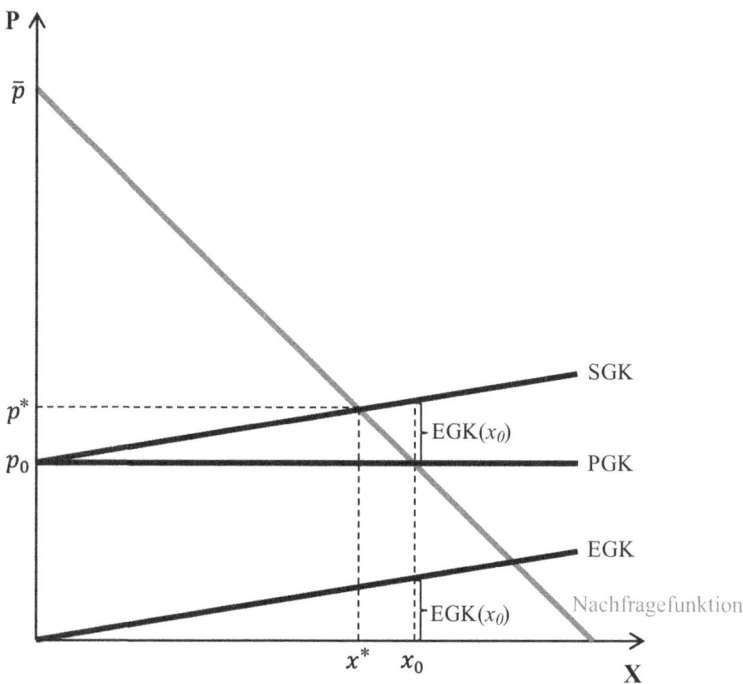

Abb. 6.4 Negative Externalitäten

Grenzkosten den gleichen Ursprung bzw. den gleichen Schnittpunkt mit der *y-Achse*, zumal $SGK(x=0) = PGK(x=0) + EGK(x=0) = PGK(x=0)$. In Abb. 6.4 wird die soziale Grenzkostenfunktion (SGK) also in Form einer linear steigenden Funktion ersichtlich, die für jede Menge x die entsprechenden externen Kosten durch Addition (von $EGK(x)$) berücksichtigt.

Um eine effiziente Allokation herbeizuführen, müsste die Sorglos Chemistry AG als Verursacher sämtliche Kosten – inklusive der externen Kosten – berücksichtigen. Der Verursacher sollte daher letztlich nicht die privaten, sondern die sozialen Grenzkosten im individuellen Maximierungskalkül zugrunde legen. Entsprechend ergibt sich das effiziente Marktgleichgewicht als Schnittpunkt zwischen Nachfragefunktion und den sozialen Grenzkosten in x^*. Der Vergleich der privaten gegenüber der sozialen Mengenwahl verdeutlicht, dass der Verursacher seine Menge über das sozial erwünschte Niveau hinaus ausweitet ($x_0 > x^*$), weil er die externen Kosten für Anton nicht berücksichtigt. Als Folge müsste auch der Preis des Guts (X) höher sein als im individuellen Gleichgewicht ($p^* > p_0$), wobei die Differenz gerade dem Niveau der externen Grenzkosten in x^* entspricht, d. h. $p^* = p_0 + EGK(x^*)$. Damit führt der Marktversagenstatbestand negativer Externalitäten letztlich zu einem Überangebot bei einem zu geringen Preisniveau. Gerade weil das Marktergebnis vom effizienten Ergebnis abweicht, sollte der Staat durch rechts- und/oder wirtschaftspolitische Maßnahmen korrigierend eingreifen.

Eine bekannte wirtschaftspolitische Maßnahme stellt hierzu die sog. Pigousche Mengensteuer nach Arthur Cecil Pigou dar.[24] Die Pigou-Steuer soll letztlich die Sorglos Chemistry AG dazu bewegen, sich freiwillig für das soziale Optimum ($x^*; p^*$) zu entscheiden. Wie können wir aber den Verursacher dazu bewegen sich für das soziale anstelle seines individuellen Optimums zu entscheiden? Pigous Antwort auf diese Frage ist relativ einfach: Durch Einführung einer Mengensteuer, die dem Niveau der externen Grenzkosten im sozialen Marktgleichgewicht entspricht. Pigou stellt also letztlich auf die bereits festgestellte Differenz zwischen p^* und p_0 im sozialen Optimum (x^*) ab. Erheben wir nun eine Mengensteuer in Höhe von $t^* = p^* - p_0 = EGK(x^*)$, ist die Sorglos Chemistry AG dazu gezwungen, die externen Kosten explizit zu berücksichtigen. Nach dem Verursacherprinzip führt die Mengensteuer dazu, dass die Sorglos Chemistry AG Anton für seinen entgangenen Gewinn aus dem Fischfang kompensiert. Man spricht in diesem Zusammenhang von der Internalisierung der externen Kosten. Abb. 6.5 zeigt die Wirkungszusammenhänge der Pigouschen Steuerlösung.

Indem der Verursacher also nun die externen Grenzkosten in Form einer Steuer pro Mengeneinheit berücksichtigen muss, ergibt sich sein individuelles Kalkül nun nicht mehr auf Basis seiner privaten Grenzkosten. Für jede Einheit x berücksichtigt er nun die zusätzlich abzuführende Steuer in Höhe von t, sodass sich seine privaten Grenzkosten pro

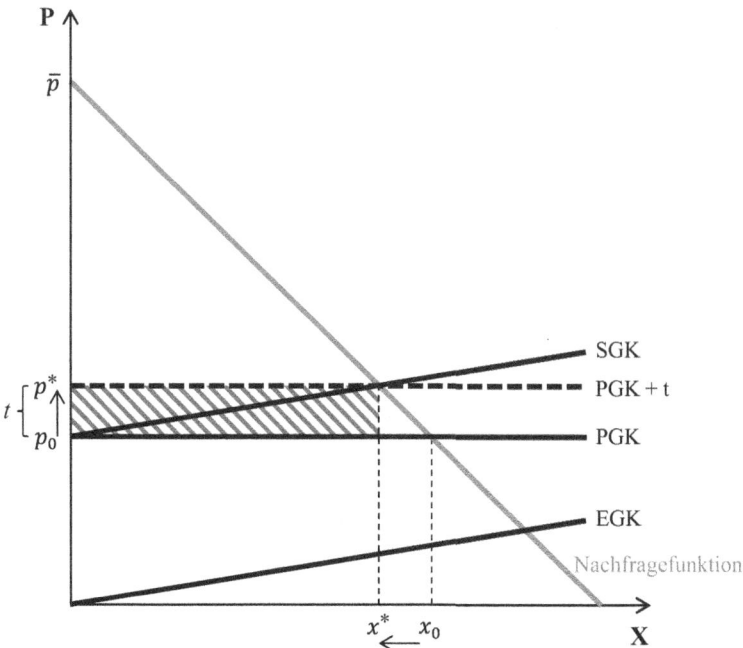

Abb. 6.5 Pigousche Steuerlösung

[24] Siehe hierzu grundlegend Pigou (1920).

Mengeneinheit aus $PGK + t$ ergeben. In der Abb. 6.5 kommt dieser Sachverhalt durch eine Parallelverschiebung der privaten Grenzkosten von PGK auf $PGK + t$ zum Ausdruck. Mit anderen Worten: Wir verschieben die private Grenzkostenfunktion soweit parallel nach oben, dass die private Grenzkostenfunktion nach der Steuererhebung ($PGK + t$) durch den Schnittpunkt zwischen sozialen Grenzkosten (SGK) und Nachfragefunktion verläuft. Nur so ist sicherzustellen, dass individuelles und soziales Optimum einander entsprechen. Ist die Mengensteuer auf dem effizienten Niveau fixiert, so hat die Sorglos Chemistry AG also gar keinen Anreiz die angebotene Menge über das sozial erwünschte Niveau hinaus auszuweiten. Im Marktgleichgewicht (x^*; $p^* = p_0 + t^*$) zahlt der Verursacher eine Gesamtsteuer (T^*) in Höhe von $T^* = t^* \cdot x^* = (p^* - p_0) \cdot x^*$. In der Abbildung wird diese durch die schraffierte Fläche des Rechtecks zwischen den privaten Grenzkosten (PGK) und den privaten Grenzkosten zuzüglich der Mengensteuer (PGK+t) kenntlich.

Beispiel 6.1

Die Sorglos Chemistry AG entsorgt ihren Chemiemüll stets im nahegelegenen Fluss. Da das Unternehmen nun die Entsorgungskosten nicht tragen muss, spart es 0,5 Euro pro Liter Chemiemüll. Die externen Kosten in Höhe von $EGK = 0,5 \cdot x$ werden indes von Fischer Anton getragen, der aufgrund des chemischen Gebräus eine geringere Fischpopulation und damit geringere Fischfangraten zu verzeichnen hat. Die privaten Grenzkosten der Sorglos Chemistry AG seien durch $PGK = 40$ gekennzeichnet. Vom Konsumforschungsinstitut KONSUM erfahren Sie zudem, dass für die Preisabsatzfunktion gilt: $P(x) = 100 - x$. Einzeichnen der Funktionen und Berücksichtigung, dass $SGK = PGK + EGK$ liefert folgendes Bild:

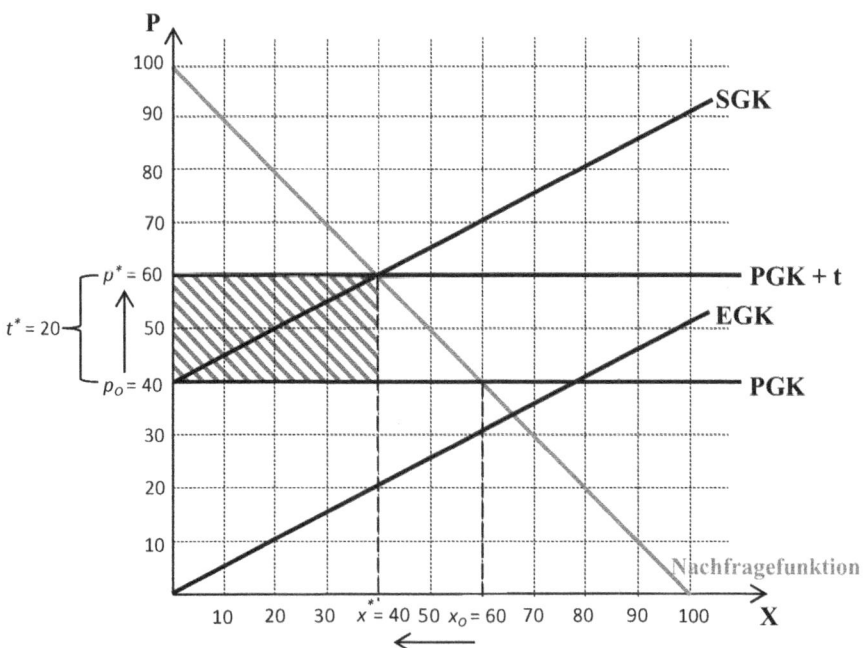

Ohne wirtschaftspolitische Intervention wird das Marktgleichgewicht durch den Schnittpunkt zwischen privater Grenzkostenfunktion mit der Nachfragefunktion bestimmt. Im Polypol wählt die Sorglos Chemistry AG eine Menge in Höhe von $x_0 = 60$ zum Grenzkostenpreis $p_0 = 40$. Unter Berücksichtigung der externen Kosten (EGK) würde die Sorglos Chemistry hingegen eine niedrigere Menge x^* zu einem höheren Preis p^* wählen. Da es sich in diesem Fall um den Schnittpunkt zwischen sozialer Grenzkostenfunktion und der Nachfrage handelt, sprechen wir vom effizienten Marktgleichgewicht $(x^*; p^*) = (40; 60)$. Wie können wir nun die Sorglos Chemistry AG dazu bewegen sich für dieses Marktgleichgewicht zu entscheiden?

Die Pigousche Mengensteuer soll bewirken, dass die Sorglos Chemistry AG die externen Grenzkosten berücksichtigt. Damit das Unternehmen von sich aus die optimale Menge x^* wählt, führen wir eine Mengensteuer t^* ein, die die privaten Grenzkosten soweit (parallel) nach oben verschiebt, dass die private Grenzkostenfunktion (mit Mengensteuer) durch den Schnittpunkt von sozialer Grenzkostenfunktion mit der Nachfragefunktion verläuft. Vor diesem Hintergrund hat die Sorglos Chemistry keine andere Wahl als die Menge x^* zum Preis p^* anzubieten (Internalisierung). Die Mengensteuer ergibt sich vor diesem Hintergrund in Form der externen Kosten im effizienten Marktgleichgewicht, wobei $t^* = SGK(x^*) - PGK(x^*) = p^* - p_0 = 20$. Die von der Sorglos Chemistry AG zu zahlende Gesamtsteuerlast ergibt sich vor diesem Hintergrund in Form des schraffierten Rechtecks bzw. $T^* = t^* \cdot x^* = 20 \cdot 40 = 800$

Die praktische Anwendbarkeit der Pigouschen Steuerlösung ist hingegen stark beschränkt. Schließlich erfordert die Umsetzung eine Vielzahl von Informationen, über die die wirtschaftspolitischen Entscheidungsträger nicht ohne Weiteres verfügen. Die Internalisierungsbemühungen sind nur dann erfolgreich, wenn die Mengensteuer genau den externen Grenzkosten im Marktgleichgewicht entspricht. Hierdurch kommt auch der statische Charakter dieses wirtschaftspolitischen Instruments zum Ausdruck. So wird die Sorglos Chemistry AG auch keinen Anreiz haben nach Alternativen zur Vermeidung der Emissionen zu suchen, um beispielsweise durch Innovationen den eigenen Vermeidungsaufwand (im Falle einer ordnungsgemäßen Entsorgung des Chemiemülls) zu reduzieren. Nichtsdestotrotz lassen sich in der Realität zahlreiche Beispiele finden, die der Intuition der Pigouschen Steuerlösung folgen. So ist die Energiesteuer (früher Mineralölsteuer) ein Beispiel für eine Pigousche Mengensteuer. Gegenwärtig zahlen Kraftfahrzeughalter hierzu an deutschen Zapfsäulen eine Mengensteuer in Höhe von 65,45 Cent pro Liter Benzin und 47,04 Cent pro Liter Diesel.[25] Eine häufig diskutierte Alternative im Zusammenhang mit Emissionen sind die sog. Umweltzertifikate (auch Emissionsrechtehandel). Die Zertifikatslösung hat den Vorteil, dass eine Preissetzung hier nicht erforderlich ist. Stattdessen werden die Umweltzertifikate wie Aktien an einer Börse gehandelt. Der Marktpreis ergibt sich in der Theorie dabei tagesaktuell in Abhängigkeit von Angebot und Nachfrage.

---

[25] Für weitere Informationen siehe http://www.steuerformen.de/mineraloelsteuer.htm.

Ein weiterer Vorteil der Zertifikatslösung besteht im sog. „Cap-and-Trade"-Argument, d. h. durch die Anzahl an vergebenen bzw. verfügbaren Zertifikate lässt sich eine Emissionsobergrenze festlegen. Möchte ein Unternehmen emittieren, so muss es Zertifikate erlangen, die dem Emittenden pro Zertifikat eine bestimmte Menge an Emissionen zugewilligt. Indem nun die Anzahl der Zertifikate begrenzt wird, lässt sich die Emissionsmenge direkt wirtschaftspolitisch steuern. Selbstverständlich funktioniert dies nur, wenn rechtliche Sanktionsmechanismen einen Verstoß entsprechend hart bestrafen. Sind die Zertifikate nun frei handelbar und das Angebot staatlich festgelegt, so nutzen wir letztlich die Vorteile des Marktmechanismus, um den Preis für externe Effekte zu bestimmen. Ist die Nachfrage hoch, bei gleichbleibend geringem Angebot, werden die Unternehmen zudem einen Anreiz haben, durch Investitionen in Forschung und Entwicklung nach alternativen Vermeidungsstrategien zu suchen. In der Theorie erfüllt das Konzept der Umweltzertifikate damit sowohl die Ziele statischer als auch dynamischer Effizienz.[26]

Bisher haben wir uns mit negativen Externalitäten bzw. externen Kosten beschäftigt. Im Gegensatz hierzu können Externalitäten aber auch positive Konsequenzen für Dritte haben bzw. zu externen Nutzen führen. Ein klassisches Beispiel ist etwa der sorgfältig angepflanzte Vorgarten des Nachbarn, an dem man sich beim morgentlichen Kaffee durch das Küchenfenster erfreuen kann. Auch jede Innovation kann als eine Form von positiver Externalität gesehen werden. So ermöglichen Innovationen neue Anwendungen und führen zu zusätzlicher sozialer Wohlfahrt. Analog zu unseren Überlegungen im Falle externer Kosten, führen externe Nutzen zu einer Divergenz zwischen privatem und sozialem Maximierungskalkül des Verursachers dieser Externalität. Da wir nun den Nutzen eines Guts (X) betrachten, ist nicht die Angebots- bzw. Grenzkostenfunktion hiervon betroffen, sondern die Nachfragefunktion. Wie wir in Kap. 3 gesehen haben, spiegelt die Nachfragefunktion wider, wie der Konsument seine nachgefragte Menge infolge einer Preisänderung anpasst. Ursprung der individuellen Nachfragefunktion ist die Preis-Konsum-Kurve. Entsprechend beschreibt die Nachfragefunktion nichts anderes als die Zahlungsbereitschaft der Konsumenten für das Gut X, die wiederum Ausdruck des zusätzlichen Nutzens ist, den ein Konsument mit dem Konsum des Guts verbindet. Die Nachfragefunktion können wir vor diesem Hintergrund auch als Grenznutzenfunktion bezeichnen.

Betrachten wir nun externe Nutzen, so führen diese zu einem Auseinanderfallen privater und sozialer Grenznutzen, d. h. der Konsument äußert eine geringere Zahlungsbereitschaft für das Gut X als sozial wünschenswert wäre, zumal er die positive Externalität nicht in seinem Kalkül berücksichtigt ($x_0 < x^*$, vgl. Abb. 6.6). Man könnte auch sagen,

---

[26] In der praktischen Wirtschaftspolitik wurden die Umweltzertifikate bzw. der Emissionsrechtehandel u. a. in Folge des Kyoto-Protokolls eingeführt, allerdings mit zahlreichen Schwachpunkten in der praktischen Umsetzung des Systems. Siehe hierzu weiterführend u. a. Feess und Seeliger (2013), Wiesmeth (2013) sowie Endres (2013).

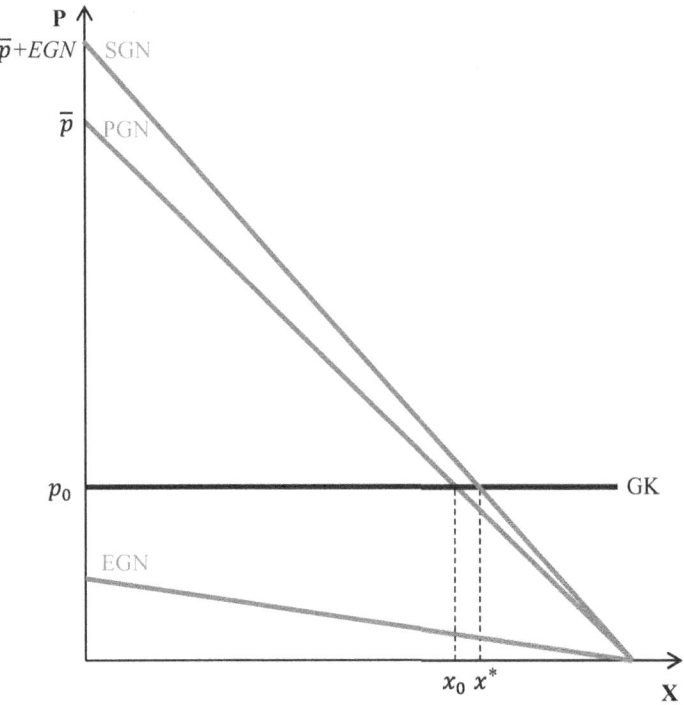

Abb. 6.6 Positive Externalitäten

er äußert bewusst eine niedrigere Zahlungsbereitschaft, da er von der positiven Externalität nicht ausgeschlossen werden kann. Die sozialen Grenznutzen entsprechen dabei gerade der Summe aus privaten Grenznutzen und den externen Grenznutzen, sodass

$$SGN = PGN + EGN. \tag{6.3}$$

Vor diesem Hintergrund aggregieren wir die private Grenznutzenfunktion (PGN) und die externe Grenznutzenfunktion (EGN) in Abb. 6.6 vertikal,[27] um zur sozialen Grenznutzenfunktion (SGN) zu gelangen. Somit ergibt sich in Abb. 6.6 der Schnittpunkt der sozialen Grenznutzenfunktion ($SGN(x = 0)$) mit der y-*Achse* durch Addieren der privaten und externen Grenznutzen an dieser Stelle, sodass $SGN(x = 0) = PGN(x = 0) + EGN(x = 0)$. Folglich wird deutlich, dass das Marktversagen in einem Unterangebot des Guts besteht, weil der Konsument die Externalität nicht in seinem Kalkül berücksichtigt und damit

---

[27] Üblicherweise aggregieren wir Nachfragefunktionen eigentlich horizontal. Wie wir im Falle öffentlicher Güter in Kap. 3 allerdings schon gesehen haben, fehlt aufgrund der fehlenden Zahlungsbereitschaft der Preis als Indikator zur horizontalen Aggregation. Auch hier führt die Nicht-Ausschließbarkeitseigenschaft dazu, dass wir nicht horizontal sondern vertikal aggregieren müssen.

nicht in Form einer höheren Zahlungsbereitschaft auf dem Markt zum Ausdruck bringt. Schließlich kann er vom Konsum der Externalität nicht (oder nur zu prohibitiv hohen Kosten) ausgeschlossen werden. Um im Beispiel zu bleiben, müsste unser Nachbar einen hohen Zaun um seinen Vorgarten bauen, um seine Nachbarn von der positiven Externalität auszuschließen. Das ist nicht nur teuer, sondern würde unter Umständen auch den Grenznutzen unseres Nachbarn an seinem eigenen Vorgarten reduzieren. Im Falle einer Produktinnovation wären die externen Grenznutzen besonders hoch, zumal unser Innovator sein Produkt ohne Patentrecht kaum gewinnbringend verkaufen kann (Arrow-Informationsparadoxon).[28] Das Patentrecht schafft hierzu gerade die notwendige Ausschließbarkeit, mit den bereits diskutierten wohlfahrtsökonomischen Konsequenzen (Monopolisierungseffekt). Mit anderen Worten: Das Patentrecht löst das Marktversagensproblem infolge der Existenz technologischer externer Effekte, indem es Ausschließbarkeit herstellt und damit das Marktversagensproblem der Marktmacht hervorruft. Deshalb kann das Patentrecht nie eine effiziente Allokation bewirken und im besten Fall als „second best"-Lösung verstanden werden. Was wäre aber die Alternative zum Patentrecht, um das eine Marktversagensproblem nicht auf Kosten eines anderen Marktversagenstatbestands zu lösen?

Pigou (1920) schlägt hierzu das wirtschaftspolitische Instrument einer Subvention vor. Grundgedanke der Subvention soll sein, dass die Subvention den Verursacher einer positiven Externalität für sein Handeln belohnt. Die Subvention erlaubt dem Produzenten einen Preissetzungsspielraum, zumal die Kosten jeder zusätzlichen Einheit nun im Umfang der Mengensubvention günstiger angeboten werden könnte. In Abb. 6.7 führt die Subvention deshalb zu einer Verschiebung der Grenzkostenfunktion nach unten. Die Höhe der Subvention sollte vor diesem Hintergrund durch das konkrete Ausmaß der positiven Externalität im effizienten Marktgleichgewicht bestimmt sein. Schließlich möchte der „Social Planer" den Verursacher der Externalität so belohnen, dass sein individuelles Preissetzungsverhalten zur optimalen Mengen- und Preissetzungswahl führt. Da für den Konsumenten nur die private Grenznutzenfunktion Ausdruck seiner tatsächlich geäußerten Zahlungsbereitschaft ist, sollte die Subvention die Grenzkostenfunktion des Produzenten also so weit nach unten verschieben, dass der Schnittpunkt der neuen Grenzkostenfunktion $(GK - s)$ mit der privaten Grenznutzenfunktion zur effizienten Allokation ($x^*; p^*$) führt. Da unser Produzent nun jede Einheit um s Geldeinheiten günstiger anbieten kann, fragen die Konsumenten nun x^* Einheiten des Guts nach. Die Höhe der Subvention ergibt sich nun aus der Differenz zwischen p_0 und p^*, bzw. der Differenz zwischen den privaten und sozialen Grenznutzen im effizienten Marktgleichgewicht, d. h. $s = PGN(x^*) - SGN(x^*)$. Da die soziale Grenznutzenfunktion grundsätzlich oberhalb der privaten Grenznutzenfunktion liegt, weist die Subvention ein negatives Vorzeichen auf ($-s$). Hier wird nun auch die Wirkungsweise der Subvention ersichtlich, die in Gestalt einer Parallelverschiebung der Grenzkostenfunktion dem Produzenten erlaubt, sein Gut

---

[28] Für eine Wiederholung siehe Abschn. 3.4.1.

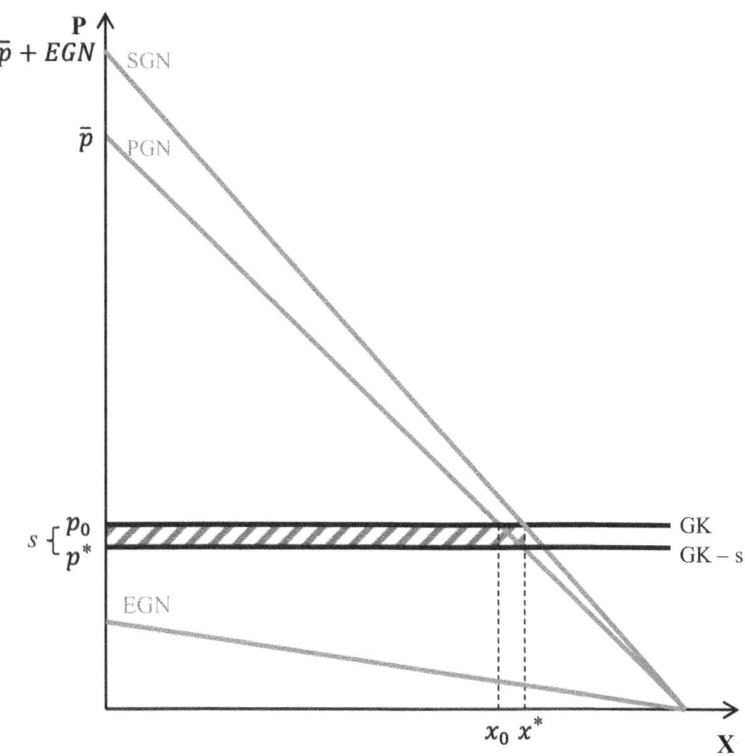

Abb. 6.7 Pigousche Subventionslösung

um s Geldeinheiten günstiger anzubieten. Abb. 6.7 fasst die Wirkungszusammenhänge der Pigouschen Subventionslösung noch einmal zusammen.

Die zu zahlende Gesamtsubvention ergibt sich nun aus der Menge multipliziert mit der Subvention pro Mengeneinheit, d. h. $S^* = s^* \cdot x^*$ (vgl. schraffierte Fläche in Abb. 6.7). Finanziert wird diese über Steuereinnahmen, sodass die Belastung pro Kopf relativ klein bleibt, zumal sie auf die Gesamtheit der Steuerzahler verteilt wird. Auf diese Weise zahlen die Konsumenten die positive Externalität zumindest indirekt. Legitimiert wird dieser Staatseingriff mit der Überlegung, dass die Haushalte den tatsächlichen Nutzen aus dem Konsum eines Guts unterschätzen. Sie entscheiden quasi nicht rational im Hinblick auf die Zahlungsbereitschaft, da sie die positive Externalität nicht berücksichtigen. In diesem Zusammenhang spricht man auch vom Konzept der sog. meritorischen Güter.[29] Weitere Beispiele für solche meritorischen Güter sind Kulturgüter wie Theater, Museen, Bücher und

---

[29] Das Gegenteil meritorischer Güter sind demeritorische Güter, die mithilfe des Staatseingriffs in geringeren Mengen vorkommen, als sonst (über den Markt) üblich wäre. Vor diesem Hintergrund könnten wir bei Umweltgütern auch von demeritorischen Gütern sprechen, zumal die Pigousche Mengensteuer den Konsum dieser Güter „bestrafen" soll, um so weniger von diesen zu konsumieren.

Zeitschriften sowie (insbesondere klassische) Konzerte. Deshalb werden Eintrittskarten zu solchen Kulturveranstalten häufig zu Preisen angeboten, die unterhalb der Grenzkosten liegen. Die Anbieter sind hierzu in der Lage, weil der Staat sie durch steuerfinanzierte Subventionen unterstützt.

Beispiel 6.2

Gegeben sei die Xtrem GmbH aus Beispiel 3.12. Die Preisabsatzfunktion sei gegeben in der Form $P(x) = 100 - x$. Die Grenzkosten seien nun konstant bei 20 Euro, sodass $K(x) = 20x$. Nun nehmen wir an, die Xtrem GmbH hätte eine neuartige Apfelsorte mit dem Namen „Allstar" entwickelt, die zu gleichen Grenzkosten produziert werden könnte. In einer Welt ohne Patentrecht, könnte die Xtrem GmbH nun andere Apfelproduzenten nicht davon abhalten den „Allstar"-Apfel zu produzieren. Nichtsdestotrotz würde sie einen sog. „First-Mover-Advantage" gegenüber den potentiellen Imitatoren generieren, wodurch sie einen Teil der möglichen Monopolrente internalisiert.[30] Hintergrund ist die Überlegung, dass es Konsumenten gibt, die den „Allstar"-Apfel sofort konsumieren möchten, und andere, die auf die „billigere" Imitation warten. Vor diesem Hintergrund werden die Konsumenten nicht ihre tatsächliche Zahlungsbereitschaft (soziale Grenznutzen) äußern, sondern eine niedrigere (private Grenznutzen). Die Differenz entspricht dabei gerade den externen Grenznutzen, die durch die Wissensspillover der Imitatoren erst später realisiert werden. Schließlich setzt die Innovation des „Allstar"-Apfels durch die Xtrem GmbH die Imitatoren überhaupt erst in die Lage zu imitieren. Die private Grenznutzenfunktion der „Sofortkonsumierer" sei $PGN = 80 - 4/5 \cdot x$. Für die externe Grenznutzenfunktion gilt: $EGN = 20 - 1/5 \cdot x$, sodass $SGN = PGN + EGN = 80 - 4/5x + 20 - 1/5x = 100 - x$. Würde die Xtrem GmbH den „Allstar"-Apfel nun zu Grenzkostenpreisen anbieten, so würden zu einem Preis von $p = GK = 20$ eine Menge von $x_0 = 75$ nachgefragt, da $PGN = GK \leftrightarrow 80 - \frac{4}{5} \cdot x = 20 \leftrightarrow x_0 = 75$ (vgl. Abbildung). Aus wohlfahrtsökonomischer Perspektive optimal wäre hingegen eine Menge von $x^* = 80$, da $SGN = GK \leftrightarrow 100 - x = 20 \leftrightarrow x^* = 80$. Folglich werden aus sozialer Wohlfahrtsperspektive zu wenig „Allstar"-Äpfel konsumiert ($x_0 < x^*$).[31]

Die Pigou-Subvention soll dieses Marktversagen korrigieren und die Xtrem GmbH für die erzeugte positive Externalität kompensieren. Die Subvention soll deshalb der Xtrem GmbH einen Anreiz bieten die effiziente Allokation von sich aus herbeizuführen.

---

[30] Für eine Wiederholung siehe Abschn. 3.4.

[31] Hierbei abstrahieren wir allerdings von der Tatsache, dass der „First Mover" typischerweise bis zum Markteintritt des ersten Imitators als Monopolist agiert (hier würde die Xtrem GmbH eine Monopolmenge von $x_M = 37,5$ wählen). In unserer Betrachtung wollen wir allerdings die einzelnen Marktversagenstatbestände isoliert voneinander betrachten und setzen vor diesem Hintergrund eine atomistische Marktstruktur zugrunde. Außerdem zeigt die Annahme (10) unendliche Reaktionsgeschwindigkeit zumindest in der Theorie, dass die Imitation in einer Welt ohne Patentrecht unmittelbar erfolgt.

Hierzu verschiebt die Subvention pro Mengeneinheit die Grenzkostenfunktion soweit nach unten, bis gilt: $PGN(x^*) = GK - s_4$. Für $x^* = 80$ erhalten wir für die optimale Subvention pro Menge deshalb: $80 - \frac{4}{5} \cdot 80 = 20 - s \leftrightarrow s^* = 4$. Vor diesem Hintergrund sollte die Xtrem GmbH letztlich eine Gesamtsubvention (S) in Höhe von $S^* = s^* \cdot x^* = 4 \cdot 80 = 320$ erhalten.

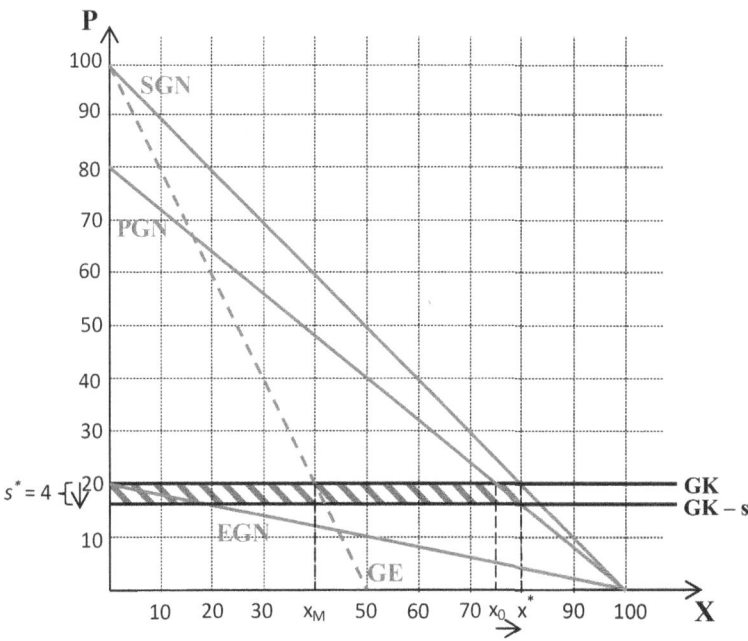

Der Vergleich mit dem Patentrecht zeigt, dass die Xtrem GmbH eine Monopolmenge $x_M = 40$ wählen würde, schließlich wählt sie ihren Preis im Monopol im Sinne der „Grenzerlös (GE) gleich Grenzkosten (GK)"-Regel. Da $x_M < x_0 < x^*$ wird deutlich, dass das Patentrecht niemals eine „first-best"-Lösung sein kann.

Unsere Überlegungen zeigen, dass Innovatoren auch mithilfe von Subventionszahlungen einen Anreiz zur Investition in Forschung und Entwicklung haben würden,[32] wobei die Subvention den Innovator für seine positive Externalität aus der Innovation entlohnt. Nichtsdestotrotz sind auch hier die Probleme der Pigouschen Mengensubvention in Form der besonderen Informationsanforderungen zu berücksichtigen. Schließlich können wir die Subventionszahlung nur im Einzelfall effizient ansetzen, weil wir über die Marktgegebenheiten perfekt informiert waren. Dies wird in der Realität eher weniger der Fall sein.

---

[32] Für eine Diskussion siehe Shavell und van Ypserelen (2001). Die Autoren zeigen, dass ein System, in dem die Innovatoren zwischen den beiden Welten (Subvention versus Patent) wählen können, optimal wäre.

6.3   Implikationen: Markt versus Staat

Unsere vorangegangene Diskussion zeigt, dass Marktversagen grundsätzlich einen Eingriff des Staates legitimieren kann. Führt der Marktmechanismus also nicht zu einer
effizienten Allokation, so soll der Staat das Marktergebnis durch wirtschaftspolitische
sowie rechtliche Maßnahmen korrigieren. Ob der Staat allerdings in der Lage ist eine
effiziente Allokation herbeizuführen, ist zumindest kritisch zu hinterfragen.

Video 6.10   Das Coase-Theorem

So haben wir beim Marktversagenstatbestand der Externalität gesehen, dass es nicht
ohne Weiteres möglich ist den Verursacher einer Externalität immer eindeutig zu bestimmen. Baut Anton beispielsweise sein Haus direkt neben ein Chemiewerk, so ist
fraglich, wer für die externen Kosten der „Umweltschädigung" unmittelbar verantwortlich ist. Schließlich gäbe es keine externen Effekte, wenn sich Anton für ein anderes
Grundstück fernab der Chemieindustrie entschieden hätte. Vor diesem Hintergrund wird
deutlich, dass der Staatseingriff nicht notwendigerweise eine effiziente Allokation bewirken kann.[33] Eine marktliche Lösung im Sinne einer privaten Verhandlungslösung
zwischen den unterschiedlichen Marktseiten wäre in einem solchen Fall wünschenswert. Unter welchen Umständen wäre eine solche Verhandlungslösung realistisch?

---

[33] Generell sind die Informationsanforderungen eine wesentliche Hürde, die die Effizienz des Staatseingriffs zumindest einschränkt. Wie wir bereits in Kap. 2 gesehen haben ist Wissen bzw. Information dezentral verteilt (Hayek (1945)) und kann nur über den Markt zentralisiert bzw. kanalisiert
werden. Schließlich verdeutlicht uns bereits der normativen Individualismus, dass nur jeder selbst
am besten weiß, was gut für ihn ist.

Hier kann das sog. Coase-Theorem (benannt nach dem Ökonomen Ronald Coase) die Bedingungen an eine solche Verhandlungslösung aufzeigen. Der Aufsatz „The Problem of Social Cost" (Coase (1960)) gilt in diesem Zusammenhang auch als Geburtsstunde der ökonomischen Analyse des Rechts, da es die Bedingungen und Anforderungen des Rechts aufzeigt. Ausgangspunkt des Coase-Theorems ist die sog. „Property Rights Theorie" (auch Theorie der Verfügungsrechte) und die Überlegung, dass Güter grundsätzlich als Rechtebündel zu interpretieren sind, die je nach Ausgestaltung bestimmte Nutzungsmöglichkeiten des Guts definieren. Die „Property Rights Theorie" unterscheidet in diesem Zusammenhang zwischen vier Arten der Nutzungsmöglichkeiten (bzw. Verfügungsrechte): (1) usus, das Recht eine Sache zu benutzen, (2) usus fructus, das Recht sich den Ertrag (aber auch die Verluste) aus einer Sache anzueignen (bzw. zu tragen), (3) abusus, das Recht eine Sache zu verändern, (4) ius abutendi, das Recht eine Sache zu veräußern und den Veräußerungsgewinn zu behalten.[34] Als Beispiel bietet sich in diesem Zusammenhang der Unterschied zwischen Mieter und Vermieter an. In diesem Fall hat der Mieter „usus" und somit das Recht das Mietobjekt zu nutzen und darin zu leben. Der Vermieter behält als Eigentümer hingegen üblicherweise alle anderen Verfügungsrechte, insbesondere das Recht, sich den Ertrag aus der Sache (d. h. die Miete) anzueignen sowie selbstständig über den Verkauf des Mietobjekts (in den Grenzen des Mietrechts) zu entscheiden. Grundgedanke der „Property Rights Theorie" ist nun, dass diese Rechtebündel transferierbar sind,[35] sodass man einzelne Nutzungsmöglichkeiten (z. B. durch Verkauf, Vermietung usw.) einräumen kann und andere behält. Beim Transfer dieser Verfügungsrechte kommt es in der Regel zu sog. Transaktionskosten im Sinne von Kosten für die Nutzung des Markts. Im Allgemeinen ist in diesem Zusammenhang zu unterscheiden zwischen Transaktionskosten zu denen es vor Vertragsabschluss (ex ante) kommt (Anbahnungskosten sowie Vereinbarungskosten) und Transaktionskosten zu denen es nach Vertragsabschluss (ex post) kommt (Abwicklungskosten, Kontrollkosten sowie Anpassungskosten).[36]

Das Coase-Theorem baut letztlich auf den Konzepten der „Property Rights Theorie" und der Transaktionskostenökonomik auf. Dabei zeigt das Coase-Theorem für unser Externalitätenproblem, dass bei Abwesenheit von Transaktionskosten auch ohne staatliche Intervention eine effiziente Allokation herbeigeführt werden kann. Bei Abwesenheit von Transaktionskosten werden sich Schädiger und Geschädigter unabhängig von der originären Zuordnung des Rechts über private Verhandlung auf das effiziente Niveau der Schädigung einigen und damit die externen Kosten internalisieren. Hinsichtlich der originären Zuordnung lassen sich dabei zwei Fälle unterscheiden: (1) Der Fall mit Schadenshaftung, bei dem

---

[34] Häufig wird Punkt (4) in der Literatur unter (2) subsumiert. Siehe z. B. Erlei et al. (2016).

[35] Wie wir im Fall des Urheberrechts (5.3.1) gesehen haben kann diese Handelbarkeit einzelner Rechte auch eingeschränkt werden. So kann der Urheber im kontinentaleuropäischen System seine Urheber-/Autorenschaft nicht transferieren.

[36] Auch die Transaktionskostenökonomik (Coase (1937)) geht neben der „Property Rights Theorie" (Coase (1960)) auf Ronald Coase zurück. Siehe weiterführend u. a. Erlei et al. (2016) sowie Fritsch (2014).

die Schädigung grundsätzlich verboten ist. Allerdings könnte der Schädiger dem Geschädigten das Recht auf Schädigung abkaufen. (2) Der Fall ohne Schadenshaftung, bei dem die Schädigung grundsätzlich erlaubt ist. In diesem Fall müsste der Geschädigte den Schädiger für den Vermeidungsaufwand aus der Reduktion der Schädigung kompensieren. Kernaussage des Coase Theorems ist nun, dass sich unabhängig der originären Zuordnung (Fall 1 oder Fall 2) Schädiger und Geschädigter durch rein private Verhandlung auf das effiziente Niveau einigen. Zwei Voraussetzungen müssen hierzu gegeben sein: (1) Es existieren keine Transaktionskosten. (2) Es ist klar definiert, ob wir uns im Fall 1 oder 2 befinden.

Zur Veranschaulichung unserer Überlegungen zum Coase-Theorem nutzen wir wieder unser Beispiel zu den negativen Externalitäten. Hierbei betrachten wir die Sorglos Chemistry AG, die ihren Chemiemüll in den Fluss einleitet, anstatt diesen ordnungsgemäß zu entsorgen. Hierbei spart die Sorglos Chemistry AG die Kosten für die Entsorgung des Chemiemülls. Man spricht in diesem Zusammenhang auch von Vermeidungsaufwand, d. h. Aufwand zur Vermeidung der Schädigung. Schließlich führt jede zusätzliche Tonne Chemiemüll, die die Sorglos Chemistry ordnungsgemäß entsorgen lässt zu entsprechenden Kosten. Bei diesen zusätzlichen Kosten jeder weiteren Einheit (Chemiemüll in Tonnen) sprechen wir von Grenzvermeidungskosten (GVK). Auf der anderen Seite betrachten wir wieder den Fischer Anton. Anton wird durch den Chemiemüll geschädigt, da das chemische Gebräu durch den Fluss in den See gelangt, wodurch die Fischpopulation stark dezimiert wird. Je mehr Chemiemüll in den Fluss eingeleitet wird, desto mehr Fische sterben. Jeder Fisch der stirbt, kann von Anton nicht gefangen werden und führt zu entsprechendem Gewinnausfall. Jede Tonne Chemiemüll führt damit zu zusätzlichen Schadenskosten. Bei diesen zusätzlichen Kosten jeder weiteren Einheit (Chemiemüll in Tonnen) sprechen wir von Grenzschaden (GS). Bringen wir nun beide Seiten (Schädiger und Geschädigter) zusammen, so wird deutlich, dass die Grenzvermeidungskosten mit zunehmendem Schadensniveau sinken, während der Grenzschaden mit zunehmendem Schadensniveau steigt. Zur Vereinfachung gehen wir im Folgenden von einem linearen Verlauf beider Grenzkostenfunktionen aus. Abb. 6.8 verdeutlicht den Verlauf beider Funktionen in Abhängigkeit des Schadensniveaus (S).

Der sinkende (steigende) Verlauf der Grenzvermeidungskosten (Grenzschaden) verdeutlicht, dass nicht jede Einheit des Chemiemülls mit den gleichen absoluten Kosten einhergeht. Sonst würden wir in der Abb. 6.8 einen konstanten Grenzkostenverlauf beobachten. Im Falle der Grenzvermeidungskosten bedeutet diese Überlegung, dass die zusätzlichen Kosten zur ordnungsgemäßen Entsorgung des Chemiemülls mit jeder weiteren Tonne steigen. Zu lesen ist die GVK-Funktion dabei von rechts nach links. Je höher das Niveau der Schädigung, desto niedriger ist schließlich der Anteil des Chemiemülls, den die Sorglos Chemistry AG zu entsorgen hat. Im Extremfall leitet das Unternehmen sämtlichen Chemiemüll in den Fluss ein und verursacht damit maximale Schädigung (s_{max}). Die Grenzvermeidungskosten betragen in diesem Punkt null, da die Sorglos Chemistry AG keinen Vermeidungsaufwand betreibt. Mit jeder Einheit, die das Unternehmen nun entsorgt steigen die zusätzlichen Kosten. Im anderen Extrem ($s = 0$) muss die Sorglos Chemistry AG sämtlichen Chemiemüll ordnungsgemäß entsorgen. Die Gesamtvermeidungskosten

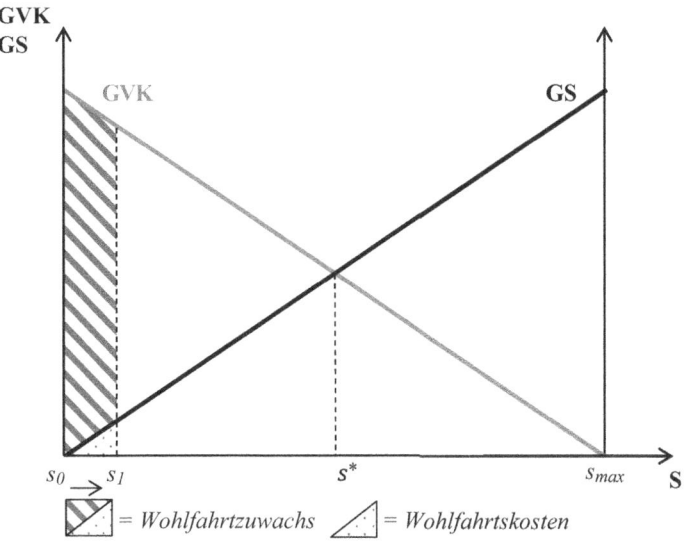

Abb. 6.8 Wohlfahrtswirkungen im Coase-Theorem

ergeben sich nun in Form der Fläche unterhalb der Grenzvermeidungskosten. Im Extremfall ($s = 0$) zahlt die Sorglos Chemistry AG damit einen Vermeidungsaufwand in Höhe der Dreiecksfläche unterhalb der GVK-Funktion.[37]

Wir erinnern uns an die Schulzeit. Hier haben wir neben der Differential- auch die Integralrechnung kennengelernt. Die Integralrechnung beschäftigt sich üblicherweise mit der Berechnung von Flächeninhalten, die zwischen dem Graphen der Funktion (y-Werte) und der x-Achse (in bestimmten Grenzen) eingeschlossen werden. Wir schreiben dabei

$$\int_a^b f(x)\,dx = \left[F(x)\right]_a^b = F(b) - F(a).$$

Das Integralzeichen deutet dabei an, welchen Befehl wir mathematisch ausüben. Letztlich bilden wir die Summe (Befehl „S") aller Abstände zwischen dem Graphen (y-Werte) und der x-Achse, in den Grenzen zwischen a und b (a = Untergrenze,

---

[37] Üblichweise fügt man bei der Bildung der Stammfunktion dieser eine sog. Integrationskonstante „c" hinzu, sodass sich für unsere Beispielfunktion eigentlich die Stammfunktion $F(x) = x^3 + c$ ergibt. Das „c" ist letztlich eine beliebige Zahl. Wenden wir nun den Umkehrbefehl an und leiten die Stammfunktion wieder ab (d. h. $dF/dx = f(x)$), so fällt das „c" automatisch weg, d. h. $dF/dx = f(x) = 3x^{3-1} = 3x^2$.

b = Obergrenze). Das „dx" deutet den Befehl an, worüber wir integrieren (hier x). Das „große F von x" stellt dabei die sog. Stammfunktion dar. Um von $f(x)$ zur Stammfunktion $F(x)$ zu gelangen, müssen wir aufleiten. Hier gilt allgemein:

$$f(x) = ax^n \rightarrow F(x) = \frac{1}{n+1} \cdot x^n.$$

Bilden wir z. B. die Stammfunktion von $f(x) = 3x^2$, so rechnen wir: $F(x) = \frac{3}{2+1} \cdot x^{2+1} = x^3.$ [37] Die Berechnung des Flächeninhalts, der von der Funktion $f(x) = 3x^2$ in den Grenzen $x = 2$ und $x = 1$ eingeschlossen wird, ergibt sich analog durch

$$\int_1^2 3x^2 dx = [x^3]_1^2 = 2^3 - 1^3 = 7.$$

Die folgende Abbildung verdeutlicht nochmal den Unterschied zwischen $f(x)$ und $F(x)$. Entsprechend ergibt sich die Fläche unterhalb der Funktion $f(x) = 5$ (d. h. konstante Grenzwerte) auch als Differenz der entsprechenden Funktionswerte der

hieraus resultierenden Stammfunktion ($F(x) = 5x$), d. h. $\int_a^b 5dx = [5x]_a^b = F(b) - F(a)$.

Für $a = 1$ und $b = 2$ erhalten wir z. B. $F(2) - F(1) = 5 \cdot 2 - 5 \cdot 1 = 5$.

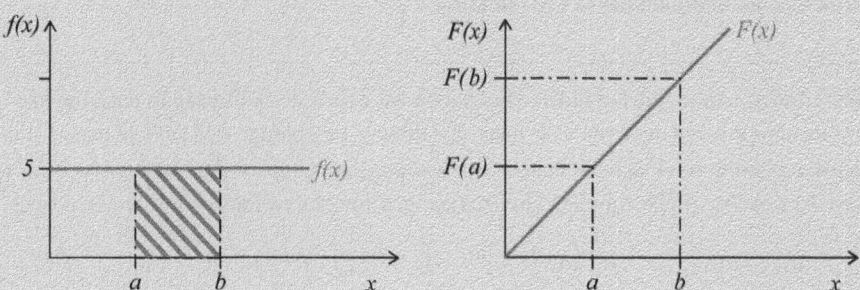

Die Abbildung veranschaulicht auch nochmal den Unterschied zwischen Differenzierung und Integration. Durch Integration bzw. Aufleiten gelangen wir zu $F(x)$. Durch Differenzierung bzw. Ableiten gelangen wir zu $f(x)$.

Hier wird nun auch unmittelbar der Zusammenhang zwischen Grenzkosten und Gesamtkosten deutlich. In Abb. 6.8 betrachten wir die Grenzkostenfunktionen. Die entsprechende Gesamtkostenfunktion ergibt sich vor diesem Hintergrund als Stammfunktion der jeweils betrachteten Grenzkostenfunktion. Die jeweilige Fläche unterhalb der Grenzkostenfunktion und in den entsprechenden Grenzen (s_0 bis s_{max}) spiegelt damit das Gesamtkostenniveau bzw. den entsprechenden Funktionswert (y-Wert) unserer Kostenfunktion wider. Im

Extremfall muss unsere Sorglos Chemistry AG sämtlichen Chemiemüll ordnungsgemäß entsorgen und damit das Schadensniveau auf s_0 reduzieren. Im Ergebnis sehen wir damit Gesamtvermeidungskosten in Höhe des Dreiecks unterhalb der GVK-Funktion ($f(s)$) und in den Grenzen zwischen s_0 und s_{max} bzw.

$$\int_{s_0}^{s_{max}} f(s)ds = \left[F(s)\right]_{s_0}^{s_{max}} = F\left(s_0\right) - F\left(s_{max}\right) = \frac{s_{max} \cdot GVK(s_{max})}{2}. \tag{6.4}$$

Auf der anderen Seite betrachten wir Anton als Geschädigten der negativen Externalität. Anton muss auf Erträge aus dem Fischfang verzichten, da das chemische Gebräu der Sorglos Chemistry AG seine Fischpopulation reduziert. Aus Abb. 6.8 wird nun ersichtlich, dass die Grenzschadenskosten mit zunehmendem Schadensniveau steigen. Die GS-Funktion ist folglich von links nach rechts zu lesen. Im Ausgangspunkt ($s=0$) kommt es zu keiner Schädigung und damit zu keiner Reduktion der Fischpopulation. Der Grenzschaden ist null, d. h. $GS(s=0) = 0$. Mit jeder zusätzlichen Schadenseinheit (Tonne Chemiemüll) steigen die Grenzschäden für Anton linear an. Im Extremfall leitet die Sorglos Chemistry AG sämtlichen Chemiemüll (s_{max}) in den Fluss und sorgt damit für eine maximalen Schädigung von Anton. Auch hier ergeben sich die Gesamtkosten nun in Form der Fläche unterhalb der Grenzschadensfunktion und in den entsprechenden Grenzen des Schadensniveaus. Im schlechtesten Fall muss Anton damit eine Schädigung in Höhe des gesamten Dreiecks unterhalb der GS-Funktion ertragen. Warum sollten die Sorglos Chemistry AG und Fischer Anton nun über das Ausmaß der Schädigung miteinander in Verhandlung treten?

Aus volkswirtschaftlicher Sicht ergibt sich unmittelbar, dass beide Extrempunkte (s_0 und s_{max}) nicht optimal sind. Befinden wir uns etwa im Ausgangspunkt s_0, wird deutlich, dass die Grenzvermeidungskosten deutlich über den Grenzschäden liegen. Im Ursprungspunkt ($s=0$) entsorgt die Sorglos Chemistry AG sämtlichen Chemiemüll ordnungsgemäß und trägt damit Gesamtvermeidungskosten in Höhe des gesamten Dreiecks unterhalb der GVK-Funktion. Anton wird nicht geschädigt, weshalb er auch keine Kosten zu ertragen hat. Würden die beiden nun miteinander in Verhandlung treten, so ergäben sich Wohlfahrtszuwächse. Hintergrund ist dabei die Überlegung, dass die Sorglos Chemistry AG mit jeder Tonne, die sie nun in den Fluss leiten darf eine deutliche Reduktion der Vermeidungskosten zu verzeichnen hat, während Fischer Anton nur geringfügig geschädigt wird. Hierzu betrachten wir nochmal Abb. 6.8. Die erste Einheit Chemiemüll, die die Sorglos Chemistry AG in den Fluss leiten würde, führt zu einem Anstieg des Schadensniveaus von s_0 auf s_1. Hiermit spart das Chemieunternehmen Gesamtvermeidungskosten in Höhe der schraffierten Fläche (gestreift und gepunktet), d. h. der Fläche unterhalb der GVK-Funktion und in den Grenzen zwischen s_0 und s_1. Gleichzeitig führt der Anstieg des Schadensniveau zu Kosten bzw. Schädigung für Fischer Anton. Anton trägt dabei Kosten in Höhe der Dreiecksfläche (gepunktet) unterhalb der GS-Funktion und in den

Grenzen zwischen s_0 und s_1. Aus volkswirtschaftlicher Sicht ergibt sich damit ein Wohlfahrtszuwachs in Höhe des Nettoertrags aus der Reduktion des Vermeidungsaufwands für
die Sorglos Chemistry AG (Wohlfahrtszuwachs) und der Schädigung von Fischer Anton
(Wohlfahrtskosten), d. h. in Höhe der gestreiften Trapezfläche zwischen s_0 und s_1 (vgl.
Abb. 6.8). Hintergrund ist dabei, dass aus volkswirtschaftlicher Sicht die Grenznutzen (im
Sinne der Reduktion der Vermeidungskosten) oberhalb der Grenzkosten (im Sinne der zusätzlichen Schädigung) liegen. Unser „Social Planer" würde vor diesem Hintergrund also
die Verhandlungsparteien dazu ermuntern, solange weiter über das Schadensniveau zu
verhandeln, bis die Grenznutzen mit den Grenzkosten übereinstimmen. Vor diesem Hintergrund gibt es also so etwas wie ein optimales Schadensniveau (s^*), das genau durch
den Schnittpunkt zwischen Grenzvermeidungskosten und Grenzschaden bestimmt ist. Das
Coase-Theorem zeigt nun, dass sich die Sorglos Chemistry AG und Fischer Anton bei Abwesenheit von Transaktionskosten und unabhängig der originären Zuordnung (Fall 1 versus Fall 2) auf dieses optimale Schadensniveau über den Verhandlungsweg einigen würden, d. h. ohne eine staatliche Intervention (z. B. in Form einer Pigou-Mengensteuer)

Wir betrachten zunächst den Fall mit Schadenshaftung (Fall 1), d. h. die Schädigung ist
grundsätzlich verboten. In diesem Fall befinden wir uns in der Ausgangssituation also bei
einem Schadensniveau von $s=0$. Die Sorglos Chemistry AG darf keinen Chemiemüll in
den Fluss einleiten, sämtlicher Chemieabfall muss ordnungsgemäß entsorgt werden. Das
Unternehmen trägt einen Vermeidungsaufwand in Höhe der gesamten Dreiecksfläche unterhalb der GVK-Funktion. Für Fischer Anton entsteht kein Schaden ($GS(s=0)=0$).
Wie wir bereits gesehen haben, wäre aus volkswirtschaftlicher Sicht ein Schadensniveau
$s>0$ sinnvoll. Optimal wäre ein Schadensniveau in Höhe von s^*. Nach Coase werden die
Sorglos Chemistry AG und Fischer Anton über ein höheres Schadensniveau verhandeln.
Welchen Anreiz hat aber Fischer Anton einem höheren Schadensniveau zuzustimmen?
Schließlich hat der Fischer bei einer Schädigung $s>0$ einen Rückgang seiner Fischpopulation zu verzeichnen. Die Sorglos Chemistry AG muss Anton also zumindest für seinen
Schaden kompensieren, damit dieser einen Anreiz hat sein Recht auf Schadensfreiheit
aufzugeben. Schließlich befinden wir uns im Fall mit Schadenshaftung, d. h. Anton könnte
unter Umständen rechtlich eine Unterlassung der Schädigung durch die Sorglos Chemistry AG und/oder Schadensersatz erzwingen. Vor diesem Hintergrund muss der Schädiger
dem Geschädigten einen Transferbetrag zahlen. Die Höhe des Transferbetrags hängt dabei
unmittelbar von der Höhe des Schadensniveaus sowie von den Informationen über die
Schadenskosten ab. Im Gleichgewicht werden sich Schädiger und Geschädigter dabei auf
ein Schadensniveau in Höhe von s^* einigen. Schließlich sind aus gesamtwirtschaftlicher
Sicht (d. h. Schädiger und Geschädigter gemeinsam) für $s < s^*$ die Grenznutzen aus einer
Ausweitung der Schädigung größer als die damit einhergehenden Grenzkosten. Allerdings
sind die Grenznutzen und Grenzkosten unterschiedlich zwischen Schädiger und
Geschädigten verteilt, da die Sorglos Chemistry AG durch die Ausweitung des Schadensniveaus ihren eigenen Vermeidungsaufwand reduziert (gesamtwirtschaftliche Grenznutzen),
während Fischer Anton die Schadenskosten trägt (gesamtwirtschaftliche Grenzkosten).

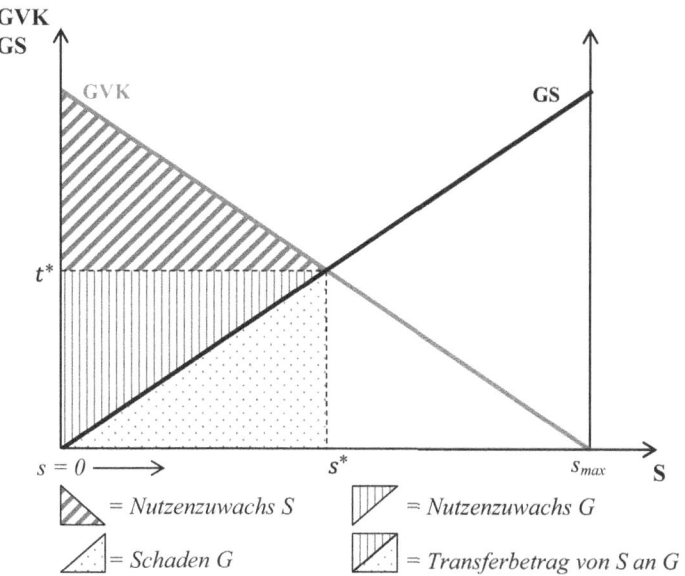

Abb. 6.9 Das Coase-Theorem mit Schadenshaftung

Abb. 6.9 zeigt, dass Anton bei einem Schadensniveau in Höhe von s^* eine Schädigung in Höhe der gepunkteten Dreiecksfläche erleidet. Die Sorglos Chemistry AG muss Anton nun zumindest für diesen Schaden kompensieren. Die Informationen über den Verlauf der GS-Funktion sind üblicherweise dem Schädiger jedoch nicht bekannt, sodass eine Differenzierung des Transferbetrags nach (tatsächlich) entstandenen Schadenskosten nicht praktikabel erscheint. Analog zu unseren Überlegungen zum Marktpreis in Kap. 3, wird sich auch hier ein einheitlicher Transferbetrag bilden, der den Grenzkosten im Gleichgewicht s^* entspricht. Vor diesem Hintergrund muss die Sorglos Chemistry AG dem Fischer Anton einen Transferbetrag von t^* pro Mengeneinheit der Schädigung zahlen. Bei einem Schadensniveau in Höhe von s^* ergibt sich damit ein Transferbetrag in Höhe von $T^* = t^* \cdot s^*$ bzw. in Höhe der schraffierten Rechtecksfläche in Abb. 6.9.

Abb. 6.9 verdeutlicht, wie sich der (gesamtwirtschaftliche) Wohlfahrtszuwachs aus der Internalisierungsverhandlung auf Schädiger (S) und Geschädigter (G) verteilt. Der Transferbetrag an Anton führt zu einem Nutzenzuwachs des Geschädigten in Höhe des vertikal schraffierten Dreiecks. Einen Teil des Transferbetrags in Höhe des gepunkteten Dreiecks unterhalb der GS-Funktion kompensiert Anton für den erlittenen Schaden aus der Schädigung. Da die Sorglos Chemistry AG nun weniger Vermeidungsaufwand betreiben muss, reduziert sich ihr Vermeidungsaufwand auf die Dreiecksfläche rechts von s^* und unterhalb der GVK-Funktion. Damit ergibt sich eine Gesamtersparnis um die Summe aller schraffierten Flächen in Abb. 6.9. Abzüglich des zu zahlenden Transferbetrags an Anton realisiert die Sorglos Chemistry AG einen Nutzenzuwachs in Höhe der diagonal schraffierten Dreiecksfläche. Aus gesamtwirtschaftlicher Sicht ergibt sich damit ein Wohlfahrtszuwachs in Höhe der Summe beider individueller Nutzenzuwächse, d. h. $\Delta SW = \Delta S + \Delta G > 0$. Die Parteien werden sich im Zuge der Internalisierungsverhandlung dabei genau auf s^* einigen. Dies ergibt sich daraus, dass für $s > s^*$ der Transferbetrag, den die Sorglos Chemistry AG an Anton zahlen muss höher ist als die potentielle Ersparnis aus der Reduktion des Vermeidungsaufwands. Für $s > s^*$ sind damit die Grenzkosten größer als die Grenznutzen aus der Schadensausweitung. Vor diesem Hintergrund ist eine Ausweitung über das optimale Schadensniveau nicht rational. Für $s < s^*$ überwiegen hingegen die Grenznutzen gegenüber den Grenzkosten, sodass eine Ausweitung des Schadensniveaus mit Nettovorteilen einhergeht und im Gleichgewicht s^* als Verhandlungsergebnis resultiert. Die externen Kosten werden internalisiert, zumal Anton für seinen Verlust aus dem Rückgang der Fischpopulation kompensiert wird. Allerdings wird sich das optimale Niveau der Schadensmenge nur dann als Ergebnis der Verhandlungslösung einstellen, wenn es keine Transaktionskosten gibt. Geht die Verhandlung zwischen Schädiger und Geschädigter indes mit Transaktionskosten einher, so würden sich unsere Funktionen im Modell um das Niveau der Transaktionskosten verschieben und damit eine ineffiziente Allokation bewirken.

Beispiel 6.3

Angenommen die Entsorgung von Chemiemüll durch die Sorglos Chemistry folge der Kostenfunktion $VK(s) = 100s - 0,5 \cdot s^2$. Die Schadensfunktion für Fischer Anton sei durch $S(s) = 0,5 \cdot s^2$ gegeben. Dann erhalten wir die Grenzkostenfunktion durch Ableiten der Kostenfunktionen nach s, sodass sich für $GVK(s) = dVK(s)/ds = 100 - s$ und für $GS(s) = dS/ds = s$ ergibt. Die maximale Schadenshöhe wird durch die Kapazitätsgrenze der Sorglos Chemistry AG bestimmt, wodurch insgesamt 100 Tonnen Chemiemüll als Abfallprodukt des Produktionsprozesses erzeugt werde. Im Fall mit Schadenshaftung muss das Unternehmen also den gesamten Chemiemüll von 100 Tonnen ordnungsgemäß entsorgen, wodurch ein Vermeidungsaufwand in folgender Höhe entsteht:

$$\int_0^{100} 100 - 0,5 \cdot s \, ds = [100s - 0,5 \cdot s^2]_0^{100} = 100 \cdot 100 - 0,5 \cdot 100^2 - 0 = 5000.$$

Hier wird auch nochmal der Zusammenhang zwischen Grenz- und Gesamtkostenfunktion deutlich.[38] Während die Kosten bei Betrachtung der Grenzkostenfunktion als Flächeninhalt in den Grenzen zwischen 0 und 100 zu interpretieren sind, ergeben sich die Gesamtkosten durch Einsetzen (von $s = 100$) in die Kostenfunktion (d. h. VK(s) als Stammfunktion von GVK(s)). Einzeichnen der GVK- und GS-Funktion in das bekannte Diagramm liefert folgendes Bild:

---

[38] Eine genaue Betrachtung zeigt nochmal den Zusammenhang zur Gleichung (6.4), schließlich betrachten wir letztlich eine Dreiecksfläche mit einer Höhe von 100 und einer Grundseite von 100.

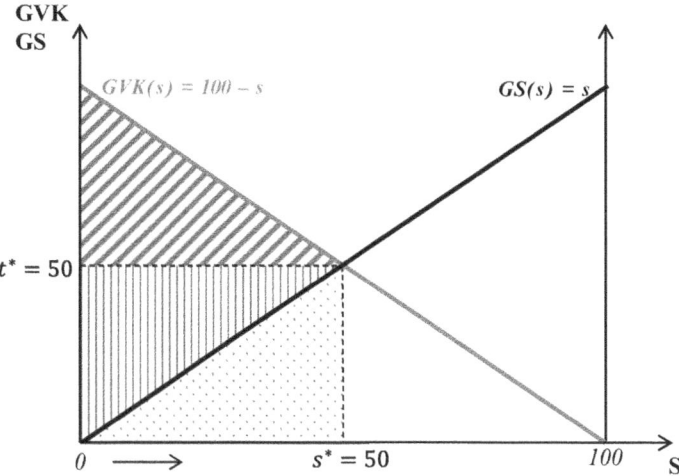

Hier wird nun ersichtlich, dass sich die Sorglos Chemistry AG und Fischer Anton darauf einigen werden, dass 50 Tonnen Chemiemüll in den Fluss eingeleitet werden dürfen. Das Gleichgewicht ergibt sich dabei als Schnittpunkt beider Grenzkostenfunktionen, d. h. $GVK(s) = GS(s) \leftrightarrow 100 - s = s \leftrightarrow s^* = 50$. Hierfür muss das Unternehmen dem Fischer einen Transferbetrag von 50 Euro zahlen ($GVK(s^* = 50) = 100 - 50 = 50 = t^*$). Aufgrund des Chemiemülls erleidet Anton nun einen Schaden in Höhe der gepunkteten Dreiecksfläche, d. h. $S(s^*) = 0,5 \cdot 50^2 = 1250$ Euro. Dafür zahlt die Sorglos Chemistry AG einen Transferbetrag von $T^* = t^* \cdot s^* = 50 \cdot 50 = 2500$ Euro, d. h. Anton erfährt durch die Verhandlungslösung einen Nutzenzuwachs von $\Delta N_G = T^* - S(s^*) = 2500 - 1250 = 1250$ Euro. Dieser Nutzenzuwachs wird in Form der vertikal schraffierten Dreiecksfläche in der Abbildung deutlich. Die Sorglos Chemistry AG kann ihren Nutzen ebenfalls ausweiten in Höhe der diagonal schraffierten Dreiecksfläche bzw. in Höhe von $\Delta N_S = (100 - t^*) \cdot s^* / 2 = (100 - 50) \cdot 50 / 2 = 50^2 / 2 = 1250$ Euro. Der gesamtwirtschaftliche Wohlfahrtszuwachs beträgt damit $\Delta SW = \Delta N_S + \Delta N_G = 1250 + 1250 = 2500$ Euro.

Im Fall ohne Schadenshaftung (Fall 2) ist im Gegensatz zum Fall mit Schadenshaftung die Schädigung grundsätzlich erlaubt. Ausgangspunkt ist damit nicht $s = 0$, sondern $s = s_{max}$, zumal Anton keine Unterlassung der Schädigung durch die Sorglos Chemistry AG erzwingen kann. Für $s = s_{max}$ wird deutlich, dass Anton einen maximalen Schaden in Höhe der gesamten Dreiecksfläche unterhalb der GS-Funktion erleidet. Hier hat also Anton nun einen Anreiz auf die Sorglos Chemistry AG zuzugehen, um das Ausmaß der Schädigung und damit die Schadenskosten zu reduzieren. Hierzu muss Anton dem Chemieunternehmen allerdings etwas anbieten, da eine Reduktion des Schadensausmaßes zwangsläufig mit Vermeidungskosten für die Sorglos Chemistry AG einhergeht. Anton wird damit das Unternehmen für diese Kosten kompensieren müssen, damit es sich auf eine Reduktion des Schadensniveaus durch Verhandlung einlässt. Im Gleichgewicht resultiert wieder das optimale Niveau des Schadensumfangs s^*. Analog zu unseren Überlegungen im Fall 1 lohnt sich keine Ausweitung über

s^* hinaus, da für $s < s^*$ die Reduktion des Schadensausmaßes niedriger wäre als der Transferbetrag, den Anton an die Sorglos Chemistry AG zahlen muss. Gleichzeitig wird deutlich, dass für $s > s^*$ das Potential der Schadensreduktion größer ist, als der Transferbetrag sowie der tatsächliche Vermeidungsaufwand zur Entsorgung dieser zusätzlichen Tonne Chemiemüll. Die Interpretation der Grenznutzen und Grenzkosten ist aus gesamtwirtschaftlicher Sicht damit spiegelverkehrt zum Fall mit Schadenshaftung vorzunehmen. Hintergrund ist dabei das Potential der Kostenreduktion, das im zweiten Fall aus der Sicht von Anton zu interpretieren ist. Entsprechend ist auch hier der Grundsatz anzuwenden: Solange die Grenznutzen größer/gleich den Grenzkosten sind, ist eine Ausweitung der Schadensvermeidung sinnvoll. Da Anton den Transferbetrag nicht nach Schadensniveau differenzieren kann, wird sich auch hier ein markteinheitlicher Transferbetrag herausbilden. Dessen Höhe wird dabei durch den Schnittpunkt zwischen Grenzvermeidungs- und Grenzschadensfunktion bestimmt. Im Gleichgewicht zahlt Anton der Sorglos Chemistry AG damit einen Transfer t^* pro Einheit der Schadensvermeidung. Damit ergibt sich ein Gesamttransferbetrag in Höhe von $T^* = t^* \cdot s^*$ bzw. in Höhe des schraffierten Rechtecks in Abb. 6.10. Da die Sorglos Chemistry einen Teil des Transferbetrags (T^*) zur Schadensvermeidung aufwenden muss (vgl. gepunktete Dreiecksfläche in Abb. 6.10), resultiert ein Nutzenzuwachs in Höhe der Differenz, d. h. $\Delta N_S = T^* - VK(s^*)$.[39]

In der Abb. 6.10 wird dieser Nutzenzuwachs des Schädigers durch die vertikal schraffierte Dreiecksfläche ersichtlich. Da die Sorglos Chemistry AG nun weniger Schaden verursacht, erfährt auch Anton einen Nutzenzuwachs, der sich aus der Fläche unterhalb seiner Grenzschadensfunktion (in den Grenzen zwischen s^* und s_{max}) abzüglich des Transferbetrags ergibt bzw. durch $\Delta N_G = S(s^*) - T^*$. In der Abbildung wird dieser Nutzenzuwachs des Geschädigten (G) in Form der diagonal schraffierten Dreiecksfläche unterhalb der GS-Funktion ersichtlich.

Beispiel 6.4

Wir nutzen die Funktionen aus Beispiel 6.3. Gegeben sei dabei weiterhin die Grenzvermeidungskostenfunktion in der Form $GVK(s) = 100 - s$ sowie die Grenzschadensfunktion durch $GS(s) = s$. Da die Sorglos Chemistry AG ihren gesamten Chemiemüll nun im Fluss entsorgt (d. h. $GVK(s^*) = 0$), entsteht dem Fischer Anton ein Schaden in folgender Höhe:

$$\int_0^{100} s\, ds = \left[0,5 \cdot s^2 \right]_0^{100} = 0,5 \cdot 100^2 - 0 = 5000$$

Einzeichnen der GVK- und GS-Funktion in das bekannte Diagramm liefert das nachfolgende Bild.

---

[39] Wir erinnern uns an den Unterschied zwischen VK und GVK. Die VK-Funktion zeigt die Gesamtkosten an, während die GVK-Funktion die Grenzvermeidungskosten widerspiegelt. Entsprechend sind die Vermeidungskosten an der Stelle s^* als Funktionswert der Gesamtkostenfunktion zu lesen oder als Fläche unterhalb der Grenzvermeidungskostenfunktion in den entsprechenden Grenzen zwischen s^* und s_{max}.

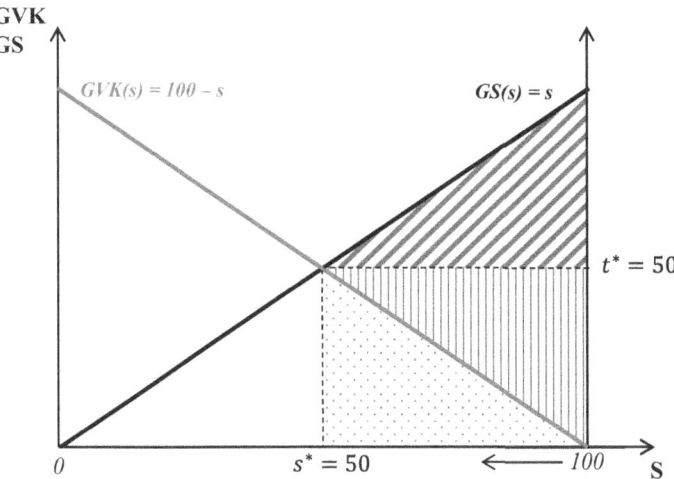

Hier wird deutlich, dass sich die Sorglos Chemistry AG und Anton auf 50 Tonnen Schadensniveau einigen werden. Hierfür muss Anton die Sorglos Chemistry AG allerdings für den entstehenden Vermeidungsaufwand in Höhe der gepunkteten Dreiecksfläche bzw. in Höhe von $(100-50) \cdot 50 = 1250$ kompensieren. Der Transferbetrag den Anton hierzu an die Sorglos Chemistry AG zahlt beträgt dabei 50 Euro pro Schadenseinheit, sodass das Chemieunternehmen insgesamt $T^* = t^* \cdot s^* = 50 \cdot 50 = 2500$ Euro Transferbetrag vom Fischer erhält. Damit resultiert ein Nutzenzuwachs für die Sorglos Chemistry AG in Höhe von $\Delta N_S = T^* - VK(50) = 2500 - 1250 = 1250$ Euro. Dieser wird auch durch die vertikal schraffierte Dreiecksfläche in der Abbildung deutlich. Da die Sorglos Chemistry AG nun das optimale Schadensniveau (s^*) wählt und 50 Tonnen Chemiemüll entsprechend entsorgt, reduziert sich auch der Schaden von Anton von 5000 auf $S(s^* = 50) = 0,5 \cdot 50^2 = 1250$. Damit ergibt sich ein Nutzenzuwachs für Anton in Höhe von $\Delta N_G = 5000 - T^* - S(s^*) = 5000 - 2500 - 1250$ Euro bzw. der diagonal schraffierten Dreiecksfläche und damit $\Delta N_G = (100-50) \cdot (100-50)/2 = 50^2 / 2 = 1250$ Euro. Gesamtwirtschaftlich erhöht sich die Wohlfahrt also um $\Delta SW = \Delta N_S + \Delta N_G = 1250 + 1250 = 2500$

Was passiert aber nun, wenn die zentrale Annahme des Coase-Theorems, dass die Verhandlung zwischen den Parteien mit keinen Transaktionskosten einhergehen, nicht zutrifft? Diese Überlegung stellt insbesondere dann ein Problem dar, wenn die Transaktionskosten ungleich zwischen den Vertragsparteien aufgeteilt sind. In unserem Beispiel 6.4 könnten wir uns beispielsweise vorstellen, dass insbesondere der Fischer Anton höhere Transaktionskosten hätte, zumal er gegenüber einem Konzern (wie der Sorglos Chemistry AG) eine schwächere Verhandlungsposition hat. In diesem Zusammenhang könnte man beispielsweise an Rechtsanwaltskosten zur Erstellung eines entsprechenden Vertrags bei der Transaktion der Schadensrechte denken.[40] Befinden wir uns nun im zweiten Fall, d. h. ohne Schadenshaftung, so würden die zusätzlichen Transaktionskosten für Fischer Anton durch eine Parallelverschiebung der Grenzschadensfunktion (GS) zum Ausdruck kommen. Schließlich

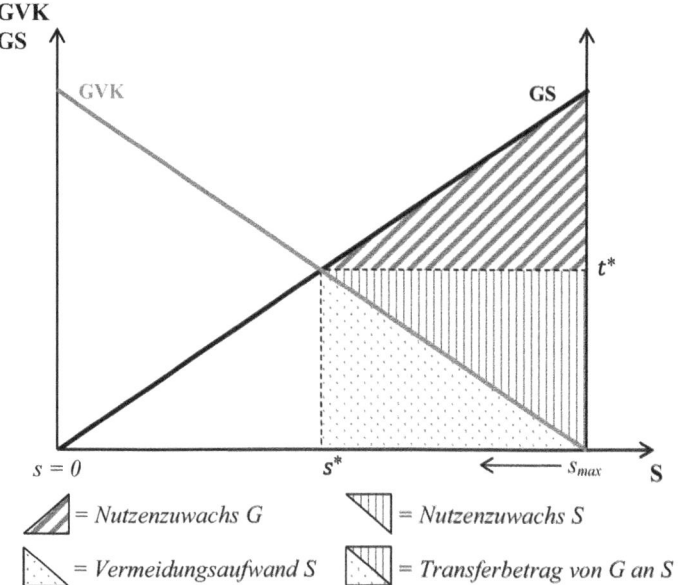

Abb. 6.10 Das Coase-Theorem ohne Schadenshaftung

muss Anton nun neben dem Schaden (im Sinne der Dezimierung der Fischpopulation durch den Chemiemüll) zusätzlich die Kosten für eine anwaltliche Beratung tragen, um mit dem Schädiger über einer Reduktion der Schädigung zu verhandeln. Die Abb. 6.11 verdeutlicht die Wirkungszusammenhänge dieser Transaktionskosten.

Es wird deutlich, dass die Verschiebung der Grenzschadensfunktion um die Höhe der Transaktionskosten (c) auch die Verhandlungslösung verändert, schließlich werden die Verhandlungsparteien einen Anreiz haben, so lange weiterzuverhandeln, bis die Grenznutzen den Grenzkosten entsprechen – und damit bis zum Schnittpunkt zwischen GVK und GS-plus-c-Funktion. Vergleichen wir nun das Marktergebnis bei positiven Transaktionskosten mit dem effizienten Marktergebnis aus Abb. 6.10, so wird deutlich, dass die

---

[40] Diese Überlegung geht davon aus, dass wir uns im Fall 1 oder 2 befinden könnten, d. h. es ist unklar, ob geschädigt werden darf oder nicht. Selbstverständlich hätte nach geltender Rechtslage der Fischer Anton einen Schadensersatzanspruch. Nach diesem Anspruch wären sowohl der Schaden am Fischbestand als auch die Rechtsanwaltskosten ersatzfähig und müssten vom Schädiger getragen werden (§§ 249 ff. BGB). Hier geht es uns vielmehr um die Frage, ob wir eine solche Rechtsnorm benötigen. Dabei haben wir gelernt, dass bei Abwesenheit von Transaktionskosten eine solche Rechtsnorm nicht notwendig wäre. Auf die hieraus zu ziehenden Schlussfolgerungen für die Funktionen oder Aufgaben des Rechts gehen wir in diesem Abschnitt noch ein.

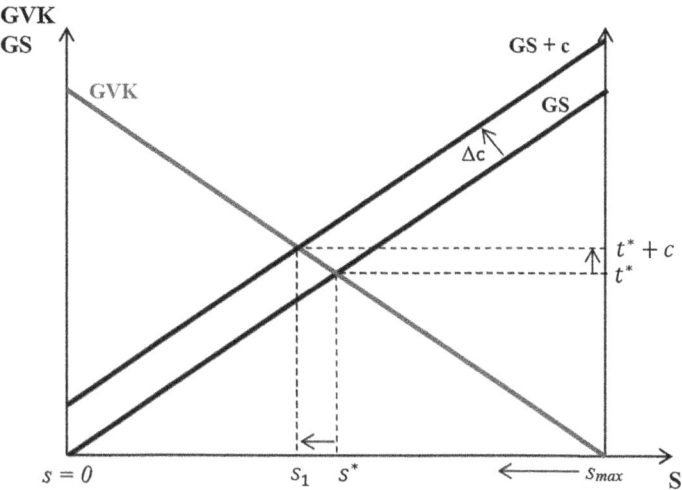

Abb. 6.11 Das Coase-Theorem bei positiven Transaktionskosten

Parteien sich auf ein zu geringes Schadensniveau verständigen werden, d. h. $s_1 < s^*$. Vor diesem Hintergrund wird deutlich, dass das Marktergebnis im Fall positiver Transaktionskosten ($c > 0$) also größer oder kleiner als das effiziente Schadensniveau sein kann, je nachdem welche Marktseite die höheren Transaktionskosten zu tragen hat. Wären die Transaktionskosten hingegen absolut gleichmäßig auf die Vertragsparteien verteilt, so könnte auch bei positiven Transaktionskosten das effiziente Marktergebnis resultieren, wobei der Zusatznutzen (und damit der Anreiz zur Verhandlung) der beiden Parteien um die Höhe der Transaktionskosten zu reduzieren wäre.

Was lernen wir nun aus dem Coase-Theorem? Schließlich ist eine Welt ohne Transaktionskosten nicht wirklich realistisch. Allerdings werden sich Schädiger und Geschädigter nur bei Abwesenheit von Transaktionskosten auf das effiziente Schadensniveau einigen und damit die externen Kosten internalisieren. Falsch wäre es, hieraus zu interpretieren, dass eine private Verhandlungslösung niemals zur effizienten Allokation führen kann, weshalb grundsätzlich eine staatliche Lösung des Marktversagensproblems (hier Externalitäten) zu suchen ist. Vielmehr verdeutlicht das Coase-Theorem, welche Bedeutung den Transaktionskosten zukommen. Sind wir in der Lage durch staatliche Intervention die Transaktionskosten signifikant zu senken bzw. im besten Fall auf null zu reduzieren, so werden die unterschiedlichen Marktseiten automatisch eine effiziente Allokation über den Verhandlungsweg bewirken. Vor diesem Hintergrund scheint eine Allokation durch den Markt immer dann möglich, wenn die Transaktionskosten auf ein Minimum reduziert werden können. In diesem Zusammenhang sprechen wir deshalb auch vom normativen Coase-Theorem. Zentrale Handlungsmaxime sollte deshalb sein das Recht so auszugestalten, dass die Hindernisse für private Vereinbarungen beseitigt werden. Ist eine Allokation aufgrund (prohibitiv) hoher Transaktionskosten indes nicht möglich, so muss die Allokation zwangsläufig durch den Staat im Sinne einer direkten

Rechtszuordnung erfolgen. Diesen Sachverhalt bezeichnen wir dabei als normatives Hobbes-Theorem.[41] Vor diesem Hintergrund ist das Recht so auszugestalten, dass der Schaden aus dem Versagen privater Vereinbarungen minimiert wird. Mit anderen Worten: Die Korrektur der verschiedenen Marktversagenstatbestände, die wir zu Beginn dieses Kapitels diskutiert haben, erfolgt immer dann, wenn die Transaktionskosten (prohibitiv) hoch sind. Allerdings müssen wir uns darüber im Klaren sein, dass staatliche Intervention (aufgrund unserer Erkenntnisse aus dem Grundsatz des normativen Individualismus)[42] auch immer mit Effizienzverlusten einhergeht und damit letztlich nur eine Minimierung des Marktversagensschadens (i. S. e. „second best"-Lösung) bewirkt werden kann.

Unsere Erkenntnisse können wir damit zu drei zentralen Funktionen bzw. Aufgaben des Rechts (und der ökonomischen Analyse des Rechts) in der wirtschaftspolitischen Auseinandersetzung zusammenfassen: Erstens sollte das Recht bzw. einzelne Verfügungsrechte transferierbar bzw. handelbar sein. Die erste fundamentale Aufgabe des Rechts fordert damit einen Markt für Rechtspositionen, analog zu Sacheigentum wie beim Haus oder beim PKW. Zweitens sollte der Staat durch die Bereitstellung dispositiver Normen auf eine Senkung der Transaktionskosten hinwirken. Das Recht soll dabei Markttransaktionen erleichtern. Als ein Beispiel kann die Bereitstellung von Mustermietverträgen genannt werden, die letztlich nicht nur Orientierungshilfe, sondern unter Umständen Substitut für einen selbst ausgestalteten Mietvertrag (mit entsprechenden Transaktionskosten in Form von Rechtsanwaltshonorar) sein können. Bei einer Minimierung der Transaktionskosten zeigt das Coase-Theorem schließlich, dass auch ohne staatliche Intervention eine effiziente Allokation über private Verhandlung erreicht werden kann. Drittens muss Recht unter Umständen eine direkte Rechtszuordnung ermöglichen können, und zwar dann, wenn (prohibitiv) hohe Transaktionskosten eine Marktlösung unmöglich machen. In diesem Fall muss Ziel und Aufgabe des Rechts sein, eine Rekonstruktion der hypothetischen Verhandlungslösung zu bewirken. Hier werden gerade die Grenzen aber auch die Chancen der Beratungsfunktion der ökonomischen Analyse des Rechts deutlich.[43]

6.4   Anwendungsbereiche

Zwei Anwendungsbereiche der diskutierten Marktversagenstatbestände wollen wir uns im Folgenden anschauen. Während wir Anwendungsbeispiele zu den Marktversagenstatbeständen Marktmacht und Externalitäten bereits in den Kap. 3 und 4. behandelt haben, konzentrieren wir uns hier auf das Marktversagensproblem einer asymmetrischen

---

[41] Die Unterscheidung zwischen dem normativen Coase-Theorem und dem normativen Hobbes-Theorem geht zurück auf Cooter und Ulen (2007), S. 96 ff.

[42] Für eine Wiederholung siehe Kap. 2.

[43] Siehe hierzu weiterführend u. a. Eidenmüller (2015).

Informationsverteilung. Das Recht kann in diesem Zusammenhang eine unterstützende Funktion im Kontext des „Signalings" und „Screenings" spielen. Als Anwendungsbereiche betrachten wir hierzu zunächst das Markenrecht, das durch die Zuordnungsmöglichkeit von eigenen Erfahrungen mit einem Gut zum Namen des Herstellers ein glaubhaftes „Signaling" auf der Basis von Reputation ermöglicht. Anschließend wollen wir uns dem Verbraucherschutzrecht als Beispiel für eine Mischform des „Signalings" und des „Screenings" widmen. Hier werden die Hersteller von Produkten dazu verpflichtet über die Qualität oder Zusammenstellung der Produkte zu informieren („Signaling"). Diese Informationen wiederum sollen dann den (mündigen) Verbraucher ermöglichen sich entsprechend zu informieren („Screening") bzw. eine informierte Entscheidung zu treffen.

6.4.1 Markenrecht

Das Markenrecht (engl. trademark) schützt allgemein Marken, geschäftliche Bezeichnungen sowie geographische Herkunftsangaben (§ 1 MarkenG). Hierunter fallen in erster Linie sämtliche Kennzeichnungsmittel sowie (Marken-) Namen für Waren und Dienstleistungen. Konkret schutzfähig sind nach dem Markenrecht dabei aber auch Logos, Abbildungen (inklusive der Farbgestaltung), Namen sowie dreidimensionale Gestaltungen (z. B. Form der Ware, Verpackung usw.). Der Rechteinhaber einer Marke erhält dabei ein exklusives Verwertungsrecht mit einem rechtlichen Unterlassungsanspruch. Die Schutzdauer umfasst in Europa 10 Jahre, wobei die Marke beliebig häufig verlängert werden kann. In den USA ist die Lebensdauer einer Marke von vornherein unbegrenzt. Voraussetzung für den Schutzeintritt ist die Anmeldung der Marke (in Deutschland beim „Deutschen Patent- und Markenamt" in München). Im Zuge der Anmeldung erfolgt eine Prüfung der Marke. In diesem Zusammenhang betont § 3 MarkenG, dass eine Marke geeignet sein muss, Waren und Dienstleistungen eines Unternehmens von denjenigen anderer Wettbewerber zu unterscheiden. Absatz 2 betont in diesem Zusammenhang, dass „dem Schutz als Marke nicht zugänglich sind Zeichen, die ausschließlich aus einer Form bestehen, 1. die durch die Art der Ware selbst bedingt ist, 2. die zur Erreichung einer technischen Wirkung erforderlich ist oder, 3. die der Ware einen wesentlichen Wert verleiht". Damit betont das Markenrecht, dass der Schutzrechtsumfang im Wesentlichen auf die Kennzeichnung und nicht auf die Ware bzw. Dienstleistung selbst bezogen ist. Vor diesem Hintergrund könnte man auch von einer relativ engen Schutzbreite sprechen.

Aus ökonomischer Sicht ist das Markenrecht letztendlich auf das Problem adverser Selektion gerichtet. Wie wir bereits gesehen haben versteht man unter einer adversen Selektion einen Marktversagenstabstand, der daraus resultiert, dass die Marktseiten häufig über unterschiedliche Informationen hinsichtlich der Eigenschaften (z. B. Qualität) der Produkte (oder auch Dienstleistungen) verfügen. Akerlof (1970) verdeutlicht das Problem adverser Selektion am Beispiel des Gebrauchtwagenmarkts, auf dem es infolge einer asymmetrischen Informationsverteilung hinsichtlich der Qualität der Gebrauchtwagen zu einer Verdrängung von Gütern guter Qualität durch Güter schlechter Qualität kommt, bis nur noch Güter schlechter

Qualität (sog. „lemons") übrig bleiben. Hintergrund ist dabei, dass der Konsument seine Zahlungsbereitschaft nicht in Abhängigkeit der Qualität differenzieren kann. Wäre der Konsument in der Lage die Qualität der Gebrauchtwagen richtig zu beurteilen, wäre er bereit für einen Gebrauchtwagen hoher Qualität mehr zu zahlen als für einen Gebrauchtwagen schlechter Qualität. Kann er die Qualität ex ante aber nicht richtig beurteilen, so folgt sein Gebrauchtwagenkauf letztlich den Gesetzmäßigkeiten eines Zufallsexperiments. Unser Konsument kauft also den Gebrauchtwagen, als würde er mit verbundenen Augen in eine Urne greifen und zufällig eine Kugel (also einen Gebrauchtwagen) herausziehen. Im Abschn. 6.2 haben wir in diesem Zusammenhang von einer Sichtblende gesprochen, die verhindert, dass unser Konsument seine Zahlungsbereitschaft entsprechend der Produktqualität differenziert. Vor diesem Hintergrund bildet der Konsument also eine durchschnittliche Zahlungsbereitschaft, mit der Konsequenz, dass Anbieter guter Gebrauchtwagen nicht mehr bereit sein werden ihre Produkte anzubieten. Es kommt zu einem Verdrängungseffekt, infolge dessen nur noch Gebrauchtwagen schlechter Qualität auf dem Markt angeboten werden.

Das Markenrecht bietet nun eine Möglichkeit ein „Signaling" von Anbietern guter Qualität glaubwürdig zu machen. Kerngedanke ist dabei, dass die Konsumenten Erfahrungen mit verschiedenen Gütern gemacht haben und vor diesem Hintergrund grundsätzlich in der Lage sind, die Qualität auf der Basis des Markennamens einzuschätzen. Vergleicht unser Konsument also nun Gebrauchtwagen unterschiedlicher Marken, so können die Markennamen ihm etwas über die Qualität der Produkte verraten. Das Markenrecht soll gerade diese Zuordnung von Markennamen zum Produkt (oder Dienstleistung) gewährleisten.[44] Die Folge für unseren Gebrauchtwagenmarkt zeigt Abb. 6.12.

Nun wird deutlich, dass sich durch die Marke die Sichtblende aus Abb. 6.3 auflöst, indem eine Qualitätseinschätzung auf Basis des Markennamens erfolgt. Sieht unser Konsument also nun einen Gebrauchtwagen der Marke A, die im allgemeinen als Produkt guter Qualität bekannt ist oder mit dem er bereits positive Erfahrungen verbindet, so wird er bereit sein hierfür eine höhere Zahlungsbereitschaft zu äußern. Entscheidend ist dabei, dass er

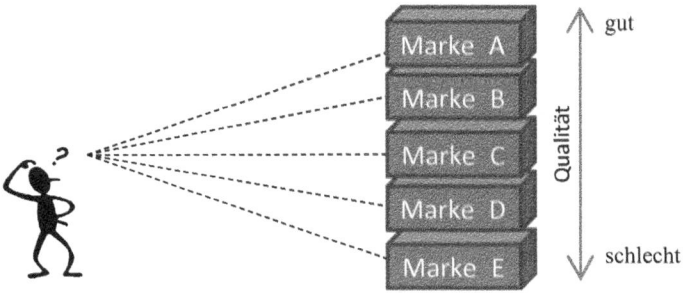

Abb. 6.12 Informationsasym- metrie und Markenrecht

---

[44] Siehe hierzu § 3 Abs. 1 MarkenG.

den verschiedenen Marken eine bestimmte Qualität zuordnen kann. Das Markenrecht stellt nur sicher, dass ein Gebrauchtwagen der Marke A auch ein Produkt vom Anbieter A ist. Unser Konsument kann nun seine Zahlungsbereitschaft entsprechend differenzieren. Es kommt zu keinem Verdrängungswettbewerb. Das Markenrecht ermöglicht letztlich einen sog. Reputationsmechanismus, über den die Unternehmen auf Basis ihres Markennamens Reputation für eine bestimmte Qualität aufbauen. Auf diese Weise kann ein Anbieter guter Qualität eine entsprechende Reputation aufbauen, die dem Kunden Informationen über die Eigenschaften der Produkte signalisiert. Dieser Reputationsmechanismus ist dabei dynamisch, d. h. er wirkt letztlich in beide Richtungen. Ändert ein Unternehmen beispielsweise im Zeitablauf seine Unternehmensphilosophie dahingehend die Qualität seiner Produkte zu reduzieren, so wird das durch den Reputationmechanismus genau so widergespiegelt, wie der umgekehrte Fall einer Qualitätssteigerung. Vor diesem Hintergrund haben Anbieter besonders hoher Qualität einen Anreiz auch immer wieder nach neuen und besseren Lösungen zu suchen (und entsprechende Innovationen hervorzubringen). Die Reputation oder das Image eines Unternehmens kann dabei allerdings nur in Grenzen objektiviert werden. So bieten etwa die Testergebnisse von Stiftung Warentest eine Orientierungshilfe über die tatsächlichen Eigenschaften der Produkte (oder Dienstleistungen) bestimmter Marken. Nichtsdestotrotz kann auch die subjektive Wahrnehmung der Qualität[45] bestimmter Marken durch individuelle Erfahrungen eine wichtige Rolle bei der Entscheidungsfindung sein. Das Markenrecht stellt hierzu nur sicher, dass die Zuordnung und Unterscheidbarkeit verschiedener Produkte und Anbieter rechtlich sichergestellt bleibt.

6.4.2 Verbraucherschutzrecht

Das Vertragsrecht[46] und insbesondere das Verbraucherschutzrecht schreibt bestimmte Informationspflichten vor, sodass der Anbieter verpflichtet ist bestimmte Informationen bereitzustellen. Im deutschen Recht gibt es dabei kein (separates) Verbraucherschutzrecht. Die unterschiedlichen Maßnahmen zum Verbraucherschutz sind auf sehr viele Einzelgesetze verteilt.[47] Im BGB finden sich zahlreiche Maßnahmen und Vorschriften die explizit dem Schutz des Verbrauchers dienen. So betont § 312 BGB: „bei einem Vertrag zwischen einem Unternehmer und einem Verbraucher [...] steht dem Verbraucher ein Widerrufsrecht gem. § 355 zu." In § § 474 ff. BGB werden zahlreiche ergänzende Vorschriften für

---

[45] Hier kann beispielsweise der „Geschmack" ein subjektiver Qualitätsindikator sein. Vor diesem Hintergrund schmeckt dem Einen das Limonadenmischgetränk A besser, und dem Anderen das Getränk B. Qualität ist also nicht immer objektivierbar.

[46] Dies ergibt sich aus den Schutzpflichten des § 241 Abs. 2 BGB, wonach jede Partei (also auch der Veräußerer) die Rechte, Rechtsgüter und Interessen der anderen Partei schützen muss. Hiervon umfasst ist unter Umständen auch eine Aufklärungspflicht.

[47] So ist letztlich auch das Wettbewerbsrecht und insbesondere die Fusionskontrolle unter Anwendung des „consumer-welfare-standards" durch den Verbraucherschutz motiviert. Siehe Abschn. 3.4.2 für eine Wiederholung.

den Verbrauchsgüterkauf hervorgehoben. Auch viele Formvorschriften, wie z. B. die Verpflichtung einen Grundstückskaufvertrag von einem Notar beurkunden zu lassen (§ 311 b Abs. 1 BGB) sind vom Verbraucherschutz motiviert. Damit soll sichergestellt werden, dass bei Verträgen, die üblicherweise mit hohen Summen und einer Absicht eines dauerhaften oder langfristigen Eigentumserwerbs geschlossen werden, eine fachkundige Beratung durch den beurkundenen Notar ermöglicht wird. Auf europäischer Ebene hat die sog. Verbraucherrechte-Richtlinie 2011/83/EU eine mittlerweile vollständige Harmonisierung, insbesondere von Informationspflichten gegenüber Verbrauchern im Fernabsatz, herbeigeführt. In diesem Zusammenhang betont Art. 169 AEUV die hohe Bedeutung des Verbraucherschutzes zur Verwirklichung des zentralen Ziels der Schaffung eines gemeinsamen Binnenmarktes zwischen den Mitgliedsstaaten der Europäischen Union. Art. 169 AEUV hebt in diesem Zusammenhang die Gesundheit, Sicherheit, das wirtschaftliche Interesse (insbesondere keine Übervorteilung des Verbrauchers), Information, Erziehung sowie die Bildung von Vereinigungen (i. S. e. Organisation der „schwachen" Marktseite) als besondere Interessen des Verbrauchers hervor. Den Verbraucher sieht das europäischen Gemeinschaftsrecht nach der Definition des EuGH dabei entsprechend dem Leitbild als einen verständigen, aufgeklärten, mündigen, informierten und informierbaren Verbaucher, der aufmerksam und vorsichtig ist. Der EU-Verbraucherschutz kann damit verstanden werden als eine Abkehr vom paternalistischen Verbraucherleitbild. Entsprechend wird der Schutz des Verbrauchers zwar allgemein betont, allerdings in Form von Informationspflichten anstelle direkter Regulierungen. Dieses sog. Informationsparadigma betont damit letztlich, dass dem Verbraucher bestimmte Informationen bereitgestellt werden müssen. Anschließend soll der Verbraucher (auf Basis dieser Informationen) aber frei entscheiden können. Zu diesen Informationen gehören insbesondere die (wesentlichen) Eigenschaften der Waren und Dienstleistungen, ein Impressum mit Informationen über die Identität des Unternehmens, der Gesamtpreis der Ware oder Dienstleistung (inklusive sämtlicher Abgaben, Steuern sowie sonstige anfallende Zusatzkosten (z. B. Transportkosten)) sowie die Belehrung über das grundsätzlich bestehende gesetzliche Widerrufsrecht (i. d. R. 14 Kalendertage) sowie das Gewährleistungsrecht (z. B. mindestens ein Jahr Gewährleistung bei Gebrauchtwagen) des Verbrauchers.

Aus ökonomischer Sicht soll dieses (neue) Verbraucherleitbild letztlich der Überwindung bzw. Beseitigung von Informationsasymmetrieproblemen dienen. Wie wir gesehen haben ist das Problem adverser Selektion beispielsweise dadurch bedingt, dass der Verbraucher die Eigenschaften (insbesondere die Qualität) der Güter nicht einschätzen kann. Das Verbraucherschutzrecht verpflichtet nun den Anbieter bestimmte Informationen zu signalisieren („Signaling"). Diese bereitgestellten Informationen soll der Verbraucher wiederum dazu nutzen, um sich über die Eigenschaften der Güter zu informieren („Screening"), mit dem Ziel eine informierte und durch Differenzierung der Zahlungsbereitschaft charakterisierte Entscheidung zu treffen. Das Verbraucherleitbild eines mündigen Bürgers verdeutlicht dabei die Überzeugung, dass der Verbraucher auf Basis dieser Informationen letztlich eine rationale Entscheidung treffen kann (und wird).

Die durch die Richtlinie (2011/83/EU) forcierte Harmonisierung schafft hierzu einen Mindeststandard der Informationsbereitstellung, die auf den Ausgleich der Informationsasymmetrie gerichtet ist.[48]

6.5 Übungsaufgaben

1. Aufgabe: Negative Externalitäten und Pigou-Steuer

Das Chemieunternehmen „Sorglos Chemistry AG" entsorgt seinen Chemiemüll in den nahe gelegenen Fluss. Da das Unternehmen nun nicht die Entsorgungskosten tragen muss, spart es. Stattdessen trägt Fischer Anton diese Kosten, sodass für die externe Grenzkostenfunktion gilt: $EGK = 0,5 \cdot x$.

Darüber hinaus sei bekannt, dass die „Sorglos Chemistry AG" konstante Grenzkosten in Höhe von 25 Euro aufweist. Die private Grenzkostenfunktion ist damit: $PGK = 25$. Vom Konsumforschungsinstitut KONSUM erfahren Sie, dass für die Preisabsatzfunktion gilt: $P(x) = 100 - x$.

(a) Zeichnen Sie die gegebenen Funktionen in ein geeignetes Diagramm. Bestimmen Sie Preis und Produktionsmenge, für den Fall, dass die „Sorglos Chemistry AG" nicht an der Schädigung gehindert werden kann. Handelt es sich hierbei um eine effiziente Allokation?

(b) Als wirtschaftspolitischer Entscheidungsträger überlegen Sie durch die Einführung einer Mengensteuer (Pigou-Lösung) die „Sorglos Chemistry AG" zum Umdenken zu bewegen. Wie hoch sollte die Steuer pro Mengeneinheit sein? Bestimmen Sie Preis und Produktionsmenge im Diagramm aus (a). Handelt es sich hierbei um eine effiziente Allokation?

(c) Welche Alternativen stehen Ihnen als politischer Entscheidungsträger zur Verfügung. Diskutieren Sie die Vor- und Nachteile dieser wirtschaftspolitischen Instrumente.

2. Aufgabe: Coase-Theorem

Das Chemieunternehmen „Sorglos Chemistry AG" leitet seinen Chemiemüll stets in den nahe gelegenen Fluss. Dies hat zur Folge, dass Fischer Anton deutliche Einbußen bei den Fischfangraten zu verzeichnen hat, zumal das chemische Gebräu die Fischpopulation stark reduziert. Eine ordnungsgemäße Entsorgung sei durch die Vermeidungskostenfunktion $VK(s) = 50 \cdot s - 0,5 \cdot s^2$ charakterisiert. Fischer Antons Schadensfunktion sei durch $S(s) = 0,5 \cdot s^2$ gegeben.

---

[48] Siehe weiterführend zum Verbraucherschutzrecht aus ökonomischer Sicht u. a. Schäfer und Lwowksi (2002).

(a) Erläutern Sie kurz, was sich hinter dem Coase Theorem verbirgt, indem Sie insbesondere auf dessen Voraussetzungen eingehen. Inwiefern könnte das Coase Theorem für Anton eine mögliche Lösung sein?

(b) Bilden Sie die Grenzvermeidungskosten- sowie die Grenzschadensfunktion und zeichnen Sie beide in ein Diagramm. Gehen Sie von einer maximalen Schadenshöhe von 50 Tonnen Chemiemüll aus. Erläutern Sie kurz, wie die beiden Funktionen zu interpretieren sind.

(c) Angenommen es gäbe keine Regelung, die Anton vor einer Schädigung durch die „Sorglos Chemistry AG" schützen würde. Zu welcher Lösung käme es bei der Anwendung des Coase Theorems? Unterstützen Sie Ihre Argumente durch Einzeichnen in Ihre Zeichnung aus (b).

(d) Angenommen es gäbe ein Gesetz, das der „Sorglos Chemisty AG" die Entsorgung ihres Chemiemülls in Flüssen untersagt. Zu welcher Lösung käme es bei der Anwendung des Coase Theorems? Unterstützen Sie Ihre Argumente durch Einzeichnen in Ihre Zeichnung aus (b).

(e) Erläutern Sie die Folgen bei positiven Transaktionskosten.

Literatur

Coase R (1960) The Problem of Social Cost. Journal of Law and Economics Vol. 3:1–44

Coase R (1937) The Nature of the Firm. Economica, 4(16):386–405

Cooter R, Ulen T (2007) Introduction to Law and Economics. 5. Auflage. Pearson Addison Wesley, Boston

Demsetz H (1969) Information and Efficiency: Another Viewpoint. Journal of Law and Economics 12(1):1–22

Eidenmüller H (2015) Effizienz als Rechtsprinzip: Möglichkeiten und Grenzen der ökonomischen Analyse des Rechts. 4. Auflage Mohr Siebeck, Tübingen

Endres A (2013) Umweltökonomie. 4. Auflage Kohlhammer, Stuttgart

Erlei M, Leschke M, Sauerland D (2016) Neue Institutionenökonomik. 3. Auflage Schäffer-Poschel Verlag, Stuttgart

Feess E, Seeliger A (2013) Umweltökonomie und Umweltpolitik. 4. Auflage Franz Vahlen, München

Frisch M (2014) Marktversagen und Wirtschaftspolitik. 9. Auflage, Franz Vahlen, München (ehemals Fritsch M, Wein T, Ewers H-J 1.-7. Aufl., Vahlen, München)

Hayek F (1945) The Use of Knowledge in Society. American Economic Review 35(4):519–530

Pigou A (1920) The Economics of Walfare. 1. Auflage Macmillan and Co., London

Schäfer H, Lwowksi H (2002) Konsequenzen wirtschaftsrechtlicher Normen: Kreditrecht – Verbraucherschutz – Allgemeines Wirtschaftsrecht. Gabler Edition Wissenschaft, Wiesbaden

Schumpeter J (1912) Theorie der wirtschaftswissenschaftlichen Entwicklung. Berlin: Duncker & Humblot (Neuausgabe Jochen Röpke und Olaf Stiller (Hrsg.), Berlin (2006))

Shavell S, van Yperselen T (2001) Rewards versus Intellectual Property Rights. Journal of Law and Economics 44(2):525–547

Vandenberghe (2007) The Economics of the Non-Discrimination Principle in General Contract Law. European Review of Contract Law 3(4):412–431

Wiesmeth H (2013) Umweltökonomie: Theorie und Praxis im Gleichgewicht. Des Schadensausmaßes. Springer, Berlin und Heidelberg

Anhang

A.1 Die Lagrangefunktion in der Mikroökonomie

In Kap. 3 haben wir die Haushaltstheorie kennengelernt. Die Haushaltstheorie beschäftigt sich allgemein mit der Frage, wie Haushalte konsumieren. Welche Güter und in welchen Mengen unser Haushalt konsumiert war dabei von zwei zentralen Aspekten abhängig: (1) den Präferenzen des Haushalts und (2) den erreichbaren Güterbündeln. Zur Abbildung der Präferenzen eines Haushalts haben wir das Konzept der Indifferenzkurven betrachtet. Eine Indifferenzkurve bildet dabei alle Güterbündel (d. h. Kombinationen der Güter X und Y) ab, zwischen denen ein Haushalt indifferent ist. Indifferent heißt letztlich, dass entlang der Indifferenzkurve der Haushalt den gleichen Nutzen realisiert. Idealtypisch war eine Indifferenzkurve dadurch charakterisiert, dass wir eine abnehmende Grenzrate der Substitution beobachten, d. h. die Bereitschaft zur Substitution des einen Guts (Y), um eine weitere Einheit des anderen Guts (X) zu erhalten, sinkt mit zunehmender Menge des Guts X. Vor diesem Hintergrund weist eine idealtypische Indifferenzkurve einen konvexen Verlauf auf. Jeder Haushalt hat dabei nicht eine, sondern im Prinzip unendlich viele Indifferenzkurven. Man spricht in diesem Zusammenhang auch von einer Indifferenzkurvenschar. Auf der anderen Seite haben wir die Budgetgerade betrachtet, die die erreichbaren Güterbündel unseres Haushalts widerspiegelt. Der Bereich der erreichbaren Güterbündel wird bestimmt durch das Budget sowie die Preise der Güter. Die Steigung der Budgetgerade spiegelt dabei gerade das Preisverhältnis der beiden Güter X und Y wider. Wie wählt aber nun unser Haushalt sein Güterbündel?

Unser Haushalt ist Nutzenmaximierer, d. h. er wird das Güterbündel (Menge x und y) so wählen, dass er seinen Nutzen maximiert. Das Nutzenmaximum ist dadurch charakterisiert, dass es sich um ein Güterbündel handelt, dass sich unser Haushalt noch gerade so leisten kann und auf der höchstmöglichen Indifferenzkurve liegt. Hier gilt: Je höher die Indifferenzkurve, desto höher ist das Nutzenniveau. Die höchstmögliche Indifferenzkurve stellt damit zugleich sicher, dass es sich um das Nutzenmaximum handelt. Vor diesem Hintergrund suchen wir den Tangentialpunkt zwischen Budgetgerade und Indifferenzkurve. Hier maximiert unser Haushalt seinen Nutzen.

Bisher haben wir hierzu die Mathematik weitestgehend außen vor gelassen. Schließlich zeigt die Mathematik nichts anderes als was wir auch mit Worten erklären können. In Kap. 3 haben wir hierzu lediglich auf das Konzept der sog. Lagrangefunktion hingewiesen und angedeutet, dass das Nutzenmaximum als Tangentialpunkt zwischen Indifferenzkurve und Budgetgerade mathematisch nichts anderes bedeutet, als dass das Austauschverhältnis der Güter x und y zueinander (Steigung der Indifferenzkurve) dem Preisverhältnis der beiden Güter x und y zueinander (Steigung der Budgetgeraden) entspricht. Nun lässt sich das Nutzenmaximum aber nicht immer eindeutig und problemlos zeichnerisch lösen. Dies ist insbesondere dann der Fall, wenn wir nicht zwei Güter (X und Y), sondern mehr als zwei Güter (X, Y und Z) betrachten. Unbeachtet dessen, dass gerade bei idealtypischen Indifferenzkurven (mit einem konvexen Verlauf) ein sauberes Zeichnen nur schwierig ohne technische Hilfsmittel möglich ist. Vor diesem Hintergrund kommen wir in der Haushaltstheorie (sowie der Mikroökonomie im Allgemeinen) nicht an der mathematischen Auseinandersetzung mit den behandelten Themen vorbei. Nichtsdestotrotz sollten wir immer im Hinterkopf behalten, was wir tun und welche Zusammenhänge wir im Einzelnen betrachten. Im Folgenden soll deshalb der Versuch unternommen werden, eine Einführung zur Verwendung der Lagrangefunktion in der Mikroökonomie zu geben.

Der idealtypische Verlauf der Indifferenzkurve bedeutet letztlich, dass wir die Nutzenfunktion als Produkt der Gütermengen (x und y) betrachten.[1] Die Nutzenfunktion sei damit gegeben als

$$N(x,y) = x \cdot y, \tag{A.1}$$

mit x = Menge des Guts X und y = Menge des Guts Y. Die Gl. (A.1) zeigt, dass mit zunehmendem x und y auch das Nutzenniveau (N) steigt. Allerdings sind nicht beliebige Mengen von x und y erreichbar. Die Erreichbarkeit wird letztlich durch die sog. Budgetrestriktion eingeschränkt, wobei

$$I = x \cdot P_X + y \cdot P_Y, \tag{A.2}$$

mit I = Einkommen des Haushalts, $x(y)$ = Menge des Guts X (Y) und $P_X(P_Y)$ = Preis des Guts X (Y). Dabei verdeutlicht die Gl. (A.2) nochmal, dass unser Haushalt sein Einkommen zum Konsum von X und Y aufwenden kann, wobei die zu zahlenden Beträge für die Mengen x und y nicht größer sein können als das Einkommen. Die Monotonie zeigt uns, dass unser Haushalt sein gesamtes Einkommen für den Konsum der Güter X und Y verwendet, weil er sonst auf Nutzen verzichtet. Die beiden Gleichungen können wir nun mithilfe der Lagragenfunktion zusammenbringen. Letztlich maximiert unser Haushalt also

---

[1] Selbstverständlich können hier verschiedene Typen von multiplikativen Zusammenhängen unterschieden werden. So ist die sog. Cobb-Douglas-Nutzenfunktion durch $N(x,y) = x^\alpha \cdot y^\beta$ gekennzeichnet. Die Cobb-Douglas-Funktion werden wir im zweiten Abschnitt des Anhang noch als Produktionsfunktion kennenlernen.

seinen Nutzen unter der Nebenbedingung eines knappen Budgets. Der sog. Lagrange-Multiplikator (λ) hilft uns die Gl. (A.1) und (A.2) zusammenzuführen. Hierzu müssen wir alle Variablen der Gl. (A.2) zunächst auf eine Seite bringen, um hierdurch die sog. Nebenbedingungsfunktion ($g(x, y)$) zu erhalten. Durch den Befehl „minus I" erhalten wir

$$x \cdot P_X + y \cdot P_Y - I = g(x, y) - I = 0. \tag{A.3}$$

Führen wir nun (A.1) und (A.3) unter Verwendung des Lagrage-Multiplikators zusammen, so erhalten wir

$$L(x, y, \lambda) = N(x, y) + \lambda \cdot \left(g(x, y) - I\right) = x \cdot y + \lambda \cdot (x \cdot P_X + y \cdot P_Y - I). \tag{A.4}$$

Zur Maximierung des Nutzens unter der Nebenbedingung eines knappen Budgets müssen wir nun die Lagrangefunktion nach x, y und λ ableiten. Wie wir aus Kap. 3 wissen, gibt die Ableitung einer Funktion deren Steigung an. Indem wir nun die Ableitungen bestimmen, ermitteln wir also die Steigung. Bei einer einfachen Funktion mit nur einer Variablen (x) ist dabei die Überlegung, dass der Extrempunkt (Maximum oder Minimum) einer Funktion dadurch charakterisiert ist, dass die Steigung null beträgt. Hierzu hatten wir die Funktion als Wanderweg beschrieben. Wollen wir nun den Gipfel des Bergs erklimmen (d. h. Maximum), so laufen wir solange bergauf, bis es nicht mehr bergauf geht. Direkt hinter dem Gipfel dreht sich also das Vorzeichen der Steigung, von bergauf zu bergab. Genau am Gipfelkreuz ist die Steigung damit null. Bei einer Differentialgleichung mit mehreren Variablen (siehe Gl. (A.4)) ist die Vorgehensweise nun analog, nur dass wir nicht eine Ableitung bilden, sondern nach allen unbekannten Variablen ableiten und die Ableitungen gleich null setzen. In der Mathematik spricht man in diesem Zusammenhang vom sog. Gradienten.[2] Bilden wir nun die Ableitungen der Gl. (A.4) nach x, y und λ erhalten wir folgendes Bild:[3]

$$\frac{\partial L}{\partial x} = y + \lambda \cdot P_X = 0$$

$$\frac{\partial L}{\partial y} = x + \lambda \cdot P_Y = 0 \tag{A.5}$$

$$\frac{\partial L}{\partial \lambda} = x \cdot P_X + y \cdot P_Y - I = 0$$

---

[2] Der Vollständigkeit halber müsste man die Hessematrix der zweiten Ableitungen betrachten (als hinreichende Bedingung), um sicherzustellen, dass es sich um das Nutzenmaximum und nicht das Nutzenminimum handelt. Wir wollen zur Vereinfachung hierauf verzichten, was häufig in der rein mikroökonomischen Betrachtung so gehandhabt wird. Siehe weiterführend z. B. Sysaeter und Hammond (2014).

[3] Für eine Wiederholung der Ableitungsregeln (auch für Differentialgleichungen) siehe die didaktischen Sonderfelder in Kap. 3 (Kap. 4).

Das Gleichgewicht (i.S.d. Nutzenmaximums) erhalten wir nun durch Auflösen dieses einfachen linearen Gleichungssystems. Dabei wird deutlich, dass die ersten beiden Ableitungen aus (A.5) beide den Lagrange-Multiplikator aufweisen, d. h. durch Auflösen der ersten beiden Ableitungen nach λ und Gleichsetzen erhalten wir

$$\frac{\partial L}{\partial x} = \frac{\partial L}{\partial y} \leftrightarrow \frac{y}{P_X} = \frac{x}{P_Y}. \tag{A.6}$$

Gl. (A.6) verdeutlicht auch nochmal den Zusammenhang zu unseren Überlegungen, schließlich zeigt Gl. (A.6), dass im Gleichgewicht das Austauschverhältnis der Güter zueinander (x/y) dem Preisverhältnis der Güter (P_X / P_Y) entsprechen muss. Genau hier ist der Tangentialpunkt zwischen Indifferenzkurve (hier: Nutzenfunktion) und der Budgetgerade (hier: Nebenbedingungsfunktion).[4] Lösen wir nun Gl. (A.6) nach einer Variablen (nach x oder y) auf, so gelangen wir schnell zu einer Gleichung mit nur noch einer Unbekannten, die wir wie gewohnt lösen können. Auflösen von Gl. (A.6) nach y liefert

$$y = P_X \cdot \frac{x}{P_Y} \tag{A.7}$$

Einsetzen von (A.7) in die Nebenbedingung aus (A.5) führt schließlich zu

$$x \cdot P_X + P_X \cdot \frac{x}{P_Y} \cdot P_Y = I \leftrightarrow 2xP_X = I \leftrightarrow x = \frac{I}{2 \cdot P_X} \tag{A.8}$$

Einsetzen von (A.8) in die Gl. (A.7) zeigt analog das Ergebnis für die optimale Menge von y, wobei

$$y = P_X \cdot \frac{\dfrac{I}{2 \cdot P_X}}{P_Y} \leftrightarrow y = \frac{I}{2 \cdot P_Y}. \tag{A.9}$$

Unser Haushalt sollte seine Mengen x und y also wie folgt wählen $\left(x^*, y^*\right) = \left(\dfrac{I}{2 \cdot P_X}, \dfrac{I}{2 \cdot P_Y}\right)$.

Beispiel A.1

Die Nutzenfunktion von Anton für den Konsum von Äpfeln (X) und Bananen (Y) sei $N(x,y) = xy$. Anton verfügt über ein Einkommen von 100 Euro. Ein Apfel kostet 1 Euro ($P_X = 1$). Eine Banane kostet 2 Euro ($P_Y = 2$). Dann ergibt sich Antons Nutzenmaximierungskalkül (in Form der Lagrangefunktion) durch

$$L\left(x, y, \lambda\right) = x \cdot y + \lambda \cdot (x + 2y - 100).$$

---

[4] Das Austauschverhältnis der Güter zueinander (i.S.d. Steigung der Indifferenzkurve) ist letztlich das, was wir in Kap. 3 als Grenzrate der Substitution bezeichnet haben, sodass $GRS = x/y$.

Maximierung der Lagrangefunktion nach x, y und λ liefert

$$\frac{\partial L}{\partial x} = y + \lambda = 0$$

$$\frac{\partial L}{\partial y} = x + 2\lambda = 0$$

$$\frac{\partial L}{\partial \lambda} = x + 2y - 100 = 0$$

Gleichsetzen von $\partial L / \partial x$ und $\partial L / \partial y$ führt zu

$$y = \frac{x}{2}.$$

Einsetzen in die Nebenbedingung ($\partial L / \partial \lambda$) liefert das Ergebnis für die optimale Menge des Guts X:

$$x + 2 \cdot \frac{x}{2} = 100 \leftrightarrow 2x = 100 \leftrightarrow x = 50.$$

Die nutzenmaximierende Menge von y ergibt damit $y = \dfrac{50}{2} = 25$. Anton sollte also die Mengen $\left(x^*, y^*\right) = \left(\dfrac{100}{2\cdot 1} = 50, \dfrac{100}{2\cdot 2} = 25\right)$ konsumieren, um seinen Nutzen zu maximieren. Anton generiert damit einen Nutzen in Höhe von $N\left(x = 50, y = 25\right) = 50 \cdot 25 = 1250$.

Die Vorgehensweise bei Nutzenmaximierung im 3-Güter-Fall ist nun analog. So ergibt sich die Lagrangefunktion für den 3-Güter-Fall (d. h. Güter X, Y und Z) durch

$$L\left(x, y, z, \lambda\right) = x \cdot y \cdot z + \lambda \cdot (x \cdot P_X + y \cdot P_Y + z \cdot P_Z - I). \tag{A.10}$$

Letztlich erweitert die zusätzliche Variable (z) nur das lineare Gleichungssystem, schließlich setzen wir nun die ersten Ableitungen der Lagrangefunktion nach x, y, z und λ gleich null, sodass

$$\frac{\partial L}{\partial x} = yz + \lambda \cdot P_X = 0$$

$$\frac{\partial L}{\partial y} = xz + \lambda \cdot P_Y = 0$$

$$\frac{\partial L}{\partial z} = xy + \lambda \cdot P_Z = 0 \tag{A.11}$$

$$\frac{\partial L}{\partial \lambda} = x \cdot P_X + y \cdot P_Y + z \cdot P_Z - I = 0$$

Gleichsetzen der ersten beiden Zeilen unseres Gradienten aus (A.11) liefert

$$\frac{yz}{P_X} = \frac{xz}{P_Y} \leftrightarrow \frac{y}{x} = \frac{P_X}{P_Y} \leftrightarrow y = x \cdot \frac{P_X}{P_Y}. \tag{A.12}$$

Gleichsetzen von Zeile 1 und 3 aus (A.11) liefert zudem

$$\frac{yz}{P_X} = \frac{xy}{P_Z} \leftrightarrow \frac{z}{x} = \frac{P_X}{P_Z} \leftrightarrow z = x \cdot \frac{P_X}{P_Z}. \tag{A.13}$$

Setzen wir nun (A.12) und (A.13) in die Nebenbedingung ein, so können wir nach x auflösen, sodass

$$x \cdot P_X + x \cdot \frac{P_X}{P_Y} \cdot P_Y + x \cdot \frac{P_X}{P_Z} \cdot P_Z = I \leftrightarrow 3xP_X = I \leftrightarrow x = \frac{I}{3 \cdot P_X}. \tag{A.14}$$

Einsetzen von (A.14) in (A.12) und (A.13) liefert die nutzenmaximierenden Mengen für y und z, wobei

$$y = \frac{I}{3 \cdot P_X} \cdot \frac{P_X}{P_Y} = \frac{I}{3 \cdot P_Y} \text{ und } z = \frac{I}{3 \cdot P_X} \cdot \frac{P_X}{P_Z} = \frac{I}{3 \cdot P_Z}. \tag{A.15}$$

Unser Haushalt sollte seine Mengen x, y und z also wie folgt wählen

$$\left(x^*, y^*, z^* \right) = \left(\frac{I}{3 \cdot P_X}, \frac{I}{3 \cdot P_Y}, \frac{I}{3 \cdot P_Z} \right).$$

Beispiel A.2

Die Nutzenfunktion von Anton für den Konsum von Äpfeln (X), Bananen (Y) und Mangos (Z) sei $N(x, y, z) = xyz$. Anton verfügt über ein Einkommen von 100 Euro. Ein Apfel kostet 1 Euro ($P_X = 1$). Eine Banane kostet 2 Euro ($P_Y = 2$). Eine Mango kostet 4 Euro ($P_Z = 4$). Dann *erhalten* wir unsere nutzenmaximierenden Mengen letztlich auch durch einfaches Einsetzen in die Gleichungen aus (A.14) und (A.15), sodass

$$\left(x^*, y^*, z^* \right) = \left(\frac{100}{3 \cdot 1} = 33\frac{1}{3}, \frac{100}{3 \cdot 2} = 16\frac{2}{3}, \frac{100}{3 \cdot 4} = 8\frac{1}{3} \right)$$

Anton sollte also 33,33 Äpfel, 16,66 Bananen und 8,33 Mangos konsumieren, um seinen *Nutzen* zu maximieren.

Unser Beispiel verdeutlicht nochmal eine wichtige Annahme aus der Haushaltstheorie. Letztlich muss beliebige Teilbarkeit der Güter gegeben sein, um ein eindeutiges Nutzenmaximum sicherzustellen.

A.2   Die Produktionsfunktion in der Mikroökonomie

In Kap. 3 haben wir die Produktionstheorie kennengelernt. Die Produktionstheorie beschäftigt sich allgemein mit der Frage, wie Unternehmen produzieren. Welche Inputfaktoren und in welchen Mengen die Unternehmen diese im Produktionsprozess einsetzen ist dabei von zwei zentralen Aspekten abhängig: (1) der Produktionsfunktion und (2) den erreichbaren Inputfaktorkombinationen. Die Produktionsfunktion bildet ab, wie viel ein Unternehmen von einem Gut unter Einsatz der Produktionsfaktoren produzieren kann. Das Austauschverhältnis der beiden Produktionsfaktoren Arbeit und Kapital beschreiben wir dabei mithilfe der sog. Isoquante. Die Isoquante bildet ab, inwiefern wir den einen Produktionsfaktor (Kapital) gegen den anderen Produktionsfaktor (Arbeit) substituieren können, um das gleiche Outputniveau zu erreichen. Idealtypisch ist unsere Isoquante durch eine abnehmende Grenzrate der technischen Substitution gekennzeichnet, sodass die Isoquante einen konvexen Verlauf aufweist. Die abnehmende Grenzrate der technischen Substitution zeigt, dass die Möglichkeit zur Substitution des Produktionsfaktors Arbeit durch den Produktionsfaktor Kapital mit zunehmendem Einsatz von Kapital sinkt und umgekehrt. So muss es letztlich auch Arbeitskräfte geben, die die Maschinen bedienen. Umgekehrt kann das Ersetzen von Arbeitskräften durch Maschinen die Produktivität des Unternehmens steigern. Jedes Unternehmen hat dabei nicht eine, sondern unendlich viele Isoquanten, die die unterschiedlichen Outputniveaus bei unterschiedlichem Faktoreinsatz widerspiegeln. Man spricht in diesem Zusammenhang auch von einer Isoquantenschar. Welches Outputniveau das Unternehmen nun wählt, hängt entscheidend von den Kosten der Produktionsfaktoren Arbeit und Kapital ab. Die Kosten des Faktoreinsatzes wird durch die Isokostengerade abgebildet, wobei gilt: Je höher die Isokostengerade, desto höher die Kosten. Die Steigung der Isokostengerade entspricht dabei dem Faktorkostenverhältnis, d. h. wie viel der Einsatz von einer Einheit Kapital im Verhältnis zu einer Einheit des Faktors Arbeit kostet. Wie wählt aber nun unser Unternehmen den optimalen Faktoreinsatz?

Unser Unternehmen ist letztendlich Kostenminimierer bzw. Outputmaximierer, d. h. es wird den Faktoreinsatz (Menge l und k) so wählen, dass ein gegebenes Outputniveau zu möglichst geringen Kosten bzw. zu gegebenen Kosten ein möglichst hohes Outputniveau realisiert wird. Wir sprechen in diesem Fall von kosteneffizienter Produktion. Kostenminimum bzw. Outputmaximum bedeutet, dass unser Unternehmen versucht, bei gegebener Isoquante (Outputniveau) eine möglichst niedrige Isokostengerade (Produktionskosten) bzw. bei gegebener Isokostengerade (Produktionskosten) eine möglichst hohe Isoquante (Outputniveau) zu erreichen. Vor diesem Hintergrund suchen wir den Tangentialpunkt zwischen Isokostengerade und Isoquante. Hier produziert unser Unternehmen kosteneffizient.

Bisher haben wir die Mathematik hierzu kaum benötigt. Schließlich können wir die einzelnen Zusammenhänge auch mithilfe einer Abbildung erläutern und die kosteneffiziente Produktion durch den Tangentialpunkt zwischen Isokostengerade und Isoquante abbilden. In Kap. 3 haben wir hierbei nur auf das Konzept der Lagrangefunktion bei einer

Cobb-Dougas-Produktionsfunktion hingewiesen und angedeutet, dass der gesuchte Tangentialpunkt mathematisch bedeutet, dass die Steigung der Isokostengerade (i. S. d. Faktorpreisverhältnisses) der Steigung der Isoquante (i.S.d. Austauschverhaltnisses der Produktionsfaktoren Arbeit und Kapital; auch Grenzrate der technischen Substitution) entsprechen muss. Nun können wir den Punkt der kosteneffizienten Produktion auf zwei Wegen finden. Auf der einen Seite können wir als Outputmaximierer agieren und zu gegebenem Kostenbudget das Produktionsoutput maximieren. Auf der anderen Seite können wir als Kostenminierer auftreten und zu minimalen Kosten ein gegebenes Outputniveau realisieren. Auch mathematisch können wir beide Wege beschreiten. Wir beginnen mit der Outputmaximierung (bei gegebenem Kostenrahmen) und werden anschließend feststellen, dass beide Ansätze zum gleich Ergebnis führen.

Der idealtypische Verlauf der Isoquante und damit der Produktionsfunktion bedeutet, dass wir eine Produktionsfunktion betrachten, die sich aus dem Produkt der beiden Inputfaktoren (l und k) ergibt. Wir betrachten hierzu die Cobb-Douglas-Produktionsfunktion[5]

$$X(l,k) = l^{\alpha} \cdot k^{1-\alpha}, \qquad (A.16)$$

mit l (k) = Menge des Faktoreinsatzes von Arbeit (Kapital), α = Gewichtung, mit dem der jeweilige Faktor das Produktionsvolumen erhöht und X = Outputniveau des Produktionsguts X. Die Gl. (A.16) zeigt, dass mit zunehmendem Einsatz von Arbeit (l) und Kapital (k) das Outputniveau (X) steigt. Bei gegebener Budgetrestriktion[6] ist der Faktoreinsatz letztlich begrenzt und durch die Nebenbedingung

$$C = w \cdot l + r \cdot k \qquad (A.17)$$

gekennzeichnet. Schließlich führt der Einsatz der Produktionsfaktoren Arbeit (l) zu einem Lohnsatz w („wage") und Kapital (k) zu einem Zinssatz r („rate") zu Kosten in Höhe von C. Die Gl. (A.16) und (A.17) können wir nun mithilfe des Lagrange-Muliplikators zusammenführen. Hierzu müssen wir zunächst noch alle Variablen der Gl. (A.17) durch den Befehl „minus C" auf eine Seite bringen, um hierdurch die sog. Nebenbedingungsfunktion zu erhalten. Damit muss gelten

$$w \cdot l + r \cdot k - C = 0. \qquad (A.18)$$

Führen wir nun (A.16) und (A.18) mithilfe des Lagrange-Multiplikators (λ) zusammen, so erhalten wir

$$L(l,k,\lambda) = l^{\alpha} \cdot k^{1-\alpha} + \lambda \cdot (w \cdot l + r \cdot k - C). \qquad (A.19)$$

---

[5] Zur Vereinfachung setzen wir $A = 1$. Unabhängig davon wird deutlich, dass sich die Konstante A durch Gleichsetzen der beiden ersten Zeilen aus (A.20) herauskürzt und damit keinen Einfluss auf die optimalen Faktoreinsatzmengen (l^{*}, k^{*}) hat.

[6] Die Budgetrestriktion kann beispielsweise dadurch bestehen, dass das Unternehmen ein bestimmtes Darlehen aufgenommen hat, das die finanziellen Ressourcen für den Produktionsprozess einschränkt.

Zur Maximierung des Outputs unter der Nebenbedingung eines knappen Kostenbudgets müssen wir nun die Lagrangefunktion nach l, k und λ ableiten. Wie wir aus Kap. 3 wissen, gibt die Ableitung einer Funktion deren Steigung wieder. Bei einer einfachen Funktion mit nur einer Variablen (x) ist dabei die Überlegung, dass der Extrempunkt (Maximum oder Minimum) der Funktion dadurch charakterisiert ist, dass die Steigung null beträgt. Hierzu hatten wir die Funktion als Wanderweg beschrieben. Wollen wir nun den Gipfel des Bergs erklimmen (d. h. Maximum), so laufen wir solange bergauf, bis es nicht mehr bergauf geht. Direkt hinter dem Gipfel dreht sich also das Vorzeichen der Steigung, von bergauf zu bergab. Genau am Gipfelkreuz ist die Steigung damit null. Bei einer Differentialgleichung mit mehreren Variablen (siehe Gl. (A.19)) ist die Vorgehensweise nun analog, nur dass wir nicht eine Ableitung bilden, sondern nach allen unbekannten Variablen ableiten und die Ableitungen gleich null setzen. In der Mathematik spricht man in diesem Zusammenhang vom sog. Gradienten.[7] Bilden wir nun die Ableitungen der Gl. (A.19) nach l, k und λ erhalten wir

$$\frac{\partial L}{\partial l} = \alpha \cdot l^{\alpha-1} \cdot k^{1-\alpha} + \lambda \cdot \mathrm{w} = 0$$

$$\frac{\partial L}{\partial k} = (1-\alpha) \cdot l^{\alpha} \cdot k^{-\alpha} + \lambda \cdot \mathrm{r} = 0 \qquad\qquad (A.20)$$

$$\frac{\partial L}{\partial \lambda} = w \cdot l + r \cdot k - C = 0$$

Das Gleichgewicht (i.S.d. Outputmaximums) erhalten wir durch Auflösen dieses einfachen linearen Gleichungssystems. Dabei wird deutlich, dass die ersten beiden Ableitungen aus (A.20) jeweils den Lagrange-Mulitplikator aufweisen.

Wir erinnern uns an unsere Schulzeit. Hier haben wir einige elementare Rechenregeln zum Rechnen mit Potenzen kennengelernt (sog. Potenzregeln), die beim Umformen von Ableitungen von Cobb-Douglas-Funktionen hilfreich sein können. So gilt etwa für multiplikative Verbindungen von Potenzen (n und m):

$$x^n \cdot x^m = x^{n+m}$$

Bei der Betrachtung von Quotienten von Potenzen (n und m) gilt ferner:

$$\frac{x^n}{x^m} = x^{n-m}$$

---

[7] Der Vollständigkeit halber müsste man die Hessematrix der zweiten Ableitungen betrachten, um sicherzustellen, dass es sich um das Outputmaximum und nicht das Outputminimum handelt. Wir wollen zur Vereinfachung hierauf verzichten, was häufig in der rein mikroökonomischen Betrachtung so üblich ist. Siehe weiterführend z. B. Sysaeter und Hammond (2014).

Darüber hinaus kann für Potenzen, deren Exponent die Inverse einer natürlichen Zahl (x) ist, gezeigt werden, dass

$$x^{-n} = \frac{1}{x^n}.$$

Durch Auflösen der ersten und zweiten Zeile aus (A.20) nach λ und Gleichsetzen gelangen wir zu

$$\partial L \, / \, \partial l = \partial L \, / \, \partial k \leftrightarrow \frac{\alpha \cdot k}{(1-\alpha) \cdot l} = \frac{w}{r}. \tag{A.21}$$

Zur Vereinfachung nehmen wir an, dass beide Produktionsfaktoren mit dem gleichen Gewicht ($\alpha = 0{,}5$) auf das Produktionsvolumen wirken und gelangen damit zu

$$\frac{k}{l} = \frac{w}{r}. \tag{A.22}$$

Gl. (A.22) hebt auch nochmal den Zusammenhang zu unserer vorangegangenen Überlegungen hervor. Schließlich zeigt Gl. (A.22), dass im Gleichgewicht das Austauschverhältnis der Produktionsfaktoren (k/l) dem Faktorpreisverhältnis (w/r) entsprechen muss.[8] Genau hier ist der Tangetialpunkt zwischen der Isoquante (Outputniveau) und der Isokostengerade (Kosten), da der Tangetialpunkt gerade dadurch charakterisiert ist, dass hier die Steigungen beider Funktionen einander entsprechen. Lösen wir nun Gl. (A.22) nach einer Variablen (l oder k) auf, so gelangen wir schnell zu einer Gleichung mit nur noch einer Unbekannten, die wir wie gewohnt lösen können. Auflösen von Gl. (A.22) nach k liefert

$$k = l \cdot \frac{w}{r}. \tag{A.23}$$

Einsetzen von (A.23) in unsere Nebenbedingung aus (A.17) führt zu

$$w \cdot l + r \cdot l \cdot \frac{w}{r} = C \leftrightarrow l = \frac{C}{2 \cdot w}. \tag{A.24}$$

---

[8] Das Austauschverhältnis der Produktionsfaktoren (i.S.d. Steigung der Isoquante) ist letztlich auch das, was wir im Kap. 3 als Grenzrate der technischen Substitution bezeichnet haben, sodass $GRTS = k/l$.

Einsetzen von (A.24) in die Gl. (A.22) zeigt analog das Ergebnis für die optimale Menge von k, wobei

$$k = \frac{C}{2 \cdot w} \cdot \frac{w}{r} = \frac{C}{2 \cdot r}. \tag{A.25}$$

Unser Unternehmen sollte seinen Faktoreinsatz also wie folgt wählen: $\left(l^{*}, k^{*} \right) = \left(\frac{C}{2 \cdot w}, \frac{C}{2 \cdot r} \right)$.

Beispiel A.3

Die Produktionsfunktion der Xtrem GmbH für die Produktion von Äpfeln sei $X \left(l, k \right) = l^{0,5} \cdot k^{0,5}$. Die Xtrem GmbH verfügt über ein Darlehen in Höhe von 1000 Euro. Der Lohnsatz sei $w = 20$. Der Zinssatz sei durch $r = 5$ gegeben. Dann ergibt sich die Lagrangefunktion für die Xtrem GmbH durch

$$L \left(l, k, \lambda \right) = l^{0,5} \cdot k^{0,5} + \lambda \cdot (20 \cdot l + 5 \cdot k - 1000)$$

Maximierung der Lagrangefunktion nach l, k und λ liefert

$$\frac{\partial L}{\partial l} = 0,5 \cdot l^{-0,5} \cdot k^{0,5} + 20 \lambda = 0$$

$$\frac{\partial L}{\partial k} = 0,5 \cdot l^{0,5} \cdot k^{-0,5} + 5 \lambda = 0$$

$$\frac{\partial L}{\partial \lambda} = 20 l + 5 k - 1000 = 0$$

Gleichsetzen von $\partial L / \partial l$ und $\partial L / \partial k$ führt zu

$$k = 4 \cdot l$$

Einsetzen in die Nebenbedingung ($\partial L / \partial \lambda$) führt schließlich zum Ergebnis für die optimale Menge des Faktoreinsatzes Arbeit (l):

$$20 \cdot l + 5 \cdot 2 \cdot l = 1000 \leftrightarrow l = \frac{1000}{40} = 25.$$

Die optimale Menge des Faktors Kapital (k) ergibt sich damit durch $k = 4 \cdot 25 = 100$.

Die Xtrem GmbH sollte vor diesem Hintergrund die Faktormengen $\left(l^{*}, k^{*} \right) = (\frac{1000}{2 \cdot 10} = 25, \frac{1000}{2 \cdot 5} = 100)$ wählen, um ihr Produktionsvolumen an Äpfeln zu maximieren. Insgesamt produziert die Xtrem GmbH damit $X\left(l=25,k=100\right)=50^{0,5}\cdot100^{0,5}=5\cdot10=50$ Äpfel, bei Kosten in Höhe von $20\cdot25+5\cdot100=1000$.

Tritt das Unternehmen nun als Kostenminimierer (bei gegebenem Outputniveau) auf, so ändert sich im Prinzip nur die Nebenbedingung. Schließlich minimieren wir nun die Kosten für ein gegebenes Outputniveau, d. h. unsere Produktionsfunktion taucht nun in der Nebenbedingung auf. Vor diesem Hintergrund setzen wir

$$X\left(l,k\right)=\overline{X}. \tag{A.26}$$

Das heißt das Unternehmen produziert eine gegebene Menge $\overline{X}$. Für unsere Nebenbedingung bedeutet dieser Sachverhalt, dass unser Produktionsprozess durch $\overline{X}$ eingeschränkt wird. Analog zu den Überlegungen aus Gl. (A.18) können wir Gl. (A.26) auch umformen zu

$$X\left(l,k\right)-\overline{X}=0 \tag{A.27}$$

Im Gegensatz zu einer Maximierung des Outputs führen wir nun eine Minimierung der Kosten durch, sodass unsere Zielfunktion die Isokostengerade ist und damit

$$w\cdot l+r\cdot k. \tag{A.28}$$

Führen wir nun die Gl. (A.27) und (A.28) mithilfe des Lagrange-Multiplikators (λ) zusammen, so erhalten wir

$$L\left(l,k,\lambda\right)=w\cdot l+r\cdot k+\lambda\cdot(l^{\alpha}\cdot k^{1-\alpha}-\overline{X}). \tag{A.29}$$

Die notwendige Bedingung[9] verlangt, dass wir die erste Ableitung der Lagrangefunktion gleich null setzen, sodass

$$\frac{\partial L}{\partial l}=w+\lambda\cdot\left(\alpha\cdot l^{\alpha-1}\cdot k^{1-\alpha}\right)=0$$

$$\frac{\partial L}{\partial k}=r+\lambda\cdot\left((1-\alpha)\cdot l^{\alpha}k^{-\alpha}\right)=0 \tag{A.30}$$

$$\frac{\partial L}{\partial\lambda}=l^{\alpha}\cdot k^{1-\alpha}-\overline{X}=0$$

---

[9] Als hinreichende Bedingung müssten wir der Vollständigkeit halber eigentlich noch die Hessematrix der zweiten Ableitungen betrachten, um sicherzustellen, dass es sich tatsächlich um das Kostenminimum und nicht das Kostenmaximum handelt. In der rein mikroökonomischen Betrachtung wird hierauf in der Regel verzichtet, weshalb wir hier ebenfalls nicht die hinreichende Bedingung diskutieren. Siehe weiterführend z. B. Sysaeter und Hammond (2014).

Gleichsetzen der ersten beiden Zeilen aus (A.30) liefert

$$\frac{\partial L}{\partial l} = \frac{\partial L}{\partial k} \leftrightarrow \frac{\alpha \cdot k}{(1-\alpha) \cdot l} = \frac{w}{r}. \tag{A.31}$$

Zur Vereinfachung setzen wir wieder $\alpha = 0,5$. Dann können wir Gl. (A.31) nach k auflösen und erhalten

$$k = l \cdot \frac{w}{r}. \tag{A.32}$$

Durch Einsetzen von (A.32) in unsere Nebenbedingung aus der letzten Zeile in (A.30) erhalten wir für l schließlich[10]

$$l^{0,5} \cdot \left(l \cdot \frac{w}{r} \right)^{0,5} - \overline{X} = 0 \leftrightarrow l = \overline{X} \cdot \left(\frac{w}{r} \right)^{-0,5} \tag{A.33}$$

Einsetzen von (A.33) in die Gl. (A.32) liefert das entsprechende Ergebnis für den Faktoreinsatz Kapital (k)

$$k = \frac{\overline{X}}{\left(\dfrac{r}{w} \right)^{0,5}} \cdot \frac{w}{r} = \overline{X} \cdot \left(\frac{w}{r} \right)^{0,5} \tag{A.34}$$

Unser Unternehmen sollte zur Sicherstellung einer kosteneffizienten Produktion seinen Faktoreinsatz also wie folgt wählen $\left(l^{*}, k^{*} \right) = \left(\overline{X} \cdot \left(\dfrac{w}{r} \right)^{-0,5}, \overline{X} \cdot \left(\dfrac{w}{r} \right)^{0,5} \right)$.

Beispiel A.4

Gegeben seien die Zahlen aus Beispiel A.3. Das Outputniveau sei damit gegeben durch $\overline{X} = 50$. Der Lohnsatz sei weiterhin $w = 20$. Für den Zinssatz gilt $r = 5$. Dann erhalten wir die kosteneffizienten Faktormengen durch Einsetzen in unser Gleichgewicht, sodass

$$\left(l^{*}, k^{*} \right) = \left(50 \cdot \left(\frac{20}{5} \right)^{-0,5} = \frac{50}{\sqrt{4}} = 25, 50 \cdot \left(\frac{20}{5} \right)^{0,5} = 50 \cdot \sqrt{4} = 100 \right).$$

Die Xtrem GmbH sollte damit $l^{*} = 25$ und $k^{*} = 100$ einsetzen, um zu minimalen Kosten ein Produktionsvolumen von $\overline{X} = 50$ Äpfeln zu produzieren. Dabei entstehen Kosten in Höhe von $20 \cdot 25 + 5 \cdot 100 = 1000$.

---

[10] Hier ist zu berücksichtigen, dass $x^{0,5} = \sqrt{x}$.

Ein Vergleich der Beispiele A.3 und A.4 zeigt, dass beide Wege – Outputmaximierung bei gegebenem Kostenbudget versus Kostenminimierung bei gegebener Outputmenge – letztlich zum selben Ergebnis führen.

Letztendlich können wir im Zusammenhang mit der Wahl des kosteneffizienten Faktoreinsatzes auch die Kostenstruktur des Unternehmens und damit die (Markt-) Angebotsfunktion ermitteln. Die Cobb-Douglas-Produktionsfunktion führt dabei dazu, dass wir letztlich von konstanten Skalenerträgen und damit konstanten Grenz- und Durchschnittskosten ausgehen können. Nutzen wir hierzu die Zahlen aus unserem Beispiel A.4, so wird deutlich, dass die Produktionsmenge $\overline{X} = 50$ letztlich zu Gesamtkosten von 1000 Euro produziert werden. Vor diesem Hintergrund sehen wir unmittelbar, dass jede Produktionseinheit damit zu Durchschnitts- und Grenzkosten von

$$DK = GK = \frac{1000}{50} = 20 \tag{A.35}$$

hergestellt werden kann. Damit ergibt sich für die Kostenfunktion des Unternehmens

$$K(x) = 20 \cdot x. \tag{A.36}$$

Die Angebotsfunktion entspricht dabei den Grenzkosten bzw. der ersten Ableitung der Kostenfunktion, sodass

$$GK = \frac{dK}{dx} = 20. \tag{A.37}$$

Bei konstanten Grenzkosten wird die Angebotsfunktion folglich durch eine horizontale Angebotsfunktion auf Grenzkostenniveau deutlich. Beim Einzeichnen in unser klassisches Preis-Mengen-Diagramm berücksichtigen wir die Grenzkosten dabei als Schnittpunkt mit der y-Achse (hier an der Stelle $p = GK = 20$) und zeichnen die Angebotsfunktion als Parallele zur x-Achse.

A.3   Lösungsskizzen zu den Übungsaufgaben

Im Folgenden finden Sie Lösungsskizzen zu den Übungsaufgaben des Lehrbuchs. Die Lösungsskizzen folgen dabei dem chronologischen Aufbau des Lehrbuchs, beginnend mit den Übungsaufgaben des Kap. 2.

A.3.1 Lösungsskizzen zu den Übungsaufgaben des Kap. 2

Aufgabe 1: Grundlagen und Prinzipien der ökonomischen Analyse (des Rechts)

(a) Der „Homo Oeconomicus" folgt zwei wesentlichen Annahmen: (1) Rationalität bei vollständiger Information, (2) Egoismus. Individuen sind also Nutzenmaximierer. Kritik: Rationalitätsannahme problematisch, da Individuen nicht über vollständige Information verfügen und beschränkt rational agieren.

(b) Das „Konzept der beschränkten Rationalität" hinterfragt die Rationalitätsannahme des Homo Oeconomicus. Schließlich verfügen die Individuen in der Regel nicht über vollständige Informationen. Aus ökonomischer Sicht kann zudem argumentiert werden, dass vollständige Informationen nicht sinnvoll sind (Informationsökonomik). Zudem sind Individuen beschränkt hinsichtlich ihrer Informationsverarbeitungskapazität, d. h. selbst unter vollständiger Information sind Individuen nicht in der Lage immer die beste Entscheidung zu treffen. Hieraus folgt, dass Individuen nicht in der Lage sind ihren Nutzen zu maximieren, vielmehr geht es darum ein zuvor definiertes Anspruchsniveau zu erreichen, um „zufrieden" zu sein. In diesem Zusammenhang spricht man auch von „Satisfizierung" anstellen von „Nutzenmaximierung".

(c) Das sog. „Nudging"-Konzept geht unter anderem auf Richard Thaler zurück. Der Grundgedanke besteht darin, dass die Individuen zwar beschränkt rational handeln, aber durch Unterstützung in die Lage versetzt werden können, rationale Entscheidungen zu treffen. Die Aufgabe des Staates besteht vor diesem Hintergrund insbesondere darin, die Individuen in der Erreichung ihrer Ziele zu unterstützen. „Nudging" steht im Englischen dabei für anstoßen bzw. schubsen. Wir schubsen die Individuen also gewissermaßen zu ihrem Glück.

(d) Der normative Individualismus ist von der Überlegung motiviert, dass nur die Individuen ihre Präferenzen und Ziele kennen. Vor dem Hintergrund des Ziels, einen möglichst hohen Grad der Bedürfnisbefriedigung zu erreichen, sollten wir deshalb die Individuen selbst entscheiden lassen, was gut für sie ist.

(e) Das Konzept der Vertragsfreiheit folgt im Wesentlichen dem Kerngedanken des normativen Individualismus. Weil nur die Individuen wissen können, was sie glücklich macht, sollte man sie darin unterstützen ihre individuell bestmöglichen Entscheidungen zu treffen. Die Willenserklärung zu einem Vertrag kann vor diesem Hintergrund als ein Ausdruck einer Pareto-Verbesserung interpretiert werden. Schließlich würde kein Individuum einem Vertrag zustimmen, der ihn schlechter stellt. Vor diesem Hintergrund sind Tauschgeschäfte mit einem Verlierer – die zwar im Sinne von Kaldor-Hicks, aber nicht im Sinne von Pareto sein können – nicht kompromissfähig und deshalb in der Regel auch nicht Gegenstand eines Vertrags.

Aufgabe 2: Pareto und Kaldor-Hicks

(a) Intertemporaler Nutzenvergleich: Siehe (b)

Die diagonale Außengrenze macht deutlich, dass nur 10 Äpfel zur Verfügung stehen (Knappheit!). Zwar könnte A alle 10 Äpfel konsumieren, Berta dafür jedoch
keinen (und umgekehrt). Oder beide konsumieren jeweils 5 Äpfel usw.

(b) Einzeichnen der Ausgangsposition P in das Diagramm von (a) liefert folgendes
Bild:

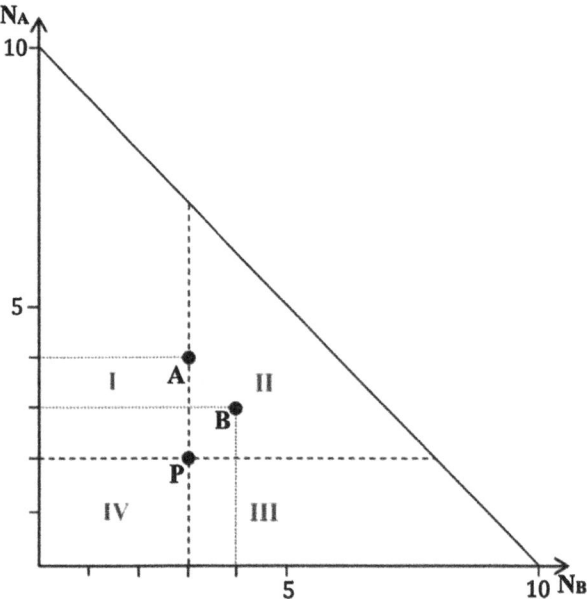

Unter einer Pareto-Verbesserung verstehen wir solche Allokationen, bei der mindestens ein Individuum im Vergleich zur Ausgangsposition (P) verbessert wird,
ohne dass ein anderes Individuum schlechter gestellt wird. Beispiele für solche
Allokationen sind Punkte im zweiten Quadranten. Hier die Punkte A und B:

In A verbessert sich Anton von 2 auf 4 Äpfel, während Berta immer noch 3 Äpfel konsumiert. Anton gewinnt (+2), während Berta nicht verliert (0). Deshalb ist
der Punkt A eine Pareto-Verbesserung gegenüber der Ausgangsallokation P.

In B werden Anton und Berta gleichermaßen um eine Einheit verbessert. Anton
gewinnt einen Apfel (+1) und kommt damit von 2 auf 3 Äpfel. Berta gewinnt ebenfalls einen Apfel (+1) und kommt von 3 auf 4 Äpfel. Deshalb ist der Punkt B eine
Pareto-Verbesserung gegenüber der Ausgangsallokation P.

Welcher Punkt nun besser ist vermag das Pareto-Kriterium nicht zu sagen, zumal Pareto keine Aussagen über Verteilungen machen kann, sondern nur zwei soziale Zustände miteinander vergleichen kann.

(c) Ergänzen von Beispielen für Pareto-effiziente Allokationen (hier: C, D):

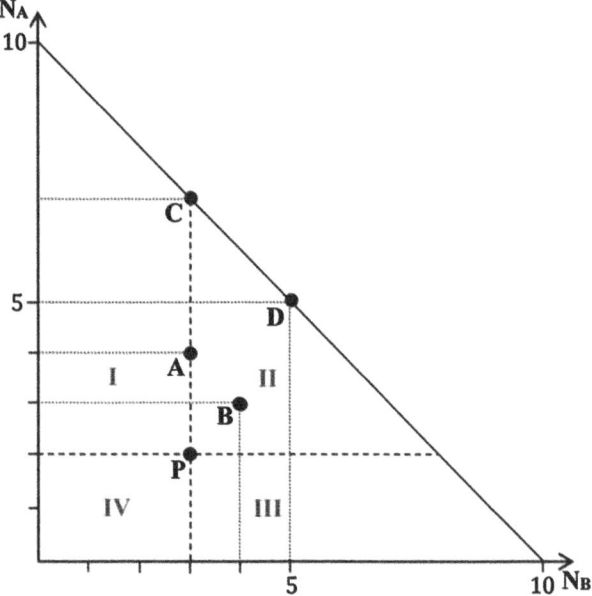

Unter einer Pareto-effizienten Allokation verstehen wir alle Allokationen im Quadranten II, bei dem wir kein Individuum mehr besser stellen können, ohne hierzu ein anderes Individuum schlechter stellen zu müssen. Beispiele für solche Allokationen sind die Punkte C und D.

In C wird Anton von 2 Äpfel auf 7 Äpfel besser gestellt (+5), ohne dass Berta hierzu schlechter gestellt werden muss (0). Gleichzeitig wird deutlich, dass Anton nur besser gestellt werden könnte, indem wir Berta einen oder mehr Äpfel wegnehmen. So könnte Anton auf 8 Äpfel verbessert werden, während Berta einen Apfel verliert. Eine solche Allokation wäre aber nicht im Sinne von Pareto, weil Berta verliert (d. h. Pareto-inferior). Deshalb stellt der Punkt C eine Pareto-effiziente Allokation dar.

In D werden Anton und Berta im Vergleich zur Ausgangsallokation (P) besser gestellt. Während Anton sich von 2 auf 5 Äpfel verbessert (+3), verbessert sich Berta von 3 auf 5 Äpfel (+2). Da in D alle Äpfel bereits auf Anton und Berta verteilt wären, könnten wir auch keinen von beiden mehr besser stellen, ohne dem anderen hierfür einen Apfel wegzunehmen.

Auch hier kann Pareto uns keine Antwort geben, welcher Punkt am besten wäre. Schließlich sind alle Punkten auf der Nutzenmöglichkeitenkurve (Diagonale zwischen (0/10) und (10/0)) und in den Grenzen zum Ausgangspunkt Pareto-effizient. Wichtig ist hier zu verstehen, dass wir immer nur im Verhältnis zur Ausgangssituation beurteilen können, ob eine Allokation besser oder optimale wäre. Wäre unsere Ausgangsallokation im Nullpunkt, d. h. Anton und Berta haben keine Äpfel, dann und nur dann wären alle Punkte auf der Nutzenmöglichkeitenkurve effizient. In allen anderen Fällen schränkt unsere Ausgangsallokation (P) den Bereich der Pareto-effizienten Allokationen auf der Nutzenmöglichkeitenkurve ein.

(d) Hier wird nun deutlich, dass die Ausgangsallokation wichtig ist zur Beurteilung von Pareto-Effizienz. Hätte Anton 10 Äpfel und Berta keinen Apfel, dann läge dieser Punkt zwar auf der Nutzenmöglichkeitenkurve, aber im Quadranten I. Im Vergleich zur Ausgangsallokation würde Berta nämlich 3 Äpfel verlieren (-3), weshalb diese Allokation nicht im Sinne von Pareto sein kann. Nur wenn die Ausgangsallokation im Nullpunkt wäre, dann wären tatsächlich alle Punkte auf der Nutzenmöglichkeitenkurve effizient.

(e) Verliert Berta einen Apfel, während Anton einen Apfel gewinnt, so ergibt sich ein Nettoeffekt von null. Nach Kaldor und Hicks liegt eine Verbesserung jedoch nur vor, wenn der Nettoeffekt positiv ist. Schließlich sollte der Gewinner mehr gewinnen als der Verlierer verliert. Kaldor und Hicks wären hier also indifferent zwischen der Ausgangsallokation und der neuen Allokation, in der Anton 3 Äpfel und Berta 2 Äpfel konsumiert.

(f) Kaldor-Hicks stellt auf den Nettoeffekt und damit die Gesamtwohlfahrt im Sinne der gemeinsamen Wohlfahrt von Anton und Berta ab. Vor diesem Hintergrund sind also alle Allokationen positiv zu bewerten im Sinne von Kaldor und Hicks, bei denen der Gewinner mehr gewinnt als der Verlierer verliert.

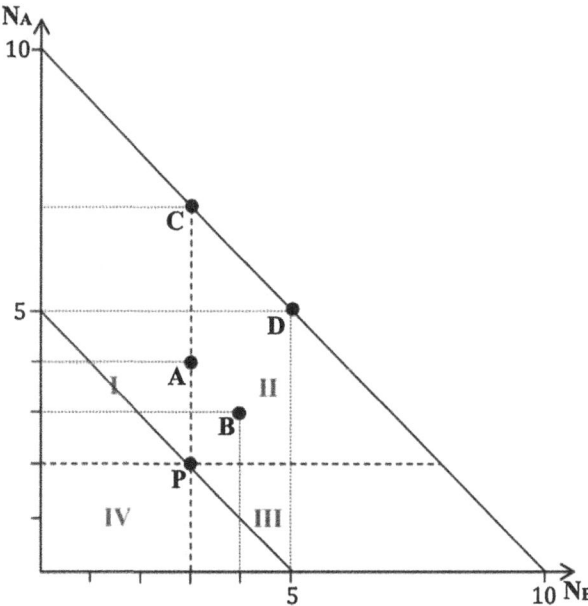

In der Zeichnung werden solche Allokationen durch die Diagonale verdeutlicht, die durch die Ausgangsallokation (P) verläuft. Entlang dieser Diagonalen gewinnt der eine einen Apfel, während der andere einen Apfel verliert. Ausgehend von P mit 2 Äpfeln für Anton und 3 Äpfeln für Berta, kann Berta also maximal 3 Äpfel an Anton verlieren und umgekehrt Anton maximal 2 Äpfel an Berta verlieren. Zwischen diesen Allokationen wären Kaldor und Hicks also indifferent. Es wird deutlich, dass vor diesem Hintergrund nicht nur Allokationen im Quadranten II Verbesserungen darstellen, sondern auch solche Allokationen in den Quadranten I und III, bei dem der Gewinner mehr gewinnt als der Verlierer verliert, sodass die Gesamtwohlfahrt letztlich steigt. Vor diesem Hintergrund sind also alle Punkte auf der Nutzenmöglichkeitenkurve effizient, schließlich ist nur entscheidend, dass alle Äpfel konsumiert werden, unabhängig von der Frage, ob der eine oder der andere sich gegenüber der Ausgangsallokation verschlechtert. Also auch der Punkt, in dem Anton alle Äpfel erhält (Punkt (0/10)) wäre effizient im Sinne von Kaldor und Hicks.

(g) Allen Überlegungen zum Kaldor-Hicks-Kriterium liegt der Gedanke zugrunde, dass der Gewinner zumindest hypothetisch in der Lage sein sollte den Verlierer für seinen Verlust zu kompensieren. Würden wir hingegen nicht nur hypothetisch, sondern tatsächlich kompensieren, so müsste der Gewinner den Verlierer für seinen Verlust entschädigen. In diesem Fall würde der Verlierer also nicht schlechter gestellt, weil er für seinen Verlust kompensiert wird. Bei tatsächlicher Kompensation kommen das Pareto- und das Kaldor-Hicks-Kriterium also zu den gleichen Schlussfolgerungen, zumal die tatsächliche Kompensation sicherstellt, dass wir im Quadranten II unserer Abbildung landen.

(h) Beide Kriterien können letztlich keine Aussagen über die Verteilungswirkungen machen. Das heißt, der Reiche kann immer reicher werden, denn solange der Arme nichts verliert, ist dieser Zustand im Sinne beider Effizienzkriterien. Darüber hinaus könnte das Kaldor-Hicks-Kriterium sogar Allokationen rechtfertigen, die aus einer Umverteilung von unten nach oben resultieren. Schließlich ist für das Kriterium lediglich entscheidend, dass der Gewinner mehr gewinnt als der Verlierer verliert. Schließlich finden solche „Kosten-/Nutzenabwägungen" im Sinne von Kaldor-Hicks dort ihre Grenzen, wo Grund- und zentrale Menschenrechte tangiert werden. Schließlich ließe sich ein großer Gewinn des Gewinners bei Verlust des Lebens eines anderen nicht mit ethischen Grundsätzen vereinbaren oder rechtfertigen.

A.3.2 Lösungsskizzen zu den Übungsaufgaben des Kap. 3

Aufgabe 1: Indifferenzkurven

(a) Für Antons Nutzenfunktion wird deutlich, dass sein Nutzen ausschließlich durch den Konsum von Äpfeln charakterisiert ist. Das heißt jede Banane, die Anton konsumiert, verändert sein Nutzenniveau nicht. Deutlich wird dieser Sachverhalt durch eine senkrecht verlaufende Indifferenzkurve.

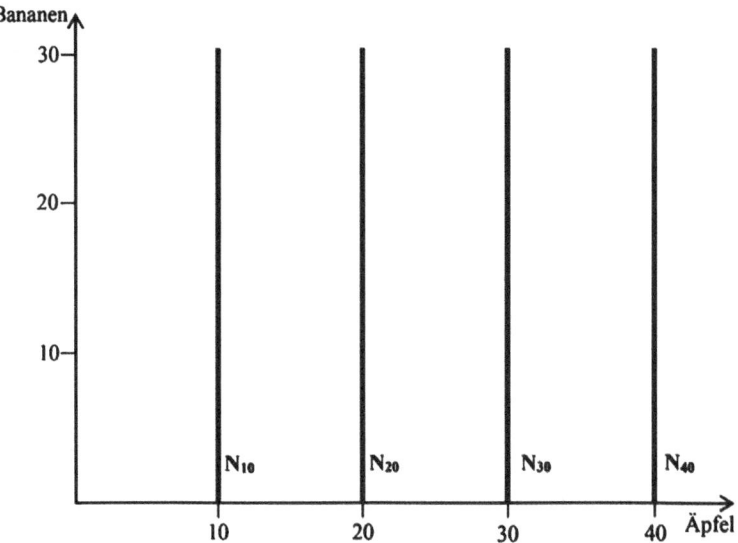

(b) Die senkrecht verlaufenden Indifferenzkurven weisen letztlich eine unendlich große Grenzrate der Substitution auf. Mit anderen Worten: Anton wäre jederzeit bereit alle Bananen aufzugeben, zumal diese sein Nutzenniveau nicht verändern. Wenn Antons Nutzenniveau also ausschließlich durch die Menge der konsumierten Äpfel determiniert ist, sollte Anton auch kein Geld für Bananen ausgeben. Schließlich führt jeder Euro den Anton für Bananen ausgibt dazu, dass er weniger Äpfel kaufen kann. Vor diesem Hintergrund wird deutlich, dass Anton ein Güterbündel präferieren wird, das auf der x-Achse liegt. Welchen Punkt Anton wählt und welches Nutzenniveau er erreicht hängt vor diesem Hintergrund ausschließlich von seinem Einkommen und dem Preis für Äpfel ab.

Aufgabe 2: Haushaltstheorie

(a) Die Budgetgerade basiert auf der Überlegung, dass Michael sein verfügbares Einkommen (I) für den Konsum von b Einheiten Bücher zum Preis P_B und k Einheiten Kleidung zum Preis P_K aufwendet. Die Grundform seiner Budgetgeraden lautet vor diesem Hintergrund

$$I = b \cdot P_B + k \cdot P_K$$

Einsetzen der gegebenen Werte liefert: $300 = 10b + 30k$.

Die Budgetgerade erhalten wir nun durch umformen nach b oder k. Hier formen wir nach k um, sodass

$$b = 30 - 3k.$$

Zwei Aspekte werden hier deutlich: (1) Der Schnittpunkt mit der y-Achse liegt bei 30, schließlich können wir, wenn wir unser gesamtes Einkommen für den Konsum von Bücher aufwenden, maximal 30 Bücher konsumieren. (2) Der Steigungsparameter von „(−3)" spiegelt das Preisverhältnis der Güter wider. Schließlich kostet ein Kleidungsstück drei Mal so viel wie ein Buch.

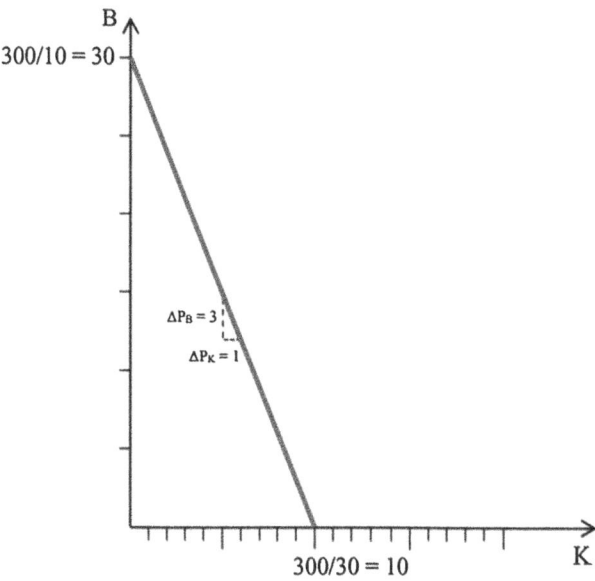

(b) Eine Wertetabelle spiegelt unterschiedliche Güterbündel mit demselben Nutzenniveau wider. Die Nutzenfunktion lautet: $N(b,k) = b \cdot k$.
Wertetabelle:

		Kleidungsstücke			
		5	10	15	20
Bücher	5	25	50	75	100
	10	50	100	150	200
	15	75	150	225	300
	20	100	200	300	400

Wir rechnen beispielsweise: $N(b,k) = 5 \cdot 5 = 25$.

(c) Einzeichnen von drei beispielhaften Indifferenzkurven liefert das folgende Bild einer Indifferenzkurvenschar mit den Nutzenniveaus $N(5,10) = N(10,5) = 50$, $N(15,5) = N(5,15) = 75$ und $N(20,5) = N(10,10) = N(5,20) = 100$.

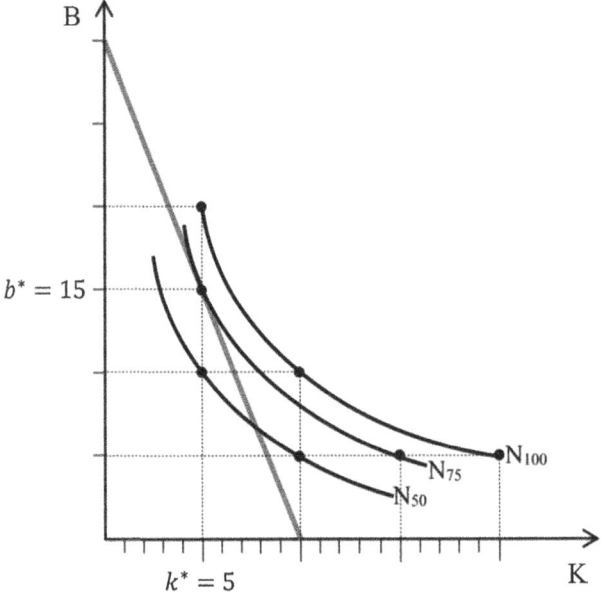

Das Nutzenmaximum bzw. Marktgleichgewicht lautet $(b^*,k^*) = (15,5)$. Hier bildet die Budgetgerade von Michael eine Tangente zur Indifferenzkurve $N75$. Michael erreicht also ein Nutzenniveau in Höhe von 75. Ein höheres Nutzenniveau ist bei gegebener Budgetgerade für Michael nicht erreichbar.

(d) Eine Preisveränderung für das Gut Kleidung führt dazu, dass sich Michael tendenziell weniger Kleidung leisten kann. Gibt Michael nun sein gesamtes Einkommen für Kleidung aus, so kann er sich nicht mehr maximal 10 Kleidungsstücke, sondern nur noch 300/50 = 6 Kleidungsstücke leisten. Was sich also verändert ist der Schnittpunkt mit der x-Achse. Da Bücher preislich unverändert bleiben, ändert sich am Schnittpunkt mit der y-Achse hingegen nichts. Die Budgetgerade dreht sich also nach innen.

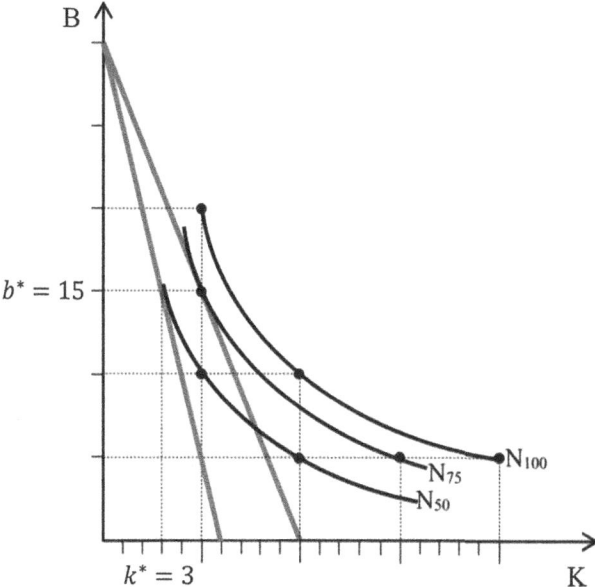

Michael passt seinen Konsum entsprechend an und wählt das Güterbündel $(b^*, k^*) = (15, 3)$, da in diesem Punkt die höchstmögliche Indifferenzgerade erreicht werden kann. Michael maximiert also seinen Nutzen und generiert einen Nutzen in Höhe von $N(15, 3) = 15 \cdot 3 = 45$. Hier werden auch nochmal die Grenzen einer rein grafischen Betrachtung deutlich, schließlich ist die Nutzenfunktion N_{45} überhaupt nicht in unserem Schaubild abgebildet. Für eine rechnerische Lösung müssten wir die Lagrangefunktion nutzen, die im Anhang A.1 des Lehrbuchs erläutert wird. Hier erhalten wir dann auch unsere Lösung für das nutzenmaximierende Güterbündel.

(e) Verändert sich hingegen nicht der Preis, sondern das Einkommen, so verschiebt sich die Budgetgerade parallel. Bei einer Einkommenssteigerung verschiebt sich die Budgetgerade entsprechend nach außen, da bei einem Einkommen in Höhe von 450 Michael nicht maximal 30 Bücher oder 10 Kleidungsstücke kaufen kann, sondern maximal *450/10 = 45* Bücher oder *450/30 = 15* Kleidungsstücke.

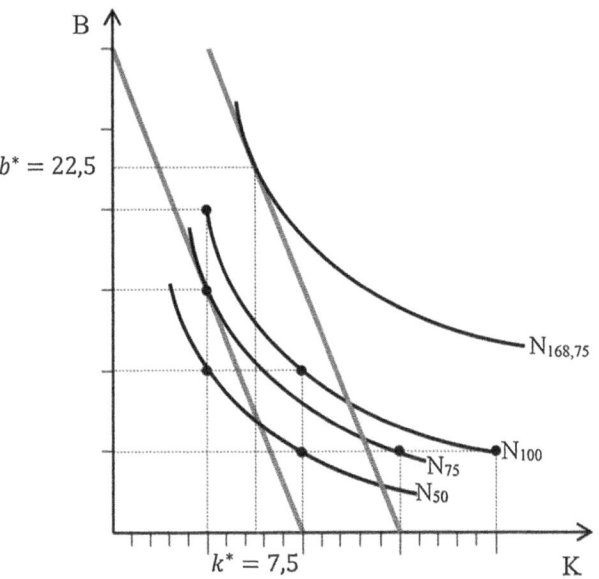

Spätestens hier werden nun die Grenzen der rein grafischen Betrachtung deutlich. Die Verschiebung der Budgetgeraden nach außen führt dazu, dass Michael eine höhere Indifferenzkurve erreichen kann. Selbst wenn wir nun alle Punkte der Wertetabelle aus Aufgabe (b) einzeichnen würden, wird deutlich, dass keine der Indifferenzkurven unsere Budgetgerade tangiert. Vor diesem Hintergrund sei hier einmal beispielhaft aufgezeigt, wie wir das optimale Güterbündel mathematisch bestimmen können.[11]

Zunächst bestimmen wir die Lagrangefunktion, schließlich maximiert Michael seinen Nutzen ($N(b,k)$) unter der Nebenbedingung eines knappen Budgets in Höhe von 450 (die Nebenbedingungsfunktion lautet $g(b,k) = 10b + 30k - 450$), sodass sein Nutzenmaximierungskalkül

$$L\left(b,k,\lambda\right) = bk + \lambda \cdot \left(10b + 30k - 450\right)$$

lautet. Die ersten Ableitungen[12] der Lagrangefunktion nach b, k und λ, und gleich null setzen liefert

$$\frac{\partial L}{\partial b} = k + 10\lambda = 0$$

$$\frac{\partial L}{\partial k} = b + 30\lambda = 0$$

---

[11] Siehe Anhang A.1 für eine Einführung zur Lagrangefunktion.

[12] Für eine Wiederholung der Ableitungsregeln siehe die grauen Didaktikfelder in den Kap. 3 und 4.

$$\frac{\partial L}{\partial \lambda} = 10b + 30k - 450 = 0$$

Auflösen der ersten beiden Ableitungen nach λ und Gleichsetzen, liefert ein Ergebnis für k oder b.

$$\frac{10}{k} = \frac{b}{30} \leftrightarrow k = \frac{b}{3}$$

Setzen wir nun k in unsere dritte Ableitung ein, so erhalten wir ein einfaches lineares Gleichungssystem, das wir lösen können, wobei

$$10b + 10b = 450 \leftrightarrow b^* = \frac{450}{20} = 22,5$$

Einsetzen in die Formel für k liefert schließlich

$$k^* = \frac{22,5}{3} = 7,5$$

Michael sollte also das Güterbündel $(b^*; k^*) = (22,5; 7,5)$ wählen, um seinen Nutzen zu maximieren. Michaels Nutzenniveau beträgt dabei $N(22,5; 7,5) = 22,5 \cdot 7,5 = 168,75$.

Aufgabe 3: Pareto- und Kaldor-Hicks-Kriterium, Edgeworth-Box

(a) Wir nutzen eine Wertetabelle, um die unterschiedlichen Nutzenniveaus durch verschiedene Kombinationen der Güterbündel zu bestimmen. Zu berücksichtigen ist dabei, dass maximal 5 (10) Bücher (Kleidungsstücke) zur Verfügung stehen. Vor diesem Hintergrund ist beispielsweise das Güterbündel $(b = 10, k = 2)$ nicht wählbar, um ein Nutzenniveau von $N(10, 2) = 20$ zu erzielen.

Nutzenniveau	Punkt 1 (B;K)	Punkt 2 (B;K)	Punkt 3 (B;K)
4	(2;2)	(4;1)	(1;4)
6	(2;3)	(3;2)	(1;6)
9	(1;9)	(2;4,5)	(3;3)
15	(2;7,5)	(3;4)	(4;3)
20	(2;10)	(4;5)	(5;4)

Für die Zeichnungen siehe Aufgabenteile (b) bis (e).

(b) Einzeichnen der einzelnen Punkte der Wertetabelle aus (a) und verbinden dieser Punkte zu einer idealtypischen Indifferenzkurve (d. h. abnehmende Grenzrate der Substitution) liefert eine Indifferenzkurvenschar mit 5 Indifferenzkurven für Timo und Sonja. Drehen wir nun Sonjas Indifferenzkurven-Diagramm um 180°, so können wir eine Edgeworth-Box bilden. Um die Indifferenzkurven dabei besser unterscheiden zu können, sind diese farblich unterschiedlich, sowie die Bezeichnung der

Indifferenzkurven von Timo (Sonja) mit T_i (S_i) bezeichnet, wobei das Subskript das jeweilige Nutzenniveau des Individuums widerspiegelt. Wir erhalten folgendes Bild:

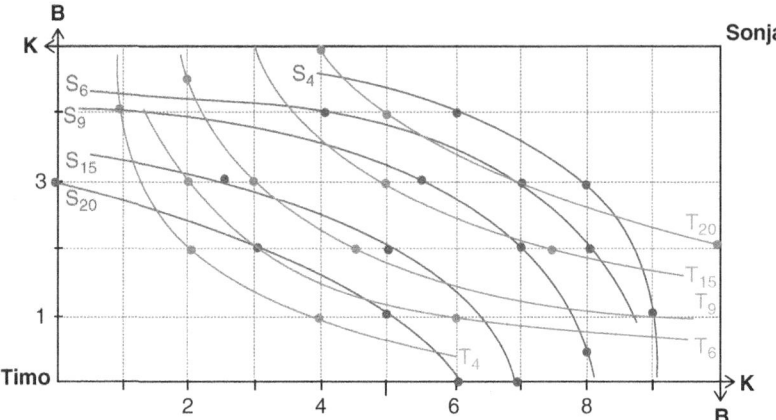

(c) Zeichnen wir nun die Ausgangssituation in unser Diagramm, so werden die entsprechenden Güterbündel für Timo und Sonja durch den Punkt P in der Abbildung verdeutlicht. In der Ausgangssituation hat Timo ein Nutzenniveau in Höhe von 4, während Sonja ein Nutzenniveau in Höhe von 9 realisiert. Die Frage ist nun, ob sich die beiden auf einen Tausch einigen können.

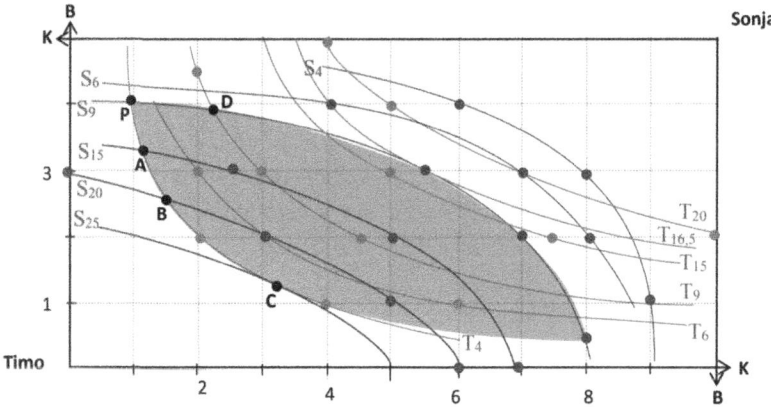

Nun wird deutlich, dass Timo und Sonja beispielsweise so tauschen könnten, dass sie nach dem Tauschgeschäft zu Güterbündel A gelangen. Punkt A liegt dabei immer noch auf der Indifferenzkurve T_4, sodass Timo nichts verliert. Allerdings verbessert sich Sonja von S_9 zu S_{15}. Ein weiterer Tausch kann Sonja sogar noch verbessern. So verbessert sie sich im Tauschpunkt B zunächst auf S_{20} und im Tauschpunkt C auf S_{25}. Beide Punkte liegen weiterhin auf der Indifferenzkurve T_4, d. h. Timo verschlechtert sich nicht. Erst über S_{25} hinaus können wir

Sonja nicht mehr besser stellen, ohne Timo hierfür schlechter stellen zu müssen. Analog lässt sich die Argumentation vom Ausgangspunkt P ausgehend entlang von Sonjas Indifferenzkurve S_9 vollziehen. So stellt etwa auch der Punkt D eine Pareto-Verbesserung dar, zumal Sonja in ihrem Nutzen konstant bleibt, während Timo sich von T_4 auf T_9 verbessert. Der schraffierte Bereich macht schließlich die Menge aller Pareto-superioren Allokationen gegenüber der Ausgangsallokation P deutlich. Wichtig ist dabei zu verstehen, dass wir immer nur in Relation zu einer Ausgangsallokation Aussagen zum interpersonalen Nutzenvergleich machen können.

(d) Pareto-effizient oder Pareto-optimal ist eine Allokation schließlich in den Punkten, in denen wir das eine Individuum nicht mehr besser stellen können, ohne hierzu das andere Individuum schlechter stellen zu müssen. Vor diesem Hintergrund sind in Aufgabe (c) bereits die Indifferenzkurven S_{25} und $T_{16,5}$ hinzugekommen, zumal diese genau diesen Sachverhalt verdeutlichen.

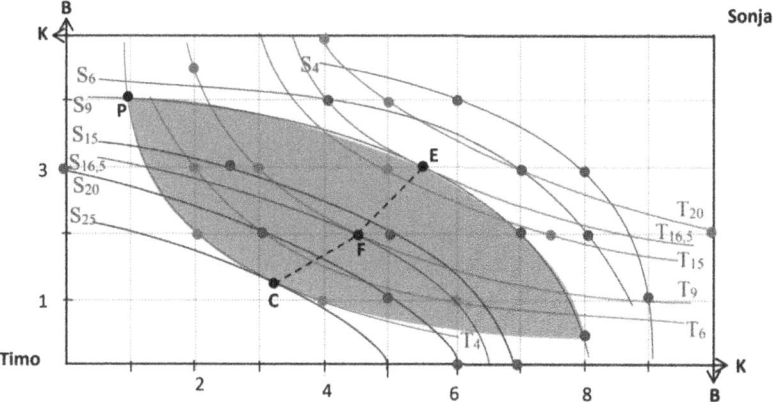

In C kann Sonja nur dann eine noch höhere Indifferenzkurve erreichen, wenn Timo sich verschlechtert. Der umgekehrte Fall liegt im Punkt E vor. Dazwischen lassen sich ebenfalls unendlich viele Pareto-effiziente Allokationen finden, die jeweils dadurch charakterisiert sind, dass Timos und Sonjas Indifferenzkurve einen gemeinsamen Tangentialpunkt aufweisen. Beispielhaft wird dies im Punkt F deutlich. Von F ausgehend kann weder Timo noch Sonja verbessert werden, ohne dass einer von beiden hierzu verlieren muss. Die gestrichelte Linie deutet die Kurve des effizienten Tauschs an, die wir im Kap. 3 kennengelernt haben. Hier wird ersichtlich, dass nicht alle Tangentialpunkte in der Edgeworth-Box effizient sind. Die Ausgangsallokation schränkt den Bereich der Pareto-effizienten Allokationen hingegen ein. Nur wenn der Ausgangspunkt im Nullpunkt wäre (egal, ob in Timos oder Sonjas Nullpunkt), wären tatsächlich alle Allokationen entlang der Kurve des effizienten Tausches auch wirklich effizient.

(e) Während beim Pareto-Kriterium kein Individuum verlieren darf, erlaubt das Kaldor-Hicks-Kriterium Verlierer, solange der Gewinner mehr gewinnt als der Verlierer verliert. Mit anderen Worten: Der Nettoeffekt muss positiv sein bzw. die Gesamtwohlfahrt muss steigen. Entsprechend würde Kaldor-Hicks bei allen Allokationspunkten im (schraffierten) Pareto-superioren Bereich zu der gleichen Einschätzung wie Pareto kommen. Aber auch außerhalb dieses Bereichs befinden sich Allokationen, die im Sinne von Kaldor und Hicks Verbesserungen gegenüber der Ausgangsallokation P darstellen. Hier sei Beispielhaft der Punkt G hervorgehoben.

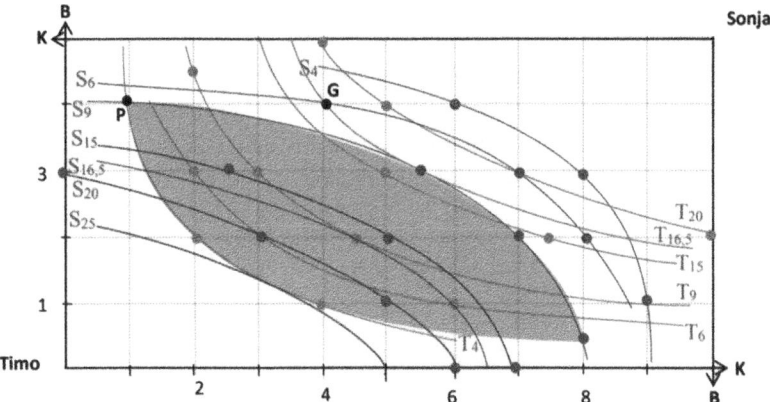

Beim Güterbündel G handelt es sich um eine Kaldor-Hicks-Verbesserung, während dieser Punkt niemals im Sinne von Pareto sein kann. In G verschlechtert sich Sonja (-3), da Sonja im Punkt G einen Nutzen in Höhe von 6 erreicht (gegenüber einem Nutzenniveau in Höhe von 9 in der Ausgangsallokation). Allerdings ist der Gewinn Timos deutlich größer als der Verlust Sonjas. In G erreicht Timo ein Nutzenniveau in Höhe von 16,5. Gegenüber einem Nutzenniveau in Höhe von 4 in der Ausgangsallokation P, bedeutet der Punkt G deshalb einen Gewinn in Höhe von $16{,}5 - 4 = +12{,}5$. Die Gesamtwohlfahrt steigt also um $12{,}5 - 3 = 9{,}5$ von $4 + 9 = 13$ in der Ausgangsallokation P auf $16{,}5 + 6 = 22{,}5$.

Aufgabe 4: Produktionstheorie/Gleichgewichtstheorie/Patent- und Wettbewerbsrecht

(a) Wir nutzen wieder die Schnittpunkte mit den Achsen, um die Nachfragefunktion (Inverse der Preis-Absatzfunktion) und die Angebotsfunktion (Grenzkostenfunktion) einzuzeichnen. Für $P(x) = 100 - x$ erhalten wir als Schnittpunkte damit $(0, 100)$, weil $P(x = 0) = 100 - 0 = 100$, und $(100, 0)$, weil $P(x) = 100 = 100 - x \leftrightarrow x = 100$. Da die Grenzkostenfunktion eine horizontale Gerade ist, liegt der Schnittpunkt mit der y-Achse auf der Höhe der Grenzkosten, d. h. $(0, 25)$. Einzeichnen liefert folgendes Bild:

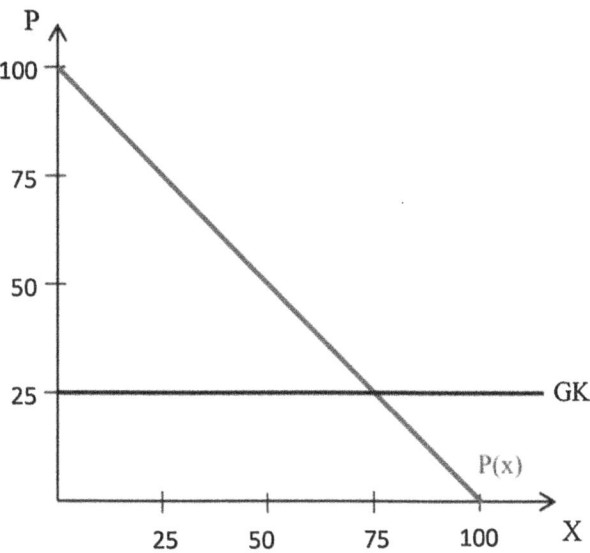

(b) Im Polypol macht die „flink GmbH" Nullgewinne. Der Grund liegt in der Marktstruktur. Ein Polypol ist dadurch charakterisiert, dass es viele kleine Anbieter eines
   homogenen Produktes gibt. Mit anderen Worten: Jeder Anbieter wird einen Anreiz
   haben seine Wettbewerber zu unterbieten, um die Konsumenten für sich zu gewinnen. Bei gleicher Kostenstruktur in der langen Frist unterbieten sich die Wettbewerber gegenseitig, bis letztendlich Grenzkostenpreise resultieren. Es kommt also zu
   einer Preis-Abwärtsspirale, die auf Höhe der Grenzkosten endet, da kein Unternehmen in der langen Frist das Produkt zu Preisen unterhalb der Grenzkosten anbieten kann, zumal es dann Verluste macht.

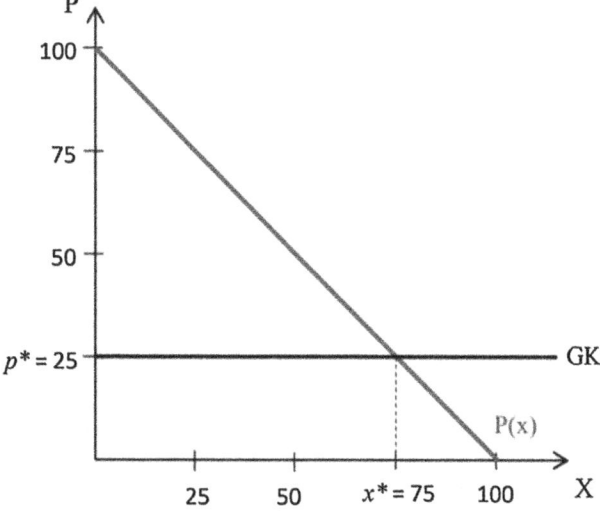

(c) Da die Unternehmen keine Produzentenrente internalisieren, wird die Gesamtwohl-
    fahrt durch die Konsumenten in Form von Konsumentenrente (KR) internalisiert.
    Hintergrund dieser Wohlfahrt ist dabei, dass die Sportschuhe zu einem einheitlichen
    Marktpreis in Höhe der Grenzkosten angeboten werden. Die Preis-Absatz-Funktion
    macht indes deutlich, dass es zu weitaus höheren Preisen zu einer Nachfrage ge-
    kommen wäre. Der sog. Reservationspreis zeigt dabei, ab welchem Preis die Konsu-
    menten bereit sind das Produkt nachzufragen. Alle Konsumenten, die nun bereit
    gewesen wäre das Produkt zu einem weitaus höheren Marktpreis nachzufragen,
    bekommen das Produkt nun zum Grenzkostenpreis. Der Konsument mit der höchs-
    ten Zahlungsbereitschaft in Höhe des Reservationspreises von 100 Euro spart also
    $100 - 25 = 75$ Euro. Dieses Geld kann der Konsument für andere Produkte ausgeben
    und damit mehr konsumieren. Da mehr immer besser ist als weniger (Annahme der
    Monotonie), erzielt unser Haushalt damit einen höheren Nutzen. Insgesamt inter-
    nalisieren alle Konsumenten zusammen damit eine Wohlfahrt in Höhe der Dreiecks-
    fläche zwischen Angebots- und Nachfragefunktion.

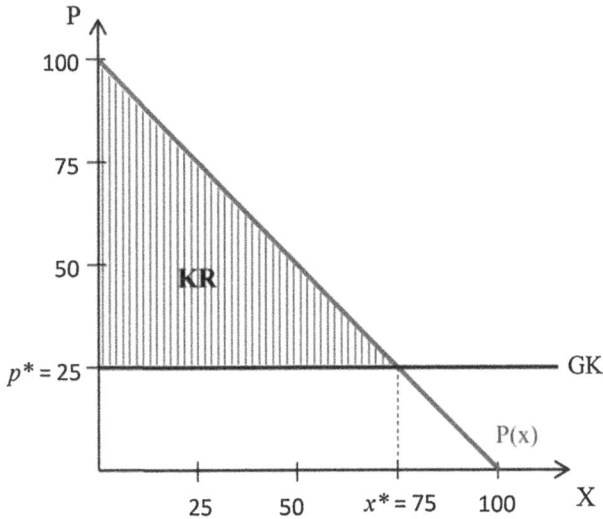

Mehr als diese Dreiecksfläche an sozialer Wohlfahrt kann dabei auch nicht realisiert werden. Das heißt die soziale Wohlfahrt wird maximiert.[13] Der Markt ist effizient. Die Gesamtwohlfahrt können wir auch berechnen, wobei $KR = \frac{1}{2} \cdot (100 - 25) \cdot 75 = 2812{,}5$.

(d) Ist die „flink GmbH" nun Monopolist – also alleiniger Anbieter auf dem Markt – so
    kann sie als Preisdiktator auftreten. Mit anderen Worten: Die „flink GmbH" kann sich
    einen beliebigen Preis aussuchen. Da die „flink GmbH" aber einen einheitlichen

---

[13]Wer dabei die soziale Wohlfahrt internalisiert – also die Konsumenten in Form von Konsumentenrente (im Polypol) oder die Produzenten in Form von Produzentenrente (bei perfekter Preisdiskriminierung) – ist unerheblich, zumal weder Pareto noch Kaldor und Hicks Aussagen über Verteilungswirkungen machen können. Entscheidend ist lediglich, dass diese Wohlfahrt realisiert wird.

Marktpreis setzt (und nicht den Preis entsprechend der Zahlungsbereitschaft der Konsumenten differenzieren kann), sollte sie einen Preis wählen, der den Gewinn maximiert. Das Preissetzungsverhalten des Monopolisten als Gewinnmaximierer folgt dabei der „Grenzerlöse gleich Grenzkosten"-Regel. Die Grenzerlösfunktion können wir nun in unser Angebots-/Nachfragemodell aus Aufgabe (a) einzeichnen. Wir erinnern uns: Die Grenzerlösfunktion weist dabei die doppelte Steigung der Preis-Absatzfunktion auf, zumal die Grenzerlöse der ersten Ableitung der Erlösfunktion entsprechen. Bei gleichem Schnittpunkt mit der y-Achse fällt die Grenzerlösfunktion damit doppelt so schnell wie die Preis-Absatzfunktion. Ergebnis ist, dass der x-Achsenschnittpunkt der Grenzerlösfunktion halb so groß ist wie der x-Achsenabschnitt der Preis-Absatzfunktion. Da letzterer bei 100 liegt, schneidet die Grenzerlösfunktion die x-Achse also bei $100/2 = 50$.

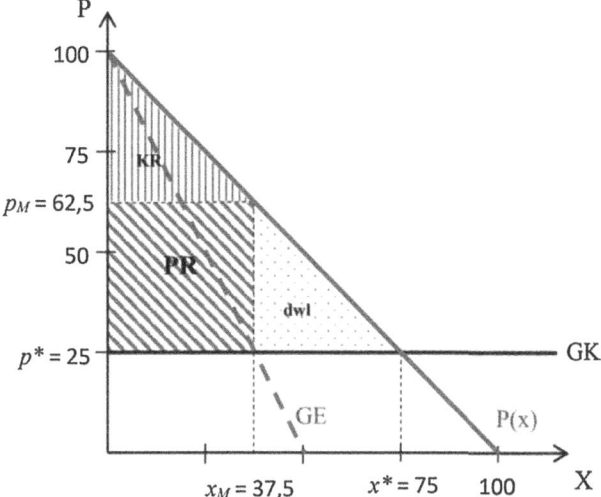

Das Marktgleichgewicht wird nun ersichtlich durch den Schnittpunkt zwischen Grenzerlös- und Grenzkostenfunktion, d. h. $(x^*, p^*) = (75, 25)$. Hier liegt die Monopolmenge dabei bei 37,5. Den Monopolpreis erhalten wir schließlich durch Einsetzen in die Preisabsatzfunktion, sodass $P(x = 37,5) = 100 - 37,5 = 62,5$. Die resultierende Produzentenrente beträgt $PR = 37,5 \cdot (62,5 - 25) = 37,5^2 = 1406,25$. Der höhere Preis führt schließlich dazu, dass die Konsumentenrente deutlich kleiner ausfällt als in Aufgabe (d). Die Konsumentenrente beträgt schließlich $KR = \frac{1}{2} \cdot (100 - 62,5) \cdot 37,5 = 703,125$. Da der Marktpreis nun nicht den Grenzkosten entspricht, gibt es Konsumenten, die den Sportschuh nicht kaufen können, obwohl sie bereit wären einen Preis oberhalb der Grenzkosten zu zahlen. Der „Social Planer" würde diesen Konsumenten gerne die Sportschuhe verkaufen. Da diese Konsumenten nun leer ausgehen, resultiert ein „dead-weight-loss" (dwl) in Höhe von $dwl = \frac{1}{2} \cdot (62,5 - 25) \cdot (75 - 37,5) = 703,125$. Die Gesamtwohlfahrt des Monopols ist also genau um die Fläche des „dead-weight-loss" (dwl) kleiner als im Monopol. Folglich wird die Gesamtwohlfahrt nicht maximiert. Der Markt ist nicht effizient.

(e) Aus dem Vergleich des Poly- und Monopols wird deutlich, dass ein Patent grundsätzlich mit einem zentralen Nachteil einhergeht. Schließlich resultiert aus dem Monopol
ein Wohlfahrtsverlust (dwl). Vor diesem Hintergrund kann ein Patent niemals effizient
sein und sollte zumindest zeitlich begrenzt sein. Ferner wird deutlich, dass gerade bei
kumulativen Innovationen das Patentrecht mögliche Weiterentwicklungen einer Basisinnovation verteuern. Diesem Sachverhalt soll die Pflicht zur Offenlegung der Pa-
tentinformation in der sog. Patentschrift innerhalb einer Frist von 18 Monaten nach
Patentvergabe Rechnung tragen. Die Patentschrift soll einem Techniker erlauben die
Fähigkeit zu entwickeln, das neue Wissen dieser Innovation zu verstehen und gegebenenfalls weiterzuentwickeln. In diesem Zusammenhang spricht man von der sog. Informationsfunktion des Patentrechts. Diesen Nachteilen des Patentrechts steht ein
wesentlicher Vorteil gegenüber. Aufgrund des öffentlichen Gutscharakters des Informationsguts hätte ohne Patentrecht sonst niemand einen Anreiz sich an der Finanzierung der Innovation zu beteiligen, da öffentliche Güter durch Nicht-Ausschließbarkeit
charakterisiert sind. Es kommt zu einem Trittbrettfahrerproblem mit dem Ergebnis,
dass der Innovator keinen Anreiz hat in Forschung und Entwicklung zu investieren.
Die Innovation wird also nicht entwickelt. Die Produzentenrente im Monopol soll
gerade diesen Anreiz schaffen. Sind die erwarteten Erträge aus der Innovation größer
als die Kosten für Forschung und Entwicklung, wird der Innovator die Innovation
hervorbringen. Hier spricht man von der sog. Anreizfunktion des Patentrechts.

(f) Eine Fusion geht grundsätzlich mit Vor- und Nachteilen einher. Der wesentliche Vorteil einer Fusion besteht darin, dass das fusionierte Unternehmen günstiger produzieren kann. Es entstehen Kostensynergien. Die „flink GmbH" und die „flott AG" brauchen nun nicht mehr zwei Marketingabteilungen, sondern nur noch eine. Sie brauchen
keine zwei Produktionshallen, sondern nur noch eine. Dieser Vorteil kommt in unserem Angebots-/Nachfragemodell durch eine Verschiebung der Grenzkostenfunktion
zum Ausdruck. Hier verschiebt sich die Grenzkostenfunktion also von 25 auf 12,5.

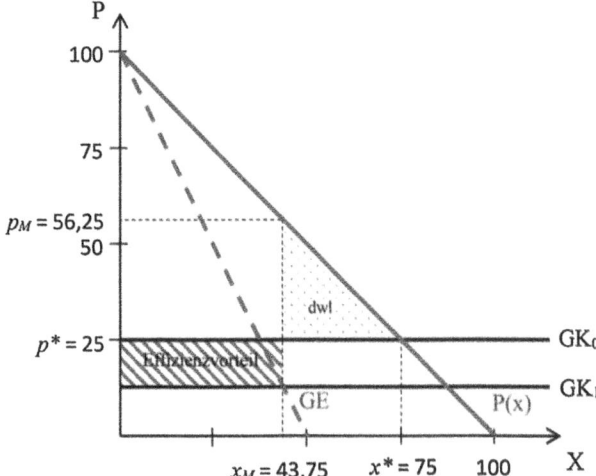

Nach der Fusion agiert das Unternehmen als Monopolist und wählt seinen Preis entsprechend der „Grenzerlös gleich Grenzkosten"-Regel. Wir rechnen also:

$$GE = GK \leftrightarrow 100 - 2x = 12,5 \leftrightarrow x_M = \frac{87,5}{2} = 43,75$$

Bei einem Preis in Höhe von $P(x = 43,75) = 100 - 43,75 = 56,25$. Damit ergibt sich ein „dead-weight-loss" (dwl) in Höhe von $dwl = 1/2 \cdot (56,25-25) \cdot (75-43,75) = 488,28$. Der Effizienzvorteil (EV) entspricht hingegen $EV = (25 - 12,5) \cdot 43,75 = 546,875$.

(h) Bei der wettbewerbsrechtlichen Beurteilung einer Fusion können grundsätzlich zwei Standards unterschieden werden. Wenden wir den „Total-Welfare-Standard" an, so ist nur entscheidend, ob die Vorteile gegenüber den Nachteilen der Fusion überwiegen. Mit anderen Worten: Entscheidend ist, ob durch die Fusion die Gesamtwohlfahrt steigt oder sinkt. Die Orientierung an der Gesamtwohlfahrt macht deutlich, dass sich der „Total-Welfare-Standard" am Kaldor-Hicks-Kriterium orientiert. Nur wenn die Kosten der Fusion (dwl) größer als die Vorteile der Fusion (Effizienzvorteil bzw. Kostensynergien aus der Fusion) sind, sollte eine Fusion untersagt sein. Wir vergleichen also letztlich die Rechtecksfläche des Wohlfahrtgewinns (Effizienzvorteil) mit der Dreiecksfläche des Wohlfahrtverlusts (dwl). Die entsprechenden Flächen haben wir in Aufgabe (f) bereits berechnet, wobei $EV = 546,875 > dwl = 488,28$. Also steigt die Gesamtwohlfahrt durch die Fusion um $\Delta SW = 546,875 - 488,28 = +58,595$. Die Fusion sollte nicht untersagt werden, weil sie mit mehr Vor- als Nachteilen einhergeht.

Dem gegenüber steht der sog. „Consumer-Welfare-Standard", der in der europäischen Fusionskontrollpraxis Anwendung findet. Hier ist entscheidend, dass die Fusion nicht zu Nachteilen für die Konsumenten führt. Mit anderen Worten: Die Fusion darf nicht zu steigenden Preisen führen, weil steigende Preise die Konsumentenrente schmälern. Entscheidend für die wettbewerbsrechtliche Beurteilung einer Fusion ist hier also der Preiseffekt. Da die Fusion keine Verlierer hervorbringen darf, wird deutlich, dass sich der „Consumer-Welfare-Standard" am Pareto-Kriterium orientiert. In dem vorliegenden Fall führt die Fusion der „flink GmbH" mit der „flott AG" dazu, dass der Preis von $p^* = 25$ auf $p_M = 56, 25$ steigt. Die Konsumentenrente sinkt entsprechend von $KR = \frac{1}{2} \cdot (100-25) \cdot 75 = 2812,5$ vor der Fusion auf $KR = \frac{1}{2} \cdot (100-56,25) \cdot 43,75 = 957,03$ nach der Fusion. Vor diesem Hintergrund sollte die Fusion also untersagt werden.

Welchen Standard wir nun in der Fusionskontrolle anwenden ist eine Frage der rechtshistorischen Kultur. Das Beispiel zeigt, dass je nach rechtlichem Kulturraum auch unterschiedliche Urteilsschlüsse möglich sind.

Aufgabe 5: Patentrecht/Optimale Patentlänge und das Nordhaus-Modell

(a) Einzeichnen der Preis-Absatzfunktion und der Grenzkostenfunktion zeigt nachfolgendes Bild. Auch hier wird erneut deutlich, dass die Anbieter einen Anreiz haben werden sich gegenseitig zu unterbieten, um möglichst alle Konsumenten gewinnen zu können. Bei homogenen Gütern und identischer Kostenstruktur setzt sich die entstehende Preisabwärtsspirale bis zu Grenzkostenpreisen fort. Das Marktgleichgewicht ist $(x_0 = x^*, p_0 = p^*) = (60,20)$. Da die „Boss-Chair AG" ihre Produkte zu Grenzkostenpreisen anbieten muss, mach sie Nullgewinne (d. h. $PR = 0$). Die gesamte Wohlfahrt wird indes von der Nachfrageseite in Form von Konsumentenrente internalisiert. Da die Konsumentenrente mit

$KR = \dfrac{1}{2} \cdot (80 - 20) \cdot 20 = 200$ nicht größer sein könnte, wird auch die soziale Wohlfahrt maximiert. Der Markt ist effizient.

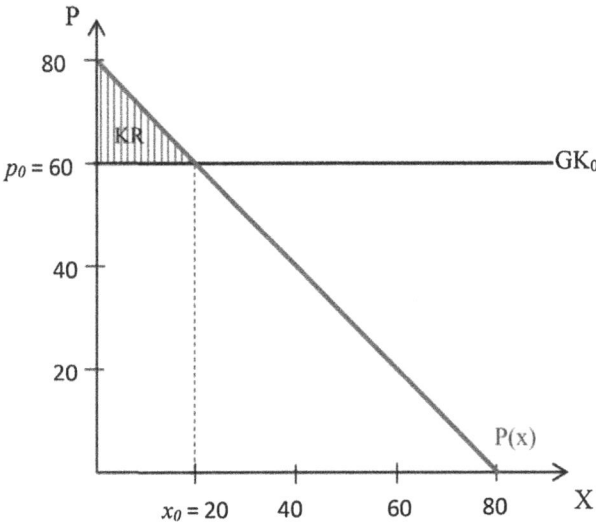

(b) Im Falle einer Produktinnovation entsteht ein ganz neuer Markt. Das heißt zu der Wohlfahrt (in Form von Konsumentenrente) des Markts aus Aufgabe (a) kommt nun die Wohlfahrt des Markts für den Bürostuhl „Flexy-Fit" hinzu. Erhält die „Boss-Chair AG" nun ein Patent auf den Bürostuhl, so geht hiermit ein exklusives Verwertungsrecht und damit der Anspruch einher, alleiniger Anbieter des „Flexy-Fit"-Bürostuhls zu sein. Entsprechend agiert die „Boss-Chair AG" auf diesem Markt als Monopolist und wählt den gewinnmaximierenden Preis, sodass das

Marktgleichgewicht durch den Schnittpunkt der Grenzerlös- mit der Grenzkosten-funktion charakterisiert ist.

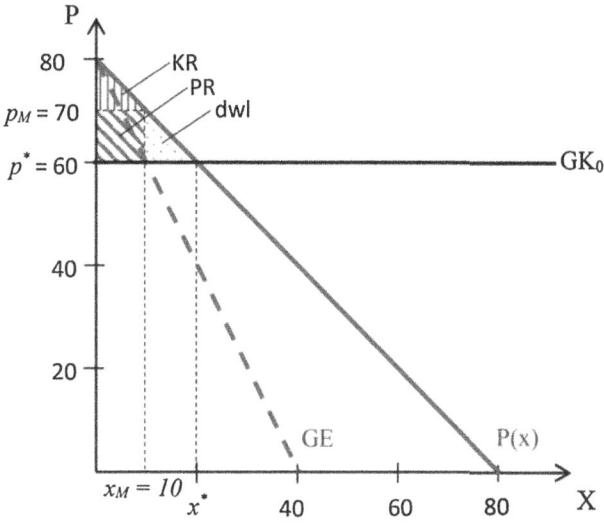

Aus der Zeichnung wird deutlich, dass die „Boss-Chair AG" insgesamt $x_M = 10$ Bü-rostühle des Modells „Flexy-Fit" zu einem Preis $p_M = 70$ pro Bürostuhl anbietet. Hieraus ergibt sich eine Produzentenrente in Höhe von $PR = 10 \cdot 10 = 100$ und eine Konsumentenrente in Höhe von $KR = \frac{1}{2} \cdot (80 - 70) \cdot 10 = 50$. Wichtig ist dabei zu verstehen, dass soziale Wohlfahrt $SW = KR + PR = 150$ durch die Innovation hinzu-gewonnen wird, wodurch unmittelbar die Bedeutung einer Innovation für das Wirt-schaftswachstum deutlich wird. Jede Innovation führt zu einem neuen Markt und addiert also zum Bruttoinlandsprodukt des Landes zusätzliche soziale Wohlfahrt. Nichtsdestotrotz wird auch deutlich, dass wir für die Dauer der Patentlebenszeit auf Wohlfahrt in Höhe von $dwl = \frac{1}{2} \cdot (20 - 10) \cdot (70 - 60) = 50$ verzichten müssen. Vor diesem Hintergrund sollte ein Patent gerade so lange exklusiven Schutz für den In-novator gewähren, so dass dieser einen Anreiz hat die Innovation hervorzubringen.

Im vorliegenden Beispiel erhält die „Boss-Chair AG" Schutz für ein Jahr und kann damit einmalig eine Produzentenrente in Höhe von 100 generieren. Ange-sichts der F&E-Aufwendungen in Höhe von 800 Euro hätte die „Boss-Chair AG" also keinen Anreiz in die Entwicklung des „Flexy-Fit" zu investieren. Vor diesem Hintergrund sollte das Patent für mehrere Jahre gewährt werden. Ohne den Patent-schutz wäre dieser Anreiz indes noch viel geringer, zumal jeder Wettbewerber den Bürostuhl zeitnah imitieren könnte. Je nach Komplexität der neuen Technologie hätte die „Boss-Chair AG" zwar einen „First-Mover-Advantage", dieser würde

nichtsdestotrotz zu einer deutlich geringen Produzentenrente und damit einem
deutlich geringeren Innovationsanreiz führen.

(c) Eine Prozessinnovation führt dazu, dass der Innovator ein gegebenes Produkt –
d. h. ein Produkt, für das es bereits einen Markt gibt – günstiger produzieren kann.
Im klassischen Angebots-/Nachfragemodell kommt dieser Sachverhalt durch eine
Verschiebung der Grenzkostenfunktion zum Ausdruck. Für die „Boss-Chair AG"
verschiebt sich die Grenzkostenfunktion dabei von 60 auf 50 Euro.

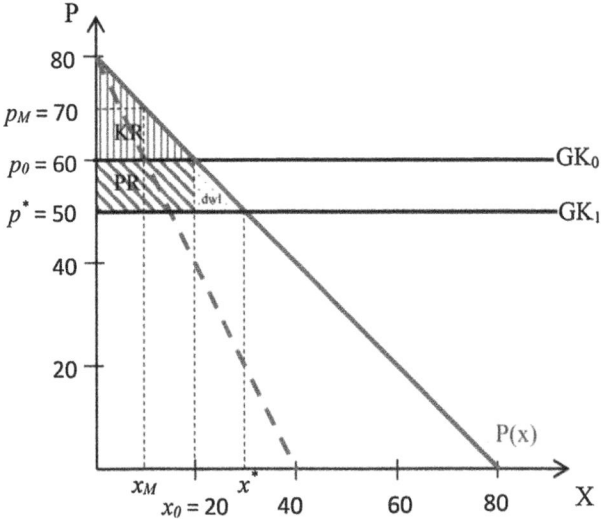

Im Unterschied zu einer Produktinnovation wird hier nun deutlich, dass der Innovator nicht zwangsläufig den Monopolpreis setzen kann, schließlich gibt es Wettbewerber, die das Produkt zu Grenzkostenpreisen in Höhe von $p_0 = 60$ anbieten.
Damit die „Boss-Chair AG" also alle Konsumenten gewinnen kann, muss sie 1
Cent günstiger sein als die Konkurrenz. Im vorliegenden Fall läge der Monopolpreis allerdings mit $p_M = 70$ oberhalb der Grenzkosten der Wettbewerber. Hier kann
die „Boss-Chair AG" deshalb nicht den Monopolpreis setzen, sondern einen Preis
in Höhe von $p = p_0 - \varepsilon = 60 - \varepsilon$, d. h. ein Preis, der marginal (ε) unter den Grenzkosten GK_0 liegt. Zur Vereinfachung setzen wir den Preis $p_0 = 60$.

In der Grafik wird nun deutlich, dass die „Boss-Chair AG" eine Produzentenrente
in Höhe von $PR = (60 - 50) \cdot 20 = 200$ internalisiert. Da die Konsumentenrente in
Höhe von $KR = \frac{1}{2} \cdot (80 - 60) \cdot 20 = 200$ bereits vor der Prozessinnovation existierte,
entspricht die zusätzliche Wohlfahrt aus der Prozessinnovation genau der Produzentenrente ($PR = 200$). Nach Ablauf des Patents würde darüber hinaus auch das „dead-
weight-loss" (dwl) in Höhe von $dwl = \frac{1}{2} \cdot (60 - 50) \cdot (30 - 20) = 50$ internalisiert.

(d) Da die „Boss-Chair AG" im vorliegenden Fall keinen Monopolpreis setzen kann,
sprechen wir hier von einer nicht-drastischen Prozessinnovation. Vor diesem Hintergrund ist die Bedingung für den Übergang zu einer drastischen Prozessinnovation dadurch charakterisiert, dass hier der Innovator tatsächlich den Monopolpreis – im Sinne Grenzerlöse gleich Grenzkosten – setzen kann, d. h. $p_M \leq p_0$. Mit

anderen Worten: Genau in $GK_1 = GE$ ist der Übergang von einer nicht-drastischen zu einer drastischen Prozessinnovation zu finden.

(e) Im Nordhaus-Modell diskutieren wir genau diesen Grenzfall zwischen einer drastischen und nicht-drastischen Prozessinnovation, sodass $p_M = p_0 = 60$ und $x_M = x_0 = 20$. Das Ausmaß der Prozessinnovation – im Sinne des Abstands zwischen GK_0 und GK_1 – beträgt dabei $B(R) = 20$. Vor diesem Hintergrund erzielt der Innovator eine Produzentenrente in Höhe von $PR = B(R) \cdot x_0 = 20 \cdot 20 = 400$.

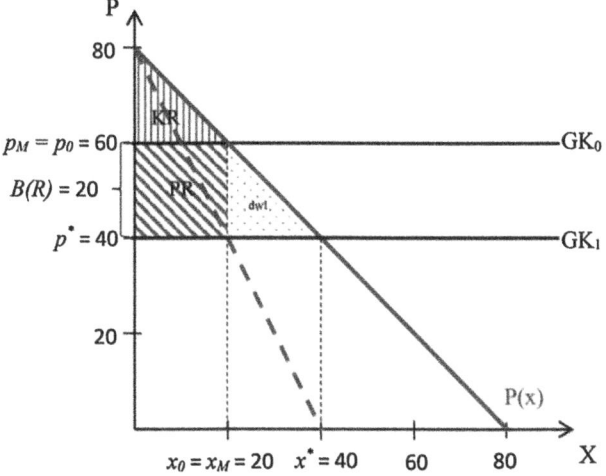

Die soziale Wohlfahrtsfunktion im Nordhaus-Modell setzt sich nun aus zwei wesentlichen Teilen zusammen. Während der erste Teil (W_1) die Fläche der Produzentenrente in Höhe von 400 im Zeitablauf (also abdiskontiert) berücksichtigt, betrachtet der zweite Teil (W_2) das „dead-weight-loss" (dwl) im Zeitablauf, das erst nach Ablauf der Patentlebenszeit realisiert wird. Berücksichtigen wir zum Schluss den F&E-Aufwand (sR),[14] so können wir für die soziale Wohlfahrt

$$SW = \underbrace{\int_0^\infty B(R) \cdot x_0 \cdot e^{-r\tau} dt}_{W_1} + \underbrace{\int_T^\infty \frac{B(R) \cdot (x^* - x_0) \cdot e^{-r\tau} dt}{2}}_{W_2} - sR$$

schreiben. Hier wir nun deutlich, dass der erste Teil (W_1) zunächst in Form von Produzentenrente (von $\tau = 0$ bis $\tau = T$) durch den Innovator internalisiert wird, und anschließend durch die Konsumenten (von $\tau = T$ bis $\tau = \infty$) in Form von Konsumentenrente, zumal direkt nach Ablauf des Patents (durch den Eintritt von Imitato-

---

[14] Hier ist zu berücksichtigen, dass man den F&E-Aufwand ebenfalls im Zeitablauf berücksichtigen könnte, sofern man die Patentgebühren hier hinzuzählt, die bekanntlich im Zeitablauf progressiv steigen. Für eine Wiederholung siehe Abschn. 3.4.1.

ren) Grenzkostenpreise resultieren. Der zweite Teil (W_2) wird erst nach Ablauf des Patents in Form von Konsumentenrente internalisiert.

(f) Für die Frage nach dem Anreiz die Prozessinnovation nun tatsächlich zu entwickeln vergleichen wir nun die Erträge aus der Prozessinnovation (durch die Funktion $V(B,T)$) mit den Kosten der Prozessinnovation (sR, hier insgesamt 800). Als notwendige Bedingung für das Entwickeln dieser Prozessinnovation muss deshalb gelten:[15]

$$V(B,T) = \int_0^T B(R) \cdot x_0 \cdot e^{-rt} \, dv = \left(1 - e^{-r\tau}\right) \cdot \frac{B(R) \cdot x_0}{r} \geq sR$$

Durch Einsetzen unserer Werte aus der Aufgabe erhalten wir schließlich als notwendige Bedingung für den Anreiz zu dieser Prozessinnovation

$$V(B, \tau = T) = \left(1 - e^{-0,05 \cdot \tau}\right) \cdot \frac{400}{0,05} \geq 800.$$

Bei einer Patentlebenszeit von $\tau = 1$ rechnen wir

$$V(B, \tau = T = 1) = \left(1 - e^{-0,05 \cdot 1}\right) \cdot \frac{400}{0,05} = 390,16 < 800$$

Ein Jahr Patentlaufzeit würde folglich keinen Anreiz zur Prozessinnovation liefern. Bei einer Patentlebenszeit von $\tau = 1$ rechnen wir

$$V(B, \tau = T = 2) = \left(1 - e^{-0,05 \cdot 2}\right) \cdot \frac{400}{0,05} = 761,30 < 800$$

Das heißt auch bei zwei Jahren Patentlaufzeit ergibt sich immer noch kein Anreiz in die Forschung und Entwicklung der Prozessinnovation zu investieren. Erst nach 3 Jahren ist die notwendige Bedingung schließlich erfüllt, da

$$V(B, \tau = T = 3) = \left(1 - e^{-0,05 \cdot 3}\right) \cdot \frac{400}{0,05} = 1114,34 > 800$$

Die optimale Patentlaufzeit liegt vor diesem Hintergrund bei etwas mehr als zwei Jahren, zumal wir dem Prozessinnovator gerade genug Anreiz geben sollten, um die Innovation hervorzubringen. Jede Periode darüber hinaus macht hingegen deutlich, dass wir auf die Fläche des „dead-weight-loss" (dwl) zu lange verzichten müssten.

---

[15] Im Gegensatz zur sozialen Wohlfahrtsfunktion integrieren wir hier nicht über τ, sondern über v. Das liegt daran, dass τ eine exogene Variable ist, die unser Innovator nicht bestimmen kann, sondern die durch den Gesetzgeber vorgegeben ist. Vor diesem Hintergrund strebt unser Innovator nach der Maximierung seines Ertrags (V) aus der Prozessinnovation bei gegebener Patentlebenszeit.

Wir könnten die optimale Patentlebenszeit sogar exakt bestimmen, durch Auflösung der Gleichung

$$\left(1 - e^{-0,05 \cdot \tau}\right) \cdot \frac{400}{0,05} = 800$$

nach τ.

A.3.3   Lösungsskizzen zu den Übungsaufgaben des Kap. 4

Aufgabe 1: Nash-Gleichgewicht

(a) Die Bestimmung der besten Antworten erfolgt jeweils unter der Bedingung, dass der Gegenspieler eine bestimmte Strategie spielt. So überlegt Spieler A:
   - „Wenn B die Strategie S1 wählt, dann sollte ich S3 wählen" (da $9 > 8 > 6 > 0$)
   - „Wenn B die Strategie S2 wählt, dann sollte ich S3 wählen" (da $6 > 5 > 4 > 0$)
   - „Wenn B die Strategie S3 wählt, dann sollte ich S3 wählen" (da $3 > 2,5 > 2 > 0$)
   - „Wenn B die Strategie S4 wählt, dann sollte ich S3 wählen" (da $2,2 > 2 > 1,5 > 0$)
   Für Spieler B ergeben sich die besten Antworten analog (Symmetrie!)

Wir machen die besten Antworten durch Einzeichnen in die Auszahlungsmatrix deutlich.

A \ B	S1	S2	S3	S4
S1	0 / 0	0 / 8	0 / 9	0 / 6
S2	8 / 0	5 / 5	2,5 / 6	2 / 4
S3	9 / 0	6 / 2,5	3 / 3	2,2 / 2
S4	6 / 0	4 / 2	2 / 2,2	1,5 / 1,5

▬ = beste Antworten des Spieler A   ▬ = beste Antworten des Spieler B

Wir stellen also fest, dass Spieler A unabhängig von Spieler B immer die Strategie S3 wählt. Analog gilt dies für Spieler B. Vor diesem Hintergrund handelt es sich bei Strategie S3 um eine dominante Strategie. Die Strategie S3 dominiert alle anderen Strategien.

(b) Das Nash-Gleichgewicht wird durch die wechselseitig besten Antworten ersichtlich. Hier ist also (S3/S3) das Nash-Gelichgewicht. Ein Nash-Gleichgewicht ist definiert als ein Zustand, in dem ein Spieler keinen Anreiz hat einseitig von dieser Strategie abzuweichen. Wenn also Spieler A davon ausgeht, dass B bei der Strategie S3 bleibt, wird Spieler A nicht von S3 abweichen. Schließlich ist S3 bereits die beste Antwort von A auf die Strategie S3 des Spielers B.

Vor diesem Hintergrund kann auch (S2/S2) = (5/5) kein Nash-Gleichgewicht sein, da für beide Spieler deutlich wird, dass S2 durch S3 dominiert wird. Das heißt hier müssten sich beide Spieler für die schlechtere Strategie entscheiden, zumal S3 für beide Spieler bei Strategiewahl S2 des Gegenspielers eine Auszahlung von 6 verspricht. Da $6 > 5$ ist S3 die beste Antwort auf S2 des Gegenspielers. Aus sozialer

Perspektive wird damit letztendlich ein Dilemma ersichtlich, zumal eine Kooperation zu (S2/S2) beide Spieler besserstellt. Genau hier liegt das Ziel unserer spieltheoretischen Analyse. Wir versuchen beispielsweise durch rechtliche Maßnahmen die Spieler zur Kooperation zu bewegen.

Aufgabe 2: Normalform

(a) Der Marktpreis ergibt sich aus der Preis-Absatzfunktion. Wichtig ist dabei, dass idealtypisch die nachgefragte Menge bei steigendem Preis sinkt und umgekehrt. Entsprechend bestimmen wir den jeweiligen Marktpreis in Abhängigkeit der gewählten Absatzmengen der beiden Unternehmen wie folgt: $P(x_1, x_2) = 100 - x_1 - x_2$, mit x_1 = Absatzmenge von Microhard und x_2 = Absatzmenge von Banana. Vor diesem Hintergrund ergibt sich folgendes Tableau der Marktpreise in Abhängigkeit der gewählten Absatzmengen:

Banana Microhard	10	20	30
10	80	70	60
20	70	60	50
30	60	50	40
40	50	40	30

Beispielsweise ergibt sich der Marktpreis für $(x_1, x_2) = 80$ durch Einsetzen in die Preis-Absatzfunktion, sodass $P(x_1 = 10, x_2 = 10) = 100 - 10 - 10 = 80$.

(b) Die Gewinne eines Unternehmens ergeben sich aus Umsätze bzw. Erlöse abzüglich der Kosten. Hierzu berechnen wir zunächst die Auszahlungsmatrix der Erlöse sowie der Kosten, um anschließend durch einfaches Subtrahieren die Auszahlungsmatrix der Gewinne zu bestimmen.

Die Erlöse ergeben sich aus dem Preis multipliziert mit der abgesetzten Menge, sodass $E(x_1) = x_1 \cdot p$ bzw. $E(x_2) = x_2 \cdot p$. Für die Erlöse der beiden Unternehmen erhalten wir:

Banana Microhard	10	20	30
10	800 / 800	700 / 1400	600 / 1800
20	1400 / 700	1200 / 1200	1000 / 1500
30	1800 / 600	1500 / 1000	1200 / 1200
40	2000 / 500	1600 / 800	1200 / 900

Beispielsweise ergeben sich die Auszahlungen $(x_1 = 10, x_2 = 10) = (800/800)$ durch $E(x_1 = 10) = 10 \cdot 80 = 800$ und $E(x_2 = 10) = 10 \cdot 80 = 800$.

Die Kosten ergeben sich aus dem variablen Kostensatz multipliziert mit der abgesetzten Menge. Hier ist allerdings zu beachten, dass der variable Kostensatz je nach Absatzmenge variiert, sodass für die Kostenfunktion der beiden Unternehmen gilt:

$$K(x_i) = \begin{cases} 60 \cdot x_i, & x = 10 \\ 40 \cdot x_i, & x = 20, 30, 40 \end{cases}$$

für i = 1, 2.

Für die Kosten beider Unternehmen erhalten wir:

Microhard \ Banana	10	20	30
10	600 / 600	600 / 800	600 / 1200
20	800 / 600	800 / 800	800 / 1200
30	1200 / 600	1200 / 800	1200 / 1200
40	1600 / 600	1600 / 800	1600 / 1200

Beispielsweise ergeben sich die Auszahlungen ($x_1 = 10, x_2 = 10$) = (600/600) durch $K(x_1 = 10) = 10 \cdot 60 = 600$ und $K(x_2 = 10) = 10 \cdot 60 = 600$.

Zur Bestimmung der Auszahlungsmatrix der Gewinne subtrahieren wir schließlich jeweils die Auszahlungen beider Tabellen miteinander, da $G(x_i) = E(x_i) - K(x_i)$, für i = 1, 2.

Für die Gewinne der beiden Unternehmen erhalten wir:

Microhard \ Banana	10	20	30
10	200 / 200	100 / 600	0 / 600
20	600 / 300	400 / 400	200 / 300
30	400 / 200	300 / 200	0 / 0
40	400 / −100	0 / 0	−400 / −300

Beispielsweise ergeben sich die Auszahlungen ($x_1 = 10, x_2 = 10$) = (200/200) durch $G(x_1 = 10) = 800 - 600 = 200$ und $G(x_2 = 10) = 800 - 600 = 200$.

(c) Eine beste Antwort ist definiert durch die höchste Auszahlung bei gegebener Strategie des Gegenspielers. Für Microhard ergeben sich somit folgende Überlegungen:

- „Wenn Banana 10 Einheiten absetzt, sollte ich 20 absetzen" (600 > 400 > 200)
- „Wenn Banana 20 Einheiten absetzt, sollte ich 20 absetzen" (400 > 300 > 100 > 0)
- „Wenn Banana 30 Einheiten absetzt, sollte ich 20 absetzen" (200 > 0)

Für Banana ergeben sich die Überlegungen analog, nur dass Microhard zwischen vier Strategien wählen kann. In beiden Fällen wird ersichtlich, dass 20 Einheiten als Absatzmenge die dominante Strategie ist. Einzeichnen der besten Antworten in die Auszahlungsmatrix aus Aufgabe (b) zeigt folgendes Bild:

Microhard \ Banana	10	20	30
10	200 / 400	100 / 600	0 / 600
20	600 / 300	400 / 400	200 / 300
30	400 / 200	300 / 200	0 / 0
40	400 / −100	0 / 0	−400 / −300

▢ = beste Antworten von Microhard   ▮ = beste Antworten von Banana

Das Nash-Gleichgewicht befindet sich folglich bei (20,20) = (400/400). Hier hat kein Unternehmen einen Anreiz einseitig von seiner Strategie abzuweichen.

Aufgabe 3: Reaktionsfunktionen/Stabilität von Kartellen und Kartellrecht

(a) Der Gewinn eines Unternehmens ergibt sich aus dem Umsatz bzw. Erlös minus Kosten. Dabei ist der Umsatz/Erlös dadurch charakterisiert, dass sich dieser aus dem Produkt der Absatzmenge und des Preises ergibt. Verkauft also ein Unternehmen 10 Einheiten eines Produktes zu einem Preis von 20 Euro, so beträgt der Umsatz $E(x = 20) = 10 \cdot 20 = 200$. Zur Berechnung des Umsatzes nutzen wir also die Preis-Absatzfunktion und rechnen $E(x) = P(x) \cdot x$. Für die Gewinnfunktion gilt folglich: $G(x) = E(x) - K(x) = P(x) \cdot x - K(x)$. Der einzige Unterschied ist nun, dass die Menge x sich aus zwei Mengen zusammensetzt, schließlich ergibt sich die Marktabsatzmenge aus der Menge „Boss-Chair AG" und der Menge der „Relax 4.0 GmbH", d. h. $x = x_1 + x_2$. Die Gewinnfunktionen der beiden Unternehmen folgen damit der allgemeinen Form

$$G_i(x_i, x_j) = P(x_i, x_j) \cdot x_i - K(x_i) \text{ für } i \neq j.$$

Einsetzen der Preisabsatzfunktionen liefert folgende Gewinnfunktionen für die beiden Unternehmen im Markt für Bürostuhlbedarf

$$G_1(x_1, x_2) = (100 - x_1 - x_2) \cdot x_1 - 10 \cdot x_1 = 90x_1 - x_1^2 - x_1 \cdot x_2$$
$$G_2(x_1, x_2) = (100 - x_1 - x_2) \cdot x_1 - 10 \cdot x_1 = 90x_1 - x_1^2 - x_1 \cdot x_2 \quad ,$$

für 1 = „Boss-Chair AG" und 2 = „Relax 4.0 GmbH".

Die Reaktionsfunktionen erhalten wir nun durch Bilden der ersten Ableitungen nach x_1 (x_2) für die Boss-Chair AG" (die „Relax 4.0 GmbH") und Auflösen nach x_1 (x_2), sodass

$$\partial G_1 \big/ \partial x_1 = 90 - 2x_1 - x_2 = 0 \leftrightarrow R_1(x_2) = x_1 = 45 - \frac{1}{2} \cdot x_2$$

$$\partial G_2 \big/ \partial x_2 = 90 - 2x_2 - x_1 = 0 \leftrightarrow R_2(x_1) = x_2 = 45 - \frac{1}{2} \cdot x_1$$

Vor diesem Hintergrund können wir nun zeigen, wie die „Boss-Chair AG" auf jede beliebige Absatzmenge der „Relax 4.0 GmbH" reagiert und umgekehrt. Beispielsweise könnten wir die Mengenanpassung der „Boss-Chair AG" bei einer Mengenwahl der „Relax 4.0 GmbH" in Höhe von $x_2 = 0$ (hier wäre die „Boss-Chair AG" alleiniger Anbieter und damit Monopolist") oder $x_2 = 20, 40$ betrachten, wobei

$$R_1\left(x_2 = 0\right) = x_1 = 45 - \frac{1}{2}\cdot 0 = 45$$

$$R_1\left(x_2 = 20\right) = x_1 = 45 - \frac{1}{2}\cdot 20 = 35$$

$$R_1\left(x_2 = 40\right) = x_1 = 45 - \frac{1}{2}\cdot 40 = 25$$

Im Fall $x_2 = 0$ wählt die „Boss-Chair AG" folglich die Monopolmenge $x_1 = 45$. Für jede Menge $x_2 > 0$ passt die „Boss-Chair AG" hingegen ihre Menge x_1 so an, dass sie trotz Wettbewerber ihren Gewinn maximiert. Für die „Relax 4.0 GmbH" ergeben sich die Schlussfolgerungen analog durch Einsetzen von x_1 in $R_2(x_1)$.

(b) Für die grafische Betrachtung nutzen wir die Reaktionsfunktionen aus Aufgabe (a) und bestimmen jeweils die Schnittpunkte mit den Achsen. So berechnen wir für die Reaktionsfunktionen der „Boss-Chair AG" die Punkte

$$R_1\left(x_2 = 0\right) = x_1 = 45 - \frac{1}{2}\cdot 0 = 45$$

$$R_1\left(x_2\right) = x_1 = 0 = 45 - \frac{1}{2}\cdot x_2 \leftrightarrow x_2 = 90$$

Für die „Relax 4.0 GmbH" ergeben sich die Schnittpunkte analog bei $x_2 = 45$ und $x_1 = 90$. Einzeichnen liefert folgendes Bild:

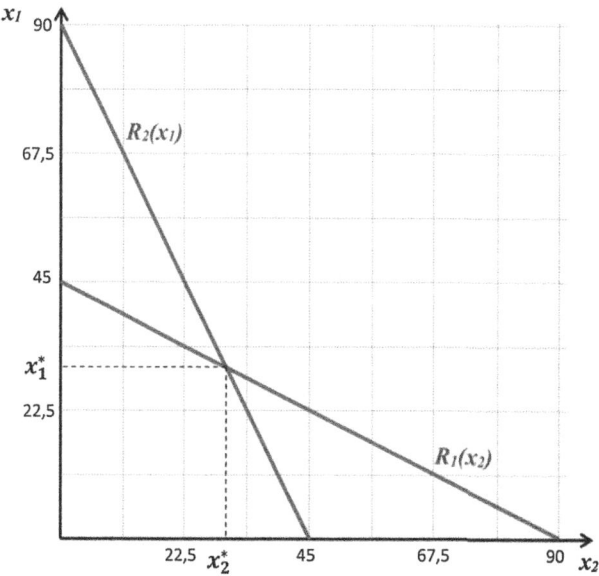

Das Cournot-Gleichgewicht[16] ergibt sich nun als Schnittpunkt beider Reaktionsfunktionen, d. h. wir rechnen $R_1(x_2) = R_2(x_1)$ und lösen auf.

$$R_1\left(x_2 = 45 - \frac{1}{2} \cdot x_1\right) = x_1 = 45 - \frac{1}{2} \cdot \left(45 - \frac{1}{2} \cdot x_1\right) \leftrightarrow x_1^* = 30$$

Einsetzen von $x_1 = 30$ in $R_2(x_1)$ liefert $x_2^* = 45 - \frac{1}{2} \cdot 30 = 30$.

(c) Wir bestimmen zunächst die neuen Gewinnfunktionen, wobei

$$G_1\left(x_1, x_2\right) = \left(100 - x_1 - x_2\right) \cdot x_1 - 5 \cdot x_1 = 95x_1 - x_1^2 - x_1 \cdot x_2$$

$$G_2\left(x_1, x_2\right) = \left(100 - x_1 - x_2\right) \cdot x_2 - 10 \cdot x_2 = 90x_2 - x_2^2 - x_1 \cdot x_2$$

Bilden wir nun die ersten Ableitungen nach x_1 (x_2) für die Boss-Chair AG" (die
„Relax 4.0 GmbH") und Auflösen nach x_1 (x_2), so erhalten wir für die Reaktionsfunktionen schließlich

$$\partial G_1 \big/ \partial x_1 = 90 - 2x_1 - x_2 = 0 \leftrightarrow R_1\left(x_2\right) = x_1 = 47{,}5 - \frac{1}{2} \cdot x_2$$

$$\partial G_2 \big/ \partial x_2 = 90 - 2x_2 - x_1 = 0 \leftrightarrow R_2\left(x_1\right) = x_2 = 45 - \frac{1}{2} \cdot x_1$$

Es wird deutlich, dass die veränderte Kostenstruktur nur einen Einfluss auf die Reaktionsfunktion der „Boss-Chair AG" hat, während die Reaktionsfunktion der „Relax 4.0 GmbH" unverändert bleibt. Vor diesem Hintergrund müssen wir auch nur
eine neue Reaktionsfunktion für die „Boss-Chair AG" einzeichnen. Zeichnerisch
zeigt sich die neue Reaktionsfunktion durch eine Verschiebung der Reaktionsfunktion $R_1(x_2)$ um 2,5 Einheiten nach oben (siehe Aufgabe (d)).

---

[16] Hiervon zu unterscheiden ist das Bertrand-Gleichgewicht, welches den Schnittpunkt beider Reaktionsfunktionen beim Preiswettbewerb bestimmt. Im Mengenwettbewerb sprechen wir vom
Cournot-Gleichgewicht.

(d) Einzeichnen der Reaktionsfunktion mit den Achsenschnittpunkten $(0; 47,5)$ und $(92,5; 0)$ zeigt folgendes Bild. Die ursprüngliche Reaktionsfunktion wird durch die gestrichelte Reaktionsfunktion deutlich.

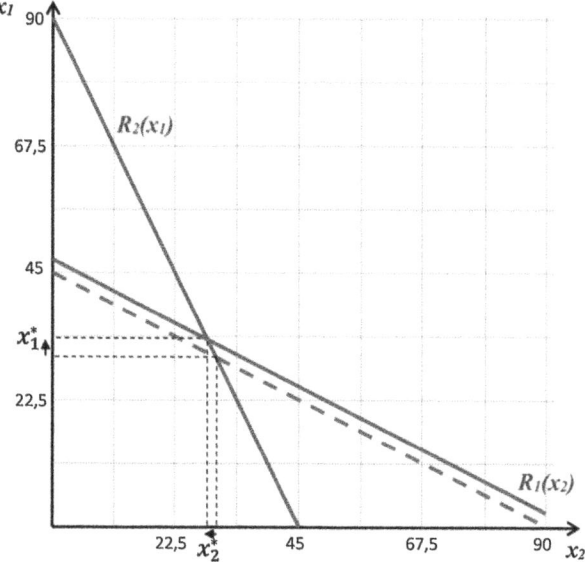

Nun verändert sich auch das Cournot-Gleichgewicht. Wir setzen beide Reaktionsfunktionen wieder gleich und rechnen

$$R_1\left(x_2 = 45 - \frac{1}{2} \cdot x_1\right) = x_1 = 47,5 - \frac{1}{2} \cdot \left(45 - \frac{1}{2} \cdot x_1\right) \leftrightarrow x_1^* = 33,33$$

Einsetzen von $x_1 = 33,33$ in $R_2(x_1)$ liefert $x_2^* = 45 - \frac{1}{2} \cdot 33,33 = 28,33$.

Wir stellen also fest, dass die „Boss-Chair AG" ihre Absatzmenge geringfügig von 30 auf 33,33 Einheiten erhöht, während die „Relax 4.0 GmbH" die Absatzmenge entsprechend von 30 auf 28,33 Einheiten reduziert.

(e) Je nach Absatzmenge (x_1 und x_2) erzielen die Bürostuhlanbieter unterschiedliche Gewinne, wobei jedes Unternehmen für sich die gewinnmaximale Strategie bzw. beste Antwort auf die Strategie des Gegenspielers wählt. Einsetzen der entsprechenden Absatzmengen in die Gewinnfunktion und Einsetzen führt zu folgender Auszahlungsmatrix der Gewinne.

Relax Boss-Chair	10	30	60
10	700/700	500/1500	200/1200
30	1500/500	900/900	0/0
60	1200/200	0/0	−1800/−1800

▨ = beste Antworten von Boss-Chair   ■ = beste Antworten von Relax

Wir rechnen also beispielsweise:

$$G_1(10,10) = (100 - 10 - 10) \cdot 10 - 10 \cdot 10 = 800 - 100 = 700$$

Die „Boss-Chair AG" überlegt nun:
- „Wenn „Relax" 10 wählt, sollte ich 30 wählen" (1500 > 1200 > 700)
- „Wenn „Relax" 30 wählt, sollte ich 30 wählen" (900 > 500 > 0)
- „Wenn „Relax" 60 wählt, sollte ich 10 wählen" (200 > 0 > -1800)

Für die „Relax 4.0 GmbH" ergeben sich die Überlegungen analog.

Das Nash-Gleichgewicht ist (30,30) = (900/900), da hier beide Wettbewerber wechselseitig ihre besten Antworten spielen, d. h. kein Unternehmen hat in diesem Punkt einen Anreiz einseitig von seiner Strategie abzuweichen.

(f) Die Extensivform des Spiels ermöglicht nun die Modellierung eines sequenziellen Spiels, d. h. die „Boss-Chair AG" wählt als Marktführer zuerst seine Strategie und die „Relax 4.0 GmbH" folgt. Berücksichtigung der Strategien und Auszahlungen führt zu folgendem Spiel in der Extensivform (Auszahlungen in 100 Euro):

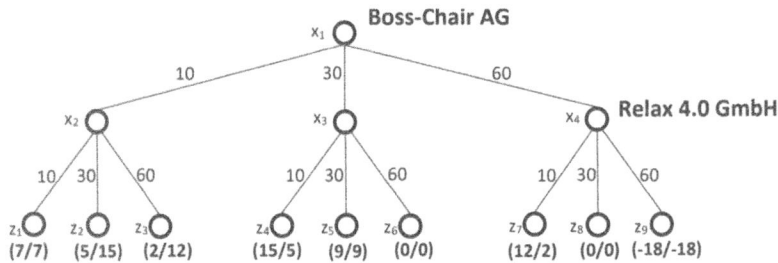

Es wird deutlich, dass die „Boss-Chair AG" mit größter Wahrscheinlichkeit eine Absatzmenge in Höhe von 30 Einheiten wählen wird, zumal diese unbeachtet der Strategiewahl der „Relax 4.0 GmbH" die höchsten Auszahlungen verspricht. Vor diesem Hintergrund befinden wir uns beim Entscheidungsknoten x_3. Hier wird nun ersichtlich, dass die „Relax 4.0 GmbH" ebenfalls eine Absatzmenge in Höhe von 30 wählen wird, da diese Strategie bei gegebener Strategiewahl der „Boss-Chair AG" die höchste Auszahlung verspricht (9 > 5 > 0).

(g) Das Beispiel verdeutlicht, dass eine Kooperation beider Unternehmen durch eine gemeinsame Vereinbarung der Absatzmengen, stabile Gleichgewichte ermöglichen kann. Das Kartellrecht untersagt indes solche Vereinbarungen, da diese zu Lasten der Verbraucher geht und in unserem klassischen Angebot-/Nachfragemodell durch einen Wohlfahrtsverlust (in Form eines „dead-weight-loss") charakterisiert ist. Das heißt, dass die Unternehmen keinen Vertrag über die vereinbarten Absatzmengen abschließen können, der im Ernstfall rechtlich durchsetzbar wäre und vor dem Hintergrund entsprechender Schadensersatzansprüche eine Kooperation begünstigen würde. Das Kartellrecht versucht gerade eine solche Kooperation zu verhindern. Verschiedene Faktoren können solche Vereinbarungen aber trotzdem begünstigen. Ein kleiner Markt mit wenigen Anbietern, eine große Markttransparenz (beispielsweise gewährleistet durch einen Online-Preisvergleich) oder bereits bestehende Kooperationen mit Wettbewerbern (z. B. Forschungskooperationen), können den Aufbau von Vertrauen und damit Kooperation ermöglichen. Vor diesem Hintergrund bietet das Kartellrecht die sog. Kronzeugenregelung. Diese verspricht vollständige Immunität des Kronzeugen und damit Straffreiheit, sofern dieser vollumfänglich mit den Wettbewerbsbehörden kooperiert. Kronzeuge kann allerdings nur das Kartellmitglied werden, das als erstes Unternehmen die Ermittlungsbehörden erreicht. Vor diesem Hintergrund besteht ein großer Anreiz möglichst früh die Kartellvereinbarungen zu verlassen.

Aufgabe 4: Edgeworth-Box, Normalform, Vertragsrecht

(a) Vom Allokationspunkt P ausgehend können sich Anton und Berta verbessern, ohne dass sich hierzu einer von beiden verschlechtern muss. Insgesamt sind alle Allokationen im schraffierten Bereich (siehe Abbildung) also durch eine Pareto-Verbesserung charakterisiert. In diesem schraffierten Bereich liegen zudem die Tangentialpunkte zwischen den Indifferenzkurven von Anton und Berta. Diese Tangentialpunkte (in der Abbildung durch Kreise gekennzeichnet) zeigen Zustände, in denen wir das eine Individuum nicht mehr verbessern können, ohne hierzu das andere Individuum schlechter stellen zu müssen. Wir sprechen deshalb in diesen Allokationspunkten von Pareto-effizienten Allokationen. Der Allokationspunkt F ist also durch Pareto-Effizienz gekennzeichnet.

Der Punkt F ist dabei dadurch charakterisiert, dass sich sowohl Anton als auch Berta gegenüber der Ausgangssituation verbessern. So verbessert sich Anton von A_2 auf A_3, während Berta sich von B_2 auf B_3 verbessern kann. Beide Individuen wären vor diesem Hintergrund also bereit ihre Willenserklärung zum Tauschpunkt F zu äußern. Wozu brauchen wir dann ein Vertragsrecht, wenn dieser Tauschpunkt sowieso für beide konsensfähig ist?

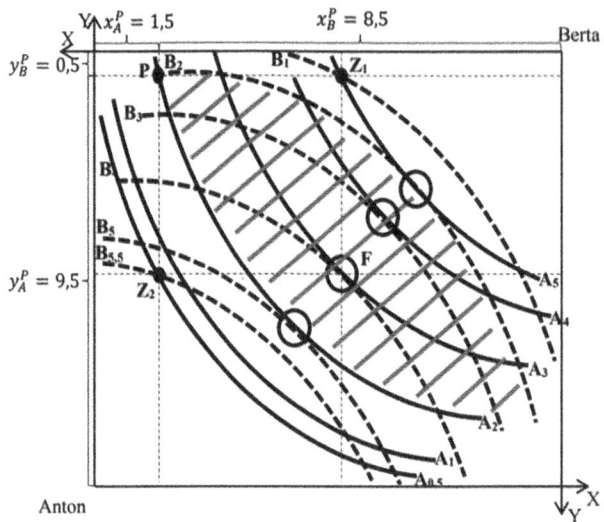

Die Antwort ist: Opportunismus. Anton und Berta haben gleichermaßen einen Anreiz den anderen über den Tisch zu ziehen, um sich auf diese Weise noch besser
stellen zu können. Defektiert dabei nur einer, während der andere auf das Tauschgeschäft vertraut, kann sich der Vertragsbrüchige deutlich verbessern. In der Abbildung werden diese Punkte durch die Extrempunkte Z_1 und Z_2 verdeutlicht.

(b) Bringen wir die beiden Strategien (Kooperation = Vertragseinhaltung, Defektion =
Vertragsbruch) mit den entsprechenden Auszahlungen in eine Normalform, so wird
folgendes Bild deutlich:

Ohne Vertragsrecht		Berta	
		Kooperation	Defektion
Anton	Kooperation	3/3	0,5/5,5
	Defektion	5/1	2/2

▨ = beste Antworten von Anton   ◼ = beste Antworten von Berta

Anton überlegt nun:
  – „Wenn Berta kooperiert, sollte ich defektieren" (5 > 3)
  – „Wenn Berta defektiert, sollte ich auch defektieren" (2 > 0,5)
Für Berta ergeben sich die besten Antworten analog.

Für beide Spieler ist die Defektion und damit der Vertragsbruch also die individuell beste Antwort. Das Nash-Gleichgewicht liegt bei (Defektion/Defektion) =
(2/2), da Anton und Berta hier wechselseitig ihre besten Antworten spielen. Im
Ergebnis führt der Opportunismus also beide Individuen dazu, den Vertrag zu bre-
chen. Anton und Berta verharren in der Ausgangsallokation, obwohl sich beide
durch Tausch verbessern könnten.

(c) Das Vertragsrecht soll eine Bindungswirkung entfalten, d. h. Anton und Berta sollen
sich treu dem Prinzip „pacta sunt servanda" an ihren Vertrag halten. Dabei sind zwei
Sanktionsregeln zu unterscheiden. Während der „Ersatz des negativen Interesses" in

Höhe des Vertrauensschadens („Äquivalenzinteresse") fordert, berücksichtigt der „Ersatz des positiven Interesses" den entgangenen Gewinn durch den Vertragsbruch. Man spricht in diesem Fall auch von Erfüllungsschaden, d. h. der andere ist so zu stellen, als wenn der Vertrag eingehalten worden wäre.

Verwenden wir nun die Sanktionsregel des Vertrauensschadens, so ist Referenzpunkt zur Berechnung des Schadensersatzes die Ausgangsallokation P. Bei Defektion von Berta müsste Anton also so viel Schadensersatz erhalten, dass Anton seine Ausgangslage auf der Indifferenzkurve A_2 erreicht. Bei Defektionsstrategie von Berta erzielt Anton aber ein Nutzenniveau in Höhe von 0,5. Berta müsste folglich einen Schadensersatz in Höhe von $2 - 0,5 = 1,5$ zahlen, um diese Differenz auszugleichen. Berta erzielt bei Vertragsbruch damit ein Nutzenniveau von $5,5 - 1,5 = 4$. Umgekehrt, bei Defektion von Anton, erreicht Berta ein Nutzenniveau in Höhe von 1. Anton muss Berta folglich einen Schadensersatz in Höhe von 1 zahlen, damit Berta ihre Ausgangslage auf der Indifferenzkurve B_2 erreichen kann. Anton erreicht damit ein Nutzenniveau von $5 - 1 = 4$.

Unter Anwendung der Sanktionsregel des Erfüllungsschadens, ist der andere jeweils so zu stellen, als wenn der Vertrag eingehalten worden wäre. Bei Defektion von Berta muss Anton also ein Nutzenniveau von 3 erreichen. Hieraus ergibt sich ein Schadensersatzanspruch in Höhe von 2, 5, da $0, 5 + 2, 5 = 3$. Berta erzielt damit ein Nutzenniveau von $5, 5 - 2, 5 = 3$. Bei Defektion von Anton erfolgt ein Schadensersatzanspruch in Höhe von $3 - 1 = 2$, damit Berta $1 + 2 = 3$ Nutzeneinheiten erreicht. Anton erreicht damit ein Nutzenniveau in Höhe von $5 - 2 = 3$.

Mit Vertragsrecht		Berta		
		Kooperation	Vertrauens-schaden	Erfüllungs-schaden
Anton	Kooperation	3/3	2/4	3/3
	Vertrauensschaden	4/2		
	Erfüllungsschaden	3/3		

▨ = beste Antworten von Anton   ▨ = beste Antworten von Berta

Es wird deutlich, dass in diesem besonderen Fall beide Sanktionsregeln keine Vertragseinhaltung garantieren. Während im Fall mit Vertrauensschaden der Vertragsbruch die Pareto-dominante Lösung darstellt, führt der Fall mit Erfüllungsschaden dazu, dass Anton und Berta indifferent zwischen Vertragseinhaltung und Vertragsbruch sind. Da allerdings die Auszahlungen für Kooperation und Defektion bei Erfüllungsschaden identisch sind, kommt es dennoch zu einer effizienten Allokation. Man könnte also auch von einem effizienten Vertragsbruch sprechen.

A.3.4 Lösungsskizzen zu den Übungsaufgaben des Kap. 5

Aufgabe 1: Edgeworth-Box, Normalform, Vertragsrecht

(a) Die Punkte A und B grenzen letztendlich den Bereich der Pareto-effizienten Allokationen ein. Das heißt, dass unabhängig der Weltanschauung (Utilitarismus vs. Rawls) das Optimum Optimorum zwischen diesen beiden Punkten liegen wird. Wo genau, ist allerdings wiederum durch die Weltanschauung begründet.

Im Punkt A erreichen wir – ausgehend vom Nullpunkt – eine Allokation, bei er Anton nicht mehr besser gestellt werden kann, d. h. hier befindet sich das Nutzenmaximum von Anton. Wollen wir Berta nun besser stellen, müssten wir hierzu zwangsläufig Anton schlechter stellen. Im Punkt B liegt der umgekehrte Fall vor, d. h. hier betrachten wir Bertas Nutzenmaximum. Wollen wir nun Anton besser stellen, müssten wir zwangsläufig Berta schlechter stellen.

(b) Der Utilitarismus betrachtet die soziale Wohlfahrt im Allgemeinen als einfache Summe der individuellen Nutzenniveaus. Bei zwei Individuen addieren wir also die individuellen Nutzenniveaus N_A und N_B, sodass

$$SW = N_A + N_B.$$

Die Tatsache, dass wir also zwei konkrete Zahlenwerte aufaddieren zeigt, dass dem Utilitarismus ein kardinales Nutzenkonzept zugrunde liegt. Steigt also in einem neuen sozialen Zustand Antons Nutzen um eine Einheit, während Bertas Nutzen um eine halbe Einheit sinkt, so führt dieser neue soziale Zustand zu einer höheren sozialen Wohlfahrt, da $\Delta SW = +1 - 0{,}5 = +0{,}5$. Das Beispiel zeigt, dass der Utilitarismus also auch die Umverteilung von einem Individuum zu einem anderen Individuum zulässt, solange der Nettoeffekt positiv ist. Diese Gleichgewichtung der Nutzen führt dazu, dass die soziale Wohlfahrtsfunktion eine Senkrechte zur Gleichverteilungslinie bildet, zumal wir Nutzenniveaus gegeneinander aufrechnen. Mit anderen Worten: Der Utilitarismus legt das Kaldor-Hicks Kriterium zur Beurteilung von Effizienz zugrunde.

Neben dieser allgemeinen oder klassischen Form des Utilitarismus gibt es noch die sog. gewichtete utilitaristische Wohlfahrtsfunktion. Die Gewichtung (α_i) erlaubt eine direkte Diskriminierung gegen bestimmte Gesellschaftsmitglieder. Hier addieren wir also die individuellen Nutzenniveaus N_A und N_B unter der Berücksichtigung einer individuellen Gewichtung $\alpha_i \leq 1$, sodass

$$SW = \alpha_A \cdot N_A + \alpha_B \cdot N_B.$$

Je nach Gewichtung verändert sich also nun das Verhältnis, nach dem wir ein gegeneinander Aufrechnen von Nutzenniveaus der Gesellschaftsmitglieder ermöglichen. Führen wir also beispielsweise eine Gewichtung $\alpha_A = 0{,}5$ ein, so ist eine Nutzeneinheit von Anton so viel Wert, wie eine halbe Nutzeneinheit von Berta. Im Extremfall geben wir Anton eine Gewichtung von $\alpha_A = 0$. In diesem Fall verläuft die soziale Wohlfahrtsfunktion vertikal und damit horizontal zur y-Achse, zumal für die soziale Wohlfahrt nur wichtig ist, welches Nutzenniveau Berta erreicht.

Die Gerechtigkeitstheorie nach John Rawls erlaubt das gegeneinander Aufrechnen von Nutzenniveaus der Gesellschaftsmitglieder nur unter gewissen Bedingungen. Rawls geht in seiner Weltanschauung der Frage nach, welche Allokationen sozial gerecht wären. Rawls versteht unter sozialer Gerechtigkeit dabei einen Zustand, auf den die Gesellschaftsmitglieder sich geeinigt hätten, ohne ihre gesellschaftliche Position oder Rolle zu kennen. Rawls definiert hierzu den sog. Urzustand. Im Urzustand – oder hinter dem Schleier der Ungewissheit – kennen die einzelnen Gesellschaftsmitglieder ihre gesellschaftliche Position nicht. Das heißt Anton und Berta wissen nicht, ob sie reich oder arm, talentiert oder untalentiert, schön oder weniger schön sind. Nach Rawls hätten sich Anton und Berta dabei auf zwei wesentliche Prinzipien einer Gesellschaftsordnung verständigen können: (1) Das Freiheitsprinzip, d. h. jeder verfügt über eine maximal möglich Freiheit, solange sie die Freiheit des anderen nicht beeinflusst. (2) Das Differenzprinzip, wonach soziale und ökonomische Ungleichheit nur dann zugelassen werden, wenn auch die Ärmsten vom reicher werden der Reichen profitieren. Das Differenzprinzip bestimmt damit die Perspektive, unter der wir soziale Wohlfahrt betrachten. Hieraus folgt schließlich die sog. Maximin-Regel, d. h. die soziale Wohlfahrt ist in dem Punkt maximal, in dem das ärmste Individuum nicht mehr besser gestellt werden kann. Darüber hinaus darf dann auch der Reiche reicher werden. Wir maximieren also den minimalen Nutzen und damit determiniert das Nutzenniveau des ärmsten Gesellschaftsmitglieds die soziale Wohlfahrt, sodass

$$SW = \min \{ N_A, N_B \}.$$

Ist also beispielsweise Anton arm, so ist für die soziale Wohlfahrt nur entscheidend, ob Anton sich besser stellen kann, unabhängig vom Nutzenniveau der „reichen" Berta. Das heißt auch, dass für die soziale Wohlfahrt egal ist, ob Berta Millionärin oder Milliardärin ist. Beide dieser Zustände wären aus Rawls'scher Perspektive mit der gleichen sozialen Wohlfahrt – nämlich durch Antons Nutzenniveau – definiert. Das Differenzprinzip ist damit auch dafür verantwortlich, dass die sozialen Wohlfahrtsfunktionen nach Rawls einen limitationalen Verlauf aufweisen und damit durch eine unendliche Grenzrate der Substitution charakterisiert sind.

(c) Beim Einzeichnen der klassischen utilitaristischen Wohlfahrtsfunktion ist nun zu beachten, dass diese eine Senkrechte zur Gleichverteilungslinie aufweisen, d. h. wir zeichnen die Indifferenzkurvenschar so ein, dass diese einen 90°-Winkel zur Gleichverteilungslinie aufweisen. In der Abbildung sind beispielhaft drei solcher sozialer Indifferenzkurven eingezeichnet.[17] Nun wird ersichtlich, dass eine Gleichverteilung (Punkt C) nur auf der untersten dieser Indifferenzkurve erreicht wird. Mit anderen Worten: Die beiden anderen Indifferenzkurven deuten darauf hin, dass eine Gleichverteilung nicht zu einer effizienten Allokation führt, zumal sich durch eine ungleiche Verteilung eine höhere soziale Wohlfahrt erreichen lässt. Analog zum individuellen Nutzenmaximierungskalkül in der Haushaltstheorie suchen wir nun die höchstmögliche Indifferenzkurve, die wir unter gegebenen Ressourcen gerade noch so erreichen können. Welche Nutzenniveaus für unsere Gesellschaftsmitglieder dabei erreichbar sind, zeigt die Nutzenmöglichkeitenkurve. Vor diesem Hintergrund ist das soziale Optimum bzw. Optimum Optimorum durch den Tangentialpunkt zwischen sozialer Indifferenzkurve und Nutzenmöglichkeitenkurve

---

[17] Soziale Indifferenzkurve und soziale Wohlfahrtsfunktion werden in diesem Lehrbuch synonym verwendet.

charakterisiert. Wie wir bereits im Aufgabenteil (a) argumentiert haben, liegt das Optimum Optimorum genau zwischen den Allokationspunkten A und B und damit im Pareto-effizienten Bereich. Eine höhere soziale Wohlfahrt im utilitaristischen Sinne ist unter gegebener Ressourcenbeschränkung also nicht erreichbar.

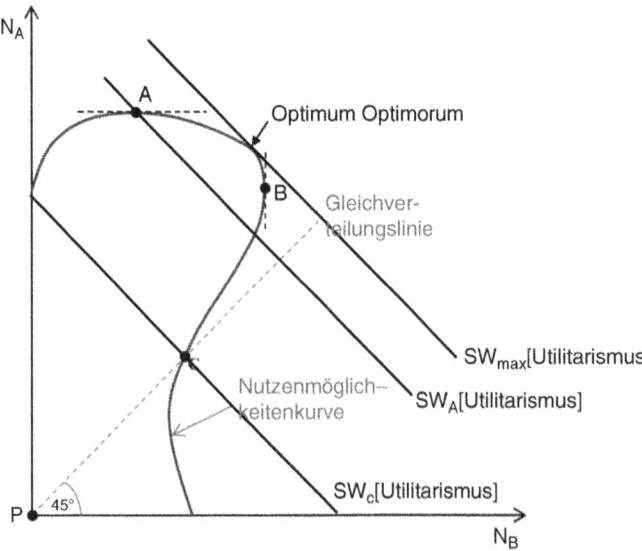

(d) Die soziale Wohlfahrtsfunktion im Rawl'schen Sinne wird nun durch einen limitationalen Verlauf der sozialen Indifferenzkurven ersichtlich. Beim Einzeichnen ist dabei zu beachten, dass der Winkel der L-förmigen Indifferenzkurve genau auf der Gleichverteilungslinie liegt. Es ergibt sich folgendes Bild:

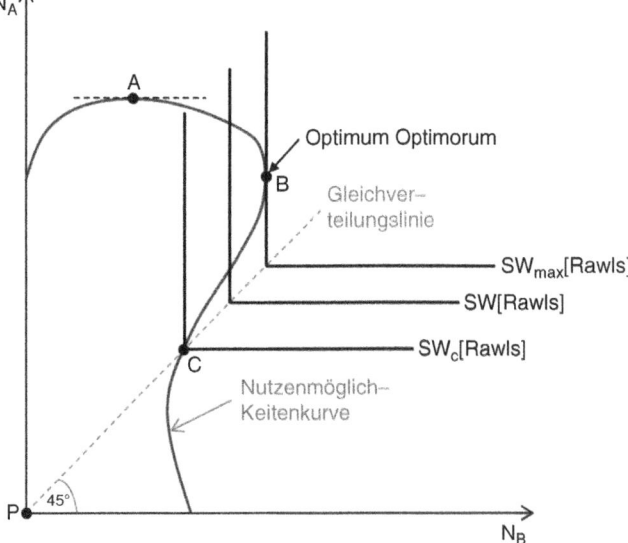

Hierdurch wird deutlich, wie Rawls soziale Wohlfahrt versteht. Entsprechend führt ein sozialer Zustand absoluter Gleichverteilung zu ein und derselben sozialen Wohlfahrt, wie ein sozialer Zustand, in der ein reiches Individuum ein Vielfaches des Armen hat. Entscheidend für die soziale Wohlfahrt ist demzufolge nur das Nutzenniveau des ärmsten Gesellschaftsmitglieds, weil dessen Niveau das Niveau der sozialen Wohlfahrt bestimmt. Das bedeutet allerdings nicht, dass Rawls immer einen Zustand absoluter Gleichverteilung bevorzugt. So wird in der Abbildung deutlich, dass der Gleichverteilungspunkt C nicht zur Maximierung der sozialen Wohlfahrt führt. Schließlich ist das Optimum Optimorum auch hier durch die höchstmögliche soziale Wohlfahrt charakterisiert. Dieser Zustand wird im Punkt B erreicht, der noch einmal verdeutlicht, wie das Differenzprinzip in Rawls Gerechtigkeitstheorie funktioniert. In B wird Berta, als ärmeres Gesellschaftsmitglied in unserer 2-Personen Gesellschaft, in ihrem Nutzen maximiert. Das heißt, hier kann das ärmste Gesellschaftsmitglied nicht mehr besser gestellt werden – wir maximieren also den minimalen Nutzen. Darüber hinaus lässt das Differenzprinzip aber soziale und ökonomische Ungleichheit zu. Im Allokationspunkt B erreicht Anton ein höheres Nutzenniveau als Berta, aber unter der Bedingung, dass für Berta kein höheres Nutzenniveau erreichbar ist.

Aufgabe 2: Gewichtete utilitaristische Wohlfahrtsfunktion

(a) Die gewichtete utilitaristische Wohlfahrtsfunktion versteht die soziale Wohlfahrt nicht als einfache, sondern als die gewichtete Summe der individuellen Nutzenniveaus der Gesellschaftsmitglieder. Die Einführung eines Gewichtungsfaktors $\alpha_i \leq 1$ erlaubt dabei bewusst das Diskriminieren einzelner Gesellschaftsmitglieder oder bestimmter Gesellschaftsgruppen. Führen wir nun einen Gewichtungsfaktor $\alpha_B = 0$ ein, so kommt damit zum Ausdruck, dass Bertas Nutzenniveau für die soziale Wohlfahrt überhaupt keine Rolle spielt. Die soziale Wohlfahrt ergibt sich damit aus

$$SW = \alpha_A \cdot N_A + \alpha_B \cdot N_B = N_A + 0 \cdot N_B = N_A.$$

Folglich ist das Niveau der sozialen Wohlfahrt ausschließlich durch das Nutzenniveau von Anton bestimmt. Graphisch kommt dieser Sachverhalt durch eine soziale Indifferenzkurve zum Ausdruck, die einen horizontalen Verlauf aufweist.

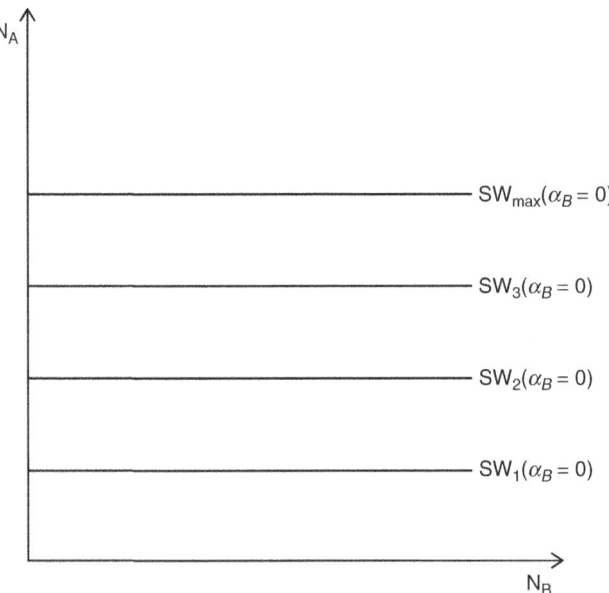

(b) Der horizontale Verlauf der sozialen Indifferenzkurven führt nun dazu, dass das Optimum Optimorum durch ein maximales Nutzenniveau für Anton, bei minimalem Nutzenniveau für Berta gekennzeichnet ist. Der perfekt symmetrische Verlauf der Nutzenmöglichkeitenkurve trägt dazu bei, dass kein Nutzenniveau an Berta „verschenkt" werden sollte. Schließlich ist die Nutzenmöglichkeitenkurve wie eine soziale Budgetgerade zu verstehen. Das heißt für jedes Nutzenniveau $N_B > 0$ geben wir Ressourcen her, die nicht mit einem Mehr an sozialer Wohlfahrt einhergehen.

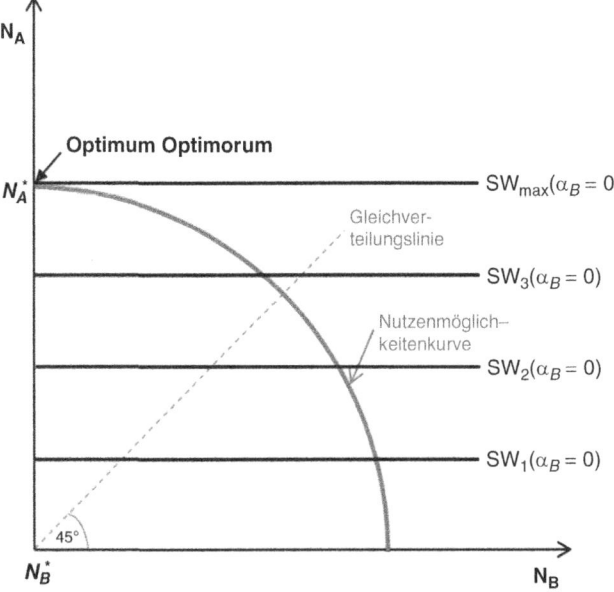

(c) Drehen wir nun an der Gewichtung, so verändert sich die Steigung der sozialen Indifferenzkurve. Während die klassische utilitaristische Wohlfahrtsfunktion eine Steigung in Höhe von „-1" aufweist, weist das andere Extrem (hier: $\alpha_B = 0$) eine Steigung von null auf. Bei einer Gewichtung von $\alpha_B = 0{,}5$ liegt der Betrag der Steigung also genau zwischen 0 und 1, d. h. bei 0,5. Beim Einzeichnen ist dabei darauf zu achten, dass der Winkel zur Achse des ungewichteten Gesellschaftsmitglieds (hier: Anton, da $\alpha_A = 1$) bei 67, 5° liegt.

In der Abbildung wird nun deutlich, dass in diesem Fall Berta ein Nutzenniveau $N_B^* > 0$ erhalten sollte, damit die soziale Wohlfahrt maximiert wird. Im Optimum Optimorum ist das Nutzenniveau von Anton allerdings immer noch deutlich größer als das Nutzenniveau von Berta. Betrachten wir die Zeichnung genauer, so wird ersichtlich, dass im Optimum Optimorum Antons Nutzen genau doppelt so groß ist, wie Bertas Nutzen.

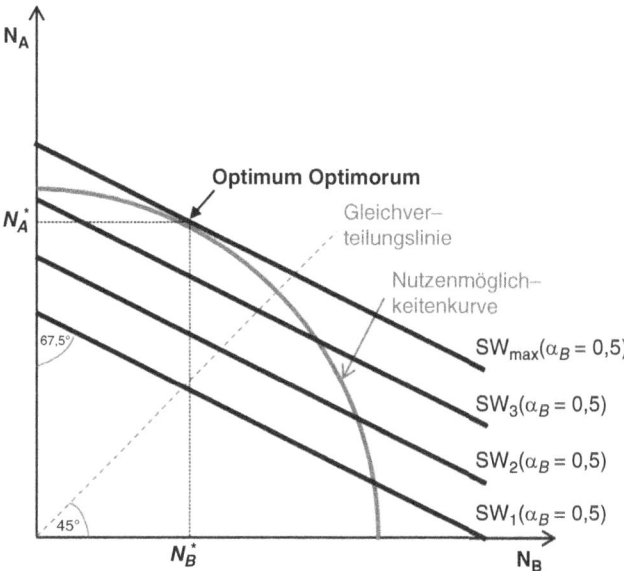

Aufgabe 3: Rent Seeking

(a) Die Gewinnfunktionen der Unternehmen A und B ergeben sich aus dem Ertrag minus den Kosten. Allerdings ist der Ertrag kein sicheres Ereignis, sondern folgt einer Wahrscheinlichkeit in Abhängigkeit der Lobbyaktivitäten der beiden Unternehmen. Wir erhalten für die Gewinnfunktionen damit

$$G_A\left(x_A, x_B\right) = \frac{x_A}{x_A + x_B} \cdot R - x_A$$

$$G_B\left(x_A, x_B\right) = \frac{x_B}{x_A + x_B} \cdot R - x_B$$

Die Reaktionsfunktionen ergeben sich nun aus der ersten Ableitung aller Gewinnfunktionen nach x_A bzw. x_B und Nutzung der Symmetrie, sodass

$$\frac{\partial G_A}{\partial x_A} = \frac{x_B}{\left(x_A + x_B\right)^2} \cdot R - 1 = 0 \leftrightarrow \frac{x_B}{\left(x_A + x_B\right)^2} \cdot R = 1$$

Wir nutzen die Symmetrie und setzen $x_A = x_B = x$, sodass

$$\frac{x}{4x^2} \cdot R = 1 \leftrightarrow x = \frac{R}{4} = \frac{800.000}{4} = 200.000$$

Das heißt jedes Unternehmen gibt damit ein Viertel der potenziellen Rente für Lobbyaktivitäten aus, sodass insgesamt 400.000 Euro durch A und B gemeinsam investiert wird.

(b) Wir nutzen die Gewinnfunktionen zur Berechnung der Gewinne (in Tausend Euro)
für verschiedene $x_A = \{0, 100, 200, 300\}$ und $x_B = \{0, 100, 200, 300\}$. Wir rechnen
also beispielsweise:

$$G_A\left(x_A = 100, x_B = 0\right) = \frac{100}{100 + 0} \cdot 800 - 100 = 700$$

$$G_A\left(x_A = 100, x_B = 100\right) = \frac{100}{100 + 100} \cdot 800 - 100 = 300$$

$$G_A\left(x_A = 200, x_B = 100\right) = \frac{200}{200 + 100} \cdot 800 - 200 = 333,33$$

$$G_A\left(x_A = 200, x_B = 200\right) = \frac{200}{200 + 200} \cdot 800 - 200 = 200$$

...

A \ B	0	100	200	300
0	0/0	0/700	0/600	0/500
100	800/0	300/300	166,67/333,33	100/300
200	700/0	333,33/166,67	200/200	120/180
300	600/0	300/100	180/120	100/100

■ = beste Antworten von Unternehmen A   ■ = beste Antworten von Unternehmen B

(c) Beide Unternehmen werden für $x > 0$ immer $x_i = 200$ für Lobbyaktivitäten einsetzen. Das Nash-Gleichgewicht, und damit wechselseitig beste Antworten, ist also die Strategie $(x_A = 200, x_B = 200) = (200/200)$.
Damit geben die beiden Unternehmen insgesamt $x = x_A + x_B = 200 + 200 = 400$ Tausend Euro für Lobbyaktivitäten aus. Auch hier sehen wir also, dass insgesamt die Hälfte der potenziellen Rente für Lobbyaktivitäten verschwendet wird, ohne dass dieser Handlung ein Mehrwert gegenübersteht. Die soziale Wohlfahrt steigt damit nur um $SW = G_A + G_B = 200 + 200 = 400$ und nicht im Umfang der gesamten Rente, in Höhe von 800 Tausend Euro.

(d) Hier nutzen wir unsere Ergebnisse aus Aufgabe (a) und erhalten für die Reaktionsfunktion des Unternehmens i bei n Wettbewerbern:

$$\frac{\partial G_i}{\partial x_i} = \frac{x_i}{\left(x_i + \sum_{j=2}^{n} x_j\right)^2} \cdot R - 1 = 0 \leftrightarrow \frac{x_i}{\left(x_i + \sum_{j=2}^{n} x_j\right)^2} \cdot R = 1$$

Aufgrund der Symmetrie $x_A = x_B = \ldots = x_n$ setzen wir $x = n \cdot x_i$, sodass

$$\frac{x}{n^2 x^2} \cdot R = 1 \leftrightarrow x = \frac{R}{n}$$

Es wird also deutlich, dass jedes der n Unternehmen 1 n-tel der Rente in Lobbyaktivitäten investiert, sodass insgesamt der Gesamtbetrag der Rente an Lobbying verschwendet wird.

A.3.5 Lösungsskizzen zu den Übungsaufgaben des Kap. 6

Aufgabe 1: Negative Externalitäten und Pigou-Steuer

(a) Einzeichnen der Preis-Absatzfunktion sowie der privaten (PGK) und externen (EGK) Grenzkostenfunktion liefert nachfolgendes Bild. Die soziale Grenzkostenfunktion (SGK) ergibt sich nun aus der Summe der beiden Grenzkostenfunktionen, sodass $SGK = PGK + EGK = 25 + 0,5 \cdot x$. Auch die soziale Grenzkostenfunktion (SGK) zeichnen wir ein. Hier ist darauf zu achten, dass die SGK den gleichen y-Achsenabschnitt wie die PGK aufweist und anschließend um 0,5 pro Mengeneinheit (x) steigt. Neben dem y-Achsenabschnitt bestimmen wir deshalb einfach einen zweiten Punkt im Diagramm, um die SGK einzuzeichnen – hier beispielsweise $SGK(x = 100) = 25 + 0,5 \cdot 100 = 75$. Somit ist der Punkt $(x = 100, p = 75)$ ein Punkt auf der sozialen Grenzkostenfunktion.

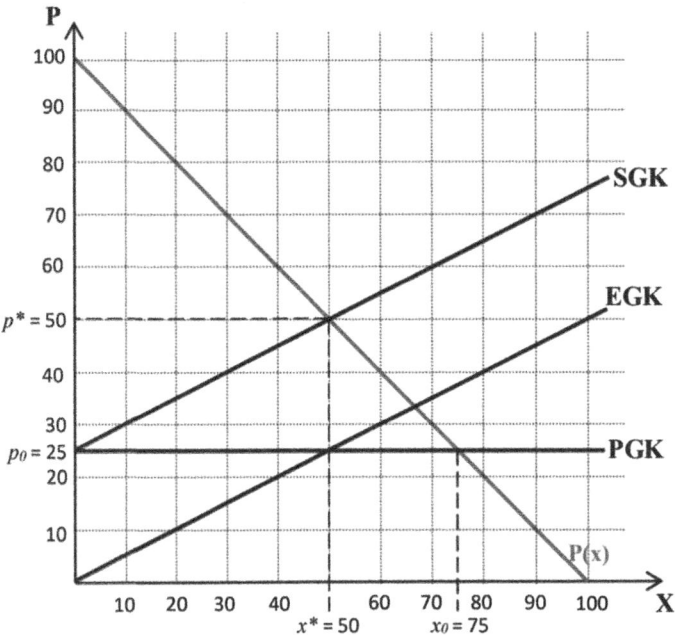

Die „Sorglos Chemistry AG" wählt nun eine Produktionsmenge, die sich aus dem Schnittpunkt der privaten Grenzkostenfunktion und der Preis-Absatzfunktion ergibt. Wichtig ist dabei zu verstehen, dass die „Sorglos Chemistry AG" die externen Grenzkosten zunächst nicht in ihrem Kalkül berücksichtigt und aus produktionstheoretischer Perspektive eigentlich effizient handelt. Das Marktgleichgewicht ist dabei $(x_0, p_0) = (75, 25)$. Aus sozialer Wohlfahrtsperspektive sollte die „Sorglos Chemistry AG" diese externen Kosten allerdings als Verursacher berücksichtigen. Die sozial wünschenswerte Produktionsmenge ergibt sich dabei aus dem Schnittpunkt zwischen der sozialen Grenzkostenfunktion (SGK) und der Preis-Absatzfunktion $(P(x))$. Würde also die „Sorglos Chemistry AG" die verursachten externen Kosten berücksichtigen, so müsste sie die Produktionsmenge auf $x^* = 50$ reduzieren. Das effiziente Marktgleichgewicht ist dabei $(x^*, p^*) = (50, 50)$. Es wird also deutlich, dass die „Sorglos Chemistry AG" eine zu große Menge $(x_0 - 75 > x^* = 50)$ bei einem zu geringen Preis $(p_0 = 25 < p^* = 50)$ absetzt. Ohne staatlichen Eingriff ergibt sich damit ein fundamentales Marktversagen aus der Existenz (technologischer)[18] externer Kosten.

(b) Ohne Berücksichtigung der externen Grenzkosten produziert die „Sorglos Chemistry AG" eine zu große Menge $x_0 = 75$ (bei einem Stückpreis in Höhe von $p_0 = 25$). Eine effiziente wirtschaftspolitische Maßnahme müsste in der Lage sein diese Absatzmenge auf das effiziente Niveau in Höhe von $x^* = 50$ zu senken und den Preis entsprechend auf $p^* = 50$ zu erhöhen. Ein solches wirtschaftspolitisches Instrument

---

[18] Man spricht von technologischen externen Effekten vor dem Hintergrund, dass diese produktionsbedingt entstehen. Zu unterscheiden ist diese Form der Externalitäten, von sog. pekuniären sowie psychologischen Externalitäten. Für eine Wiederholung siehe Abschn. 6.2.3 sowie die dort zitierte, weiterführende Literatur.

ist die sog. Pigou-Steuer, die im Prinzip den Preisunterschied zwischen privatem Gleichgewicht und sozialem Gleichgewicht durch eine Steuer pro Mengeneinheit korrigiert. Hier soll die obligatorische Mengensteuer den Verursacher der Externalität dazu zwingen, die externen Grenzkosten zu berücksichtigen und auf diese Weise nicht den Preis $p_0 = 25$, sondern den effizienten Preis $p^* = 50$ zu setzen.

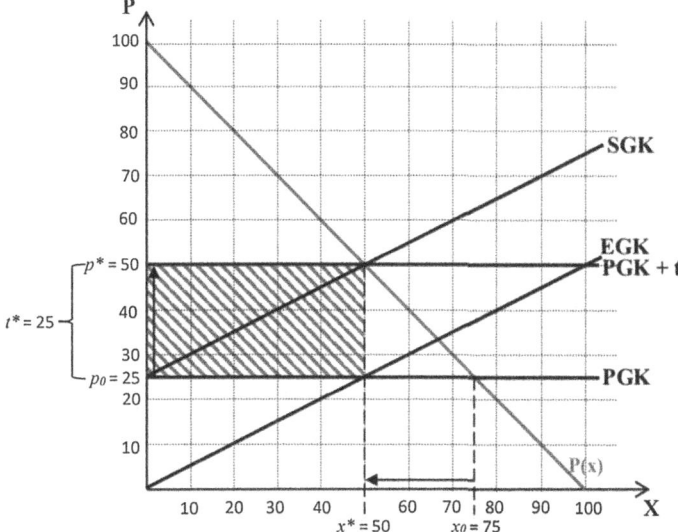

Das Schaubild verdeutlicht, dass die Mengensteuer $t^* = p^* - p_0 = 50 - 25 = 25$ betragen sollte. Da die „Sorglos Chemistry AG" nun 25 Euro mehr pro abgesetzter Menge im privaten Kostenkalkül berücksichtigen muss, verschiebt sich die private Grenzkostenfunktion (PGK) um $t^* = 25$ Einheiten nach oben auf $PGK + t = 25 + 25 = 50$. Hier verschieben wir also die private Grenzkostenfunktion soweit nach oben, dass diese durch das effiziente Gleichgewicht und damit durch den Schnittpunkt zwischen Preis-Absatzfunktion und sozialer Grenzkostenfunktion (SGK) verläuft. Da die Steuer pro Mengeneinheit erhoben wird, trägt die „Sorglos Chemistry AG" insgesamt eine Steuerlast in Höhe von $T^* = t^* \cdot x^* = 25 \cdot 50 = 1250$.

(c) Eine wirtschaftspolitische Alternative zur Pigou'schen Steuerlösung sind sog. Emissionszertifikate. Gegenüber der Pigou-Steuer haben solche Zertifikate insbesondere den Vorteil, dass die Informationsanforderungen zur Umsetzung dieses wirtschaftspolitischen Instruments deutlich geringer sind. Die Emissionszertifikate werden dabei auf dem Markt gehandelt, sodass sich der Preis pro Zertifikat als Ergebnis von Angebot und Nachfrage ergibt. Auf diese Weise muss der Preis für Emissionen bzw. für Externalitäten nicht staatlich festgesetzt werden (in unserer Abbildung können wir die effiziente Mengensteuer nur festlegen, weil wir die Marktgleichgewichte kennen). Ein besonderer Vorteil der Zertifikate ist die Möglichkeit, dass die Anzahl der Zertifikate und damit der Emissionsmenge begrenzt werden kann (sog. „Cap and Trade"), sodass Emissionsziele gesteckt werden können. Möchte ein Unternehmen emittieren, so muss es eine entsprechende Menge von Zertifikaten kaufen. Durch die Begrenzung der Menge an Emissionszertifikaten steigt damit der Preis für Emissionen, je mehr Unternehmen emittieren wollen. Vor diesem Hintergrund erreicht die Zertifikatslösung nicht nur statische, sondern auch dynamische Effizienzziele. Durch den steigenden Preis haben die Unternehmen einen Anreiz nach Alternativen (zur Emission) zu suchen und innovative Lösungen zu entwickeln, um Emissionen zu vermeiden.

Aufgabe 2: Coase-Theorem

(a) Das Coase-Theorem betont zwei wesentliche Voraussetzungen für eine effiziente Verhandlungslösung: (1) Es muss bekannt sein, wie die originäre Zuordnung der Rechte ist, d. h. ob wir uns im Fall mit (Fall 1) oder ohne (Fall 2) Schadenshaftung befinden. (2) Die Verhandlung über die Schadensrechte muss kostenlos sein. Man spricht in diesem Zusammenhang davon, dass keine Transaktionskosten existieren dürfen. Sind beide Voraussetzungen erfüllt, so kommt es durch die private Verhandlung zwischen den Parteien zu einer effizienten Allokation. Das Coase-Theorem verdeutlicht damit, dass eine staatliche Intervention zur Korrektur eines Marktversagens nur dann notwendig ist, wenn die Transaktionskosten prohibitiv hoch sind. Vor diesem Hintergrund betont das Coase-Theorem die Funktionen des Rechts: (1) Rechte müssen handelbar sein, d. h. es muss einen Markt für Rechtspositionen geben. (2) Bei Anwesenheit von Transaktionskosten sollte es Aufgabe des Staates bzw. des Rechts sein, diese zu reduzieren, beispielsweise durch die Bereitstellung dispositiver Normen. (3) Nur bei (prohibitiv) hohen Transaktionskosten sollte der Staat durch die konkrete Ausformulierung einer Rechtsnorm bzw. der Setzung zwingenden Rechts (nicht dispositiv) intervenieren. Hier muss das Ziel dieser staatlichen Intervention darin bestehen, die hypothetische Verhandlungslösung (im Sinne des Coase-Theorems) zu rekonstruieren.

(b) Die Grenzkosten ergeben sich grundsätzlich durch das Ableiten der Kostenfunktionen. Die Grenzvermeidungskosten (GVK) entsprechen damit der ersten Ableitung der Vermeidungskostenfunktion $(VK(s))$. Die Grenzschadensfunktion (GS) entspricht hingegen der ersten Ableitung der Schadensfunktion $(S(s))$. Die ersten Ableitungen der beiden Kostenfunktionen nach s ergeben sich damit in der Form

$$\frac{dVK(s)}{ds} = GVK = 50s - s$$

$$\frac{dS(s)}{ds} = GS = s$$

---

[19] Für eine Wiederholung der Integrationsregel siehe Kap. 6. Es wird deutlich, dass die Aufleitungsfunktion der Grenzkostenfunktion letztlich der Kostenfunktion unserer Ausgangssituation entspricht.

[20] Die Ergebnisse in den Klammern ergeben sich aus dem Einsetzen der Ober- und Untergrenzen in die Vermeidungskostenfunktion.

Wir nutzen wieder die Schnittpunkte mit den Achsen, um die Grenzkostenfunktionen einzuzeichnen. Für die Grenzvermeidungskostenfunktion erhalten wir damit die Punkte $GVK(s = 0) = 50 - 0 = 50$ und $GVK(s = 50) = 50 - 50 = 0$. Für die Grenzschadensfunktion analog $GS(s = 0) = 0$ und $GS(s = 50) = 50$. Einzeichnen beider Grenzkostenfunktionen und Berücksichtigung, dass die maximale Schadensmenge bei $s = 50$ liegt, liefert nachfolgendes Bild.

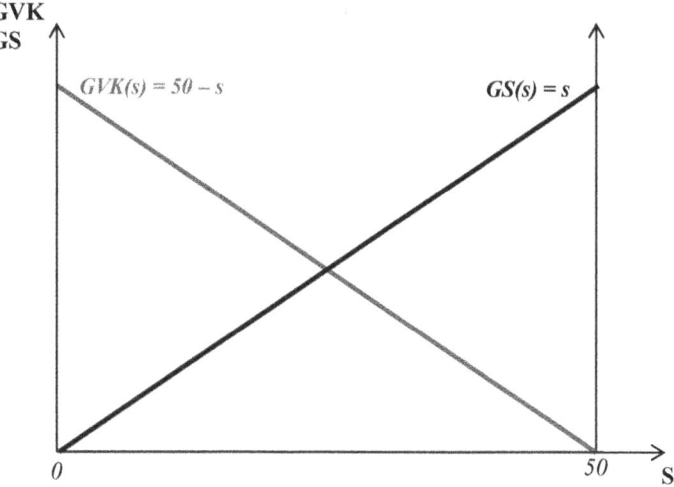

Aus der Abbildung geht nun die klassische Argumentation des Coase-Theorems hervor. Gehen wir beispielsweise von der Ausgangsposition $s = 0$ aus, so wird deutlich, dass die Grenzvermeidungskosten (GVK) deutlich über den Grenzschäden (GS) liegen. Hier entspricht der Vermeidungsaufwand der „Sorglos Chemistry AG" der gesamten Dreiecksfläche unterhalb der GVK-Funktion, sodass[19]

$$VK = \int_0^{50} 50 - s\, ds = \left[50s - 0{,}5 \cdot s^2 \right]_0^{50} = 50 \cdot 50 - 0{,}5 \cdot 50^2 - 0 = 1250.$$

Die „Sorglos Chemistry AG" muss also einen Vermeidungsaufwand von 1250 betreiben, um sämtlichen Chemiemüll ordnungsgemäß zu entsorgen, während Anton keinen Schaden erleidet, d. h. $S(s = 0) = 0$. Das Argument des Coase-Theorems ist nun, dass die erste Tonne, die die „Sorglos Chemistry AG" durch die Billigung (d. h. Transfer eines Schadensrechts von Anton zur „Sorglos Chemistry AG") von Anton einspart deutlich größer ist als der Schaden, den Anton durch diese erste Tonne erleidet. So spart die „Sorglos Chemistry AG" durch diese erste Tonne insgesamt[20]

$$\Delta VK = 1250 - \int_1^{50} 50 - s\, ds = 1250 - \left(1250 - \left(50 - 25 \right) \right) = 25,$$

während Anton nur einen Schaden in Höhe von $S(s = 1) = 0,5 \cdot 1^2 = 0,5$ erleidet. Da die Kosteneinsparung und damit der Nutzen aus dem Transfer dieses Schadensrechts deutlich größer ist als die Kosten, lohnt sich die Schädigung auch aus sozialökonomischer Sicht. Beide Verhandlungsparteien sollten nun solange weiter verhandeln und damit einer weiteren Schädigung zustimmen, solange die Grenzvermeidungskosten größer sind als die Grenzschäden. Im Gleichgewicht gilt damit also letztlich $GVK = GS$.

(c) Befinden wir uns nun im Fall ohne Schadenshaftung, so wählt die „Sorglos Chemistry AG" ein maximales Schadensniveau in Höhe von $s = 50$. Hier erleidet Anton einen Schaden in Höhe der gesamten Dreiecksfläche unterhalb der GS-Funktion, d. h. $S(s = 50) = 0,5 \cdot 50 \cdot 50 = 0,5 \cdot 50^2 = 1250$, während die „Sorglos Chemistry AG" einen Vermeidungsaufwand in Höhe von 0 betreibt. Anton hat vor diesem Hintergrund also einen großen Anreiz auf die „Sorglos Chemistry AG" zuzugehen und durch Verhandlung einen Transfer der Schadensrechte zu ermöglichen.

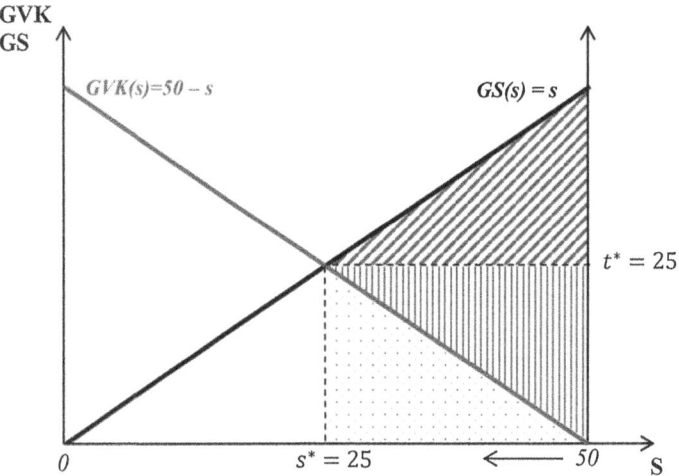

Die Reduktion des Schadensniveaus bedeutet für die „Sorglos Chemistry AG" letztlich zusätzlichen Vermeidungsaufwand, zumal sie den Chemiemüll ordnungsgemäß entsorgen muss. Allerdings sind die eingesparten Schadenskosten deutlich geringer als die zusätzlichen Vermeidungskosten, solange die Grenzschadensfunktion oberhalb der Grenzvermeidungskostenfunktion liegt. Im Gleichgewicht ergibt sich damit das effiziente Schadensniveau durch den Schnittpunkt beider Grenzkostenfunktionen (d. h. $GS = GVK$) bei $s^* = 25$. Hierzu muss Anton der „Sorglos Chemistry AG" einen Transfer in Höhe von $T^* = t^* \cdot s^* = 25 \cdot 25 = 625$ anbieten, zumal die „Sorglos Chemistry AG" zur Vermeidung dieser 25 Tonnen Chemiemüll einen Vermeidungsaufwand in Höhe der gepunkteten Dreiecksfläche betreiben muss und damit in Höhe von $VK(s = 25) = \frac{1}{2} \cdot (50 - 25) \cdot 25 = 312,5$. Die „Sorglos Chemistry AG" gewinnt also durch die Verhandlung einen zusätzlichen Nutzen in Höhe von

$\Delta N_{SC} = 625 - 312{,}5 = 312{,}5$ (vertikal schraffierte Dreiecksfläche).[21] Antons zusätzlicher Nutzen aus der privaten Verhandlungslösung entspricht dabei der Schadensvermeidung abzüglich des Transfers an die „Sorglos Chemistry AG" und damit der diagonal schraffierten Dreiecksfläche, d. h. $N_A = \frac{1}{2} \cdot (50 - 25) \cdot (50 - 25) = 312{,}5$. Die soziale Wohlfahrt steigt damit um die beiden schraffierten (Linien) Flächen und beträgt $\Delta SW = \Delta N_A + \Delta N_{SC} = 312{,}5 + 312{,}5 = 625$.

(d) Befinden wir uns nun im Fall mit Schadenshaftung, so muss die „Sorglos Chemistry AG" ein Schadensniveau in Höhe von $s = 0$ wählen. Hier muss die „Sorglos Chemistry AG" einen Vermeidungsaufwand in Höhe der gesamten Dreiecksfläche unterhalb der GVK-Funktion betreiben und damit in Höhe von $VK = 0{,}5 \cdot 50 \cdot 50 = 1250$. $S(s = 50) = 0{,}5 \cdot 50 \cdot 50 = 0{,}5$. Anton erleidet hingegen keinen Schaden. Nun hat die „Sorglos Chemistry AG" einen großen Anreiz auf Anton zuzugehen, um durch Verhandlung einen Transfer der Schadensrechte zu ermöglichen.

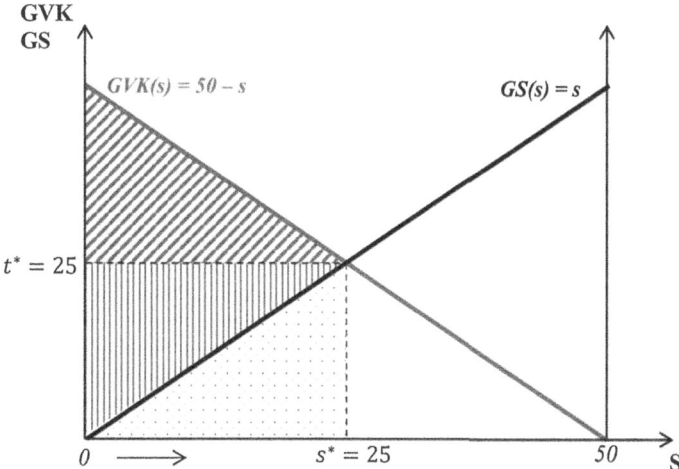

Die Ausweitung des Schadensniveaus bedeutet für die „Sorglos Chemistry AG" letztlich weniger Vermeidungsaufwand, zumal sie nun weniger Chemiemüll ordnungsgemäß entsorgen muss. Dabei sind die eingesparten Vermeidungskosten deutlich größer als der zusätzliche Schaden, den Anton durch die Schädigung erleidet. Vor diesem Hintergrund ist eine zusätzliche Schädigung solange sinnvoll, solange die Grenzvermeidungskosten größer sind als die Grenzschäden. Im Gleichgewicht ergibt sich damit das effiziente Schadensniveau durch den Schnittpunkt beider Grenzkostenfunktionen (d. h. $GVK = GS$) bei $s^* = 25$. Hierzu muss die „Sorglos Chemistry AG" dem Anton einen Transfer in Höhe von $T^* = t^* \cdot s^* = 25 \cdot 25 = 625$ anbieten, zumal Anton durch die Schädigung in Form von 25 Tonnen Chemiemüll einen Schaden in Höhe der gepunkteten

---

[21] Das Subskript „SC" (A) steht für die „Sorglos Chemistry AG" (Anton).

Dreiecksfläche erleidet und damit in Höhe von $S(s=25)=\dfrac{1}{2}\cdot 25\cdot 25=312{,}5\cdot$
Anton gewinnt also durch die Verhandlung einen zusätzlichen Nutzen in Höhe
von $\Delta N_A = 625 - 312{,}5 = 312{,}5$ (vertikal schraffierte Dreiecksfläche).[22] Der
zusätzliche Nutzen der „Sorglos Chemistry AG" aus der privaten Verhandlungslösung entspricht dem eingesparten Vermeidungsaufwand abzüglich des
Transfers an Anton und damit der diagonal schraffierten Dreiecksfläche, d. h.
$N_{SC} = \dfrac{1}{2}\cdot(50-25)\cdot(50-25)=312{,}5$. Die soziale Wohlfahrt steigt damit um die
beiden schraffierten (Linien) Flächen und beträgt $\Delta SW = \Delta N_A + \Delta N_{SC} = 312{,}5$
$+ 312{,}5 = 625$.

(e) Das effiziente Niveau der Schädigung stellt sich allerdings nur dann ein, wenn die
Verhandlungsparteien keine Transaktionskosten zu tragen haben. Ist die Voraussetzung (TAK = 0) hingegen nicht erfüllt, so ist eine effiziente Allokation nicht
mehr erreichbar, wenn die Transaktionskosten nicht gleichmäßig auf die Verhandlungsparteien aufgeteilt sind.

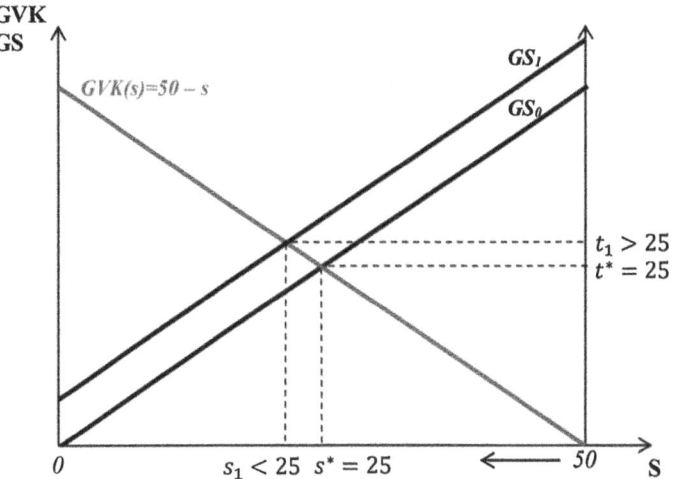

Trägt Anton alleine die Transaktionskosten, so verschiebt sich letztlich Antons
Grenzschadensfunktion nach oben. Der Abstand beider Grenzschadensfunktio-
nen (GK_0= Grenzschaden ohne Transaktionskosten, GK_1= Grenzschaden mit
Transaktionskosten) entspricht dabei genau der Höhe der Transaktionskosten. Es
wird deutlich, dass eine private Verhandlungslösung nun durch ein geringeres
Niveau der Schädigung charakterisiert ist als sozial wünschenswert ist, d. h.
$s_1 < s^* = 25$.

---

[22] Das Subskript „A" (SC) steht für Anton (die „Sorglos Chemistry AG").

Literatur

Sysaeter, Hammond (2014) Mathematik für Wirtschaftswissenschaftler: Basiswissen mit Praxisbezug. 4. Auflage, Pearson Studium, München

© Springer-Verlag GmbH Deutschland, ein Teil von Springer Nature 2020   347
M. Scheufen, *Angewandte Mikroökonomie und Wirtschaftspolitik*,
https://doi.org/10.1007/978-3-662-59370-7

Glossar

Adverse Selektion. Die sog. „adverse Selektion" beschreibt ein klassisches Szenario in der Prinzipal-Agent-Theorie. Hintergrund ist ein Informationsasymmetrieproblem, das typischerweise mithilfe des „Market for Lemons" nach George Akerlof beschrieben wird. Akerlof untersucht den Gebrauchtwagenmarkt und argumentiert, dass es aufgrund einer asymmetrischen Verteilung der Informationen zwischen Anbieter und Nachfrager zu einer Verdrängung von Gütern höherer Ordnung kommt. Grund hierfür sind sog. „hidden characteristics", d. h. Nachfrager können im Allgemeinen die Qualität von Gebrauchtwagen nicht unmittelbar beurteilen (Gebrauchtwagen sind Erfahrungsgüter). In der Folge können die Nachfrager ihre Zahlungsbereitschaft nicht entsprechend der Güterqualität differenzieren und bilden eine durchschnittliche Zahlungsbereitschaft. Da die Anbieter von Gebrauchtwagen guter Qualität zu diesem Preis nicht bereit sein werden ihre Wagen anzubieten, kommt es zu einem Verdrängungseffekt (Crowding-Out), bis nur noch Güter schlechter Qualität übrig bleiben. Akerlof spricht in diesem Zusammenhang von „lemons" (im Gegensatz zu „plums", d. h. Gebrauchtwagen guter Qualität). Es gibt zwei Lösungsmöglichkeiten zur Überwindung adverser Selektion: (a) Signaling und (b) Screening. → Prinzipal-Agent-Theorie. → Signaling. → Screening. → Zahlungsbereitschaft.

Allokationseffizienz. Die Allokationseffizienz beschreibt im Allgemeinen einen Gleichgewichtszustand. Allokationseffizienz wird häufig synonym zum Begriff der Effizienz verwendet. Gemeint ist dabei Pareto-Effizienz. → Pareto-Kriterium. → Kaldor-Hicks-Kriterium.

Angebotsfunktion. Die Angebotsfunktion spiegelt die Angebotsmenge eines Guts wider, in Abhängigkeit des Preises. Ursprung der Angebotsfunktion ist die Grenzkostenfunktion. → Nachfragefunktion. → Grenzkosten.

Beste Antwort. Unter einer besten Antwort versteht man die rationale Strategiewahl eines Spielers bei gegebenen Erwartungen über die Strategiewahl des Gegenspielers. Erwartet Spieler A beispielsweise, dass Spieler B Strategie S1 spielt, so wird Spieler A jene Strategie wählen, die ihm unter der Nebenbedingung S1 die höchste Auszahlung verspricht. Dabei handelt es sich dann um die beste Antwort des Spieler A auf die Strategie S1 seines Gegenspielers. → Spieltheorie. → Nash-Gleichgewicht.

© Springer-Verlag GmbH Deutschland, ein Teil von Springer Nature 2020
M. Scheufen, *Angewandte Mikroökonomie und Wirtschaftspolitik*,
https://doi.org/10.1007/978-3-662-59370-7

Bertrand-Gleichgewicht. Das Bertrand-Gleichgewicht ist ein Gleichgewichtskonzept aus der Spieltheorie. Betrachtet wird dabei die Preiswahl von Anbietern in einem Duopol d. h. einem Markt mit zwei Anbietern. Da es sich bei der Preiswahl eines Unternehmens um einen stetigen Strategieraum handelt, werden sog. Reaktionsfunktionen berechnet, die abbilden, mit welchen Preiskombinationen ein Unternehmen auf die Preisentscheidung des Gegenspielers (Wettbewerbers) reagiert. Das Bertrand-Gleichgewicht ergibt sich schließlich als Schnittpunkt beider Reaktionsfunktionen. → Spieltheorie. → Reaktionsfunktion. → Beste Antwort. → Preiswettbewerb. → Mengenwettbewerb.

Budgetgerade. Die Budgetgerade spiegelt alle Güterkombinationen (X und Y) wider, die sich der Haushalt leisten kann. In diesem Zusammenhang spricht man auch von den erreichbaren Güterbündeln. Annahme ist dabei, dass das Individuum sein gesamtes Einkommen auf den Konsum der beiden Güter (X und Y) aufwendet, sodass $I = P_X \cdot x + P_Y \cdot y$ bzw. $y = I / P_Y - P_X / P_Y \cdot x$ (mit I=Einkommen, P_X bzw. P_Y = Preis des Guts X bzw. Y). Der erste Teil (I/P_Y) entspricht dabei dem Schnittpunkt mit der y-Achse. Der zweite Teil ($-P_X / P_Y \cdot x$) spiegelt die Steigung der Geraden wider. Bei der Nutzenmaximierung suchen wir schließlich einen Tangentialpunkt zwischen der Budgetgeraden und der Indifferenzkurve. Zu einer Veränderung der Budgetgeraden kann es infolge einer Veränderung des (a) Einkommens oder (b) des Preises eines Guts kommen. Verändert sich das Einkommen, so kommt es zu einer Parallel-Verschiebung der Budgetgeraden nach innen (Einkommen sinkt) oder nach außen (Einkommen steigt). Bei einer Veränderung des Preises eines Guts kommt es zu einer Drehung der Budgetgeraden nach innen (Preis steigt) oder nach außen (Preis sinkt). → Haushaltstheorie. → Indifferenzkurve.

Chainstore-Paradoxon. Das sog. „Chainstore-Paradoxon" wurde von Reinhard Selten (Nobelpreisträger 1994) begründet und erklärt, warum es bei einem wiederholten Gefangenendilemma-Spiel mit bekannter Anzahl an Spielrunden zu einer dominanten Defektionsstrategie kommt. Lösen lässt sich dieses Spiel mittels Rückwärtsinduktion, d. h. man beginnt in der letzten Runde des Spiels. Ist beispielsweise bekannt, dass 3 Runden gespielt werden sollen, so werden die Spieler spätestens in der letzten Runde einen Anreiz haben zu defektieren, zumal sie wissen, dass sie sich danach nicht mehr über den Weg laufen werden. Ist Defektion die dominante Strategie in der letzten Runde, so wird auch in Runde 2 ein Anreiz bestehen zu defektieren. Es kommt also zu einer „Kettenreaktion" (deshalb „Chainstore-Paradoxon") mit der Konsequenz, dass die Spieler bereits in der ersten Runde defektieren. → Spieltheorie. → Rückwärtsinduktion. → Dominante Strategie. → Gefangenendilemma.

Coase-Theorem. Das Coase-Theorem zeigt, dass sich im Falle einer klar definierten originären Zuordnung des Rechts/ der Nutzungsmöglichkeiten (Verfügungsrechte) sowie bei Abwesenheit von Transaktionskosten die Marktseiten über den Verhandlungsweg auf eine effiziente Allokation einigen. Als Beispiel haben wir hierzu Umweltgüter betrachtet und festgestellt, dass Schädiger und Geschädigter einen Anreiz haben sich durch Verhandlung auf das effiziente Niveau der Schädigung zu verständigen. Dabei ist letztlich egal, wie die originäre Zuordnung der Verfügungsrechte ausgestaltet ist, d. h. ob wir uns im Fall mit oder ohne Schadenshaftung befinden. Da in der Realität grundsätzlich Transaktionskosten existieren, kommt dem Recht bzw. der Rechtsausgestaltung eine zentrale Funktion zu. Erstens sollten deshalb einzelne Verfügungsrechte bzw. Nutzungsmöglichkeiten über den Markt transferierbar sein (Property Rights Theorie). Daneben sollte das Recht in erster Linie eine unterstützende Funktion bieten und die Transaktionskosten senken. Ist eine Senkung auf null möglich, so wird die marktliche Lösung eine effiziente Allokation bewirken. Nur im Falle prohibitiv hoher Transaktionskosten wird eine marktliche Lösung nicht möglich sein und damit eine direkte staatliche Intervention des Marktergebnisses notwendig. → Property Rights Theorie. → Transaktionskosten. → Theorie der Verfügungsrechte.

Consumer-Welfare-Standard. Der „Consumer-Welfare-Standard" wird in der Fusionskontrolle angewendet, um zu beurteilen, ob eine Fusion durch die Wettbewerbsbehörde erlaubt oder untersagt werden sollte. Der „Consumer-Welfare-Standard" orientiert sich dabei an der Konsumentenrente. Sinkt die Konsumentenrente infolge einer Fusion, so ist diese zu untersagen. Steigt die Konsumentenrente infolge einer Fusion, so sollte diese erlaubt werden. Damit verwendet der „Consumer-Welfare-Standard" letztlich das Pareto-Kriterium zur Beurteilung von Effizienz. → Williamson-Trade-off. → Total-Welfare-Standard. → Pareto-Kriterium.

Cournot-Gleichgewicht. Das Cournot-Gleichgewicht ist ein Gleichgewichtskonzept aus der Spieltheorie. Betrachtet wird dabei die Mengenwahl von Anbietern in einem Duopol d. h. einem Markt mit zwei Anbietern. Da es sich bei der Mengenwahl eines Unternehmens um einen stetigen Strategieraum handelt, werden sog. Reaktionsfunktionen berechnet, die abbilden, mit welchen Mengenkombinationen ein Unternehmen auf die Mengenentscheidung des Gegenspielers reagiert. Das Cournot-Gleichgewicht ergibt sich schließlich als Schnittpunkt beider Reaktionsfunktionen. → Spieltheorie. → Reaktionsfunktion. → Beste Antwort.

Dead-weight-loss. Der Begriff „dead-weight-loss" ist die englische Bezeichnung für Wohlfahrtsverlust. Wir hatten diesen Begriff im Zusammenhang mit dem Monopolmodell kennengelernt. Hier kommt es zu einem Wohlfahrtsverlust, da der Monopolist einen Marktpreis wählt, der seine Produzentenrente maximiert und der deshalb oberhalb der Grenzkosten liegt. Da der Monopolist nun eine geringere (Monopol-) Menge des Guts absetzt, als im Modell der vollständigen Konkurrenz, wird es Konsumenten geben, die nicht in den Genuss des Guts kommen, obwohl diese potentiell bereit gewesen wären einen Preis zu zahlen, der oberhalb der Grenzkosten liegt (aber unterhalb des Monopolpreises). Während im Modell der vollständigen Konkurrenz diese Konsumenten das Gut konsumieren können (und dadurch eine Wohlfahrt erzielen; Konsumentenrente), gehen diese Konsumenten im Monopolmodell leer aus. Mit anderen Worten: Im Monopolmodell kommt es zu einem Wohlfahrtsverlust. → Monopolmodell. → Modell der vollständigen Konkurrenz. → Produzentenrente. → Konsumentenrente.

Demeritorische Güter. Demeritorische Güter sind solche Güter, die aus sozialer Wohlfahrtsperspektive zu stark konsumiert werden. Hintergrund sind in der Regel externe

Kosten, die vom Produzenten bzw. Verursacher der Externalität nicht berücksichtigt werden, weshalb der Produzent die Güter günstiger anbieten kann, als sozial wünschenswert wäre. Eine wirtschaftspolitische Maßnahme zur Korrektur dieses Marktversagens (Externe Effekte) ist die sog. Pigou-Steuer. Das Gegenteil demeritorischer Güter sind meritorische Güter. → Externalität. → Marktversagen. → Pigou-Steuer. → Meritorische Güter.

Dominante Strategie. Unter einer dominanten Strategie versteht man in der Spieltheorie eine Strategie, die bei der Strategiewahl eines Individuums alle anderen Strategien dominiert und zwar unabhängig der Strategiewahl des Gegenspielers. Konkret bedeutet dies, dass die beste Antwort eines Spielers immer (unabhängig der Strategie des Gegenspielers) die gleiche Strategie ist. Klassisches Beispiel für ein Spiel mit dominanter Strategie ist das sog. Gefangenendilemma. → Spieltheorie. → Gefangenendilemma. → Beste Antwort.

Edgeworth-Box. Die sog. Edgeworth-Box ist ein Instrument zur Abbildung von Tauschtransaktionen in der Haushalts- und Produktionstheorie. Konkret handelt es sich dabei um zwei Diagramme, bei dem das eine um 180 Grad gedreht wird, um eine geschlossene „Box" zu formen. Durch die Geschlossenheit dieser Edgeworth-Box kann dem Sachverhalt Rechnung getragen werden, dass die Ressourcen in einer Volkswirtschaft typischerweise knapp sind, d. h. nicht im Überfluss verfügbar sind. Folglich hat die Nutzenmaximierung in der Haushaltstheorie bzw. die Produktionsausweitung in der Produktionstheorie ihre Grenzen in der Verfügbarkeit von Gütern (X und Y) bzw. Inputfaktoren (Arbeit und Kapital). Die Edgeworth-Box ermöglicht damit gleichzeitig auch die Beurteilung der (Pareto-) Effizienz eines sozialen Zustandes. Konkret kann vor dem Hintergrund einer bestimmten Ausgangssituation beurteilt werden, ob ein noch besserer Zustand (Pareto-Verbesserung) für die Individuen (im Falle der Haushaltstheorie) oder die Unternehmen (im Falle der Produktionstheorie) erreichbar ist. Mithilfe der Edgeworth-Box lässt sich schließlich die Kurve des effizienten Tausches (in der Haushaltstheorie) bzw. die Kurve der effizienten Produktion (in der Produktionstheorie) ableiten. Diese sind wiederum Ursprung der sog. Nutzenmöglichkeitenkurve (Haushaltstheorie) bzw. der Transformationskurve (Produktionstheorie). → Haushaltstheorie. → Produktionstheorie. → Nutzenmöglichkeitenkurve. → Transformationskurve. → Pareto-Kriterium. → Kurve des effizienten Tausches. → Kurve der effizienten Produktion.

Effizienz. → Allokationseffizienz. → Pareto-Kriterium. → Kaldor-Hicks-Kriterium.

Einkommens-Konsum-Kurve. Die Einkommens-Konsum-Kurve spiegelt die Veränderung des Warenkorbs eines Individuums wider, infolge einer Veränderung des Einkommens. Konkret verbindet die Einkommens-Konsum-Kurve dabei die Nutzenmaxima (Tangentialpunkt zwischen Budgetgerade und Indifferenzkurve) vor und nach einer Einkommensänderung. Hintergrund dieser Änderung ist, dass sich infolge einer Veränderung des Einkommens die Budgetgerade des Haushalts verändert. → Haushaltstheorie. → Indifferenzkurve. → Budgetgerade. → Preis-Konsum-Kurve.

Elastizität der Nachfrage. Die Elastizität der Nachfrage spiegelt wider, wie stark ein Konsument auf Preisänderung in Form einer Mengenanpassung reagiert. Dieser Zusammenhang wird durch die Steigung bzw. Steilheit der Nachfragefunktion angezeigt.

Grundsätzlich gilt: Je steiler die Nachfragefunktion verläuft, desto unelastischer ist die Nachfrage. Im Extremfall verläuft die Nachfragefunktion vertikal, d. h. der Konsument reagiert gar nicht auf Preisänderung und fragt immer dieselbe Menge nach. Klassisches Beispiel ist Kraftstoff, da das Individuum sich in jedem Fall fortbewegen muss (um beispielsweise zur Arbeitsstelle zu kommen). Umgekehrt gilt: Je flacher die Nachfragefunktion verläuft, desto elastischer ist die Nachfrage. Im Extremfall verläuft die Nachfragefunktion horizontal, d. h. der Konsument ist zu einem bestimmten Preis bereit eine beliebige Menge nachzufragen. Klassisches Beispiel sind Luxusgüter. → Nachfragefunktion.

Extensivform. Den Begriff der Extensivform haben wir im Rahmen der Spieltheorie kennengelernt. Hier verstehen wir darunter eine andere Darstellungsform spieltheoretischer Situationen (im Gegensatz zur Normalform). Grundsätzlich eignet sich die Extensivform zur Untersuchung von solchen Spielen, bei denen eine sequentielle Entscheidung der Spieler erfolgt, d. h. wenn einer der beiden Spieler zuerst seine Handlung wählt und der andere nachzieht. Durch die Extensivform kann auch die Teilspielperfektion näher untersucht werden. → Normalform. → Teilspielperfektion.

Externalität. Unter einer Externalität versteht man im Allgemeinen solche Sachverhalte, bei denen Kosten oder Nutzen für Dritte entstehen, ohne dass der Verursacher diese bezahlt bzw. hierfür entlohnt wird. Man unterscheidet demnach auch positive und negative Externalitäten. Eine positive Externalität bedeutet, dass die Handlung eines Individuums den Nutzen eines unbeteiligten Dritten erhöht, ohne dass dieser den Verursacher hierfür entlohnt. Als klassisches Beispiel kann hier die Verschönerung des Vorgartens vor dem Haus genannt werden, an dem sich auch der Nachbar erfreuen kann, ohne dass dieser sich an den Kosten der Bepflanzung beteiligt. Eine negative Externalität führt zu Kosten für Dritte, ohne dass der Verursacher der Kosten diese dafür entschädigt. Als Beispiel kann hier die Umweltverschmutzung angeführt werden. Durch die Emission von Treibhausgasen kommt es zu zusätzlichen Kosten, wie Bodenerosion, die sogar zum Teil an ganz anderen Orten auf der Welt auftreten können. In diesem Zusammenhang spricht man auch davon, dass die sozialen und privaten Grenzkosten auseinanderfallen. Die Differenz zwischen privaten und sozialen Grenzkosten entspricht dabei genau der Höhe der Externalität. Der Verursacher berücksichtigt in seinem Kalkül dabei nur die privaten Grenzkosten und wird deshalb mehr emittieren als sinnvoll wäre. Es gibt verschiedene Instrumente bzw. Maßnahmen, die dazu beitragen können, dass der Verursacher die externen Kosten berücksichtigt. Die Mineralölsteuer ist ein solches Instrument nach dem Vorbild einer Pigou-Steuer, bei der die Steuer genau den externen Kosten entspricht. Analog kann es sinnvoll sein, dass dem Verursacher einer positiven Externalität eine Pigou-Subvention gezahlt wird. In diesem Zusammenhang spricht man grundsätzlich von der Internalisierung der Externalität. → Marktversagen. → Pigou-Steuer. → Pigou-Subvention.

Faktorverbrauchskurve. Die Faktorverbrauchskurve spiegelt alle kosteneffizienten Faktorkombinationen der Produktionsfaktoren Arbeit und Kapital wider, die infolge einer Veränderung der Faktorpreise resultieren. → Produktionstheorie. → Isoquante. → Isokostengerade → Kostenexpansionspfad.

Gefangenendilemma. Das Gefangenendilemma stellt wohl das bekannteste Spiel der Spieltheorie dar. Charakteristikum des Gefangenendilemmas ist, dass die Defektion die dominante Strategie darstellt. Obwohl sich beide Spieler besser stellen könnten, wenn Sie kooperieren, ist es individuell rational, nicht zu kooperieren. Mit anderen Worten: Die Defektion ist wechselseitig die beste Antwort. Eine Lösung des Gefangenendilemmas ist bei wiederholten Spielen möglich, da die Spieler im Laufe der wiederholten Spiele Vertrauen aufbauen können. Allerdings darf die Anzahl der Spielrunden nicht bekannt sein (Chainstore-Paradoxon). Die erfolgreichste Strategie zur Bildung von Kooperation in wiederholten Gefangenendilemmata ist die Tit-for-Tat Strategie. → Spieltheorie. → Dominante Strategie. → Chainstore-Paradoxon. → Tit-for-Tat.

Grenznutzen. Unter Grenznutzen versteht man den Nutzen einer zusätzlichen Einheit eines Guts Wir ermitteln den Grenznutzen durch Ableitung der Nutzenfunktion. → Grenzkosten.

Grenzkosten. Unter Grenzkosten versteht man die Kosten einer zusätzlichen Einheit eines Guts Wir ermitteln die Grenzkosten durch Ableitung der Kostenfunktion. → Grenznutzen.

Grenzrate der Substitution. Die Grenzrate der Substitution beschreibt das Austauschverhältnis zweier Güter zueinander und entspricht damit der Steigungsrate der Indifferenzkurve. In der Haushaltstheorie wird typischerweise eine abnehmende Grenzrate der Substitution angenommen. Das heißt, mit zunehmenden Konsum sinkt der zusätzliche Nutzen einer weiteren Einheit eines Guts Mit anderen Worten: Die erste Einheit des Guts X liefert dem Individuum einen deutlich höheren Nutzenzuwachs, als die 100. Einheit des selben Guts X. → Haushaltstheorie. → Indifferenzkurve.

Grenzrate der technischen Substitution. Die Grenzrate der technischen Substitution (GRTS) entspricht dem Austauschverhältnis der beiden Produktionsfaktoren Arbeit und Kapital und beschreibt damit die Steigung der Isoquante. In der Produktionstheorie wird typischerweise eine abnehmende Grenzrate der technischen Substitution angenommen. Das heißt, mit zunehmendem Output sinkt die Produktivität einer weiteren Einheit eines Produktionsfaktors. Mit anderen Worten: Die erste Einheit Kapital (z. B. eine neue Maschine) führt zu einem deutlich stärkeren Anstieg des Produktionsoutputs, als die 100. Einheit desselben Produktionsfaktors. Vor diesem Hintergrund weist die Produktionsfunktion i. d. R. einen konkaven Verlauf auf. → Produktionstheorie. → Isoquante.

Haushaltstheorie. Die Haushaltstheorie ist die Lehre über das Handeln von Haushalten bzw. Individuen (A und B). Konkret untersucht die Haushaltstheorie, wie der Haushalt seine Güterbündel wählt, in Abhängigkeit von seinem Einkommen, den Güterpreisen und den Präferenzen des Haushalts. Während Einkommen und Güterpreise durch die Budgetgerade abgebildet werden, werden die Präferenzen des Individuums bzw. des Haushalts durch die Indifferenzkurve abgebildet. Die genaue Gestalt der Indifferenzkurve ist dabei gerade Ausdruck der Präferenzordnung des Haushalts bzw. des Individuums. → Indifferenzkurve. → Budgetgerade.

Hold-up. Das sog. „Hold-up"-Problem beschreibt ein klassisches Szenario in der Prinzipal-Agent-Theorie. Hintergrund ist eine asymmetrische Informationsverteilung zwischen Vertragspartnern, bei der eine Vertragspartei nur über unvollständige Informationen bezüglich der Möglichkeiten, Absichten und Interessen des anderen verfügt. Zu einem „Hold-up"-Problem kommt es dabei insbesondere, wenn die eine Partei von der anderen Partei abhängig ist. Aufgrund des Abhängigkeitsverhältnisses kann es dazu kommen, dass die besser informierte Marktseite ihren Informationsvorsprung ausnutzt und beispielsweise die Preise für zugelieferte Produkte drückt. Als Beispiel haben wir hierzu einen Zulieferer betrachtet, der spezifische Investitionen tätigt. → Prinzipal-Agent-Theorie.

Indifferenzkurve. Die Indifferenzkurve beschreibt alle Güterkombinationen (X und Y) bei dem das Individuum das gleiche Nutzenniveau erzielt. Das heißt alle Punkte auf der Indifferenzkurve spiegeln das gleiche Nutzenniveau wider. Es gilt: Je höher die Indifferenzkurve, desto höher das Nutzenniveau. Bei der Nutzenmaximierung suchen wir deshalb die höchste erreichbare Indifferenzkurve. Welche Indifferenzkurve dabei gerade noch so erreichbar ist, wird durch die Budgetgerade determiniert. → Haushaltstheorie. → Budgetgerade.

Informationsasymmetrie. → Marktversagen. → Adverse Selektion. → Moral Hazard. → Hold-up.

Isokostengerade. Die Isokostengerade spiegelt alle Faktorkombinationen wider, die zu den gleichen Produktionskosten führen. Annahme ist dabei, dass ein Unternehmen ein bestimmtes Produktionsvolumen zu möglichst geringen Kosten produzieren sollte (kosteneffiziente Produktion). Bei der Suche nach der kosteneffizienten Produktion suchen wir dabei einen Tangentialpunkt zwischen der Isokostengeraden und der Isoquante. Zu einer Veränderung der Isokostengeraden kann es infolge einer Veränderung der (a) Produktionskosten oder (b) des Faktorpreises eines Inputfaktors (also Arbeit oder Kapital) kommen. Bei einer Veränderung der Produktionskosten kommt es zu einer Parallel-Verschiebung der Isokostengeraden nach außen (Produktionskosten steigen) oder nach innen (Produktionskosten sinken). Bei einer Veränderung des Faktorpreises eines Inputfaktors kommt es zu einer Drehung der Isokostengeraden nach außen (Faktorpreis sinkt) oder nach innen (Faktorpreis steigt). → Produktionstheorie. → Isoquante.

Isoquante. Die Isoquante spiegelt alle Faktorkombinationen der Inputfaktoren Arbeit und Kapital wider, die zum gleichen Outputniveau führen. Folglich weisen alle Punkte auf der Isoquante das gleiche Outputniveau (Produktionsvolumen) aus. Es gilt: Je höher die Isoquante, desto höher ist das Outputniveau. Bei der Suche nach dem Punkt der effizienten Produktion suchen wir deshalb die höchste erreichbare Isoquante. Welche Isoquante dabei gerade noch so erreichbar ist für ein gegebenes Kostenvolumen, wird durch die Isokostengerade determiniert. → Produktionstheorie. → Isokostengerade.

Kaldor-Hicks-Kriterium. Das Kaldor-Hicks-Kriterium ist wie das Pareto-Kriterium ein Instrument zur Beurteilung zweier sozialer Zustände hinsichtlich der Effizienz. Das Kaldor-Hicks-Kriterium besagt dabei, dass ein sozialer Zustand dann besser ist, wenn der Nettoertrag gegenüber der Ausgangsposition positiv ist. Mit anderen Worten: Das

Kaldor-Hicks-Kriterium erlaubt im Gegensatz zum Pareto-Kriterium auch, dass ein Individuum verliert. Entscheidend ist lediglich, dass der Gewinn des einen größer ist als der Verlust des anderen. In diesem Zusammenhang spricht man auch davon, dass der Hinzugewinn des einen ausreichen muss, um den anderen für seinen Verlust zu kompensieren (hypothetische Kompensation). Kommt es tatsächlich zu einer Kompensation, so entspricht das Kaldor-Hicks-Kriterium im Ergebnis dem Pareto-Kriterium, zumal durch die Kompensation niemand verliert. → Pareto-Kriterium. → Allokationseffizienz.

Konsumentenrente. Die Konsumentenrente spiegelt die Wohlfahrt der Konsumenten aus dem Konsum eines Guts wider. Da die Nachfragefunktion den Nutzen der Individuen aus dem Konsum eines Guts abbildet, sollte jeder Konsument entsprechend seiner Zahlungsbereitschaft für den Konsum des Guts zahlen. Da jeder Konsument aber das Gut zu einem einheitlichen Marktpreis nachfragen kann, generiert jeder Konsument einen zusätzlichen Nutzen, der sich aus der Differenz seiner individuellen Zahlungsbereitschaft und dem Marktpreis ergibt. Schließlich muss der Konsument weniger für das Gut zahlen, als er bereit gewesen wäre zu zahlen. Das Ersparte kann er folglich für den Konsum anderer Güter verwenden, wodurch ein zusätzlicher Nutzen erzielt wird. Die Konsumentenrente entspricht deshalb genau der Differenz zwischen Nachfragefunktion (Zahlungsbereitschaft) und dem Marktpreis. → Nachfragefunktion. → Modell der vollständigen Konkurrenz. → Monopolmodell. → Produzentenrente.

Kostenexpansionspfad. Der Kostenexpansionspfad spiegelt alle kosteneffizienten Faktorkombinationen der Produktionsfaktoren Arbeit und Kapital wider, die infolge einer Veränderung des Kostenbudgets resultieren. → Produktionstheorie. → Isoquante. → Isokostengerade → Kostenexpansionspfad.

Kurve der effizienten Produktion. Die Kurve der effizienten Produktion spiegelt alle Punkte wider, die eine Pareto-effiziente Produktion zweier Unternehmen (X und Y) ermöglichen. Abgeleitet wird die Kurve der effizienten Produktion aus der Betrachtung der Isoquantenschar zweier Unternehmen in einer Edgeworth-Box. Pareto-effizient ist demnach eine Produktion, wenn keines der beiden Unternehmen (X und Y) mehr besser gestellt werden kann, ohne das andere Unternehmen hierfür schlechter stellen zu müssen (gemessen am Outputniveau). Konkret ist dieser Punkt überall dort erreicht, wo die Isoquanten der Unternehmen X und Y einen Tangentialpunkt bilden. All diese Tangentialpunkte der Isoquanten der Unternehmen X und Y bilden schließlich die Kurve der effizienten Produktion. → Produktionstheorie. → Edgeworth-Box. → Pareto-Kriterium.

Kurve des effizienten Tausches. Die Kurve des effizienten Tausches spiegelt alle Punkte wider, die zu einem Pareto-effizienten Tausch zweier Individuen führen. Abgeleitet wird die Kurve des effizienten Tausches aus der Betrachtung der Indifferenzkurvenschar zweier Individuen in einer Edgeworth-Box. Pareto-effizient ist demnach ein Tausch, wenn keines der beiden Individuen (A und B) mehr besser gestellt werden kann, ohne dass das andere Individuum hierfür schlechter gestellen werden muss. Konkret ist dieser Punkt überall dort erreicht, wo die Indifferenzkurven der Individuen

A bzw. B einen Tangentialpunkt bilden. All diese Tangentialpunkte der Indifferenzkurven der Individuen A und B bilden schließlich die Kurve des effizienten Tausches. → Haushaltstheorie. → Edgeworth-Box. → Pareto-Kriterium.

Markenrecht. Das Markenrecht zählt zwar wie das Patentrecht zu den sog. gewerblichen Schutzrechten, folgt aus ökonomischer Sicht jedoch einer vollkommen anderen Motivation. So ist der Hintergrund des Markenrechts kein Marktversagen aus der öffentlichen Gutsproblematik (Trittbrettfahrerproblem), sondern findet seinen Ursprung in dem Problem adverser Selektion aufgrund einer asymmetrischen Informationsverteilung. Zu einem Problem adverser Selektion kommt es vor Vertragsabschluss bei verborgenen Eigenschaften. So ist etwa beim Gebrauchtwagenkauf die Qualität des Gebrauchtwagens nicht ohne Weiteres für den Käufer ersichtlich. Vor diesem Hintergrund bildet der Käufer eine durchschnittliche Zahlungsbereitschaft, zumal er Autos guter und schlechter Qualität nicht unterscheiden kann. Die Folge ist schließlich, dass die Verkäufer von Gebrauchtwagen guter Qualität nicht mehr bereit sein werden, ihre Autos zu veräußern. Es kommt zu einem sog. Crowding-out von Gütern guter Qualität durch Güter schlechter Qualität. Das Markenrecht kann dieses Problem reduzieren, indem es eine rechtliche Basis zur Zuordnung von Qualität und Markenname ermöglicht. Entsprechend weiß man beim Kauf eines Gebrauchtwagens der Marke A, dass diese Marke bestimmte Qualitätseigenschaften aufweist. Auf diese Weise können sich Marken ein entsprechendes Image bzw. eine Reputation aufbauen. Allerdings wirkt dieser Reputationsmechanismus in beide Richtungen und ist daher ein dynamisches Instrument, das das Signaling der besser informierten Marktseite durch Glaubwürdigkeit unterstützt. Das heißt, wenn der Anbieter eines Guts im Zeitablauf die Qualität der Produkte reduziert, so wird sich dies in seinem Reputationskapital abbilden. → Adverse Selektion. → Prinzipal-Agent-Theorie. → Patentrecht. → Signaling.

Marktversagen. Marktversagen ist das klassische Argument, warum eine marktliche Lösung nicht praktikabel und eine staatliche Intervention legitim ist. Konkret liegt Marktversagen dann vor, wenn eine der zentralen Annahmen des Modells der vollständigen Konkurrenz verletzt ist. Klassische Beispiele sind Marktmacht (Monopolmodell), die Existenz von (technologischen) Externalitäten, Pfadabhängigkeiten, Rent-Seeking oder Informationsasymmetrien. → Modell der vollständigen Konkurrenz. → Monopolmodell. → Externalität. → Pfadabhängigkeit. → Rent-Seeking. → Prinzipal-Agent-Theorie.

Medianwählertheorem. Das Medianwählertheorem zeigt, dass die wirtschaftspolitischen Entscheidungsträger in ihrer Möglichkeit eine gesellschaftliche Allokation im Sinne des Optimum Optimorums hervorzurufen eingeschränkt sind. Hintergrund ist das Ziel von Politikern wiedergewählt zu werden. Diese Wiederwahlrestriktion des (eigennutzorientierten) Politikers führt dazu, dass sich dieser z. B. bei der Bereitstellung öffentlicher Güter nicht an der optimalen Menge, sondern der Mengenwahl des sog. Medianwählers orientiert. Der Medianwähler teilt letztlich die Wählerpräferenzen in zwei gleich große Hälften und beschreibt die Präferenz jenes Wählers, der genau in der Mitte der Gesellschaft steht. Der Medianwähler ist für den Politiker im Zwei-Parteien-System letztlich die entscheidende Stimme, um eine Mehrheit zu erlangen und damit wiedergewählt zu werden. Stimmt die Präferenz des Medianwählers dabei nicht zufällig mit dem gesellschaftlichen Optimum (Optimum Optimorum) überein, wird damit also eine Allokation herbeigeführt, die die soziale Wohlfahrt nicht maximiert. → Optimum Optimorum.

Mengenwettbewerb. → Cournot-Gleichgewicht.

Meritorische Güter. Meritorische Güter sind solche Güter, die aus sozialer Wohlfahrtsperspektive zu wenig konsumiert werden. Hintergrund sind in der Regel externe Nutzen, die vom Konsumenten nicht berücksichtigt werden, weshalb die Zahlungsbereitschaft und damit die nachgefragte Menger niedriger ist, als sozial wünschenswert wäre. Eine wirtschaftspolitische Maßnahme zur Korrektur dieses Marktversagens (Externe Effekte) ist die sog. Pigou-Subvention. Das Gegenteil meritorischer Güter sind demeritorische Güter. → Externalität. → Marktversagen. → Pigou-Subvention. → Demeritorische Güter.

Modell der vollständigen Konkurrenz. Beim Modell der vollständigen Konkurrenz hat kein Unternehmen die Marktmacht den Marktpreis zu diktieren. Hier gibt es nicht ein Unternehmen, sondern viele kleine Anbieter. Jedes Unternehmen wird folglich den Marktpreis entsprechend der „Grenzkosten-gleich-Preis"-Regel wählen. Grund ist, dass jeder Preis oberhalb der Grenzkosten zu einem Preiswettbewerb führen würde, bei dem jene Unternehmen aus dem Markt gedrängt würden, die einen höheren Preis wählen. Bei gleicher Kostenstruktur würden die Unternehmen folglich zu Grenzkostenpreisen anbieten, wodurch sie keine Produzentenrente generieren. Die Konsumentenrente wird dabei maximiert, da das Gut solange verkauft wird, bis der Grenznutzen des Konsums den Grenzkosten entsprechen. Dementsprechend ist im Modell der vollständigen Konkurrenz die soziale Wohlfahrt maximal. Es kommt zu keinem Wohlfahrtsverlust. Vor diesem Hintergrund gilt das Modell der vollständigen Konkurrenz auch als Referenzmodell für effiziente Allokation. → Monopolmodell. → Produzentenrente. → Konsumentenrente. → Allokationseffizienz.

Monopolmodell. Beim Monopolmodell besitzt ein Unternehmen die Marktmacht (beispielsweise aufgrund eines Patents), um den Marktpreis zu diktieren. Das Unternehmen wählt dabei den Marktpreis entsprechend der „Grenzerlös-gleich-Grenzkosten"-Regel. Folglich wird das Unternehmen den Preis solange ausweiten, bis die Grenzerlöse den Grenzkosten entsprechen. Vor diesem Hintergrund ergibt sich die gewählte Menge (Monopolmenge) und der Marktpreis (Monopolpreis) auch durch den Schnittpunkt zwischen Grenzerlös- und Grenzkostenfunktion. Im Gegensatz zum Modell der vollständigen Konkurrenz erzielt der Produzent im Monopol eine maximale Produzentenrente, während die Konsumentenrente sich reduziert. Grund hierfür ist ein höherer Preis im Vergleich zum Modell der vollständigen Konkurrenz. Da die Monopolmenge geringer ist als die Menge im Modell der vollständigen Konkurrenz, kommt es zu einem Wohlfahrtsverlust (dead-weight-loss). Dieser ist darauf zurückzuführen, dass es nun Konsumenten gibt, die bereit wären einen Preis oberhalb der Grenzkosten zu zahlen, aber leer ausgehen. Der Monopolist reduziert die Menge „künstlich" auf die Monopolmenge, um einen höheren Preis durchzusetzen. → Modell der vollständigen Konkurrenz. → Produzentenrente. → Konsumentenrente. → Dead-weight-loss.

Monotonie. Monotonie ist eine wesentliche Annahme aus der Haushaltstheorie. Diese besagt: Mehr ist immer besser als weniger. Die Monotonieannahme liefert die Begründung dafür, warum Indifferenzkurven sich nicht schneiden dürfen. → Haushaltstheorie. → Indifferenzkurve.

Moral Hazard. „Moral Hazard" beschreibt ein klassisches Szenario in der Prinzipal-Agent-Theorie. Hintergrund ist ein Informationsasymmetrieproblem, dass seinen Ursprung darin findet, dass der Prinzipal die Handlungen des Agenten nur eingeschränkt beobachten und beurteilen kann. In diesem Zusammenhang spricht man von einem Informationsvorsprung des Agenten. Diesen Informationsvorsprung kann der Agent zu seinem eigenen Vorteil ausnutzen. Als klassisches Beispiel dient die Fahrradversicherung, bei der der Versicherer (Prinzipal) nur eingeschränkt die Handlungen des Versicherten (Agent) beobachten kann. Aufgrund der Absicherung könnte der Versicherte einen Anreiz haben, nicht die im Verkehr erforderliche Sorgfalt zu beachten und beispielsweise das Fahrrad unverschlossen vor dem Supermarkt abzustellen. Eine Lösungsmöglichkeit ist das „Screening", in dem Versicherer (Prinzipal) das Instrument der „Self-Selection" verwendet, um unterschiedliche (Risiko-) Typen von Versicherten unterscheiden zu können. → Prinzipal-Agent-Theorie. → Self-Selection. → Screening.

Nachfragefunktion. Die Nachfragefunktion spiegelt die Nachfrage bzw. den Konsum eines Guts in Abhängigkeit des Preises wider. Es gilt: Je niedriger der Preis, desto höher die nachgefragte Menge. Deshalb weist die Nachfragefunktion idealtypisch einen fallenden Verlauf auf. Ursprung der individuellen Nachfragefunktion ist die Preis-Konsum-Kurve. Das heißt auch, dass die Nachfragefunktion zugleich Ausdruck der Nutzenwertschätzung eines Individuums für ein bestimmtes Gut ist. Durch die horizontale Aggregation (d. h. das Aufsummieren von links nach rechts über den Preis) der individuellen Nachfragefunktionen gelangt man schließlich zur Marktnachfragefunktion. → Preis-Konsum-Kurve. → Angebotsfunktion.

Nash-Gleichgewicht. Das Nash-Gleichgewicht beschreibt einen Gleichgewichtszustand in der Spieltheorie. Ein Nash-Gleichgewicht liegt vor, wenn kein Spieler einen Anreiz hat einseitig von seiner Strategie abzuweichen. Im Nash-Gleichgewicht spielen beide Spieler folglich wechselseitig ihre besten Antworten. → Spieltheorie. → Beste Antwort.

Nordhaus-Modell. Das Nordhaus-Modell ist ein Modell zur Bestimmung der optimalen Patentlänge, benannt nach dem Ökonomen und Nobelpreisträger (2018) William D. Nordhaus. Das Nordhaus-Modell betrachtet eine Prozessinnovation und betont, dass die optimale Patentlänge im Wesentlichen durch vier Aspekte bestimmt wird: (1) Das Ausmaß der Prozessinnovation im Sinne des Ausmaßes der Verschiebung der Grenzkostenfunktionen im klassischen Angebots-Nachfrage-Modell. Je größer dabei das Ausmaß der Prozessinnovation, desto länger ist die optimale Patentlänge. Hintergrund dieses Ergebnisses ist, dass sich die Produzentenrente des Innovators im Zeitablauf verändert, zumal das Geld gewissermaßen durch Inflation seinen Wert verliert. Diesem Sachverhalt trägt Nordhaus dadurch Rechnung, dass er die Produzentenrente durch einen Diskontierungsfaktor $e^{-r\tau}$ abdiskontiert. Dieser Faktor zeigt, dass sich der Ertragswert aus der Prozessinnovation im Zeitablauf (berücksichtigt durch die Patentlänge τ) und durch einen Zinssatz (r) exponentiell reduziert. Mit anderen Worten: Je weiter der erwartete Ertrag aus der Prozessinnovation in der Zukunft liegt, desto weniger ist dieser zum Zeitpunkt null wert. Vor diesem Hintergrund zeigt Nordhaus, dass selbst der Innovator keiner unendlichen Patentlänge zustimmen würde, zumal der Wert in der unendlichen Zukunft sich dem Wert null annähert. (2) Je größer der Zinssatz r, desto größer die optimale Patentlänge. Diese Erkenntnis erwächst ebenfalls aus dem Diskontierungsfaktor, zumal ein größerer Zinssatz mit einer stärkeren Abdiskontierung einhergeht. Daraus folgt, dass aufgrund des geringeren Zukunftswerts der Innovator eine längere Patentlänge benötigt, um einen Innovationsanreiz zu haben. Gleichzeitig bedeutet der höhere Zinssatz, dass das „dead-weight-loss", das nach Ablauf der Patentlänge in Form von Konsumentenrente realisiert wird, einen geringeren Wert aufweist und vor diesem Hintergrund der marktmachtinduzierte Wohlfahrtsverlust weniger ins Gewicht fällt. (3) Je kleiner die Preiselastizität der Nachfrage, desto größer die optimale Patentlänge. Hintergrund dieser Erkenntnis ist die Überlegung, dass die Preiselastizität der Nachfrage durch die Steigung der Nachfragefunktion zum Ausdruck kommt. Je steiler die Nachfragefunktion dabei verläuft, desto geringer ist das „dead-weight-loss" aus dem temporären Monopol, das Folge des Patentrechts (im Sinne eines exklusiven Verwertungsrechts) ist. (4) Je größer die Elastizität der Kostenreduktion in Bezug auf das Forschungs- und Entwicklungsinput (R), desto größer die optimale Patentlänge. Hier spielt also der konkave Verlauf der Produktionsfunktion ($B(R)$) eine wichtige Rolle. Je steiler diese dabei verläuft, desto größer ist die Differenz aus dem Ertrag der Prozessinnovation ($V(B,T)$) und den Kosten für Forschung und Entwicklung (R). Nordhaus zeigt abschließend, dass das Maximierungskalkül zur Bestimmung der optimalen Patentlänge ein Interessenkonflikt ist, der die Kosten und Nutzen des Patentrechts abwägt, um den Interessen des Innovators auf der einen Seite und den Interessen der Allgemeinheit auf der anderen Seite gerecht zu werden. Im Ergebnis sollte dabei dem Innovator gerade genug Anreiz gegeben werden, um die Innovation hervorzubringen. Ein Mehr an Patentlänge führt hingegen zu einem längeren Verzicht des „dead-weight-loss", dem kein Anreizargument gegenübersteht. Das ist auch der Grund, warum die Patentgebühr im Zeitablauf progressiv steigt, weshalb die tatsächliche Patentlänge der meisten Patente deutlich unter der maximalen Patentlänge von 20 Jahren liegt. → Patentrecht. → Konsumentenrente. → Produzentenrente. → Dead-weight-loss.

Normalform. Den Begriff Normalform haben wir im Zusammenhang mit der Spieltheorie kennengelernt. Hierunter versteht man die typische Darstellungsform spieltheoretischer Sachverhalte in Form einer Auszahlungsmatrix. Die Auszahlungsmatrix verdeutlicht dabei, welche Auszahlungen die Spieler bei welcher Strategiewahl erreichen können. Eine andere Darstellungsform ist die sog. Extensivform. Bei einem stetigen Strategieraum wählt man hingegen das Instrument der Reaktionsfunktion, um spieltheoretische Sachverhalte zu untersuchen → Spieltheorie. → Extensivform. → Reaktionsfunktion.

Nutzenmöglichkeitenkurve. Die Nutzenmöglichkeitenkurve spiegelt alle Nutzenkombinationen der Individuen A und B wider, die den Nutzen des einen Individuums in Abhängigkeit des Nutzens des anderen Individuums maximiert. Folglich sind alle Punkte auf der Nutzenmöglichkeitenkurve Pareto-effizient (zumindest, wenn der Nullpunkt als Ausgangsallokation berücksichtigt wird). Alle Punkte, die durch die Nutzenmöglichkeitenkurve eingeschlossen werden stellen zugleich erreichbare Nutzenniveaus dar. Ursprung der Nutzenmöglichkeitenkurve ist die sog. Kurve des effizienten Tausches. → Haushaltsstheorie. → Edgeworth-Box. → Kurve des effizienten Tausches. → Pareto-Kriterium.

Opportunitätskosten. Unter Opportunitätskosten versteht man die Kosten aus einer nicht wahrgenommenen alternativen Verwendung der Ressourcen. Hierbei handelt es sich nicht um tatsächlich entstandene Kosten (im Sinne der Kosten- und Leistungsrechnung), sondern um ein ökonomisches Prinzip. Von Opportunitätskosten spricht man beispielsweise auch, wenn bei der Wahl zwischen zwei Gütern X und Y auf X zugunsten von Y verzichtet wird. Hintergrund dieser Entscheidung ist dabei das Zusammenspiel aus Indifferenzkurve und Budgetgerade. → Indifferenzkurve. → Budgetgerade.

Pareto-Kriterium. Das Pareto-Kriterium ist ein Instrument zur Beurteilung zweier sozialer Zustände hinsichtlich ihrer Effizienz. Das Pareto-Kriterium ermöglicht dabei einen Vergleich eines neuen sozialen Zustands gegenüber einer Ausgangssituation. Zu unterscheiden sind die Begriffe Pareto-Verbesserung und Pareto-Effizienz. Die Pareto-Verbesserung (Superiorität) besagt: Ein sozialer Zustand stellt eine Pareto-Verbesserung dar, wenn mindestens ein Individuum besser gestellt werden kann, ohne dass ein anderes schlechter gestellt wird. Die Pareto-Effizienz (Optimalität) besagt: Ein sozialer Zustand ist Pareto-effizient, wenn kein Individuum mehr besser gestellt werden kann, ohne dass hierfür ein anderes Individuum schlechter gestellt werden muss. Neben dem Pareto-Kriterium haben wir noch das Kaldor-Hicks-Kriterium kennengelernt. → Kaldor-Hicks-Kriterium. → Allokationseffizienz.

Patentrecht. Das Patentrecht schützt im Allgemeinen technische Erfindungen. Um ein Patent anmelden zu können, müssen drei Prüfkriterien erfüllt sein: (1) Die Erfindung muss neu sein, d. h. nicht dem bekannten Stand der Technik entsprechen; (2) sie muss auf einer erfinderischen Tätigkeit beruhen (in Form einer geistigen Schöpfung) und (3) gewerblich anwendbar sein. Aus ökonomischer Sicht lassen sich zwei grundlegende Funktionen hervorheben. Erstens soll das Patent einen Anreiz zur Investition in Forschung und Entwicklung schaffen (Anreizfunktion). Notwendig ist diese Anreizfunktion vor dem Hintergrund der öffentlichen Gutscharakteristik der Information, die einer Innovation zugrunde liegt. So ist die Information durch Nichttrivialität im Konsum und Nichtausschließbarkeit charakterisiert. Die Nichtausschließbarkeit führt schließlich dazu, dass niemand einen Anreiz haben wird, sich an der Finanzierung zu beteiligen. In diesem Zusammenhang spricht man vom sog. Trittbrettfahrerproblem. Das heißt, der Innovator muss letztendlich fürchten, dass er seine Investitionen in Forschung und Entwicklung nicht decken kann und wird erst gar nicht in Forschung und Entwicklung investieren.

Das Patentrecht gewährleistet dem Innovator ein exklusives Verwertungsrecht und schafft damit die Ausschließbarkeit, die dem Gut dem Ursprung nach fehlt. Diesem Vorteil der Anreizfunktion steht allerdings der Nachteil gegenüber, dass das Patent ein temporäres Monopol begründet und damit ein Wohlfahrtsverlust für die Patentlebensdauer entsteht. Aus ökonomischer Sicht sollte deshalb die Patentlebensdauer begrenzt sein, um einen Anreiz zu schaffen, aber nicht länger als notwendig das „dead-weight-loss" in Kauf zu nehmen. Zweitens hebt die ökonomische Analyse des Patentrechts die Informationsfunktion hervor. Schließlich bauen viele Innovationen aufeinander auf (kumulativer Innovationsprozess), weshalb das Patentrecht Weiterentwicklungen verteuert. Vor diesem Hintergrund geht jedes Patent mit der Pflicht einher, die der Innovation zugrundeliegende Information in der sog. Patentschrift innerhalb einer Frist von 18 Monaten offenzulegen. Hierdurch sollen Weiterentwicklungen einfacher und kostengünstiger möglich sein. Aus ökonomischer Sicht basiert die optimale Ausgestaltung des Patentrechts auf einem Interessenausgleich, der die Vor- und Nachteile so gegeneinander abwägt, dass die soziale Wohlfahrt maximiert wird. Hierzu stehen neben der Patentlebensdauer zusätzlich die Dimensionen der Patentbreite und -tiefe zur Verfügung. Während die Patentbreite definiert, ob zwei Technologien miteinander im Wettbewerb stehen dürfen, klärt die Patenttiefe die Teilhabe des Basisinnovators an Weiterentwicklungen. → Monopolmodell. → Urheberrecht.

Pfadabhängigkeit. Mithilfe von Pfadabhängigkeiten lassen sich bestimmte Entwicklungen – sowohl ökonomische, aber auch rechtliche – in einer Gesellschaft beschreiben. Als klassisches Beispiel für Pfadabhängigkeiten wird häufig auf die „QWERTZ"-Tastatur verwiesen. Hier spielte ursprünglich eine technische Gegebenheit eine Rolle, warum die Buchstaben auf der Tastatur so angeordnet sind, wie wir sie heute vorfinden. Obwohl Studien zeigen, dass eine andere Anordnung im Zeitalter des Computers ein schnelleres und effektiveres Tippen ermöglichen könnte, bleibt man auf dem „QWERTZ"-Pfad. In diesem Zusammenhang spricht man auch von Wechselkosten, d. h. Kosten aufgrund eines Wechsels zu einem anderen Standard. Da sich jeder erstmal an eine neue Tastatur gewöhnen müsste, neigen Individuen dazu, auf einmal eingeschlagenen Pfaden zu bleiben. Pfadabhängigkeiten können zu Marktversagen führen, da es aufgrund von prohibitiv hohen Wechselkosten zu einem Lock-in Effekt kommen kann. Das heißt die Individuen sind in einem schlechten Gleichgewicht gefangen (Gefangenendilemma), aus dem sie ohne staatliche Intervention nicht selbstständig herauskommen. → Marktversagen. → Gefangenendilemma.

Pigou-Steuer. Die sog. Pigou-Steuer ist eine wirtschaftspolitische Maßnahme zur Korrektur des Marktversagensproblems der negativen Externalitäten. Namensgeber des Konzepts der „Pigou-Steuer" ist Arthur Cecil Pigou. Hintergrund sind externe Kosten, die der Verursacher einer solchen Externalität Dritten aufbürdet, ohne hierfür adäquat zu zahlen. Typisches Beispiel sind Umweltgüter. Man spricht in diesem Zusammenhang von einem Auseinanderfallen privater und sozialer Grenzkosten. Die Differenz aus sozialen und privaten Grenzkosten entspricht dabei gerade dem Ausmaß der externen Grenzkosten. Da der Verursacher diese in seinem (privaten) Kalkül nicht berücksichtigt, ist die privat angebotene Menge des Guts höher als sozial wünschenswert wäre. Die Pigou-Steuer korrigiert dieses Marktversagen, indem der Verursacher eine Mengensteuer zahlt, die im Gleichgewicht genau der Differenz zwischen sozialen und privaten Grenzkosten – und damit den externen Grenzkosten – entspricht. Offensichtlich stellt diese Maßnahme besondere Ansprüche an den Informationsstand des Wirtschaftspolitikers. → Externalität. → Marktversagen. → Pigou-Subvention. → Demeritorische Güter.

Pigou-Subvention. Die sog. Pigou-Subvention ist eine wirtschaftspolitische Maßnahme zur Korrektur des Marktversagensproblems der positiven Externalität. Namensgeber des Konzepts der „Pigou-Subvention" ist Arthur Cecil Pigou. Hintergrund sind positive Externalitäten (Nutzen), die der Verursacher unbeteiligten Dritten schenkt, ohne hierfür adäquat entlohnt zu werden. Typisches Beispiel ist etwa ein gepflegter Vorgarten, dessen Anblick auch die Nachbarn erfreut. Aber auch Innovationen zählen hierzu. Man spricht in diesem Zusammenhang vom Auseinanderfallen privater und sozialer Grenznutzen. Die Differenz aus sozialen und privaten Grenznutzen entspricht dabei gerade dem Ausmaß externer Grenznutzen. Da der Konsument diese „Spill-over" nicht in seinem privaten Kalkül berücksichtigt, ist die privat angebotene Menge des Guts niedriger als sozial wünschenswert wäre. Die Pigou-Subvention korrigiert dieses Marktversagen, indem dem Verursacher (z. B. dem Innovator) eine Subvention gezahlt wird, die im Gleichgewicht genau der Differenz aus sozialen und privaten Grenznutzen – und damit den externen Grenznutzen – entspricht. Offensichtlich stellt diese wirtschaftspolitische Maßnahme besondere Ansprüche an den Informationsstand des Wirtschaftspolitikers. → Externalität. → Marktversagen. → Pigou-Steuer. → Meritorische Güter.

Preis-Konsum-Kurve. Die Preis-Konsum-Kurve spiegelt die Veränderung des Warenkorbs eines Individuums wider, infolge einer Veränderung des Preises eines Guts (X oder Y). Konkret verbindet die Preis-Konsum-Kurve dabei die Nutzenmaxima (Tangentialpunkt zwischen Budgetgerade und Indifferenzkurve) vor und nach einer Preisänderung. Hintergrund dieser Änderung ist, dass sich infolge einer Veränderung des Preises die Budgetgerade des Haushalts verändert. Die Preis-Konsum-Kurve ist dabei Ausgangspunkt zur Herleitung der individuellen Nachfragefunktion. → Haushaltstheorie. → Indifferenzkurve. → Budgetgerade. → Einkommens-Konsum-Kurve. → Nachfragefunktion.

Preiswettbewerb. → Bertrand-Gleichgewicht.

Prinzipal-Agent-Theorie. Die Prinzipal-Agent-Theorie untersucht Situationen bei asymmetrischer Informationsverteilung. Im Allgemeinen wird dabei angenommen, dass ein Prinzipal (Auftraggeber) einen Agenten (Auftragnehmer) beauftragt, wobei der Prinzipal bestimmte Aspekte des Agenten nicht beurteilen kann. So kann der Prinzipal beispielsweise bestimmte Charakteristika („hidden characteristics"), Handlungen („hidden actions") oder Intentionen („hidden intentions") des Agenten nur eingeschränkt beurteilen. Diese asymmetrische Informationsverteilung zwischen Prinzipal und Agent kann zu verschiedenen Problemen führen, wie „Adverser Selektion", „Moral Hazard" oder „Hold-up" Problemen. Lösungsmöglichkeiten zur Überwindung dieser Probleme sind üblicherweise (a) Signaling und (b) Screening. → Adverse Selektion. → Moral Hazard. → Hold-up. → Signaling. → Screening.

Produktionstheorie. Die Produktionstheorie ist die Lehre über das Handeln von Unternehmen. Konkret untersucht die Produktionstheorie, wie das Unternehmen seine Inputfaktoren (Arbeit und Kapital) in Abhängigkeit der Faktorpreise und der Kapazität bzw des Outputniveaus wählt. Während die Faktorpreise durch die Isokostengerade abgebildet werden, wird das Outputniveau durch die Isoquante abgebildet. Die genaue Gestalt der Isoquante ist dabei Ausdruck des Substitutionsverhältnisses der Inputfaktoren. → Isoquante. → Isokostengerade.

Produzentenrente. Die Produzentenrente spiegelt die Wohlfahrt der Unternehmen aus dem Verkauf von Waren und Dienstleistungen wider. Konkret handelt es sich dabei um die Differenz zwischen dem am Markt erzielten Preis und den Grenzkosten, die sich anhand der Angebotsfunktion ablesen lassen. Im Modell vollständiger Konkurrenz ist die Produzentenrente null, da kein Anbieter über die Marktmacht verfügt, das Gut zu einem Preis oberhalb der Grenzkosten anzubieten. Die Anbieter unterbieten sich indes gegenseitig, bis Grenzkostenpreise erreicht sind. Hieraus folgt, dass nur mit zunehmender Marktmacht die Anbieter eine Produzentenrente erzielen werden. Die Produzentenrente ist dabei nicht das Gleiche wie Unternehmensgewinn, da im Zusammenhang mit der Produzentenrente nur die Grenzkosten berücksichtigt werden. Unberücksichtigt bleiben dabei die Fixkosten. → Angebotsfunktion. → Modell der vollständigen Konkurrenz. → Monopolmodell. → Konsumentenrente.

Property Rights Theorie. Die sog. „Property Rights Theorie" (auch Theorie der Verfügungsrechte) betrachtet Güter als Rechtebündel, die dem Rechteinhaber jeweils unterschiedliche Nutzungsmöglichkeiten einräumt. Zu unterscheiden sind in diesem Zusammenhang vier mögliche Ausprägungen: (1) usus, das Recht eine Sache zu benutzen, (2) usus fructus, das Recht sich den Ertrag (aber auch die Verluste) aus einer Sache anzueignen (bzw. zu tragen), (3) abusus, das Recht eine Sache zu verändern, (4) ius abutendi, das Recht eine Sache zu veräußern und den Veräußerungsgewinn zu behalten. Grundgedanke der „Property Right Theorie" ist insbesondere, dass die einzelnen Rechte bzw. Nutzungsmöglichkeiten über den Markt transferierbar sein sollten. In diesem Zusammenhang zeigt das Coase-Theorem, dass sich im Falle einer klar definierten originären Zuordnung des Rechts/ der Nutzungsmöglichkeiten sowie bei Abwesenheit von Transaktionskosten die Marktseiten über den Verhandlungsweg auf eine effiziente Allokation einigen. → Coase-Theorem. → Transaktionskosten. → Theorie der Verfügungsrechte.

Optimum Optimorum. Unter dem Optimum Optimorum verstehen wir das gesellschaftliche Optimum, das sich letztlich aus dem Tangentialpunkt zwischen Nutzenmöglichkeitenkurve und der sozialen Indifferenzkurve (bzw. Wohlfahrtsfunktion) ergibt. Analog zum individuellen Maximierungskalkül spiegelt die Nutzenmöglichkeitenkurve letztlich die erreichbaren Nutzenniveaus der Gesellschaftsmitglieder wider und damit, welche (Nutzenkombinationen) Allokationen wir uns als Gesellschaft leisten können. Der Tangentialpunkt zwischen Nutzenmöglichkeitenkurve (auch soziale Budgetgerade) und der sozialen Wohlfahrtsfunktion stellt damit sicher, dass das höchst mögliche Wohlfahrtsniveau erreicht wird. Der Verlauf der Wohlfahrtsfunktion hängt dabei ab von der philosophischen Denkschule und damit den Werturteilen (bzw. der Kultur), die wir zugrunde legen. In diesem Zusammenhang haben wir den Utilitarismus sowie Rawls Gerechtigkeitstheorie kennengelernt. Die Existenz eines Optimum Optimorums ist letztlich durch das sog. Medianwählertheorem sowie dem Konzept des Rent Seekings zu hinterfragen. → Utilitarimus. → Rawls Gerechtigkeitstheorie. → Nutzenmöglichkeitenkurve. → Budgetgerade. → Indifferenzkurve. → Medianwählertheorem. → Rent-Seeking.

Rawls Gerechtigkeitstheorie. Rawls Gerechtigkeitstheorie geht auf den Philosophen John Rawls zurück. Im Rahmen des Lehrbuchs haben wir Rawls Gerechtigkeitstheorie im Zusammenhang mit sozialen Wohlfahrtsfunktionen kennengelernt. Ausgangspunkt von Rawls Theorie der Gerechtigkeit ist die zentrale Frage danach, was überhaupt sozial gerecht ist. Hierzu begründet Rawls den Begriff des Urzustands. In diesem Urzustand kennen die Individuen nicht die Position, die sie in der Gesellschaft einnehmen, d. h. wie reich, intelligent usw. jeder einzelne von ihnen ist. Rawls argumentiert, dass die Individuen in diesem Urzustand sich letztlich auf zwei zentrale Prinzipien einigen: (1) Freiheitsprinzip, (2) Differenzprinzip. Das Freiheitsprinzip betont die Erkenntnis des normativen Individualismus und damit die maximal mögliche Freiheit jedes Einzelnen, ohne die Freiheit eines Anderen einzuschränken. Das Differenzprinzip greift schließlich auf die Ungewissheit der Individuen im Urzustand zurück und betont, dass soziale und ökonomische Ungleichheit nur hingenommen wird, solange sie allen Gesellschaftsmitliedern zum Vorteil gereicht. Während eine Umverteilung von unten nach oben dabei im Sinne des Utilitarmus sein kann, wiederspricht sie fundamental der Theorie der sozialen Gerechtigkeit nach John Rawls. Vor diesem Hintergrund weist unsere soziale Wohlfahrtsfunktion nach Rawlschem Vorbild deshalb einen limitationalen Verlauf auf, d. h. ein Zustand höherer sozialer Wohlfahrt wird nur dann erreicht, wenn nicht nur einer, sondern alle Gesellschaftsmitglieder hiervon profitieren bzw. sich individuell besser stellen können. In der Regel kommt Rawls damit zu einem anderen Schluss hinsichtlich des gesellschaftlichen Optimums (Optimum Optimorum) als der Utilitarismus. → Utilitarimus. → Optimum Optimorum. → Nutzenmöglichkeitenkurve.

Reaktionsfunktion. Die Reaktionsfunktion bzw. Reaktionskurve ist ein Instrument aus der Spieltheorie. Reaktionsfunktionen werden zur Analyse von Spielen mit stetigem Strategieraum verwendet, d. h. wenn die Spieler nicht zwischen diskreten und endlich vielen Strategien wählen können, sondern beliebig vielen. Ein klassisches Beispiel ist der Marktpreis, da hier im Prinzip ein Preis mit beliebig vielen Nachkommastellen gewählt werden könnte. Die Reaktionsfunktion ermöglicht beispielsweise die Analyse von Preis-/Mengenentscheidungen im Oligopol, also einem Markt, in dem nur wenige Anbieter in Konkurrenz zueinander stehen. Ein Sonderfall ist das Duopol mit zwei Anbietern. Hier spricht man vom sog. Cournot-Gleichgewicht, das sich als Schnittpunkt der Reaktionsfunktionen der (beiden) Anbieter im Markt ergibt. Bei gleicher Kostenstruktur ist das Cournot-Gleichgewicht symmetrisch, d. h. beide Unternehmen wählen gleiche Preise/Mengen. → Spieltheorie. → Cournot-Gleichgewicht. → Bertrand-Gleichgewicht.

Rent-Seeking. Unter Rent-Seeking versteht man Anstrengungen von Marktakteuren zur Beeinflussung politischer Entscheidungsprozesse. Hintergrund ist, dass man sich hierdurch Vorteile verspricht (im Sinne einer Rente bzw. zusätzlichen Wohlfahrt). So könnte beispielsweise eine neue umweltrechtliche Maßnahme nicht beschlossen werden oder bestimmte Ausnahmen im Gesetz bestimmten Gruppen zum Vorteil gereichen. Rent-Seeking kann dabei von Einzelnen oder von Interessengruppen betrieben werden. Sofern keine Korruption im Spiel ist, spricht man auch von Lobbyismus. Rent-Seeking ist aus wohlfahrtsökonomischer Perspektive grundsätzlich nicht sinnvoll, da Rent-Seeking mit Kosten verbunden ist, ohne dass hierdurch neue Wohlfahrt geschaffen wird. Rent-Seeking hat dabei ausschließlich Verteilungswirkungen. Damit verhindert Rent-Seeking die Möglichkeit eine Allokation im Sinne des Optimum Optimorums herbeizuführen. → Marktversagen. → Optimum Optimorum

Rückwärtsinduktion. Die Rückwärtsinduktion ist ein Instrument aus der Spieltheorie und wird beispielsweise im Zusammenhang mit der Teilspielperfektion angewendet. Bei der Rückwärtsinduktion beginnt man die Analyse am Ende des Spiels und analysiert die Vorteilhaftigkeit bestimmter Strategien. Die Analyse gibt schließlich Rückschlüsse für die jeweils vorgelagerten Ebenen, sodass die Rückwärtsinduktion am Ende des Spiels beginnt und sich sukzessive zum Anfang des Spiels durcharbeitet. → Spieltheorie. → Teilspielperfektion.

Self-Selection. Der Begriff „Self-Selection" wird unter anderem im Zusammenhang mit Screening verwendet. Ausgangspunkt ist dabei ein klassisches Prinzipal-Agent-Problem, bei dem der Prinzipal nur bedingt die Handlungen des Agenten beobachten und/oder beurteilen kann. Als Beispiel der Self-Selection haben wir auf den Versicherungsmarkt zurückgegriffen. Hier kann der Versicherer nur begrenzt die Risikofreudigkeit und damit die potentiellen Kosten eines Versicherungsnehmers beurteilen. Grundgedanke der Self-Selection ist, dass den Versicherungsnehmern ein Portfolio unterschiedlicher Verträge angeboten wird, die sich hinsichtlich Versicherungsschutz und Prämie unterscheiden. Üblicherweise ist die sog. Selbstbeteiligung ein geeignetes Instrument, um die Risikofreudigkeit des Versicherungsnehmers zu beurteilen. Dabei gilt: Je risikofreudiger, desto geringer ist die präferierte Selbstbeteiligung. Indem sich die verschiedenen Versicherungsnehmer nun für unterschiedliche Verträge (mit oder ohne Selbstbeteiligung) entscheiden, kann der Versicherer Rückschlüsse auf die Charakteristika des Versicherungsnehmers ziehen. Man sagt auch, durch die Entscheidung für einen bestimmten Vertrag selektieren sich die Versicherungsnehmer selbst. → Prinzipal-Agent-Theorie. → Screening.

Screening. Das Screening ist ein Lösungsinstrument bei Problemen asymmetrischer Information. Grundgedanke des Screenings ist, dass sich der Prinzipal zusätzliche Informationen besorgt, um die Handlungen des Agenten besser beurteilen zu können. Ein klassisches Hilfsmittel stellt dabei z. B. das Instrument der sog. „Self-Selection" dar, bei dem der Prinzipal dem Agenten mehrere (Vertrags-)Alternativen anbietet, zwischen denen der Agent wählen kann. So bietet die Versicherung (Prinzipal) dem Versicherten (Agent) Verträge mit und ohne Selbstbehalt bei variierender Prämienhöhe. Durch die Wahl für einen bestimmten Vertragstyp ordnet sich der Versicherte selbst in die verschiedenen Risikotypen ein. → Prinzipal-Agent-Theorie. → Self-Selection.

Signaling. Das Signaling ist ein Lösungsinstrument bei Problemen asymmetrischer Information. Grundgedanke des Signalings ist, dass ein Qualitätssignal die schlechter informierte Marktseite in die Lage versetzt, informierte Entscheidungen zu treffen. Beim Problem „adverser Selektion" würde dies beispielsweise bedeuten, dass die Verbraucher mithilfe eines solchen Qualitätssignals die Qualität der Güter besser beurteilen könnten. Dies ermöglicht eine differenzierte Zahlungsbereitschaft in Abhängigkeit der Güterqualität, im Gegensatz zu einer durchschnittlichen Zahlungsbereitschaft, die den Ausgangspunkt für die adverse Selektion darstellt. Entscheidend ist, dass das Qualitätssignal glaubwürdig und für die Verbraucher erkennbar ist. Signaling kann sowohl von den Anbietern als auch vom Staat betrieben werden. Typischerweise wird die Notwendigkeit eines staatlichen Signalings durch die fehlende Funktionsfähigkeit eines Anbietersignalings begründet (Marktversagen). Wir haben unterschiedliche Formen des Signalings kennengelernt. Folglich ist sowohl das Markenrecht als auch das Verbraucherschutzrecht Ausdruck von Signaling. → Prinzipal-Agent-Theorie. → Adverse Selektion. → Zahlungsbereitschaft.

Skalenerträge. Skalenerträge beschreiben die Veränderung des Produktionsvolumen bei einer Veränderung aller Inputfaktoren um dasselbe Vielfache (z. B. Verdopplung). Die Skalenerträge können dabei konstant, steigend oder sinkend sein. Mathematisch ergibt sich der Skalenertrag der Produktionsfunktion durch Bestimmung des Homogenitätsgrads (n). Für $n = 1$ sprechen wir dann von konstanten Skalenerträgen. Für $n > 1$ ($n < 1$) sprechen wir hingegen von steigenden (sinkenden) Skalenerträgen. → Angebotsfunktion. → Skalenvorteil.

Skalenvorteil. Unter einem Skalenvorteil versteht man einen Vorteil aufgrund von Skaleneffekten. Skaleneffekte beschreiben die Entwicklung der Grenzkosten infolge einer Ausweitung der Produktion um eine Einheit. Sinken die zusätzlichen Stückkosten mit einer Ausweitung der Produktion, so spricht man von steigenden Skaleneffekten. Hier unterscheiden wir zwischen statischen und dynamischen Skalenvorteilen. Statische Skalenvorteile sind Kostenvorteile, die sich daraus ergeben, dass nun die Produktion aus einer Hand erfolgt. Dynamische Skalenvorteile stellen auf Innovationswirkungen ab. → Grenzkosten.

Spieltheorie. Die Spieltheorie untersucht im Allgemeinen Handlungen zwischen Individuen (Spielern), bei denen die Handlungen sich gegenseitig bedingen bzw. beeinflussen. Konkret beschäftigt sich die Spieltheorie folglich mit Interdependenzen. Mithilfe der zahlreichen Instrumente der Spieltheorie lassen sich unterschiedliche Sachverhalte untersuchen. Eine der interessantesten Fragestellungen ist sicherlich, wie es in einer Gesellschaft der Egoisten zu Kooperation kommt. Das bekannteste Spiel ist hierbei das sog. Gefangenendilemma. → Gefangenendilemma.

Strategieraum Unter einem Strategieraum versteht man in der Spieltheorie die Menge aller möglichen Strategien bzw. Handlungsoptionen. Ein Strategieraum kann durch eine diskrete oder stetige Menge an Strategien charakterisiert sein. Unter einem diskreten Strategieraum verstehen wir eine endliche Menge an Strategien. Diskrete Spiele werden dabei i. d. R. in der sog. Normal- oder Extensivform betrachtet. Unter einem stetigen

Strategieraum verstehen wir hingegen Spiele, die durch unendlich viele Mengen an Strategien beschrieben werden können. Solche Spiele können aufgrund der Menge an Strategien nicht in der Normal- oder Extensivform betrachtet werden, sondern werden mithilfe des Instruments der sog. Reaktionsfunktionen analysiert. Typische Beispiele für solche Spiele sind der Mengenwettbewerb (Cournot-Gleichwicht) und der Preiswettbewerb (Bertrand-Gleichwicht) im Duopol. → Bertrand-Gleichgewicht. → Cournot-Gleichgewicht. → Extensivform. → Normalform. → Reaktionsfunktion.

Teilspielperfektion. Die sog. Teilspielperfektion ist ein Instrument zur Analyse von sequentiellen Spielen in der Spieltheorie, d. h. solche Spiele, bei denen ein Individuum zuerst eine Strategie wählt und der Gegenspieler nachzieht. Die Vorgehensweise ist dabei wie folgt: Man teilt das Gesamtspiel in mehrere Teilspiele, indem man mit den „Knotenpunkten" des zweiten Spielers beginnt. Folglich ist die Entscheidung des ersten Spielers („first mover") schon gefallen. In jedem Teilspiel bestimmt man schließlich das Nash-Gleichgewicht mithilfe der Rückwärtsinduktion. Das heißt man beginnt am Ende des Spiels und vergleicht mögliche Spielausgänge hinsichtlich ihrer Vorteilhaftigkeit für den zweiten Spieler. Die Teilspielperfektion erlaubt dabei die Glaubwürdigkeit einer Strategieandrohung zu analysieren. Erzielt der Spieler mit der Drohstrategie eine geringere Auszahlung als mit einer anderen Strategie, so ist die Drohung nicht glaubwürdig. Folglich kann es sich dann nicht um ein Nash-Gleichgewicht handeln. → Spieltheorie. → Rückwärtsinduktion. → Nash-Gleichgewicht.

Theorie der Verfügungsrechte. → Property Rights Theorie.

Tit-for-Tat. Die „Tit-for-Tat"-Strategie ist bekannt als die effektivste Strategie bei wiederholten Gefangenendilemma-Problemen, d. h. bei spieltheoretischen Situationen, bei denen die Defektion die dominante Strategie darstellt. Die „Tit-for-Tat"-Strategie wurde von Anatol Rapoport begründet und besticht durch Einfachheit und Erfolg. Die Strategie besagt: Beginne das Spiel mit Kooperation. Spiele danach immer so, wie dein Gegenspieler in der Vorrunde. Spielen beide Spieler dabei „Tit-for-Tat", so wird immer Kooperation erreicht, d. h. das sozial wünschenswerte Ergebnis. → Spieltheorie. → Gefangenendilemma.

Total-Welfare-Standard. Der „Total-Welfare-Standard" wird in der Fusionskontrolle angewendet, um zu beurteilen, ob eine Fusion durch die Wettbewerbsbehörde erlaubt oder untersagt werden sollte. Der „Total-Welfare-Standard" orientiert sich dabei an der Gesamtwohlfahrt und damit rein am Nettoeffekt der Fusion. Damit verwendet dieser Standard das Kaldor-Hicks-Kriterium zur Beurteilung von Effizienz. Sinkt die Gesamtwohlfahrt infolge einer Fusion, so ist diese zu untersagen. Steigt die Gesamtwohlfahrt infolge einer Fusion, so ist diese zu erlauben. → Williamson-Trade-off. → Consumer-Welfare-Standard. → Kaldor-Hicks-Kriterium.

Transaktionskosten. Unter Transaktionskosten versteht man allgemein die Kosten der Nutzung des Marktes. Man unterscheidet zwischen Transaktionskosten vor (ex ante) und nach (ex post) Vertragsschluss. Typische ex ante Transaktionskostenskosten sind Anbahnungskosten und Vereinbarungskosten. Ex post Transaktionskosten sind Abwicklungskosten, Kontrollkosten sowie Anpassungskosten. → Coase-Theorem. → Property-Rights-Theorie.

Transformationskurve. Die Transformationskurve spiegelt alle Faktorkombinationen (Arbeit und Kapital) wider, die zu einer effizienten Produktion der Güter X und Y beitragen. Folglich sind alle Punkte auf der Transformationskurve Pareto-effizient. Alle Punkte, die von der Transformationskurve eingeschlossen werden, stellen zugleich die erreichbaren Güterbündel (der Güter X und Y) dar. Hier ist genau die Schnittstelle von der Produktionstheorie zur Haushaltstheorie, da die Produktionsmengen der Güter X und Y später jene sind, die von den Haushalten konsumiert werden. Ursprung der Transformationskurve ist die sog. Kurve der effizienten Produktion. → Produktionstheorie. → Edgeworth-Box. → Kurve der effizienten Produktion. → Pareto-Kriterium.

Transitivität. Transitivität ist eine wesentliche Annahme aus der Haushaltstheorie. Diese besagt: Wenn ich das Gut X gegenüber Y bevorzuge und Y gegenüber Z bevorzuge, dann bevorzuge ich auch X gegenüber Z. → Haushaltstheorie.

Urheberrecht. Das Urheberrecht schützt im Allgemeinen Werke der Literatur, Kunst und Wissenschaft. Im Gegensatz zum Patentrecht setzt das Urheberrecht allerdings keine Anmeldung voraus, sondern entsteht vielmehr selbstständig mit der Schaffung des Werks. Voraussetzung des Urheberrechts ist lediglich eine persönliche geistige Schöpfung, weshalb beispielsweise ein Tier kein Urheber sein kann. Daneben ist im Urheberrecht auch eine Doppelschöpfung möglich, d. h. geschützt ist nicht die Idee (Prioritätsprinzip im Patentrecht), sondern der Ausdruck. Das heißt, das Urheberrecht ist deutlich enger hinsichtlich der Schutzbreite als das Patentrecht, weshalb die Schutzlänge mit Lebenszeit plus 70 Jahre deutlich länger ausgestaltet ist. Aus ökonomischer Sicht folgt das Urheberrecht der Ökonomik des Patentrechts und hebt neben der Anreizfunktion die Informationsfunktion hervor. Das heißt, ein temporäres Monopol soll dem Urheber einen Anreiz geben, in die Schöpfung neuer Werke zu investieren, während die Dimensionen der Urheberrechtsbreite und -tiefe dazu dienen, dass auch die Allgemeinheit an einem Werk der Literatur, Kunst oder Wissenschaft teilhaben kann. → Monopolmodell. → Patentrecht.

Utilitarismus. Der Utilitarismus geht im Besonderem auf die Philosophen Jeremy Bentham und John Stuart Mill zurück. Im Rahmen des Lehrbuchs haben wir den Utilitarismus im Zusammenhang mit sozialen Wohlfahrtsfunktionen kennengelernt. Der Utilitarismus versteht soziale Wohlfahrt dabei als Summe aller Nutzen der Gesellschaftsmitglieder. Damit setzt die utilitaristische Wohlfahrtsfunktion ein kardinales Nutzenkonzept zugrunde. Die klassische utilitaristische Wohlfahrtsfunktion berücksichtigt hierzu die individuellen Nutzen aller Gesellschaftsmitglieder in vollem Umfang. Hiervon zu unterscheiden ist die gewichtete utilitaristische Wohlfahrtsfunktion, die unter Umständen auch Diskriminierung oder z. B. auch Antisemitismus durch Einführung eines geringeren Gewichtungsfaktors für bestimmte Personen oder Personengruppen erlaubt. Auf Basis der utilitaristischen Wohlfahrtsfunktion (gewichtet oder ungewichtet) kann nun eine bestimmte gesellschaftliche Allokation als Optimum Optimorum (i.S.e. gesellschaftlichen Optimums) begründet werden. Analog zum individuellen Maximierungskalkül ergibt sich das gesellschaftliche Optimum dabei als Tangentialpunkt zwischen sozialer Indifferenzkurve (bzw. Wohlfahrtsfunktion) und der Nutzenmöglichkeitenkurve. Der Verlauf der sozialen Wohlfahrtsfunktion determiniert damit unmittelbar das gesellschaftliche Optimum. Damit unterscheiden sich in der Regel die Ergebnisse der beiden philosophischen Denkschulen Utilitarismus sowie die Gerechtigkeitstheorie von John Rawls. → Rawls Gerechtigkeitstheorie. → Optimum Optimorum. → Nutzenmöglichkeitenkurve.

Verbraucherschutzrecht. Das Verbraucherschutzrecht schützt den Verbraucher, indem es bestimmte Informationspflichten für Anbieter von Gütern vorschreibt bzw. auferlegt. Hintergrund des Verbraucherschutzrechts ist das Problem adverser Selektion, das seinen Ursprung in einer asymmetrischen Informationsverteilung (Prinzipal-Agent-Theorie) findet. Neben der Lösungsoption eines Signalings, d. h. der Anbieter stellt zusätzliche Informationen bereit, gibt es noch die Lösungsmöglichkeit des Screenings, d. h. der Nachfrager informiert sich über die Eigenschaften des Guts selbst. Vor diesem Hintergrund stellt das Verbraucherschutzrecht eine Kombination aus den Lösungsoptionen Signaling und Screening dar. Schließlich muss der Anbieter über die Eigenschaften des Guts informieren (Signaling) und der Verbraucher bzw. Nachfrager informiert sich selbstständig auf Basis dieser Informationen über die Gutseigenschaften (Screening). Hierbei folgt das Verbraucherschutzrecht seinem Leitbild eines mündigen Verbrauchers, der nur in die Lage versetzt werden muss, eine rationale Entscheidung treffen zu können. → Adverse Selektion. → Prinzipal-Agent-Theorie. → Signaling. → Sreening.

Vertragsrecht. Das Vertragsrecht dient im Allgemeinen der Einhaltung von Verträgen („pacta sunt servanda"). Voraussetzung für einen rechtlich bindenden Vertrag sind dabei typischerweise zwei aufeinander bezogene und inhaltlich übereinstimmende Willenserklärungen. Vor diesem Hintergrund werden die Vertragsparteien nur solchen Verträgen zustimmen, die sie nicht schlechterstellen. Man könnte in diesem Zusammenhang auch davon sprechen, dass eine Willenserklärung zum Vertragsschluss Ausdruck einer Pareto-Verbesserung ist. Die ökonomische Analyse des Vertragsrechts zeigt, dass selbst bei Tauschgeschäften im Bereich der Pareto-Verbesserung (Edgeworth-Box) ein großer Anreiz für die Vertragsparteien besteht, sich durch einen einseitigen Vertragsbruch zu bereichern. In diesem Zusammenhang spricht man von Opportunismus, der dafür verantwortlich ist, dass beide Vertragsparteien einem Gefangenendilemma erliegen, das durch eine dominante Defektionsstrategie charakterisiert ist. Das Vertragsrecht soll dem Opportunismus bzw. der Defektion vorbeugen und den Vertragsparteien einen Anreiz zur Kooperation geben. Zwei Sanktionsregeln werden dabei unterschieden: Erstens der Ersatz des negativen Interesses bzw. der sog. Vertrauensschaden. Referenzmaßstab für die Schadensersatzhöhe ist hierbei das Vertrauen, dass der andere in die Einhaltung des Vertrags gesetzt hat. Vor diesem Hintergrund muss die vertragsbrüchige Partei den anderen so stellen, wie vor dem Vertragsbruch. Zweitens der Ersatz des positiven Interesses bzw. der sog. Erfüllungsschaden. Hier muss der Vertragsbrüchige den anderen so stellen, als wenn der Vertrag zustande gekommen wäre. Referenzmaßstab für die Schadensersatzhöhe ist folglich die Situation beidseitiger Kooperation. Die ökonomische Analyse des Vertragsrechts zeigt schließlich, dass i. d. R. nur die Sanktionsregel des Erfüllungsschadens eine beidseitige Kooperation und damit Vertragseinhaltung verspricht. → Dominante Strategie. → Edgeworth-Box. → Gefangenendilemma. → Pareto-Kriterium.

Vollständigkeit. Vollständigkeit ist eine wesentliche Annahme aus der Haushaltstheorie. Diese besagt, dass man grundsätzlich beurteilen können muss, ob man das eine Gut gegenüber einem anderen bevorzugt oder nicht, oder ob man zwischen zwei Gütern indifferent ist. → Haushaltstheorie.

Wettbewerbsrecht. Im Wettbewerbsrecht lassen sich allgemein drei zentrale Säulen des Wettbewerbs unterscheiden, deren Schutz die Aufgabe der nationalen und europäischen Wettbewerbsbehörden (z. B. in Deutschland das Bundeskartellamt in Bonn) ist: (1) Missbrauch einer marktbeherrschenden Stellung (Deutschland: §§ 18 ff. GWB, Europa: Art. 102 AEUV), (2) Vereinbarungen bzw. Kartelle zwischen Unternehmen (Deutschland: §§ 1 f. GWB, Europa: Art. 101 AEUV) und (3) Fusions- bzw. Zusammenschlusskontrolle (Deutschland: §§ 35 ff. GWB, Europa: VO Nr. 139/2004 FKVO). Die ökonomische Analyse der Säulen 2 und 3 haben wir uns im Rahmen dieses Lehrbuchs genauer angeschaut. Während die Kartelle, insbesondere die Kartellstabilität, ein Thema aus der Spieltheorie und für Preiskartelle beispielsweise mithilfe des Bertrand-Wettbewerbs analysiert werden können, wird die Fusionskontrolle mithilfe des sog. Williamson-Trade-offs analysiert. → Bertrand-Wettbewerb. → Williamson-Trade-off.

Williamson-Trade-off. Der Williamson-Trade-off ist ein Modell, das den klassischen Zielkonflikt (Trade-off) im Zusammenhang mit Fusionen beschreibt. So geht eine Fusion nach ökonomischer Theorie mit Kosten und Nutzen einher. Auf der einen Seite führt eine Fusion zu mehr Marktmacht und damit zu allokativer Ineffizienz (Monopolmodell). Auf der anderen Seite ergeben sich aus einer Fusion Kostensynergien, d. h. Kosteneinsparungen. So ist beispielsweise nur noch eine Produktionshalle notwendig nach der Fusion usw. Der Williamson-Trade-off besagt nun, dass die aus einer Fusion resultierenden Kosteneinsparungen (Nutzen) mit den durch Marktmacht bedingten Wohlfahrtsverlust (Kosten) zu vergleichen sind. Überwiegen die Vorteile (d. h. Nutzen > Kosten), so spricht aus ökonomischer Sicht nichts gegen eine Fusion. Im anderen Fall sollte die Fusion untersagt werden. → Monopolmodell. → Dead-weight-loss.

Zahlungsbereitschaft. Die Zahlungsbereitschaft spiegelt wider, wie viel ein Konsument bereit ist für ein Gut zu zahlen. Die Zahlungsbereitschaft für ein bestimmtes Gut ergibt sich dabei aus dem Nutzen, den der Konsument/ der Haushalt dem Konsum des jeweiligen Guts zuordnet. Die Abbildung der Zahlungsbereitschaft erfolgt typicherweise mithilfe der Nachfragefunktion, die widerspiegelt, wie sich die nachgefragte Menge in Abhängigkeit des Marktpreises verändert. Die Nachfragefunktion findet ihren Ursprung wiederum in der Preis-Konsum-Kurve. Hierin wird gerade der Zusammenhang zwischen Haushaltstheorie, Nachfragefunktion und Zahlungsbereitschaft deutlich. → Haushaltstheorie. → Preis-Konsum-Kurve. → Nachfragefunktion.

The manufacturer's authorised representative in the EU is Springer
Nature Customer Service Centre GmbH, Europaplatz 3, 69115 Heidelberg,
Germany. If you have any concerns regarding our products, please
contact ProductSafety@springernature.com

Printed and bound by CPI Group (UK) Ltd, Croydon, CR0 4YY
26/04/2026
02097302-0014